中国
学术通史

【宋元明卷】

张立文 主编　张立文 祁润兴 著

人民出版社

总　序

学无确解。无论是中国哲学、中国思想，还是中国学术，真所谓"仁者见之谓之仁，知者见之谓之知，百姓日用而不知，故君子之道鲜矣"①。因对其学的理解，往往基于诠释者的主体论域、时序结构和价值取向，所以莫衷一是。

一、中国学术史的界说

在中国近现代人文社会科学研究中，哲学、思想、学术及其史的论述，往往出现不需"难得糊涂"而糊涂的情境，如什么是哲学、思想、学术？什么是中国哲学史、思想史、学术史等？若连此都模糊不清，则研究对象、范围何以明？研究对象、范围之不确定，则何以进行研究或诠释？

中国学人之所以面临这种尴尬，一是汉语方块字的一字多义性，而造成词义的不确定、浑沌性；二是像哲学、思想作为学科，中国本来没有，是近现代从西方引进的。西方外来的与中国本土的往往互不契合而有冲突，而成为"哲学在中国"，而不是"中国底哲学"；或"思想在中国"，而不是"中国底思想"。即使说将中国各种学问中"可以西洋所谓

---

① 《系辞传上》，《周易本义》卷3，世界书局1936年版。

哲学名之者,选出而叙述之"①,也可能由于"照着讲"者理解的毫厘之差,而谬以千里,而造成中国哲学合法性危机。中国思想、中国学术何尝不会出现像中国哲学那样的危机?

基于此,我们最近提出走出中国哲学的危机,超越合法性问题。我们主张中国哲学、思想、宗教、学术决不能照猫画虎式地"照着"西方讲,也不能秉承衣钵式地"接着"西方讲,而应该是智能创新式地"自己讲"②。讲述中国哲学、思想、宗教、学术自己对"话题本身"的重新发现,讲述中国哲学、思想、宗教、学术自己对时代冲突问题的艺术化解、讲述中国哲学、思想、宗教、学术自己对时代危机的义理解决,讲述中国哲学、思想、宗教、学术自己对道的赤诚追求等。只有如此,才能真正建构中国底哲学、思想、宗教、学术等学科。

在中西学者没有就中国哲学、思想、宗教、学术是不是、有没有的评价内涵、标准获得共识或取得最低限度的认同的情境下,为了更好地探索中国哲学、思想、宗教、学术"话题本身",直面中国哲学、思想、宗教、学术生命本真,讲述中国哲学、思想、宗教、学术灵魂(精神)的价值,同时也为了探讨中国哲学、思想、宗教、学术的方便和开发中国哲学、思想、宗教、学术的创新能力,必须"自己讲"、"讲自己";又考虑到中西哲学、思想、宗教、学术各有其发生、发育、延续的文化背景、社会环境、价值观念、思维方式、风俗习惯、语言文字的分殊,其哲学、思想、宗教、学术讲述的"话题本身"以及讲述的"话语方式"都大相径庭,而必须自我定义,自立标准。我想这样做有其外内依据的合理性和合法性。

---

① 　冯友兰:《中国哲学史》(上册),中华书局 1961 年版,第 1 页。

② 　参见拙作:《中国哲学从"照着讲"、"接着讲"到"自己讲"》,载《中国人民大学学报》2000 年第 2 期;《关于"儒家与宗教"的讨论》,载《中国哲学史》2002 年第 2 期;《朱陆之辩序》彭永捷著,人民出版社 2002 年版;《中国哲学的创新与和合学使命》,载《中国人民大学学报》2003 年第 1 期;《中国哲学的"自己讲"、"讲自己"——论走出中国哲学的危机和合法性问题》,载《中国人民大学学报》2003 年第 2 期。

　　我根据自己长期对中国哲学的研究,借鉴前辈学者的研究成果,曾把中国哲学规定为:"哲学是指人对宇宙(可能世界)、社会(生存世界)、人生(意义世界)之道的道的体贴和名字体系"①。把中国宗教规定为:宗教是给出人的精神的理想家园②。至于思想和学术也应依据中国的实际,做出自我定义,自立标准。尽管中国学人、思想家、学问家的各自家庭渊源、学校教育、承传学统、文化素质、学术品格、个人性情及兴趣爱好的差分,对于中国思想、中国学术的体认亦不相同,但可以殊途同归,百虑一致,获得一个大致认同的共识。

　　从史的视阈来观照哲学史(History of Philosophy)、观念史(History of Ideas)、思想史(Intellectual History),前两者英语中是独立名词,可以作为史学研究的对象,而后者是一个形容词,是作为规范、描述某种史学的研究,不能作为独立的史学研究的对象。但在汉语中思想可以作名词使用。思,汉许慎《说文解字》:"思,睿也,从心从囟。"段玉裁注:"睿也,各本作容也。……谷部曰睿者深通川也。引睿畎浍距川。引申之,凡深通皆曰睿,思与睿双声……谓之思者,以其能深通也。"思之上半部作囟,《说文》:"囟,头会脑盖也。"段玉裁注:"上象小儿头脑未合也"。古人以心为思之官,意谓头脑会思虑、思念,所以《集韵·志韵》:"思,虑也",《广韵·之韵》:"思,思念也"。想,《说文》:"觊思也,从心相声。"段玉裁注:"觊各本作冀……觊思者,觊望之思也。"思想两字义近,《玉篇·心部》:"想,思也。"思想,意为思念、思虑、思考。曹植说:"仰天长太息,思想怀故乡。"③　三国时王朗与文休书云:"托旧情于思想,眇眇异处,

---

　　①　见拙文:《朱陆之辩序》彭永捷著,人民出版社 2002 年版。关于这个哲学定义和"体贴","名字"等概念,在此序中已有解释,不赘述。

　　②　见《关于儒家与宗教的讨论》,载《中国哲学史》2002 年第 2 期。《关于儒学是"学"还是"教"的思考》,载《文史哲》1998 年第 3 期。《生死学与终极关怀》,载《东方论坛》2000 年第 2、3 期。

　　③　《盘石篇》,《曹子建集》卷 6。

与异世无以异也。"①《尚书·尧典》:"钦明文思安安。"马注:"道德纯备谓之思。"《周书·谥法》:"道德纯一曰思。"以道德高尚纯善为思。《周礼·视祲》:"十曰想。"郑司农注:"想者,辉光也。"这里讲思想便意蕴着道德纯一的辉光之义。

思想是指人对于宇宙(可能世界)、社会(生存世界)、人生(意义世界)的事件、生活、行为所思所想的描述和解释体系。如果说,中国哲学史是中国哲学的历史地展示,中国思想史也可以说是中国思想的历史地呈现,那么,中国哲学史是指把人对宇宙、社会、人生之道的道的体贴,以名字的形式,大化流行地展示出来,并力图把形而上之道和形而下之器统摄到体用一源、理一分殊之中的智慧历程。中国思想史是指人对宇宙、社会、人生的事件、生活、行为的所思所想,以描述和解释的形式,历史地呈现出来的历程②。这些规定,都是为了探讨问题的方便,而不一定妥帖、准确。

既明哲学、思想和宗教的定义及中国哲学史和中国思想史的分别,便可以探讨学术和学术史的问题。学,《说文》:"敩,觉悟也,从教冂,冂,尚矇也。臼声。学,篆文敩省。"段玉裁注:"教觉叠韵。《学记》曰:'学然后知不足',知不足然后能自反也。按知不足所谓觉悟也。"《说文》认为,学从教,古学、教为一字。《国语·晋语九》:"顺德以学子,择言

---

① 《许靖传》,《三国志·蜀书》卷38,注引《魏略》,中华书局1959年版,第968页。

② 侯外庐等著的《中国思想通史序》中说:"这部《中国思想通史》是综合了哲学思想、逻辑思想和社会思想在一起编著的。"(人民出版社1957年版,第1页)。葛兆光说其《中国思想史》是"一般知识、思想与信仰的历史"。汪祖荣说:"思想史研究之目标与方向,其任务不局限于所谓'思想之历史'(history of ideas),故其视野超越哲学史与学术史之外。思想史亦与文化史(cultural history)有别,后者包罗万象,诸如宗教、艺术、文学、科技等,靡有所遗,而前者以整个文化做背景,注重'历史架构'上之思想与思想间之关系"。(《思想与时代——思想史研究之范畴与方法》,百花文艺出版社1998年版。)

以教子,择师保以相子。"韦昭注:"学,教也。"学为学习,引申为讲学、学识、学问、学说、学科① 等。如果说"学"字有见于甲骨金文,则"术"字不见,而见于简帛。《说文》:"术,邑中道也,从行术声。"段玉裁注:"邑,国也,引申为技术。"术为道路,为人所由的道路,人由道路而达到一定目标,而引申为技术、技艺、办法、方法等,如《孟子·尽心上》:"观水有术,必观其澜。"《广雅·释诂一》:"术,法也。"又可以引申为学说,《正字通·行部》:"术,道术。"《晏子春秋》:"言有文章,术有条理。"② 道术与学术近。"学术"并称或一词,见《礼记》:"德也者,得于身也。故曰:古之学术道者,将以得身也。"郑玄注:"术,犹艺也。"孔颖达疏:"术者,艺也,言古之人学此才艺之道也。将以得身也,谓使身得成也。"③ 这里是指学习与才艺,南朝梁何逊《何水部集·赠族人秣陵兄弟诗》:"小子无学术,丁宁因负薪。"指学问和道术。引申为学说与方法、道理与技艺、学识与办法等。

　　基于此体认,学术在传统意义上是指学说和方法,在现代意义上一般是指人文社会科学领域内诸多知识系统和方法系统,以及自然科学领域中科学学说和方法论。中国学术史面对的不是人对宇宙、社会、人生之道的道的体贴和名字体系或人对宇宙、社会、人生的事件、生活、行为所思所想的解释体系,而是直面已有(已存在)的哲学家、思想家、学问家、科学家、宗教家、文学家、史学家、经学家等的已有的学说和方法系统,并藉其文本和成果,通过考镜源流、分源别派、历史地呈现其学术

---

　　① 孔子时有六艺之学,公元二世纪汉代设立太学,一直延续,隋立国子监,协调国子学与太学,另有专门学校如算学、书学、医学等。唐国子监的构成如:国子学、太学、四门学、律学、书学、算学、广文学等。宋代国子监的分科为:太学、国子学、小学、医学、武学、律学、算学、书学、画学、道学等。这里除太学、国子学、小学外,其他都属学科。

　　② 《泯子午见晏子·晏子恨不尽其意第二十六》,《晏子春秋集释》卷5,中华书局1962年版,第360页。

　　③ 《乡饮酒义》,《礼记正义》卷61,中华书局1980年版,第1683页上。

延续的血脉和趋势。这便是中国学术史。

辨哲学、思想、宗教、学术之名,析中国哲学史、中国思想史、中国宗教史、中国学术史之义,这是我 1960 年从事中国哲学教学研究以来一直想辨析清楚的,但这一辨名析义是否妥帖,可通过切磋,而使其完善一些。

二、中国学术史演变的阶段

学术和哲学、思想一样,依据社会生活的演替而演替,随时代的变化而变化。因而,各个时代有其所面临的各种问题,特别是主导性问题。人们在化解时代所面临的问题中,有限度地形成了一些共识和相近的进路,而造就了时代的学风、学说。这些学风、学说便体现了这个时代的需要,也展示了这个时代的学术面相。

如果说哲学是哲学史的母亲,哲学史便是哲学的女儿;那么,学术是学术史的父亲,学术史即是学术的儿子。这就是说,学术史是学术的衍生,所以,有怎样的学术,就有怎样的学术史。这可以从两方面看:一是史的学术和学术史。在某个时代中,由于学者面临共同的宇宙、社会、人生等问题,在化解这些问题中取得了一些共识和趋向,形成了大致认同的学风、学说及学术成果,但由于各个学者的师传学脉、价值观念、思维方式、学术思想、学者视阈的不同而不同。换言之,有多少不同的学术观点,就有多少种不同的学术史,因此,在同一个时代的学风、学说及学术成果中有不同的学派门派,而呈现五彩缤纷的多样性、多元性,这是本有的学术和学术史;二是写的学术和学术史。既有当时人对时代学风、学说及学术成果的记录、描述、解释和评价,也有后来学者对前时代的学风、学说及学术成果的再现。这种再现是重新描述、评价、解释的过程,由于解释对象和解释者的时间差和空间差,解释者的解释必须超越时空的局限，才能贴近先前学术文本的意思和原作者的意蕴。但解释者置身于后代社会或现代社会，由于社会的变迁和学术的变化，解释者所处的环境与被解释对象之所在的情境已大不相同，解释者带着他所处的那个时代的学术思想、价值观念、思维方式的潜意识，不免"误读"、"误解"被解释对象，不能再现其本真或本相，而带有解释者所处时代的痕迹，从这个意义上说，一切学术史"都是现代史"。

一切历史都处于"为道屡迁，变动不居"之中，学术史也不例外。梁启超曾"接着"佛说一切流转相为生、住、异、灭四期讲，认为中国学术思潮，"则汉之经学，隋唐之佛学，宋及明之理学，清之考证学，四者而已"①。我们则认为，中国学术思潮可分为六期，即先秦学术、两汉经学、魏晋玄学、隋唐儒释道之学、宋明理学、清代学术。我们之所以分为六期，不是任何人的臆断，而是依据社会的变迁、学术的转换等外缘内因划分的。

先秦是中国学术的原创期。这时，诸侯国林立，他们既统一受周王朝的制约，又互相竞争、兼并，为自己国家的生存和富强而斗争。为此，各国都孜孜以求生存和富强的谋略、理念和方法。因此，呈现出学术多元，百家争鸣的盛况。先秦学术是在夏、商、周三代礼乐文化及其典章制度的人文语境中萌生和创发出来的。按照《汉书·艺文志》的追溯，先秦诸子百家都是从"学在官府"的西周礼乐文化中衍生出来的学术义理形态，其学说是对"古之道术"的创新和发明。比如以孔孟为代表的儒家，出于司徒之官，助人君顺阴阳明教化者也，游文于六经之中，留意于仁义之际，于道最为高。以老庄为代表的道家，出于史官，历记成败存亡祸福古今之道，知秉要执本，清虚以自守，卑弱以自持，此君人南面之术。又如阴阳家出于羲和之官，敬顺昊天，历象日月星辰，敬授民时；法

---

①　梁启超：《清代学术概论》，重庆，商务印书馆1943年版，第1页。梁氏该书写于1920年。

家出于理官，信赏必罚，以辅礼制；墨家出于清庙之守，其长贵俭、兼爱、上贤、右鬼、非命、上同等；名家出于礼官，名位不同，礼亦异数；纵横家出于行人之官，杂家出于议官等①。先秦学术在百家争鸣激荡下，民族意识日益觉醒，道德精神不断独立，形成了以"道德之意"为主导的学术思潮，各家围绕着天道、地道、人道的"三才"之道，而讲阴阳、柔刚、仁义之德，展开思潮言说和交流，使先秦学术呈现百花齐放、绚丽多姿的状态。

秦汉是中国学术的奠基期。秦统一六国，建立了统一的中央集权的郡县制，实现了一次巨大的社会转型，传统学术亦随之转向。先秦那种"百家殊方，指意不同"的"道术将为天下裂"的态势，转变为法、道、儒依次意识形态化的"大一统"语境。汉初为了避免强秦速亡的重演和医治战争创伤的需要，"黄老之术"得以推行，经休养生息，出现了"文景之治"。汉武帝为使刘汉政权"传之无穷"，举贤良文学之士以对策的方法，"垂问天人之应"。据董仲舒的理解，汉武帝所追问的"大道之要，至论之极"，实际上是《春秋》大一统。他所建构的"天人感应"学说是把先秦天、地、人三才之道的分离贯通起来，使其转变为"王"字，即"王道通三"，确立帝王的至尊地位。汉武帝"罢黜百家，独尊儒术"，并立儒学《五经》博士，开弟子员，设科射策，劝以官禄，使经学思潮成为学术主潮。两汉学术虽是先秦百家之学的转向，但也是先秦百家之学的继承、吸收和融合。据司马谈的《论六家要旨》的研究和凝练，汉初"黄老之术"是以道家老子为依托，"其为术也，因阴阳之大顺，采儒墨之善，撮名法之要"的和合体；董仲舒虽"独尊儒术"，但亦援各家入儒，其《深察名号》是名家手笔，《天地阴阳》是阴阳家的理路，《郊义》和《郊语》② 是儒家章法，因而创新深度薄弱。总体而言，两汉是中华民族富有创造性的

---

① 见班固：《艺文志》，《汉书》卷30，中华书局1962年版，第1728—1742页。

② 见董仲舒：《春秋繁露》。

学术繁荣的时代,无论是典章制度、文学艺术、理论思维,还是经学、史学,天文、历算,农学、医药等,其辉煌已处世界领先地位,为中华民族学术奠定了基本规模和范式。

魏晋南北朝是中国学术的会通期。这时,国家长期分裂,政权频繁更迭,战争时起时伏,社会充满杀机,生命朝不保夕。在这种社会制度结构危机中,个体价值独立,主体意识觉醒,学术思想活跃,哲学创新涌现,佛道两教兴盛,被边缘化了的名士"清谈",转变为主流的玄学思潮。何晏注《论语》,援引老庄诠释孔孟,开启玄冥之风。王弼注《老子》、《周易》,横扫两汉象数感应方法,主张"以无为本",回归自然。然后向秀、郭象注解《庄子》,发挥"逍遥之义",辨名析理以达忘言、忘象的"玄冥之境",展露出儒道会通的趋势。竹林七贤的叛逆和任诞,虽对名教富有批判精神,但对生命智慧亦有消解作用。名教束缚的解脱给学术思想带来了清新的自然气息,文学创作与义理运思的巧妙结合,成为这时人文语境中最引人注目的故事情节。陶潜的田园诗篇和《桃花源记》属极富义理内涵的文学精品,郭象的《逍遥游注》和"玄冥之境"是最有文学韵味的哲理佳作,都给玄学思潮增光添彩。然而,生命智慧的刻意消解给玄学思潮的义理学术抹上了幽暗的哀伤色彩,孤独感与虚无感的并置是魏晋人文语境最令人感慨的叙述风格。曹操的《短歌行》:"对酒当歌,人生几何?"[①] 让人忧思难忘。阮籍的《咏怀诗》:"终身覆薄冰,谁知我心焦"[②]! 叫人痛心疾首。干宝的《搜神记》和葛洪的《抱朴子》,"张皇鬼神,称道灵异",为新的神道设教积累着资料。玄学学术思潮,从学术学风到学术内涵,意蕴着与两汉经学学术思潮反其道而行之的追求。

---

① 曹操:《短歌行》,《曹操集》,中华书局 1959 年版,第 5 页。
② 阮籍:《咏怀诗·其六十三》,《阮籍集》,上海古籍出版社 1978 年版,第 122 页。

隋唐是中国学术的融突期。盛唐之际,经济繁荣,社会开放,儒、释、道三教兼容并蓄,冲突融合。儒教自汉"独尊儒术"以来,守成有余,开拓不足,虽在典章制度、明经科举、朝纲吏治、百姓日用等方面维持伦理教化职能,中间曾有韩愈、柳宗元等"古文运动"的儒学复兴,但在学术思想层面仍陈陈相因,缺乏新意。道教因与李唐王朝的姓氏因缘,独得皇室青睐,《道德真经》几乎成了朝野必读经典。可是王权的推崇并不是学术创新的充分条件。从学术义理形态上讲,隋唐道教不仅无法与佛教分庭抗礼,而且总是暗渡陈仓,在概念范畴和思维方法上吸取佛教。因此,隋唐时代学术思潮的主潮体现为佛教的中国化创新上,别具特色的"中国佛性论",是佛教般若智慧的民族结晶。儒道两教推本"性情之原",成为隋唐学术思潮的基本话题。

天台、华严、禅宗三宗,都主"一切众生悉有佛性",仔细分殊,又有差异。天台宗倡性具说,认为一切诸法悉具佛性;华严宗主性起说,认为众生本来就是佛,佛性不离众生心;禅宗重即心即佛,佛性平等,不分南北;人性本净,无须坐禅,自性若悟,众生是佛。湛然又提出"无情有性",墙壁瓦石亦有佛性。与佛教不同,儒家以善恶品位统论性情体用。孔颖达奉诏编撰《五经正义》,以水体波用、金体印用比喻性体情用。韩愈以"仁义礼智信"等儒教伦理规范为性,以"喜怒哀乐爱恶欲"等社会心理表现为情,依上、中、下等级分三品,经李翱的综合,成为"性善情恶"论,要复性,必须"教人忘嗜欲而归性命之道"。

在学术领域值得称道的还有"西天取经",主动吸收外来学术文化,使佛教经典沿着艰难曲折的丝绸之路在东土大唐安家;"古文运动"使儒教义理从烦琐的章句训诂中复活,仁义道德在主体精神的"性情之原"扎下了新的根系。面对应接不暇的异域风情、博大精深的般若智慧和微妙难解的涅槃实相,中华民族的一流人才几乎都致力于佛学的中国化创新。在"玄冥独化"的心智上树立起通向"极乐世界"的思想路标。中国化的佛学超越其发源地印度佛学,而成为世界佛学的中心。

宋明是中国学术的造极期。唐末藩镇割据,五代十国混战,社会再次陷入大分裂、大动乱局面,针对纲常失序、道德沦丧、理想失落、精神迷茫的价值颠覆与意义危机,学者在"佑文"的文化氛围中,"先天下之忧而忧,后天下之乐而乐",着手重建伦理道德、价值理想和精神家园。宋明新儒学完成了儒、释、道三教长期冲突融合而和合转生,把三教的兼容并蓄的学术整合落实到"天理"上。程颢"自家体贴"出的"天理"二字,开创了理学学术新思潮、新时代。理学学术思潮所关注的是理、气、心、性问题的义理探究,这一理学学术的转向,使"道德之意"成为道德形上学;让"天人感应"转换为天人本无二的"天人合一";使"玄冥之理"成了"净洁空阔底世界";让"性情之原"转变为"心统性情"。体现了宋明学术的"致广大,尽精微,综罗百代"的恢弘态势,映射出激荡融摄、心智精进、实现理想、生机勃勃的精神气象。或以性即理,或以心即理,或以气即理,理学各派争奇斗妍、相得益彰;濂、洛、关、涑、新、蜀以及道南、闽、湖湘、象山、金华、永嘉、永康等学派,各呈异彩、绚丽多姿。这是中国学术史上学派最盛、学术水准最高时期。

北宋在重文的学术环境中,在尊师重道的激荡下,民族精神和生命智慧释放出来,打破了汉唐以来"疏不破注"的"家法"、"师法"的网罗,破除了《五经》为圣人之言的迷信,揭起了"疑经改经"的大纛,以义理解经的宋学取代以训诂考据解经的汉学,换来了经学的新时代。在文学艺术上,既有与唐代并称的唐宋八大家,又有堪与唐诗媲美的宋词、元曲、明小说。宋明兴建学校,培养士子;广开书院,讲学授徒,成为尊师重道和各学派立言、研究和传播学说的基地。学者们以深沉的忧患意识和崇高的历史使命,激发出"为天地立心,为生民立命,为往圣继绝学,为万世开太平"的豪迈气概,把宋明学术推向造极的境域。

清是中国学术的延续期。清入主中原,被一些学者认为是"天崩地裂"的时代,黄宗羲、陈确的老师刘宗周绝粮殉明,不食夷族。清为稳定其统治,继承元明,仍然以程朱道学为国家意识形态。程朱道学进一步被权威化、教条化。就维护纲常伦理的垄断地位而论,存理灭欲成为其学术的话语霸权,程朱道学沦为"以理杀人"的工具。清统治者为了泯灭汉族知识分子的民族正统感和文化优越感,以及对清统治的不满或反抗意识,便大造文字狱,实行文化恐怖主义,可谓文网密密,丝毫不漏。康熙初年的庄氏《明史》案,戴名世《南山集》案,株连之广,杀戮之惨,恐怖气氛,笼罩朝野;雍正短短13年,有案可查的文字狱就有20多次;乾隆时文字狱更是层出不穷,如伪造孙嘉淦奏稿案,他们捕风捉影,罗织罪名,把许多作品扣上"悖逆"、"肆行狂吠"等帽子,株连所及,老师学生,亲朋好友,都在所难免。文人学子在文字狱的血雨腥风中,只得躲入训诂、考据的古纸堆中,逃避敏感的学术追求。正如龚自珍所说:"避席畏闻文字狱,著书都为稻粱谋。"①　因而乾嘉汉学兴盛;另从学术内在演替的理路而言,清初学者在检讨、反思明亡原因时,往往归咎于陆王心学的空疏不实,"由蹈空而变为敷实",这也是为什么讲求实证的考证之学独盛的原因之一。由于宋时"佑文"的宽松的学术环境已失,学术创新的生命智慧便枯萎了。由于知识精英们都投身于考证之学,所以清代经学和考证之学亦取得空前的成果,为学术的承传和繁荣做出特殊贡献。

　　然而从清到民国,内忧外患接连不断,民族精神备受蹂躏,生命智慧浑浑噩噩。洋务派、早期改革派、戊戌变法派虽满腔热情,救国救民,但回天无力,依然王朝。惟价值准则的生离死别,精神世界的人去楼空,却无法弥补。"孔家店"一经打倒,中国学术创新既无得心的言说话语,又无应手的书写符号,一大批志士仁人,只好背井离乡,远渡重洋,寄人篱下,拾人牙慧,以"寻找救国救民的真理"聊以自慰。因而,近现代中国学术奉行"拿来主义"。虽标榜"新学",实是一种"中西会通"的新学,或曰新瓶装旧酒的新学,即"中体西用"之学。

---

①　《咏史》,《龚自珍全集》第九辑,中华书局1959年版,第471页。

中国学术经此原创期、奠基期、会通期、融突期、造极期、延续期而至现代 20 世纪。20 世纪中国学术风云多变,前半个世纪,继续着鸦片战争后的中西、古今、新旧之辩,因而有中学派、西学派、古学派、今学派、新学派、旧学派,其间有分有合,分分合合。有接着古代儒道佛墨讲,或接着宋明理学讲;有接西学各派讲,或接着原苏联讲,各讲其是,各是其是。后半个世纪又可大致分为前 25 年与后 25 年,因为学术仍处在延续之中,故现代学术史待后再撰。

三、中国学术史的"自己讲"

学术文本和学术事件、成果的记载,是学术言说的符号踪迹,是智慧觉解的文字面相,是主体精神超越自我的信息桥梁。"学而不思则罔,思而不学则殆。"学术家必须凭借对一定文本和历史记载的学习、思索和诠释,才能准确把握时代精神的学术思潮的主流话题,全面融入民族精神及其生命智慧的学术语境,为学术思想的不断创新打上属于自己的名字烙印。

从表现形式上看,学术的创新总是由一系列具有智能创造性的学问家、经学家、思想家、哲学家、科学家、宗教家、文学家、史学家等来完成的,创新的学说和方法也总是以他们的姓氏命名的。从生成结构上看,学术创新不是无中生有的面壁虚构和凭空杜撰,而是依据生生之道"化腐朽为神奇",通过对历史学术文本的智慧阅读,尤其是对元典文本的创造性的诠释及其诠释方法的推陈出新而获得的。诠释文本(hermeneutical text)的转换,是中国学术创新的特征之一,是学术流派创立的文献标志。

海德格尔讲过,西方哲学是柏拉图的注脚。这一说法未免笼统,却道出了人文学科历史变迁的解释学机缘。其实,柏拉图的对话是用苏格拉底的名义写成的,就此而言,柏拉图倒是苏格拉底的注脚。问题的关键在于注脚的学术水平是不是超越于文本。如果远远超越于文本,那么,以注脚的书写方式进行学术思想的创新,有何不可! 诚如陆九渊所说:"学苟知本,《六经》皆我注脚。"① 在"我注《六经》,《六经》注我"的解释学循环中,有时很难说清究竟谁是谁的注脚。"人说郭象注庄子,我说庄子注郭象。"只要有学术的创新,眉批、脚注和夹注、插入语,仅是书写格式的分殊,是无关宏旨的技术细节。朱熹的《四书章句集注》,谁都不否认他是借注解《四书》来阐述自己理学思想的专著,被后世推为科举考试的教本。

　　这就是说,各个时期具有学术创新性的学问家、经学家、思想家、哲学家、科学家、宗教家、文学家、史学家等的学术宗旨,治学思路、方法、范围、成就,学术源流、派别,以及各个时期有代表性专门学术、学术事件、活动的记录,汇聚成的各个时期的学术思潮及其演变的总和,构成了学术史研究的对象。郑樵《校雠略》认为,"类例既分,学术自明"。黄宗羲在《明儒学案·自序》中说:"于是为之分源别派,使其宗旨历然。"他们把学术史定位在学术宗旨和分源别派上,因而以"目录体"或"学案体"为其表现形式。黄宗羲借陶石篑与焦弱侯书批评周汝登的《圣学宗传》从伏羲、神农、黄帝、文、武、周公、孔、孟至王栋、罗汝芳共84人,是"扰金银铜铁为一器,是海门一人之宗旨,非各家之宗旨也"②。但是陶望龄在《圣学宗传·序》中说:"宗也者,对教之称也,教滥而讹,绪分而闰。宗也者,防其教之讹且闰而名焉"③。是讲分源别派的宗旨的。他又批评孙奇逢的《理学宗传》:"锺元杂收,不复甄别,其批注所及,未必得其要领,而其闻见亦犹之海门也。"④ 孙氏共列161人,较周氏多列

　　① 　陆九渊:《语录上》,《陆九渊集》卷34,中华书局1980年版,第395页。
　　② 　黄宗羲:《凡例》,《明儒学案》卷首,《国学基本丛书》本。
　　③ 　周汝登:《圣学宗传》,刘承干集资依明刻原本影印本。
　　④ 　黄宗羲:《凡例》,《明儒学案》卷首,《国学基本丛书》本。

77人。他把中国学术史的演变按《周易·乾卦·卦辞》:"元亨利贞"分为四个阶段:"先正曰:'道之大原出于天'。神圣继之,尧舜之上,乾之元;尧舜而下,其亨也;洙泗邹鲁,其利也;濂洛关闽,其贞也。"①《理学宗传》眉端批注,揭示宗旨,指明脉络。虽以程朱、陆王为大宗,无分轩轾,但其总注仍有扬朱抑陆意味,因而,有黄宗羲的"其批注所及,未必得其要领"之评。这两部《宗传》,是"祖述尧舜,宪章文武"的儒学学术史,也是理学道统学术史。梁启超认为:"大抵清代经学之祖推炎武,其史学之祖当推宗羲,所著《明儒学案》,中国之有学术史,自此始也。"②尽管梁氏在《中国近三百年学术史》中认为"《理学宗传》二十六卷,记述宋明学术流派"③,但不以其为中国有学术史之始。

这是与梁启超对于学术史应具的条件的体认有关。他说:"著学术史有四个必要的条件:第一,叙一个时代的学术,须把那时代重要各学派全数网罗,不可以爱憎为取;第二,叙某家学说须将其特点提挈出来,令读者有很明晰的观念;第三,要忠实传写各家真相,勿以主观上下其手;第四,要把各人的时代和他一生经历大概叙述,看出那人的全人格。"④梁氏认为,《明儒学案》具备了这四个条件,所以其为中国学术史之始。梁氏此四条件有其合理性。

今吾人著中国学术史,不能依傍西方的,西方也无"学术史"的概念,而只能"自己讲",讲述中国学术自己的"话题本身"。如何"自己讲"?怎样"自己讲","讲自己"?即如何、怎样讲中国底学术史。

一是整体性。要整体地而不是局部地、全面地而不是片面地呈现中国学术各个时期的历史面相及其演变的内在理路。既要把每个时期

① 孙奇逢:《理学宗传·叙》卷首。
② 梁启超:《清代学术概论》,重庆,商务印书馆1943年版,第11页。
③ 梁启超:《中国近三百年学术史》,重庆,中华书局1943年版,第41页。
④ 梁启超:《中国近三百年学术史》,重庆,中华书局1943年版,第48—49页。

的学术各派各宗尽数地分源别派，而又探赜索隐其殊途同归、百虑一致之理。就整个中国学术通史而言，不是各个时期的学术各不相关的凑合，犹如传统中药铺中一屉一屉的中药材，而是整体相对相关的融合，要凸显其"一以贯之"的内在逻辑的联系性。宋明理学学术思潮是以义理之学直接孔孟"性与天道"之道，批判汉唐名物训诂之学的陈陈相因，乾嘉汉学批判理学"性与天道"心传的空谈心性，以考证之学求"经世致用"之道。其终极的目标，都是求道或明道，这便是殊途同归之理，体现了中国学术变迁史的整体性、贯通性。

二是时代性。每个时代的学术思潮都是由每个特定时期的外缘内因促成的，都有其发生、存在的合理性。这是因为每个时代的学术思潮都是对于这个时代所面临的冲突、问题、危机提出的化解理念和救治方法，并有相当程度地获得各学者的认同，而汇聚成时代的学术思潮。从这个意义上说，时代的学术思潮是表现这个时代现实需要或诉求的，是这个时代精神的体现。基于此，本书倡导思潮史与学问史的融合。之所以这样，是鉴于"学案体"的中国学术史长于人物与资料的结合，其弊在以人、派为主，难以打通；"思潮体"的中国断代学术史，如对汉代的阴阳五行说、封禅学、神仙说与方士，以及经学问题、古史系统的整理，长于阔大，弊在与思想史（特别是广义思想史）分不清楚；以问题为纲的中国学术史，如以"求是与致用"、"官学与私学"、"学术与政治"等问题为线索，长于对某一时代学术主要问题说得较清楚，弊在学术发展大势及各家观点不系统。凡此种种，各有其长，亦各有其弊，本书取以学术思潮为纲，以学问为条贯，分源别派，大化流行。既不是"目录体"、"学案体"的现代版，也不是与哲学史、思想史混一不二，而是依据我们自己对于中国学术史的体贴，及其与哲学史、思想史的差别而撰写的。梁启超说："凡'思'非皆能成'潮'，能成'潮'者，则其'思'必有相当之价值；而又适合于其时代之要求者也。凡'时代'非皆有'思潮'，有思潮之时代，必文化昂进之时代也。"① 凡时代思潮,必因"环境之变迁,与夫心理之感召,不期而思想之进路,同趋于一方向,于是相与呼应汹涌,如潮然"②。时代思潮,必是时代精神的显示。

每个时期的学术各宗各派,以及构成各宗各派的学者的学说,是这个时期时代思潮和时代精神的展开。所以,只有将他们放顿于时代思潮中,在时代精神的观照下,才能贴近于各个时期各宗各派学术的本来面目,以及其学者学说的本意。对于经典文本的解释,以及各个时代对解释者的解释的本义和本意,亦应做如是观。

三是超越性。中国学术史的"自己讲"、"讲自己"中国学术"话题本身",讲的主体无疑是自己。讲述的主体自己面对错综复杂的各宗各派的学说和方法论,以及各种学术事件的记录及成果,讲述的主体自己应如何定位?是"入"于其中,抑还"出"于其外。若讲述主体"入于其中",讲述主体便带着现代性的"前见"或"前识",以自己的感受性或同情心而作出陈述,有可能产生"不识庐山真面目,只缘身在此山中"之弊。所以,中国古人认为"旁观者清",只有超越一些,讲述主体不仅自己头脑清醒,而且对讲述对象也看得清;若"出"于其外,不入其垒,而不能见其短长。譬如韩愈不入佛,并批评柳宗元入佛。"儒者韩退之与余善,尝病余嗜浮图言,訾余与浮图游"③。柳宗元指出,韩愈排佛而不知佛,"退之忿其外而遗其中,是知石而不知韫玉也"④。正由于如此,所以韩愈提出"人其人,火其书,庐其居"⑤ 的简单粗暴的应对方法。朱熹由此亦批评韩愈说:"盖韩公之学见于《原道》者,虽有以识夫大用之流行,而于本然之全体则疑其有所未睹,且于日用之间,亦未见其有以存养省

①　梁启超:《清代学术概论》,重庆,商务印书馆 1943 年版,第 1 页。
②　梁启超:《清代学术概论》,重庆,商务印书馆 1943 年版,第 1 页。
③　柳宗元:《送僧浩初序》,《柳宗元集》卷 25,中华书局 1979 年版,第 673 页。
④　同上书,第 674 页。
⑤　韩愈:《原道》,《韩昌黎集》卷 11,《国学基本丛书》本。

察而体之于身也"①。既未睹"本然之全体"的形而上之体,又未见"存养省察"形而下工夫之用,即于体于用都没有本真的体认。

讲述主体只有既入又出,出入相合,才能发挥两者之长,而免两者之短,而转生为新的学术思潮。宋明理学家无论是周、张、二程,还是朱、陆、王守仁,都是出入佛老,才能超越佛老,摆脱对佛老情感的冲动,在儒、佛、道三教的冲突融合中,转生为新的和合体——宋明理学。讲述主体亦要随之出入中国学术史对象,然后超越对象,才能比较贴近体识"庐山真面目"。

四是真实性。凡史学著作,都要求真,即符合历史的真实,而不可伪造或任意解释、演义、戏说,以免偏离历史的真实。中国学术史作为史,亦不例外。因此黄宗羲说:"学问之道,以各人自用得著者为真。"②梁启超认为黄氏的《明儒学案》"虽有许多地方自下批评,但他仅在批评里头表示梨洲自己意见,至于正文的叙述却极忠实,从不肯拿别人的话作自己注脚。"③ 这符合梁启超提出的著学术史的第三个条件,即"要忠实传写各家真相,勿以主观上下其手"。要撰写、研究中国学术史,就要进入中国学术史研究对象,与研究对象直接对话,而且要全面对话,才能见其学术精神。黄宗羲批评那些只抄几条语录便以为掌握其学术精神的做法:"每见抄先儒语录者,荟撮数条,不知去取之意谓何,其人一生之精神未尝透露,如何见其学术"④? 黄氏纠此偏颇,而与学术研究对象全面对话,"从《全集》纂要钩元"。只有如此,才能把握"各家真相",否则犹如瞎子摸象,不明真相、全相。

研究者、解释者在与学术研究对象对话中,既要"无我",又要"有

---

① 朱熹:《与孟尚书书》,《昌黎先生集考异》卷5,上海古籍出版社1985年影印本,第199页。
② 黄宗羲:《凡例》,《明儒学案》卷首,《国学基本丛书》本。
③ 梁启超:《中国近三百年学术史》,重庆,中华书局1943年版,第49页。
④ 黄宗羲:《凡例》,《明儒学案》卷首,《国学基本丛书》本。

我"，是无我与有我的和合。"无我"就是在与学术研究对象对话中，不抱成见、囿见，不带"前识"、"前见"，不杂情绪、情感，恭听研究对象的倾诉和心声，聆听研究对象的不满和牢骚，倾听研究对象的诅咒和谩骂。将其放在时代环境和具体学术氛围中，多角度、多层面来观察，而探赜其学术宗旨要领，掌握其学术精神实质，揭示其学术意蕴内涵，这样才能贴近学术研究对象的真相、真实，做到如梁启超所说"正文的叙述却极忠实"。毕竟，学术史是现代人写的学术史，研究者、解释者与学术研究对象的对话是现代的研究者和解释者，他们有自己的体认、宗旨和价值评价，而与前人、别人不同，而显现其"有我"的独特性，这便是梁启超所讲《明儒学案》中"有许多地方自下批评，但他仅在批评里头表示梨洲自己意见"。这就是说，把"有我"的自下批评的意见与对学术研究对象的叙述的"无我"分开。这样既体现了学术研究对象的真实性，又显示了研究者、解释者对研究对象的尊重和评价，这是时代变迁所构成的真实性。"有我"与"无我"的和合，构成了中国学术史生生不息的长河。

五是和合性。每一种学术思维形态，都有与其相适应的方法。从某种意义上说，一切学说的探索，归根到底都涉及方法的探索；一定研究、解释方法的完善程度在一定意义上体现着该学说的成熟程度，一种学说的创新亦往往以方法的创新作为它的先导。学术就是学说、学问与方法的融突而和合，因而，方法是学说、学问内涵的应有之义。

"和实生物，同则不继"。或事物、或学说，都是多元、多样的元素、因素冲突、融合，并在冲突、融合的动态过程中和合为新事物、新生命，为此而生生不息，永葆生命智慧的活力。如何"和实生物"？《国语·郑语》、《周易·系辞传》都有深刻的阐述。"天地絪缊，万物化醇，男女构精，万物化生"①。天地、男女，即为阴阳、乾坤，是两极，是冲突；絪缊、构精是结合，是融合。絪缊、构精是不断选择的过程，冲突融合的和合

---

① 《系辞传下》，《周易本义》卷3，世界书局1936年版。

而创造了新和合体,即万物的化生,或新生命的诞生。《左传》曾记载晏婴与齐景公一段关于和同的对话,譬如"和羹",济以五味,是"和"。"同"犹"以水济水,谁能食之? 若琴瑟之专一,谁能听之? 同之不可也如是"①。和是不同的味料、声音的融突而和合成美味、美声;"同"犹以水济水,就不能食,不能听。学术也一样,是不同学术在对话、冲突、吸收、融合中和合生生不息,若"以水济水",学术的生命智慧就枯竭了;学术史的撰写也应遵照和合的方法。梁启超讲著学术史有四个必要条件,第一个条件就据引黄宗羲《明儒学案·凡例》第八条来说明。黄宗羲说:"此编所列,有一偏之见,有相反之论,学者于其不同处,正宜著眼理会,所谓一本而万殊也,以水济水,岂是学问。"②"以水济水,岂是学问"? 与"以水济水,谁能食之"一样,讲出了学问融突"和合"的必要和重要。

和合方法是"生生法",它是"逝者如斯夫"的"流",而不是"止于"某一界域或止于"一"。换言之,和合生生法犹如"土与金、木、水、火杂,以生百物"的"杂",汉韦昭注:"杂,合也"③。是讲多样、多元的融突协调法、和谐法,故"和实生物"。它标示着新事物、新生命、新学术的不断化生,这便否定着中西传统思辨方法的理论性前提"一"。和合生生法的价值目标、终极标的,并不追求一个惟一的、绝对的、至极的形而上本体,也不追求一个否定多样、多极的"中心"或实体的统一性。

和合方法又是创新法,它不是一方消灭一方,一方打倒一方的单一法、惟一法,而是"万物并育而不相害,道并行而不相悖"④的互补法、双赢法。各种不同的学说、学问及其方法,都可并行不悖,共同发育,共

① 《左传·昭公二十年》,《春秋左传注》,杨伯峻著,中华书局1981年版,第1420页。

② 《凡例》,《明儒学案》卷首,《国学基本丛书》本。

③ 《郑语》,《国语》卷16,《四部丛刊初编》本。

④ 《中庸章句》第30章,上海,世界书局1936年版,第15页。

同流行,互动互补,相得益彰。相害、相悖地不断斗争,只能两败俱伤,百害而无一利,最终要导致衰落和毁灭。和合创新法在并育、并行、不害、不悖中圆融无碍,互补、双赢地创造学术完美境界①。

"自己讲"、"讲自己"中国学术史"话题本身",讲述中国学术史自己对"话题本身"的重新"解读"。自己讲自己的学术史,立中国学术主体之道,走中国学术自己之路,建构中国学术自己的理论体系和范式,把中国学术推向世界,让更多世人了解、理解中国学术,这确实还有很多的路要走,"路曼曼其修远兮,吾将上下而求索"。在这个求索中,我们撰写了这部《中国学术通史》,它若能在这个求索中起一点微薄的作用,这对于我们来说就非常幸运了。

2001年年初,人民出版社编审方国根征求我的意见,能否承担《中国学术通史》的主编,并说明这是中国新闻出版总署的重点课题,但我不敢马上答应。一是我对中国学术史究竟是什么? 它与中国哲学史、中国思想史有什么区别? 这些问题未搞清楚前,担任主编,便是一种对学术不负责任的态度。因此,我自己需要研究思考,对中国学术史需有一个基本体认,即对我所主编的对象的性质、特点、范围、内容、方法、范式有一自己初步的想法,才敢答应;二是我当时工作紧张,科研任务繁重,没有时间顾及其他,不愿做挂名的主编。后方先生和人民出版社陈鹏鸣博士到陋舍,又谈及此事,我亦谈了我对中国学术的一些看法,陈鹏鸣博士同意我的一些设想和规划,这样我才答应下来,并根据中国学术发展的特点,分为六个阶段,即先秦、秦汉、魏晋南北朝、隋唐、宋元明、清,聘请对每一阶段学有专长、造诣高深的学者担任撰稿。几年来在人民出版社领导的大力支持、帮助下,在各卷教授、博导的精诚合作、刻苦研究下,特别是陈鹏鸣、乔还田二编审,严格把关,反复斟酌,精心

---

①　参见拙作:《和合方法的诠释》,《中国人民大学学报》2002年第3期,《新华文摘》2002年第8期转载。

编审后对各卷均提出诸多宝贵意见，各卷又做了修改，我对于诸位教授、编审的对学术认真负责的态度，谨表谢忱。

张立文

2003 年 8 月 19 日于中国人民大学孔子研究院

目　　录

第一章 宋元明学术的转生

中国学术发展到宋元明,便迈向超越汉唐,开创新学风、新学术、新品格的新时代。此期是学术多元,大师辈出,学派林立,切磋争辩,思想自由,成果丰硕的时代;是科学技术最辉煌,经学思想最活跃,文史成就最显著,理论思维最高峰的时期。真所谓"华夏民族之文化,历数千载之演进,造极于赵宋之世"①。之所以如此,是由于其内因和外缘所促成。

一、新学风和新文化政策

大凡新学术、新学风的出现,都与新时代、新需要相联系。盛唐在安史之乱以后,藩镇割据,尾大不掉。唐末农民起义和五代十国的战乱,使原有维护社会稳定的典章制度、伦理道德、价值理想扫地无余。赵宋政权有鉴于此,便大力加强中央集权、削弱将领军政、加强禁军,以防拥兵自重;建构文官政治,设枢府、三司及通判,以分相权和地方长吏之权,以行地方政、财、兵三权悉归中央的"强干弱支,致治于未乱"②的政策。"强干弱支"政策的推行,防止了地方势力与中央政府的分庭

---

① 陈寅恪:《金明馆丛稿二编》,上海古籍出版社1980年版,第245页。
② 《收诸道精兵》,《涑水记闻》卷1,中华书局1989年版,第13页。

抗礼及将领兵变的内乱,换来了较长时期社会的安定,为政治、经济、学术的发展、繁荣提供了有利的社会环境,促进了政治、经济、文化的文明。

"强干弱支"政策的实行虽防止了内乱,却削弱了抵抗外患的力量。西夏、大辽不时侵扰,给边境人民带来战争的痛苦。"强干"虽使中央集权得到加强,但庞大的官僚机构和军兵皆仰天子以食,国家财政不堪重负。国家把财政的困难转嫁给民,增加人民的税收,其结果造成国贫民亦贫的"积贫"的危机。军权集中于帝王的结果,出现了兵不识将,将不识兵,将兵分离、指挥不灵的"积弱"局面。"积贫积弱",恶性循环,社会危机加深。"国用无度,则民力已竭矣。天下无恩,则邦本不固矣"①。因此,范仲淹主张"变其道",以防"乱阶复作"。尽管前有"庆历新政",后有"熙宁变法",但由于宗法家国同构社会的痼疾,终未能改变"积贫积弱"的困局,北宋亡于金,南宋亡于元,都被北方少数民族政权所灭。

虽然两宋面临"积贫积弱"的危机,但是两宋经济却有长足的发展。耕田面积的扩大,除"区田"、"圃田"外,又开出"圩田"、"架田"、"涂田"、"梯田"等。宋初 45 年间,可耕地增加了一倍;农业生产技术的提高,铁制农具的系列化以及插秧的秧马的发明和龙骨车的普遍使用。特别是手工业的发展和商业的发达,使社会经济呈现繁荣的景象。元代以其畜牧的草原文明替代农业文明,是对中原两宋农业文明和商业经济的破坏②。明代逐渐恢复宋代的农业文明和商业经济;手工业脱离农业

① 范仲淹:《上执政书》,《范文正公集》卷 8,《范仲淹研究资料汇编》,台北,文化建设委员会 1988 年编印,第 224 页。

② 元亡之原因,除种种社会原因外,据叶子奇《草木子》记载:"元朝自混一以来,大抵皆内北国而外中国,内北人而外南人,以至深闭固拒,曲为防护,自以为得亲疏之道。是以王泽之施,少及于南,渗漉之恩,悉归于北,故'贫极江南,富称塞北',见于伪诏之所云也。迄今天禄之迁,尽归于南,于此可以见乘除胜复之理也。"(《克谨篇》,《草木子》卷三上,中华书局 1959 年版,第 55 页)这是造成元之所以亡的原因之一。

而独立发展,破产农民成为手工工场的雇工。如嘉定县盛产棉花,便发展为"民间机杼之声相闻"的纺织业手工场,紫花布、棉布、斜纹布等成为其名牌产品①。杭州的丝织业形成了专业生产区,城东的丝织区"机杼之声,比户相闻","群工匠多家城东"②。其丝织品远销日本、暹罗、吕宋等国,获利颇厚③。出现了工场主与手工工人的这种新的关系。由于手工工场产品的流通和商业经济的发展,人的欲望和利益的价值评价与先前不同,从而改变着传统的"重本(农)抑末(商)"的观念,出现了"细民弃本事末"④ 的现象。万历年间任湖广按察金事的冯应京说:"行商坐贾,治生之道最重也"⑤。商业流通不仅增加国家税收,而且利民用。甚至出现"舍儒就贾"⑥ 的情境。明中叶以来价值观的转变,冲击着传统的"灭人欲"的观念。

政治、经济的演变使宋明文化学术思潮由发生、奠基、集大成到解体的转换。虽然政治、经济对学术思想的发展有一定影响,但比较直接的是文化政策所营造的学术氛围。若无比较自由的、宽松的学术氛围,而采取文化专制主义政策,即使经济再发展,对学术思想的创新也会起压抑作用,这在中国历史上是有沉痛教训的。就此而言,一个时代的统治集团的文化政策,对于一个时期的文化学术的发展,特别是理论思维的创新有着特殊的作用。尽管文化学术的发展有其独立性及其内在逻辑,但在中国家国同构的宗法社会中,中央集权的君主专制制度不能不对文化学术的发展起制约的、统摄的作用。因此,考察一个时期的文化政策,是十分必要的。

---

① 明万历《嘉定县志》卷 6。
② 厉鹗:《东城杂志》。
③ 王在晋:《越镌》卷 21。另见《明万历实录》卷 496。
④ 嘉靖《风俗》,《威县志》卷 2。
⑤ 冯应京:《岁令·授时·商贾》,《月令广义》卷 2。
⑥ 汪道昆:《赠奉政大夫户部贵州清吏司郎中曹公传》,《太函集》卷 23。

学术的创新需要宽松的、自由的学术氛围,宋代在一定程度上营造了这种氛围,提供学术发展的"春天"。历史上不知多少知识分子,为呼唤学术"春天"而遭打击迫害。宋初一反唐中叶后至五代的重武轻文的情境,为重整伦理纲常,重构价值理想,安定社会秩序而提出"佑文"政策,或曰重文政策。宋太祖赵匡胤"晚好读书,尝读《二典》,叹曰:'尧、舜之罪四凶,止从投窜,何近代法网之密乎!'谓宰相曰:'五代诸侯跋扈,有枉法杀人者,朝廷置而不问。人命至重,姑息藩镇,当若是耶?自今诸州决大辟,录案闻奏,付刑部复视之。'遂著为令"①。不行滥杀。乾德改元,"乃大喜曰:'作相须读书人。'由是大重儒者"②。"重儒"政策的推行,不仅以"文臣"代替"武将"。"朕今用儒臣干事者百余人分治大藩,纵皆贪浊,亦未及武臣十之一也"③。方镇武将的残虐,十倍于文臣的贪浊,而且"以文臣知州,以朝官知县,以京朝官监临财赋,又置运使,置通判,皆所以渐收其权"④。重文抑武,建立文官政治,对儒臣采取宽容的政策,而要学尧舜罪"四凶"的办法,"流共工于幽洲,放驩兜于崇山,窜三苗于三危,殛鲧于羽山,四罪而天下咸服"⑤,止从投窜,而不杀儒臣、文官及士大夫们。这使得儒臣、文官敢于砭时弊,向皇帝进谏。同时士大夫们亦敢于冲决传统经学权威的网罗,发扬理论思维创新的主动性,提出了种种创新的学术理论,推动了宋代学术的转变,开创了宋明理学的新时代。

王夫之总结说:"自太祖勒不杀士大夫之誓以诏子孙,终宋之世,文

① 《本纪·太祖三》,《宋史》卷3,中华书局1977年版,第50页。据《宋稗类钞》卷1记载:宋太祖立誓碑,规定"不得杀士大夫及上书言事人"。

② 同上。

③ 陈邦瞻:《收兵权》,《宋史纪事本末》卷2,中华书局1977年版,第10页。

④ 同上书,第10—11页。

⑤ 《舜典》,《书经集传》卷1,世界书局1936年版,第7页。蔡沈《集传》曰:"《春秋传》所记四凶之名,与此不同,说者以穷奇为共工,浑敦为驩兜,饕餮为三苗,梼杌为鲧,不知其果然否也。"(同上书,第8页)。

臣无殴刀之辟。张邦昌躬篡,而止于自裁;蔡京、贾似道陷国危亡,皆保首领于贬所"①。士大夫为追求真理而"舍生取义"或"杀身成仁"都可在所不惜,然而由于自己追求真理而累及九族甚至亲朋、学生,这就比牺牲个人更可怕、更残酷,于是便不敢越雷池一步。"誓不杀士大夫",这就给了士大夫学术思想的自由和文字的自由,有了人身生命的保障,就有了"天之贮空霄以翔鸢,渊之涵止水以游鱼"② 的空间。王夫之认为,这就是"宋之士大夫高过于汉、唐者"③ 的原因所在。其所指"高过于汉、唐者",是讲宋代士大夫敢于打破汉、唐士大夫们所遵循的"师法"、"家法","疑经改经"而不致遭杀身之祸,或加以"叛经离道"的罪名。所以宋代士大夫们纷纷发挥各自思想智慧及学术创新的"自作主宰"的自信性、自主性和自由性,互相探索论争,做到"旧学商量加邃密,新知培养转深沉",而又能"珍重友朋相切琢"。这是学术发展的正确途径,也是学术互相探讨、论争的尊严性。学术论争首先要尊重"他者",即互相尊重论争对象;其次是互相平等,不是以自己的强势压服对方,也不能以己方的学术地位、政治权势使对方屈服。黄宗羲在描述朱熹与陆九渊"鹅湖之会"的论争时说:"假令当日鹅湖之会,朱陆辩难之时,忽有苍头仆子历阶升堂,捽陆子而殴之曰:'我以助朱子也。'将谓朱子喜乎?不喜乎?定知朱子必且挞而逐之矣。子之助朱子也,得无类是"④。形象地说明了学术辩难的自由性和平等性。这样才能营造良好的学术氛围,促使学术的发展。这才是华夏学术造极于两宋的重要原因。

----

① 王夫之:《太祖》,《宋论》卷1,《船山全书》(第十一册),岳麓书社1992年版,第24、25页。

② 同上书,第26页。

③ 同上书,第26页。

④ 《象山学案》,《宋元学案》卷58,黄宗羲按语,中华书局1986年版,第1887—1888页。

　　假如两宋的学术辩难、论争维持在良性的学术自由氛围之中，那么，中华学术成就必将取得更加辉煌的"造极"。然而，中国的学术家、思想家、甚至哲学家，都是一身兼任、官学同位，没有纯粹的学术家、思想家及哲学家，他们既关心形而上之道的探讨，更关注形而下的百姓日用。他们怀着"为天地立心，为生民立命"的抱负，不仅为"继绝学"而提出各种学术主张，而且为"开太平"而提出种种政治主张。两者相辅相成，相依不离。他们自己也不做分别，混而为一。这不仅制约了其学术探索的深入和学术创新的成就，而且往往易于把学术辩难引向政治论争，也易于把学派之争转换为党派之争，这是中国学术的悲哀！

　　"庆历新政"把一批士大夫中的精英分子推上政治舞台，他们直言谠论，廉耻相尚，名节相高，成为士大夫的新风尚。"士大夫忠义之气，至于五季，变化殆尽……真、仁之世，田锡、王禹偁、范仲淹、欧阳修、唐介诸贤，以直言谠论倡于朝，于是中外搢绅知以名节相高，廉耻相尚，尽去五季之陋矣"①。这种士风影响后来。"庆历新政"虽失败，但又酝酿着"熙宁变法"。当时士大夫们为了改变国家"积贫积弱"的危机，司马光（涑学）、二张（张载、张戬兄弟，关学）、二程（程颢、程颐兄弟，洛学）、二苏（苏轼、苏辙兄弟，蜀学）都提出了改革的政治主张。"熙宁变法"之初，其中有的同情变法，有的支持变法，也有的反对变法。张戬支持王安石变法，二程也持支持态度。程颢说："人君举动，不可不慎，易于更张，则为害大焉，臣独以为不然。所谓更张者，顾理所当耳。其动皆稽古质义而行，则为慎莫大焉，岂若因循苟简，卒致败乱者哉？自古以来，何尝有师圣人之言，法先王之治，将大有为而返成祸患者乎？愿陛下奋天锡之勇智，礼乾刚而独断，霈然不疑，则万世幸甚！"② 要求神宗刚乾

---

① 《列传·忠义一》，《宋史》卷446，中华书局1977年版，第13149页。
② 《论王霸礼子》，《河南程氏文集》卷1，《二程集》，中华书局1981年版，第451、452页。

不疑,不要因循守旧,以致败乱,要改易更张,变法图强。一方面程颢批评"徒知泥古,而不能施之于今"的"陋儒"之见;另一方面他亦批评"谓今人之情皆已异于古,先王之迹不可复于今"的"祖宗不足法"① 之见。程颢的《论十事札子》便是从十个方面论证"三代之法有必可施行之验"的,并非都是"迂疏无用"之说。这就与王安石的"三不足畏"的思想有异,再由于具体改革方案、措施等的分歧,王、程之间便发生冲突:"荆公尝与明道论事不合,因谓明道曰:'公之学如上壁。'言难行也。明道曰:'参政之学如捉风。'及后来逐不附己者,独不怨明道"②。这种冲突往往是学术的、政治的,甚至情感的纠缠一起,很难分清。"荆公新学"与洛学互相排斥,形同水火。元祐元年(1086 年)旧党在高太后支持下执政,熙宁新法被废,新党遭排斥。其间程颐洛党与二苏蜀党又发生冲突,程颐遭弹劾③,次年被罢经筵,洛党有关人士罢外或迁职。绍圣四年(1097 年)新党又当政,再贬元祐党人,程颐被送涪州编管。不断的党争,有关士大夫精英被党争所困囿,不能进行理智的学术探讨,特别是不能在不同意见(包括不同政见)间进行学术论辩。不同学派利用其当政的政治权势,排斥、打击异己学派;甚至利用行政手段,制造"元祐奸党"案等。这样就堵塞了不同学派之间的交流和对话,也丧失了互相汲取和融合,妨碍了北宋学术更辉煌地发展。

南宋时期朝野上下为靖康之耻所笼罩,抗金成为首务。政治论争主要围绕战和而展开,学术论辩还可保持在学术范围内进行,而较少受

---

① 《论十事札子》,《河南程氏文集》卷1,《二程集》,中华书局1981年版,第452页。

② 《河南程氏遗书》卷19,《二程集》,中华书局1981年版,第255页。

③ "左谏议大夫孔文仲言:谨按通直郎崇政殿说书程颐,人物纤汙,天资憸巧。贪黩请求,元无乡曲之行;奔走交结,常在公卿之门;不独交口褒美,又至连章论奏;一见而除朝籍,再见而升经筵。臣顷任起居舍人,屡侍讲席,观颐陈说,凡经义所在,全无发明,必因藉一事,汎滥援引,借无根之语,以摇撼圣听,推难考之迹,以眩惑渊虑。"(《河南程氏外书》卷12,《二程集》,中华书局1981年版,第445页。)

党争的干扰。如朱陆鹅湖之会,朱陈(亮)王霸义利之辩等。然而一旦被卷入政治斗争的漩涡,也难逃被打击的结果,朱熹就是在赵汝愚与韩侂胄的政争中被涉及,而成为"伪学逆党籍"中重要一员。把一种学说打成"伪学"或"邪说",就压抑了学术的发展,破坏了自由的、平等的对话和辩难的学术氛围,于学术繁荣大有妨碍。中国的学术总是在与政治的千丝万缕中发展——压抑——发展。直至现代的"文化大革命",学术成了政治的驯服工具,扮演着为政治服务的角色,亦未摆脱中国古代学术的命运。

二、学术的冲突和转生

宋代国家的统一,社会的相对安定,经济的发展,自然科学三大发明的完善,以及文化政策相对宽松,营造了相对自由的学术氛围,孕育着新的学术理论形态的转生。这个新的学术理论形态是在化解当时三大冲突中转生的:

1.传统经学解释学的冲突。

自汉以来,经是中国汉王朝法定的对以孔子为代表的儒家所编著的书籍的尊称[1],如经孔子整理删定的《诗》、《书》、《礼》、《易》、《春秋》

---

[1] 参见周予同:《经·经学·经学史》,《周予同经学史论著选集》,上海人民出版社 1983 年版,第 650 —660 页。他指出经的初字是巠字,巠即丝。金文中的经,作经纬讲。"经典"说法是战国以后才出现,如《管子·戒》:"泽其四经"。《荀子·劝学》:"始于诵经"。《庄子·天道》:孔子"缮十二经"。按:在《庄子·天运篇》:"孔子谓老聃曰:'丘治《诗》、《书》、《礼》、《乐》、《易》、《春秋》六经'。"《荀子·劝学》:"故《书》者,政事之纪也;《诗》者,中声之所止也;《礼》者,法之大分,类之纲纪者,故学至乎《礼》而止矣。""六经"这个词已出现于战国。范晔:《后汉书·赵典传》始载《七经》,五经加《论语》、《孝经》。

五经,后有所扩大,如"七经"、"九经"、"十三经"等。对经的传、记、笺、注、疏、章句、训诂等的解释之学,谓之"经学"①。汉儒治经,以传记笺注、名物训诂为要务。唐儒治经,上承汉儒"家法",依注作疏。《五经正义》以"疏不破注"为原则。末流所及,以致"讳言服、郑非"的情境。不仅以"疑经"为背道,而且以"破注"为非法,严重桎梏、束缚了学术界的思想,使以经学为载体的儒学陷入烦琐和僵化。由于罗列枯燥考证条文而毫无生气,使儒学的生命智慧枯萎。

宋儒为了开发儒学新的生命智慧,一是,必须超越汉唐以来对儒家经典文本的种种错综复杂的解释,直接回归元典,还元典以本来的面目及其本真意义和原作者(圣人)本来旨意。如朱熹以《周易》为卜筮之书,《诗经》讲男女之事,《尚书》为历史文献记录等,荡涤了《五经》为圣人之言的种种神圣的光环和权威,解除了宋儒研究经学中的种种禁区。诸如"师法"和"家法",才能比较客观地面对经典文本,与经典文本对话、研究,改变了在与经典文本对话、研究中的被动状态,不仅能平等互动,而且使主体性得以彰显,即以"我注六经"转变为"六经注我"。

二是,必须超越汉唐以来儒家经典文本的传统解释方法。传统的注疏训诂之学的解释方法,已不能开发出儒家经学的生命智慧,其教条式的僵死化,只有使儒学经典生命的智慧之光逐渐熄灭,不少宋儒自觉地意识到这一点,他们自强不息,奋起与时偕行,改变传统解释经典文本的方法,即以义理之学的解释方法取代注疏之学的解释方法。每一次儒学经典新生命的化生,学术思想的创新,在某种意义上说,都是以解释方法的创新为其先导。宋儒义理之学解释方法的创新,开创了宋学的学术思潮的时代,使儒学经典文本的真义和原作者的本意得以重新彰显,使儒学的生命智慧更显光亮耀眼。

---

① 经学一词最早见于《汉书·儿宽传》:"见上,语经学。上说之,从问《尚书》一篇。"(《汉书》卷58,中华书局1962年版,第2629页)。

2. 价值理想的冲突。

唐末藩镇割据,五代十国混战。中国古代社会陷入大分裂、大动乱局面,致使纲常失序、道德沦丧、理想失落、精神迷茫的价值颠覆与意义危机。加之长期战乱对文化学术载体书籍的扫荡,文人士子丧失了求学研究的环境,学术典籍荡然无存。欧阳修、宋祁说:"安禄山之乱,尺简不藏……至文宗时,郑覃侍讲,进言经籍未备,因诏祕阁搜采,于是四库之书复完,分藏十二库,黄巢之乱,存者盖鲜……及徙洛阳,荡然无遗矣"①。文化学术底蕴遭受严重损失。两宋的儒学学者为了稳定社会秩序,加强社会凝聚力,必须重整伦理纲常、道德规范、行为准则,重建价值理想、终极关切、精神家园等形而上信仰系统以及形而下的实践系统。基于此,两宋的学者必须肩负两重重担:一是作为政治家必须肩负化解"积贫积弱"的国势,而富国强兵;要富国强兵又必须不断实行革新,才能外御强敌,内安民心。"庆历新政"、"熙宁变法"的失败,致使北宋愈趋衰弱;二是作为儒学学者必须肩负创造新理论思维和新学术形态的重任,以人文关怀化解信仰体系和道德体系的瓦解,以新的价值理想和终极关切,重新焕发新的信仰力量和道德力量的召唤力。

3. 外来文明的冲突。

自汉以来,印度佛教文化传入中国,与中国传统的儒家伦理道德、社会心理、思维方式、行为规范、生活习惯发生激烈冲突。当两种异质文化思想发生冲突时,实际上是一种互动的状态,它给冲突的双方或多方提出了反思之所以冲突的问题、问题本质以及能否化解和化解途径等。这种反思使冲突各方的长短、优缺都凸显出来,各知短之短,长之长,择人之长以补己之短,以己之优以优人之优。这是学术思想冲突过

---

① 《艺文志一》,《新唐书》卷57,中华书局1975年版,第1423页。

程中之所以生生不息的原因所在。佛教学术文化在吸收中国传统固有思想中而逐渐中国化,中国传统儒家学术思想也在与佛教学术思想融突中,而得以提升。中国佛教学者毕竟不是印度佛教学者,他们无可避免地都具有中国人的"前识"、"前见",当他们去理解、解释印度佛教经典文本时,无疑会发生"误读"。这种"误读"就给中国佛教学者以创建各种不同宗派的空间,以及创建中国化的佛教宗派的内因和外缘。佛教的中国化进程和道教教义精密化过程,给儒教学者以巨大的震撼和冲击,儒教学术必须改弦更张,必须吸收佛道之长之优,融突创新,使儒释道三教"兼容并蓄"的文化学术整合的方法论争转化为落实到新的和合体上,即理学学术和合体成为时代思潮的主流,并成为国家意识形态。

4. 新学术的融突转生。

宋明学术新和合体是在化解上述三方面融突中转生,并凸显了其强大的生命智慧和活力。这种新和合体简称为理学。因为它自称继往圣尧、舜、禹、汤、文、武、周公、孔、孟之"道统",所以称其为理学儒学。它与先秦元典儒学和汉唐经学儒学相比较,有其新的特质、形态和新的时代精神,也可以称其为新儒学。理学儒学是在外来印度佛教学术文化和本土道教学术文化及其价值理想、学术形态转型的冲突下,把元典儒学作为滞留在伦理道德层次的心性之学,从形而上学本体层次给以论证和支撑,使传统儒学以心性为核心的伦理道德和价值理想建构在具有厚重理性力度的形上学的理、气、心、性本体之上,并通过理、气、心、性的"体用一源"、"理一分殊"的解释,以及其与生存世界、意义世界和可能世界的关系说明,使儒家理、气、心、性之学获得形上性和整体性阐发,传统儒学内在的逻辑结构、道德结构、价值结构、思维结构在与时偕行中不断创新,使人文理性得以发扬,儒学重新获得了新生命。

宋明理学学术思潮是时代精神的体现,它与以往各个时代所体现的学术思潮有异。从先秦到宋明,历经先秦百家之学思潮,两汉经学思潮,魏晋玄学思潮、隋唐佛、儒、道三教之学思潮，各个思潮都有其学术的核心话题。各思潮学术核心话题是各时代精神的人文关切和价值创造。

理学学术核心话题是理气心性。程颢"自家体贴"出"天理"二字。虽此二字先秦《庄子》书中就有，《礼记·乐记》又讲"天理"与"人欲"，但程颢所以讲"自家体贴"出来，是指他建构了以"天理"为核心话题的理学儒学学术体系。二程说："天理云者，这一个道理，更有甚穷已……它元无少欠，百理具备"①。天理（二程简称为理）是普遍的，万物皆有理；又是超越的，无声无臭的形而上者。朱熹发扬二程思想，他说："形而上者，无形无影是此理"②，"形而上者，指理而言；形而下者，指事物而言"③。他把理与事物（器）等做形而上下之分，就凸显了理的外超越性，以及器（事物）的情状性。这种形而上下的分别，确立了"天理"（理）的形上性的本体地位。

宋明学术以理为出发点，分为性即理派，气即理派，心即理派。二程依性体贴天理，程颐说："性即理也，所谓理，性是也"④。朱熹称扬程颐"性即理"这句话自古无人敢如此讲，即程颐是发前人之未发。胡宏作为二程大弟子杨时的学生，他发挥性理思想，认为"大哉性乎，万理具焉，天地由此而立矣"⑤。性具万理，"心穷其理，则可与言性矣"⑥。性与理是圆融的。朱熹继承二程，他说："性者，理之全体而人之所得以生者也"⑦。"性字盖指天地万物之理而言"⑧。人之所以生，其根据在性

---

① 《河南程氏遗书》卷2上，《二程集》，中华书局1981年版，第31页。

② 《程子之书》，《朱子语类》卷95，中华书局1986年版，第2421页。

③ 《易十一》，《朱子语类》卷75，中华书局1986年版，第1935页。

④ 《河南程氏遗书》卷22上，《二程集》，中华书局1981年版，第292页。

⑤ 胡宏：《知言·一气》，《胡宏集》，中华书局1987年版，第28页。

⑥ 胡宏：《知言·纷华》，《胡宏集》，中华书局1987年版，第26页。

⑦ 朱熹：《尽心说》，《朱文公文集》卷67，《四部丛刊初编》本，上海商务印书馆1936年版。

⑧ 朱熹：《答汪长孺》，《朱文公文集》卷52，《四部丛刊初编》本。

或理,理的全体是性,性是天地万物之理,性即理。在这里性亦是超越的形而上者,"性是形而上者,气是形而下者,形而上者全是天理,形而下者只是那渣滓"①。性是形而上者的天理。性是理,在心叫性,在事叫理,只是所在不同而称谓有别,实是性即理。

从气即理来说,张载曾提出"知太虚即气,则无无"② 的思想,似可理解为太虚是气的一种状态或特征,但张载又讲"太虚无形,气之本体"③。太虚是气的本体,太虚与气并非等同。"即",《说文解字》:"即,即食也"。《周易·屯·六三爻辞》,"即鹿无虞"。虞翻注:"即,就也。"引申为靠近的意思,靠近意蕴着相依不离、不分。太虚不能无气,太虚即气,意谓虚气相就。凸显气具有形而上的特征。杨万里以太极为元气。他说:"元气浑沦,阴阳未分,是谓太极"④。太极便是一气的太初状态。太极在当时理学家心目中即是理或道,张载也曾认为"由气化,有道之名"。王廷相主张元气之上无道、无理,意谓元气蕴涵着理,理不在气上而在气中。吴廷翰则明确指出:"理即气之条理,用即气之妙用"⑤。譬如气的屈伸往来,就是理;又譬如天的福善祸淫以为天理,是乃气的变化灵妙。理作为气的条理,两者不离,"名为理气,实惟一物耳"⑥,为气即理。王夫之总其成,深刻论证了气即理思想。他说:"理即是气之理,气当得如此便是理"⑦。又说:"天下岂别有所谓理,气得其理之谓理"⑧。"气得其理",即是"当得如此"的意思,此理即是气的条理、道

① 朱熹:《性理二》,《朱子语类》卷5,中华书局1986年版,第97页。
② 张载:《正蒙·太和篇》,《张载集》,中华书局1978年版,第8页。
③ 张载:《正蒙·太和篇》,《张载集》,中华书局1978年版,第7页。
④ 《系辞》,《诚斋易传》卷17。
⑤ 吴廷翰:《吉斋漫录》卷上,《吴廷翰集》,中华书局1984年版,第8页。
⑥ 吴廷翰:《吉斋漫录》卷上,《吴廷翰集》,中华书局1984年版,第17页。
⑦ 王夫之:《告子上》,《读四书大全说》卷10,《船山全书》(第六册),岳麓书社1991年版,第1052页。
⑧ 同上书,第1058页。

理、事理等。

从心即理而言,陆九渊强调提出"心即理"命题。尽管程颢说过"心是理,理是心"①,程颐讲过"理与心一"②,朱熹也讲"心即理,理即心"③,但二程、朱熹并没有将此命题作为其学术思想的核心,而陆九渊依"心即理"建构其学术体系。他认为"心"与"性"同实、同体,而非为二理,使心与理、性与理相联结,由程朱"性即理"向陆九渊的"心即理"转换。"人皆有是心,心皆具是理,心即理也"④。心为这个心,理为这个理,此心此理,不容有二;精义无二,心即是理。他认为东、西、南、北海和千百世上、下,此心同,此理同,从而得出"宇宙便是吾心,吾心即是宇宙"⑤的论点。陈献章出入朱陆,而后归宗于陆九渊心学,称江门心学。他静以求心,使吾心之体隐然呈现,而达到心、理融合的境界。他说:"君子一心,万理完具,事物虽多,莫非在我"⑥。心具万理,事物在我,心理合一。在此心理吻合境界,不仅事物在我,宇宙亦在我心。"会此则天地我立,万化我出,而宇宙在我矣"⑦。这是对陆九渊"宇宙便是吾心,吾心即是宇宙"的阐发,凸显其学术的主体意识。陈献章弟子湛若水,阐释其师思想而又有发展,认为"心之本体即天理也"⑧。宇宙之内只是一心,万事万变本于心,千圣千贤皆是心学,心为万事万化的本

---

① 《河南程氏遗书》卷13,《二程集》,中华书局1981年版,第139页。

② 《河南程氏遗书》卷5,《二程集》,中华书局1981年版,第76页。

③ 《大学五》,《朱子语类》卷18,中华书局1986年版,第408页。按,此话虽为问话,但朱熹同意其说。朱熹又说:"理即是心,心即是理"(《朱子语类》卷37)。

④ 《与李宰(二)》,《陆九渊集》卷11,中华书局1980年版,第149页。

⑤ 《杂说》,《陆九渊集》卷22,中华书局1980年版,第273页。

⑥ 陈献章:《论前辈言铢视轩冕尘视金玉》,《陈献章集》卷1,中华书局1987年版,第55页。

⑦ 陈献章:《与林郡博(七)》,《陈献章集》卷2,中华书局1987年版,第217页。

⑧ 湛若水:《正心中》,《格物通》卷20。

原和根据,圣贤之学就是心学。

王守仁集心学之大成,他批评心与理的二分,主张"心即理"的心理合一论,并以此作为他的"立言宗旨"。他说:"诸君要识得我立言宗旨,我如今说个心即理是如何? 只为世人分心与理为二,故便有许多病痛"①。心是天地万物之主,所以讲心,天地万物都概括了,它不分天人、古今,求理于心,心是吾所得的天之理。由此出发,他得出"心外无物,心外无事,心外无理"②。从学术的视角来看,他认为《六经》为吾心的常道。"《六经》者,非他,吾心之常道也。故《易》也者,志吾心之阴阳消息者也;《书》也者,志吾心之纪纲政事者也;《诗》也者,志吾心之歌咏性情者也;《礼》也者,志吾心之条理节文者也;《乐》也者,志吾心之欣喜和平者也;《春秋》也者,志吾心之诚伪邪正者也"③。《六经》是吾心的注脚,是志记、标志吾心的心理、生理、伦理、道德、情感、观念、思维等感受、主张和活动的典籍。它是吾心的寄载体,而达到"致良知"的内超越。

宋明理学的学术核心话题理、气、心、性,虽各个学派由于其价值理想、学派承传、体贴角度以及个人兴趣的差异而殊,但其成德成圣的价值目标却同。因此,宋明学者也体认到理、气、心、性名虽异,而实可圆融。四者互动、互渗、互补,既相分不离,又相依不杂,不离不杂,一而二,二而一,体用一源,构成了宋明学术的核心话题。

三、新经典解释文本的选择

宋明学术核心话题的转换,使得原有《五经》解释文本作为经学儒

---

① 王守仁:《传习录下》,《王文成公全书》卷3。
② 王守仁:《与王纯甫二》,《王文成公全书》卷4。
③ 王守仁:《稽山书院尊经阁记》,《王文成公全书》卷7。

学的载体，已经不能为理、气、心、性学术核心话题提供理论支撑和证明力度。再者，文本是学术思想言说的符号踪迹，是学术思想交往的理性工具，是学术精神超越的信息桥梁。学者总是通过对一定文本的理解、诠释，才能凝炼体现时代精神的学术核心话题，体现学术的人文关怀，并融入民族生命智慧的人文语境。特别自南北朝隋唐以来，作为儒家所依傍的《五经》文本，在与佛、道的冲突中，无论在宇宙论、价值论，还是心性论、修养论等方面，都不及佛道精密、深奥和详尽，难以在与佛道的冲突中做相应的化解，而必须对依傍解释的经典文本做出重新选择，这也是中华学术与时偕行的特征的体现。先秦百家之学的"道德之意"思潮是学术创发期，诸子创作了各种文本，个别也引用上古文献，如《周易》、《诗经》等《五经》；两汉经学的"天人之际"思潮，其所依傍的解释文本是"春秋公羊学"；魏晋玄学的有无本末思潮，其所依傍的解释文本是"三玄"（《周易》、《老子》、《庄子》）；隋唐儒释道三教之学的"性情之原"思潮，其所依傍是印度的佛经、儒教的《五经》、道教的《道德经》、《南华经》等。宋明学术思潮的变换，其所依傍的解释文本亦要变更，这是中华学术发展的趋势，也是学术内在逻辑演变的需要。于是宋明学者选择了《四书》（《论语》、《孟子》、《大学》、《中庸》）作为其学术核心话题理、气、心、性所依傍的解释文本。

宋明学术为什么要选择《四书》作为其所依傍的解释文本？

1. 内圣外王的理论追求。

儒家学术宗旨是以"人为贵"的人文关怀，它探索什么是人，怎样为人，什么是人的本性、本质等。这在元典儒学中主要是解决人之所以为人的问题，即把人从水火、草木、禽兽等物中超拔出来，赋予人以社会的、道德的理性。汉唐儒学主要是探讨天人关系的分合、感应、互动以及人性的本质、善恶、性情等问题。唐代儒学着重探索人的性情体用、善恶、品位问题。宋明儒学在佛道的冲击下，必须解决超越的形而上天理良知与现实的形而下道德行为之间的断裂,即精神的可能世界与现世的生存世界、天理与人欲、道心与人心、天命之性与气质之性的关系,弥补其间的断裂,使其"体用一源",体由用而得以落实,用由体而获得支撑。换言之,形而上的天理良知得以落实到伦理道德的形而下之中,形而下的伦理道德获得天理良知的形而上的论证。就儒家学术来说,是一个"内圣"与"外王"的问题,即超越的与现实的问题。

宋明学者在儒家经典的《礼记》中发现了《大学》与《中庸》两篇文章。这两篇的学术思想恰好弥合了上述的断裂,体现了"体用一源"的精神。《大学》的格物、致知、诚意、正心、修身、齐家、治国、平天下,是一个即本体即工夫、即内圣即外王的融合机制,其间没有断裂,若有断裂,那是人为之弊。在这里,人物与天理、心性与情物,都达到了圆融的理想人格的圣人境界。《中庸》从超越的"未发"到现实的"已发",从精神的"中"到"中节"的"和",其间也是统摄的,再到"致中和,天地位焉,万物育焉"的圆融和合境界,这也是由内到外、由心性到情物的"内圣外王"、"体用一源"的圣人境界。

宋明学术要面临释道之学严重冲突而挺立自身儒学主体,不仅需要回归元典儒学的文本,而且该文本能对当时的新问题、新冲突做出新解释、新化解。就前者而言,《大学》、《中庸》原编者未说明其作者,汉郑玄注《大学》亦无说明,唐孔颖达撰《礼记正义》同。宋司马光著《大学广义》,虽为《大学》单行本之始,但对作者无说明。二程各作《大学定本》,并确定"《大学》孔氏之遗书,而初学入德之门也"[①]。朱熹进一步确定《大学》是曾子所作:孔子"三千之徒盖莫不闻其说,而曾氏之传,独得其宗,于是作为传义以发其意"[②]。并认为《大学》有经有传,《经》是孔子的话,为曾子所转述,《传》是曾子的话,其门人所记。这样,《大学》在元

---

①　朱熹:《大学章句》引,世界书局 1936 年版,第 1 页。
②　朱熹:《大学章句序》,世界书局 1936 年版。

典儒学中的地位得以确立。《中庸》郑玄认为是"孔子之孙,子思作之"①。子思是曾子的弟子,孟子又是子思的弟子。这样从孔子的《论语》到曾子的《大学》到子思的《中庸》,再到孟子的《孟子》,构成元典儒家传授的谱系。就后者来说,两书即内圣即外王、即本体即工夫之学,便是原本元典儒家文本的本义,它为当时时代所面临的新问题、新冲突可做出有力度的赋有生命智慧的回应和化解。

2. 学术核心话题的安顿。

超越的理、气、心、性形上之学如何安顿,其载体是什么? 其依傍的经典文本如何选择等,都需要宋明学者做出积极的回答。理气问题即道器、太极阴阳、理事的形而上下的"体用一源"问题。中国传统理气、道器问题的探讨,曾给佛、道以理论的启示。中国学术亦吸收佛道的理事说,特别是佛教学者把理与法性、真如相圆融,理便是真理、法性、佛性、本体等义,如天台宗讲"中道实相理"和"如来藏理";华严宗以"体用相即"说明"理事圆融",法藏认为若理体事用,用即体,"如会百川以归于海";体即用,"如举大海以明百川",理事互融,体用自在②;禅宗主理事不二。理便具有宇宙人生的真谛、本体,众生悟理成果的根据等义。佛教的理事无碍是讲理为事之本体,事为理的显现,理事相即相入、圆融无碍。程颐曾在答问中讲他对《华严经》的体悟:"问:'某尝读《华严经》,第一真空绝相观,第二事理无碍观,第三事事无碍观,譬如镜灯之类,包含万象,无有穷尽。此理如何?'曰:'只为释氏要周遮,一言以蔽之,不过曰万理归于一理也'"③。万理与一理关系,即体用相即、理事无碍关系。

---

① 《中庸》,《礼记正义》卷 52,《十三经注疏》,中华书局 1980 年版,第 1625 页。

② 见《华严经义海百门·体用开合门第九》,《大正藏》卷 45,第 635 页。

③ 《河南程氏遗书》卷 18,《二程集》,中华书局 1981 年版,第 195 页。

　　宋明学者要回答理事、理气的关系，必须有经典的依据。在《四书》中《论语》无"理"学，《孟子》认为人的口、耳、目等皆有所好，那么"心之所同然者何也？谓理也，义也。圣人先得我心之所同然耳。故理义之悦我心，犹刍豢之悦我口"①。人心所同然的东西，即人心的共性，便是理和义。在这里，"理"已从治理、纹理、条理中提升出来，作为人心内在的共性、本性。这种人心的共性、本性不是来自自然物的条理，纹理，而来自社会的仁、义、礼、智等伦理道德。即使作为"理"的本义的纹理、条理，孟子也赋予伦理道德的内涵。"孔子之谓集大成。集大成者，金声而玉振之也。金声也者，始条理也；玉振之也者，终条理也。始条理者，智之事也；终条理者，圣之事也"②。敲击镈钟是节奏条理的开始，特磬收尾是节奏条理的终结，就人来说，前者是智，后者是圣。人的仁义礼智道德，有首有尾，有始有终，而成为圣人。孔子始终条理，集智圣之大成，达到了内在道德与外在礼仪节文的完美融合境界，亦即内圣与外王的融合境界。尽管《孟子》在当时受到李觏、司马光等人的疑孟、非孟、删孟、诋孟等情境，但二程、朱熹仍竭力尊孟，崇孟，而选为《四书》之一。

　　《中庸》在《孟子》之前就把理与圣人的美德相联系，把条理作为圣人的品德。"惟天下至圣，为能聪明睿智，足以有临也；宽裕温柔，足以有容也；发强刚毅，足以有执也；齐庄中正，足以有敬也；文理密察，足以有别"③。"君子之道，淡而不厌，简而文，温而理，知远之近，知风之自，知微之显，可与入德矣"④。文章条理详细明辨，为至圣之德；温和而有条理，为君子之道。《大学》本无理字，然朱熹撰《格物致知补传》，便大讲"格物穷理"。理既不仅是圣人至德，君子之道的伦理道德范畴，也不是条理的概念，而提升为天地万物的根据的形而上范畴，也是格物致知

---

① 《告子上》，《孟子集注》卷11，世界书局1936年版。
② 《万章下》，《孟子集注》卷10，世界书局1936年版。
③ 《中庸章句》第三十一章。
④ 《中庸章句》第三十三章。

的知识论范畴，以及价值论的范畴。

《论语》虽不讲理，但讲气。孔子讲气有四义：气息、血气、辞气、风气①。此四义都与人的生理、心理、性格、修养相关联，亦与心性相联系。孟子发扬孔子思想，他从性善论出发讲气，把气规定为人身内在的"浩然之气"。"敢问何谓浩然之气？曰：'难言也。其为气也，至大至刚，以直养而无害，则塞于天地之间。其为气也，配义与道，无是，馁也。是集义所生者，非义袭而取之也。行有不慊于心，则馁矣"②。浩然之气是很难用言语来表达的，但其品性有三：一是至大无限，至刚强健，正确培养扩充它而不损害它，就能充塞于天地之间；二是要与义、道相配合，否则就会萎缩了；三是它是"集义"而生，不是靠一时掩取而得的，若人不按"义"来调节自己欲望和行为，那么，"浩然之气"就消散了。这就是说，"浩然之气"是人内心的正气、道义之气，它依靠积善工夫而事事合于义而产生的。它不是自然的天地之气，也不是人体的阴阳之气，而是一种道德精神，心性之气。因此，孟子强调心、志、气的相辅相成，反对告子关于仁内义外、心气相离的论说。公孙丑问孟子，老师的不动心与告子的不动心有何不同？孟子说：告子讲"不得于言，勿求于心；不得于心，勿求于气"。孟子认为，后者可，前者不可。因为人心意志是气的主帅，气充满体内，受志的支配。人意志坚定，正气就有。所以要坚定自己意志而不能残害自己的正气，志与气互动、互补。"志壹则动气，气壹则动志也。今夫蹶者趋者，是气也，而反动其心"③。假如志、气不专一而为小利颠踬趋骛，行为不正，那么，邪气就会动摇其心志。孟子认为志、气、心三位一体，通过善养"浩然之气"，而能气正志坚，而成为君子大丈夫。由此而言，孟子的气是人心内在的心气、志气的道德精神。

---

① 见张立文主编：《气》，中国人民大学出版社1990年版，第26—27页。
② 《公孙丑上》，《孟子集注》卷3，世界书局1936年版。
③ 《公孙丑上》，《孟子集注》卷3，世界书局1936年版。

在《五经》文本中,这种理、气范畴的意蕴是缺乏的,依傍《五经》文本难于解读出理、气与心、性的联系,及与时代学术思潮相契合的意蕴,以及理、气、心、性内在的内圣外王的意义,因而只有求诸于《四书》。《四书》提供了这方面可以发挥的广阔天地和无限资源,并为安顿宋明学术核心话题提供了赖以解释的文本。

3. 安身立命的落实

中国学术的旨趣是重人的学术,一切学术归根结蒂是围绕人而展开,无论是宇宙天地的关怀,自然万物的关怀,还是社会群体的关怀,个体人生的关怀,都可以说是一种人文的关怀,因此,中国学术简言之为人文学术。宋明学术正是在这个前提下,使儒、释、道三教之学圆融无碍,而趋完善。这个圆融无碍和完善的过程并非仅仅各善其善、各美其美,而是善人之善,美人之美。在此基础上,而超越各自之善,各自之美,和合转生为新善新美。这是中国学术发展的大势。

如何和合转生为新善新美? 也就是说它既是儒之治世,又是释之治心、道之治生,三者和合的落实,便是宋明理学。理学担当了"安身立命"的落实。无论是治世、治心,还是治生,归根到底是治人。治人的终极目标是成圣、成仙、成佛。圣、仙、佛的理想人格和理想境界,虽然在实现层面上有此岸与彼岸之别,但实现的终始和要旨是心性的修养或修炼则同。在这个意义上说,治人就是治心和治性。宋代道士萧应叟看到了三教之同:"三教皆由心地发明,儒曰存心,仙曰修心,佛曰明心"[1]。在萧氏之前的唐末五代道士杜光庭也说过:"一切世法,因心而灭,因心而生。习道之士,灭心则契道"[2]。世法是由于心的生灭,"儒曰正心,佛曰明心,老曰虚心,此三者有同异否?"元代全真道士牧常晁

---

[1] 《元始无量度人上品妙经内义》卷4之24,《正统道藏》第3册,第1928页。
[2] 《道德真经广圣义》卷8之11,《正统道藏》第24册,第18911页。

回答说："设曰三心,实一理也"①。名异实同。佛教禅宗讲"明心见性",道教讲修心炼性,儒教讲存心养性。在儒、释、道三教的互动中,宋明儒家学者既要化解在心性论上与释、道的冲突,又要梃立儒教自身心性论所依傍解释的经典文本,为表明儒家心性论的源远流长,而需回归元典文本,并以此为本,一方面与释、道区别开来,而凸显儒家心性论的特性;另一方面吸收释、道心性论,以补充和提升儒家心性论。宋明儒学学者对释道采取了在吸收中批判,在批判中吸收的方法,而开出了心性论之新花。

儒家始祖孔子倡导仁,仁即人与人的关系之学,这是西周之天向人下移的落实②,是人道的张扬。仁学即人学,人之心即仁心。孔子自述他修业进德的历程说,到70岁时,他便可达"从心所欲,不逾矩"③的人生境界。此心是指内心的欲望、主体道德意识。从修业而言,心在体认外在各种制度规矩中,心与外物一致,而不相违;从进德来说,心作为道德主体意识,由于体认的提升,而达道德自觉和完善,使心的欲望与道德规矩的完全一致,并达自由境界。孔子由15岁到70岁,经验生命的一切。他称赞颜渊"三月不违仁",他70岁以后已达永久不违仁的最高境界,实现了人格的高度完美。孔子认为,人内在地具有其本质特性,即人的本性。"子曰:性相近也,习相远也。"④ 人性本来是相近的,这就是说,人具有普遍的本性,人的善恶智愚之异,是后天习的使然,换言之,人的道德精神、聪明才智是在于人的学习践履而获得的。孔子对性提出了性与习、远与近的关系,以及把人们引向探索人性是什么? 有无共同人性? 人性是否变化等热点问题,给后人以广阔的探讨空间。

孟子把仁与人心,心与性、性与天以及人的本性是什么等问题做了

① 《玄宗直指万法同归》卷4,《正统道藏》第40册,第31913页。
② 参见张立文主编:《天》,台北:七略出版社1996年版,第34—46页。
③ 《为政》,《论语集注》卷1,世界书局1936年版。
④ 《阳货》,《论语集注》卷9,世界书局1936年版。

具体回答。"仁,人心也"① 仁内在于心,心具有仁。"君子所性,仁义礼智根于心。"② 人的本性就是根于心的仁义礼智的道德精神。心与性合一,进而心、性、天合一。"尽其心者,知其性也。知其性,则知天矣。存其心,养其性,所以事天也。"③ 不断体认、扩充人自己内心本有的仁义礼智善端,体悟人性,而通达天道境界,这是尽心→知性→知天模式;保存人自己善心,培育自己道德本性,而事奉天道,这是存心→养性→事天的模式。这两种模式前者重尽知,后者重存养;前者重体知,后者重内养。打通了心、性、天三者,即弥合了天道与人道的分裂,获得天人合一的境界。孟子的尽心、知性和存心、养性的心和性,他都将其预设为善心和善性,并以此作为人的本心与本性,由此出发而论证其人性论、修养论、道德论和价值论。

如果把《大学》作为曾子及其弟子所作,《中庸》为子思所作,那么,《大学》的三纲领八条目和《中庸》的首三句等,便是由孔子到孟子的谱系。《大学》高扬人的主体道德,人生最高价值在于治国平天下,而修心养性则是其实现人生最高价值的前提条件。"在明明德,在亲民,在止于至善"④。彰明高尚道德,革除其旧染,而为新人,以趋至善道德境界。人心最可贵之处就是"知止","知止"便是"至善"的所在。譬如为人君、臣、子、父、国人,便是止于仁、敬、孝、慈、信,所以"知止"而后有定、静、安、虑、得。朱熹解为心志有定向,静而心不妄动,安而所处而安,虑而处事精详,得是得其所止。为心性养修的经验。三纲领化为八条目,便是一具体由内圣到外王的心性修养过程,格物、致知、诚意、正心、修身、齐家、治国、平天下,从而构成系统的心性修养的过程。在这里,内在心性的道德形上学与外在的修、齐、治、平的形下学止于体用一

① 《告子上》,《孟子集注》卷11,世界书局1936年版。
② 《尽心上》,《孟子集注》卷13,世界书局1936年版。
③ 《尽心上》,《孟子集注》卷13,世界书局1936年版。
④ 《大学章句》经一章,世界书局1936年版。

源,显微无间。

《中庸》"天命之谓性,率性之谓道,修道之谓教",阐明了人性的来源,人性发展的规则,以及人性修养的本体与工夫等问题,探讨了心性的根据、内涵和方法,并提出了未发之中和已发之和的"中和"大本、达道问题,论述了"致中和,天地位焉,万物育焉"的天地万物本吾一体的境界。

《大学》、《中庸》之所以成为宋明理学学术解释的经典文本,换言之,《四书》之所以成为其依傍的诠释文本,朱熹在《中庸章句序》中系统而精详地论述了其选择解释文本的原因、标准、要求及符节。他说:"历选前圣之书,所以提挈纲维,开示蕴奥,未有若是其明且尽者也。自是而又再传,以得孟氏为能推明是书,以承先圣之统。及其没,而遂失其传焉。则吾道之所寄,不越乎言语文字之间,而异端之说日新月异,以至于老佛之徒出,则弥近理而大乱真矣。然而尚幸此书之不泯,故程夫子兄弟者出,得有所考,以续夫千载不传之绪;得有所据,以斥夫二家似是之非"①。不仅是为了驳斥老佛二氏"似是之非"之说,而且是为了明确儒家学说的真精神,使老佛二氏不能近理而乱真。特别彰明宋学学术核心话题理、气、心、性之学源远流长,非为老佛的专利,而是续《论》、《孟》、《大学》、《中庸》"千载不传之绪"统。宋明学术以海纳百川之势,吸纳释老之学,才能有容乃大,登临中华学术之最高峰。

4. 义理之学的需求

理学既破除了"六经"神圣光环,便以义理之学取代汉唐注疏之学。理学家认为,汉唐注疏之学所依傍的经典解释文本"六经",已不适合义理之学的需要,义理之学所依傍的经典文本需重新选择。更有甚者,汉唐注疏之学注重于名物训诂,离百姓日用之道愈来愈远;考证烦琐晦

---

① 《中庸章句序》,《朱文公文集》卷76,《四部丛刊初编本》。

涩,舍"命于天而性于人"而不顾,与义理之学旨在使孔孟往圣之绝学皆焕然而大明相悖,重新选择经典解释文本乃在本然之中。朱熹在把《易经》与《四书》作比较时认为,"《易》本卜筮之书","今学者讳言《易》本为占筮作,须要说作为义理作。若果为义理作时,何不直述一件文字,如《中庸》、《大学》之书,言义理以晓人"①。这就是说,《易经》本来为占筮而设,八卦之画,亦为占筮,不是为义理而作,"文王重卦作《繇辞》,周公作《爻辞》,亦只是为占筮设。到孔子,方始说从义理去"②。"六经"之首的《周易》尚且如此,则作为历史文告的《书经》,男女之事的《诗经》,及"断烂朝报"的《春秋》,亦非为义理所作,不能以义理晓人,亦不能作为义理之学所依傍的经典解释文本。

据传《五经》由孔子整理,是否意蕴孔子的意义?《朱子语类》记载:"问:'近看胡氏《春秋》,初无定例,止说归忠孝处,便为经义,不知果得孔子意否?'曰:'某尝说,《诗》、《书》是隔一重两重说,《易》、《春秋》是隔三重四重说。……今欲直得圣人本意不差,未须理会经,先须于《论语》、《孟子》中专意看他,切不可恁'"③。《诗》、《书》、《易》、《春秋》既不为义理而作,虽经孔子整理,其与义理亦隔一、二、三、四重,即与义理隔了几层。相反,《论》、《孟》、《大学》、《中庸》为义理而作,言义理以晓人。两相比较,即《五经》与《四书》经朱熹如此剖析说明,选择《四书》为理学所依傍的经典解释文本,是义理之学所必需。

义理之学既然是使孔孟之道焕然而大明,其人文价值关怀灿然而重光,百姓日用之道灼然而呈现,那么,理学学术思潮以义理之学的形式,选择《四书》作为义理解释所依傍的文本,便是不言之中了。

---

① 朱熹:《朱子语类》卷66,中华书局1986年版,第1622页。
② 同上。
③ 朱熹:《朱子语类》卷104,中华书局1986年版,第2614页。

第二章　儒学复兴和理学学术思潮

宋元明学术，以理学为主导思潮。宋明理学是中国传统儒学发展的新阶段，是传统儒学的新转生。新之所以为新，其原因种种，而儒、释、道三教的冲突、融合，并在融突中和合化生为理学这一新的学术形态，是中国传统学术的开新的原因之一。

纵观中国学术思潮，宋明理学是与先秦百家之学、两汉经学、魏晋玄学、隋唐佛学并立的、延续时间最长的学术思潮，也是"致广大，尽精微，综罗百代"而造极于华夏的学术思潮。就儒学发展而言，先秦是儒学的创发期，为元典儒学；两汉为儒学的发展期，为经学儒学；魏晋为儒学转型期，道儒融合；隋唐是儒学式微期，释、道、儒并立而儒衰佛、道盛；宋元明是儒学的复兴和集大成期，为理学儒学，并延续至清。当代新儒家自言"接着"宋明理学讲，可见理学儒学影响之深远。

一、儒学复兴之所以然

宋元明学术既注重经典文本的义理解释，亦是最具学术意识、追究学术真血脉及其承传流变的"为往圣继绝学"者。这种学术的担当意识，在国家面临危亡的激荡下，他们治国平天下的心愿特别强烈，从而焕发了他们学术创新的热情，而结出硕果；他们的学术担当意识，以继绝学为职志,融突佛道,以使儒学更加辉煌。13世纪后,走出国门,成为朝鲜、日本、越南等国的国家意识形态;他们的学术人文关怀,始终以"天地之性人为贵",或以"惟人得天地之秀而最灵"的理念,尊重人的价值和人的自主性的发挥,从而孕育了生生不息的学术创新精神。

作为中国儒家学说创发期的孔子、孟子、荀子,使儒家学说成为先秦"显学"之一,但与诸子处于平等的相互论辩的地位。强秦统一六国,以法家思想治天下,严刑峻法,大征劳役,焚书坑儒,社会动乱,强秦速亡,这就引起了汉初君臣们的反思。陆贾和贾谊在检讨强秦速亡的原因时,都认为是"仁义不施"的缘故[①]。他们认为不可以法家思想治天下,而应该选择讲仁义的儒家思想治天下。这种选择在汉武帝时得以确立。汉武帝采取董仲舒的建议,"罢黜百家,独尊儒术",儒术就成为国家意识形态、典章制度、百姓日用的指导思想。董仲舒超越儒家门墙,吸收道、阴阳、名、法各家思想,归宗于儒,以《天人三策》回应了汉武帝的对策,化解了当时社会所面临的冲突,发展和丰富了儒学。

为什么选择儒家思想作为治国之道,并延续了2000年,而法家和黄老思想只施行于暂短时期?这是因为儒家学说有其各家所不及的长处:儒家创始人孔子是华夏文明最早元典《六经》文本的整理者[②],又是华夏传统文明的承传者、光大者,并以"祖述尧舜,宪章文武"为价值目标;儒家以仁体礼用,爱有亲疏与华夏血缘的宗法制度的伦理社会需要相适应;以恒产恒心的家庭为基本单位的小农经济结构保持着中国社

---

① 陆贾说:"仁义不加于天下"(《本行》,《新语》卷下,王利器:《新语校注》作:"仁义不加于下也。"(中华书局1986年版,第146页。)

② 《庄子·天运》篇记载:"孔子谓老聃曰:'丘治《诗》、《书》、《礼》、《乐》、《易》、《春秋》、《六经》,自以为久矣,孰知其故矣;以奸者七十二君,论先王之道而明周召之迹,一君无所钩用。"(《庄子集释》卷5下,中华书局1961年版,第531页)。另见《史记·孔子世家》孔子删《诗》,去其重及读《易》,韦编三绝,系《象》、《说卦》、《文言》等。

会的长期需要和效用；以和合的人文关怀协调和处理着各种错综复杂的社会关系和冲突，以图使人安身立命，使长治久安；以"穷理尽性以至于命"的形而上智慧之道，发挥着形而下之器的根据的作用和意义，维系着中国人的信仰体系。由此，选择儒家学说不仅在汉代，而且在长期的中国宗法社会中，便是一种必然的趋势。

儒家经典在秦灭之后，儒者据记忆口头传授《诗》、《书》经文，晁错记录《尚书》时采用流行的文字汉隶，而与先秦六国文字异，称为今文经。汉武帝立五经博士和宣帝立 14 家博士，均属今文经学家。其时鲁恭王在孔壁中发现了一批经书，是用战国时文字书写的，称为古文经。两汉时期经历三次今古文之争。这个论争由书写文字的版本不同，而涉及版本文献评价、解释意义和研究方法的分殊，而影响中华学术2000 年，直至清代乾嘉时的汉、宋之争①。

宋学之所以在学术史上能与汉学并峙，是因为宋学与汉学一样是儒家经典解释学史上的开新之学，它开出了一个较长时期的新的经典解释的风格、方法和评价，这个解释系统不仅影响着这个时期学术研究的指导思想和基本走向，而且启迪着后来的乾嘉汉学的兴起。广义的汉学是指在以援道、阴阳、名、法入儒的新儒学的指导下，所形成的具有中华特色的典章制度、伦理纲常、思维方式、价值观念、体认方式、心理结构、生活方式、话语系统、文字结构等，获得了全社会的认同和接受，汉文明得以真正确立并取得世界的普遍认同。现代世界的"汉学家"就是指对整个中国文化的研究。广义的宋学是指宋以后的中国政治、经济、文化结构的特色以及伦理道德、价值理想、思维方法、体认方式、终极关切等，它与广义汉学一样，不仅仅限于对儒家经典文本意义解释和

---

① 周予同说："'汉学'一派学术的存在，固远在两汉时代；但'汉学'这名词的采用，却在于清代'汉学派'复兴的时候。'汉学'这名词乃由于与'宋学'对峙而成立。"（《汉学与宋学》，《周予同经学史论著选集》，上海人民出版社 1983 年版，第 323页。）

研究方法的分殊。

宋学作为时代思潮而言,或称"道学"、"理学"、"新儒学"①;就其性质而言,有称"义理之学"、"性理之学"、"心性之学"等②。义理之学或宋学,都有相对于汉唐训诂考据之学的意义。义理之学与性理之学虽其注重稍异,但基本相同,以至不太分别。《四库全书总目》在北宋王开祖《儒志编》后按曰:"以上诸儒,皆在濂洛未出以前,其学在于修己治人,无所谓理气心性之微妙也"③。被南宋陈谦称为"永嘉理学开山祖"的王开祖则侧重于义理之学,王氏"后四十余年,伊洛儒宗始出,从游诸公还乡转相授受,理学益行,而滥觞亦有自焉"④。其所说"理学"当指义理之学。然义理之学亦同于性理之学,黄震说:"本朝之治,远追唐虞,以理学为之根底也。义理之学独盛本朝,以程先生为之宗师"⑤。以程颐为宗师的义理之学,即性理之学。这种称谓上的多样性易造成概念不清,需要加以辨析。

这种称谓上的多样性,是宋明学术广博性的表征,其内涵的丰富已不能为一方面称谓所概括,其意蕴的深奥已不能以一称谓所穷尽。正由于如此,各学派的学人各依自己的体贴予以称谓,但宋明理学思潮作为儒学复兴的学术思潮,获得了普遍的认同。

---

① 陈寅恪在《审查报告三》中说:"凡新儒家之学说,似无不有道教或与道教有关之佛教为之先导。如天台宗者,佛教宗派中道教意义最富之一宗也,其徒梁敬之与李习之之关系,实启新儒家开创之动机。"(冯友兰:《中国哲学史》(下册),商务印书馆1934年版,第4页。)

② 关于这些称谓的区分,见笔者拙著:《朱熹思想研究》,中国社会科学出版社1981年版,第1—10页;另见拙著《宋明理学研究》,中国人民大学出版社1985年版,第5—14页,人民出版社2002年版(修订版),第6—12页。

③ 《子部·儒家类一》,《四库全书总目》卷91,中华书局1965年版,第776页。

④ 陈谦:《儒志先生学业传》,《儒志编·附录》。"从游诸公"指"永嘉九先生"即"元丰九先生",是指周行己、许景衡、刘安节、刘安上、戴述、赵霄、张辉、沈躬行、蒋元中。

⑤ 《跋尹和靖家传》,《黄氏日钞》卷91。

宋明理学之所以作为儒学复兴的学术思潮,这是因为:

首先,儒学统摄力、凝聚力的衰微,使中华民族信仰系统发生动摇。作为"独尊儒术"的汉代,儒学经学是为国家意识形态,尽管经学随着汉王朝的灭亡而衰落,但儒学作为汉民族文明的表征,已在国家典章制度、伦理道德、社会生活、行为方式等方面获得了强有力的影响力。魏晋时,统治集团忙于政治斗争而放松学术的"独尊",先秦子学获得自由研究的学术氛围,特别是道家老庄之学,适应社会动荡、人生无常情境,人们追求精神家园、人生有定的需要,便掀起以儒、道融突为主而和合新生的玄学学术思潮,他们一扫汉代繁琐的笺注训诂之学以及谶纬之学,而探讨有无、体用、本末等问题。虽然这种问题并不违两汉儒学经学所关注的"究天人之际"的精神,但问题的表述话语毕竟殊异。强势的玄风使儒学经学处于弱势。其后玄学与佛道相表里,东晋南朝经学冲击汉代的"师法"、"家法",与老庄之学和佛教义疏之学相结合,北朝经学则承汉统而杂以谶纬术数。

隋唐时期,佛、道借寺观经济的发展和统治集团的青睐,而成为与儒学鼎足而三的学术思潮。佛道的昌盛不断冲击着传统的儒学,他们给予儒学的不仅仅是转生的刺痛,而且是新的参照系和新思想的启迪。自汉以来,儒、释、道三教冲突融合,到唐而达高潮①。在三教论争中,儒家虽在"害政"之争、"伦常"之辩中守住了阵地,在"齐家"、"治国"、"平天下"中也还能发挥其作用,但在身心修养、精神家园、价值理想、形上学信仰方面逐渐让位于佛道。隋文帝杨坚曾"普诏天下,任听出家,仍令计口出钱,营造经像,……天下之人,从风而靡,竞相景慕,民间佛经,多于《六经》数十百倍"②。民间重佛轻儒、佛热儒

---

① 参见拙作:《理学的思想来源——儒、释、道三教的论争和融合》,《宋明理学逻辑结构的演化》,台北:万卷楼图书公司 1993 年版,第 15—90 页。

② 《经籍四》,《隋书》卷 35,中华书局 1973 年版,第 1099 页。

冷,可见一斑。儒教信仰系统的薄弱,使其维系人心的效力大大削弱。这种情况唐时有所转机,唐高祖李渊说:"父子君臣之际,长幼仁义之序,与夫周孔之教,异辙同归,弃礼悖德,朕所不取。"[①] "弃礼悖德",似指佛道不礼拜君父,不尊伦理纲常。太宗李世民尊孔子为"宣父",令各州县立孔子庙,玄宗李隆基追谥孔子为"文宣王",追赠孔子弟子为公、侯、伯。太宗时始立孔子庙堂于国学。"是时四方儒士,多抱负典籍,云会京师。俄而高丽及百济、新罗、高昌、吐蕃等诸国酋长,亦遣子弟请入于国学之内。鼓箧而升讲筵者,八千余人,济济洋洋焉,儒学之盛,古昔未之有也"[②]。儒学之盛的情状并未维持多久,"高宗嗣位,政教渐衰,薄于儒术,尤重文吏",到武则天时候,"生徒不复以经学为意,唯苟希侥幸。二十年间,学校顿时隳废矣"[③]。待到安史之乱以后,儒学就一蹶不振了。至于儒学经学,则墨守师法,不越家法,拘泥训诂,限于名物,思想僵化,恰如李贺在《南园十三首之六》所说:"寻章摘句老雕虫",已不能与佛老鼎足相称。这就刺激了儒学的复兴,要求重新恢复儒学的统摄力和凝聚力。

其次,儒学化解力、生生力的削弱,使儒学不能强有力地化解与佛、道的冲突,而使自己保持旺盛的日新而日日新的生生力。儒学复兴是鉴于佛道盛而儒学衰的情境,唐中叶后儒家要求改革时弊,振兴国运,而出现黜佛道而兴儒学的思想。儒家的礼乐刑政、修齐治平对治疗国运衰弱不无作用,要发挥儒家治疗国运的作用,必须复兴儒学。韩愈、柳宗元倡导古文运动,其主旨在于复兴儒学,其形式上是一扫六朝以来的骈俪文体,恢复先秦质朴的散文体,实质上使中国古代学术思想获得新生命。韩愈说:"愈之为古文,岂独取其句读,不类于今者邪? 思古人

---

①　《唐会要》卷 47。

②　《儒学传序》,《旧唐书》卷 189 上,中华书局 1975 年版,第 4941 页。

③　《儒学传序》,《旧唐书》卷 189 上,中华书局 1975 年版,第 4942 页。

而不得见,学古道则欲兼通其辞,通其辞者,本志平古道者也"①。以"学古道",即复兴儒学为"本志";"好古辞",即以古文运动为"兼通",以"学古道"与"好古辞"为本与兼的关系。柳宗元说:"始吾幼且少,为文章以辞为工。及长,乃知文者以明道,是固不苟为炳炳烺烺,务采色、夸声音而以为能也"②。从自己为文的指导思想及创作方法的转变中,说明"文以明道"的重要性。柳氏所谓"道",本诸《书》、《诗》、《礼》、《春秋》、《易》儒学五经,以为"道之原",参之《孟》、《荀》以畅其支,此道即儒道。

韩、柳及其弟子们倡导儒学,实开两宋复兴儒学思潮的先河,纲缊着理学儒学的转生。然而韩、柳在如何复兴儒学以及其方法、理路上大异。韩愈严孔子门墙,作《原道》以明儒学"道统",以排斥异统。对佛老主张采取"人其人,火其书,庐其居"③ 的方法。这种极端排佛,使他未能入佛,不探佛学堂奥,便只能在伦常、费财、夷狄、伤风败俗等老问题上重复批判佛教,而不及佛学的理论思辨,即不能从"本然之全体"④上批佛道,出佛道。苏辙批评说:"愈之学,朝夕从事于仁义礼智刑名度数之间,自形而上者,愈所不知也。《原道》之作,遂指道德为虚位,而斥佛、老与杨、墨同科,岂为知道哉!"⑤ 这个批评可谓中其肯綮。但也可以看出儒学未能真正回应佛老的挑战,儒学在形而上大道层面的贫乏,必然无力化解佛道的冲突。要提升儒学自身化解力,必须吸收、融摄佛老之长,以使儒学生生不息。

---

① 《题欧阳生哀辞后》,《韩昌黎集》卷22,《国学基本丛书》本,商务印书馆1957年重印,第五册,第47页。

② 《答韦中立论师道书》,《柳宗元集》卷22,中华书局1979年版,第873页。

③ 《原道》,《韩昌黎集》卷11,《国学基本丛书》本,商务印书馆1957年重印本,第三册,第63页。

④ 《原道注》,《韩昌黎集》卷11,《国学基本丛书》本,商务印书馆1957年重印本,第三册,第63页。

⑤ 朱熹:《韩文考异》,《与孟尚书书》,《韩昌黎集》卷18,《国学基本丛书》本,商务印书馆重印本,第四册,第84页。

柳宗元不顾韩愈对他"与浮图游"的批评,对佛道采取开放的学术态度和方法。他出入佛道,吐纳百家,融突和合各家学术思想。他借元集虚而说明自己"悉取向之所以异者,通而同之,搜择融液,与道大适,咸伸其所长,而黜其奇衺"①的态度。"通而同之",意蕴着"统合儒释"②的指导思想。尽管韩愈批评柳宗元"不斥浮图",但柳仍然坚持认为"浮图诚有不可斥者,往往与《易》、《论语》合,诚乐之,其于性情奭然,不与孔子异道"③。佛为什么不可斥,因其与《易》、《论语》思想相符合,其道与孔子之道不异。至于孔老亦不相斥,"太史公尝言:世之学孔氏者,则黜老子,学老子者,则黜孔氏,道不同不相为谋。余观老子,亦孔氏之异流也,不得以相抗"④。孔、老,儒、道亦可统合。

韩、柳的古文运动不仅给予后来宋明理学家以复兴儒学为标的,以继尧、舜、禹、汤、文、武、周公、孔、孟"道统"为职志,以弘扬仁义道德、扶树教道与佛、道相抗衡,以"统合儒释"而后归宗为儒的方法发展儒学,这是韩、柳开两宋复兴儒学之先河的开显⑤。

宋明理学家为了增长儒学日新而日日新的生生活力,激活化解佛道冲突效用力,只有知己知彼,才能百战不殆,于是他们均效法柳宗元"统合儒释"的方法,出入佛道,而后返求诸六经。周敦颐和邵雍的"太极图"和"先天图"均源自道教,其《爱莲说》受佛教思想影响。张载"访

---

①　《送元十八山人南游序》,《柳宗元集》卷25,中华书局1979年版,第663页。

②　《送文畅上人登五台遂游河朔序》,《柳宗元集》卷25,中华书局1979年版,第669页。

③　《送僧浩初序》,《柳宗元集》卷25,中华书局1979年版,第673页。

④　《送元十八山人南游序》,《柳宗元集》卷25,中华书局1979年版,第662页。

⑤　参见拙文:《宋明理学的端绪——柳宗元思想对宋明理学的影响》,收入拙著《宋明理学逻辑结构的演化》,万卷楼图书公司1993年版,第91—98页。

诸释老之书,累年尽究其说,知无所得,反而求诸《六经》"①。程颢在十五六岁时闻周敦颐论道后,遂厌科举之业,便"泛滥于诸家,出入于老、释者几十年,返求诸《六经》而后得之"②。朱熹曾回忆说:"某旧时亦要无所不学,禅、道、文章、《楚辞》、诗、兵法,事事要学,出入时无数文字"。又说:"某少时未有知,亦曾学禅"③。王守仁亦曾回顾说:"吾幼时求圣学不得,亦尝笃志二氏"④。从他的诗中都可以窥见此痕迹。出入佛道,才能体认佛道的长短,而超越佛道;在佛道的比照下,才能体认儒学自身的缺失,取彼之长补己之短,才能提升儒学,从"本然全体"上使儒学理论思辨化、思维精微化、形上学体系化。

宋明理学儒学是对儒家元典文本的重新解释,它是儒、释、道三教冲突融合而和合的转生。这个转生的新理论思维形态既不是阳儒阴释,亦不是阳儒阴道,也与先前的传统儒学不同。它是与时偕行的新时代精神的体现,它是重新焕发儒学青春的生生创新的新儒学,它不仅化解了儒、释、道近千年的冲突融合,而且以有容乃大的姿态包容了佛道的文化精华,把宋明学术推向一个新的高峰。

再次,儒学适应社会需要的应变力和维系社会的效应力的衰弱,使社会对儒学的依赖度、信任度式微,以致造成士子们精神信仰体系的失落,社会伦理道德的理论基础在日用层面的动摇,儒学自身内部如果不进行革命性的转生,儒学的生命就要枯萎,以致退出精神舞台,而让位于佛道。在此危难之时,有深厚知识积累、精通三教之学的远见卓识的儒学者,振臂高呼"为天地立心,为生民立命,为往圣继绝学,为万世开太平"的口号,它振聋发聩,给一些浑浑噩噩者指明了方向,使一些人迷

---

① 《吕大临横渠先生行状》,《张载集·附录》,中华书局 1978 年版,第 381 页。

② 程颐:《明道先生行状》,《河南程氏文集》卷 11,《二程集》,中华书局 1981 年版,第 638 页。

③ 《自论为学工夫》,《朱子语类》卷 104,中华书局 1986 年版,第 2620 页。

④ 《年谱》,《王文成公全书》卷 32。

途知返。特别要使儒学在关爱生民的命运中,承继圣贤的真精神,开出万世的太平,赋予天地价值。人们可以从这四句话里体会出人文的力量,它所爆发出的精神火光使释道为之熔化,使四六时文成为尘烬,使凤凰为之涅槃。

宋明理学儒学的转生,是儒学的新理论形态,它使"天理"以其形而上思辨性、逻辑性重新唤起对儒学的依赖感、信任度;理学重构价值理想(包括理想社会、理想人格),并转化为现实伦理道德的实践;理学要求通过"为学工夫"的修养,达到对理、气、心、性的体认;由成德之教而成圣为人生终极追求,为社会的安定、国家的富强构筑精神的根基,以适应社会"与时偕行"的需要。

宋明理学儒学作为儒学复兴的学术思潮,化解了上述儒学所面临的危机,增强了儒学的统摄力、凝聚力,提升了儒学的化解力、生生力,加强了儒学的应变力、效应力。

二、从训诂之学到义理之学

宋代思想家体认到,要复兴儒学,必须探索、检讨儒学为什么中落的原因,才能真正复兴儒学,因而当时士大夫的精英们都展开了反思。这个反思从韩愈就已开始:"孟子云:今天下不之杨,则之墨,杨墨交乱,而圣贤之道不明,则三纲沦而九法斁,礼乐崩而夷狄横,几何其不为禽兽也。……以至于秦,卒灭先王之法,烧除其经,坑杀学士,天下遂大乱,及秦灭汉兴且百年,尚未知修明先王之道。其后始除挟书之律,稍求亡书,招学士,经虽少得,尚皆残缺,十亡二三。故士多老死,新者不见全经,不能尽知先王之事,各以所见为守,分离乖隔,不合不公,二帝三王群圣人之道,于是大坏,后之学者无所寻逐,以至于今。……汉氏以来,群儒区区修补,百孔千疮,随乱随失,其危如一发引千钧,绵绵延延，浸以微灭，于是时也，而唱释老于其间，鼓天下之众而从之。呜呼，其亦不仁甚矣！"①韩愈这段历史的反思，既有学术层面的杨墨和佛老对儒学的冲击，又有政治层面的焚书坑儒，再有学者各以所见为守，分离乖隔，以至大坏圣人之道，儒学面临危机。韩愈以其"道统"的承传者自诩，担当复兴儒学的重任。

韩愈对儒学之所以中落的原因的追究，获得宋初学者的认同。孙复说："孔子既殁，七十子之徒继往，《六经》之旨郁而不章也久矣。加以秦火之后，破碎残缺，多所亡散。汉魏而下，诸儒纷然四出，争为注解，俾我《六经》之旨益乱，而学者莫得其门而入……又后之作疏者，无所发明，但委曲踵于旧之注说而已"②。汉时诸儒纷起诠释经典，便有今、古文之争。不仅乱《六经》，而且使学者不得门径。儒衰的重要原因是在于注疏者，不会发明创新，墨守老调子，使儒学教条化而丧失了其生命智慧。李觏在回答释老"修心养真，化人以善，或有益于世"时说："夫所谓修心化人者，舍吾尧舜之道，将安之乎？彼修心化人而不由于礼，苟简自恣而已矣。昔孟子之辟杨墨曰：'杨氏为我，是无君也；墨氏兼爱，是无父也。'今山泽之臞，务为无求于世，呼吸服务，谓寿可长，非为我乎？浮屠之法，弃家违亲，马兽鱼鳖，毋得杀伐，非兼爱乎？为我是无君，兼爱是无父，无父无君，不忠不孝，况其弗及者，则罪可知矣"③。佛老对儒学之害，尤为杨墨。他们使儒家学绝道丧，国弱民贫。只有去释老之"十害"，才能使民人乐业，国家富强。这种儒学复兴的诉求，是与国家意识相联系的。

如果说李觏从政治层面反思儒衰，那么，王安石则进而从学术层面反思儒衰。他说："然孔氏以羁臣而兴未丧之文，孟子以游士而承既没

---

① 《与孟尚书书》，《韩昌黎集》卷18，《国学基本丛书》本，商务印书馆1957年重印本，第四册，第84、85页。

② 《寄范天章书二》，《孙明复小集》，《四库全书》本。

③ 《富国策第五》，《李觏集》卷16，中华书局1981年版，第140页。

之圣,异端虽作,精义尚存,逮更煨烬之灾,遂失源流之正,章句之文胜质,传注之博溺心。此淫辞诐行之所由昌,而妙道至言之所为隐"①。儒家孔孟之学遭秦焚书坑儒之灾,汉儒章句传注丧失源流之正,出现"文胜质"、"博溺心"的弊病,造成"淫辞诐行"得以昌盛,而"妙道至言"的儒学只能隐退的情境。复兴儒学必须改变这种状况,亦需有君主躬教立道的明辟。

张载和二程均有鉴于儒学精髓在秦灭后遂失的形势和汉儒"只是以章句训诂为事"②,失却儒学真精神的情况,主张回到儒学源头孔孟那里去。张载认为自佛教"其说炽传中国,儒者未容窥圣贤门墙"③,又"不知反约穷源,勇于苟作"④。只有穷儒学之源,才能体认儒学真精神,而超越"汉儒补缀,千疮百孔"⑤ 的弊端,不至"沦胥其间"。程颐批评汉儒解经"《尧典》二字,至三万余言,是不知要也。东汉则又不足道也"⑥。这只能散乱破碎儒学本真。

对儒衰佛盛,或儒衰道盛的反思,是要重新唤起儒学的生命智慧。如此,必须从笃守汉唐对儒家经典文本的章句训诂中解放出来,从"师法"、"家法"的束缚中摆脱出来,从"疏不破注"的陈陈相因中冲决出来,只有如此,儒学才能获得新生命。随着唐中叶以后儒学的复兴,人们体认到"武创业,文守成,百世不易之道也。若乃举天下一之于仁义,莫若儒"⑦。儒学既是一种价值理想,又是治世之道,而不能成为"老雕虫"或"老古董"。经学作为儒学的精髓所在,汉儒为《五经》作传注,唐儒已

---

① 《除左仆射谢表》,《王临川全集》卷57,世界书局1935年版,第361页。
② 《河南程氏遗书》卷18,《二程集》,中华书局1981年版,第232页。
③ 《与吕微仲书》,《张载集》,中华书局1978年版,第351页。
④ 《与赵大观书》,《张载集》,中华书局1978年版,第350页。
⑤ 《河南程氏遗书》卷18,《二程集》,中华书局1981年版,第232页。这是程颐引韩愈语。
⑥ 《河南程氏遗书》卷18,《二程集》,中华书局1981年版,第232页。
⑦ 《儒学上》,《新唐书》卷198,中华书局1975年版,第5637页。

无资格作传注，而只能作疏。疏是对传注的注。孔"颖达与颜师古、司马才章、王恭、王琰受诏撰《五经》义训凡百余篇，号《义赞》，诏改为《正义》云"①。《五经正义》颁布天下，为科举之书，桎梏思想。后马嘉运以孔颖达《五经正义》繁酿，"故掎摭其疵，当世诸儒服其精"②。王元感在长安三年（703 年）献上他所撰《尚书纠谬》、《春秋振滞》、《礼记绳愆》三书，武则天"诏令弘文、崇贤两馆学士及成均博士详其可否。学士祝钦明、郭山恽、李宪等皆专守先儒章句，深讥元感掎摭旧义，元感随方应答，竟不之屈。……魏知古尝称其所撰书曰：'信可谓《五经》之指南也。'"③ 徐坚、刘知几、张思敬都支持王元感，认为他能"究先圣之旨，是谓儒宗"④。此次辩难虽不是义理之学对专守先儒章句的全面否定，甚至仅仅是对《五经正义》在章句训诂方面的纠谬，但可说明章句训诂并不能真正准确再现经典文本的本义，其解释仍有谬误或过错。刘知几在他所著的《史通》中特撰《疑古》、《惑经》，非议《尚书》、《春秋》，批判孔子。《史通》并不由此而遭禁，唐玄宗"读而善之，追赠汲郡太守；寻又赠工部尚书"⑤。在"疏不破注"的时代，"疑古惑经"这无异于在经学内部发生了地震，它的爆发将把传统章句训诂之学掀翻。由此而演变成为"舍传求经"，疑经惑经著述的诞生。"大历时，助（啖助）、匡（赵匡）、质（陆质）以《春秋》，施士匄以《诗》，仲子陵、袁彝、韦彤、韦茝以《礼》，蔡广成以《易》，强蒙以《论语》，皆自名其学"⑥。《春秋》、《诗》、《礼》、

①　《儒学上·孔颖达传》，《新唐书》卷 198，中华书局 1975 年版，第 5644 页。

②　《儒学上·马嘉运传》，《新唐书》卷 198，中华书局 1975 年版，第 5645 页。

③　《儒学下·王元感传》，《旧唐书》卷 189 下，中华书局 1975 年版，第 4963 页。

④　同上。

⑤　《刘子玄（知几）传》，《旧唐书》卷 102，中华书局 1975 年版，第 3174 页。

⑥　《儒学下·啖助传》，《新唐书》卷 200，中华书局 1975 年版，第 5707 页。

《易》、《论语》都自名其学，不守章句训诂旧说。他们有攘异端、开正途之功。"盖舍传求经，实导宋人之先路"①。开义理之学的先路，即开宋学取代汉学的先河。

中唐以后经学的"舍传求经"、"疑经惑经"的变古之学风，历经唐末五代战乱的打击，已无高深造诣的儒学者在。宋初三朝(太祖、太宗、真宗)重儒，培养儒生。但"宋初承唐制，贡举虽广，而莫重于进士、制科，其次则三学选补"②。礼部贡举，设进士、《九经》、《五经》、《开元礼》、《三史》、《三礼》、《三传》、学究、明经、明法等科，并笃守唐人《五经正义》、《九经正义》，科举取士，以此为功令，有违者黜落。苏辙曾记录张安道对他说及宋初科举严守汉唐注疏之事："王文正公为相，南省试'当仁不让于师赋'，时贾边、李迪皆有名场屋，及奏名，而边、迪不与。试官取其文观之，迪以落韵，边以师为众，与注疏异，特奏令就御试。王文正议：落韵失于不详审耳，若舍注疏而立异论，不可辄许，恐从今士子放荡，无所准的。遂取迪而黜边。当时朝论大率如此。仁宗初年，王沂公，吕许公犹持此论"③。贾边舍汉唐注疏而立异论，被认为是比落韵更严重的事件，落韵是失审，"舍注疏"是破坏科举准绳，"立异论"是鼓励士子放荡，是原则问题，因此取迪黜边。可见当时的学术风气并未开放，并未接续中唐以后"舍传求经"、"疑经惑经"的学风。

后来陈傅良在总结北宋学术嬗变时指出："盖宋兴，士大夫之学亡虑三变。起建隆至天圣明道间，一洗五季之陋，知乡方矣，而守故蹈常之习未化。范子始与其徒抗之以名节，天下靡然从之，人人耻无以自见也。欧阳子出，而议论文章粹然尔雅，轶乎魏晋之上。久而周子出，又

---

① 《经部·春秋类一》，《四库全书总目》卷26，中华书局1965年版，第213页。按：这本是对陆淳《春秋集传纂例》的评价，这里用来评《诗》、《礼》、《易》等书。陆淳本名陆质，《新、旧唐书》均称陆质，避宪宗名改为陆淳。

② 《选举志一》，《宋史》卷155，中华书局1977年版，第3603页。

③ 《龙川别志》卷上，中华书局1982年版，第81—82页。

落其华,一本于六艺,学者经术遂庶几于三代,何其盛哉!"① 宋初三朝学术风气仍然"守故蹈常",而未变化。这与苏辙所载王旦黜贾边事相符,并提供了科试实例。苏辙记载,到仁宗时,"其始也,范讽、孔道辅、范仲淹三人,以才能为之称首","上方向之,而晏公深为之助,乃用欧阳修、余靖、蔡襄、孙沔等并为谏官。谏官之势,自此日横。郑公犹倾身下士以求誉,相帅成风"②。这便是范仲淹、欧阳修等为主将的"庆历新政"所培育的学术新风。也就是陈傅良所概括的第二变。

"庆历新政"发生于仁宗朝。"新政"所形成的学术新风,不仅使儒学复兴更为强劲,而且裨益于理学思潮的转生。苏轼对庆历间学风的变化有一描述:"宋兴七十余年,民不知兵,富而教之,至天圣、景祐极矣。而斯文终有愧于古,士亦因陋守旧,论卑而气弱。自欧阳子出,天下争自濯磨,以通经学古为高,以救时行道为贤,以犯颜纳说为忠,长育成就,至嘉祐末,号称多士"③。学风的变化,意蕴着价值观念的转换,士大夫们对于"高"、"贤"、"忠"的价值标准和价值追求是通经学古、救时行道和犯颜纳说,这与以往的因陋守旧、论卑气弱有天壤之别。大凡学风转变,必然伴随价值观的转变;价值观的变化,亦会带来学风变换,两者相依不离,相辅相成。一有缺失,就会造成另一方的丧失或衰微。庆历学风的转变,亦昭示着庆历士风的变换,庆历名士的价值观无疑指导与影响着学风和士风的趋向。

"通经学古"、"救时行道"、"犯颜纳说"三者是庆历时期儒士们的时代责任和担当,亦是其时学风和士风的主流。"通经学古",就是回到孔孟元典儒学的源头。苏轼在述欧阳修之学统时说:"其学推韩愈、孟子,

① 《温州淹补学田记》,《陈傅良先生文集》卷39,浙江大学出版社1999年版,第501页。

② 《龙川别志》卷上,中华书局1982年版,第82页。

③ 苏轼:《居士集叙》,《苏东坡全集》卷24,中国书店1986年影印本,第315页。

以达于孔子"①,而批判汉唐至宋初的训诂注疏之学,以至使儒学生命枯萎。"庆历之际,学统四起。齐、鲁则有士建中、刘颜夹辅泰山而兴。浙东则有明州杨、杜五子,永嘉之儒志、经行二子,浙西则有杭之吴存仁,皆与安定湖学相应。闽中又有章望之、黄晞,亦古灵一辈人也。关中之申、侯二子,实开横渠之先。蜀有宇文止止,实开范正献公之先。筚路蓝缕,用启山林,皆序录者所不当遗"②。庆历各地"学统四起",为宋理学诞生,有筚路蓝缕之功。以后洛学、关学、闽学、湖湘学、永嘉学、蜀学等相继应运而兴,有其内因与外缘的促成。

"通经学古"除复归孔孟儒学之外,就是接续唐中叶以来中断了的韩柳发动的古文运动。庆历前后的古文运动虽以演出复兴儒学新场面为标的,但必须扫除妨碍实现这一标的的汉唐以来的训诂注疏之学和"属对精切"而"不达体要"的骈文以及佛道之学。范仲淹砭时弊说:"今士材之间,患不稽古。委先王之典,宗叔世之文,词多纤秒,士惟偷浅,言不及道,心无存诚。"③ 说明复兴儒学之必要。并斥骈文"五代以还,斯文大剥,悲哀为主,风流不归","学步不至,效颦则多。以至靡靡增华,惛惛相滥。"④ 文以明道,而舍"风流不归",词需稽古,而斥"靡靡增华"。

石介是倡导古文运动的猛将。他批佛老不在于费财、夷狄等老问题,而在于复兴儒学。他主张诗文革新,排斥四六时文,是为了恢复尧舜禹汤文武周孔的古道。他说:"夫尧、舜、禹、汤、文王、武王、周、孔之

————————

① 《居士集叙》,《苏东坡全集》卷 24,中国书店 1986 年影印版,第 315 页。

② 全祖望:《宋元儒学案序录》,《宋元学案》卷首,中华书局 1986 年版,第 2 页。在此条下冯云濠按:"《序录》底本'古灵一辈'句下有'江楚则有李觏'六字,而定本无之者,盖以盱江学派并入高平故也。"(同上)已基本上概括了北宋各学派在庆历时的兴起状况。

③ 《上执政书》,《范文正公集》卷 8,《范仲淹研究资料汇编》上辑,文化建设委员会 1988 年编印,第 230 页。

④ 《唐异诗序》,《范文正公集》卷 6,同上书,第 203 页。

道,万世常行不可易之道也。佛、老以妖妄怪诞之教坏乱之,杨億以淫巧浮伪之言破碎之,吾以攻乎坏乱破碎我圣人之道者,吾非攻佛、老与杨億也"①。韩愈便曾把复兴儒学的古文运动的矛头指向批佛老,石介在批佛老的同时又批西崑体的开创者杨億。"今杨億穷妍极态,缀风月,弄花草,淫巧侈丽,浮华纂组,刓锲圣人之经,破碎圣人之言,离析圣人之意,蠹伤圣人之道,使天下不为《书》之《典》、《谟》、《禹贡》、《洪范》,《诗》之《雅》、《颂》,《春秋》之经,《易》之《彖》、《爻》、《十翼》,而为杨億之穷妍极态,缀风月,弄花草,淫巧侈丽,浮华纂组"②。西崑体虽有重文的表现形式的侈丽浮华之弊,但完全否定文的艺术形式,也有矫枉过正之失。杨億之文的背后虽隐蕴其道,但文并非就是道,文有其独立的艺术表现形式。石介以文就是道,两者不二。他赞扬祥符诏书,并引诏书:"国家道莅天下,化成域中,敦百行于人伦,阐六经于教本,冀斯文之复古,期末俗之还淳。而近代以来,属辞多弊,侈靡滋甚,浮艳相高;忘祖述之大猷,竞雕刻之小巧。爰从物议,俾正源流。咨尔服儒之人,示乃为道之道。夫博闻强识,岂可读非圣之书?修辞立诚,安可乖作者之制?必思教化为主,典训是师;无尚空言,当遵体要……今后属文之士,有辞涉浮华,玷于名教者,必加朝典,庶复古风"③。真宗的诏书支持古文运动,反对辞多浮艳的四六时文。诏书把复古道、倡古文与复兴孔孟之道联系起来。石介借诏书而批判杨億少知古道,而又好名争胜,杨億估计自己不能出古文之雄的柳开、王禹偁、孙何、丁谓之右,便远袭唐代李义山之体。但他破碎大道,雕刻元质,斯文之弊,至于今日。

王安石对杨億、刘筠亦有所批判,特别对西崑体的追随摹仿,王氏

---

① 《怪说下》,《徂徕石先生文集》卷5,中华书局1984年版,第63页。
② 《怪说中》,《徂徕石先生文集》卷5,中华书局1984年版,第62、63页。
③ 《祥符诏书记》,《徂徕石先生文集》卷5,中华书局1984年版,第219页。

更为不满。他说:"杨、刘以其文词染当世,学者述其端原,靡靡然穷日力以摹之,粉墨青朱,颠错丛庞,无文章黼黻之序,其属情藉事,不可考据也。"① 此序王安石作于庆历三年（1043 年）,也就是范仲淹上作为"庆历新政"纲领性文件的《答手诏条陈十事》之年。"十事"是指明黜陟,抑侥幸,精贡举,择长官,均公田,厚农桑,修武备,减徭役,覃恩信,重命令。此十事针对时弊,从官吏的"考绩"制度、科举制度以及行政、经济、军事和爱民等提出了全面改革建议,其要求是"天下公家之利必兴,生民之病必救,政事之弊必去,纲纪之坏必葺"② 等。"新政"唤起了人们对去除 80 余年来积弊的希望和信心,在纲纪浸隳、制度日削、官壅民困、穷塞不通的宋王朝肌体里注入回生的新活力。然而"新政"的改革必然触犯一些既得权势者的利益,在以吕夷简等为首的攻击下,"新政"即告失败,但复兴儒学的学风并没有因此而削弱或停滞。

"庆历新政"以后,由通经学古到通经变古,由学到变,便是由训诂注疏之学的疏不破注到义理之学的疑经惑经的转换。司马光描述当时的学术风气说:"循守注疏者,谓之腐儒;穿凿臆说者,谓之精义"③。这种学术价值评价的转变,已成为"与时偕行"趋势。这个趋势到王安石在宋神宗支持下的"熙宁变法"时,义理之学便真正取代汉唐以来的训诂注笺之学。司马光的《论风俗劄子》写于熙宁二年(1069 年),其时,王安石"熙宁变法"已开始实行。次年,司马光尽管与王安石朝议时有违戾,但司马光表白:"然于光向慕之心,未始变移也。窃见介甫独负天下大名三十余年,才高而学富,难进而易退,远近之士,识与不识,咸谓

---

① 《张刑部诗序》,《王临川全集》卷 84,世界书局 1935 年版,第 537 页。

② 《答手诏条陈十事》,《范文正公政府奏议》卷上,《范仲淹研究资料汇编》,文化建设委员会 1988 年编印,第 503 页。

③ 《论风俗劄子》,《司马文正公传家集》卷 42,《万有文库》本,商务印书馆1937 年版,第 539 页。

介甫不起而已，起则太平可立致，生民咸被泽矣"①。对于王安石是推崇的，并认为两人在"立身行道，辅世养民"的志向是相同的。这就是说"熙宁变法"是社会的需要，是人心之所向。

熙宁四年（1071年），"更定科举法，从王安石议，罢诗赋及明经诸科，专以经义、论、策试士"②。其具体办法为："今定贡举新制：进士罢诗赋、帖经、墨义，各占《诗》、《书》、《易》、《周礼》、《礼记》一经，兼以《论语》、《孟子》。每试四场，初本经，次兼经并文义十道。务通义理，不须尽用注疏"③。以国家法定形式规定"不须尽用注疏"。士子们为了科举应试，无疑"务通义理"，汉唐以来训诂注疏之学让位于义理之学便成定局。但由于各人解释有异，"其学术不一，异论纷然，不能一道德"④。为了"一道德"，使义理归一，以使举人对策有所依据和统一标准。神宗诏王安石提举经义局，熙宁八年（1075年）王安石等所撰的《诗新义》、《书新义》、《周官新义》成，并颁行天下，号曰《三经新义》，"一时学者无不传习，有司纯用以取士……自是先儒之传、注悉废矣"⑤。义理之学主导地位的确立，与王安石在神宗支持下所实行的贡举制度的改革和义理之学的代表作——《三经新义》用以取士，促使士风、学风的真正转变和义理之学普遍有效性的被认同，王安石之功大矣。理学家一味批判王安石、否定《三经新义》，确有失公允。

王安石不仅有悉废先儒传注之功，而且是"道德性命之理"的倡导者。《郡斋读书记·后志二》引蔡卞的话说："宋兴，文物盛矣，然不知道

---

① 《与王介甫书》，《司马文正公传家集》卷60，《万有文章》本，商务印书馆1937年版，第720页。

② 陈邦瞻：《学校科举之制》，《宋史纪事本末》卷38，中华书局1977年版，第371页。

③ 李焘：《续资治通鉴长编》卷220，熙宁四年二月丁巳条。

④ 陈邦瞻：《学校科举之制》，《宋史纪事本末》卷38，中华书局1977年版，第372页。

⑤ 同上书，第374、375页。

德性命之理。安石奋乎百世之下，追尧舜三代，通乎昼夜阴阳所不能测而入于神。初著《杂说》数万言，世谓其与孟轲相上下，于是天下之士，始原道德之意，窥性命之端云"①。这段话意味着：在王氏之前士大夫精英们不知道德性命之理，是王氏追述尧舜，接续孔孟道统，开道德性命之意端，才使天下之士始窥道德性命之理。言下之意王氏是继往圣之绝学的第一人。

尽管宋明理学各派都争儒家"道统"的正宗的地位，都自诩或门人尊称其直接继往圣之学，但王氏讲道德性命不是自封，并得到王安石反对派的认同。陈瓘在《尊尧集序》中说："臣闻先王所谓道德者，性命之理而已矣。此安石之精义也。有《三经》焉，有《字说》焉，有《日录》焉，皆性命之理也。蔡卞、赛序辰、邓洵武等用心纯一，主行其教，所为大有为者，亦性命之理而已矣；其所谓继述者，亦性命之理而已矣；其所谓一道德者，亦以性命之理而一之也；其所谓同风俗者，亦以性命之理而同之也。不习性命之理谓之流俗，黜流俗则窜其人，怒曲学则火其书，故自卞等用事以来，其所谓国是者皆出性命之理"②。道德性命之理是王安石思想的精义所在，它贯彻在王安石的著作中，"一道德"和"同风俗"中，以及其所谓继述者中。陈瓘虽在贬王氏思想、行为及其门人，但从

---

① 　晁公武：《郡斋读书志》在《王氏杂说》的解题中引蔡卞的《王安石传》。王安石首倡"道德性命之理"，实成为宋理学家后来所探索的主要问题。南宋思想家陈亮曾对当时"道德性命"思潮表示不满。他说："二十年之间，道德性命之说一兴，迭相唱和，不知其所从来。后生小子读书未成句读，执笔未免手颤者，已能拾其遗说，高自誉道，非议前辈，以为不足学矣。"（《送王仲德序》，《陈亮集》卷15，中华书局1974年版，第178页）。又说："自道德性命之说一兴，而寻常烂熟无所能解之人自托于其间……为士者耻言文章行义而曰'尽心知性'，居官者耻言政事书判而曰'学道爱人'，相蒙相欺以尽废天下之实，则亦终于百事不理而已。"（《送吴允成运干序》，《陈亮集》卷15，中华书局1974年版，第179页。）陈亮与朱熹等为同时代人，陈亮所说"道德性命之说"，当指朱熹、陆九渊、张栻、吕祖谦等。

② 　邵博：《邵氏闻见后录》卷23，中华书局1983年版，第179、180页。

另一侧面说明王安石倡导道德性命之理这一宋明理学的核心话题。它与程颢的"天理二字是吾自家体贴出来"的"天理"具同等的意义。然而王安石在"熙宁变法"失败后,便退居金陵,转而好佛,而对其"道德性命之理",没有建构系统的理论思维体系,这是其学术的缺失。

三、理学新儒学的学术功能

中国是一个宗法制的农业社会,它需要一种有力维护其长治久安的精神力量,"为万世开太平"的理论支撑。中国历代统治者及知识精英经反复选择和历史实践,大体上取得了一个共识,这便是儒学。宋明理学作为一种新儒学,亦是对于隋唐以来儒、释、道三教兼容并蓄,以及唐末五代长期战乱的历史实践所做出的一种选择。这种历史的选择适应了宋明社会的需要,支撑了中国近九百年的宗法制的农业社会,成为其国家意识形态。这不能不说是儒学的新生,并生生不息。

从儒学的社会功能来说,国家的典章制度,包括冠礼、婚礼、相见礼、乡射礼、饮酒礼、燕礼、聘礼、觐礼、丧礼、家礼等①,法律制度、科举制度、官吏任免制度,以及百姓日用的习俗等,都贯穿和体现了儒学,蕴涵了儒家仁、义、礼、智、信的意蕴。唐末及五代的动乱,传统典章制度被破坏,社会失序,动乱不止,"礼崩乐坏"。欧阳修说:"五代,干戈贼乱之世也。礼乐崩坏,三纲五常之道绝,而先王之制度文章,扫地而尽于是矣!如寒食野祭而焚纸钱,天子而为闾阎鄙俚之事者多矣"②!欧阳修认为,先王之制度文章的扫地以尽的"礼乐崩坏"与社会的动乱有相

---

① 清代江永撰:《礼书纲目》85卷,分嘉礼、宾礼、凶礼、吉礼、军礼、通礼、曲礼和乐等八目。

② 欧阳修:《晋家人传》,《新五代史》卷17,中华书局1974年版,第188页。

对应的关系,两者互为因果。儒学的社会功能,就在于重建和完善典章制度,即恢复和改革先王的制度文章,使礼乐崩坏得以重建,社会失序得以序化,才能使社会处于良性的运转之中。

基于此,宋儒在复兴儒学思潮中,关注礼乐崩坏的问题。李觏为"正其名以责其实,崇先圣之遗制,攻后世之乖缺"而作《礼论七篇》。他说:"夫礼,人道之准,世教之主也。圣人之所以治天下国家,修身正心,无他,一于礼而已矣"①。治天下国家的主要内容,无非人道与世教两方面,亦即内圣与外王。此两者"一于礼",因而礼是人道世教的最高原则、准则。礼既修身正心而求内圣,又治国平天下而践外王,这便是一泛礼论的命题。李觏说:"是皆礼也。饮食、衣服、宫室、器皿、夫妇、父子、长幼、君臣、上下、师友、宾客、死丧、祭祀、礼之本也。曰乐、曰政、曰刑,礼之支也。而刑者,又政之属矣。曰仁、曰义、曰智、曰信,礼之别名也。是七者,盖皆礼矣"②。他将礼做本、支、别的分殊,这种分殊明确了礼的各个层面的社会功能及其作用。进而李觏从社会功能和作用论证了这种分殊的必要性。他说:"是三者(乐、政、刑),礼之大用也。同出于礼而辅于礼者也。不别不异,不足以大行于世。是故节其和者,命之曰乐;行其怠者,命之曰政;威其不从者,命之曰刑。此礼之三支也"③。他将三支喻如人的手足,人没有手足就不能动;人有手足,如三支立而礼本行。"是四者(仁、义、智、信),礼之大旨也。同出于礼而不可缺者也。于是乎又别而异之。温厚而广爱者,命之曰仁;断决而从宜者,命之曰义;疏达而能谋者,命之曰智;固守而不变者,命之曰信。此礼之四名也"④。这个解释在五者中强调"礼"统摄四者的地位,它与后来理学家"仁包四德"的解释异。他把仁、义、智、信比喻为人的筋骸。

---

① 李觏:《礼论一》,《李觏集》卷2,中华书局1981年版,第5页。
② 李觏:《礼论一》,《李觏集》卷2,中华书局1981年版,第5、6页。
③ 李觏:《礼论一》,《李觏集》卷2,中华书局1981年版,第7页。
④ 李觏:《礼论一》,《李觏集》卷2,中华书局1981年版,第7页。

李觏把"三支"、"四名"譬之人的手足筋骸,此"人"即他所谓的"礼",这样乐、政、刑、仁、义、智、信,就成为"礼"的手足筋骸,凸显礼的社会功能的价值。后来王安石撰《三经新义》,他亲自作《周礼新义》也就不是无的放矢了。

从儒学的道德功能来看,在中国以血缘为根基的宗法制农业社会,伦理道德是稳定社会秩序的重要力量,汉以后士大夫们都主张把德治与法治作为鸟之两翼、车之两轮。从人们心上、即思想上消除动乱和犯罪的根源,使人人遵守伦理道德,并作为每个人自觉行为活动。唐末五代的长期动乱,使原有维护社会秩序的伦理道德遭到严重破坏。欧阳修说:"五代之际,君君、臣臣、父父、子子之道乖,而宗庙、朝廷、人鬼皆失其序,斯可谓乱世者欤! 自古未之有也"①。伦理道乖,社会失序,无以为继。欧阳修举例说:"或问:'梁太祖以臣弑君,友珪以子弑父,一也。与弑即位,逾年改元,《春秋》之法,皆以君书,而友珪不得列于本纪,何也? 且父子之恶均,而夺其子,是与其父也,岂《春秋》之旨哉?'予应曰:'梁事著矣! 其父之恶,不待与夺其子而后彰,然本帝之志,不可以不伸也'"②。梁太祖朱温于天祐元年(904 年)杀唐昭宗,朱温曾从黄巢动乱,后归唐,中和四年(884 年)被僖宗封为王,朱温杀昭宗后哀帝即位。907 年朱温称帝,是为后梁,唐亡。朱友珪为朱温次子,被封为郢王,为夺皇位而杀父。对此,欧阳修叹曰:"呜呼! 五代本纪备矣。君臣之际,可胜道哉。梁之友珪反,唐戕克宁而杀存义、从璨,则父子骨肉之恩几何其不绝矣。大妃薨而辍朝,立刘氏、冯氏为皇后,则夫妇之义几何其不乖而不至于禽兽矣。寒食野祭而焚纸钱,居丧改元而用乐,杀马延及任圜,则礼乐刑政几何其不坏矣"③。君臣之道,父子之恩,夫妇

---

① 《唐废帝家人传》,《新五代史》卷 16,中华书局 1981 年版,第 173 页。

② 《梁家人传》,《新五代史》卷 13,中华书局 1981 年版,第 138、139 页。

③ 《周本纪》,《新五代史》卷 12,中华书局 1981 年版,第 125 页。

之义等伦理道德全被破坏,人性灭绝而沦为禽兽。

　　道德是社会文明的标志之一,儒家道德教化在人自身的修身养性中具有重要价值,儒家伦理在维护社会秩序和公共管理中有不可替代的意义,所以重建伦理道德,恢复和发挥儒家道德功能,对宋明社会秩序建设、道德行为规范确立、精神文明建设以及终极关切体系建构,都有极其重要的意义。正由于此,理学以"道德性命之理"为探索的主要问题之一,以"存天理,灭人欲"为成德之教的目标,以"天理"为伦理道德的最高根据。

　　被后人称为理学开山祖的周敦颐重视儒家的道德功能,他说:"天地间,至尊者道,至贵者德而已矣,至难得者人。人而至难得者,道德有于身而已矣"①。道德于天地之间,至尊至贵。所谓"至尊",是指其上下大小的极高明、涉形器、至无外、入无内、参天地、并鬼神的功能;所谓"至贵",是指其行道而有得于心。惟有道德存有于身的人为难得。于是周敦颐提"立人极"的命题。他说:"圣人定之以中正仁义而主静,立人极焉。故圣人与天地合其德,日月合其明,四时合其序,鬼神合其吉凶"②。"立人极"是人的理想境界,即圣人境界,其内容是中、正、仁、义,其修养方法是"无欲"、"主静",因为静是诚之复归,是人性之真,人心寂然无欲而心自静。圣人中正仁义,动静周流,而与天地、日、月、四时、鬼神合一而不违。道德修养的目标就是培养圣人的人格理想。如果人人"中"而无过不及,"正"即是非分明;中为礼,正为智。中正仁义亦即仁义礼智四德③。周敦颐认为,人是可以学为圣人的。他说:"'圣可学乎?'曰:'可。'曰:'有要乎?'曰:'有。'请闻焉。曰:'一为要。一

---

　　①　《通书·师友上》,《周子全书》卷9,《万有文库》本,上海:商务印书馆1937年版,第175页。

　　②　《太极图说》,《周子全书》卷2,《万有文库》本,上海:商务印书馆1937年版,第23页。

　　③　参见拙著:《宋明理学研究》,人民出版社2002年修订版,第138—156页。

者,无欲也。无欲则虚静动直,静虚则明,明则通;动直则公,公则溥。明通公溥,庶矣乎!'"①学做圣人的要旨是无欲,无欲心便静虚,"静"如水则明鉴,"虚"若谷便无杂,道理明白通透,湛然纯一。"无则诚立明通,诚立,贤也;明通,圣也。是贤圣非性生,必养心而至之"②。这是周氏对孟子所说的"养心莫善于寡欲"的解释。孟子的"寡欲"到周敦颐的"无欲",再到程颐、朱熹、王守仁的"灭人欲",对"欲"的体认愈来愈极端、片面。"诚立通明"可达到圣贤境界,这便是程、朱、王所说的"存天理"。"道德性命之理"既成为理学的重要话题,因而有人便把宋明理学说成是道德的形上学。理学儒学的道德的社会功能在宋元明清四朝得到了凸显,它在维护社会秩序、国家典章制度的正常运转、百姓日用的交往活动、道德规范的实践中,都发挥着不可或缺的作用。

儒学的文化功能是儒学渗透于文化中的、为文化所显现的功能。文化世界是一个有意义、有价值的世界,因为它说到底是人化的世界。人创造了文化,文化也创造了人。在人与文化的互创、互动中,人赋予文化世界以价值和意义,文化世界也赋予人以意识价值;人创造了儒家文化的价值,儒家文化又赋予人之所以为人的价值;文化塑造人的文化、道德、科技素养,人又使文化生生不息,不断创新转生。

文化世界作为人类世界存在的特质,它指导和影响着人类世界的价值观念、思维方法、伦理道德、行为方式、风俗习惯以及国家的政治、经济、管理、艺术等。儒家文化功能的削弱,也使中国文化的统摄力、凝聚力和生命力受到损害。欧阳修在总结五代史时说:"礼义,治人之大法;廉耻,立人之大节。盖不廉则无所不取,不耻则无所不为。人而如此,则祸乱败亡,亦无所不至,况为大臣而无所不取不为,则天下其有不

---

① 《通书·圣学》,《周子全书》卷9,《万有文库》本,上海:商务印书馆1937年版,第165页。

② 《养心亭说》,《周子全书》卷17,《万有文库》本,上海:商务印书馆1937年版,第334页。

乱,国家其有不亡者乎!"① 礼义廉耻为国之四维,四维不张,祸乱败亡。礼义廉耻为儒家文化重要内容。宋明理学家复兴儒学,创新儒学,亦强化儒家文化在社会生活交往中的功能,使儒家道德文化功能得以实践。

张载等道学家认为,要复兴儒学文化功能,必须分清儒佛之别。"自其说(佛学)炽传中国,儒者未容窥圣学门墙,已为引取,沦胥其间,指为大道。乃其俗达之天下,至善恶、知愚、男女、臧获,人人著信,使英才间气,生则溺耳目恬习之事,长则师征儒宗尚之言,遂冥然被驱,因谓圣人可不修而至,大道可不学而知……上无礼以防其伪,下无学以稽其弊。自古诐、淫、邪、遁之词,翕然并兴,一出于佛氏之门者千五百年,自非独立不惧,精一自信,有大过人之才,何以正立其间,与之较是非,计得失"② 儒者在对儒学没有体认之时,就为佛学所吸引,并以佛学为大道,人人著信,儒学冥然被驱,对儒学文化功能的削弱处于不自觉的状态,这种状况对理学家是不能容忍的,他们必须重新焕发儒学的文化功能,使儒学在新儒学的转生中成为中华文化的精华。

① 欧阳修:《杂传》,《新五代史》卷54,中华书局1981年版,第611页。
② 《正蒙·乾称篇》,《张载集》,中华书局1978年版,第64、65页。

第三章　儒佛道三教融突和理学精神

宋元明学术,可简称为与汉学相对应的宋学。宋学是儒、释、道三教之学长期冲突、融合的和合转生,并归宗于儒学。儒学是一个开放的系统,先秦"百家"的融突和合而为汉学,魏晋道、儒融突和合而为玄学,隋唐儒、释、道融突和合而成宋学。宋学这种儒学由于与以往儒学具有不同特质,所以可称为新儒学,也可称谓为理学儒学,即它是具有理学理论思维形态的儒学。

一、儒佛道三教的冲突融合

儒、释、道自汉以降,便既冲突又融合。隋唐时期释、道的寺院经济得到空前的发展,为释、道学说的研究、解释、发扬与繁荣提供了充足的资源。李氏王朝认为三教都有益治道,而采取三教"兼容并蓄"的政策,或扬道抑儒佛,或抬佛压儒道。三教都想争为国家意识形态的正统地位。

唐代三教互动、冲突、辩难,为三教的互相吸收、融合、和合创造了广阔的空间和自由的平台。武德年间有傅奕(儒)、李仲卿(道)与慧乘、法琳(佛)的辩难;贞观年间有蔡晃(道)、孔颖达(释)与慧净(佛)的辩论;显庆年间有李荣(儒)、黄赜(道)与会隐、慧立（佛）的激辩① 等。武德八年(625年)李渊亲到国子监,召集僧、道、儒"三教通人"宣布:"老先、次儒、末后释宗"②。对三教位次的排定,说明李氏王朝对三教地位的认定,意蕴着谁为正统的问题。武则天称帝,改国号为周,由于以佛教《大云经》为据,所以有"释教宜在道法之上,缁服处黄冠之前"③ 的诏令。三教位次虽有变化,但三教"兼容并蓄"基本维持下来。

北宋太祖、太宗、真宗三朝,承续唐三教"兼容并蓄"政策,促进了三教的融突而和合。赵匡胤于建隆三年(962年)诏令增茸祠宇,塑绘先圣、先贤、先儒之像。他赞孔子、颜回。"又诏用一品礼,立十六戟于文宣王庙门"④。嘉奖左谏议大夫河南崔颂聚生徒讲儒家经典。他曾多次到建隆寺、崇夏寺、相国寺,仅建隆三年就曾两次到相国寺求雨⑤。乾德四年(966年)僧行勤157人请求到西域求佛法,诏准许,赐钱三万遣行⑥。这年四月"河南府进士李霭,决杖,配沙门岛。霭不信释氏,曾著书数千言,号《灭邪集》,又辑佛书缀为衾裯,为僧所诉"⑦。不信佛受刑事处罚,这样佛教受国法的保护。五年（967年）文胜和尚奉敕编《大藏经随函索隐》160卷。开宝二年（969年）诏天下和尚入殿,试经、律、论三学义十余条,全通者,赐紫衣,号称手表僧。四年(971年)诏刻大藏经,是为《开宝藏》。据载赵匡胤敬佛礼佛,"上自

① 见《集古今佛道论衡》卷丙、卷丁,《大正藏》卷52。参见拙文《理学的思想来源——儒、释、道三教的论争和融合》,《宋明理学逻辑结构的演化》,台北:万卷楼图书公司1993年版,第45—66页。

② 《集古今佛道论衡》卷丙,《大正藏》卷52。

③ 《释教在道法之上制》,《唐大诏令集》卷113。

④ 李焘:《太祖》,《续资治通鉴长编》卷3,中华书局1979年版,第68页。

⑤ 脱脱等撰《太祖本纪》,《宋史》卷1,中华书局1977年版,第71页。

⑥ 李焘:《太祖》,《续资治通鉴长编》卷3,中华书局1979年版,第168页。

⑦ 同上,第169页。

洛阳回京师,手书《金刚经》,常自读诵"①。赵匡胤亦崇道教,建隆三年两次到太清观② 科典。

太宗赵炅尊儒,到国子监谒文宣王,淳化五年（994 年）"复以国子学为国子监,改讲书为直讲"③。同年两次到国子监,"赐直讲孙奭五品服……令奭讲《尚书·说命》三篇,至'事不师古,以克永世,匪说攸闻',上曰:'诚哉是言也。'上意欲切励辅臣,因叹曰:'天以良弼赉商,朕独不得耶!'遂饮从官酒,别赐奭束帛"④。体认到良弼必须通过国子监等儒学教育来培养。因此他建崇文院,"其栋宇之制,皆亲所规划,自经始至毕功,临幸者再,轮奂壮丽,甲于内庭"⑤。东廊为昭文书,南廊为集贤书,西廊有四库,分经史子集四部,为史馆书。蓄天下图籍,延四方贤俊,使儒生有一学习、论撰之所。太宗亦崇尚佛教,多次到寺庙祷雨祈雪。太平兴国七年（982 年）北天竺迦湿弥罗国僧人天息灾来宋,太宗即召见天息灾,"令阅乾德以来西域所献梵夹。天息灾等皆晓华言,上遂有意翻译,因命内侍郑守钧就太平兴国寺建译经院。是月,院成,诏天息灾等各译一经以献"⑥。由梵学僧常谨、清沼、法进,光禄卿汤悦、兵部员外郎张洎、内侍刘素组成译经机构。次年"赐译经院额曰'传法'。令两街选童子五十人,就院习梵学、梵字,从天息灾等所请也"⑦。他撰《莲华心轮回文偈颂》10 部 250 卷。可见他对佛教崇尚。太宗多次到道教的建隆观祈雪。太平兴国三年（978 年）召华山道士丁少微。次年少微献金

---

①　《佛祖统纪》卷 43。

②　《太祖本纪》,《宋史》卷 1,中华书局 1977 年版,第 11、12 页。另见《续资治通鉴长编》卷 3,中华书局 1979 年版,第 63、73 页。

③　李焘:《太宗》,《续资治通鉴长编》卷 35,中华书局 1979 年版,第 775 页。

④　李焘:《太宗》,《续资治通鉴长编》卷 36,中华书局 1979 年版,第 801 页。

⑤　李焘:《太宗》,《续资治通鉴长编》卷 19,中华书局 1979 年版,第 422 页。

⑥　李焘:《太宗》,《续资治通鉴长编》卷 23,中华书局 1979 年版,第 523 页。

⑦　同上书,第 566 页。

丹、巨胜、南芝、玄芝等。雍熙元年（984年）召华山隐士陈抟入见，赐号希夷先生。太宗笃信道教养生之术，他对宰相说："老子云：我命在我不在天，全系人之调适"①，要大臣们无自轻于摄养。三教并用。

宋真宗赵恒即位之初，即封孔子45世孙孔延世为文宣公，并赐《九经》及太宗御书、祭器，加银帛②。咸平二年（999年）真宗到国子监，听学官崔偓佺讲《尚书·大禹谟》，还到崇文院，赐秘书监、祭酒以下器币。大中祥符元年（1008年）真宗"服靴袍诣文宣王庙酌献。庙内外设黄麾仗，孔氏家属陪列。有司定仪止肃揖，上特再拜。又幸叔梁纥堂。命刑部尚书温仲舒等分奠七十二子，先儒暨叔梁纥、颜氏，上制赞刻石庙中。复幸孔林，以树木拥道，降舆乘马，至文宣王墓奠拜，诏加谥曰玄圣文宣王，祝文进署，仍修葺祠宇，给近便十户奉茔庙。又诏留亲奠祭器。翌日，又遣吏部尚书张齐贤等以太牢致祭，赐其家钱三十万，帛三百匹。以四十六世孙、同学究出身圣佑为奉礼郎，近属授官及赐出身者六人。又追封叔梁纥为鲁国公，颜氏为鲁国太夫人、伯鱼母并官氏为郓国太夫人。"③ 对孔子尊崇备至，又追谥齐太公为照烈武成王，令青州立庙；周文公为文宪王，曲阜县立庙。他自撰《崇儒术论》，认为"儒术污隆，其应实大，国家崇替，何莫由斯……太祖、太宗丕变弊俗，崇尚斯文。朕获绍先业，谨遵圣训，礼乐交举，儒术化成，实二后垂裕之所致也"④。真宗的崇儒，有裨于当时逐渐掀起的儒学复兴思潮，他"礼乐交举"，是对五代以来"礼乐崩坏"的补救，"儒术化成"也是想改变儒衰佛道盛的状况。

---

① 李焘：《太宗》，《续资治通鉴长编》卷25，中华书局1979年版，第588页。
② 同上书，第881页。
③ 李焘：《真宗》，《续资治通鉴长编》卷70，中华书局1980年版，第1574页。
④ 李焘：《真宗》，《续资治通鉴长编》卷79，中华书局1980年版，第1798、1799页。

于是他又"改谥玄圣文宣王曰至圣文宣王"①，由"玄圣"到"至圣"，也就无以复加了。

真宗在崇儒同时，又敬佛重道。不仅大译佛经，又应西域和尚法贤之请，作《圣教序》赐传法院，另作《崇释论》，令作《景德传灯录》，并度僧尼23万。对于道教真宗很是痴迷。大中祥符元年（1008年）正月对王旦和王钦若说，他于去年梦见神人对他说："宜于正殿建黄箓道场一月，当降天书《大中祥符》三篇，勿泄天机"，② 忽而不见。于是在朝元殿建道场，结彩坛九级。五月真宗说自己又梦见神人，"言来月上旬复当赐天书于泰山，即密谕王钦若。于是王钦若奏：'六月甲午，木工董祚于醴泉亭北见黄素曳草上，有字不能识，言于皇城使王居正，居正见其上有御名，驰告钦若，钦若等就取得之。遂建道场……'其文曰：'汝崇孝奉吾，育民广福。赐尔嘉瑞，黎庶咸知。秘守斯言，善解吾意。国祚延永，寿历遐岁。'读讫，召百官示之，复奉以升殿"③。借梦见神人而造'天书'，试图建构形而上信仰系统，而实还仅是形而下的"国祚延永，寿历遐岁"而已。并改元为大中祥符。尊封老子为"太上老君混元上德皇帝"。诏崇文院详校《道藏》。张君房进《大宋天宫宝藏》4565卷。天禧三年（1019年）大赦天下，普度道释童行，大会释道于天安殿，建道场，以药银铸大钱，面赐广众。

宋初三朝尊儒、崇佛、重道，对宋代学术发展的影响是：

其一，统治集团承唐的三教"兼容并蓄"的政策，未能"一道德"，即没有确立一种国家意识形态，也未能改变唐时儒衰释道盛的状况，这就激起了"先天下之忧而忧"的士大夫们为改变国家命运，

---

① 《真宗本纪》，《宋史》卷8，中华书局1977年版，第152页。

② 李焘：《真宗》，《续资治通鉴长编》卷67，中华书局1980年版，第1518页。

③ 李焘：《真宗》，《续资治通鉴长编》卷69，中华书局1980年版，第1549、1550页。

免除重蹈唐末五代覆辙的责任感。他们孜孜以求，出入释老，而后返诸六经，苦苦寻求能化解当时社会危机、改变"积贫积弱"时局的良策和指导思想的学术理论。

其二，当时士大夫的精英们面对宋王朝的三教并用，而需要对三教的学术思想进行全面、深入的研究，在此基础上做出比较、筛选，并做出抉择。他们总结以往儒释道三教冲突、融合的经验教训和论争的问题，认为不是停留在害政、费财、伦常、夷狄等的论争上，就是处于反佛派、混佛派、出佛派① 之间。苏辙曾对韩愈的反佛总结说："愈之学，朝夕从事于仁义、礼智、刑名、度数之间，自形而上者，愈所不知也。《原道》之作，遂指道德为虚位，而斥佛老与杨墨同科，岂为知道哉！"② 意谓韩愈不知形而上之道。不知道，就不能与佛老的形而上的真如、虚无相抗衡，也就不可能改变儒衰佛道盛的局势。他们体认到：儒学长于道德性命和礼乐刑政，而蔽于形而上之道；佛学善于逻辑思辨和终极关切，而蔽于礼乐道德；道学精于天地生成与人的修炼合一，而蔽于经世日用。如何汲取三教之长，而又融合三教，转生为新和合体，即儒学的新理论思维形态的化生，这是时代的需求，也是儒学自身生存、发展的要求。

其三，当时士大夫精英必须据此体认，而建构一种形而上者之道与形而下者之器，即道与器、体与用相资、一源的新理论思维形态或学术体系，才能使传统儒学以崭新的学术形态化解儒、释、道的冲突，并超越释、道。儒学如不立足于创新，是不可能获得新的发展和超越释道的。这种即形而上即形而下、即本体即工夫的新和合体——理学儒学的学术形态经开端、奠基、发展、集大成等阶段及几代人的共同创造，像一颗

---

① 　参见拙著：《理学的思想来源——儒、释、道三教的论争和融合》，《宋明理学逻辑结构的演化》，台北：万卷楼图书公司 1993 年版，第 63—66 页。

② 　韩愈：《原道》，《韩昌黎集》卷 11，注引苏辙语，《国学基本丛书》本，上海：商务印书馆 1933 年版。

璀璨的新星而普照着时人的心身。

二、三教内在的融合需求

儒、释、道三教经长期的冲突、融合，各教内部逻辑地出现了三教融合的趋势。这种趋势与唐所实行的三教"兼容并蓄"政策相适应。佛者援儒入佛，如神清、宗密①，儒者自疑其学之粗浅而骛于精微，佛者自知其学之偏离礼乐而援儒。譬之西方之人向东行，东方之人向西行，势必相遇于途而合一。苏轼说："孔老异门，儒释分宫，又于其间，禅律相攻。我见大海，有北有南，江河虽殊，其至则同"②。儒、释、道三教融合趋势成为三教的共识。作为新儒学者，他们既认同三教融合的趋势而出入佛老，各取佛老之长而补己之不足，而又批判佛老，划清界限，延续儒学特质。

王安石率先提出"道德性命之理"的命题，他既批佛："呜呼！礼乐之意不传久矣。天下之言养生修性者，归于浮屠、老子而已。浮屠、老子之说行，而天下为礼乐者，独以顺流俗而已。夫使天下之人驱礼乐之文以顺流俗为事，欲成治其国家者，此梁、晋之君所以取败之祸也"③。斥佛、老以"养生修性"的言近易知而使儒学的"礼乐之意大而难知"而不得传。礼乐刑政是治国之方，弃礼乐而从佛老是梁、晋之所以亡国的原因。同时王安石融合佛理，深得要妙。"惟佛世尊，具正等觉，于十方刹，见无边身，于一寻身，说无量义。然旁行之所载，累译之

---

① 参见拙著：《理学的思想来源——儒、释、道三教的论争和融合》，《宋明理学逻辑结构的演化》，台北：万卷楼图书公司 1993 年版，第 60、61 页。

② 《祭龙井辩才文》，《苏东坡全集·后集》卷 16，中国书店 1986 年影印本，第 635 页。

③ 《礼乐论》，《王临川全集》卷 66，世界书局 1935 年版，第 418 页。

所通，理穷于不可得，性尽于无所住。金刚般若波罗密为最上乘者，如斯而已矣"①。以"理穷于不可得，尽性于无所住"解释金刚要义，中其肯綮。王安石对于佛学造诣深奥，不可言诠。"所谓性者，若四大是也。所谓无性者，若如来藏是也。虽无性而非断绝，故曰'一性所谓无性'。曰'一性所谓无性'，则其实非有非无。此可以意通，难以言了也。……佛说有性，无非第一义谛。若第一义谛，有即是无，无即是有。以无有像计度言语起，而佛不二法，离一切计度言语，谓之不二法，亦是方便说耳，此可冥会，难以言了也"②。王氏对佛学的体认，是凭意通冥会，不落言诠。他罢相后，居钟山，时与禅僧交往，《拟寒山拾得诗》20首，并撰《楞严经疏解》，以所居园屋为僧寺，又撰《老子注》和《庄子解》。

　　理学儒学集大成者朱熹，出入佛道，19岁赴临安（今杭州）应考，箧笥内只带一本宗杲的《大慧语录》，竟中进士③，并汲取佛学，建构其学术思想体系，对道教经典，他化名"空同道士邹䜣撰《周易参同契考异》和《阴符经考异》。宋代黄瑞节解释说："邹䜣二字朱子借之托名也。邹本春秋邾子之国。《乐记》'天地䜣合。'郑氏注云：'䜣当作熹'。"④邹䜣隐含朱熹之名。朱熹对道教功法进行实修。他在《调息箴》中说："鼻端有白，我其观之。随时随处，容与猗移。静极而嘘，如春沼鱼。动极而翕，如百虫蛰。氤氲开辟，其妙无穷。孰其尸之，不宰之功。云卧天行，非予敢议。守一处和，千二百岁。"⑤这种调息功法，是朱熹修炼的体验。他说："病中不宜思虑，凡百可且一切放下，专以存心养气为务。

　　①　《书金刚经义赠吴琎》，《王临川全集》卷71，世界书局1935年版，第455页。

　　②　《答蒋颖叔书》，《王临川全集》卷78，世界书局1935年版，第500页。

　　③　参见拙著：《朱熹评传》，南京大学出版1998年版，第6—12页。

　　④　《周易参同契考异》，《朱子遗书》，京都中文出版社1975年版，第840页。

　　⑤　《调息箴》，《朱文公文集》卷85，《四部丛刊初编》本，第1530页。

但加跌静坐,目视鼻端,注心脐腹之下,久自温暖,即渐见功效矣"①。这里也讲存心养气的调息功法。这对于朱熹数年来"疾病日侵","气血凋瘁"的状况有所改善。以此来看,朱熹研究、注释道教经典不仅为汲取道学理论精华,也为了强身健体的需要。

宋代士大夫与禅僧交往,是为风气。这种交往活动不仅是诗文的交流,也是思想的互动,以及学术的对话②。这种对话虽由于学术观点、立场的不同而有论争和批评,但他们仍是文友、诗友。儒释道三教共同营造了一个比较融洽的学术氛围,催生了三教融突而和合的新儒学出现。

智圆敢于打破三教论争中佛在儒道之先的传统。他"好读周、孔、杨、孟书,往往学为古文,以宗其道,又爱吟五七言诗,以乐其性情"③。赞扬儒家之学,甚至赞称排佛最力、古文运动的首领韩愈④。他认为韩愈"力扶姬孔",使儒学在国治、家宁、身安中发挥其社会功能,佛教才能借以流传,"非仲尼之教,则国无以治,家无以宁,身无以安"⑤。"释氏之道"只有在这种环境中由之而行。他能以超越心评价三教:"尝谓三教之大,其不可遗也。行五常,正三纲,得人伦之大体,儒有焉;绝圣弃智,守雌保弱,道有焉;自因克果,反妄归真,俾千变万态,复乎心性,释有焉。吾心其病乎! 三教其药乎! 矧病之有三,药可废耶! 吾道其鼎

---

①　《答黄子耕》,《朱文公文集》卷51,《四部丛刊初编》本,商务印书馆,第898页。

②　周予同说:"周敦颐之学,据《居士分灯录》谓启迪于慧南,发明于佛印,廓达于常聪。其余如程颐之于灵源,游酢之于道宁,杨时之于常聪,陈瓘之于明智,胡安国之于祖秀,朱熹之于道谦,皆有相当的关系。"(《周予同经学史论著选集》,上海人民出版社1983年版,第115页。)

③　智圆:《闲居编·自序》,《续藏经》第一辑,第二编,第六套,第一册。

④　智圆:《读韩文》和《师韩议》,《闲居编》,《续藏经》第一辑,第二编,第六套。

⑤　智圆:《中庸子传上》,《闲居编》卷19,《续藏经》第一辑,第二编,第六套。

乎！三教其足乎？欲鼎之不覆，足可折耶！"① 三教各有所长，不可替代，犹如三种治病的药和鼎之三足，缺一，病不能治，鼎覆而不能立。这样就把三教置于平等的地位，在平等中融合为一，破除三教先后，贵贱的圄见。"释道儒宗，其旨本融，守株则塞，忘筌乃通"②。忘筌而无所执著和守株，三教融通合一。

智圆在解释其为什么自号"中庸子"时撰《中庸子传》。他自设答问说："或曰：中庸之义，其出于儒家者流，子浮图子也，安剽窃而称之耶？对曰：夫儒释者，言异而理贯也，莫不化民，俾迁善远恶也。儒者，饰身之教，故谓之外典也；释者，修心之教，故谓之内典也。惟身与心，则内外别矣。蚩蚩生民，岂越于身心哉？非吾二教，何以化之乎！嘻！儒乎，释乎，其共为表里乎！……释之言中庸者，龙树所谓中道义也"③。身心、内外、表里合为一体，相依不离。儒释言论虽异但道理通。儒明中庸，即释龙树的中道。他认为"世之大病"，就在于不能超越执儒释以相诬，限有无以相非，只有超越儒释、有无的相诬相非，才能道并行而不相悖。

稍后的契嵩亦主张三教融合，他虽不自号"中庸子"，但亦推崇中庸，著《中庸解》五篇。他之所以著《中庸解》就在于"抑亦尝学于吾之道，以中庸几于吾道，故窃而言之"④。意谓儒家的中庸与佛教的真如、佛性可圆融无碍。他所谓中庸是指："中庸，道也。道也者，出万物也，入万物也，故以道为中也"⑤。他认为饮食可以绝，富贵可以让，中庸不可去；诚心、修身、正家、治国、明德于天下，不可舍中庸。去、舍中庸便

① 智圆：《病夫传》，《闲居编》卷34，《续藏经》第一辑，第二编，第六套。
② 智圆：《三笑图赞并序》，《闲居编》卷16，《续藏经》第一辑，第二编，第六套。
③ 智圆：《中庸子传上》，《闲居编》卷19，《续藏经》第一辑，第二编，第六套。
④ 契嵩：《中庸解第五》，《镡津文集》卷4，扬州藏经院本，清光绪28年版。
⑤ 契嵩：《中庸解第三》，《镡津文集》卷4，扬州藏经院本，清光绪28年版。

亡国灭身。作为天下之大节的礼乐刑政和作为天下之大教的仁义智信，八者一于中庸。他尊崇中庸，就意味着三教可融合。譬如他圆融佛教的"五戒"与儒教的"五常"，他说："夫不杀，仁也；不盗，义也；不邪淫，礼也；不饮酒，智也；不妄言，信也"①。以儒教的仁、义、礼、智、信与佛教戒律不杀生、不偷盗、不邪淫、不饮酒、不说谎相合，又把五常与佛教的慈悲、布施、恭敬（无我慢）、智慧、不妄言绮语等教义相符。三教圆融。

后来有袾宏主张和会儒释，著《儒释和会》、《儒佛交非》、《儒佛配合》② 等，认为三教一家。德清主张和会儒释道，认为三圣同体，三教一理。著《观老庄影响论》、《道德经解》、《庄子内篇注》、《大学直指》、《中庸直指》、《大学纲目决疑》等。智旭号蕅益。他著《周易禅解》、《四书蕅益解》等。他认为"大道之在人心，古今惟此一理，非佛祖圣贤所得私也。统乎至异，汇乎至同，非儒释老所能局也。克实论之，道非世间，非出世间，而以道入真，则名出世，以道入俗，则名世间"③。三教同道，道的出入之别，有世间与出世间的不同。道同理一，所以三教合一。

道教内部也主张三教合一，张伯端为金丹派南宗教主，他以三教圆融为特点，主张"教虽分三，道乃归一。奈何后世黄缁之流，各自专门，互相非是，致使三家宗要，迷没邪歧，不能混一而同归矣"④。他批评后世道教与佛教徒，互相攻击，致使三教不能归一。三教之道可谓殊途同归，张伯端以"老释以性命学，开方便门，教人修种，以逃生死 ……《周易》有穷理尽性至命之辞，《鲁语》有'毋意、必、固、我'

---

① 契嵩：《辅教编下·孝论·戒孝章》，《镡津文集》卷8，同上。
② 参见：《竹窗随笔》、《竹窗二笔》、《云栖法汇手著》第三册、第四册，崇祯年刻本。
③ 智旭：《儒释宗传窃议·有序》，《灵峰宗论》卷5，江北刻经处本。
④ 张伯端：《自序》，《悟真篇浅解》，中华书局1990年版，第2页。

之说,此又仲尼极臻乎性命之奥也"①。三教"道乃归一"的"道"即是性命之学。这在他与理学奠基者张载思想中得到了印证。张伯端(983—1082年)与张载(1020—1077年)是同时代的人,张伯端曾说:"欲神者,气质之性也。元神者,先天之性也。形而后有气质之性,善反之,则天地之性存焉"②。张载也说:"形而后有气质之性,善反之,则天地之性存焉"③。提出了对理学家影响深远的"气质之性"与"天地之性"的命题。二张的话完全相同,我们且不说是谁吸收谁的,但可以说明儒道的共识和归一。

南宋时白玉蟾,属内丹派南宗,主张三教融合。他尊重周敦颐、朱熹等理学家以及吸收禅宗的心性学说。他以易学的儒家思想与道教精、气、神内丹学说相会通。金元时王重阳创建全真道,大定七年(1167年)正式以"全真"相称。他主张三教平等、融合,在《重阳全真集》认为"儒门释户道相通,三教从来一祖风"。"从来一祖"说明三教同源,"一祖"并非指具体祖师,而是指道而言。因此,全真道以《道德经》、《孝经》、《般若波罗密多心经》为必修经典,圆融三教之学。王重阳"以道德性命之学,唱为全真,洗百家流弊,绍千载之绝学,天下靡然从之"④,倡道德性命之学与宋明理学家同。他先后收马丹阳、孙不二、谭处端、丘处机、郝大通、王处一、刘处玄为全真七真人。这些弟子都继承和发挥王重阳的三教平等、融合思想。谭处端认为"三教由来总一家",丘处机在《磻溪集》中认为"儒释道源三教祖,由来千圣古今同"。元初李道纯主张三教合一,同源于太极,太极为元神真性,就是道教所谓的"金丹",

①　张伯端:《自序》,《悟真篇浅解》,中华书局1990年版,第1页。
②　《神为主论》,《玉清金笥青华秘文金宝内炼丹诀》,《悟真篇浅解·外三种》,中华书局1990年版,第231页。
③　《正蒙·诚明篇第六》,《张载集》,中华书局1978年版,第23页。
④　李鼎:《大元重修古楼观宗圣宫记》,朱象先:《古楼观紫云衍庆集》卷18,《正统道藏》第32册,台湾艺文印书馆1977年版,第26029页。

佛教所谓的"圆觉"，体同而名异。他作《注读周易参同契》和《太极图解》认为易道广大悉备，以之学佛则佛，学仙则仙，以之修齐治平则修齐治平。他在《三天易髓》中写了《儒曰太极》、《金丹了然图》、《释曰圆觉》、《阴符经直指》四篇，凸显了三教名三体一的旨意。元明间张三丰亦主张三教同道，修道之谓教，三教本此道以立教。道教三教同源、同道、合一的主张与其宇宙生成论及内丹修炼相融合，建构了其自己的学术体系，而与儒释有异，此异按道教金丹派的视野而言，只是名异而已，其道实同。

三、理学开出新学术精神

儒、释、道三教融合，是三教自身内在的需要，换言之，是三教学术的内在逻辑发展趋势，儒教必须吸收佛道逻辑思辨、终极关切和宇宙生成理论，以补形而上之道的不足；佛教必须兼容儒教的道德性命，以不违中国血缘的、宗法的心理情感；道教也须并蓄佛儒的教义和礼乐，以提升逻辑思辨和经世力度。儒、释、道三教名殊道同，都追求"超凡入圣"的境界。这"圣"，儒为圣人、释为成佛、道为成仙。圣、佛、仙都超越了现实人生的有限而达无限；其大同世界、西方极乐世界、神仙世界都超越现实苦难世界而达和乐美满世界。

宋代的新儒家抓住宋王朝三教兼容并蓄外在学术自由的氛围和三教内在学术融合的逻辑趋势，历经百年的探索，而把三教"兼容并蓄"的学术整合的方法论争转化为对"道"同之道的探讨，即把学术整合方法落到实处，并排除了佛道的"以空为真"、"以无为为道"的进路，而辟出至道之要，不二之理的途径。

三教同道的"道"或三教一理的"理"，究竟是什么？佛言"明心见性"的心性，道言"性命"或"太极"，儒言"礼乐"。在三教论争中各持自己的见解。直到程颢提出"吾学虽有所受,天理二字却是自家体贴出来"①。"天理"可以涵盖王安石的"道德性命之理",取得了程颐弟子以及朱熹和其弟子的认同和发展。"天理"即是三教"同道"、"一理"的道和理;天理即是太极,即是性命,即是心性。天理以其形而上学性、逻辑思辨性、伦理道德性、经世日用性、礼乐刑政性而替代以往释、道强劲态势和旧儒教衰微境遇,使儒学在三教融突和合中转生,不仅焕发了儒学新的生命智慧,而且开出了理学新学术思潮,而影响中国学术近千年,并走出国门,成为东亚各国国家意识形态。

理学作为一种新的学术思潮,开显出一种新的学术精神,这种学术精神既是中华学术精神的承传,又是当时时代学术精神的显现。这两方面可合为学术的生存价值,亦即历史精神价值。有此历史的生存价值,便具有今、后人去研究的意义,这便是研究价值,或曰学术价值。生存价值与研究价值、历史价值与学术价值是相依不离、互相意蕴的,其不二的呈现,便是其学术精神。

第一,求理精神。宋明理学继承和发展了儒学理性主义学术精神,其最切近的学术目标,就是要"格物穷理",或"即物穷理"。"其学大抵穷理以致其知,反躬以践其实,而以居敬为主"②。知犹识也,即知识。致知,就是"推极吾之知识";格物就是"穷至事物之理"③。具有求知识的学术特征。"理"所体现的理性主义学术精神,必须建构在知识主义的"推极"和"穷至"事物之理的知识之上,否则"理"就无根底和不合法。宋明理学的理(天理)并非是先验存有,也非无中生有,更非空无所有,而是"穷至事物之理"的存有,是乃"即凡天下之物,莫不因其已知之理而益穷之,以求至乎其极"④。这种"以求至乎其

---

①　《河南程氏外书》卷12,《二程集》,中华书局1981年版,第424页。

②　《续资治通鉴》卷155,中华书局1964年版,第4176页。

③　朱熹:《经一章》,《大学章句》,世界书局1936年版,第1页。

④　朱熹:《格物致知补传》,《大学章句》,世界书局1936年版,第3页。

极"的寻根究底的学术精神，显然不是蒙昧主义的，而是理智主义的。由此可见，求理精神是宋明理学一种基本精神。它是宋明时期社会学术思潮和民族精神的标示，它体现了中华民族最深层的生存方式和学术核心，以及由这种生存方式和学术核心所转化的自觉生存智慧和价值观念。

在宋明理学中，"穷至事物之理"的"理"，既是事物存有的形上依据，即事物之"所以然"者，亦是"反躬以践其实"的实践活动的"所当然"者；既是学术价值的源头，也是现实秩序的条理。理是此两者和合体。虽然理学讲"涵养须用敬，进学则在致知"，涵养重"尊德性"，进学重"道问学"，由此而以程朱道学为"道问学"，陆王心学为"尊德性"，前者为"智识主义"，后者为"反智识主义"①。其实程朱陆王都是两者相兼，是"内圣外王"的二而一的"体用一源"的工夫和学问。尽管外向"道问学"和内向"尊德性"，有求知和体验的方法、路径的不同，但这不同在理学家那里仅是轻重的差异，而不是非此即彼，互相排斥。事实上，无论是程朱道学，还是陆王心学，都是"道问学"与"尊德性"互补相资②。从这个意义上说，程朱"性即理"也好，陆王"心即理"也好，张(载)王(夫之)"气即理"也好，求理精神都是其基本的学术精神。朱熹说："尊德性，所以存心而极乎道体之大也；道问学，所以致知而尽乎道体之细也，二者修德凝道之大端也"③。两者从不同方面契入而求极乎、尽乎道体的大与细，它们都是修德凝端，而不可或缺。

第二，求实精神。宋明理学以求实为其学术旨趣。宋明理学家均坚持儒家的入世精神，以社会国家的命运为命运，为化解现实社会的

---

① 参见余英时：《中国思想传统的现代诠释》，江苏人民出版社 1989 年版，第 195 页。

② 参见拙著：《走向心学之路——陆象山思想的足迹》，中华书局 1992 年版，第 165—188、221—225 页。

③ 《中庸章句》第 27 章，世界书局 1936 年版，第 14 页。

"积贫积弱"和学术思想的儒衰佛盛的危机,而建构道德形上学,因此贴近社会现实和人生生命,是其学术的基本精神。尽管朱熹自设其形而上的"理"为"净洁空阔底世界",但它必须挂搭、安顿在气上,"无是气,则是理亦无挂搭处"①。气为金木水火,就是说"理"必须落到实处,而不能悬在空处。所以朱熹等讲自己所说的理是"实理"。宋明理学家虽出入佛老,既吸收佛老之学的精华,又批判佛老的空与虚。张载批佛以空为真,而辟之以天理之大,批老氏以无为道,而辟之"不有两则无一"。朱熹反复强调"释氏虚,吾儒实"②,又说:"要之,佛氏偏处只是虚其理,理是实理,他却虚了,故于大本不立也"③。陆九渊说:"盖古人皆实学,后人未免有议论辞说之累"④,"若他持此说者原无着实,但是虚意驾说立议论,初无益于事实,亦须穷见其底蕴"⑤。就自身着实做工夫,空谈无益于实事。

宋明理学家,无论是理学、心学,还是气学,都追求实,实事、实功、实学是其学术的基本特征。其实,区分学术思想空谈与非空谈的标准,不能是简单与直接的功利效果。从形式上看,任何理论性的学术研究和思想论争都有务虚的一面,这些似乎是无实无用的空谈,学术研究和思想的实,是体现现实理论之实,呈现时代精神之实,学术争论之用,是推动思维发展的逻辑之用。宋明理学家谈论心性,辨析义理,旨在重建社会道德价值理想和社会伦理生活秩序。他们讲道德性命,讲理气心性,都有其针砭时弊的现实性和逻辑思维的实理性。

第三,道德精神。宋明理学建构了道德理性的形而上学。鉴于唐末五代以来的"礼乐崩坏",道德沦丧,社会失序。宋明时期的各家各派

① 朱熹:《理气上》,《朱子语类》卷1,中华书局1986年版,第3页。
② 朱熹:《释氏》,《朱子语类》卷126,中华书局1986年版,第3015页。
③ 朱熹:《释氏》,《朱子语类》卷126,中华书局1986年版,第3027页。
④ 陆九渊:《与詹子南(三)》,《陆九渊集》卷7,中华书局1980年版,第97页。
⑤ 《与包详道(六)》,《陆九渊集》卷6,中华书局1980年版,第84页。

都以重建伦理道德为要务。他们重伦理,尚德行。相对于倏然即逝的现象世界,他们探究常住的现象世界背后的东西。他们或用理、气、心、性,或用太极、阴阳、礼乐、道器来解释人之为人、物之为物的内在根据和终极原因以及其与现象世界的关系,论证人的理气心性本体及其道德价值的形上性和终极性。在功利与理想、利益与公德、公与私的冲突中,拔高理想、道德和公的地位,主张以公灭私,以理统欲。他们把儒家仁义礼智信等五常道德规范抽象化、本体化,使其成为"颠扑不破"的价值原则;同时,又依据这些理想化的原则处理实际的人伦关系,提出了"存天理、灭人欲"的道德目标和修养准则。这一主张具有禁欲主义的色彩,但把它作为完全禁欲主义而加以否定,又失于偏颇,而需要体贴理学家心的原意和本义。

理欲之间怎样划界? 存理灭欲实际所指是什么? 都需辨析。朱熹曾有一个解释,他说:"饮食者,天理也;要求美味,人欲也"①。饮食男女是人生生理的基本需求,就是圣人也不可避免,饥食渴饮,是维持人生生命的需要;男女是人类延续的需要,何况儒家提倡"不孝有三,无后为大",无后就是最大的不孝。因此,饮食男女之欲不是人欲,而是天理。存理灭欲实际所指是那些奢侈无度、大肆挥霍、灯红酒绿的少数官吏,而不是指饥寒交迫的老百姓。然而,历史的发展往往事与愿违,原本是批判、制约官吏的命题,规谏统治者,使人主心术端正,以利国强民富和道德教化的主张,却被统治者和一些官吏接过来,变成了他们针对老百姓的工具,使理欲之辩由道德修养和超凡入圣的工夫,变成了压榨百姓的政治工具和奴役人民的理论根据。这种历史的演化,是宋明理学家所始料不及的。

第四,忧患精神。忧患的精神是指人处于忧患境遇或国家民族处于危难之中时,对人性的伟大和尊严以及人之所以为人的存在意义与

---

① 　朱熹:《力行》,《朱子语类》卷13,中华书局1986年版,第224页。

价值的深沉体认,并力求通过人自身的生命力量超越或改变忧患境遇或化解危难情境,达到真善美和合的文化学术心态。宋初儒家学者面对唐末五代的情境,道德文化与学术思想的当务之急,是重新建构社会理想和人格理想,重新确立儒家伦理规范和道德原则,重新构筑终极关切和精神家园。宋明思想家们怀着"先天下之忧而忧,后天下之乐而乐"的忧患意识,积极参与社会政治经济改革,"庆历新政","熙宁变法",把很多士大夫精英吸纳了进来,"为生民立命","为万世开太平"的宏愿转换为无限责任意识与使命意识,以及由自我心灵发出的无限的爱人及物,由己及人及物的悲愿。同时,对于未来社会亦充满忧患,从而把自我美好愿望提升为现实的社会理想。

自觉而深沉的忧患精神,煎熬和锤炼了宋明一代的学者的意识,驱动他们不断超越所处的当下社会,从形而上学道体的思维高度反思人伦的存在价值,学术的生命意蕴和道德的永恒力量,迫使其打破学术的派别门户之见,出入佛老,游思空无,综罗百代,融会三教,经几代人的不懈努力,终于使以儒家伦理为代表的中华民族学术展示出崭新的形上姿态。

第五,主体精神。宋明时期的学术是以中华民族现实生存为根基而开出的群体主体精神。这种学术精神强调人与自然、人与社会、人与人的和谐共存,强调"民吾同胞、物吾与也"和"天地万物与吾一体"的大我的主体精神。我与自然万物、社会人群是"一体"的万物中的一物,在此"一体"中都是平等的、自主的,人与万物没有特殊之处。人只有依靠自身的智慧和力量,发扬自我主体的自强不息的精神,而创造有别于万物的现实社会生存世界、意义世界和可能世界。

宋明时期的主体精神关心的是学术"道统"生命的生生不息,向往的是"廓然大公"、人人圣贤的至德之境。理学家们曾借助理欲、心性、理气、道器等范畴精致辨析,将人的道德存在、伦理特性和价值尊严提升到了宇宙本体的形上学位置上,视人为天地万物的价值主体,"为天地立心"，并抽象地证实了"天地之性人为贵"的儒学信念。

古代中国社会，是以农业为主的宗法社会。人们必须按照天地变化、四时运行的自然法则制定节气，依据节气安排耕作活动，于是"不误农时"就成为人类必须遵循的自然法则。自然环境的变化，既带来风调雨顺的丰收的喜悦，使人普天同庆；又可导致干旱、水涝、瘟疫等大面积的灾害，让人万众齐哀。怎样协调人与自然天地关系、人与万物的关系，达到天人合一的状态，就成为传统学术所探索的首要问题。与此同时，如何协调人伦关系，规范宗法秩序，强化群体意识，提高群体智慧和力量以化解各种灾害，达成人人融突而和合，也成为传统学术的基本问题。宋明学术的这一主体精神，深深地根植于中华民族的这一生存环境及其学术价值理想之中。他们以天下为己任，以天地为己心的情怀，正是宋明学术主体精神的体现。

第四章 尊师重道和学派繁荣

中华学术之所以"造极于赵宋之世",是与这时新思想、新学风以及新学者群体的诞生密切相关;而其诞生又与这个时期的重教育、办学校、兴书院、倡讲学等活动分不开。这个时期的大多数学者是教育家,是官吏,一身三任。他们通过学术和教育实践活动,不断推进宋明学术和思想的繁荣发展,以及由赵匡胤所称谓的"读书人"群体向百姓日用的辐射,而推动整体学术水平的提升。

一、尊师重道学风的确立

宋代一扫唐五代以来师道委顿之风,而大振尊师重道之风尚,对学术创新具有实质性影响。韩愈曾感叹:"嗟乎! 师道之不传也久矣,欲人之无惑也难矣。古之圣人,其出人也远矣,犹且从师而问焉。今之众人,其下圣人也亦远矣,而耻学于师。""爱其子,择师而教之;于其身也,则耻师焉,惑矣"。"呜呼! 师道之不复可知矣"[①]。儒家师道的衰微,与唐代儒学的衰颓不能不无关系。师道之不传,致使以师为耻,对学术发展有百害而无一利。柳宗元亦说:"今之世,为人师者众笑之,举世不

---

① 韩愈:《师说》,《韩昌黎集》卷 12,《国学基本丛书》本,上海:商务印书馆 1958 年重印版。

师，故道益离"①。又说："今之世，不闻有师，有辄哗笑之，以为狂人"②。讥笑为人师之师，举世之不尊师重道，所以离道愈来愈远。这是儒衰佛、老盛的所以然的原因之一。

所谓师，非指文字章句之师，而是指"传道、授业、解惑"之师。陈傅良在讲书院起源时对什么是"师"有所解释。他说："而宋有戚氏（同文），吴有胡氏（瑗），鲁有孙（复）、石（介）二氏，各以道德为人师，不苟合，于世著名。余以是益叹国初士风之厚，本之师道尊，而书院为不可废"③。尊师道，意蕴着师不仅是授业、解惑，而首要是以道德为人师。以身传儒家之道，以言教化儒家之德。

宋代学者大体上把纠隋唐以来师道衰微之弊的功绩归于宋初三先生。欧阳修说："师道废久矣！自景祐、明道以来，学者有师，惟先生（胡瑗）暨泰山孙明复、石守道三人"④。庆历二年（1042 年）孙复、石介同年召为国子监直讲，皇祐四年（1052 年）胡瑗亦任命为国子监直讲。他们以当时国家最高学府讲官的权威和地位，推动尊师重道及儒学复兴运动，取得了实效，并使太学面貌发生根本性变化，获得了欧阳修及学生们的尊敬和爱戴。欧阳修说："自瑗管勾太学以来，诸生服其德行，遵守规矩，日闻讲诵，进德修业。昨来国学、开封府并锁厅进士得解人中，三百余人是（胡）瑗所教。然则学业有成，非止生徒之幸；庠序之盛，亦是朝廷美事。今瑗既升经筵，遂去太学，窃恐生徒无依，渐以分散……臣等欲望圣慈特令胡瑗同管勾国子监，或专管勾太学，所贵生徒不至分

---

① 柳宗元：《师友箴》，《柳宗元集》卷 19，中华书局 1979 年版，第 531 页。
② 柳宗元：《答韦中立论师道书》，《柳宗元集》卷 34，中华书局 1979 年版，第 871 页。
③ 陈傅良：《潭州重修岳麓书院记》，《陈傅良先生文集》卷 39，浙江大学出版社 1999 年版，第 499 页。
④ 欧阳修：《胡先生墓表》，《欧阳文忠公文集》卷 25。按："自景祐、明道以来"应作"自明道（1032—1033 年）、景祐（1034—1037 年）以来"。

散"①。在通过科举解试中有 300 多人是胡瑗所教授的学生,太学以其尊师重道,进德修业而大兴起来,太学生由宋初的零到庆历 4 年增至200 人,到崇宁时猛增至 3800 人(包括外舍生 3000 人,内舍生 600 人,上舍生 200 人)加上国子生,达 4000 人②,监生人数空前增加,其影响亦迅速扩大,尊师重教深入人心,它不仅提高了社会知识素质,而且提升了人们的道德素质,这对于纠正唐末五代以来伦理道德沦丧,重建社会伦理道德,具有重大作用。

　　尊师重道,对于改变当时的学风、文风以致政风,都有影响。社会风气的改变,不仅有利于儒学复兴的实践,而且有益于学术思想的创新,理学思潮的兴起。与胡瑗并世的王安石有诗赞其曰:文章事业望孔孟,"独鸣道德惊此民,民之闻者源源来。高冠大带满门下,奋如百蛰乘春雷。恶人沮服善者起,昔时跻跖今骞回"③。胡瑗的教学实践以道德教化人,使人改恶从善,由坏变好,由庄跷、盗跖变为闵子骞、颜回。因此获得朝野的尊敬。胡瑗制订教学制度,严学校学规,采取灵活教学方法,实行大小班结合,因材施教,爱护学生。他在湖州学府时,依社会需要设立"经义斋"和"治事斋"。前者选择心性疏通,可任事者的学生,教习《六经》;后者主修一科,教习民政、军事、水利、算数等学科。二程对此评价说:"胡安定在湖州置治道斋,学者有欲明治道者,讲之于中。如治兵、治民、水利、算数之类。尝言刘彝善治水利,后累为政,皆兴水利有功"④。经义斋与治事斋之分,对于掌握专门知识,培养专门人才,大有裨益。宋代国子监便分科设道学、画学、书学、算学、律学、武学、医

---

　　①　欧阳修:《举留胡瑗管勾太学状》,《欧阳文忠公文集》卷 110。

　　②　参见李弘祺:《宋代官学教育与科举》,台北:联经出版公司 1994 年版,第84、85 页;袁征:《宋代教育》,广东高等教育出版社 1991 年版,第 314、315 页。

　　③　王安石:《寄赠胡先生》,《王临川全集》卷 13,世界书局 1935 年版,第 69页。

　　④　《河南程氏遗书》卷 2 上,《二程集》,中华书局 1981 年版,第 18 页。

学、小学、国子学、太学等，这些是由中央政府管辖；州有州学，分小学、武学、大学及书院；县有县学，分小学、大学及书院。从中央到地方，均设立学校，进行系统的教育。

宋代学校教育，不是单纯的知识技能教育，更重要的是道德教化，"明体达用"之学。胡瑗高弟刘彝在熙宁二年回答神宗关于"胡瑗与王安石孰优"时说："臣师胡瑗以道德仁义教东南诸生时，王安石方在场屋中修进士业。臣闻圣人之道，有体、有用、有文。君臣父子，仁义礼乐，历世不可变者，其体也。《诗》《书》史传子集，垂法后世者，其文也。举而措之天下，能润泽斯民，归于皇极者，其用也。国家累朝取士，不以体用为本，而尚声律浮华之词，是以风俗偷薄，臣师当宝元（1038—1040年）、明道（1032—1034年）之间，尤病其失，遂以明体达用之学授诸生。夙夜勤瘁，二十余年，专切学校。始于苏、湖，终于太学，出其门者无虑数千余人。故今学者明夫圣人体用，以为教育之本，皆臣师之功，非安石比也"[①]。"明体达用"是胡瑗教育的指导思想，也是其教育宗旨。"体"即君臣父子等伦理次序，仁义礼乐的道德规矩；"用"指举措天下，润泽万民，有利于国家人民；"文"即《诗》、《书》、史、传、子、集等文本知识。体、用、文全面揭示了儒家教育的目的、内容和特征，也完整地体现了儒家"师道"的内涵、旨趣和性质。这种教育的实现，对于改变学风、士风，重建伦理道德，稳定社会秩序，重塑价值理想和精神家园，都将起潜移默化的作用。

胡瑗的体、用、文三者兼综的"明体达用"之学，使"师道"得以具体实现，在教学上取得很大成功。在他主持太学期间，各地士人纷至，学生剧增。他授课时，听讲除太学生外，校外士子来听者，有时达千人，可谓空前。程颐说："往年胡博士瑗讲《易》，常有外来请听者，多或至千数

---

① 《安定学案·文昭胡安定先生瑗》，《宋元学案》卷 1，中华书局 1986 年版，第 25 页。

人。孙殿丞复说《春秋》，初讲旬日间，来者莫知其数，堂上不容，然后谢之，立听户外者甚众。当时《春秋》之学为之一盛，至今数十年传为美事"①。不仅胡瑗，而且孙复的讲学，亦盛况空前。程颐在太学师事胡瑗。程颐"年十八，上书阙下，欲天子黜世俗之论，以王道为心。游太学，见胡瑗问诸生以'颜子所好何学'。颐因答曰：'学以至圣人之道也。''圣人可学而至欤？'曰：'然。''学之道如何？'曰：'天地储精，得五行之秀者为人……'瑗得其文，大惊异之，即延见，处以学职"②。胡瑗《易》学，对程颐的《伊川易传》深有影响，程颐也让他的学生体认胡瑗《易》说，并由"颜子所好何学"？而穷究道德心性之学。

宋末黄震总结尊师重道与理学思潮关系，他说："师道之废，正学不明久矣！宋兴八十年，安定胡先生，泰山孙先生，徂徕石先生，始以其学教授，而安定之徒最盛，继而伊洛之学兴矣。故本朝理学虽至伊洛而精，实自三先生而始，胡晦翁有伊川不敢忘三先生之语。"③"正学"即指尧、舜、禹、汤、文、武、周公、孔孟之学，换言之指儒家正统之学。"正学不明"与师道之废相关联。胡瑗、孙复、石介以正学教授太学，重振师道，实开理学之端始。后来全祖望说："有宋真、仁二宗之际，儒林之草昧也。当时濂、洛之徒方萌芽而未出，而睢阳戚氏在宋，泰山孙氏在齐，安定胡氏在吴，相与讲明正学，自拔于尘俗之中。亦会值贤者在朝，安阳韩忠献公、高平范文正公、乐安欧阳文忠公皆卓然有见于道之大概，左提右挈，于是学校遍于四方，师儒之道以立"④。在庆历诸大臣的支持下，"宋初三先生的教学实践活动的影响下，学校由中央到州到县建

① 程颐：《回礼部取问状》，《河南程氏文集》卷7，《二程集》，中华书局1981年版，第568页。
② 《道学传·程颐传》，《宋史》卷427，中华书局1977年版，第12718、12719页。
③ 黄震：《读诸儒书》，《黄氏日钞》卷45。
④ 《高平学案》，《宋元学案》卷3，中华书局1986年版，第134页。另见全祖望：《庆历五先生书院记》，《鲒埼亭集外编》卷16。

立了三级公立学校,再加公、私立书院,使教育大大普及,师道得以确立,理学思潮得以兴起和传播。

元明基本上继承了由中央到州县的三级公立学校教育体制,元代将国子监纳入科举,凡籍于国子监的学生,就认为是符合为官的标准,太学优秀毕业生称为贡生,可直接命官。这样太学学生的社会性,学生生活的自由性受到严重的压抑。宋代太学学生无论在生活上,还是在言行上比较宽松、自由。譬如学生可以向老师提意见:熙宁10年(1077年)一太学生批评太学直讲讲课不认真,每天上午到校两小时,下午回家便不理学校事务,由于这个批评导致了太学的改组。太学生作为为官之学的群体,逐渐成为政治敏感的知识精英群体,往往对参与政治活动感兴趣。周密曾记载:自淳熙以来,临安一些知府的离职与太学生的批评、不满有关。如赵师睪走韩侂胄的后门而为临安知府,嘉定三年(1210年)被学生推翻;史嵩之的复相,引起了太学生的不满,144名太学学生,67名武学生员,94名临安府学学生,34名宗学学生参加反史为相斗争;宁宗放逐赵汝愚,也引起太学生的抗议[1]。太学生的运动常常得到理学家的支持,赵汝愚的放逐与韩侂胄反道学斗争相关,当时道学家如朱熹等均支持名重一时的赵汝愚,凡上书抗论留赵氏者,均被目为赵党而罢斥。元代太学生的活动受到很大的限制,到了明代,太学生参与政治活动便受到惩罚。明洪武27年(1394年)一个国子监学生因对学校管理不满而贴了一张意见书,就处以死刑,悬首于国子监门前示众。朱元璋借此颁布,以后凡提意见的学生一律凌迟处死[2]。太学自由学习的风气与关心社会生活的积极性受到了君主专制制度的文化专制主义的扼杀。

---

① 周密:《癸辛杂识·别集》下。另见《韩侂胄传》,《宋史》卷474,中华书局1977年版,第13772、13773页;《赵汝愚传》,《宋史》卷392,中华书局1977年版,第11988、11989页。

② 黄佐:《谟训考》,《南雍志》卷10。

二、书院教育对学术的提升

宋代,中国社会政治、思想意识、价值观念发生了重大变化,这些变化是与"作相须读书人"分不开的。作相的读书人一般都是通过科举而进入仕途的。政府为了科举的公平和公正,打破了那种上品无寒门、下品无士族的状况,门阀士族受到严峻的冲击。他们把持政府高层权力的局面已一去不复返。赵匡胤又以文臣代替武将,亦结束了唐末五代以来军阀、武将主宰政局的局势,使中国真正进入以文官为政的时代。

科举作为一种选官的制度,它的权威性就在于其社会的公平性和公正性,它所体现的是社会的正义性。科举参与者不分士族、寒门、贵贱贫富,在一定限度上提供了机会的均等①,并严格管理科试的各个环节,使科举制度保证其公正和公平的实施。宋政府为了在科举考试中考生的名额能保持地区间的相对平衡,而实行解额制,对此司马光和欧阳修曾有一次激烈的论争。解额制与考生的绝对公平机会的要求是有冲突的,但政府为了地区政治权力的配置,而考虑社会性的公正,而不是技术性的公正②,它使同州的考生相互竞争;南

---

①　据孙国栋对公元756—1126年间著名官员家庭背景的研究,有40%显要官员是科举出身的寒族之士(《唐宋之际社会门第之消融》,载《思与言》1972年第9卷第4期);陈义彦对北宋时《宋史》有传的1953人的家庭背景进行统计,有55%有传者家庭先世不为官(《从布衣入仕论北宋布衣阶层的社会流动》,载《思与言》,1972年第9卷第4期)。

②　"或问:'解额当均否?'曰:'固是当均。'或曰:'看来不必立为定额,但以几名终场卷子取一名,足矣。'曰:'不得。少间便长诡名纳卷之弊。依旧与他立定额。只是从今起,照前三举内终场人数计之,就这数内立定额数。三举之后,又将来均一番。如此,则多少不至相悬绝矣。'"(《论取士》,《朱子语类》卷109,中华书局1986年版,第2695页)。

宋末把解额分到县，这使参加乡试的考生与同县考生相互竞争。这种依于地缘政治原因的解额制，尽管元明有所变化，但基本精神继承下来了。

参加科举的考生，来自各级学校和书院。终始有宋一代，对科举制度能否保证中举者为德行高尚之士，即道德与才能、知识与德行能否兼备，展开了持久的论争。由于科举考试的社会公平和公正竞争，一些人认为这就不可能保证科举中举者都是德才兼备之士，有人认为应以学校读书期间的表现为标准。儒家的价值理想是进德修业，成德成圣，这个价值理想能否与科举制度有效地结合起来，这就给学校和书院教育开拓了广阔的活动空间。由此，书院便在宋代有了高度的发展。

书院起源、书院性质以及与理学的关系等问题，是需要探索的。陈傅良说："书院不知起何时？以余所闻、汉初郡国往往有夫子庙，而无教官，且不置博士弟子员。其学士尝课试、供养与否，阙不见传记。然诸儒以明经教于其乡，率从之者数十百人，辄以名其家。齐、鲁、燕、赵之间，《诗》、《书》、《礼》、《易》、《春秋》、《论语》，家各甚盛，则今书院近之矣"①。陈氏是从书院的教育职能讲书院的起源。至于"书院"之名则首见于唐开元六年(718年)，"乾元院更号丽正修书院，置使及检校官，改修书官为丽正殿直学士。……置丽正院修书学士；光顺门外，亦置书院。十二年，东都明福门外亦置丽正书院。十三年改丽正修书院为集贤殿书院"②。此所谓书院实是修撰、校理、刊正、校勘图书的地方，而非教育的学校，但有荐举贤才的责任。

唐玄宗以后，有人借书院之名而成为私人教育机构，这种以个人治

---

① 陈傅良：《潭州重修岳麓书院记》，《陈傅良先生文集》卷39，浙江大学出版社1999年版，第499页。

② 欧阳修、宋祁：《百官志二》，《新唐书》卷47，中华书局1975年版，第1213页集贤殿书院注。

学、教授生徒为主的书院与以藏书、校勘图书为主的书院，在功能上发生了转变，成为宋代意义上的书院。如唐元和九年(814年)，由江西高安县幸南容家族建立的"桂岩书院"；江西德安"东佳书堂"，后改为书院等。宋代书院教育有很大的发展，是中国书院的黄金时代。学术界一种较为流行观点认为，宋初不重视兴办学校，地方官学没有任何发展，因此，书院受到人们重视；或认为宋代书院是学者私人讲学地方等。这些看法均有其合理性。宋建隆三年(962年)恢复国子监教学活动，而公私书院宋初太祖、太宗、真宗三朝约有9所①，且时办时停。如白鹿洞书院在南唐升元(937—942年)中建学馆，政府任国子监九经教授李善道掌教，太平兴国二年(977年)江州知州周述获得国子监印本九经，供士子学习；五年(980年)政府收了书院的耕田，书院无法给学生提供膳食，学生离去，校舍损坏，书院停办②。真宗咸平五年(1002年)命有司修缮白鹿洞，塑孔子和十弟子像。仁宗皇祐五年(1053年)孙琛在白鹿洞故址建学馆，进行教学授徒活动。

五代时僧人智璇在岳麓山下筑屋教学。宋太祖开宝九年（976年）潭州太守朱洞建书院于此故旧，名岳麓书院。陈傅良说："盖宋受命四年，遂平荆湖。又十有一年，尚书朱洞来守长沙，作书院岳麓山下"③。不久，因朱洞离任而失去政府支持，书院停废。20多年后知州李允则在旧址上重建④，真宗在咸平四年（1001年）允许李允则的要求，赐岳麓书院诸经书注疏和释文，以及《史记》、《玉篇》、《唐韵》等，适应了学生学习写作论和诗赋的需要。大中祥符八年（1015

---

① 曹松叶：《宋元明清书院概况》，载《中山大学语言历史研究所周刊》，第十集，第111期。

② 江少虞：《白鹿洞藏书》，《宋朝事实类苑》卷61。

③ 陈傅良：《潭州重修岳麓书院记》，《陈傅良先生文集》卷39，浙江大学出版社1999年版，第498页。

④ 王禹偁：《潭州岳麓山书院记》，《小畜集》卷17。

年），"天子使使召见山长周氏式，拜国子主簿，诏留讲诸王宫。式固谢不应诏，卒还山，肆习如初，至赐对衣鞍马内府书"①。并赐岳麓书院匾额。仁宗初年士人孙胄任山长，漕臣黄总上奏要求授孙胄一个官衔，得朝廷允许②。绍熙五年(1194年)朱熹知潭州到书院视察，提出改进书院意见，并亲自到书院讲授，商议制订学规，任自己学生黎贵臣为书院讲书。

应天府书院。大中祥符初，应天府富民曹诚在戚同文故居旧址上建学舍150间，购书1500多卷，愿交与政府，并请求由戚同文之孙戚舜宾主持，聘通经术者执教。大中祥符二年(1009年)真宗准曹诚奏，赐额"应天府书院"。天圣五年(1027年)范仲淹守母丧，由晏殊荐为书院讲授③。明道二年(1033年)朝廷宣布设讲授官一名，景祐二年(1035年)10月，改应天府书院为应天府府学。

嵩阳书院为五代后周时建立，至道二年(996年)太宗赐"太室书院"匾额，因其在河南登封县太室山麓，大中祥符三年赐"九经"。景祐二年(1035年)重修，改为嵩阳书院。另石鼓书院在至道三年由李士真获郡守准许在原李宽读书处建书院，景祐二年仁宗赐"石鼓书院"匾额及学田。茅山书院是处士侯遗建置，并教授生徒。王随任江宁知府时，获准在三茅齐粮庄田中拨田3顷，作为书院赡用。华林书院是胡珰、胡仲尧办的家族书院，筑室百间，藏书5000卷，规模超过岳麓书院和应天府书院。

宋仁宗以后，州学县学各地纷纷建立，有的书院被改为州学，如应

---

① 陈傅良：《潭州重修岳麓书院记》，《陈傅良先生文集》卷39，浙江大学出版社1999年版，第499页。

② 胡宏：《与秦会之书》，《胡宏集》，中华书局1987年版，第105页。

③ 司马光："晏丞相殊留守南京，仲淹遭母忧，寓居城下，晏公请掌府学，仲淹常宿学中，训督学者，皆有法度，勤劳恭谨，以身先之。"(《涑水记闻》卷10，中华书局1989年版，第182页)。

天府书院改为应天府府学，石鼓书院改为衡州州学①。州县公立学校由于有较好的财源和供给，一些士子便离开书院而转入州县学，白鹿洞书院由此而废。朱熹知南康军后，在上《申修白鹿洞书院状》中说："其后既有军学，而洞之书院遂废，累年于今，基地埋没，近因搜访，乃复得之"②。"基地埋没"，可见废弃已久。朱熹还特地说明："其白鹿洞所立书院不过小屋三五间，姑以表识旧迹，使不至于荒废埋没而已，不敢妄有破费官钱，伤耗民力"③。南宋以后，书院教育随着理学家学术、教育活动频繁而兴盛起来。书院教学与州县学相统一，书院山长常常由州学教授兼职，也有特聘平民学者担任。如湖南安抚使刘珙于乾道元年（1165年）请平民理学家彪居正为岳麓书院山长。淳熙十五年（1188年）由潭州州学教授顾杞兼任④。这时书院与州县学都没有专职学官，教职员由地方官兼任。景定元年（1260年）规定，所有公立书院山长都需朝廷选派已通过科举考试或太学毕业的官员担当。既使山长有一定官方职务，又保证了山长的学术水平和地位。书院教职员的职责是：山长负全面领导和为学生授课，副山长协助山长领导书院和授课，堂长和讲书为学生授课，堂正和学录维持书院纪律等。

南宋孝宗、光宗时，中央、州、县公立学校和公私立书院迅速发展，同时理学也获得空前发展的机遇。北宋时"以师道明正学"的"宋初三先生"胡瑗、孙复、石介，都与书院发生不解之缘。石介在泰山书院授生徒，并请孙复来讲课，孙复又任睢阳书院学职，胡瑗创苏湖教法。被朱熹奉为理学开山祖的周敦颐尽管在淳熙初年知之者甚

---

①　廖行之："景祐三年（1036年），诏许衡州立学，自是为学官，书院因废不别建"（《石鼓书院田记》，《省斋集》卷4）。

②　朱熹：《朱文公文集》卷20。

③　朱熹：《申修白鹿洞书院状（小帖子）》，《朱文公文集》卷20。

④　陈傅良：《潭州重修岳麓书院记》，《陈傅良先生文集》卷39，浙江大学出版社1999年版，第499页。

少①，但他晚年在庐山北麓建濂溪书堂讲学授徒。不仅如此，就连学者陈瓘也竟不知理学奠基者程颢其人②，但他们兄弟曾师从周敦颐，程颐居洛阳时曾建伊皋书院，传播理学。由此可见，北宋在王安石学术为"一道德"的情境下，关学、洛学影响不大。南宋以后，伊洛之学经其弟子杨时、游酢等道南学派的宏扬③，由杨时—罗从彦—李侗—朱熹，才成为主要学术思潮，尽管宁宗时韩侂胄等发动了反道学活动，朱熹和支持道学的赵汝愚被罢，制造了"伪学逆党籍"案，但道学思潮已成燎原之势，不可阻挡。

这个燎原之势的取得，是与道学家（理学家）群体的书院教育活动相联系的。杨时任国子监祭酒时，胡宏曾拜他为师。胡宏的父亲胡安国私淑二程并与弟子谢良佐、杨时、游酢交好，而开启湖湘学派，杨时在常州毗陵书院、无锡建昆陵书院、东林讲舍，讲学授徒，宣扬二程理学思想。罗从彦为杨时高弟，杨时认为"惟从彦可与言道"④，罗氏先后在洞天岩、南斋书院论道授徒，后定居于汀州连城冠鹰山讲学。罗从彦认为"向道甚悦"的李侗，从罗氏"受《春秋》、《中庸》、《语》、《孟》之说，从容潜玩，有会于心，尽得其所传之奥"⑤。李氏慕罗从彦淡泊超然的精神，不

---

① 朱熹说："子和为人廉静寡欲；……更调赣州教授……诸请曰：'赵公则闻耳矣，敢问濂溪何人也？'子和具告之故，且出其书，使之读之。"（《刘子和传》，《朱文公文集》卷98）。当时建祠堂纪念曾任本州通判的周敦颐，而州学学生未听说过周名。

② 范祖禹与陈瓘同舍，"予问公曰：'伯淳谁也。'公默然久之曰：'不知有程伯淳邪？'予谢曰：'生长东南，实未知也。'"（《明道先生·遗事》，《伊洛渊源录》卷3，《朱子遗书》，京都：中文出版社1975年版，第348页）。

③ 杨时与游酢讨论编辑二程语录时说："先生之门所存，惟吾二人耳，不得不任其责也。"（《与游定夫》，《游酢文集·附》，延边大学出版社1998年版，第211页）。另见左宰《序》："比归，程子目送之曰：'吾道南矣'。"（《游酢文集》，延边大学出版社1998年版，第17页）。

④ 《道学二·罗从彦传》，《宋史》卷428，中华书局1977年版，第12743页。

⑤ 朱熹：《延平先生李公行状》，《朱文公文集》卷97，《四部丛刊初编》本。

事科举,谢绝世故,教授乡里,传播理学,朱熹师事之。宋宁宗嘉定二年(1209年)陈复斋任职延平,仰李侗道德文章,于镡溪南九峰下建延平书院,作为奉祠讲学之所。朱熹热心学校书院教育,把培养才德兼备型学生作为自己的职责。他任同安县主簿兼管县学期间,即积极整顿学校纪律,改革教学制度,改变学校按汉唐旧注疏解释经典文本的做法,即"学校之官有教养之名,而无教之养之之实……至于语圣贤之余旨,究学问之本原,则罔乎莫知所以用其心者"①的现状,朱熹亲自授讲,阐发圣贤之余旨,走成德成圣之路,特聘道德高尚的私学教师柯翰任直学。"使义理有以博其心,规矩有以约其外"②,向学生传授理学。朱熹丁母忧期间,在建阳崇泰里建寒泉精舍,讲学授徒,宣传理学。后建竹林精舍(改沧州精舍,在武夷山建武夷精舍)。乾道三年(1167年)至潭州访张栻,就讲于城南书院和岳麓书院。淳熙三年(1176年)朱熹第二次回徽州故里扫墓、省亲,并在婺源县学和歙县桂溪岑山书院讲学③。淳熙五年(1178年)知南康军,次年到任,便贴出《榜文》,要求士民父老,教戒子弟,使"修其孝弟忠信之行,入以事其父兄,出以事其长上,敦厚亲族,和睦乡邻,有无相通,患难相恤"④,并推择子弟,入学读经。于是,朱熹整顿、发展军学,亲自到军学讲课,先讲《大学》,又指导学《论语》,使军学成为宣扬理学的基地,并了解白鹿洞书院情况,准备恢复。他说:"昨来当职到任之初,即尝询访,未见的实。近因按视陂塘,亲到其处,观其四面山水清邃环合,无市井之喧,有泉石之胜,真群居讲学、遯迹著书之所。……至于儒生旧馆,只此一处。既是前朝名贤古迹,又蒙太宗皇帝给赐经书,所以教养一方之士德意甚美。而一废累年,不复

---

① 朱熹:《谕诸生》,《朱文公文集》卷74,《四部丛刊初编》本。
② 朱熹:《谕诸职事》,《朱文公文集》卷74,《四部丛刊初编》本。
③ 《名胜》,《桂溪项氏族谱》卷21:"岑山书院在村西,岑山宋项安定结屋其上,以淑后进,淳熙丙申晦庵文公曾讲学于此。"
④ 朱熹:《知南康榜文》,《朱文公文集》卷99,《四部丛刊初编》本。

振起。吾道之衰，既可悼惧，而太宗皇帝敦化育才之意，亦不著于此邦，以传于后世，尤长民之吏所不得不任其责者。其庐山白鹿书院合行修立"①。他抬出太宗皇帝敦化育才的旨意，是为了取得政府支持修建白鹿洞书院。并设法征得一批图书、山林和耕田，使书院能持续办下去。朱熹在官员每十天例假时都到书院讲课，他讲授《中庸》。淳熙八年（1181年）朱熹请陆九渊到白鹿洞书院讲学，陆讲"君子喻于义，小人喻于利"一章，听者大受感动。尽管朱陆思想有异，但宣扬理学是一致的。绍熙元年（1190年）朱熹知漳州，重视发展地方教育，带领属下官员到州学、县学听讲，并亲自授课。推荐自己学生陈淳、徐寓等入学担任职事，替换品行不好的职事，虽受抵制，但朱熹坚决替换，以加强宣传理学。又选自己学生黎贵臣到岳麓书院任讲书，改善书院教学和理学的宣扬。经朱熹的努力，理学思潮大盛。

　　杨时学生胡宏建立湖湘学派，胡安国、胡宏父子在湘潭碧泉为讲学传道基地，建碧泉书院②。后又在五峰下买地建书堂，即文定书堂，胡宏一生不仕，一心在书院、书堂教学授徒，著书立说，宣扬理学。胡宏57岁时，张栻从学，张栻便成为胡宏以后湖湘学派继承人，并使湖湘学得以发扬光大。其另一弟子彪居正后为岳麓书院山长，张栻则是兴复岳麓书院、城南书院的主持者，他们都亲自到书院讲学授徒，发挥理学意蕴。与朱熹、张栻并称"东南三贤"的吕祖谦，乾道二年（1166年）守母墓于武义明招山侧，"四方之士争趋之"从学。乾道九年（1173年）吕氏在守父丧期间，向学诸生300多人，可谓一时之盛。吕氏在其弟吕祖俭的协助创建丽泽书院，培养了大批学者，且历久不衰。心学家陆九渊在江西金溪建槐堂书堂，在贵溪建象山精舍。从学者甚众。查登记名册，多达几千人从学。

　①　朱熹：《白鹿洞牒》，《朱文公文集》卷99，《四部丛刊初编》本。
　②　胡宏：《有本亭记》，《胡宏集》，中华书局1987年版，第153页。

永嘉事功学派的陈傅良在温州瑞安创办仙岩书院，讲学授徒。在"伪学"党禁中，陈不满朱熹被罢而罢官。陈傅良主讲永嘉县城南茶院寺学塾，叶适曾从学。嘉定二年（1209 年）开始在家讲学授徒，从学者众。次年魏了翁鹤山书院建成，叶适作《魏华甫鹤山书院》诗。诗曰："韩、吕之相以类聚，程、张之师以道俱"①。各著名理学家都从事讲学授徒，这一传统一直延续至元明。

理学各派都热心从事公私学校和书院教学活动，宣扬自己的理学理论，周密说："伊洛之学行于世，至乾道、淳熙间盛矣。其能发明先贤旨意，溯流徂源，论著讲解卓然自为一家者，惟广汉张氏敬夫，东莱吕氏伯恭，新安朱氏元晦而已。朱公尤渊洽精诣，盖以至高之才，至博之学，而一切收敛，归诸义理。其上极于性命天下之妙，而下至于训诂名数之末，未尝举一而废一。盖孔孟之道，至伊洛而始得其传，而伊洛之学，至诸公而始无余蕴。必若是，然后可以言道学也已"②。理学盛于乾道、淳熙，而学校、书院教育亦盛于斯，两者互相促进，相得益彰。由孔孟至伊洛至张栻、吕祖谦和朱熹而光大。理宗对朱熹儿子工部侍郎朱在说："卿先卿《四书》注解，有补于治道，朕读之不释手，恨不与之同时"③。理学得到理宗的推崇，他支持书院建设，并给多所书院题院名，一般每州都有 1—3 所公立书院，官员和学者又办了很多私立书院，学生定额也由不超过 100 人而发展为 140 人。州学县学也大发展，学生剧增，庆元府学学生从原来 180 人增至 3000 人④。由于理宗崇尚理学，有人认

---

① 叶适：《魏华甫鹤山书院》，《水心文集》卷 7，《叶适集》，中华书局 1961 年版，第 77 页。

② 周密：《道学》，《齐东野语》卷 11，中华书局 1983 年版，第 202 页。

③ 毕沅：《续资治通鉴》卷 164，理宗宝庆三年，中华书局 1964 年版，第 4459页。

④ 梅应发等："旧额生徒一百八十人，其后比屋诗礼，冠带如云，春秋鼓箧者率三数千，童卯执经者亦以百计。"（《学校》，《开庆四明续志》卷 1）。

为这是理宗之所以议谥为理宗的原因所在①。

三、学校、书院教育对学术的贡献

宋元明学校、书院教育,使中国文化学术空前发展。这种发展得益于学校和书院所培植的新学风、新学术,特别是书院教育可以与公立中央、州、县学的教育内容、教师的选择、教材的选用不同,特别是私立书院选择的自由度就更大,更能发挥己之所长,从而形成自己独特学风及学术思想,营造了"学统四起"的景象,这种多元的学统在互相论争中,又互相吸收、补充,不仅使学术思想更加深刻完善,而且使各家各派也获得充分发展。

宋元明时代精神,学术思潮的主流是理学。理学又与学校书院教育互相渗透,互相促进。换言之,理学是书院教育的指导思想,书院是宣扬和实践理学教育的基地。

1. 新教育宗旨的确立

学校、书院教育的目的是什么?自唐至宋,学校、书院教育成为应试教育,为科举考试而教,为科举应试而学,而忽视士人的素质教育,特别是道德素质的教育。这在理学家看来,教育完全陷入功利主义的泥潭。朱熹说:"所谓太学者但为声利之场,而掌其教事者不过取其善为科举之文而尝得隽于场屋者耳。士之有志于义理者,既无所求于学,其奔趋辐凑而来者不过为解额之滥,舍选之私而已。师生相视漠然,如行

_____

① 周密说:"理宗未祔,议谥,朝堂或拟曰景、曰淳、曰成、曰允,最后曰礼。议既定矣,或谓与亡金伪谥同,且古有妇人号礼宗者,遂拟曰理。盖以圣性崇尚理学,而天下道理最大,于是人无间言。"(《理度议谥》,《齐东野语》卷16,中华书局1983年版,第297页)。

路之人。间相与言,亦未尝开之以德行道艺之实。而月书季考者,又祗以促其嗜利苟得、冒昧无耻之心,殊非国家之所以立学教人之本意也"①。教授只教人做时文,学生心心念念为争功名,教者学者都为功利,而把那礼义廉耻一切扫除了。朱熹认为这就违背了"立学教人"的宗旨。"教人"是教人做人,做什么样的人,这是首务。换言之,要做一个有礼义廉耻的道德之人,这也是自科举以来以学识取士与以道德取士的冲突。在以功利思想指导下的太学教育实践活动中,加剧了这种冲突。既然太学教育不能化解这个冲突,理学家便倾心于私人的讲学授徒,热心于办书院,以便在书院教育中实现"立学教人",培养德才兼备的人才。也就是恢复儒家教育,实现培养全面发展、成德成圣的人格理想。朱熹说:"古人学校、教养、德行、道艺、选举、爵禄、宿卫、征伐、师旅、田猎,皆只是一项事,皆一理也"②。道德文章、道艺技能,都为一理,而不为二。

理学家朱熹为了改变"师之所以教,弟子之所以学,则皆忘本逐末,怀利去义,而无复先王之意"③ 的状况,必须实行以理学为宗旨的教育,以理学为宗旨就是以"明人伦为本","其教民之目,则曰:父子有亲,君臣有义,夫妇有别,长幼有序,朋友有信,五者而已"④。这个圣王教民之目的"定本",应是全国各类学校的教育目的。

作为首传理学于北方的赵复,他在宋理宗端平二年(1235 年)被元兵俘后,他便讲授于燕京太极书院,"学子从者百余人","(杨)惟中闻复论议,始嗜其学,乃与(姚)枢谋建太极书院,立周子祠,以二程、张、杨、游、朱六君子配食,选取遗书八千余卷,请复讲授其中"⑤。他著《传道

① 朱熹:《学校贡举私议》,《朱文公文集》卷 69,《四部丛刊初编》本。
② 朱熹:《论取士》,《朱子语类》卷 109,中华书局 1986 年版,第 2691 页。
③ 朱熹:《静江府学记》,《朱文公文集》卷 78,《四部丛刊初编》本。
④ 朱熹:《琼州学记》,《朱文公文集》卷 79,《四部丛刊初编》本。
⑤ 宋濂等:《赵复传》,《元史》卷 189,中华书局 1976 年版,第 4314 页。

图》、《伊洛发挥》、《希贤录》等,阐述程朱理学的道统、宗旨,以希贤希圣立教,得到许衡、郝经、刘因的尊信。刘因、梁枢隐逸不仕。赵复认为,"君子之学,至于王道而止"①,而不以功利为累,贯彻了朱熹为学宗旨。姚枢曾从赵复习程朱理学,许衡从弃官隐居苏门的姚枢学程朱理学,并抄录《伊川易传》、《四书集注》、《小学》、《或问》等书以归,对其学生说:"昔所授受皆非,今始闻进学之序"②。如果继续相从,当悉弃前所学章句之习,从事于小学洒扫应对,以为进德之基,不然当求他们,学生们都愿弃前所习而从许衡。许衡得程朱理学,笃志力行,冰释理顺。成为程朱理学在元朝的"承流宣化"者。他任国子监祭酒,促使《四书集注》成为元延祐科举考试的程式,亦推进了汉蒙文化的交流和融合。

刘因不仕于元,"家居教授,师道尊严,弟子造其门者,随材器教之,皆有成就"③。"师道尊严",注重德才兼备,钻研周、程、张、邵、朱、吕之书,并以之教学生,宣扬理学。吴澄曾为国子监丞,他整合胡瑗《六学教法》、朱熹的《学校贡举私议》,约为四条教法:经学、行实、文艺、治事。他认为"问学不本于德性,则其 敝必偏于言语训释之末,故学必以德性为本,庶几得之"④。虽然吴澄没有以书院的组织机构进行讲学授徒,但居家授课即私塾,亦是一重要的教育形式。

理学的教育宗旨,成为书院教育的目的,不单纯为科举应试的功利目标,而是为培养德才兼备的人才。以符合儒家培养诚意、正心、修身、齐家、治国、平天下人才的需要。

2. 教学内容和教材选择

学校、书院教材的选择是与教育宗旨、目标相联系,也是教育宗旨、

① 赵复:《杨紫阳先生文集序》,载苏天爵辑集:《元文类》卷32。
② 《姚枢传》,《元史》卷158,中华书局1976年版,第3711页。
③ 《刘因传》,《元史》卷171,中华书局1976年版,第4008页。
④ 《吴澄传》,《元史》卷171,中华书局1976年版,第4012页。

目标的贯彻。理学学术思想逐渐取得国家意识形态以后,理学便成为宋元明教育宗旨、目标的指导思想。在这个学术思想指导下,教材的选择,对教材的诠释,以及教学方法,都与汉唐有别,而且直接关系着科举科目、试题内容、评分标准等。在科举应试的功利性竞争的驱动下和在元明清政府关于考试程式的规定下,理学学术思想以及理学家的著作便成为各学校、书院必教必学的教材和必考的程式。理学迅速普及,且支配了士子们的意识与行为。

宋元明教材的选择,随各阶段指导思想的变化而变化。北宋初至庆历,赵匡胤规定国子监分习五经,即《诗》、《书》、《礼》、《易》、《春秋》,真宗增为"九经",即将《礼》分为《周礼》、《仪礼》、《礼记》,《春秋》分为《左传》、《谷梁传》、《公羊传》,为教学内容和教材,诠释方法仍沿袭汉唐的章句训诂之学。这时书院在讲授经术外,兼习写作和诗赋,以应科举需要。因此,书院生通过科举考试的成绩突出,私立雷塔书院一次科举及进士第的达十数人①。

庆历、熙宁以后,学术思想发生变化,从刘敞的《七经小传》到王安石的《三经新义》,经学变古运动中,疑经改经,对儒家经典提出新的诠释,以义理之学代替训诂之学。经典诠释学的改变,标志新学风、新学术思潮的诞生。同时太学和州县学校除讲授外,亦增设诗赋论策讲学。从柳开、王禹偁至石介、欧阳修均主张改革文风,反对杨億为代表的西崑体、朴素自然、讲求自由格调与理学不讲汉唐以来"师法"、"家法"的义理之学相补,为理学发生、发展营造了有利环境。作为理学的非主流派的王安石在神宗的支持下,对学校教育提出"一道德"的改革,对学校教育"一道德"的主张,并非神宗和王安石的专断,而是当时一些人的共识。程颢说:"古者一道德以同俗,苟师学不正,则道德何从而一? 方今人执私见,家为异说,支离经训,无复统一,道

---

① 杨億:《南康军义居洪氏雷塔书院记》,《武夷新集》卷6。

之不明不行，乃在于此。"① 明道必须"一道德"，这是学校教育的需要。吕公著亦说："学校教化，所以一道德，同风俗之原"②。在诸臣的建议下，神宗在学校教育和科举进行改革，学校教育以经义为主，兼习论策，并增设法律课程。与此相适应，学校教材取消《春秋》及其三传，王安石认为是"断烂朝报"，有《诗》、《书》、《易》、《礼记》、《周礼》，增《论语》、《孟子》，特别增王安石撰和主编的《三经新义》（《诗经新义》、《书经新义》、《周官新义》）、《礼记要义》、《论语解》、《字说》和其子王雱撰的《孟子义》。虽经元祐时的曲折，到绍圣时王安石学术思想地位又被确立，学校教育与科举考试以王安石思想为准。

在"庆历新政"和"熙宁变法"过程中，理学主流派思想家如周敦颐、邵雍、张载、程颢、程颐等通过书院讲授《论语》、《孟子》、《大学》、《中庸》等经典，宣扬理学。程颐认为，"《大学》，孔子之遗言也。学者由是而学，则不迷于入德之门也"③。又说："于《语》、《孟》二书知其要约所在，则可以观《五经》矣"④。二程亦讲授《五经》，理学的发展已由张载、二程而奠基，众学者信奉理学而得以传播，开道南学派、永嘉学派、湖湘学派之先河。南宋秦桧专权，禁止理学传播，绍兴十四年（1144年）朝廷明令，以理学为"专门曲说"，考生引用理学观点不取⑤。这是因为理学家均反对秦桧主和卖国。秦桧死后，理学解禁⑥。尽管此后，理学和理学家不断遭打击，但理学到朱熹而集大成，理学学术思潮已发展成就，并成为社会主流思潮。朱熹积极从事学校、书院教育活动。如果说张

---

① 程颢：《请修学校尊师儒取士劄子》，《河南程氏文集》卷1，《二程集》，中华书局1981年版，第448页。

② 赵汝愚：《吕公著上神宗答诏论学校贡举之法》，《诸臣奏议》卷78。

③ 程颐：《论书篇》，《河南程氏粹言》卷1，《二程集》，中华书局1981年版，第1204页。

④ 同上。

⑤ 李心传：《汪勃乞戒科场主司去专门曲说》，《道命录》卷4。

⑥ 李心传：《叶伯益论程学不当一切摈弃》，《道命录》卷4。

载和二程的理学教育方案是不系统的,那么,朱熹已制定一整套完整的理学教育计划。他凸显《四书》在诸经典中的地位,以其为基本教材和教学内容,其他经典作为《四书》的辅助。并规定读《四书》的次序:"某要人先读《大学》,以定其规模;次读《论语》,以立其根本;次读《孟子》,以观其发越;次读《中庸》,以求古人之微妙处"①。朱熹对此在《语类》中有详尽的论述。他对这个"为学次弟"与诸经关系,做这样的体认:"先见义理根原体用之大略,然后徐考诸经以极其趣"②。确定《四书》是义理根源,体用大略,诸经(主要为《五经》)只是《四书》的补充。换言之,理学所依傍的经典解释文本是《四书》,而非《五经》,这是宋明理学思潮作为一种新的学术思想不同于以往任何学术思潮之所在。朱熹为使学生有全面的发展,亦开设写作课程,他按照理学思想,选编《昌黎文粹》和《欧曾文粹》③ 作为教材,收韩愈文34篇,欧阳修和曾巩文42篇,使理学思想贯彻到教学的各个方面。

一种新的学术思潮总要引起传统思想的反对和抵制,宁宗初年,在外戚韩侂胄支持下,展开了反道学活动。庆元二年(1196年)右正言刘德秀指摘朱熹为"'伪学之魁,以匹夫窃人主之柄,鼓动天下,故文风未能丕变。请将语录之类尽行除毁。'故是科取士,稍涉义理者,悉皆黜落。《六经》、《语》、《孟》、《中庸》、《大学》之书,为世大禁"④。次年立"伪学逆党籍",受害者共59人。以理学为"伪学",与理学有关的学者为"逆党",并要禁止教与学《四书》、《六经》。把儒家的书都列入"大禁",真有点像李斯对秦始皇的建议,不过李斯是以法家思想治天下,那么宁宗和刘德秀等又以什么治天下? 实有点莫名其妙! 这种不得人心

---

① 朱熹:《大学一》,《朱子语类》卷14,中华书局1986年版,第249页。
② 朱熹:《与陈丞相别纸》,《朱文公文集》卷26,《四部丛刊初编》本。
③ 王柏:《跋昌黎文粹》,《跋欧曾文粹》,《鲁斋集》卷11,今佚。
④ 毕沅:《宁宗庆元二年》,《续资治通鉴》卷154,中华书局1964年版,第4137页。

的"大禁",并没有维持多久。嘉定二年(1209年),同是这个宁宗为朱熹平反,诏赐朱熹谥曰"文",世称"朱文公"。五年(1212年)准朱熹学生、国子司业刘爚奏:"请以朱熹《论语》、《孟子集注》立学,从之"①。在那个时代,以《六经》、《四书》为"大禁",学士们去学什么,学校书院的教材又能选择什么? 到了理宗宝庆3年(1227年)下诏:"朕每观朱熹《论语》、《中庸》、《大学》、《孟子》注解,发挥圣贤之蕴,羽翼斯文,有补治道。朕方厉志讲学,缅怀典刑,深用叹慕! 可特赠太师,追封信国公"②。《四书》、理学取得了最高统治者的支持,理学进一步得到官方的肯定,《四书》也得到合法传播的机遇,这种状况终宋之世而未变。

从宝庆(1225年)至宋末(1278年)公立学校书院经术、诗赋、论策考试内容和教学教材是朱熹《四书章句集注》、《仪礼经传通解》、周敦颐《太极图说》,张载《西铭》,程颐《易传序》、《春秋传序》等。理宗在淳祐元年(1241年)下诏:"朕惟孔子之道,自孟轲后不得其传,至我朝周敦颐、张载、程颢、程颐,真见实践,深探圣域,千载绝学,始有指归。中兴以来,又得朱熹精思明辨,表里混融,使《大学》、《论》、《孟》、《中庸》之书,本末洞彻,孔子之道,益以大明于世。朕每观五臣论著,启沃良多,今视学有日,其令学官列诸从祀,以示崇奖之意"③。极力推崇周、张、程、朱,不仅从祀,而且以其书为科举程式。度宗咸淳六年(1270年)"诏《太极图说》、《西铭》、《易传序》、《春秋传序》,天下士子宜肄其文"④。这样理学便成为学校、书院教学的指导思想和科举考试的最高标准。

元代继续实行科举制,仁宗皇庆二年(1313年)据中书省奏下诏:

---

① 毕沅:《宁宗嘉定五年》,《续资治通鉴》卷159,中华书局1964年版,第4316页。

② 毕沅:《理宗宝庆三年》,《续资治通鉴》卷164,中华书局1964年版,第4458页。

③ 《理宗二》,《宋史》卷42,中华书局1977年版,第821页。

④ 《度宗》,《宋史》卷46,中华书局1977年版,第905页。

"崇学校为育材之地,议科举为取士之方……举人宜以德行为首,试艺则以经术为先,词章次之……举人从本贯官司于诸色户内推举,年及二十五以上,乡党称其孝悌,朋友服其信义,经明行修之士,结罪保举,以礼敦遣,贡诸路府。其或徇私滥举,并应举而不举者,监察御史、肃政廉访司体察宪治"①。对学校的育才的重要性,取士的德才兼备问题以及其公正性都做了明确的规定。就此而言,是比较完备的。其考试程式规定:"蒙古、色目人,第一场经问五条,《大学》、《论语》、《孟子》、《中庸》内设问,用朱氏章句集注。其义理精明,文辞典雅者为中选。第二场策一道,以时务出题,限五百字以上。汉人、南人,第一场明经经疑二问,《大学》、《论语》、《孟子》、《中庸》内出题,并用朱氏章句集注,复以己意结之,限三百字以上;经义一道,各治一经,《诗》以朱氏为主,《尚书》以蔡氏为主,《周易》以程氏、朱氏为主,已上三经,兼用古注疏,《春秋》许用《三传》及胡氏《传》,《礼记》用古注疏,限五百字以上,不拘格律。第二场古赋诏诰章表内科一道,古赋诏诰用古体,章表四六,参用古体。第三场策一道,经史时务内出题,不矜浮藻,惟务直述,限一千字以上成。蒙古、色目人,愿试汉人、南人科目,中选者加一等注授"②。把人分四种二类,有民族等级意味,这对科举公平性是一种损害。但这种规定在当时来说也有其合理性以及民族、地域的平衡性和蒙古、色目人作为统治者的优越性。这个规定凸显了理学,并以其国家意识形态作为科举程式的最高标准和学校书院教学内容。科举程式的确定,也使全国教育和学术思想统一到理学、特别是程朱理学上来。

《明史·选举志》指出,科举必由学校,而学校起家可不由科举。卿相皆由科举出,学校储才以应科举。所以国学、府、州、县学教育都以应试教育为主,没有书院灵活。明初朱元璋、刘基定科举专取《四书》及

---

① 《选举志一》,《元史》卷81,中华书局1976年版,第2018页。
② 《选举志一》,《宋史》卷81,中华书局1976年版,第2019页。

《易》、《书》、《诗》、《春秋》、《礼记》五经命题试士。"后颁科举定式,初场试《四书》义三道,经义四道。《四书》主朱子《集注》,《易》主程《传》,朱子《本义》,书主蔡氏《传》及古注疏,《诗》主朱子《集传》,《春秋》主左氏、公羊、谷梁三传及胡安国、张洽《传》,《礼记》主古注疏。永乐间,颁《四书五经大全》,废注疏不用……二场试论一道,判五道,诏、诰、表、内科一道。三场试经史时务策五道"①。通过科举考试来影响、规定学校、书院教育内容和教材选择的统一,使理学进一步强化。书院仍然可以作为宣扬学者自己学术思想的基地。

明代民间 讲学和书院相结合,如何心隐、罗汝芳、李贽等均聚徒讲学,宣扬宋明理学中心学思想。何、罗均是颜钧的高弟。他们宣扬心学,抨击时弊。颜钧"会讲在豫章同仁祠中,翕徕信从士类千五百人,内得建昌罗近溪,与农矢志,终明圣学"②。何心隐从学颜钧"心斋立本之旨",罗汝芳追随颜钧游讲四方,颜氏讲"大中学"(大学中庸之学),罗氏在扬州会讲,撰《扬城同志会约》。张居正恶其讲学而下令禁止讲学活动,③ 政府惩治颜、何、罗三人之罪,并毁天下书院④。何心隐曾著《原学原讲》,抨击张居正,陈述"必学必讲"的理由。明代讲学和书院教学内容及教材选择已失去了宋代学术自由的讲学风气。

3. 教学制度和学规制定

宋元明学校与书院、公立与私立互补互彰,促进教育的发展。在此

① 《选举志二》,《明史》卷70,中华书局1974年版,第1694页。

② 颜钧:《急救心火榜文》,《颜钧集》卷1,中国社会科学出版社1996年版,第1页。

③ "张居正方恶讲学,汝芳被劾罢"(《杨起元传》,《明史》卷283,中华书局1974年版,第7276页)。

④ "比江陵(张居正)柄国,即首斥讲学,毁天下名贤书院,大索公(指何心隐,即梁汝元),凡讲学受祸者不啻千计。"(邹元标:《梁夫山传》,《何心隐集·附录》,中华书局1960年版,第121页)。

过程中,教育渐趋制度化:课程的安排、考试升级、教职员的选任、小学课程和教职员设计等制度的建立,以及书院学规制定,又使教育更加正规化,使学校、书院成为培养德才兼备人才的基地。课程的安排大体与科举程式相适应,书院有所变通。这是就大学教育而言。小学教育宋有公立学校和私立蒙馆(私塾)。私立有两种办学形式,一是季节性的,如农闲时识字教育,如"冬学";二是常年性的,课程除识字外,有诗赋、儒家经典。

官办小学在宋仁宗至和元年(1054年)京兆府小学制度规定:小学生徒分三级等,初级以识字为主及小量诗歌;二级加大诗赋分量,读赋和写诗和对子;高级还增加儒家经典教学[①]。政和四年(1114年)的《小学令》,小学与州学、县学、太学一样,以《诗》、《书》、《易》、《周礼》、《礼记》、《论语》、《孟子》为教程。这个课程安排有违儿童循序渐进的规律性。小学的识字课本,最流行的是梁周兴嗣编的《千字文》、宋人编的《百家姓》、《三字经》、《千家诗》;历史课本是《蒙求》;伦理课本是《小学之书》(朱熹和学生刘清之编),《少仪外传》(吕祖谦编),《孝弟蒙求》(魏了翁作序),《启蒙初诵》(朱熹学生陈淳撰),理学思想已渗透到小学基础教育中。这些课本从宋至明清都是流行儿童识字课本。

从"小学规"到大学、书院课程表、学规等,是教育制度化的表征。南宋时福建延平书院曾依朱熹理学思想为指导制订课程:"一、早上文公《四书》,轮日自为常程。先《大学》,次《论语》,次《孟子》,次《中庸》,《六经》之书,除其所已;取训释与解经参看。一、早饭后,编类文字或聚会讲贯;一、午后本经、论策,轮日自为常程;一、晚读《通鉴纲目》,须每日为课程,记其所读起止。前书皆然;一、每月三课,上旬本经,中旬论,

---

① 王昶:《京兆府小学规》,《金石萃编》卷134。另见袁征:《宋代教育》,广东高等教育出版社1991年版,第50—93页。

下旬策。课册待索上看，供者供赏"①。它对书院教学内容、课程设计，每日教学安排、每月上、中、下旬课程做了详细规定，理学思想便体现在书院制度化教学课程之中。后来元代程端礼撰《读书分年日程》，把课程表进一步细化。程氏历任建平、建德两县教谕，铅山州学教谕，又任稼轩书院、江东书院山长，他以朱熹读书法六条为准绳，推而广之，而制订《读书分年日程》。这六条是：循序渐进，熟读精思，虚心涵泳，切己体察，著紧用力，居敬持志②。程氏对此逐条解释，并依此六条对教学对象按年龄分为三阶段：8岁前为启蒙教育，8—15岁为小学教育，15—22、23岁为成年教育，这为"分年"；"日程"为每日、每周读书计划。每日分早晚、白天三单元，读经4日为一周，读史5日一周，读文6日一周，作业10日一周，各有分别。对三阶段的教材、教学内容、读书次序，都有规定，使理学教育系统化、程序化。这个《读书分年日程》影响深远，成为元明学校、书院以及学者读书圭臬。

宋代书院的发展兴盛，需要建立学规，使之规范化。于是朱熹制定《白鹿洞书院揭示》："父子有亲，君臣有义，夫妇有别，长幼有序，朋友有信。右五教之目，尧舜使契为司徒，敬敷五教，即此是也。学者，学此而已。而其所以学之之序，亦有五焉，其别为左：博学之，审问之，谨思之，明辨之，笃行之。右为学之序，学、问、思、辨四者，所以穷理也。若夫笃行之事，则自修身以至于处事、接事，亦各有要，其别如左：言忠信，行笃敬；惩忿窒欲，迁善改过，右修身之要。正其义不谋其利，明其道不计其功，右处事之要。己所不欲，勿施于人；行有不得，反求诸己，右接物之要"③。对书院教育目的、方针、以及为学、修身、处事、接物等各方面都

① 徐元杰：《延平郡学及书院诸学榜》，《楳埜集》卷11。
② 程端礼：《集庆路江东书院讲义》，《静清学案》，《宋元学案》卷87，中华书局1986年版，第2914页。另见程氏：《读书分年日程》，《静清学案》，《宋元学案》卷87，第2923页。
③ 朱熹：《白鹿洞书院揭示》，《朱文公文集》卷74，《四部丛刊初编》本。

提出了明确要求和详明规定。它以"五教"为宗旨，以学问思辨与笃行并重，以穷理与修身相资，以处事与接物相辅，使书院教育成为国家教育不可或缺的一部分。随着程朱理学成为国家意识形态，《白鹿洞书院揭示》为全国书院的学规，不仅影响元明清，而且影响朝鲜朝的大儒李滉，他创办陶山书院，效法朱熹《白鹿洞书院揭示》而作《伊山院规》①，其基本精神完全一致，且较具体而易于实行。书院教育直接促进了理学学术的发展。

宋代学校考试升级制度是世界教育史上最高的成就，也是世界上最早的考试升级制度②，它对于宋代学术的繁荣和学术水准提升具有重要意义。从宋太祖到神宗（960—1070 年）国子监学生入学要交《家状》，限收七品以上官员子弟及请担保官。庆历四年（1044 年）太学从国子监分出，取消家庭地位的限制，贫民子弟获得入太学资格。国子监生入学考试较松，太学较严。入学后，国子监按定期考核制度，每月两次。太学也有考核制度。嘉祐元年（1056 年）提出实行"三舍法"，熙宁四年（1071 年）在太学推行。学生按"外舍"、"内舍"、"上舍"三级，逐级上升，每月定期考试，成绩、品行优者报告朝廷，经审查由皇帝授官。这是自隋朝创立科举制以来，首次获得由学校教育而直接授官，可授予科举"进士及第"称号，也可直接参加科举考试。考试升级制度从哲宗到徽宗由太学推行到全国各州县学校。县学内不分三舍，而实行相似于三舍法内容的"行"（操行）与"艺"（成绩）考核制度，考试经义、论、策，审查合格者可参加州学考试；州学的考核制度和考试升级与太学相似，以

①　李滉：《伊山院规》，《增补退溪全书》卷41，第二册，成均馆大学校大东文化研究院 1985 年版，第 346 页上下。

②　中国 10 至 13 世纪的宋代已建立了完善的考试升级制度，在欧洲于 1538 年德国教育家斯图谟（Joannes Sturmius）提出最初升级制度；1599 年耶稣会制定的学规（Ratio atgue institutio studiorum Societaris Jesu）也提出了升级制。学生升级的根本依据是学习成绩，而宋代则把学生的品行也作为升级的重要条件。

全年测验的积分为序,分上、中、下三等。崇宁五年规定外舍、内舍生最低学习期限为一年,学生第二年参加升级考试(公试),由外舍升内舍,内舍升上舍考试合格率为 6/10。合格者已获得年终评定,以评定积分多少分先后,取 4/6 升上舍。州学上舍生有选择升入太学外舍读书,赴京路费由地方政府在教育经费中拨给①。州学建立淘汰制度,外舍生两年间 5 次违反学规、2 次受 3 等以上处罚,5 次测验不到 3 等以上成绩,取消州学学籍,但可进县学。若是内舍生则降为外舍生,降后测验不及格,取消学籍,这就保证了教学质量和学术水平。

为了提高教学质量和学生的"行"、"艺"水平,除了考试升级制度的保证外,教职员学术、管理水平也十分重要,因此教职员选任制度亦是其保证之一。宋初判国子监事[元丰三年(1080 年)后改为国子祭酒]和同判国子监事各一员,总领教学和行政,由政府直接任命翰林学士、知制诰或有馆职的朝官中有学术地位的官员担任。国子监教师称讲书,后改称直讲。职员有国子监丞一员,掌管钱粮出纳;国子监主簿一员,掌管账籍、记录、监督出纳。任期 3 年,3 年后无论留去都要由政府重新任命。太学单独建校后,由国子监教师负责教学,如直讲胡瑗以"管勾太学"来主持太学教学。

国子监教师按规定必须由没有犯私罪和徒刑以上公罪的官员担任②。直讲和说书由朝廷或国子监官员推荐,推荐者对被推荐人的"行"、"艺"进行担保,并要经过讲授能力的考试(这个考试由翰林学士院、礼部或国子监负责进行),才能选任。孙奭于端拱二年(989 年)以《九经》及第,任为莒县主簿,他上书"愿试讲说",通过讲授能力考试,"迁大理评事,为国子监直讲"③。政府虽规定只有正式官员才能任国

---

①　参见《选举志三》,《宋史》卷 157,中华书局 1977 年版,第 3664、3665 页。

②　宋官员犯罪分公罪、私罪和赃罪三类:公罪是处理公务时犯罪;私罪是私自犯罪,与公务无关;赃罪是受贿或盗窃自己经管的财物,刑罚最重。

③　《孙奭传》,《宋史》卷 431,中华书局 1977 年版,第 12801 页。

子监直讲或说书,但对极少数著名学者亦有例外,孙复科举考试落榜,后由范仲淹和富弼推荐为国子监直讲,胡瑗的情况与孙复相似。教师选任制度后虽经不断改造,但基本精神未变。南宋在恢复国子监、太学后,政府设国子祭酒、司业各 1 名,太学博士 3 名,命官学正和学录各 1 名。自北宋至南宋,这个名额视学生的多寡有所增减。元明国子监、太学教师的选任制度沿袭宋制。

州县学教师的选任,庆历四年(1044 年)规定各路官府选下属官员为州学教授,不够,选用学术、品行皆优者担任。熙宁八年(1075 年)又规定州学教授候选人由翰林学士院考试经义五道,择成绩优秀者担任,也有聘离任守丧官员任教①。以保证州学教授的学术质量。南宋绍兴十二年(1142 年),政府规定所有州学教授都由尚书省选派。在秦桧和韩侂胄死后,理学(道学)获政府肯定,州学教育与理学相结合,州县教育获得较大发展,官员和社会文化水平有了较大提高。县学在北宋崇宁(1102—1106 年)间,规定县学设学长、学谕、直学、斋长、斋谕各 1 人。学长相当州学的教授,负责学校领导和教师。

书院教师的选任一般公立由州学教授负责,私立书院教授聘任比较自由,由著名学者担任。如淳祐十二年(1252 年)严州钓台书院,宝祐时的镇江濂溪书院的山长都由州学或府学教授担任。少数请平民担任,嘉定四年(1211 年)隆兴府建东湖书院,请陆九渊儿子陆持之任山长。理学家杨栋曾任国子祭酒和参知政事等高官,后出任上蔡书院山长②,王爚亦曾任参知政事,咸淳七年(1271 年)任命为上蔡书院山长③。政府对书院的重视,说明对理学的推崇。元明时期基本上继承

---

① 司马光:《议贡举状》,《司马文正公传家集》卷 40,商务印书馆《万有文库》本。"臣伏见自庆历以来,天下诸州,虽立学校,大抵多取丁忧及停闲官员以为师长"。

② 《杨栋传》,《宋史》卷 421,中华书局 1977 年版,第 12586 页。

③ 《王爚传》,《宋史》卷 418,中华书局 1977 年版,第 12527 页。

宋代的教学制度和学规。

4.造就学术学派的基地

学校、书院是最理想的传播学术的基地。一种学术,在古代信息闭塞,通讯技术落后的情况下,学校、书院可以吸收四方学生,教授通过讲学,宣扬自己学术思想,学生不仅成为他的弟子,而且学生作为教授学术思想辐射环而传播到四面八方,从而形成自己独立的学术派别,这便是宋代"学统四起"的原因之一。

学校、书院是教授研究、探讨、切磋、著述学术的最佳场所,学校、书院集中了当时学术最高、学识最优秀的学者和学生,营造了浓厚的学术氛围。特别是在宋代"佑文"重儒的政策下,学术相对宽松自由,于是各教授纷纷提出自己的独到见解,学生自由讨论提问。从现存宋元明各种《语录》、《语类》、《或问》、《遗书》、《传习录》等,可以明显体验到师生、师友间对各种学术问题的真诚追求,以及对学术权威、经典文本的无保留地质疑和诘难。它启迪了思维,开阔了视野,使许多学术问题的研究都达到当时最高水平。同时学校、书院教师通过撰写讲义和向学生讲授,便成为有很高学术水准的学术专著,如胡安国在南岳碧泉书堂讲学撰成的《春秋传》,朱熹的《四书章句集注》、《玉山讲义》等,张栻在岳麓书院讲授的《论语解》、《孟子说》,吕祖谦在丽泽书院讲授的《丽泽讲义》、《左氏博议》等。王守仁高弟钱德洪记载,《大学问》是师门的教典,初入门的学生都先讲授《大学问》之意蕴。刘宗周的《人谱》、《人谱类记》,"是书乃其主蕺山书院时所述以授生徒者也"①。通过书院讲学,而建立自己的学派。

学派的形成并非只有创始者,重要的是有其继承者的不断传承、发

---

① 《人谱》、《人谱类记》,《子部·儒家类三》,《四库全书总目》卷93,中华书局1965年版,第794页中。

扬、光大。程朱之学,由于元、明成为国家意识形态、科举程式的准绳,便为各书院、学校的必读必遵之的指导思想。王守仁在正德十六年至嘉靖六年(1521—1527 年)丁忧居越,他辟稽山书院,聚八邑彦士,身率讲习。其时从学者如云,环坐而听者 300 余人。守仁死后王门分浙中、江右、南中、楚中、北方、闽粤、泰州 7 家。浙中王学传人钱德洪曾讲学于天真书院,共证交修"致良知"之教。王畿亦讲学于天真书院;江右王学的邹守益、欧阳德等,邹氏建复初书院,在落职闲居期间聚讲的次数多、规模且大,嘉靖三十六年(1557 年)会讲白鹭,倡《大学》、《中庸》合一之旨,"生儒以千计听讲",其盛况空前,负墙侧聆者肩摩。欧阳德建龙津书院,他曾与聂豹、徐阶、程文德于灵济宫会讲"致良知"说,听者5000 人[①]。聂豹在巡按福建时,建养正书院,以王守仁的《传习录》、《大学古本》明正学,宣扬"致良知"之学;南中王学的薛应旗为东林学派主要人物顾宪成的老师,顾氏在明万历三十一年(1603 年)撰《请复东林书院公启》,意图继承东林书院创始人杨时的传统,上承洛统,下开闽传,可见顾氏从王学向程朱转变。虽薛应旗授顾宪成《考亭渊源录》有和合朱陆思想,但基本属于王学。唐鹤征作为王守仁的三传弟子,亦讲学于东林书院。由此可见,书院讲学比较自由,各派思想都可以教授。如朱熹邀请陆九渊在白鹿洞书院讲学,这次讲学得到朱熹的大力推崇;楚中王门的蒋信,在任贵州提学副使期间,建正学书院和文明书院两所,讲学其中。对龙场阳明祠,置祭田以永其香火。蒋氏体悟到理气心性人我,贯通无二之旨。削籍回湖南常德后,于桃花冈筑精舍,学徒云集[②]。冀元亨和蒋信在王守仁谪龙场时,往师事之。王氏在江西时又往师事之,并主讲濂溪书院,发扬王氏心学之旨;北方王门的张后觉讲

---

① "当是时,德与徐阶、聂豹、程文德并以宿学都显位。于是集四方名士于灵济宫,与论良知之学。赴者五千人。都城讲学之会,于斯为盛。"(《欧阳德传》,《明史》卷 283,中华书局 1974 年版,第 7277 页。)

② 《楚中王门学案》,《明儒学案》卷 28,商务印书馆,《国学基本丛书》本。

学于愿学书院和见大书院，讲良即是知，知即是良，良外无知，知外无良之说。南大吉，陕西渭南人，他在知绍兴府时师事王守仁，晚家居建酒西书院，以教四方来学之士；粤闽王门的薛侃，他师之王守仁，曾与念庵会讲于青原书院，主张"惟一良知"；泰州学派的代表王艮，师事王守仁，嘉靖五年（1526 年）讲学于安定书院，次年至金陵，与湛若水、吕柟、邹守益、欧阳德聚讲于新泉书院。八年（1529 年）在会葬王守仁期间，大会同志，聚讲于书院。此后定居于家乡安丰场，聚徒讲学，或会讲泰州，四方就学者日众。佣工、樵夫、陶匠都来从学，开平民教育之风。其子王襞在王艮死后，"继父讲席，往来各郡，主其教事"。宣扬泰州学派思想。李贽师事王襞。

王门 7 家，由于对"致良知"之教的不同理解，而有不同的诠释，从而形成了不同的流派。他们都以书院为基地，阐发自己的体认，而使王学多姿多彩。他们的主张虽各有异，但能相得益彰，而使王学与时偕行。

宋永嘉学派的开山周行己（1067—1125 年？），于元祐五年（1090年）赴洛阳师事程颐，"未三十，见伊川，持身严苦，块坐一堂，未尝窥牖"①。又载："温州鲍若雨（商霖），与乡人十辈，久从伊川"②。可见永嘉学脉源自洛学。崇宁元年（1102 年）为侍奉老母，请求改授温州州学教授，而后"此邦始有洛学"③。周行己在州学讲授理气心性的义理之学，而与永嘉王开祖、丁昌期诸儒讲章句训诂之学有异。周氏在齐州州学教授期间，以"师事程颐"的罪名遭劾罢官。大观四年（1110年）回温州，并建浮沚书院，以宣扬洛学为己任。楼镒说："伊洛之学，东南之士，自龟山杨公时，建安游公酢外，惟永嘉许公景衡、周公行己数公，亲见伊川先生，得其传以归。中兴以来，言理性之学者

① 《河南程氏外书》卷 12，《二程集》，中华书局 1981 年版，第 434 页。
② 同上书，第 435 页。
③ 《人物三》，《瑞安县志》卷 8，清乾隆本。

宗永嘉。"① 是洛学南传中的"别派",以往学术史讲道南学派均不讲永嘉之学。

南宋时永嘉学派的中坚陈傅良师事永嘉著名学者郑伯熊、薛季宣。入太学又与张栻、吕祖谦友善,切磋学问。由于他"行"、"艺"优良,被推荐为学录,在任福州府通判被罢后,回家讲学授徒,四方受业者众。淳熙十一年(1184年)后创办仙岩书院,宣扬薛季宣等永嘉事功之学,当时永嘉学风甚盛,"温为东南支郡,瑞安又属邑,而一日以多士名天下,天下引领慕向之,岂不盛哉"②。间岁贡士考试者达万人。淳熙十六年(1189年)讲学于岳麓书院,"君举到湘中一收,收尽南轩门人,胡季随亦从之问学"③。湖湘学派中人信奉永嘉之学。永嘉之学集大成者叶适推崇陈傅良。他说:"故永嘉之学,必弥纶以通世变者,薛(季宣)经其始而陈(傅良)纬其终也"④。永嘉之学经薛、陈两人的阐发而成有理论体系的独立的学派。叶适与陈氏关系密切,叶适说:"余亦陪公游四十年,教余勤矣"⑤。叶适绍承薛、陈之学,而把永嘉之学推向高峰。全祖望评说:"乾、淳诸老既殁,学术之会,总为朱陆二派,而水心断断其间,遂称鼎足"⑥。叶适十分重视教育,他于淳熙三年(1176年)27岁就在乐清雁荡山僧舍讲学授徒,时丁希亮、戴许、蔡仍、王汶诸人从学,后在父

---

① 《宋故宝谟阁待制赠通议大夫陈公神道碑》,《陈傅良先生文集·附录二》,浙江大学出版社1999年版,第683页。

② 陈傅良:《重修瑞安县学记》,《陈傅良先生文集》卷39,浙江大学出版社1999年版,第496页。

③ 朱熹:《陈君举》,《朱子语类》卷123,中华书局1980年版,第2961页。

④ 叶适:《温州新修学记》,《水心文集》卷10,《叶适集》,中华书局1961年版,第178页。

⑤ 叶适:《宝谟阁待制中书舍人陈公墓志铭》,《水心文集》卷16,《叶适集》,中华书局1961年版,第300、301页。

⑥ 黄宗羲:《水心学案序录》,《宋元学案》卷54,中华书局1986年版,第1738页。

母丁忧守制亦在家乡讲学授徒,宣扬永嘉事功之学。从嘉定二年(1209年)叶适60岁至嘉定十六年(1223年)74岁,都在家讲学授徒,并著作不绝,其重要著作《习学记言序目》就是他死前3年完成的,而成为永嘉学派思想学术建构的重镇。

在明代永嘉学派与时俱进,但事功之学的基本精神仍继承下来,而思想学术则兼收程朱陆王。曾任嘉靖初年首辅的张璁,他承陈傅良"胸中有一部《周礼》",而深研《三礼》。在他任职期间进行多项改革,如清勋戚庄田、撤除镇守太监,严革贪风,澄清吏治,分清司法与厂、卫职权,改革科举门生之称,改称孔子为至圣先师而不称王(文宣王),确定孔子至圣先师的地位等①。《明史》说:"孚敬刚明果敢,不避嫌怨。既遇主亦时进谠言。""清勋戚庄田,罢天下镇守内臣,先后殆尽,皆其力也。持身特廉,痛恶赃吏,一时苞苴路绝"②。他于正德十三年(1518年)会试落第后,敬仰武夷白鹿书院之胜,在永嘉永强瑶溪建罗峰书院③,讲学授徒,嘉靖七年(1528年)世宗赐书院匾额,改名为贞义书院。嘉靖三十七年(1558年)被倭寇所毁。

书院不仅是作为研究、探索、著述一派一家学说的固定阵地,而且是进行不同学派、同一学派不同家的学术交流、会讲、讨论的最佳场所,因为这种交流、会讲、讨论有很多学生参加,使学生获得更多学术信息、不同的观点,提高学生的识辨能力,同时学生参加学术讨论,也使对问题体认更加深入,理学家就是在这种有益的学术氛围中,纷纷建立起有

---

① 参见张立文:《论张璁的"大礼议"与改革思想》,《浙江大学学报》2002年7月第32卷第4期。另见拙作:《张璁年谱·序》,载张宪文、张卫中著:《张璁年谱》,上海古籍出版社1999年版。

② 《张璁传》,《明史》卷196,中华书局1974年版,第5180页。

③ 张璁说:"孚敬顽钝无成,苦无肄业之地,托址溪山,建兹书院,以翌日落成,将率学徒讲学其间。窃念武夷、白鹿之胜,斯道攸赖,固地灵而人杰也。"(《建书院告罗山灵文》,《张璁集·文稿》卷6,上海社会科学出版社2003年版,第468页)。

理论创新的学术思想体系以及其能传承新学术思想体系的学者群体，把中国学术推向空前发展的高峰。

第五章　经学开出新生面(上)

　　宋元明时期的经学是中国经学史上超汉唐、变古训、开新风、创宋学的大变革、大转换的时期。自汉到唐,中国传统的经学诠释学历经一千多年的发生、发育、发展、衰微等阶段。唐代在释、道两家经典诠释学蓬勃发展的冲击下,儒家经典诠释学面临严重危机,儒学的生命智慧已临枯萎。特别是唐末、五代的社会长期动乱,儒学原有维系人们心灵的、行为的信仰力量已大大削弱。儒学的伦理道德、价值观念、精神家园、行为规范都被打得落花流水春去也!如果继续笃守汉唐儒家经典诠释学的"家法"、"师法",确已无力回天,便只有把儒学的原有地盘拱手奉给释、道,退出历史舞台。

　　宋儒以"为往圣继绝学"的无畏精神,荡涤汉唐,跨越时差,直接孔孟,继承"绝学",唤回儒学的真精神;他们以"为天地立心"的形上精神,重新诠释儒典,重开生命智慧,重建性命道德,重构精神家园;他们以"为生民立命"的担当精神,扫除空虚,通经致用,道器一源,安身立命。这便是宋儒以至元儒、明儒经典诠释学的大旨,也是与汉学相对应的宋学经典诠释学的真精神。

　　宋学经典诠释学历经宋、元、明三代,大体可分为五个阶段:"庆历新政"前后为发生期;"熙宁变法"前后为奠基期;南宋至明中叶为发展期;明中叶以后为式微期;明清之际为转型期。现分"易学"、"书学"、"诗学"、"礼学"、"春秋学"、"四书学"而述之。

一、易学生命智慧的焕发

宋明易学是随着儒、释、道三教冲突融合而和合为新的理论思维形态——理学的转生而面目一新的。一般来说,宋儒大都出入佛道,他们往往借用言简意赅的《周易》来化解和统摄来自佛道的冲突。佛教作为一种外来的宗教,隋唐时以其强势姿态横扫中国传统的儒道之学,使儒道原有地位发生动摇。面临如此危机,儒教若不改弦更张,冲决汉唐经学注疏藩篱,建构新的天道性命的价值理想和精神家园,中华传统学术就会从弱势而走向衰落。

《周易》源远流长,旨宏意深,足可以与佛教相颉颃,以图在形上论和心性论这两大根本论域化解与佛教的冲突,因此,《周易》特受宋儒的推崇。

1. 宋明易学的分派和传授谱系

两宋解易者近百家,其中卓著者辈出。从学术史的视角来看,宋易的派系之分亦见仁见智。《四库全书总目》曰:

> 汉儒言象数,去古未远也。一变而为京焦,入于机祥;再变而为陈邵,务穷造化,易遂不切于民用。王弼尽黜象数,说以老庄,一变而胡瑗、程子,始阐明儒理;再变而李光、杨万里,又参证史事,易遂日启其论端。此两派六宗,已互相攻驳。[①]

从汉到宋,易分象数、义理两大派。前者由汉的京房、焦延寿到宋的陈

---

① 永瑢等撰:《易类》,《四库全书总目》卷1,中华书局1965年版,第1页。

抟、邵雍;后者由魏晋的王弼到宋的胡瑗、程颐,再变为李光、杨万里。象数学派两宗,义理学派四宗。这个派系之分,有其合理性,但亦有未善之处,如李光、杨万里"参证史事",更近于司马光的易学。

宋易传授谱系各说有别,朱震把程颐归于象数学派,显然与《四库全书总目》异。他在其《汉上易解》中说:"陈抟以《先天图》传种放,放传穆修,穆修传李之才,之才传邵雍。放以《河图》、《洛书》传李溉,溉传许坚,许坚传范谔昌,谔昌传刘牧。穆修以《太极图》传周敦颐,敦颐传程颢、程颐。是时,张载讲学于二程、邵雍之间。故雍著《皇极经世书》,牧陈天地五十有五之数,敦颐作《通书》,程颐著《易传》,载造《太和》、《参两》篇"[1]。他以宋易始于陈抟,此说可以讨论:其一,若宋易沿袭汉以来象数、义理两派,则以宋易的创始人为陈抟是无意义的。无论象数、义理都不始于陈抟,而有其承传谱系,如《四库全书总目》提要所揭示,陈抟只不过是继承汉象数学派中的一系而已;其二,若朱震以宋易始于陈抟,则应有异于汉以来的象数和义理两派,而以陈抟创图书学派。于是清代学者便把图书学作为宋易中象数学派的总称;其三,朱震以宋易图书学派由陈抟→种放,种放以后分三系,即:

$$
陈抟\to种放\to\begin{cases}穆修\begin{cases}李之才\to邵雍(先天图)\\周敦颐\to程颢、程颐(太极图)\end{cases}\\李溉\to许坚\to范谔昌\to刘牧(河图、洛书)\end{cases}
$$

此三系都是以图式的形式诠释《周易》原理,故称之为"图书易",构成宋易的独特品格。

2. 河洛图书之学的开出

陈抟(? —989 年),字图南,宋太宗赐号希夷先生,为华山道士。"抟好读易,手不释卷。常自号扶摇子,著《指玄篇》八十一章,言导养及

---

① 脱脱等撰:《朱震传》,《宋史》卷 435,中华书局 1977 年版,第 12908 页。

还丹之事。"① 导养还丹是指炼内丹,他用《周易》的卦爻象和阴阳数来讲炼丹,并通过对《周易参同契》的解释来讲丹术。朱熹说:"《先天图》传自希夷,希夷又自有所传。盖方士技术用以修炼,《参同契》所言是也"②。他继承彭晓以图解《易》传统,以数学传穆修,以象学传种放。所以被认为是宋象数和图书学派的创始者。

据载陈抟所传之图有:先天太极图、龙图和无极图,构成宋易图书之学的基本架构。"龙图"意即龙马负图,即河图。河图最早见于《尚书·顾命》,后《论语·子罕》、《墨子·非攻》均有载。《管子·小匡》、《周易·系辞传》便河图、洛书并提。虽《周易·系辞传》隐露河、洛与《周易》的关系,但明确以河、洛为"大易之始",则是汉扬雄,刘歆亦以八卦释河图,《洪范》释洛书。直到宋初的象数学派才以黑白点为基本符号,构成河图、洛书的图式,作为《周易》某种原理的体现。

《宋史·艺文志》著录陈抟《龙图易》一卷,《宋文鉴》载《龙图序》一文。虽朱熹认为此是"假书",但吕祖谦作为史学家在把《龙图序》编入《宋文鉴》时,不会无所甄别和斟酌。即使非其亲撰,而为弟子所述,亦与陈抟思想近。《龙图易》依据《系辞下传》对履、谦、复、恒、损、益、困、井、巽九卦之德诠释三次,即"三陈九卦之义",而推衍龙图三变。一变为天地未合之数,二变为天地已合之位,三变为天地生成之数,其构成图式见110页。

陈抟《龙图序》认为,龙马负图,出于太古之先,伏羲之时;龙图是一种合于次序的天象,它以未合来陈现其象和数,便是天散而显示其天象;伏羲合天象而用之,孔子默而以形象来呈现。这可能是陈抟托古之词,以增龙图的权威性和神圣性。

刘牧(1011—1064 年),字先之,号长民。他绍承陈抟图书之学,发

---

① 脱脱等撰:《陈抟传》,《宋史》卷 457,中华书局 1977 年版,第 13421 页。

② 《朱子语类》卷 100,中华书局 1986 年版,第 2552 页。

扬河洛之说,融数、理、图为一,著《易
数钩隐图》等。他认为河图 9 数,洛
书 10 数。前者为一至九,其自然数
之和为 45,包括四象八卦兼五行数;
后者惟五行生成之数,其一至十的自
然数之和为 55。河出龙图,洛出龟
书,蕴涵着天地之数、四象、八卦等内
容,以八卦和六十四卦出于河洛。河
图、洛书之数,出于先天。但河图出

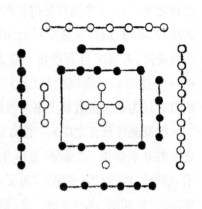

自天以显象,洛书出于地以显形。象指四象、八卦之象,形指五行,这是
河洛之别。此别亦即数之异。刘牧的河图蕴含"河图天地数"、"河图四
象"、"河图八卦"图,洛书含有"洛书五行生数"、"洛书五行成数"图等。
刘牧的河九洛十说,是以五行生成说明《周易》原理,在当时有一定
影响。

　　李觏(1009—1059 年)倡经世致用之学,参加范仲淹"庆历"改革运
动。他著《易论》以明人事,撰《删定易图序论》援天道以证人事。他删
改刘牧的易图,"世有治《易》根于刘牧者,其说日不同。因购牧所为《易
图》五十五首,观之则甚复重,假令其说之善,犹不出乎《河图》、《洛书》、
《八卦》三者之内,彼五十二皆疣赘也"[1]。他鉴于刘牧的易图支离破
碎,不可信用,为不使其诖误学子,败坏世教,于是删 52 图,存 3 图,并
举而改正之误。他在答问中说:"《洛书》五十有五,协于《系辞》天地之
数。《河图》四十有五,虽于《易》无文,然其数与其位,灼有条理,不可移
易,非妄也。惜乎刘氏之辩则过矣!"[2] 并对其过做了论述。尽管李觏
对刘牧提出种种修改,但河九洛十说被继承下来了。

　　① 李觏:《删定易图序论》,《李觏集》卷 4,中华书局 1981 年版,第 52 页。
　　② 李觏:《删定易图序论》,《李觏集》卷 4,中华书局 1981 年版,第 53 页。

程大昌(1123—1195年)绍承刘牧之学,并使其学明于世。一方面他说明刘牧所传河图,并非后世附会;另一方面沿袭刘牧,以洛书为十数,即"河九洛十"。河洛之别在于河取五行相克之序,洛取五行相生之序,程氏不仅以五行相生相克来分别河洛之异,而且以五行生克相济来说明河洛经纬,以此来阐明河洛为《易》之源,对图书之学的承传有积极作用。

虽李、程都沿河九洛十说,但时人亦有反对者。与刘牧、李觏同时的阮逸,假托北魏时关朗,制造《关朗易传》,置换河图洛书,即河十洛九。河图之文为七前六后,八左九右,五行生成图;洛书之文为九前一后,三左七右,四二为前左右,八六为后左右,为九宫图。

阮逸此说,得到朱熹及其大弟子蔡元定(1135—1198年)的认同。朱熹撰《周易本义》,置河图、洛书及其他七图于卷首。由朱熹与蔡元定合撰的《易学启蒙》的《本图书》第一,即诠释河图洛书。朱蔡依《系辞传》:"河出图,洛出书,圣人则之",以及汉孔安国、刘歆等的诠释,并引关朗河洛之文,将刘牧的河九洛十变为河十洛九。蔡元定说:

> 关子明、邵康节皆以十为河图,九为洛书。盖《大传》既陈天地五十有五之数,《洪范》又明言天乃锡禹洪范九畴而九宫之数。戴九履一,左三右七,二四为肩,六八为足,正龟背之象也。惟刘牧意见以九为河图,十为洛书,讬言出于希夷。既与诸儒旧说不合,又引大传以为二者皆出于伏羲之世,其易置图书并无明验①。

---

　① 朱熹、蔡元定:《本图书》第一,《易学启蒙》卷1,《朱子遗书》,京都:中文出版社1975年版,第779页上。

这说明河图全数是 55,朱熹认为这是"夫子之意,而诸儒之说也"①;河图以生数为主,"以五生数统五成数,而同处其方",洛书以奇数为主,以五奇数统四偶数,而各居其所;刘牧托言陈抟,而与诸儒之说不符合;易置图书没有得到验证。据此,蔡元定②认为刘牧河九洛十说之误。在这里,蔡元定与朱熹诠释完全一致。

朱熹在《周易本义》、《易学启蒙》、《朱子语类》以及书信中,都就河洛之学做了诠释,在诠释中他不仅坚持河图洛书之出,乃"圣人则之",而且以河十洛九是古圣相传,是易之本。欧阳修在《易童子问》中质疑,《系辞传》明讲伏羲曾仰观俯察,近取远求而画八卦,而与伏羲依河图画八卦有冲突。朱熹回应了这个冲突,他说:"'观鸟兽之文,与地之宜';'近取身,远取物';'仰观天,俯察地',只是一个阴阳。圣人看这许多般事物,都不出'阴阳'两字。便是《河图》、《洛书》,也则是阴阳,粗说时即是奇偶。圣人却看见这个上面都有那阴阳底道理,故说道读《易》不可恁逼拶他。欧公只是执定那'仰观俯察'之说,便与河图相碍,遂至不信他"③。欧阳修体认片面,未能把握"仰观俯察"与"河洛"之间的会通,以至否定《系辞》为孔子所作。其实,"仰观俯察"与河图洛书都是表现阴阳奇偶变化的道理,圣人看到了这"阴阳底道理",而把两者圆融起来。

朱熹集北宋以来图书学之成,吸纳其精,删改其弊,使河洛与八卦、大衍之数与河洛的关系,以及河十洛九等得以确定,并获得学界的认同而得以流行。即使如此,亦有异见。永嘉学派的薛季宣(1134—1173

---

①　朱熹、蔡元定:《本图书》第一,《易学启蒙》卷1,《朱子遗书》,京都:中文出版社 1975 年版,第 780 页上。

②　蔡元定说:"图书之象,自汉孔安国、刘歆、魏朱朗子明,有宋康节先生邵雍尧夫,皆谓如此,至刘牧始两易其名,而诸家因之,故今复之,悉从其旧。"(《周易本义》卷首《河图》、《洛书》。)

③　《朱子语类》卷 76,中华书局 1986 年版,第 1943 页。

年)字士龙,仍依刘牧说而主张:"《河图》之数四十有五,乾元用九之数也。《洛书》之数五十有五,大衍五十之数也"①。沿袭河九洛十说。他的贡献是在于批判"暗君庸夫、乱臣贼子据之,假符命,惑匪彝,为天下患害者,比比而是"。利用河图洛书,作为制造符命而患害天下人民的工具。鉴于此,他揭去河洛神秘面纱,认为"《河图》、《洛书》乃《山海经》之类,在夏为《禹贡》,周为职方氏所掌,今诸路《闰年图经》、汉司空《舆地图》、《地理志》之比也。"②是以图标示的黄河、洛水流经的江河山川州界的分野,以及地名、物产等。《尚书·顾命》所讲的洛书、河图是周天子所制作的地图。

薛季宣的主张,被明末清初的黄宗羲所阐发。他说:"某之为此言者,发端于永嘉薛士隆(龙)"③。河图是记载黄河流域的山川河流,洛书记载着洛水流域的风土物产。"谓之图者,山川险易,南北高深,如后世之《图经》是也;谓之洛者,风土刚柔,户口扼塞,如夏之《禹贡》,周之《职方》是也"④。进一步证明河洛为《山海经》、《禹贡》一类性质的文本。黄宗羲一反朱熹的河十洛九说,重申刘牧的河九洛十说。"刘牧谓《河图》之数九,《洛书》之数十。李觏、张行成、朱震皆因之,而朱子以为反置"⑤。尽管朱熹以三证说明河十洛九之合理,但黄宗羲认为,此三证不足以绌刘牧。其实河图十数,在陈抟《龙图序》中已有记载,但由于朱熹以《龙图序》为"假书",所以没有将《龙图序》作为其河图十数的

①　黄宗羲:《艮斋浪语集》,《艮斋学案》,《宋元学案》卷52,中华书局1986年版,第1695页。

②　同上书。

③　黄宗羲:《易学象数论》卷1,《黄宗羲全集》(第九册),浙江古籍出版社1992年版,第4页。

④　黄宗羲:《易学象数论》卷1,《黄宗羲全集》(第九册),浙江古籍出版社1992年版,第4页。

⑤　黄宗羲:《易学象数论》卷1,《黄宗羲全集》(第九册),浙江古籍出版社1992年版,第6页。

证据。

3. 象数易学的发展

邵雍(1011—1077年)不仅是北宋五子之一,而且是有影响的易学家。被称为象数学派中的数学派,而与张载的气学派、程颐的道学派、陆王心学派、叶适等功利派易学异。尽管邵雍着重阐发陈抟易学的数学方面,但并非不讲象学,同时,其易学又被称为"先天学"。"先天学"相对于"后天学"而言,是后天学之源。先天学是对于《易》的画前问题的追究,即关于《易》的起源、卦画的来源起始、阴阳刚柔品格以及卦爻结构意蕴等。这种先天的追究,已明显地冲决了汉唐以来注疏的藩篱,特别是唐代疏不破注的桎梏,而直接追究《易》的初始状况。从而揭示出《易》的本真,剥去了历代以《易》为六经之首的神圣的光环,还《易》以卜筮之书的本来面目。尽管《易》为"卜筮之书"是朱熹的概括,但在邵雍的先天之学中已有蕴涵。

先天易,是指伏羲所画的易;后天易,是指文王所演的易。前者是伏羲先天图式,后者为卦画与文辞的融合之易。伏羲先天图式在邵雍现存的著作中不见,但在朱熹《周易本义》卷首九图中存有《伏羲八卦次序图》、《伏羲八卦方位图》、《伏羲六十四卦次序图》、《伏羲六十四卦方位图》。朱熹指出:"伏羲四图,其说皆出邵氏。盖邵氏得之李之才挺之,挺之得之穆修伯长,伯长得之华山希夷先生陈抟图南者,所谓先天之学也"①。在这里,朱熹并没有交代他在邵雍逝世近60年后怎样得此四图? 又如何确定此四图皆出自邵雍?

不过在邵雍的《皇极经世》中虽无图,却有关先天图的记载:"先天之学,心法也。故图皆自中起,万化万事生乎心也。图虽无文,吾终日

---

① 朱熹:《周易本义》卷首,世界书局1936年印行,第8页。张行成在《周易变通序》中认为邵雍先天图有14图。

言,而未尝离乎是。盖天地万物之理尽在其中矣"①。又说:"先天图者,环中也"②。可见邵雍对先天图做过一番研讨,并得出自己的体认。他认为,先天图是对心法的体悟。邵雍所谓心,即为"太极","心为太极","心法"即天地之心的原理。心不仅化生万物万事,而且天地万物之理都在其中。这是先天之学对于天地万物之理的终极的探索。

邵雍作为数学派的易学家,他对八卦起源和六十四卦的形成,着重于从大衍之数和参天两地而倚数进行诠释,这是他对于《周易·系辞传》中观象立卦说、易有太极说、大衍之数说,以及《说卦传》的参天两地而倚数说、乾坤父母等的选择,这种选择并非不讲易有太极等数的阐释。

从八卦和六十四卦的成卦来说,他取大衍之数说。他说:"《易》之大衍何? 数也,圣人之倚数也。天数二十有五,合之为五十。地数三十,合之为六十"③。大衍之数为蓍数,为天数25的倍数,其用49,为天数7的7倍数;地数30倍数为60,是地数8的8倍数64去乾坤坎离四正卦的卦数。天地之数分起蓍数和卦数。

从八卦和六十四卦的起始来看,"太极既分,两仪立矣。阳下交于阴,阴上交于阳,四象生矣。阳交于阴,阴交于阳,而生天之四象;刚交于柔,柔交于刚,而生地之四象。于是八卦成矣。八卦相错,然后万物生焉"④。太极动静分,阴阳两仪立,一分为二,二分为四,四分为八,八分为十六,十六分为三十二,三十二分为六十四。阴阳各三十二,都本

---

①　邵雍:《先天象数第二》、《观物外篇下》、《皇极经世书》卷7上,中州古籍出版社1993年版,第331、332页。

②　邵雍:《先天象数第三》、《观物外篇下》、《皇极经世书》卷7下,中州古籍出版社1993年版,第333页。

③　邵雍:《河图天地全数第一》、《观物外篇上》、《皇极经世书》卷7上,中州古籍出版社1993年版,第299页。

④　邵雍:《先天象数第二》、《观物外篇上》、《皇极经世书》卷7上,中州古籍出版社1993年版,第321页,此书校理错字很多,未很好校对。如"阴交于阳"句,作"阴六月交于阳"等,作为典籍文本,不可完全信用。

于一阴一阳之分。这是讲八卦和六十四卦化生及其过程。

太极作为"一"，本身是不动的，但蕴涵动静之性，所以能"不动生二，二为神，神生数，数生象，象生器"[①]。神是化生的功能和神妙性；数是奇偶数，大衍数，天地数；象即爻象和卦象；器指卦画和有形事物。"一"本身不是数，但是一切数的最终根据。"二"是阴阳奇偶数，便有数的神妙不测的变化。由数便化生阴阳刚柔的爻象和卦象，有象便化生天地、日月、星辰、水火、土石等器物。就此而言，八卦和六十四卦化生的过程，也就是宇宙万物化生的过程。

数象可分为内象内数和外象外数。前者为内在的理数，后者为外在的理数。内在的理数是数自身奇偶变化的原理、规则；外在的理数是天地风雷等有形事物变化的原理和规则。数之所以与理相联系，是因为数离理便入于"术"。若入于"术"便有损数的"自然而然"性或"自然之道"。邵雍认为，数与理是不可分的，如天地之数即是天地之理。

由于邵雍八卦和六十四卦次序图及方位图，惟见于朱熹的《周易本义》和《易学启蒙》，其间不免渗透着朱熹的诠释。伏羲八卦次序图（小横图）由乾一到坤八，邵雍此次序在《观物外篇》中有所陈述。朱熹、蔡元定解释说："太极者，象数未形而其理已具之称，形器已具而其理无朕之目……邵子曰：'道为太极'，又曰：'心为太极'，此之谓也。"[②] 太极之理是已具的，即先天意蕴的，虽象数未形，但体现在形器之中。太极之判，始生一奇一偶为一画者二，是为两仪；两仪之上各生一奇一偶而为二画者四，是谓四象；四象之上各生一奇一偶而为三画者八，便为八卦。其图如下：

---

① 邵雍：《阙疑第十一》，《观物外篇下》，《皇极经世书》卷 8 下，中州古籍出版社 1993 年版，第 424 页。

② 《原卦画第二》，《易学启蒙》卷 2，《朱子遗书》，京都：中文出版社 1975 年版，第 782 页。

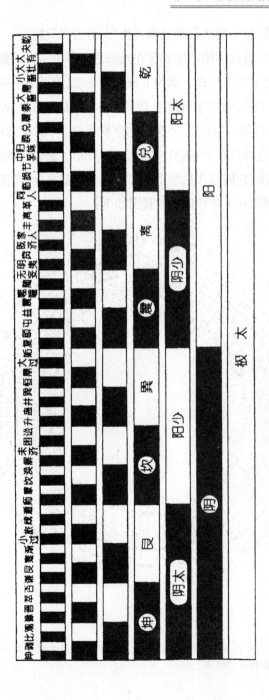

程颐认为,这是"加一倍法",朱熹称其为"一分为二"法。

伏羲六十四卦次序图的构成是在八卦之上各生一奇一偶而为四画者十六,四画之上各生一奇一偶为五画者三十二,五画之上各生一奇一偶为六画者六十四,兼三才而两之,"于是六十四卦之名立,而易道大成矣"①。这种以奇偶二数的变化推进的逻辑次序,与汉易、唐易的取象说,大异其趣,这种以数学解《易》的新方法,开拓了解《易》的新领域,给《易》带来新思维,它同近代数学中的二进制有相似之处,奇偶二数(一、--)与二进制的0、1符号相当。其图如下:

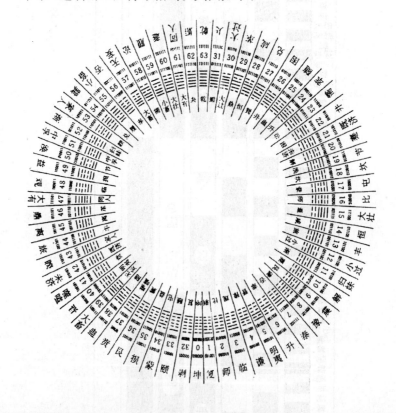

---

①　朱熹、蔡元定:《原卦画第二》,《易学启蒙》卷2,《朱子遗书》,京都:中文出版社1975年版,第784—785页。

000000 坤 000000	000100 豫 001000	000010 比 010000	000110 萃 011000	000001 剥 100000	000101 晋 101000	000011 观 110000	000111 否 111000
100000 复 000001	100100 震 001001	100010 屯 010001	100110 随 011001	100001 颐 100001	100101 噬嗑 101001	100011 益 110001	100111 无妄 111001
010000 师 000010	010100 解 001010	010010 坎 010010	010110 困 011010	010001 蒙 100010	010101 未济 101010	010011 涣 110010	010111 讼 111010
110000 临 000011	110100 归妹 001011	110010 节 010011	110110 兑 011011	110001 损 100011	110101 睽 101011	110011 中孚 110011	110111 履 111011
001000 谦 000100	001100 小过 001100	001010 蹇 010100	001110 咸 011100	001001 艮 100100	001101 旅 101100	001011 渐 110100	001111 遁 111100
101000 明夷 000101	101100 丰 001101	101010 既济 010101	101110 革 011101	101001 贲 100101	101101 离 101101	101011 家人 110101	101111 同人 111101
011000 升 000110	011100 恒 001110	011010 井 010110	011110 大过 011110	011001 蛊 100110	011101 鼎 101110	011011 巽 110110	011111 姤 111110
111000 泰 000111	111100 大壮 001111	111010 需 010111	111110 夬 011111	111001 大畜 100111	111101 大有 101111	111011 小畜 110111	111111 乾 111111

　　伏羲八卦和六十四卦方位图，是诠释八卦和六十四卦所处的方位。其方位的确定，是本于《周易·说卦传》的"天地定位，山泽通气，雷风相薄，水火不相射，八卦相错"①。邵雍、朱熹无缘得见马王堆《帛书周易》，因此只能依通行本《周易·说卦传》来诠释。邵雍说："天地定位一节，明伏羲八卦也。八卦相错者，明交相错而成六

---

　　① 马王堆《帛书易传》的《易之义》这句话作："天地定位，〔山泽通气〕，火水相射，雷风相搏。"而与《周易·说卦传》有异。其间的不同请参见拙著：《帛书周易浅说》，《帛书周易注译》，中州古籍出版社1992年版，第15页。

十四卦也"①。八卦"数往者顺",是指从震一阳爻生于下,离兑二阳爻生,至乾三阳爻生,是阳上升的阳长的过程。它仿天之左行,为已生之卦。"知来者逆"是指由巽至坤,是阴长的过程,逆天而右行。这种阴阳消长的过程表示日月的出入,一年四季的转变,以及晦朔弦望、行度盈缩的变化由来。其图如下:

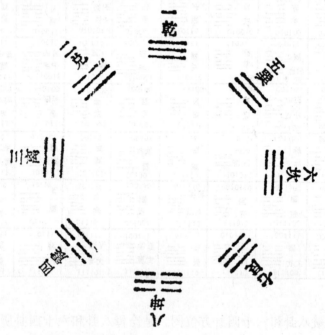

伏羲六十四卦方位图仿伏羲八卦方位图,即八卦相重得六十四卦。邵雍和朱熹所载伏羲六十四卦的重卦是按伏羲八卦次序,马王堆帛书周易六十四卦的重卦是按《文王八卦次序》,即先少后长的次序。邵雍所说的伏羲六十四方位如 121 页。

伏羲六十四卦方位图(大圆图)的图内标明八卦方位,就较好理解

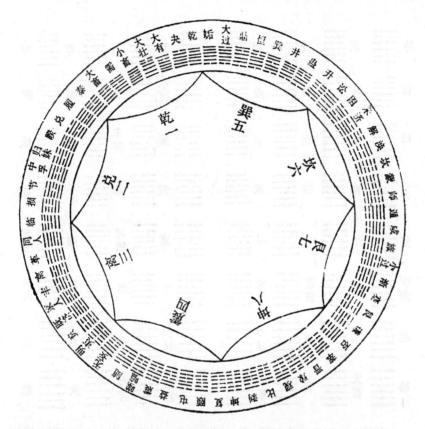

两图的关系。从复卦到乾卦是由震、离、兑到乾的阳长阴消过程;从姤卦到坤卦是由巽、坎、艮到坤的阴长阳消的过程。前者表示阳由弱而强、由微而盛;后者体现阴由弱而强、由微而盛的形态,它显示了一年气节的变化和万物的盛衰荣瘁,以及社会兴废和宇宙终始。

在朱熹《周易本义》的《伏羲六十四卦方位图》的圆图中,有六十四卦方图。邵雍《大易吟》说:"天地定位,否泰反类。山泽通气,损咸见义。雷风相薄,恒益起意。水火相射,既济未济。四象相交,成十六事。八卦相荡,为六十四"①。其图式是指伏羲六十四卦方图:

---

① 邵雍:《大易吟》,《击壤集》卷17,青海人民出版社1999年版,第928页。

坤	剥	比	观	豫	晋	萃	否
谦	艮	蹇	渐	小过	旅	咸	遁
师	蒙	坎	涣	解	未济	困	讼
升	蛊	井	巽	恒	鼎	大过	姤
复	颐	屯	益	震	噬嗑	随	无妄
明夷	贲	既济	家人	丰	离	革	同人
临	损	节	中孚	归妹	睽	兑	履
泰	大畜	需	小畜	大壮	大有	夬	乾

此图由外而内分为四层:第一层乾西北、坤东南、泰东北、否西南居四隅,共二十八卦,对角四卦卦画卦象反类;第二层艮兑损咸居四隅,共二十卦,对角四卦卦画卦象相反相通;第三层坎离既济未济居四隅,共十二卦,对角四卦卦画卦象相反相射;第四层,即中央一层,震巽恒益居四隅,共四卦,相对四卦卦画卦象相反相薄。乾坤对角线上的八经卦为伏羲八卦次序;否泰对角线上的八卦的卦画卦象各各相对;是为"四象相交,成十六事"。又此图纵横均为八层。从下而上横向八层:一层乾一宫八卦,二层兑二宫八卦,三层离三宫八卦,四层震四宫八卦,五层巽五宫八卦,六层坎六宫八卦,七层艮七宫八卦,八层坤八宫八卦,构成八宫。如果说横向八宫的下卦为本卦,那么,纵向的八纵除本卦外的七卦上卦为本卦。

此图由内而外的四层来看:内层以震巽相对为中心,震、离为一阳生,巽、坎为一阴生,横向震、离二宫八卦均一阳生,巽、坎二宫八卦皆一阴生;次层兑艮二阴二阳生,横向兑宫八卦皆二阳生,艮宫八卦均二阴生;再次层乾坤三阳三阴生,横向乾宫八卦皆三阳生,坤宫八卦皆三阴生。合内外八层面,即为"八卦相荡,为六十四"。此六十四卦方图和《伏羲六十四图次序图》(大横图)、《伏羲六十四卦方位图》(大圆图)是相通的,换言之,此三图是六十四卦不同组合方式:如把大横图从正中(复姤之间)断开,复至乾三十二卦左旋自北至南,姤至坤自南至北,就成大圆图;把大横图、大圆图按八卦一段分为八段,由下而上叠成八层,便构成方图。它说明宇宙天地万物的不断运动变化;宇宙空间结构是由三十二对待方面形成;宇宙的样式是天圆地方,圆中涵方。朱熹说:"圆于外者为阳,方于中者为阴。圆者动而为天,方者静而为地者也"[①]。其图如下:

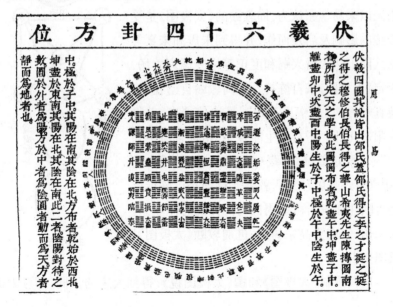

---

① 朱熹:《伏羲六十四卦方位图》,《周易本义》卷首,上海:世界书局 1936 年印行。

　　按朱熹的诠释圆阳方阴,外阳中阴,圆动方静,圆天方地。在这里动静、天地亦可归于阴阳。圆图是讲阴阳流行中有对待,意蕴时间流逝;方图是讲阴阳定位中有对待,意蕴空间方位。时空的流行和方位,意蕴着宇宙天地万物,包括人类都生活活动于此时空的架构之中。就此而言,邵雍的数学派乃是探讨宇宙天地万物的大化终始、人类社会的历史演变,以及人类活动的时空数学变化表征的。

　　如果邵雍为象数学中倾向于数学一派,那么,周敦颐(1017—1073年)为象数学倾向于象数一派。这并不是说重数不重象,或重象不重数,而是说一种倾向而已。

　　周敦颐对易学的贡献主要为《太极图》和《太极图说》及《通书》(又称《易通》)、《易说》。南宋以来易学家认为,周敦颐的《太极图》是受陈抟的影响及启发而作,并得到朱震和朱熹等的认同。然宋潘兴嗣和度正等恪守儒家立场,否定《太极图》来自陈抟。但周敦颐自己在《读英真君丹诀》诗中说:"始观丹诀信希夷,盖得阴阳造化几。子自母生能致主,精神合后更知微"①。陈抟曾撰《道藏·洞真部·王诀类》中的《阴真君还丹歌注》,周敦颐此诗即是读陈抟此还丹歌注而发。可证周氏与陈抟的思想联系。南宋初,朱震为高宗讲经,进周敦颐《太极图》,其图如右:

　　周敦颐制《太极图》和撰《太极图说》,得到大家的认同。但《太极

────────────

　　① 周敦颐:《周子全书》卷17,《万有文库》本,上海:商务印书馆1937年版,第345页。

图》的由来及《太极图说》文字屡有论争①。《太极图》究竟出自陈抟,抑还自制。特别是《太极图说》第一句话,究竟是"无极而太极",抑还是"自无极而为太极","无极而生太极",等。前者见于朱熹所整理的《太极图说》,后者见于洪景庐所修藏的《国史·濂溪传》及临汀杨方所得九江故家传本。朱熹认为,"自无极而为太极",乃是修国史者的妄增,不仅增前贤之累,而且启后学之疑,而要删去此"自"、"为"二字。朱熹说:"史氏之传先生者,乃增其语曰'自无极而为太极',则又无所依据而重以病夫先生。故熹尝欲援故相苏公请刊《国史》草头木脚之比以正其失,而恨其力有所不逮也"②。尽管朱熹要求删去"自"、"为"二字,但洪迈伉直而不改。若《太极图》传自道士陈抟,甚有可能《太极图说》的原本为"自无极而为太极",其意蕴与九江家传本"无极而生太极"相同。这样"无极"便逻辑在先,无极为太极产生的根据,这是他所不能同意的。

正是在这点上,陆九渊与朱熹展开了辩论。这个辩论是陆九渊继其兄陆九韶不当于"太极"之上加"无极"的话题,陆九渊认为,"太抵言无极而太极,是老氏之学,与周子《通书》不类"③。"不类"是指《通书》只讲太极而不讲无极,《周易·系辞传》亦只讲太极而不讲无极。因此,在太极之上加无极,是蔽于老氏之学。

朱熹则"大不谓然"陆氏的意见,他认为周敦颐恐怕错认太极别为一物,所以用无极二字"以明之"。明什么?他解释说:"不言无极,则太极同于一物,而不足为万化之根;不言太极,则无极沦于空寂,而不能为万化之根"④。无极与太极不离,离则一为"不足",一为"不能"。这就

---

① 参见拙著:《宋明理学研究》,中国人民大学出版社 1985 年版,第 106—132 页。

② 《邵州州学濂溪先生词记》,《朱文公文集》卷 80,《四部丛刊初编》本。

③ 《与陶赞仲》,《陆九渊集》卷 15,中华书局 1980 年版,第 192 页。

④ 《答陆子美》,《朱文公文集》卷 30,《四部丛刊初编》本。

说两者离,太极便等同于具体有形事物,就不足以作为万化之根的资格;无极便沦于空寂,混同于佛老,也不能够实现万化之根的功能。无极与太极互相依存不离,才能作为"万化之根"。

陆九渊重申陆九韶的意思,驳斥朱熹上述说法。他说:"夫太极者,实有是理,圣人从而发明之耳,非以空言立论,使后人簸弄于颊舌纸笔之间也"①。太极之上不可加无极,其理由基本上与陆九韶同。他认为《易大传》、《尚书·洪范》不讲"无极",是因为圣人讲有,而你(指朱熹)讲无,意谓有违圣人之言。不仅《通书》终篇不及"无极"二字,而且作为周敦颐的学生的二程,亦不讲无极。因而加"无极",无异于"叠床上之床",实无必要。

朱熹对此一一做了回应。其一,太极之上加无极并非无必要和多余;其二,讲无极亦并非有违圣人之言。伏羲文王作和演《易》,都未言太极,而孔子言之;孔子赞《易》而未言无极而周敦颐言之。后圣发前圣所未发,是乃同条共贯;其三,"无极而太极"乃周敦颐的苦心独造;其四,对无极作了进一步的诠释。无极是指无方所、无形状,通贯全体,无乎不在。无极是指太极存在的一种状态和功能,即指无形而有理。经朱熹整理的《太极图》如右:

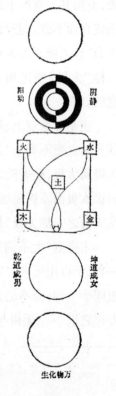

朱熹与陆九渊就周敦颐的《太极图说》的辩论,为学术史上树立了自由辩论的风气,既不受政治干扰,亦不受意识形态的支配。虽辩到激烈处,有情绪的激动,但都在说理。可求同存异,和而不同。这种良好的社会文化氛围,是促使宋代

① 《与朱元晦》,《陆九渊集》卷2,中华书局1980年版,第23页。

学术之所以发展的原因之一。

朱熹认为,《太极图》的最上层的圆圈为无极而太极,是所以动而阳、静而阴的本体;第二层为阴静、阳动,互为其根;第三层是阳变阴合而生水火木金土,五行之生,各一其性,气殊质异,各一其○,○是指无极二五,所以妙合而无间;第四层是坤女乾男,以气化者言之,而各一其性,而男女一太极;最下层为万物化生,以形化言之[①]。人为气化,物为形化,两者有异。气化是指没有人种,阴阳气合而生;形化是指有种后,生生不息。

《太极图说》经朱熹整理后,后人以其为定说,影响深远。饶鲁认为,无极而太极,以其为天下之大枢纽、大根柢,而初非有枢纽根柢之形也[②]。周氏恐人把太极理解南北极、屋极等有形可见、方所可指的东西,所以加无极二字以明太极无形状、无方所,而实为天下之大枢纽、大根柢。游九言认为,"易有太极"而周氏之所以加无极,是因为"人肖天地,试即吾心验之,方其寂然无思,万善未发,是无极也"[③]。周氏发明造化,意蕴深远,启悟万世,而羲易奥旨益著。此评虽有溢美之嫌,但《太极图》和《太极图说》为宋明理学的发生开辟了儒释道和合的途径和形式,从某种意义上说,宋明理学中的许多学术问题是围绕《太极图》而展开的,并影响儒释道学术理论的建构。

4. 气学派解易的风貌

两宋易学是作为回应社会所面临的冲突,重建新的理论思维形态所需要的重要资源。换言之,即重建天道性命、价值理想之体与注重事功,强调经世之用的需要。宋初的思想家胡瑗、孙复、石介、欧阳修、李

---

① 参见朱熹整理的周敦颐《太极图》,《周子全书》卷1,《万有文库》本,商务印书馆1937年版,第2、3页。

② 《无极而太极·集说》,《周子全书》卷1,同上,第6页。

③ 《论》,《周子全书》卷11,同上,第216页。

觐等纷纷著《易》,借《易》以舒发其忧患的人文情怀,推动了经学"变古"运动,使经学发生自汉至宋的转生,具有使经学从"疏不破注"、"守诂训而不凿"中解放出来的意义。

全祖望说:"宋世学术之盛,安定、泰山为之先河"①。胡瑗、孙复为开两宋学术新风气的人物,他们都是领导庆历新政的核心人物——范仲淹的讲友。李觏被列入《高平学案》,而不单独列学案,被视为范仲淹门人②。他们不仅精通和倡导易学,并有易学专著,而且均抨击佛老,以复兴儒学为职志,反对以老解易及图书象数之学,而绍承易学中的义理之学。

被后来理学家奉为其思想先驱的"宋初三先生"的胡瑗、孙复、石介以"明体达用"为价值目标。这里体指明仁义礼乐的心性修养的内圣层面,用指举措天下,经世致用的外王层面。儒家内圣外王的价值目标,在《周易》中得到完满的体现,这也是宋代道学家始终青睐于《周易》诠释的原因之一。

李觏易学基本上体现了作为复兴儒学总纲的"明体达用"的精神,即援天道以证人事的价值目标。他在诠释《乾卦》元亨利贞四德时说:"始者,其气也。通者,其形也。宜者,其命也。干者,其性也"③。元始指万物都有一个开始,如妇女怀孕;始而亨通,孕而发育;通而利宜,发育健全;宜而贞干,既忠又孝。否则,不元物无以始,不亨物无以通,不利物失其宜,不贞物不能干。他认为物失其宜,犹如生产盲孩、聋孩;物不能干,便会发生不孝不忠、为逆为恶之事。由此可见,李觏是以儒解《易》,借天道自然以应人事,以求平治天下。在解

---

① 《安定学案序录》,《安定学案》,《宋元学案》卷1,中华书局1986年版,第23页。

② 王梓材认为:"安定、泰山、徂徕、旴江皆客文正门。先生(按指李觏)与徂徕辈行较后,以为文正门人可也。"(《高平学案·附录》,《宋元学案》卷3,中华书局1986年版,第156页。)

③ 《论五》,《删定易图序论》,《李觏集》卷4,中华书局1981年版,第64页。

《易》中不拘泥于象数,而发挥其义理,属于宋易中的义理派。

李觏在以儒解《易》中,吸收阴阳二气理论来诠释八卦的位、象。"于是观阴阳而设奇偶二画,观天地人而设上中下三位。纯阳为《乾》,取至健也;纯阴为《坤》,取至顺也"①。从阴阳二气来解释八卦的构成和位象,有其合理性。由此他批评刘牧河图产生八卦说,认为河图八卦说有违有气而后有象的原理。"夫物以阴阳二气之会而后有象,象而后有形。象者,胚胎是也;形者,耳目鼻口手足是也。《河图》之数,二气未会,而刘氏谓之象,悖矣!"② 从而李觏提出八卦出于洛书的主张。他认为洛书四方的数,是阴阳奇偶的会合,符合有气而后有象的原理。就此而言,李觏属于宋易义理学派中的气学派。

张载以气为核心话题的易学体系,奠定和开拓了气学派易学。《宋史·道学传》概括其学术主旨说:"其学尊礼贵德,乐天安命,以《易》为宗,以《中庸》为体,以孔孟为法,黜怪妄,辨鬼神"③。王夫之亦述其学之旨归说:"张子之学,无非《易》也。""张子言无非《易》,立天立地立人,反经研几,精义存神,以纲维三才,贞生而安死,则往圣之传,非张子其孰与归!"④ 张载学术思想虽经数次转变,但最终归宗于《易》。所谓立天、立地、立人就是明体与达用、心性与经世融合之学。按张载的话,即"为天地立心,为生民立道,为去圣继绝学,为万世开太平"⑤。张氏此

---

① 《论二》,《删定易图序论》,《李觏集》卷4,中华书局1981年版,第57页。

② 《论一》,《删定易图序论》,《李觏集》卷4,中华书局1981年版,第55页。

③ 脱脱等:《道学·张载传》,《宋史》卷427,中华书局1977年版,第12724页。

④ 王夫之:《张子正蒙注序论》,《船山全书》(第十二册),岳麓书社1992年版,第12页。

⑤ 朱熹、吕祖谦编:《近思录》卷2,《朱子遗书》,京都:中文出版社1975年版,第22页。《张子语录·中》作:"为天地立志,为生民立道,为去圣继绝学,为万世开太平。"(《张载集》,中华书局1978年版,第320页)。《宋元学案》作:"为天地立心,为生民立道,为经圣继绝学,为万世开太平"(《横渠学案·下》,《宋元学案》卷十八,中华书局1986年版,第769页)。按:各本记载有异,但以《近思录》与《张子语录》为准。

"四句教"，对后世学术进路影响很大。他把天道性命之学、内圣心性之学以及外王之学融合为一，并以准确而形象的话语表达出来，切中在思想意识领域重外王轻内圣之弊，既使心性的价值取向落实到外王的现实层面，又使外王之学获得心性之学的支撑，为宋明理学的发展奠定了基础。

如何为天地立心？天地有没有心？即如何建立天道性命的形而上问题，以及怎样建立的问题，面临着佛道的严峻挑战。佛教"一切唯心"，实以无心之空为天地立心；道教以虚无之无为天地立心。当时，佛道的空无，被人们认为是"大道精微之理"，直接威胁着儒家的天道性命之学的建构。张载担当起与佛道分殊的"为天地立心"的重任，挽救儒学对于"大道精微之理"所不能谈、"六经未尝语"、"孔孟未尝及"的危机，建构起从全体之大用层面上确立"大道精微之理"，于是便选择了《周易》，作为诠释"大道精微之理"的文本依据。

张载认为，"天无心，心都在人之心"①。天地作为一种存在状态，本来无心。心作为思之官，意识、思想之所在，只有主体人才具有。但张载所说的"为天地立心"，并非是西方"为自然立法"的人类中心主义。西方"为自然立法"是主客二分思维模式的演绎，张载"为天地立心"是天地人三才一体思维模式的体现。"为天地立心"与"天地之心"是有别的，前者是指通过人的体认把"天地之心"呈现出来，后者是指天地以生物为本的心。"大抵言'天地之心'者，天地之大德曰生，则以生物为本者，乃天地之心也"②。天地之间，阴阳交感，生生不息，这是天地自然的大化流行，可谓天地之心。在中国学术史上，"为天地之心，为生民立道"，是一种世界的担当感、国家、民族命运的忧患感和人民安身立命的责任感。其对后世学术理念、生命、导向及其特点，有深远的影响。

①　《诗书》、《经学理窟》，《张载集》，中华书局1978年版，第256页。
②　《复》，《横渠易说》上经，《张载集》，中华书局1978年版，第113页。

张载作为宋明理学奠基者的学术地位,其学术贡献在于天道与性命的会通,简言之,即"天人之际"的贯通,亦即体用不二。张载根据他研究《周易》的体验,提出了"天人合一"的命题。"儒者则因明致诚,因诚致明,故天人合一,致学而可以成圣,得天而未始遗人,《易》所谓不遗、不流、不过者也"①。这是对蔽于天而不知人,或蔽于人而不知天的纠正。既得天而不遗人,也得人而不遗天,使周敦颐、邵雍无极与太极、先天之学与后天之学的天人二元,体用二分得以融合,而开出理学"体用一源"、"天人合一"的核心话题。

张载的"天人合一"价值境界的追求,已超越了周、邵宇宙生成论的局限,而直追"太极"之道和"太和"之道的道体。"太和所谓道,中涵浮沉、升降、动静、相感之性,是生绝缊、相盪、胜负、屈伸之始。其来也几微易简,其究也广大坚固。起知于易者乾乎! 效法于简者坤乎! 散殊而可象为气,清通而不可象为神"②。太和道体的功能和作用,并非仅指世界万物的最初依据,而是天人、体用圆融,清通流行的本体。这便是张载所说的《易》一物而合三才,天地人一,阴阳其气,刚柔其形,仁义其性"③。天道、地道、人道三才之道不二的太极道体。阴阳、刚柔、仁义作为"性命之理",是三才合一的道体的呈现,表现为气、形、性的特征。

张载《横渠易说》以气为核心话题,诠释《周易》,发挥自己思想。气、形、性作为三才合一道体的特征,实即气生生不息的体现,所以他说:"气之生即是道是易"④。此处"气之生",不是指气的化生是由于道和易,而是指气之生生变易的进程,便是道,就是易。于是他

①　《乾称篇》,《正蒙》,《张载集》,中华书局 1978 年版,第 65 页。
②　《太和篇》,《正蒙》,《张载集》,中华书局 1978 年版,第 7 页。
③　《横渠易说·说卦》,《张载集》,中华书局 1978 年版,第 235 页。
④　《横渠易说·系辞上》,《张载集》,中华书局 1978 年版,第 207 页。

释"生生"为"进进"①,以道为气化进程的称谓,以易为气变易的称谓。
"语其推行故曰道,语其不测故曰神,语其生生故曰易,其实一物,指事
而异名尔"②。道、神、易等都是气变化进程中所呈现的不同状态的
称谓。

张载从气为核心话题出发,而与象数派异。他认为"凡可状,皆有
也;凡有,皆象也;凡象,皆气也。气之性本虚而神,则神与性乃气所固
有,此鬼神所以体物而不可遗也"③。其异有三:一是从性质上看,象是
有,气是虚;二是从状态上看,象为有,便有形状,气的本性为虚,便能神
妙不测;三是从次序上看,"有气方有象,虽未形,不害象在其中"④。这
种发生次序与象数派的数生象及理学派的理生象异,而建构了义理易
的气学派易学。

南宋时期,张载的气学易被朱熹的道学理数合一易所统摄,而无突
出的发展。元明之时程朱之学成为科举考试的教科书和标准答案,士
子们把它作为获取功名利禄的工具,活生生的程朱道学的生命智慧枯
萎。在这种情境下,一些原为程朱道学的信奉者试图把气学的生命活
力注入程朱道学之中,从而促使他们由程朱道学理数整合易向张载气
学易的转换。

元代理学易学家南吴(澄)北许(衡),恪守朱熹"本义",虽吴氏赞赏
象学,亦并未越"本义"范围。许衡、赵复倡导朱子学于北方,以其为矩
矱。明初薛瑄、曹端、胡居仁于易造诣颇深,曹端著《周易乾坤二卦解
义》、《太极图说述解》,采朱熹之说以解义。胡居仁著《居业录》和《易象
钞》,胡氏"在明代与曹端、薛瑄俱号醇儒,所著《居业录》,至今称道学正

---

① 同上书,第 190 页。
② 《正蒙·乾称篇》,《张载集》,中华书局 1978 年版,第 65、66 页。
③ 同上书,第 63 页。
④ 《横渠易说·系辞下》,《张载集》,中华书局 1978 年版,第 231 页。

宗，其说易亦简明确切，不涉支离元渺之谈"①。此书辑入胡氏之后的
易说，为后人纂入。曹、胡二氏承程朱义理易，批评气学易，而主有理而
后有气，有气则有象有数之说。然薛瑄（1389—1464 年）与曹、胡二氏
异，他倡象数理气，浑然无间，理虽不杂，亦不离。"天下无无气之理，亦
无无理之气。气外无性，性外无气，是不可二之也"②。从理气不二而
开有明气学易之端绪。之所以如此，则与其学旨有关，黄宗羲说："先生
以复性为宗，濂洛为鹄，所著《读书录》，大概为《太极图说》、《西铭》、《正
蒙》之义疏"③。张载气学易对其有显著影响。

　　薛瑄稍后的蔡清（1453—1508 年），承薛氏易说，由朱子易而导向气
学易。他著《易经蒙引》，"以发明朱子本义为主，故其体例以本义与经
文并书……然实多与本义异同"④。诸如上下经的分法、用九的解释，
以及字句的考释等均与朱熹本义异。《四库全书总目》收《易经蒙引》，
实包括易传蒙引，故称其为《周易蒙引》为妥。

　　朱熹《周易本义》释"易有太极"为"太极者，其理也"。蔡氏在《周易
蒙引·系辞上》释"太极"为阴阳，"盖太极实函阴阳，所谓一阴一阳之谓
道也。是以太极肇判之初，其气固自分阴分阳。"以阴阳之气来规定太
极的内涵，与以阴阳来称谓道一样，太极即阴阳一体之气。从造化的本
体来看，天地所以造化万物，乃一阴一阳之气，此即太极的阴静阳动。
蔡氏以"阴阳会合冲和之气"释太极，与朱熹以理释太极异趣。

　　在朱熹那里，太极与阴阳的关系，实即理与气的关系。太极是阴阳

　　① 《易象钞》，《经部·易类》，《四库全书总目》卷 5，中华书局 1965 年版，第 29
下页。

　　② 《读书录》，《明儒学案·河东学案》卷 7，商务印书馆 1933 年版，第二册，第
11 页。

　　③ 《文清薛敬轩先生瑄》，《明儒学案·河东学案》卷 7，商务印书馆 1933 年版，
第二册，第 3 页。

　　④ 《易经蒙引》，《经部·易类》，《四库全书总目》卷 5，中华书局 1965 年版，第
28 下页。

的所以然者,理是气的所以然的根据,蔡氏主太极与阴阳不离,理与气不二,气必有理。有气而无理,气的变化就滞而不通了。尽管蔡氏受朱熹易学的影响,而未能彻底摆脱出来,但却在根本的理气、太极阴阳关系问题上迈出了可贵的一步,为明代气学易的发生、发展开拓了理路,如崔铣、罗钦顺、王廷相以及后来的王夫之等,都承其说。

崔铣撰《读易余言》五卷,"是书以程传为主,而兼采王弼、吴澄之说,与朱子本义颇有异同"①。尽管与朱熹《周易本义》有异,但从整体上说仍属程朱义理易范围。他认为陈抟所传图书学派,与易无干;对程颐讲心学的话,认为是门人的附会。对此二者均取批评的态度。崔氏删《说卦》广象八章及《序卦》、《杂卦》、《文言》,而以蔡清之说增损。由于认同蔡清易学思想,因而"至其言理气无缝合处,先生自有真得,不随朱子脚下转是也"②。崔氏的"真得"乃是其独得的体认。他在答问中说:"问性何以有等? 曰:'气也。'然则气即理乎? 曰:'然。'何以明之?'今夫孩提知爱其亲,仁也;知敬其长,义也,即其喜笑慕念谓之爱,即其恭敬推逊谓之敬,是非气乎! 发于外即其在于中者也,理者气之道,善者气之德,岂伊二物哉'。"③ 气即理,理为气之道,善为气之德,理和善都是气在于中而发于外的一种呈现,譬如爱亲之仁,敬长之义,是气的内在仁义道德外发于爱亲敬长的行为表现。这与朱熹的"太极生阴阳,理生气也"的理本气末论和理先气后殊异,凸显了其气学易的趋向,确"不随朱子脚下转"的照着讲。

在薛瑄、蔡清、崔铣的理气不离、太极为阴阳之气及气即理思想的

---

①　《读易余言》,《经部·易类》,《四库全书总目》卷5,中华书局1965年版,第28下—29上页。

②　《文敏崔后渠先生铣》,《明儒学案·诸儒学案中二》卷48,商务印书馆1933年版,第九册,第76页。

③　《士翼》,《明儒学案·诸儒学案中二》卷48,商务印书馆1933年版,第九册,第77页。

启发下,罗钦顺(1465—1547年)提出理气不二、理只是气之理的思想。他说:"薛文清《读书录》甚有体认工夫,见得到处尽到……《录》中有云:'理气无缝隙,故曰器亦道,道亦器。'其言当矣"①。他赞扬蔡清为"儒林中之杰出者"②。罗氏接着他们的思想讲,而与当时占统治地位的程朱异。

罗钦顺虽无易学专著,但在他的《困知记》中就当时所探讨的易学热门话题发表了自己的见解。他认为《周易》并非如朱熹所说为卜筮之书,"夫易之为书,所以教人穷理尽性以至于命也"③。基于对《周易》性质的这种体认,他认为《周易》"于吉凶悔吝之占,凡以为立人道计尔"④。《周易》是教导人们穷理和性命的书;吉凶之占,也是为树立人道,即做人的道理和原则,而非为卜筮而卜筮。

罗钦顺通过对"易有太极"的诠释,说明"理气之不容分"的思想。"自夫子赞易,始以穷理为言,理果何物也哉? 盖通天地,亘古今,无非一气而已"⑤。"穷理"之理,便是气,气即理,理是气变化的秩序或条理,因而他明确提出:"理只是气之理"⑥。罗氏的思想被当时的王廷相和后来的王夫之所发挥和继承。

王廷相(1472—1544年)虽无《周易》专著,但有论文传世,如《太极辩》、《五行辩》、《汉儒河图洛书辩》、《横渠理气辩》、《先天图辩》、《数辩》等。他释"易有太极"说:"求其实,即天地未判之前,太始浑沌清虚之气是也"⑦。太极为清虚的气,并认为"万理皆出于气"⑧,"元气之外无太

---

① 《困知记》卷下,中华书局1990年版,第38页。

② 同上书,第43页。

③ 《困知记续》卷上,《困知记》,中华书局1990年版,第75页。

④ 《困知记》卷下,中华书局1990年版,第25页。

⑤ 《困知记》卷上,中华书局1990年版,第4页。

⑥ 《困知记续》卷上,《困知记》,中华书局1990年版,第68页。

⑦⑧ 《太极辩》,《王氏家藏集》卷33,《王廷相集》,中华书局1989年版,第596、597页。

极"①,回答了太极的内涵以及太极与气、理与气的关系问题,表明了其义理易的气学易的观点,因而他批判汉儒以河图洛书附会《系辞传》,"使圣经本旨尽晦"②,是对于圣经的亵渎。反对图书学和数学,指出为"方士托易为之"等,使气学易得以发展。

5. 义理派易学的特征

二程(程颢、程颐)曾师从周敦颐③,但他们不言周氏的象数学派中的象学,亦不讲邵雍的数学。"晁以道尝以书问康节之数于伊川。伊川答书云:'颐与尧夫同里巷,居三十年余,世间事无所不问,惟未尝一字及数'"④。可见程颐在治《易》的旨趣、方法、选择,有其自己价值标准和尺度,而与周、邵异。程颐取自汉以来与象数学派相对应的义理学派的立场,以儒家《四书》为依傍,诠释易学,以发挥其自身理学思想。程颐与其兄程颢在心与理关系上体认有异,所以程颢被后来的湛甘泉、王畿、黄宗羲等视为心学派的先导。

程颐作为宋义理派的理学易奠基者,他认为作为理会文义,可以看王弼、胡瑗、王安石三家《易》。"《易》有百余家,难为遍观。如素未读,不晓文义,且须看王弼、胡先生、荆公三家。理会得文义,且要熟读,然后却有用心处"⑤。这三家都主义理解《易》,不过他并不赞成王弼以老庄解《易》,胡瑗以阴阳之气释《易》及王安石有关卦爻辞的

---

①　《太极辩》,《王氏家藏集》卷33,《王廷相集》,中华书局1989年版,第597页。

②　《汉儒河图洛书辩》,《王氏家藏集》卷33,《王廷相集》,中华书局1989年版,第601页。

③　二程说:"昔受学于周茂叔,每令寻颜子、仲尼乐处,所乐何事。"(《河南程氏遗书》卷2上,《二程集》,中华书局1981年版,第16页。)朱熹:《伊川先生年谱》载:"年十四、五与明道同受学春陵周茂叔先生。"(《伊洛渊源录》卷4,另《朱文公文集》卷98。)

④　《康节先生遗事》,《伊洛渊源录》卷5,《朱子遗书》,京都:中文出版社1975年版,第358页。

⑤　《河南程氏遗书》卷19,《二程集》,中华书局1981年版,第248页。

解释①。程颐以理为核心话题,而否定王弼的无,象数学派的象或数,以建构理学派易学。

程颐为确立以理解《易》,于是他提出:"有理而后有象,有象而后有数"② 和"有理则有气,有气则有数"③ 的思想,以理的逻辑先在性,而贬气学易和象数易。程氏在探索理与象数、理与气的关系中,认为理相当于道,象相当于气(阴阳)。道与阴阳二气的关系相当于理与象的关系。他在解释《系辞传》"一阴一阳之谓道"时说:"'一阴一阳之谓道',道非阴阳也,所以一阴一阳道也,如一阖一辟谓之变"④。道是阴阳的所以然者,即阴阳的根据。

道、理是阴阳之气和象的根据,气、阴阳、象是道或理的呈现。以这个意义上说阴阳、气、象是有形的,是形而下者,道、理是无形的,是形而上者。作为形而上之体的根据与作为形而下之用的呈现,两者是一源的。"至微者理也,至著者象也。体用一源,显微无间"⑤。至微无形之理与至著呈现的象之间,是体用一源的,也可以表述为"事理一致,微显一源"⑥。从气、象拓展为事,事可以指一切事物,更具普适性。事理一致不二,微显一源不离。这种理事一致说,是对玄学家贵无贱有,理事二分的超越,亦是对佛教华严宗理事、隐显一际、体用一如修改,其异就

---

① 《宋史·艺文志》著录王安石《易解》14卷,今佚,但程颐当时却得见,因此程氏在《遗书》中引:"介甫解'直方大'云:'因物之性而生之,直也;成物之形而不可易,方也。'人见似好,只是不识理。如此,是物先有个性,《坤》因而生之,是甚义理? 全不识也。"(《河南程氏遗书》卷19,《二程集》,中华书局1981年版,第251页。)

② 《答张闳中书》,《河南程氏文集》卷9,《二程集》,中华书局1981年版,第615页。

③ 《易说·系辞》,《河南程氏经说》卷1,《二程集》,中华书局1981年版,第1030页。

④ 《河南程氏遗书》卷3,《二程集》,中华书局1981年版,第67页。

⑤ 《易传序》,《二程集》,中华书局1981年版,第689页。

⑥ 《河南程氏遗书》卷25,《二程集》,中华书局1981年版,第323页。

是佛教本心,程颐本理(天理)。

程颐通过对《乾·彖》"乾道变化,各正性命"的诠释,不仅阐明《周易》性质,而且把天理与人性贯通起来。就前者而言,"《易》之义,天地之道也"①。天地之道的道,即为性命之理。"其为书也,广大悉备,将以顺性命之理,通幽明之故,尽事物之情,而示开物成务之道也"②。穷尽人物的性,而顺从其合乎天道(天命),即把形而上的性命之理与形而下的开物成务之用融合起来。从后者而言,形而上的性命之理与人性的贯通,他在释"穷理尽性以至于命"说:"理也、性也、命也,三者未尝有异。穷理则尽性,尽性则知天命矣。天命犹天道,以其用而言之则谓之命,命者造化之谓也"③。理、性、命一而无异,性是人物自在的,但不是命定的,命是就造化说的,是指造作变化的过程。理、性、命合一,使理与心性、天命的外律性与内化性、形上性与形下性、超越性与当下性、价值理想与伦理道德得以贯通。

朱熹是宋易的集大成者,他把周邵的图书易、象数易和张程的气学易、理学易融突起来。他对于重象数而忽义理,或重义理而轻象数的偏颇提出批评。"近世学者类喜谈易而不察乎此,其专于文义者,既支离散漫而无所根著,其涉于象数者,又皆牵强附会,而或以为出于圣人心思智虑之所为也。若是者,予窃病焉"④。一为支离散漫无根著,一为牵强附会,两派均有其弊,因此他著《周易本义》和《易学启蒙》,和合两者。黄震在《黄氏日钞·读易》中说:"言理学者宗伊川,言数学者宗康节,同名为易,而莫能相一。至晦庵朱先生作易本义,作易启蒙,乃兼二说,穷极古始。"从此而观,朱子易学不能仅视为义理学派,而应称其为

---

① 《易说·系辞》,《河南程氏经说》卷1,《二程集》,中华书局1981年版,第1028页。

② 《易传序》,《二程集》,中华书局1981年版,第689页。

③ 《河南程氏遗书》卷21下,《二程集》,中华书局1981年版,第274页。

④ 《易学启蒙序》,《朱文公文集》卷76,《四部丛刊》本。

理数合一易。

朱熹之所以不轻象数,与他认为易本为"卜筮之书"不无关系。他对程颐以"易,变易也,随时变易以从道也"① 提出批评,他认为"伊川言易变易也,只说得相对底阴阳流转而已,不说错综底阴阳交互之理。言易,须兼此二意"②。又说:"易有两义:一是变易,便是流行的;一是交易,便是对待底"③。变易是指阳变阴,阴变阳,老阳变小阴,老阴变小阳;交易是指阳交于阴,阴交于阳,两边各各相对。程颐不讲交易,显得片面。

朱熹学术思想既广大而又精微,诸多概念范畴辨析细致。就对待的交易而言,他认为太极即是理,太极是阴阳未分的状态,便存在着对待的潜能,而阴阳无论从位置上看东阳西阴,南阳北阴,还是性质上看,阳主义,阴主利,阳主生,阴主杀,都是相对待的。由于有对待,所以有交易,阳往交易阴,阴来交易阳。无论是变易,还是交易,着眼点只是阴阳,所以他说"易字义只是阴阳","易只消道阴阳二字括尽"④。无一物不有阴阳,都是阴阳。一阴一阳,无一时、一日不变易。从这个意义上说,朱熹认为庄子说"易以道阴阳"是很贴切的。

朱熹以阴阳之理诠释《周易》各个层面的问题,不仅有了一以贯之的理念,而且找到了很好的契合点。从阴阳之理言,是所以阴阳者的形而上之体;从阴阳之事言,是形而下之用。因而阴阳之流行是气的流行,在阴阳流行对待中,有变与化的两种形态,和各各生阴阳的功能,及阴阳无始,动静无端的无限性。

作为阴阳之理的太极,是"一个浑沦底道理",即阴阳未分的"一理"或"大全",而分为两仪、四象和八卦,太极本身非数,为奇偶二数之根,

---

① 《易传序》,《二程集》,中华书局 1981 年版,第 689 页。
② 《易一》,《朱子语类》卷 65,中华书局 1986 年版,第 1603 页。
③ 同上书,第 1602 页。
④ 《易一》,《朱子语类》卷 65,中华书局 1986 年版,第 1605 页。

而天下万数,又出于一奇一偶。太极象数变化的根源,如木之有根,浮屠之有顶,是有形的,太极本身并非一物,是无方所可顿放,是无形之极,具有形而上本体的品格。由其如此,探讨了理与气的关系,太极为理、阴阳为气,太极生阴阳,理生气,这是朱熹逻辑必然结果,也是朱熹易学的特点。

6. 心学派易学的魅力

义理学派在宋代的发展,又从二程易学中化生出心学易一系,心学的奠基者陆九渊,尊崇程颢,而贬程颐。他说:"元晦似伊川,钦夫似明道。伊川蔽固深,明道却通疏"①。朱熹承程颐为程朱道学,似成定论,至于张栻继承二程无疑,但是否与程朱一样构成程张之学,倒可商榷。然陆九渊崇大程贬小程,亦无疑,"伊川之言,奚为与孔子孟子之言不类"②,倒有程颐非为"继往圣之绝学"者,而与程颢相似。

程颢与程颐异而无易学专著,程颢在解释"天地之大德曰生"说:"万物之生意最可观,此元者善之长也,斯所谓仁也。人与天地一物也,而人特自小之,何耶?"③ 以善之始的仁德解释"生",仁不仅具有生之义,而且生具有鲜活的生意。从这个意义上看,人与天地并无差别。仁作为道德心,便是诚,诚包心,便可以参天地,体人物,开以心性解《易》之端。

陆九渊作为心学的奠基者虽无易学专著,却有《易说》、《易数》、《三五以变错综其数》、《黄裳元吉黄离元吉》、《首出庶物万国咸宁》、《庸言之信庸行之谨闲邪存其诚善世而不伐德博而化》等杂著和程文。他与程朱以所以阴阳者道也异趣,而以一阴一阳之谓道。他说:"《易》之为

---

① 《语录上》,《陆九渊集》卷34,中华书局1980年版,第413页。
② 杨简:《象山先生行状》,《陆九渊集》卷33,中华书局1980年版,第388页。
③ 《河南程氏遗书》卷11,《二程集》,中华书局1981年版,第120页。

道,一阴一阳而已,先后、始终、动静、晦明、上下、进退、往来、阖辟、盈虚、消长、尊卑、贵贱、表里……何适而非一阴一阳哉?"① 阴阳为道,而非道为形而上,阴阳为形而下。"一阴一阳,已是形而上者,况太极乎!"② 这与程颢的"道亦器,器亦道"同,但他也有与程颐、朱熹相同处,如理与象数的逻辑次序上,主先理后数,人不明理,如何明数。数有不穷之变,皆由不易之理所出。

心学易的特点是以"心即理"出发解《易》,其所说之理均为吾心之理,爻之义、卦之德都据于心。他在诠释《系辞上》"圣人以此洗心"句说:"涤人之妄,则复乎天者自尔微,尽己之心,则交乎物者无或累。著卦之德,六爻之义,圣人所以复乎天交乎物者,何其至耶。以此洗心,则人为之妄,涤之而无余"③。涤去人欲之妄,天理自全,大本(心)自立,就不会有外物的牵累。不受外物牵累,便是"圣人以此洗心,退藏于密"。

洗涤心中人欲之私,便是先立乎其大,即《中庸》所说诚的境界。他在释《乾文言·九二》"庸言之信,庸行之谨"说:"明乎《中庸》之说,则乾九二之君德,可得而议矣。言行之信谨, 二之所以成己者也。善世而不伐, 二之所以成物者也。彼其所谓信谨者, 乃其所以不伐者也……闲邪存其诚, 诚之存诸己者也。德博而化, 德之及乎物者也"④。闲邪存其诚和德博而化,即是《中庸》所说成己成物,成己在闲邪,成物在不伐。成己成物一出于内心之诚,这便"内外合,体用备"的合内外之道。

成己成物之德,就是仁义之心。仁即此心、此理,此心此理非由外

① 《与朱元晦二》,《陆九渊集》卷2,中华书局1980年版,第29页。

② 《与朱元晦》,《陆九渊集》卷2,中华书局1980年版,第23页。

③ 《圣人以此洗心退藏于密吉凶与民同患神以知来知以藏往》,《陆九渊集》卷29,中华书局1980年版,第340页。

④ 《庸言之信庸行之谨闲邪存其诚善世而不伐德博而化》,《陆九渊集》卷29,中华书局1980年版,第336页。

铄我,万物皆备于我,此便是"吾之本心",满心而发,充塞宇宙,无非此理,心即理。由此出发他不分形而上道世界与形而下器世界,而是由心贯道器、形而上下。这便是心学易之特征。

杨简(1140—1225 年)阐发陆九渊心学思想,撰《杨氏易传》二十卷。《四库全书总目》以其为心性说《易》之始:"简之学出陆九渊,故其解易,惟以人心为主,而象数事物,皆在所略"①。他与其师陆氏一样批判象数易学之弊,以心释《易》。如他对《乾》卦爻辞的诠释:"当《乾》之初而不肯潜,此心放也。当五而不能飞,此心固也。当三而不惕,此心慢也。当四而不疑,此心止也。循吾本心以往,则能飞能潜,能疑能惕,能用天下之九,亦能用天下之六,能尽通天下之故……吾心中自有如是十百千万散殊之正义也"②。《乾·九四》:"或跃在渊"。"或",朱熹《周易本义》释为"或者,疑而未定之辞"。杨氏"当四而不疑"的疑,即释"或"字。不潜、不飞、不惕、不疑,是心放、固、慢、止的缘故。只要遵循吾的本心去做,便能潜能飞,能疑能惕,无所不能,都是吾心的呈现。于是他改《系辞传》的"近取诸身"的"身"为"心",他说:"近取诸身,殊不远也。身犹远耳,近取诸心,即此心而已矣"③。这就否定了身为心的外在独立性,在杨氏看来,"礼仪三百,威仪三千,非吾心外物也"④。身作为有形体的物,与礼仪、威仪一样,都不是吾心外之物,换言之,即心外无物。

基于以心解《易》,他认为易道即人心。他在《杨氏易传》释《复·象》"复,其见天地之心乎"说:"天地之心即道,即易之道,即人,即人之心,即天地,即万物,即万事,即万理。"天地之心的道心,就是人心,两者不

---

① 《经部·易类》,《四库全书总目》卷 3,中华书局 1965 年版,第 13 上页。
② 《慈湖己易》,《宋元学案·慈湖学案》卷 74,中华书局 1986 年版,第 2474 页。
③ 同上书,第 2473 页。
④ 《慈湖己易》,《宋元学案·慈湖学案》卷 74,中华书局 1986 年版,第 2474 页。

二;人心即是万物、万事、万理,心与物、事、理不二。由其不二,而绍承程颢、陆九渊的"天人本一"、"天人一致"说。他在《杨氏易传》释《乾·象》"首出庶物,万国咸宁"说:"'首出庶物'似言天,'万国咸宁'似言人。学者观之,疑不可联言。合而言之,所以明天人一致,使学者不得而两之。知天人之本一,则知乾矣"。在中国学术思想中,"天人相分"、"天人合一"的论争由来已久,然宋代易学各派都倾向于"天人合一"说,即使如此,但如何合一、怎样合一,各派亦异。理学易以天道为所以阴阳之理,"即物穷理"而达天人合一境界;象数易把天道看成象数本有的内在法则;气学易将天道作为阴阳之气的变易过程或条理,而与人道贯通;心学易以天道即人心,天人本一。

明代心学派继陆九渊而兴起,湛若水(1466—1560 年)为陈献章弟子,建构甘泉心学,王守仁(1472—1528 年)建构姚江心学。湛若水认为心体即易体,人心即卦体。"心之体即是易体,心之几即是爻变"①;他以《周易》讲心性修养的经典,在回答周冲问"学易如何是功夫要约处"时说:"体认天理,终日乾乾,便是学易。一部易只说圣人以此洗心,退藏于密。圣人以此斋戒,神明其德,夫更有何事"②。体认心中天理,便需洗涤心中的私欲,使其明白起来,于是易学便成为心学。

湛氏心学与王守仁异,"阳明所谓心,指方寸而言。吾之所谓心,体万物而不遗者也,故以吾之心为外"③。守仁以"致良知"为宗,湛若水以随处体验天理为宗。王守仁以良知就是易。"良知即是易,其'为道也屡迁,变动不居,周流六虚,上下无常,刚柔相易,不可为典要,唯变所适。'此知如何捉摸得?见得透时,便是圣人"④。良知是王氏的终极价值和本体,以此来解释易道,显然把易道纳入良知。良知和易道是"至

---

① 《语录》,《甘泉先生文集》卷 23。
② 《新泉问辨录》,《甘泉先生文集》卷 8。
③ 《湛若水传》,《明史》卷 283,中华书局 1974 年版,第 7267 页。
④ 《传习录下》,《王文成公全书》卷 3。

简至易","至精至微"的,并不难于捉摸。虽然它们唯变所适,但只要用心体认,去人欲之私而修身养性,便能见得透,而达圣人境界。这是因为"惟圣人纯于义理而无人欲之私,其礼即天地之体,其心即天地之心,而其所以为之者,莫非天地之所也。故曰循理则与天为一"①。但由于许多人梏于形体,囿于天人有分,而不体认天道人道其理为一,不可视其为二;人与天形虽不同,道为无异。"是则先天不违,大人即天也。后天奉天,天即大人也"②。之所以道、理为一,是因为圣人(大人与天地合其德)无人欲之私而纯于天理。由此便可得出人心即天地之心,良知即天③、心体之良知即易体的论断。

王守仁处危难之时,而读《易》,"阳明子之居夷也,穴山麓之窝而读《易》其间",深有体悟,其情境如同"西伯构羑里演《周易》,孔子厄陈蔡作《春秋》"④ 的忧患之中。他在读《易》中获得了精神的慰藉和愉悦。"其玩而得之也,悠然其休焉,充然其喜焉,油然其春生焉。精粗一,外内翕,视险若夷,而不知其夷之为阨也"⑤。体悟到精粗、内外合一的奥旨。这是君子观象玩辞,观变玩占,三才体立而用行的工夫,也是"君子洗心而退藏于密,斋戒以神明其德"的境界。由此,王氏以"良知即是易"⑥,易为心易,易的原理即内圣成德的原则。

王守仁的心学易尽管为义理学派,但他并不反对象数易和图书易。王氏认为"《易》之作也,则法乎图书"⑦,河图通于天,伏羲时

---

① 《易·先天而天弗违,后天而奉天时》,《山东乡试录》,《王文成公全书》卷31。

② 同上。

③ 王守仁说:"先天而天弗违,天即良知也;后天而奉天时,良知即天也。"(《传习录下》《王文成公全书》卷3。)

④ 《太史公自序》,《史记》卷130。

⑤ 《玩易窝记》、《王文成公全书》卷23。

⑥ 《传习录下》,《王文成公全书》卷3。

⑦ 《河出图洛出书圣人则之》,《山东乡试录》,《王文成公全书》卷31。

龙马负图而出，其数则以五生数统五成数而同其方，为数的体；洛书中于地，大禹时神龟载书而出，其数以五奇数统四偶数而居其所，为数之用。伏羲以图画卦，八卦之位得以确定，大禹以书序九畴。这样河图、洛书相互经纬，八卦九章相互表里，阐发了河图和《周易》八卦象数的关系。

王守仁的高徒王畿(1498—1582年)，发其师的"良知即易"说，"易学之不传也，久矣。自阳明先师倡明良知之旨，而易道始明"①。他在解释《易与天地准一章大旨》说："明道云：只穷理便尽性以至于命，一也，分为三事则支。易，心易也。以易为书则泥，是皆未明于大易之过也。善学者，能于一念入微求之，得其所谓虚明寂照一体之机，易不在书而在于我"②。理、性、命若分为三便支离，三者为一而统摄于心，所以以心为易。

由陆九渊到王畿，心学易所探索的核心话题，仍然是无极、太极、理、气、心、性等话题，各派在互动中相互吸收而有其同，但亦有其异。即使在义理学派，亦见仁见智，或以理解《易》，或以气释《易》，或以心解《易》，而各呈异彩，使易学生命永继不断。

7. 功利派易学的特色

宋明义理易，除上述各系外，功利派易学亦属义理易。南宋永嘉学派和永康学派都重功利而批空谈，倡开物成物，而嗤黜空疏。由于他们都是浙江人，时人称其为"浙学"。朱熹说："江西之学只是禅，浙学却专是功利"③。江西之学指陆九渊兄弟的心学，浙学指永嘉叶适和永康陈亮的功利之学。他认为功利之学可见实效，而甚可忧。叶适认为，"永嘉之

---

① 《杂著·易测授张叔学》，《龙谿先生全集》卷15。
② 《语录·易与天地准一章大旨》，《龙谿先生全集》卷8。
③ 《陈君举》，《朱子语类》卷123，中华书局1986年版，第2967页。

学必兢省以御物欲者,周作于前而郑承于后也"①。他们主张经世通变,躬行实践。始于周行己,郑伯熊继其后。元丰(1078—1086)年间,永嘉形成学者群体,有所谓太学九先生②。周行己等六人及程门,传洛学,三人私淑。又周行己、沈躬行师从兰田吕大临,而传张载经世实济之学,他们传二程义理之学和张载务实之风,而创功利学派,由叶适集其成。

功利学派易学与理学易、气学易、心学易殊,其务实学风而使其对《周易》卦爻辞、象的制度文献的考订。叶适认为《易传》惟《彖》《象》两传为孔子所作,余八翼皆非孔子所作,与欧阳修《易童子问》看法相近。"《彖》、《象》辞意劲厉,截然著明,正与《论语》相出入,然后信其为孔氏作无疑。至所谓《上、下系》、《文言》、《序卦》,文义复重,浅深失中,与《彖》、《象》异,而亦附之孔氏者,妄也"③。叶氏以辞意文义作为判断《彖》、《象》为孔子所作,亦无文献的实证,仍属推测之言。不过叶氏特别强调《易·象》示人简切,以《象传》释《易经》,符合孔子之意。叶氏之所以否定其为孔子所作,一是以《系辞》的某些文辞近于佛老之言。"按《易》以《象》释卦,皆即因其画之刚柔逆顺往来之情,以明其吉凶得失之故,无所谓'无思无为'、'寂然不动'、'不疾而速、不行而至'者。余尝患浮屠氏之学至中国,而中国之人皆以其意立言,非其学能与中国相乱,而中国之人实自乱之也。今《传》之言《易》如此,则何以责夫异端者乎!"④ "无思无为"等思想与孔子意识不符,却与佛老思想相近似;二是孔子敬鬼神而远之,故不信卜筮,"不占而已"。《系辞》讲卜筮,"真卜

---

① 《温州新修学记》,《水心文集》卷10,《叶适集》中华书局1961年版,第178页。

② 太学九先生指周行己、许景衡、刘安节、刘安上、戴述、赵霄、张辉、沈躬行、蒋元中同在太学,故称。(《周许诸儒学案》全祖望谨案,《宋元学案》卷32,中华书局1986年版,第1133页。)

③ 《周易·上下经总论》,《习学记言序目》卷3,中华书局1977年版,第35页。

④ 《周易·系辞》,《习学记言序目》卷4,中华书局1977年版,第46页。

筮之所为,而圣人之所黜尔,反以为有圣人之道,可乎?"① 故非孔子所作;三是《易经》卦爻辞不言"太极","太极"是老庄列始妄为名字,与道日离。"又言'太极生两仪,两仪生四象',则文浅而义陋矣"②;四是"孔子系《易》,辞不及数","夫论《易》而必及于数,非孔氏本指明矣"③。经此考诸文献,而排除了《系辞》等八翼为孔子所作。

　　由《易传》之非全孔子作而推之《易经》,亦否定传统的"伏羲画卦、文王重之"的说法,认为"画非伏羲,重非文王也……《周易》者,知道者所为,而周有司所用也"④。《周易》作者为知道所为,周有司用来占筮。出现了对卦爻辞的各家异说,孔子独著《象》、《象》外,其余八翼作于孔子前后或同时,由习《易》者会为一书,魏晋以后与老庄并行,号为孔老;佛学出后,其变为禅;亦援《十翼》以自况,又号为儒释。到了宋朝,"禅说尤炽,儒释共驾,异端会同。其间豪杰之士,有欲修明吾说以胜之者,而周张二程出焉,自谓出入于佛老甚久,已而曰:'吾道固有之矣',故无极太极、动静男女、太和参两、形气聚散、纲缊感通、有直内,无方外,不足以入尧舜之道,皆本于《十翼》,以为此吾所有之道,非彼之道也。及其启教后学,于子思孟子之新说奇论,皆特发明之,大抵欲抑浮屠之锋说,而示吾所有之道若此。然不悟《十翼》非孔子作,则道之本统尚晦,不知夷狄之学本与中国异,而徒以新说奇论辟之,则子思孟子之失遂彰"⑤。叶氏陈述了易学的发展,并把易学发展分为先秦、魏晋、隋唐及北宋四个阶段加以批判性地总结,指出周张二程等主观上欲抑佛老,实已落入佛老圈套,使尧舜孔孟之道晦而不彰。叶氏独辟其说,恢复元典儒家正说,从而

----

① 《周易·系辞》,《习学记言序目》卷4,中华书局1977年版,第46页。
② 同上书,第47页。
③ 《唐书二》,《习学记言序目》卷39,中华书局1977年版,第580页。
④ 《皇朝文鉴三·序》,《习学记言序目》卷49,中华书局1977年版,第740页。
⑤ 《皇朝文鉴三·序》,《习学记言序目》卷49,中华书局1977年版,第740页。

洗涤佛老对儒学影响，纠正周张程等误解误导。

　　基于叶氏对《彖》、《象》的肯定，而依《彖》的刚柔说，《象》的取象说，诠释《周易》各卦。刚柔是就卦象六画讲的，取象八物是就八经卦所取物象讲的，两者合而成八卦。他说："其为三，阳也，天也，此《易》之始画；其有阴，则地也。理未有不对立者也，阳之一雷二水三山，阴之一风二火三泽，此卦也；其为六也，阳则乾、震、坎、艮，阴则坤、巽、离、兑，此义也"①。阴阳是奇偶刚柔两画的属性，乾(☰)三画为阳、取象于天，震(☳)一爻为阳，取象于雷，坎(☵)二爻为阳，取象于水，艮(☶)三爻为阳，取象于山；坤(☷)三画为阴，取象于地，兑(☱)上爻阴，取象于风，离(☲)中爻阴，取象于火，巽(☴)下爻阴，取象于泽。刚柔交象的交错往来，便有其义。八卦取象为《象》，刚柔变易为《彖》。据此，六画的卦，分上下卦或内外卦以取象及刚柔交义而成六十四卦，诠释了八卦和六十四卦的成卦，而与周、邵、张、程朱、陆王异趣。

　　叶氏取象和爻义合而释卦，如对《乾》、《坤》的诠释："乾德终始主乎健，其《象》曰'自强'，曰'不息'；坤德终始主乎顺，其《象》曰'厚德'，曰'载物'"②。《乾》六爻为阳，其德为健，《坤》六爻皆阴，其卦德为顺。通行本《周易·坤象》作"地势坤，君子以厚德载物"，马王堆《帛书周易》作"地势川"，川顺通假，即"地势顺"。乾坤取象天地，取义为刚健和柔顺。③

　　在象与义的关系上，叶适重取象，而与王弼"得义在妄象"，程颐"假象以显义"等异趣，从而提出因其象以成理，在宋代，义理学派功利易学具有重要影响。

　　叶氏取《彖》、《象》以释六十四卦，批判周邵张程朱陆王的易学，其

---

① 《周易·乾坤》，《习学记言序目》卷1，中华书局1977年版，第1页。
② 《周易·系辞上》，《习学记言序目》卷4，中华书局1977年版，第40页。
③ 详见张立文著：《帛书周易浅说》，《帛书周易注译》，中州古籍出版社1992年版，第22、23页。

流行者氣　　主宰者理　　對待者數

义出于象，因其象以成理。这种思想到明末来知德(1525—1604年)的象学解《易》，有其同亦有其异，异者来氏并不批判周邵程朱，而多取朱熹《周易本义》中观念，他撰《周易集注》，并作《梁山来知德圆图》、《伏羲六十四卦圆图》等。他制《梁山来知德圆图》如上。他在《太极图》(阴阳鱼互抱图)中央加一白圈，而取阴阳鱼眼。他说："盖伏羲之图易之对待，文王之图易之流行，而德之图不立文字，以天地间理气象数不过如此，此则兼对待流行主宰之理而图之也，故图于伏羲文王之前"①。他不仅以《周易》一切原理在此图中，而且认为此图在伏羲文王之前，言下之意此图最具权威性、根源性。

　　来氏在《易经字义》中提出象、错、综、变、中爻说，来诠释六十四卦的卦爻象及卦爻辞。象是指卦情、卦画、大象、中爻、错卦、综卦、爻变、占中之象，"形容物宜可，拟可象，即是象矣"②；错是指阴与阳相对，犹

---

　　① 《周易集注》，《易学精华》(中)，北京出版社1996年版，第975、976页。
　　② 《易经字义·象》，《周易集注》，《易学精华》(中)，北京出版社1996年版，第970页。

父与母错,八卦相错,六十四卦不外此错,象寓错中;综是指织布帛之综,八卦或六十四卦之象,上下互相颠倒;变是指阳变阴,阴变阳,如乾卦初爻变阴即为姤卦;中爻是指二三四五所合之卦,阴阳内外相连属,即除初爻与上爻外的中间的爻。此五条"周公作爻辞,不过错、综、变、中爻四者而已"[①]。来氏据此五条规定对六十四卦都做了诠释。这种诠释概而言之,是为取象,以其所取物象诠释卦象,说明卦爻象与卦爻辞的联系,以构成《周易》的逻辑体系。

宋明易学是易学史上最辉煌的阶段,是易学学派最昌盛、思想最活跃、最富生命力的时期,其易学在融合儒释道思维逻辑基础上的诠释,使易学无论其图书学派、义理学派、象数学派,还是气学、心学、功利学派,都达到了最高水平,并在创立图书学派的过程中,与义理、象数相融合,使易学研究获得更大的空间,在与释老的紧张中,凸显了宋明易学的生命智慧。此六派可归宗为三系:图书学为一系,数学和象学归宗为象数学为一系,气学、心学、功利学派归宗为义理学为一系。传统经学诠释学通过易学的诠释,而获得新生命,亦使中国经典诠释学获得创新性发展。

二、书学心法蕴奥的阐发

《尚书》是讲政事的。宋之前诠释《尚书》不多,宋以后渐盛。胡瑗《洪范口义》,是从《永乐大典》中排纂成书。程颐《书解》1卷,包括《尧典》、《舜典》和《改正武成》。《书序》的作者及年代,历来见仁见智,有说不得早于周宣王之前;有说其据《韩非子》定殷、周之际史事,不早于秦

---

① 《易经字义·中爻》,《周易集注》,《易学精华》(中),北京出版社1996年版,第972页。

19年等。程颐认为"《书序》夫子所为,逐篇序其作之之意也"①,作于春秋时的孔子。上古时代,人民淳朴,因时为治,未建立法度典制,"至尧而始著治迹,立政有纲,制事有法,故其治可纪,所以有书而称典也"②。尧、舜之典由此而有。

1.《书集传》的褒贬和补缺

晁公武《读书志》称:熙宁以后,专用王安石《新经书义》,然王氏《书义》已佚,苏轼撰《东坡书传》13卷,曾批驳王氏《书义》。苏轼关注经世之学,明于事势,又长于议论,对治乱兴亡披抉明畅。《四库全书总目》认为"较他经独为擅长"③。朱熹亦赞"东坡《书解》却好,他看得文势好","东坡《书解》文义得处较多,尚有粘滞,是未尽透彻"④。虽有"未尽透彻"之弊,但其诠释较合理,所以为朱熹弟子蔡沈《书集传》所采纳。

林之奇撰《尚书全解》40卷。林氏致仕后,博考诸儒之见,撰成此书。该书孙畊《后序》中说,脱稿之初,由门人吕祖谦借去在学生中传抄,仅十得其二、三。孙畊搜集各本,参校证验,厘为40卷。《四库全书总目》评曰:"辨析异同,贯穿史事,覃思积悟,实卓然成一家言。虽真赝错杂,不可废也"⑤。后来阎若璩有所辨正。永嘉学派的郑伯熊撰《郑敷文书说》1卷。《四库全书总目》说:"盖永嘉之学,自周行己倡于前,伯熊承于后,吕祖谦、陈傅良、叶适等皆奉以为宗。是书虽为科举而作,而尚不汩于俗学"⑥。郑氏信《书序》为孔子所作,而承程颐之说。

---

① 《书解》,《河南程氏经说》卷2,《二程集》,中华书局1981年版,第1033页。
② 《书解》,《河南程氏经说》卷2,《二程集》,中华书局1981年版,第1033页。
③ 《经部·书类》,《四库全书总目》卷11,中华书局1965年版,第90页。
④ 《尚书·纲领》,《朱子语类》78,中华书局1986年版,第1986页。
⑤ 《经部·书类》,《四库全书总目》卷11,中华书局1965年版,第90页。
⑥ 《经部·书类》,《四库全书总目》卷11,中华书局1965年版,第91页。

以吕祖谦承周、郑永嘉之学,虽不尽确切,但吕主经世致用,与永嘉功利之学有殊途同归之妙。吕祖谦撰《书说》35卷。原书始《洛诰》,终《泰誓》。《召诰》以前,《尧典》以后,是门人所记的语录,吕氏门人时澜删繁润色,成22卷,加原书13卷而成。吕祖谦的老师林之奇《尚书全解》到《洛诰》止,吕祖谦《书说》自《洛诰》始①,本以终始其师说为一家之学,后时澜续吕氏《书说》,成其始终。

陆九渊作为理学中心学派的创始者,其弟子杨简撰《五诰解》4卷,是从《永乐大典》各韵中案条荟萃,惟缺《梓材》一篇,余皆章句完善。杨简归本心学,好举新民保赤之政。虽为新奇之论,措辞亦迂曲委重,未能畅所欲言,但如《酒诰》"厥心疾很",指民心而言;《洛诰》"公无困哉",谓困有倦勤之意等,皆能驳正旧文,都能自抒心得。又能兼综群言,采各家之长,不专主一家之学,亦为难得。陆九渊另一弟子袁燮撰《絜斋家塾书钞》12卷。是书以发明本心为大旨,他反复引申,颇能畅其师说。对于帝王治迹,尤参酌古今,一一标举其领。《四库全书总目》认为,虽"王应麟发明洛(二程)、闽(朱熹)之学,多与金谿(陆九渊)殊轨,然于燮所解傲诚无虞诸条,特采入《困学记闻》中。盖其理至足,则异趣者亦不能易也"②。

《宋史·艺文志》登录朱熹《书说》7卷,为其弟子黄士毅所集。《四库全书》无著录,已佚无可考。周予同认为,"朱熹于《书经》学史上具有一大功绩,即对于东晋晚出之伪《古文尚书》及伪孔安国《尚书传》加以怀疑是也"③。朱熹与程颐以《书序》为孔子作异,"《书序》恐不是孔安

---

① "吕伯恭解《书》自《洛诰》始。某问之曰:'有解不去处否?'曰:'也无。'及数日后,谓某曰:'《书》也是有难说处,今只是强解将去尔。'要之,伯恭却是伤于巧。"(《尚书·纲领》,《朱子语类》卷78,中华书局1986年版,第1988页)

② 《经部·书类》,《四库全书总目》卷11,中华书局1965年版,第93页。

③ 《朱熹》,《周予同经学史论著选集》,上海人民出版社1983年版,第153页。

国做。汉文粗枝大叶,今《书序》细腻,只似六朝时文字。《小序》断不是孔子做!"《尚书》孔安国传,此恐是魏晋间人所作,托安国为名,与毛公《诗传》大段不同"①。朱熹怀疑孔安国传是假书,是做《孔丛子》的人做出来的,"《尚书·小序》不知何人作。《大序》亦不是孔安国作,怕只是撰《孔丛子》底人作"②。对于《古文尚书》朱熹亦抱怀疑态度。他说:"盖《书》有古文,有今文。今文乃伏生口传,古文乃壁中之《书》,《禹谟》、《说命》、《高宗肜日》、《西伯戡黎》、《泰誓》等篇,凡易读者皆古文。况又是科斗书,以伏生《书》字文考之,方读得。岂有数百年壁中之物,安得不讹损一字?又却是伏生记得者难读,此尤可疑。"③ 朱熹的怀疑不无道理。他筚路蓝缕,开明清辨伪之端。朱熹既以《古文尚书》为伪,但又阐发《大禹谟》中的"人心惟危,道心惟微,惟精惟一,允执厥中"十六字心传。认为人心、道心,"只是这一个心,知觉从耳目之欲上去,便是人心;知觉从义理上去,便是道心。"④ 凸显理学核心话题"理欲之辩"。虽由此遭致后世批评,但作为古代文献,朱熹的诠释亦无可厚非。

蔡元定、蔡沈被全祖望称为"朱学干城"。蔡沈以理学为指导,笺注《尚书》。蔡沈在《书集传序》中说:"庆元己未冬(1199 年),先生文公令沈作《书集传》。明年先生殁。又十年始克成编。"⑤ "《二典》、《三谟》,先生盖尝是正。手泽尚新,呜呼! 惜哉!《集传》本先生所命,故凡引用师说,不复识别"⑥。《尧典》、《舜典》、《大禹谟》朱熹生前曾予审订。《四库全书总目》引董鼎《书传辑录纂注》于《大禹谟》"正月朔旦"下注

---

① 《尚书·纲领》,《朱子语类》卷 78,中华书局 1986 年版,第 1984 页。
② 同上书,第 1985 页。
③ 同上书,第 1978 页。
④ 《尚书·大禹谟》,《朱子语类》卷 78,中华书局 1986 年版,第 2009 页。
⑤ 见《书经集传》,《四书五经》本,世界书局 1936 年版。
⑥ 《经部·书类》,《四库全书总目》卷 11,中华书局 1965 年版,第 93 页。董鼎:《书传辑录纂注》卷 1,《通志堂解经》本。

曰："朱子亲集《书传》，自孔《序》止此。其他大义，悉口授蔡氏，并亲稿百余段，俾足成之"。朱熹亲自审订《大禹谟》仅至"百官若帝之初"止①。口授亲稿百余段，肯定已被蔡沈所吸收。

　　蔡沈受师命作《书集传》而阐发其师道学思想，以"十六字心传"为旨归。他说："然二帝三王之治本于道，二帝三王之道本于心。得其心，则道与治固可得而言矣。"② 凸显心的形上地位。他认为"精一执中"是尧舜禹相授的"心法"；"建中建极"是商汤周武相传的"心法"。德、仁、敬、诚，言殊而理一，都是所以明此"心法"的奥妙。"心"之所以如此崇高，是因为国家礼乐教化是心之所发，典章文物是心之彰著，家齐国治而天下平是心之推致，国家存亡治乱在于此心的存不存。蔡沈进一步认为求二帝三王之治，不可不求其道；求二帝三王之道，不可不求其心；求心之要就在于《尚书》。蔡沈《书集传》成为元、明、清三代科举考试《尚书》的定本。以后对《尚书》的研究，无论褒贬，大多与《书集传》有关。褒之者如黄震，他说："《书经》至是而大明，如揭日月矣"③。宋黄度撰《尚书说》7卷，明吕光洵在《序》中说："九峰蔡氏得紫阳朱子之学，作《集传》，学者尤宗之。于是诸家言《尚书》者，不复行于世，好学之士，无所参互，以求自得，《书》益难言矣"④。黄度《尚书说》是其笃学穷经，老而不倦所得。其训诂一以孔《传》为主，至于推论三代兴衰治乱的原由，以及人心道心、精一执中、建中建极等义理，都能深切著明，为义理谈经者之所取。

　　朱熹三传弟子王柏撰《书疑》9卷。王柏受业于何基，何师事黄榦。《四库全书总目》认为，疑《古文尚书》自吴棫、朱熹始，今古文《尚书》均疑自赵汝谈始，改定《洪范》自袭鼎臣始，改定《武成》自刘敞始，"其并全

① 吴澄：《书传辑录纂注后序》，《吴文正集》卷19，《四库全书》本。
② 蔡沈：《书经集传序》，《书集传》，《四书五经》本，世界书局1936年版。
③ 《黄氏日抄》卷5，大化书局1984年版，第1页。
④ 《理学编·经籍典》，《古今图书集成》卷114，第566册。

经而移易补缀之者则自王柏始"①。他对蔡沈的《书集传》，基本上持肯定态度。认为蔡氏祖述朱子遗规，斟酌群言，断以义理，洗涤支离，一于简洁。今、古文，《大序》、《小序》及害理伤道者，辨而明之，又天文地理、岁月先后的审订，用工勤苦。但亦有不足："疑义阙文之难，朱子曰'未详'，曰'脱简'者，固自若也。分章断句之难，朱子不肯句读者，亦未能尽通也"②。未能就疑义阙文进一步予以解决。

王柏弟子金履祥曾撰《尚书注》12卷，晚年省约为《尚书表注》2卷。金氏在《自序》中说，朱熹"尝别出《小序》，辨正疑误，指其要领，以授蔡氏，而为《集传》。诸说止此，有所折衷矣。而书成于朱子既没之后，门人语录未萃之前，犹或不无遗漏放失之憾"③。蔡氏《书集传》折衷前人之说，但由于蔡受命于朱熹死之前一年，诸子所辑朱子语录又在其成书之后，所以"遗漏放失"就难避免了。金氏《尚书表注》能摆脱众说，独抱遗经，复读玩味，为之正句画段，提要章旨，阐其义理之微，考正文字之误，折衷己意，与蔡氏《书集传》颇有异同。

此时与以后，辨正蔡沈《书集传》的有张葆舒撰的《书蔡传订误》，黄景昌的《尚书蔡氏传正误》，程直方《蔡传辨疑》，余苞舒《读蔡传疑》等。据朱彝尊《经义考》载，张、黄、程、余四书均佚，仅从其书名可考知对蔡传的批评和纠谬④。

元代吴澄依朱熹疑《古文尚书》为伪，而专释《今文尚书》，成《书纂言》4卷。《四库全书总目》指出："考订今文、古文，自陈振孙《尚书说》始，其分编今文、古文，自赵孟頫《书古今文集注》始，其专释今文，则自

---

①　《经部·书类存目》，《四库全书总目》卷13，中华书局1965年版，第107页。

②　王柏：《书疑序》，见朱彝尊：《经义考》卷84引。

③　金履祥：《尚书表注自序》，《尚书表注》卷首，《通志堂经解》本。

④　参见蒋秋华：《明人对蔡沈〈书集传〉的批评初探》，载《明代经学国际研讨会论文集》，中研院中国文哲所筹备处1996年印，第269—293页。另见《四库全书总目》卷12，中华书局1965年版，第101页。

澄此书始"①。朱熹等虽以《古文尚书》为伪,但讲古圣相传的"十六字心法",就出自《古文尚书》,并未予轻视。吴澄不释古文,虽合古义,但所改之处,未做说明,亦有其偏颇。吴氏《书纂言》专释今文与蔡沈《书集传》今古通释异。陈栎在元初未尊蔡《传》为科举试题定本之前,曾撰成《书解折衷》,在其《自序》中说:"朱子说《书》,谓通其可通,毋强通其难通。而蔡氏于难通罕阙焉,宗师说者固多,异之者亦不少……惟以正大明白为主,一毫穿凿奇异,悉去之"②。对蔡传颇有微辞。自元延祐中以蔡传试士,又撰《尚书集传纂疏》6卷。以朱熹之说冠纂诸家说之前,以疏蔡传。他在《自序》中说:"圣朝科举兴行,诸经《四书》一以朱子为宗,《书》宗蔡《传》,固亦宜然"③。对蔡《传》无所驳正,与其早年所撰《书解折衷》有异,并把《折衷》说成"羽翼蔡《传》",互相矛盾,这是由于科举功令,不敢有所出入的缘故。

　　许谦撰《读书丛说》6卷,是书博采众说,不株守一家,但载其师金履祥说居多。对蔡《传》中如《尧典》遵张载天左旋,处其中者顺之少迟而反右的说法,《吕刑》旧说以为其刑造自有苗等。许谦认为,恐有错乱和囿于习闻的弊病。许氏在宋末元初说经多尚空谈,而他考证典制,能承先儒笃实的遗风。董鼎与许谦稍异,以蔡氏《传》为宗,撰《尚书辑录纂注》6卷。"辑录"是在蔡《传》后续以朱熹语录及他书所载朱熹的话;其末附诸说相发明的话,称为"纂注"。董在《自序》中认为,《书集传》既为朱熹所定,则与其自著无异。蔡《传》惟称二典三谟为朱熹审定,所以陈栎《尚书集传纂疏》惟"虞书"首标明朱熹,"夏书"以下首卷不标"朱子订定"四字。吴澄在此书序中亦讲朱熹订定仅至"百官若帝之初"。董撰是书有同有异,如《西伯戡黎》从吴棫,《多士》从陈栎,《金縢》兼存郑

① 《经部·书类》,《四库全书总目》卷12,中华书局1965年版,第96页。
② 《定宇集》卷1。
③ 《定宇集》卷1。

玄、孔颖达等。《四库全书总目》评说:"然则鼎于《集传》,盖不免有所未惬,恐人以源出朱子为疑,故特引朱子之说,补其阙失。其举《集传》归之朱子,犹曰以朱翼朱,则不以蔡《传》为嫌耳,非其考之不审也。"以朱熹之说补蔡《传》之阙失,这犹如以朱羽翼朱,不致造成对蔡《传》的误解。

对蔡《传》羽翼,还有陈师凯撰的《书蔡传旁通》6卷。他虽效法董鼎羽翼蔡《传》,但多采先儒问答,于名物度数蔡《传》所称引而未详的,一一旁征博引,析其端委。对于蔡《传》歧误的地方,没有予以纠正,这是其不足;再者是书主旨在辩义理,而于天文、地理、律历、礼乐、兵刑、龟策、河图、洛书、道德、性命、官职、封建等,所释简略。《四库全书总目》评曰:"盖如孔颖达诸经正义主于发挥注文,不主于攻驳注文也。然不能以回护注文之故废孔氏之疏,则亦不能以回护蔡《传》之故废师凯之书矣"①。此说较为公允。元代诸家治《书》,基本上以朱熹思想为指导,以补益蔡《传》,尽管有所批评蔡《传》,其意在于完善蔡《传》。如王天与撰《尚书纂传》46卷,以朱熹为宗,以蔡《传》为据,以真德秀的《书说精义》为羽翼。是书虽于名物训诂有阙略,但阐发义理特详。

2. 书学学术命运的沉浮

明代朱元璋以一介平民而登龙位,为长治久安,对君主专制不利之经典,就持删改和批驳的态度。洪武二十七年(1394年)既令刘三吾修《孟子节文》,又令其修《尚书》。刘三吾等奉敕撰《书传会选》6卷。洪武十年(1377年)春,朱元璋与翰林诸儒讨论蔡《传》中关于天与日月五星的运行问题,朱认为蔡《传》解释不对,廷臣傅藻、黄鄯、郭传等以蔡

---

① 《经部·书类》,《四库全书总目》卷12,中华书局1965年版,第97页。

《传》为是,朱对其进行处罚。朱特撰《七曜天体循环论》①,记讨论天与日月五星运行问题,他以历算家的说法而不同意儒者之论,批评蔡《传》之失:"吾听诸儒言蔡氏之论,甚以为不然。虽百余年已往之儒,朕犹因事而骂之。时令取蔡氏所注《尚书》试目之,见其序文理条畅,于内之说,皆诸书古先哲人之见话,于蔡氏自新之言颇少。然非聪明不能若此而类成,独蔡氏能之,可谓当时过庸愚者,故作聪明以注《书》。及观《书》注语,缠矣"②。蔡沈只是聪明而能写文章的人,不是"通儒贤智者"。虽序文写得文理条畅,但注文都是前人旧话,很少创意,而且骂蔡沈。朱元璋在政治上专横,在学术上亦强横得很。刘三吾等奉朱元璋诏而撰《书传会通》,只能禀受皇命,遵皇意而撰。刘三吾在《书传会选序》中说:"臣三吾备员翰林,屡尝以其说上闻。皇上允请,乃召天下儒士,仿石渠、虎观故事,与臣等同校定之"③。虽召天下儒士约40人,其实是将蔡《传》之得者存之,失者正之,共计纠正66条,并旁采诸家之说,足其未备,除纳入朱元璋意见外,并无新意。颁行天下,为科举考试的根据。

明成祖永乐十二年(1414年)诏命胡广等纂修《五经·四书大全》,并说:"《五经》、《四书》皆圣贤精义要道……其周、程、张、朱诸君子性理之言,如《太极》、《通书》、《西铭》、《正蒙》之类,皆六经之羽翼。然各自成书,未有统会,尔等亦别类聚成编"④。永乐十三年撰成《书传大全》10卷。《四库全书总目》评曰:《书传大全》"实非广等所自纂,故朱彝尊《经义考》引吴任臣之言曰:'《书传》旧为六卷,《大全》分为十卷,大旨本二陈氏。'二陈氏者,一为陈栎《尚书集传纂疏》,一为陈师凯《书蔡传旁通》。《纂疏》皆墨守蔡《传》;《旁通》则于名物度数考证特详,虽回护蔡

①　见《全明文》(第一册)卷10,上海古籍出版社1992年版,第148、149页。
②　见《全明文》(第一册)卷10,上海古籍出版社1992年版,第148页。
③　《书传会选》卷首,《四库全书》本。
④　《明太宗实录》卷158。

《传》之处在所难免"①。据今人研究,《书传大全》抄录董鼎《尚书辑录纂注》合计 575 条,占全书 56.59%,抄袭陈栎《尚书集传纂疏》合计 62条,占 6.1%,合抄董、陈两书有 171 条,占 16.8%,完全与两书相同 29条,占 2.85%。《书传大全》本身补引自二程、张载、王安石、苏轼、杨时、陆九渊、真德秀、吴澄、陈雅言等 19 家,258 条疏文,占 2.56%。没有抄自陈师凯的《书蔡传旁通》一书②,《经义考》和《四库全书总目》有误。明成祖借"靖难"夺位,大肆杀戮异己,人人恐怖,为安抚笼络知识分子而命胡广等编纂《五经、四书、性理大全》。《书传大全》以蔡沈《书集传》为主。

明代此两部奉敕所修撰的《书传》,皆归宗蔡《传》,这与其时以程朱理学为意识形态主流,并以其《四书》、《五经》注科试士子相联系。然亦有批评蔡《传》的,如梅鷟撰《尚书考异》5 卷,指出既然朱熹以《古文尚书》为伪,蔡《传》未能舍弃《古文尚书》,而仍为其做注,"茫不之觉,是其胸中懵懵"③,未能据朱熹之义理,发扬师门。如《金縢》,"朱子作传文,文义精密,蔡沈一切反之"④,未按朱熹作诠释。有时进而批评朱熹,"朱子于先汉《小序》,尽力排之,不肯少恕,于东晋后出伪书,虽云可疑之甚,不免表彰尊显,疑信相半,遂使蔡沈之徒,从厥攸好,违己所疑,岂匪过于放失,而同染污俗之见也钦!"⑤ 由于朱熹的"放失"而影响蔡沈《书集传》的错误。梅鷟的批评亦为一家之见,至于指斥蔡沈注《古文尚书》,属学术上不同见解,作为保存古文献和使《尚书》的完整性不致破坏,而加以注释,实无可责备。

---

①　《经部·书类》,《四库全书总目》卷 12,中华书局 1965 年版,第 99 页。
②　陈恒松:《〈书传大全〉取材来源探究》,林庆彰等主编:《明代经学国际研讨会论文集》,中研院中国文哲研究所筹备处 1996 年印,第 305—309 页。
③　梅鷟:《尚书考异》卷 5,《四库全书》本。
④　《尚书考异》卷 3。
⑤　《尚书考异》卷 1。

　　袁仁撰《尚书砭蔡编》1卷。纠蔡《传》律历、地理之误,有的地方则有意立异,不可为训。陈泰交撰《尚书注考》1卷,指出蔡《传》之伪,有引经注经不照应的三条:如"曰若稽古帝尧"引《周书》"越若来"为证;"时乃功懋哉",训:懋,勉也。"德懋"、"懋官"训懋茂也,繁多之意;"凡厥正人"训正人为在官之人,《康诰》"惟厥正人"的正人训庶官之长。前后显相矛盾。蔡《传》的疏略。泰交是书较量于训诂之间,训诂异辞的皆以矛攻盾,未及博援古义,证以旧文。又指出蔡《传》同字异解者362条,皆直录注语,不加论断。有功于蔡《传》①。

　　马明衡撰《尚书疑义》6卷。他曾受业王守仁,是闽有王学之始者。他在《自序》中说,凡于所明而无疑的从蔡《传》,有所疑于心而不敢苟从的,辄录为篇。如六宗从祭法辑五端,谓是朝众之常,非为更新立异。《洪范》"日月之行"取沈括之说,于《金縢》有疑,能参酌众说,不主一家。《四库全书总目》说:"然明人经解,冗滥居多,明衡是编,尚能研于古义,固不以瑕掩瑜也"②。

　　宋自蔡沈著《书集传》后,元明两代对之褒贬不一,然褒多贬少,褒者以蔡《传》为宗,亦于名物训诂等方面予以补正;贬者,亦并非全面否定。惟朱元璋以皇帝之威骂蔡沈,表示了统治者对学术的专断。余者著书虽不同意蔡《传》的一些解释,亦能予以纠谬,而成为探讨"书学"的核心,影响很大。

三、诗学教化价值的张扬

　　人的兽性消人性长、恶性消善性长的过程,是教化的过程。教化使

---

① 《经部·书类》,《四库全书总目》卷12,中华书局1965年版,第100页。
② 《经部·书类》,《四库全书总目》卷12,中华书局1965年版,第99页。

人性张扬,善性增长。中国古代高扬《诗》、《书》礼乐教化的作用和功能,就是着眼于此。古人在各种不同场合、情境、语境下引用《诗》,发挥《诗》的不同作用和功能。孔子用《诗》教诲学生,以提升其道德情操;孟子用《诗》劝导诸侯,以推行其仁政主张;荀子引《诗》在于论证礼的合理性和有效性。但都在于教化、诱导不同对象人性之善的张扬。所以中国古代特重诗教。

1. 诗学的道德礼义价值

秦始皇焚书坑儒,“天下敢有藏《诗》、《书》、百家语者,悉诣守尉杂烧之;有敢偶语《诗》、《书》,弃市”①。《诗》是被严禁的。汉兴,《诗》有四家。“言《诗》于鲁则申培公,于齐则辕固生,于燕则韩太傅”②。此三家均用隶书写,为今文经学,西汉时列学官。另有毛《诗》,用先秦古籀文书写,为古文经学,河间献王好之而未被列于学官。王莽改制重古文经学,刘歆推崇毛《诗》,立于学官。东汉时马融尊毛《诗》,其弟子郑玄撰《毛诗笺》,唐孔颖达依郑《笺》作《疏》,得以流传。《四库全书总目》说:“《诗》有四家,毛氏独传,唐以前无异论,宋以后则众说争矣。然攻汉学者意不尽在于经义,务胜汉儒而已;申汉学者意亦不尽在于经义,愤宋儒之诋汉儒而已。各挟一不相下之心,而又济以不平之气,激而过当,亦其势然欤!”③ 今古经文、汉宋之争,主要在清代乾嘉之时。宋代是宋学的创建之时,元明是宋学的发展至衰微之期,汉宋之争未凸现。不过《四库全书总目》指出:汉宋之争流于意气,相互诋毁,实于发展学术无补。然《总目》编者,因囿于汉学,其诠释也只是一家之见。

宋代欧阳修首批《诗序》,他撰《毛诗本义》16卷。在《周南·兔罝》

---

① 《秦始皇本纪》,《史记》卷6。
② 《儒林列传》,《史记》卷121。韩太傅《索隐》曰:“韩婴也,为常山王太傅。”
③ 《经部·诗类》,《四库全书总目》卷15,中华书局1965年版,第119页。

中说："今为诗说者，泥于《序》文'莫不好德，贤人众多'之语，因以谓：周南之人，举国皆贤，无复君子小人之别……则又近诬矣"①。《诗序》是指诗篇的诗旨，是当时说诗者的一些共识。推崇《诗序》的学者以其为子夏所作，体现了孔子的诗教思想；批评《诗序》的学者否定其为子夏所作，可能出于东汉的卫宏。欧阳修对《诗》的态度，是与当时疑经思潮相联系。苏辙撰《诗集传》20卷，进而认为《诗序》非一人之词，疑为毛亨之学，卫宏集录。他在《自序》中认为，对毛亨之学独采其可者见于今传，不可者均明著其失，还算公允。

王安石为其变法寻求理论和经典的根据，他一变汉唐以来"疏不破注"的诠释旧习，而以义理释经，著"三经新义"。他认为历代圣王的"道德之意"、"礼乐治教之意"均蕴涵于典籍之中。《诗经新义》20卷，凝聚着王安石与其子王雱的心血。书成后赐太学，并布之天下。因此，当时影响很大。王氏之所以作《诗经新义》，是因为"《诗》上通乎道德，下止乎礼义，放其言之文，君子以兴焉，循其道之序，圣人以成焉"②。具有道德和礼义教化的意义，只要"放言"、"循道"，就可以兴君子、成圣人。譬如"二《南》皆文王之诗，而其所系不同者，《周南》之诗，其志美，其道盛，微至于赳赳武夫，兔罝之人，运至于江汉汝坟之域，久至于衰世之公子，皆有以成其德"③。《诗》的道德教化作用上至君子，下至武夫，还是久与远，都能成其德。

王安石提出了《诗》、《礼》互解的思想。之所以可以"相解"，他说："子经以为《诗》、《礼》不可以相解，乃如某之学，则惟《诗》《礼》足以相解，以其理同故也"④。"理同"便可互相诠释，甚至应取礼义之言为

① 《毛诗本义》卷1，《通志堂经解》本。
② 《诗义序》，《王临川全集》卷84，世界书局1935年版，第533页。
③ 《答韩求仁书》，《王临川全集》卷84，世界书局1935年版，第456页。
④ 《答吴孝宗书（孝宗字子经）》，《王临川全集》卷74，世界书局1935年版，第472页。

经，来诠释《诗》。于是王氏以《礼》的名物训诂释《诗》，体贴《诗》义；又以《礼》的道德规范来评价《诗》，从而凸显诗教的功效。王氏在《周南》诗的次序的解释中说："王者之始，始之于家，家之序本于夫妇正，夫妇正者，在求有德之淑女为后妃以配君子也，故始之以《关雎》。夫淑女所以有德者，其在家，本于女工之事也，故次以《葛覃》"①。《关雎》写男女相恋，而王安石从政治道德教化方面加以诠释，未免牵强。《诗》、《礼》相解虽有人反对，但王氏有其需要，由变法需要而发现新义。

历来对《诗序》的合法性问题有争议，王安石采取超越作者的争议，而直接肯定其本身的价值："盖序《诗》者不知何人，然非达先王之法言者，不能为也。故其言约而明，肆而深，要当精思而熟讲之尔，不当疑其有失也"②。《诗序》的主旨是"美刺"，序善恶以示万世，褒贬政治，规范伦常，刺言其事，疾言其情。王氏认为作《诗序》的人，是通达先王之法言的人，而且是精思熟讲的结晶。肯定《诗序》的"美刺"精神及其意义。王氏父子《诗经新义》虽佚，但可依其文窥其大概。邱汉生用22年时间辑校《诗经新义》，名其书为《诗义钩沉》③。

2.《诗序》作者和价值的论争

张载对王安石变法持不同意见，对《诗序》是否为子夏作亦持否定态度，与王安石稍异。他说："《诗序》必是周时所作，然亦有后人添入者，则极浅近，自可辨也"④。譬如说《诗序》说：不肯饮食教载之。《诗经》中说：饮之食之，教之诲之、命彼后车，谓之载之。释为教载，贬之不

---

① 《周南诗次解》，《王临川全集》卷66，世界书局1935年版，第416页。
② 《答韩求仁书》，《王临川全集》卷72，世界书局1935年版，第456页。
③ 《诗义钩沉》，中华书局1982年版。1983年2月笔者收到邱汉生教授的赠书，特此致谢。
④ 《经学理窟·诗书》，《张载集》，中华书局1978年版，第258页。

成言语。

对《诗》与《书》的关系,张载认为,"圣人文章无定体,《诗》、《书》、《易》、《礼》、《春秋》,只随义理如此而言。李翱有言:'对《诗》则不知有《书》,观《书》则不知有《诗》,'亦近之"①。把《五经》看作是随义理而言,其间不一定有联系,便不能依此解彼,或据彼释此。他依《诗》释《诗》,赞扬文王。"'上天之载,无声无臭',但仪刑文王则可以取信家邦,言当学文王者也"②。又说:"观《文王》一篇,便知文王之美,有君人之大德,有事君之小心"。③ "学文王"便是学圣人,希圣希贤,是张载赞《诗·文王》的主旨。其实张载是以"天理"解《诗》与《书》,他说,"万事只一天理"④。以"天理"为评价《诗》的标准。

程颐撰《诗解》1卷⑤。对于《诗序》,程颐认为《小序》的首句是史氏得《诗》载其事、知其义而作,其下为说《诗》者之辞。因此,有可取、有不可取:如《六月·序》讲"'《鱼丽》废则法令缺矣'。物不足则不能备法度也。'文武以《天保》以上治内'以下,传《诗》者之言也,不可取"⑥。有的直是误解:《葛生》"此诗思存者,非悼亡者,《序》为误矣"⑦。有的当时:"以北风之杀害于物,故以兴虐政。《诗序》谓百姓不亲,相携持而去,乃述当时之事"⑧。程颐的这种具体诠释,比较切合《诗》义,但诠释者前识不同,其诠释亦异。

---

① 《经学理窟·诗书》,《张载集》,中华书局1978年版,第255页。
② 同上书,第255页。
③ 《经学理窟·诗书》,《张载集》,中华书局1978年版,第256页。
④ 同上书,第256页。
⑤ 《宋史·艺文志》载为:"《新解》1卷,程颐门人记其师之说。"(《宋史》卷202,中华书局1977年版,第5046页。)
⑥ 《鱼丽》,《河南程氏经说》卷3,《二程集》,中华书局1981年版,第1075、1076页。
⑦ 《葛生》,《河南程氏经说》卷3,《二程集》,中华书局1981年版,第1059页。
⑧ 《北风》,《河南程氏经说》卷3,《二程集》,中华书局1981年版,第1051页。

程颐并不否定《诗序》,"学《诗》而不求《序》,犹欲入室而不由户也"①。以《诗序》是学《诗》入室的门户。他认为,孔子删《诗》,得三百篇,都止于礼义,可垂世立教,古人之学,由《诗》而兴。孔子考虑到后世不知《诗》义,所以序《关雎》以示意。《诗》的主旨是政治道德教化,譬如《二南》,在于正家道,天下之治,以正家为先;天下之家正,则天下就治理了;天下的风俗,也由此而正。

程颐把《诗》之义概括为六:风、赋、比、兴、雅、颂。风指上化下,下风上,凡所刺美都是风;赋指咏述其事;比指以物相比;兴指兴起其义;雅指陈其正理;颂指称美其事。学《诗》不分六义,就不知《诗》之体。《诗》之分别有四:《风》言一国之事;《雅》言天下之事,因事有大小,所以又分《小雅》与《大雅》;《颂》是称美盛德与告其成功。此四者犹如"四端",所谓四始。《关雎》、《麟趾》为王者之风,系之《周南》,即化自周而南;《鹊巢》、《驺虞》为诸侯之风,国君以下,正家之道,先王教化天下,所以系之《召南》,即化自召而南,因召伯为诸侯之长,所以说诸侯之风主于《召南》。明《诗》的六义和《诗》的四别,便可以掌握《诗》的政治道德教化的宗旨以及其礼义规范。

程颐在政治道德教化中重视修齐治平。他认为《关雎》化行,"则天下之家齐俗厚,妇人皆由礼义,王道成矣"②。如何能齐家?"阴阳交和,则感阴而成雨。夫妇之道同,黾勉和同,不宜有怨怒也。盖和则夫妇之道成而家室正,如阴阳和而成雨"③。夫妇犹阳阴之道,阴阳交感而和,家道正而齐,便可推及国治、天下平。

程颐弟子游酢曾撰《诗二南义》。发挥程颐修齐治平的政治道德教化的思想:"学《诗》者可以感发人之善心"④。如《天保》是讲修君臣之

---

① 《关雎》,《河南程氏经说》卷3,《二程集》,中华书局1981年版,第1046页。
② 《汝坟》,《河南程氏经说》卷3,《二程集》,中华书局1981年版,第1048页。
③ 《谷风》,《河南程氏经说》卷3,《二程集》,中华书局1981年版,第1050页。
④ 《诗二南义》,《游酢文集》卷2,延边大学出版社1998年版,第73页。

义;《常棣》是讲笃兄弟之爱;《伐木》是讲交朋友之亲;《关雎》、《鹊巢》风正夫妇之经。《诗》兴起启发向善之心,从《诗》义中可以体验善心。游酢在诠释《二南》时说:"《周南》,后妃之德,先王修身正家之效也;《召南》夫人之德,诸侯修身正家之效也"①。先王身修化之后妃,诸侯身修化之夫人,由此推之国而国治,推之天下而天下平。这便是治内而后治外的意思。

游酢和杨时为道南学派,杨时传罗从彦、罗传李侗,朱熹师事李侗。朱熹撰《诗集传》8卷,《朱子语类》中《诗》2卷。朱熹自20岁开始研究《诗》,到48岁撰成《诗集传》,其间对《诗》的体认有所改变②。《四库全书总目》说:"注《诗》亦两易稿。凡吕祖谦《读诗记》所称朱氏曰者,皆其初稿,其说全宗《小序》,后乃改从郑樵之说,是为今本。"③ 这时朱熹并未反《诗序》,所以为信《诗序》的吕祖谦所引用,并认为作于淳熙四年(1177年)的《诗集传序》是其初稿的《序》,此说有误。朱熹由宗《诗序》到弃《诗序》,其间郑樵的影响不可忽视。"《诗序》实不足信,向见郑渔仲有《诗辨妄》,力诋《诗序》,其间言语太甚,以为皆是村野妄人所作。始亦疑之,后来仔细看一两篇,因质之《史记》、《国语》,然后知《诗序》之果不足信。因是看《行苇》、《宾之初筵》、《抑》数篇,《序》与《诗》全不相似。以此看其他《诗序》,其不足信者煞多"④。郑渔仲为郑樵,他在《诗辨妄自序》中说:"今作《诗辨妄》6卷,以见其得失"⑤。继之者有王质,

---

① 《诗二南义》,《游酢文集》卷2,延边大学出版社1998年版,第73页。

② 朱熹说:"某自二十岁时读《诗》,便觉《小序》无意义。及去了《小序》,只玩味《诗》词,却又觉得道理贯彻。当初亦尝质问诸乡先生,皆云《序》不可废,而某之疑终不能释。后到三十岁,断然知《小序》之出于汉儒所作,其为缪戾,有不可胜言。东莱不合只因《序》讲解,便有许多牵强处。某尝与言之,终不肯信。"(《诗·纲领》,《朱子语类》卷80,中华书局1986年版,第2078页。)

③ 《经部·诗类》,《四库全书总目》卷15,中华书局1965年版,第123页。

④ 《诗·纲领》,《朱子语类》卷80,中华书局1986年版,第2076页。

⑤ 《诗辨妄》,朴社,1993年版,第8页。

他作《诗总闻》20卷。朱彝尊说："自汉以来,说诗者率依《小序》,莫之敢违,废《序》言诗,实自王氏始,既而朱子《集传》出,尽删《诗序》,盖本孟子以意逆志之旨,而畅所欲言。后之儒者咸宗之"①。虽朱熹只提郑樵而没有及王质,但与两人诠释有异不无关系。

朱熹对《诗序》态度的转变,曾与吕祖谦有针锋相对的论争:朱熹认为《诗序》仅"《清人》、《载驰》一二诗可信。渠却云:'安得许多文字证据?'某云:'无证而可疑者,只当阙之,不可据《序》作证。'渠又云:'只此《序》便是证。'某因云:'今人不以《诗》说《诗》,却以《序》解《诗》,是以委曲牵合,必欲如序者之意,宁失诗人之本意不恤也。此是序者大害处'!"②朱熹认为,《诗序》对《诗》文本的诠释,由于时间差距,没有证据的只可阙疑,而不可以《诗序》为证,因为《诗序》既不能恢复《诗》文本的本义,亦不能体恤诗人的本意。《诗序》多是后人妄意推想诗人之美刺,非古人之所作也。古人之诗虽存,而意不可得,序诗者妄诞其说。"③后人的诠释,已不能得其"意",序诗者的妄说,即"误读"。这种"妄诞其说"是作《诗序》那个时代序诗者的一种理解和诠释。朱熹认为,由于"时"与"空"的变化,不能以《诗序》为证来诠释或理解《诗》的文本,即不能以《序》解《诗》。吕祖谦以《序》解《诗》,"是大本已失了"④。因此,朱熹提出"以《诗》说《诗》",直接以《诗》文本为诠释对象,体贴"玩味"《诗》的义理。"令人虚心看正文,久之其义自见。盖所谓《序》者,类多世儒之误,不解诗人本意处甚多"⑤。体认《诗》正文的意义,《序》不理解诗人本意。但朱熹也不是全盘否定《诗序》,肯定其有少

①　朱彝尊:《雪山王氏质诗总闻序》,《曝书序集》(中册),世界书局1964年版,第422页。

②　《诗·纲领》,《朱子语类》卷80,中华书局1986年版,第2077页。

③　同上书,第2077页。

④　《诗·纲领》,《朱子语类》卷80,中华书局1986年版,第2077页。

⑤　《诗·纲领》,《朱子语类》卷80,中华书局1986年版,第2068页。

数《诗序》有凭据①。

朱熹"以《诗》说《诗》"，标志着中国传统经典解释学由汉学向宋学的转变。这一标志性的转变是从"以史证《诗》"、"以《序》解《诗》"向"不若且置《小序》及旧说，只将元诗虚心熟读，徐徐玩味。候仿佛见个诗人本意，却从此推寻将去，方有感发"②的转换，即追求《诗》的本义和"诗人本意"。《诗》和诗人原本意义彰显的途径，是排除旧说，"若被旧说一局局定，便看不出。今虽说不用旧说，终被它先入在内，不期依旧从它去"③。不被一切先入为主的诠释所障蔽，而凭自己玩味体认。《诗序》"乱《诗》本意"，依旧《诗序》解《诗》，便乱上添乱。

玩味、体认《诗》本义和诗人本意，首先需要给《诗》以符合本来面貌的定位，去其神圣儒学经典光环。他给诗定义为"诗者，人心之感物而形于言之余也"④。因心所感有邪正，言所形也会有是非。《诗》不是圣人之言，"大率古人作诗与今人作诗一般，其间亦自有感物道情，吟咏情性"⑤。《诗经》的作者与今人放置同一平台上，这样便可平等对话，亦拉近了诠释的时空距离以及"感物道情，吟咏情性"的差距，为宋人直接玩味，体认《诗》本义和诗人本意开出了新的领域和无限天地。正由于朱熹基于这个诗的定义，而敢于对孔子讲的"诗三百篇，思无邪"提出指正："不是一部《诗》皆'思无邪'"⑥。用此否定句说有"邪"，这就破除了《诗》"无邪"的神圣性，使《诗》的义理解释学走出神性，打破"家法"、"师法"，获得新生命。

---

①　据今人李家树认为，《国风》部分，朱熹仍有 70%是遵信《诗序》的，仅 30%异于《诗序》。（见《国风毛序朱传异同考析》，香港：学津出版社 1979 年版。）朱熹《诗集传》仍受《诗序》的影响。

②　《诗·论读诗》，《朱子语类》卷 80，中华书局 1986 年版，第 2085 页。

③　同上书，第 2085 页。

④　《诗集传序》，《诗集传》卷首，世界书局 1936 年版。

⑤　《诗·纲领》，《朱子语类》卷 80，中华书局 1986 年版，第 2076 页。

⑥　《诗·纲领》，《朱子语类》卷 80，中华书局 1986 年版，第 2065 页。

　　基于"感物而形于言"、"感物道情"的诗的本质的体认,在朱熹的思想逻辑结构中"情"有善有恶。感物而形动,为已发之情,就存在合乎"中节"与否的问题,因此《诗》也有善与淫的问题。他说:"向来看《诗》中《郑》诗《邶鄘》、《卫》诗,便是郑、卫之音,其《诗》大段邪淫。伯恭直以谓《诗》皆贤人所作,皆可歌之宗庙,用之宾客,此甚不然! 如《国风》中亦多有邪淫者"①。如《子衿》只是"淫奔之诗",《褰裳》诗中"子惠思我,褰裳涉溱"等,"岂不是淫奔之辞"②。朱熹认为,若用郑、卫之诗祭祀宗庙,"岂不亵渎,用以祭幽、厉、褒姒可也"③。用于宾客燕享,亦不可以招待好宾客。这样《诗》便是"无邪"与"有邪"共存之作,并不是每篇都可以起道德教化作用的。《诗》的"有邪"与"无邪"之别,是一个价值判断,各个时代的价值观不同,其价值评价亦异,但朱熹的《诗》有淫、邪之说,是要冲决"疏不破注"经典解释学的网罗,是宋代掀起的"疑经改经"的思想解放运动的表征。

　　朱熹的《诗集传》开启了以"宋学"解《诗》的时代,超越了郑玄《毛诗传笺》、孔颖达《毛诗正义》的"汉学"解《诗》的时代。以"宋学"代替"汉学",是创新性的学风的大转换、大改革;更有甚者,朱熹不仅提出了"以《诗》说《诗》"的新的《诗》文本解释学,而且对《诗》提出了贴近诗本质的"感物道情"的定义,开性情论《诗》、艺术论《诗》的新风,使《诗》由道德教化之经学回到艺术情感世界的文学。作为理学家的朱熹,并不完全否定《诗》的道德教化作用与功能,这也符合《诗》的实际。

　　朱熹高弟黄榦的学生何基、何学生王柏,继而批评《诗序》。王柏在《诗疑》(2卷)中删《诗》本经32处,并证《诗序》之误。"《考槃》之词虽浅,而有暇裕自适气象。《孔丛子》载孔子曰:于《考槃》见遁世之士无闷

---

① 《诗·解诗》,《朱子语类》卷80,中华书局1986年版,第2090页。
② 同上第2091页。
③ 《诗·解诗》,《朱子语类》卷80,中华书局1986年版,第2090页。

于世。此语足以尽此诗之义,殊不见其未忘君之意。《序》者皆误"①。
《诗序》不合孔子之言。

吕祖谦与朱熹友好,他撰《吕氏家塾读诗记》32 卷,朱熹谓之"伯恭
专信《序》"而与他不信《序》相冲突。但两人初时论《诗》意见最相契合,
所以在吕著《读诗记》中多处引用朱熹的话,这是朱熹所撰的《诗集传》
的初稿《诗集解》。《诗集解》已佚,只能见于《读诗记》。朱熹《诗集解》
与《诗集传》有同有异:同者,《诗集传》基本上未改《诗集解》的意思,只
做少许文字改动,换言之,两书基本上从《小序》;异者,《诗集解》从《小
序》或对《小序》存疑,《诗集传》不从《小序》,而依自己体贴解诗。《诗
序》的存弃之争,虽是理学内部之争,但亦窥见其间的差别。陈振孙《直
斋书录解题》称:《吕氏家塾读诗记》"博采诸家,存其名氏,先列训诂,后
陈文义,剪截贯穿,如出一手,有所发明,则别出之。《诗》学之详正,未
有逾于此书者"②。评价甚高。鉴于吕氏此书的学术价值,戴溪申其
说,撰《续吕氏家塾读诗记》3 卷。他认为吕氏《读诗记》取毛亨《传》为
宗,折衷众说,对于名物训诂最为详悉。戴溪对于吕氏《读诗记》中《诗》
内微旨,词外寄托,或有未贯的地方,戴《续吕氏家塾读诗记》补之。其
实戴氏并非完全墨守吕氏之说,而自述己意,做出新解释。

朱熹《诗集传》得到其后学的传扬,辅广撰《诗童子问》10 卷,所谓
"童子问",是指平日问闻于朱熹说《诗》之言。不过卷首载《大序》、《小
序》,采《尚书》、《周礼》、《论语》说《诗》的话,加以注释。又录诸儒辨说,
以明读《诗》之法,书中不载经文,分章训诂。此书不载朱熹《诗集传》。
朱彝尊《经义考》载此书为 20 卷,为朱熹《诗集传》在上,《童子问》于下,

① 《诗疑》卷 1。
② 《经部·诗类》,《四库全书总目》卷 15,中华书局 1965 年版,第 124 页。吕
祖谦"博采诸家",特别是他引用王安石《诗经新义》,邱汉生教授《诗义钩沉》从《吕
氏家塾读诗记》中辑出佚文 490 多条(《诗义钩沉·序》,中华书局 1982 年版,第 27
页)。

并有胡一中《序》。另朱鉴撰《诗传遗说》6卷。他取朱熹《文集》、《语类》所载论《诗》的话,足以与《集传》相发明者,汇而编之,所以叫《遗说》。"以朱子之说,明朱子未竟之义"①。

3. 诗学的心学和道学解释

南宋理学中的心学派陆九渊弟子杨简撰《慈湖诗传》20卷,他照心而言,无所畏避。如书中讲《左传》不可据;《尔雅》亦多误;陆德明《经典释文》多好异音;郑康成不善属文;诋子夏为小人儒等。是书大要,本于孔子"诗无邪"的宗旨,反复发明。《四库全书总目》评曰:"然其于一名一物一字一句,必斟酌去取,旁征远引,曲畅其说,其考核六书,则自《说文》、《尔雅》、《释文》以及史传之音注,无不悉搜。其订正训诂,则自齐、鲁、毛、韩以下,以至方言杂说,无不博引,可谓折衷同异,自成一家之言"②。是评不谓不高。另心学者袁燮撰《絜斋毛诗经筵讲义》4卷,此书已佚,录自《永乐大典》。是书持论平和,但对恢复中原之事,致意强烈。如论《式微》篇,极称太王勾践转弱为强,而贬黎侯无奋发之心;又如论《扬之水》篇,谓平王柔弱可怜;论《黍离》篇,直以汴京宗庙宫阙为言等。意主复仇,借《诗》文本而推阐,理明词达,无所矫揉,以古义而启迪人心③。

元代朱熹的《诗集传》成为科试之书,因而《诗》学基本沿袭朱说,而作补遗阙失之类著作。许谦撰《诗集传名物钞》8卷。《四库全书总目》编者认为,许谦虽师以王柏,"而醇正则远过其师"。其所谓"醇正",是

---

① 《经部·诗类》,《四库全书总目》卷15,中华书局1965年版,第125页。

② 《经部·诗类》,《四库全书总目》卷15,中华书局1965年版,第123页。邱汉生教授在《诗义钩沉·序》中说:"杨简的《慈湖诗传》,袭用了王安石的《诗义》,却不予标明,俨然是杨简自己的诗说似的,这种学风,很不老实。"(中华书局1982年版,第5页)。按:《四库全书总目》编者亦未发明此问题,故对杨简《慈湖诗传》评价很高。

③ 《经部·诗类》,《四库全书总目》卷15,中华书局1965年版,第124页。

指对儒家思想和朱熹理念的承传和遵循而言的。其实"醇正"与否是一个价值判断,乾嘉汉学家对宋学家的评价有其偏颇。《四库全书总目》认为,王柏作《二南》相配图,为使《召南》与《周南》篇数相等,便把《召南》中的《甘棠》、《何彼秾矣》归《王风》,并去掉《野有死麕》篇。"师心自用,窜乱圣经,殊不可训,而谦笃守师说,列之卷中,犹未免门户之见"[1]。但对许谦是书多明古义,所考名物音训,认为颇有根据,足以补朱熹《诗集传》之阙遗。

刘瑾撰《诗传通释》20卷,其学源自朱熹,以发明《诗集传》为大旨,与辅广作《诗童子问》相同。两书之异是广书循文演义,所驳都是训解之辞;瑾书兼辨订故实,所驳都是考证的话,议论笃实,对于诗人美刺之旨意有所发明。但此书专为朱熹《诗集传》而作,不免有委曲迁就之失。另朱公迁撰《诗经疏义》20卷,是书为朱熹《诗集传》作疏,其说墨守朱熹,不逾尺寸,间有辨证,以补《诗集传》之阙。又刘玉汝撰《诗缵绪》18卷,以发明朱熹《诗集传》为大旨。体例与辅广《诗童子问》相近。对朱熹比兴叶韵之说,反复予以体究,缕析条分。虽未必尽合诗人旨意,却对《诗集传》有所阐明[2]。

明成祖朱棣不满"削藩",借口"靖难",夺取政权,他对曾支持建文帝的文武官员家属、亲朋学生等实行惨无人道的杀戮。为平人们愤懑之情,大肆招揽士人,进行编书工作,永乐五年(1405年)完成《永乐大典》的编纂。永乐十二年(1414年)十一月—十三年(1415年)九月,在不到一年的时间内由胡广奉敕修成《五经四书大全》及《性理大全》。《诗经大全》(又称《诗传大全》)便是《五经四书大全》中之一种。在这样短的时间,完成两部大全,不能不招来怀疑与抨击。明后期顾大韶批

---

① 《经部·诗类》,《四库全书总目》卷16,中华书局1965年版,第126页。
② 《经部·诗类》,《四库全书总目》卷16,中华书局1965年版,第127、128页。

评:是书"一无发明,用覆酱瓿可也"①。顾炎武批评说:"《诗经大全》则全袭元人刘瑾《诗传通释》,而改其中'愚按'二字为'安成刘氏曰'"②。《四库全书总目》亦抨曰:"明则靖难以后,耆儒宿学,略已丧亡,广等无可与谋,乃剽窃旧文以应诏。此书名为官撰,实本元安城刘瑾所著《诗传通释》而稍损益之"③。他们的批评是有道理的。据考《诗经大全》在朱熹《诗集传》下,引录诸说和音切共计5952条,其中有5142条与《诗传通释》完全相同。其余则采入罗复《诗经集传音释》、曹居贞《诗义发挥》、朱善《诗经解颐》的解说,地名依《皇(明)朝郡邑志》④。即使胡广等为"编书"而非"著书",但这样完全相同的抄袭,亦是对知识产权的侵犯。

明代对朱熹《诗集传》废《诗序》不录不满,并有提出异议者,如季本撰《诗说解颐》40卷。季本师事王守仁,为学笃实,并非空疏。凡书中改定旧说,必反复援据,明其所以然,如以《南山》篇"必告父母句"为鲁桓告父母之庙等,足以在旧说之外,备具一解。大抵多出新意,不肯剽袭前人,征引该洽,语率有征,亦能自申其说,而与朱熹异。另朱谋㙔撰《诗故》10卷,以《小序》首句为主,略同苏辙,与朱熹《诗集传》异。但朱谋㙔赞同《诗序》的约占60%,也有不赞同的。后来郝敬撰《毛诗原解》36卷,以驳朱熹《诗集传》之非为主旨,每篇首句增"古《序》曰"三字。《序》有难通的,委曲强解,有以经就传之弊。他认为各《序》首句为各诗根柢,下文皆申明首句之意,先儒以《首序》作自子夏,余皆毛亨增补。今观《首序》简当精约,非目巧可撰。"宋儒师心薄古,一切诋为妄作,只

---

① 见钱谦益:《牧斋初学记·顾仲恭传》(下册)卷72,文海出版社,第1612页。
② 《四书五经大全》,《日知录集释》卷18,岳麓书社1994年版,第650页。
③ 《经部·诗类》,《四库全书总目》卷16,中华书局1965年版,第128页。
④ 见杨晋龙:《〈诗传大全〉来源问题探究》载林庆彰、蒋秋华主编:《明代经学国际研讨会论文集》中研院中国文哲研究所筹备处1996年版,第344、345页。

据诗中文字,断以己意,创为新说,今用之予未敢信其然也"[①]。《四库全书总目》评曰:"敬徒以朱子务胜汉儒,深文锻炼,有以激后世之不平,遂即用朱子吹求《小序》之法以吹求朱子,是直以出尔反尔示报复之道耳,非解经之正轨也"[②]。其实既不同意朱熹吹求《小序》,亦批郝敬吹求朱熹,一箭双雕。

① 《毛诗原解》卷首。
② 《经部·诗类存目》,《四库全书总目》卷17,中华书局1965年版,第140页。

第六章　经学开出新生面(下)

一、礼学经世致用的弘扬

北宋经"庆历新政"与"熙宁变法",推动了理学思潮的兴起和发展。为了挽救当时"积贫积弱"形势,以图富国强兵,而提出改革政治,变法富强之策。为此一扫汉唐以来注疏之学,主张体悟经典文本的"微旨精义",并倡通经致用,教育士子。王安石《三经新义》(《诗义》、《书义》、《周礼义》)的撰成,标志着理学经学解释学的开端和汉唐考据经学解释学的终结。

1.《周礼》内外功用的阐释

王安石自著《周礼义》(或称《周官新义》),《诗义》和《书义》两书其子王雱著、吕惠卿亦参与诠释,已佚。王安石著《周官新义》其意"本以宋当积弱之后,而欲济之以富强。又惧富强之说必为儒者所排挤,于是附会经义以钳儒者之口,实非真信《周礼》为可行"①。皮锡瑞亦曰:"王安石创新法,非必原本《周礼》,赊贷市易,特其一端,实因宋人耻言富强,不得不上引周公,以箝服异议"②。后人评说王安石以《周礼》乱天

---

① 《经部·礼类》,《四库全书总目》卷19,中华书局1965年版,第150页。
② 皮锡瑞:《三礼》,《经学通论》,中华书局用商务印书馆《国学基本丛书》本重印,1954年版,第58页。

下,王氏辩驳说:"法先王之政者,法其意而已"①。此言极其通达,凡诠释古代经典文本,是发掘其与当时相适合的意义,并非原本照搬应用,而不与时偕行。

王安石在《周官新义自序》中述其旨意:"士弊于俗学久矣。圣上闵焉以经术造之,乃集儒臣,训释厥旨,将播之校学,而臣安石实董《周官》。惟道之在政事,其贵贱有位,其后先有序,其多寡有数,其迟数有时。制而用之存乎法,推而行之存乎人。其人足以任官,其官足以行法,莫盛于成周之时;其法可施于后世,其文有见于载籍,莫具于《周官》之书"②。王氏观乎今而考学于古,训《周官》而发明其意蕴,以立政造事。王氏变法的目标是富国强兵,其措施是"理财"。"一部《周礼》,理财居其半,周公岂为利哉?……盖因民之所利而利之,不得不然也"③。这里所谓即孟子所言之利,是讲利吾国,不是讲利吾身,前者是公利,后者为私利。为公谋利,即是义。所以王氏认为,所谓政事就是理财而富国强兵,这就是说理财就是义。

王安石《周官新义·天官》篇"惟王建国,辨方正位,体国经野,设官分职,以为民极"条释义说:"昼参诸日景,夜考诸极星,以正朝夕,于是求地中以建王国,此之谓辨方。既辨方矣,立宗庙于左,立社稷于右,立朝于前,立市于后,此之谓正位……极之字从木从亟,木之亟者,屋极是也"④。逐字逐词解释,每于训诂,多用《字说》。他释"以八法治官府","以八则治都鄙","以八柄诏王驭群臣","以八统诏王驭万民","以九职任万民","以九赋敛财贿","以九式均节财用","以九贡致邦国之用",

①　皮锡瑞:《三礼》,《经学通论》,中华书局重印《国学基本丛书》本,1954年版,第58页。

②　王安石:《周官新义》,《丛书集成初编》,商务印书馆1937年版,卷首。

③　王安石:《答曾公立书》,《王临川全集》卷73,世界书局1935年版,第464页。

④　《周官新义》卷1,《丛书集成初编》本,商务印书馆1937年版,第1页。

"以九两系邦国之民"等,"皆具有发明,无所谓舞文害道之处"①。如"都鄙"是王子弟公卿大夫所食的采地。按八则治都鄙而驭神、驭官、驭吏、驭士、驭用、驭民、驭威、驭众,"治莫小于都鄙,莫大于天下,都鄙如此,则治天下可知矣"②。驭群臣之治为"八柄",驭万民之治为"八统"。柄指操此而用诸彼;统指举此而彼从。八统驭万民是指亲亲,民不会遗其亲;敬故,民不会怠慢其故;进贤,民知德而不可不务;使能,民知能的不可不勉;保康,民知功实的不可害;尊贵,民知爵命的不可陵;达吏,民知壅蔽不可为;礼宾,民知交际当以礼。各致其事,而不相夺。九式均节财用是指祭祀、宾客、丧荒为人治的大事,其余羞服、工事、币帛、刍秣、匪颁、好用六式,应在前三式之后。司会凡在邦国万民都弗豫的情境下,以法均节邦之财用。由于王安石把《周官新义》作为其变法的依据,其诠释在阐发文本义理的同时,有所发明创新,发掘了文本的新意蕴,以适应其变法的需要。

王安石《周官新义》及《诗义》、《书义》撰成后,熙宁八年(1075 年)诏颁于学官,"一时学者,无敢不传习,主司纯用以取士,士莫得自名一说,先儒传注,一切废不用"③。换言之,"先儒传注"即汉唐经学的注疏之学废而不用,此后诸儒讲学,专为"道德性命之学",宋代学术之变,实自王安石始。王安石亦以倡导"道德性命之理"而自任。"先王所谓道德者,性命之理而已。其度数在乎俎豆、钟鼓、管弦之间,而常患乎难知,故为之官师为之学"④。他认为道德出于性命之理,性命之理出于人心。这里所谓性理之学即心性之学,即为宋明理学的核心话题。因此,无论后来对王安石"三经新义"的褒贬如何,其影响是深远的。

王安石《周官新义》被王昭禹、林之奇、王与之、陈友仁等均据王氏

①　《经部·礼类》,《四库全书总目》卷 19,中华书局 1965 年版,第 150 页。
②　《周官新义》卷 1,《丛书集成初编》本,商务印书馆 1937 年版,第 12 页。
③　《王安石传》,《宋史》卷 327,中华书局 1977 年版,第 10550 页。
④　《虔州学记》,《王临川全集》卷 82,世界书局 1935 年版,第 520 页。

说而注《周礼》。王昭禹《周礼详解》40卷，学宗王氏，字训遵王氏《字说》。如释"惟王建国"说：业格于上下谓之王，或而围之谓之国。昭禹发明《周礼》义旨，有不尽同于王安石，如释"泉府以国服为之息"说，各以其所服国事贾物为息。若农以粟米，工以器械，都以其所有。周的衰落，是因不能为民正田制地，税敛无度，从而贷之，到了凶年饥岁就不能还贷，求以国服为之息，恐收还其本都不可能，已看到青苗法的流弊。王昭禹阐发经义，订正注疏的错误，如释"载师里布屋粟"，能发先儒所未发。

王与之撰《周礼订义》80卷，采诸儒之说51家，宋以前为杜子春、郑兴、郑众、郑玄、崔灵恩、贾公彦6家。宋人45家，凡文集语录无不搜集。真德秀在《周礼订义·序》认为，郑、贾诸儒析名物，辩制度，不为无功，而圣人微旨却看不见，惟二程、张载独得《周礼》精微之蕴，永嘉王与之，其学本于程张，真德秀学宗程朱，因此其对王与之的学术归宗与《四库全书总目》评价有异。王与之是书所采宋代诸儒45家，所以承宋学风，以释义理为本，典制为末，并据王安石《周官新义》释《周礼》。

与王安石同时而稍前的李觏，虽未经熙宁变法的洗礼，但对北宋"积贫积弱"的社会危机有深刻的感受，是庆历新政理论上的支持者。他与王安石学术思路相似，借《周礼》以化解社会危机，于是著《周礼致太平论五十一篇》，两人都试图由理财而致富国强兵。李觏在其《周礼致太平论五十一篇序》中认为，以往对《周礼》之书的性质有分歧：刘子骏、郑康成以为是周公致太平之迹，林硕以为是末世之书，何休以为是六国阴谋。李觏认同刘、郑论断，于是撰是书。"天下之理，由家道正。女色皆祸，莫斯之甚，述《内治》七篇。利用厚生，为政之本，节以制度，乃无伤害，述《国用》十六篇。备预不虞，兵不可阙，先王之制，则得其宜，述《军卫》四篇。刑以防奸，古今通义，惟其用之，有所不至，述《刑禁》六篇。纲纪既立，持之在人，天工其代，非贤罔义，述《官人》八篇。

何以得贤？教学为先，经世轨俗，能事以毕，述《教道》九篇"①。该书的旨意和结构已明。李觏认为，"礼"是治世治心的大法："夫礼，人道之准，世教之主也。圣人之所以治天下国家，修身正心，无他，一于礼而已矣"②。把《周礼》落实到具体实用操作层面，才能体现礼的治国正心的功效。《周礼致太平论》就是教人由如何内治齐家而到如何治国国用和军卫、刑禁、官人选拔以及教化之道等，具有实用性而不尚空谈。《内治》讲"夫妇之道，天地之象，人之大伦"③，对于女子要教以妇德、妇言、妇容、妇功，使其视、听、言、貌、思无不在礼，"顺于舅姑，和于室人，而当于夫，是故妇顺备而内和理，内和理而家可长久也"④。《国用》释为"人所以为人，足食也；国所以为国，足用也"⑤。自阡陌之制实行以来，土地兼并盛行，贫者欲耕无地，富者田连阡陌而无人耕。无田可耕而"惰游"，田多无耕而芜秽，人民饥馑，国家贡赋日削。基于此他提出了"平土"的改革主张，"户计一夫一妇而赋之田，其一户有数口者，余夫亦受此田也"⑥，宅田、士田、贾田、官田、牛田、牧田等均可分得土地。这样田均而无贫，各自自足。《教道》认为，"立人以善，成善以教"，"移风俗，敛贤才，未有不由此道也"，"养天性，灭人欲，家可使得孝子，国可使得忠臣矣。学校不立，教法不行，人莫知何人可师，道莫知何道可学"⑦。学校教育，培养人的道德情操，使人人为善，成为孝子忠臣，移风易俗，达到天下太平。

　　李觏和王安石诠释《周礼》，内则修身正心，道德性命；外则富国强

　　① 《周礼致太平论五十一篇并序》，《李觏集》卷5，中华书局1981年版，第67页。

　　② 《礼论第一》，《李觏集》卷2，中华书局1981年版，第5页。

　　③ 《内治第六》，《李觏集》卷5，中华书局1981年版，第73页。

　　④ 《内治第六》，《李觏集》卷5，中华书局1981年版，第73页。

　　⑤ 《国用第一》，《李觏集》卷6，中华书局1981年版，第75页。

　　⑥ 《国用第四》，《李觏集》卷6，中华书局1981年版，第78页。

　　⑦ 《教道第一》，《李觏集》卷13，中华书局1981年版，第111、112页。

兵,治国平天下,其意蕴和目标基本相似,其功用或为"庆历新政"理论上的支撑,或为"熙宁变法"做理论上的论证。

2. 政治典章制度改革的依据

张载目睹宋夏冲突,西夏不断侵犯陇东、陇西一带,所到之处,"焚荡庐舍,屠掠民畜"[①] 的情境,深寄同情,对宋王朝的腐败,满怀愤恨,对范仲淹任陕西经略安抚副使,寄予希望,上书谒范仲淹,建议如何用兵,体现关学"学贵于用"的学风。张载有意三代之治,论治人先务,未始不以经界为急。于是他依《周礼》而规划其改革社会的方案。张载撰《经学理窟》[②],首论《周礼》。他不仅认为"《周礼》是得当之书",而且需要从中寻找均田、井田、经界、市易等的根据。"治天下不由井地,终无由得平","治天下之术,必自此始"。为抑制土地兼并,过分集中,贫富悬殊,他想通过井田,实行土地的再分配。他设想"今以天下之土棋画分布,人受一方,养民之本也。""井田亦无他术,但先以天下之地棋布画定,使人受一方,则自是均"[③]。实行井田的方法可自城开始,首先确立四边,一方正,又增一表,又治一方,这样百里之地不日可定。在张载看来,井田很容易推行,只要朝廷出一令,就可不笞一人而实行。百里之国,为方十里为百,十里为一成,一成出革车一乘,是为百乘。张载曾设想井田纵使不能行天下,可以在一方进行试验。他与学者商议买田一方,画为数井,既不失公家的赋役,亦可以私为正经界,分宅界,立敛法,

---

① 《夏元昊拒命》,《宋史纪事本末》卷30,中华书局1977年版,第266页。

② 《经学理窟》明汪伟在《横渠经学理窟序》中说:"或以为先生所自撰",他认为是门人所记,记者非一手,言有详略(见《张载集》,第247页),明黄巩认为,"考之《近思录》,凡取之先生《文集》、《语录》、诸经说者,乃皆出于《理窟》,意《理窟》亦其门人汇辑《文集》、《语录》、诸经说之语而命以是名,殆非先生所自著也。"(《黄巩跋》,《张载集》第304页。)

③ 《经学理窟·周礼》,《张载集》,中华书局1978年版,第248—250页。

广储蓄,兴学校,成礼俗,救灾恤患,敦本抑末,推行先王之遗法,明当今的可行性。这种设想,虽有理想主义的美好、善良的愿望,但在当时已属乌托邦式的空想。

张载进一步认为,实行井田是与封建相联系。"井田卒归于封建乃定。封建必有大功德者然后可以封建,当未封建前,天下井邑当如何为治?必立田大夫治之"①。主张恢复封建。他批评柳宗元的《封建论》,柳氏认为,"封建非圣人意也,势也"②。张载认为,"所以必要封建者,天下之事,分得简治之精,不简则不精,故圣人必以天下分之于人,则事无不治者。圣人立法,必计后世子孙……今便封建,不肖者复逐之,有何害?岂有以天下之势不能正一百里之国,使诸侯得以交结以乱天下……而后世乃谓秦不封建为得策,此不知圣人之意也"③。封建是周公等圣人之意,所以要封建,是为了要"简治",简治而事无不治;亦是为了后世子孙计,周公当轴,虽总揽天下之政,又简治而精,是符合圣人之意的。

张载有鉴于当时死刑大滥,主张恢复肉刑。肉刑是指古代的墨(脸上刺字)、劓(割鼻子)、剕(砍足)、宫(去男性生殖器)等断人肢体或割裂人的肌肤的刑罚,汉时逐渐废除。张载认为,"肉刑犹可用于死刑。今大辟之罪,且如伤旧主者死,军人犯逃走亦死,今且以此比刖足,彼亦自幸得免死,人观之更不敢犯"④。伤原来主人,军人逃跑判死刑大重。一些妄人轻视死,却惧怕刖足,既可以起到给犯者以警戒,亦可以免人死刑,是为一种仁政。

朱熹学术曾吸收传承张载,对于《周礼》朱熹虽无专著,然《朱子语类》有1卷论述。他不同意胡氏父子以《周礼》为王莽令刘歆所做,认为是周公遗典。"看来《周礼》规模皆是周公做,但其言语是他人做","或

---

①　《经学理窟·周礼》,《张载集》,中华书局1978年版,第251页。

②　柳宗元:《封建论》。

③　《经学理窟·周礼》,《张载集》,中华书局1978年版,第251页。

④　《经学理窟·周礼》,《张载集》,中华书局1978年版,第248页。

是周公晚年作此","谓是周公亲笔做成,固不可,然大纲却是周公意思"①。这几段话表述虽不同,但都肯定为周公的意思。他认为《周礼》一书做得缜密,滴水不漏。"《周礼》一书好看,广大精密,周家法度在里"②。并分"天官"、"地官"、"春官"、"夏官"、"秋官"、"冬官"加以论述。"天官"总摄五官,统六卿之职,兼总嫔御宦官饮食之人等,"则其于饮食男女之欲,所以制其君而成其德者至矣,岂复有后世宦官之弊?古者宰相之任如此"③。贵于穷理致知,事事物物理会过。"地官"朱熹对土圭之法,比闾族党之法、都鄙用助法、井田沟洫等。并对学校教育、德行道艺、选举爵禄、宿卫征伐、师旅田猎,皆一理。他在回答"司徒职在'敬敷五教',而地官言教者甚略,而言山林陵麓之事却甚详"之问时说:"也须是教他有饭吃,有衣著,五方之民各得其所,方可去教他"④。有了衣食,才能接受教育,教育内容为六德、六行、六艺等。"春官"讲祀天神、地祇。《周礼》不言祭地,陈傅良讲社稷之祭,乃是祭地。"秋官"言刑等。

朱熹在吸纳前人《周礼》注释成果中,亦有所批评:对陈傅良《周礼说》(或《周官说》)评说:"大概推《周官》制度亦稍详,然亦有杜撰错说处"。"今永嘉诸儒论田制,乃欲混井田、沟洫为一,则不可行"⑤。永嘉学派在北宋时已有周行己、陈傅良等的学术活动,在社会上产生影响。同时朱熹批评胡宏以"《周礼》为非周公致太平之书",认为胡宏"殊不知此正人君治国、平天下之本,岂可以后世之弊而并废圣人之良法美意哉"⑥。肯定《周礼》是致太平的根本。

宋代对《周礼》的研究,主要从经世致用出发或从义理出发予以诠

①　《礼三·周礼》,《朱子语类》卷86,中华书局1986年版,第2203页。
②　《礼三·周礼》,《朱子语类》卷86,中华书局1986年版,第2204页。
③　《礼三·周礼》,《朱子语类》卷86,中华书局1986年版,第2210页。
④　《礼三·周礼》,《朱子语类》卷86,中华书局1986年版,第2210页。
⑤　《礼三·周礼》,《朱子语类》卷86,中华书局1986年版,第2206、2207页。
⑥　《礼三·周礼》,《朱子语类》卷86,中华书局1986年版,第2205页。

释,也涉及到《周礼》六篇中《冬官》亡佚的问题,后人取《考工记》以补《冬官》之缺,究竟为谁所补? 见仁见智。俞庭椿撰《周礼复古编》1卷,叶时撰《礼经会元》4卷,都认为《冬官》一篇未亡佚。俞氏认为,五官所属皆60,不得有余,有余的取之补为《冬官》;叶氏认为,《冬官》散见于五官,以第100篇补《冬官》之亡。元代邱葵撰《周礼补亡》和吴澄皆继承《冬官》未亡说,影响至有明一代。明柯尚迁撰《周礼全经释原》14卷,他宗俞庭椿《冬官》未亡说,取"遂人"以下地官之事分为《冬官》,自"遂人"至旅下士,为60人,符合六官各60的数。所以"全经释原"。是书训诂经义,条畅分明,有所阐发。何乔新《周礼集注》7卷、舒芬《周礼定本》4卷、陈深《周礼训隽》20卷,均沿其说。《四库全书总目》对此批评甚烈:"俞庭椿、邱葵以后,又多骋臆见,窜乱五官,以补《冬官》之亡,经遂更无完简,沿及明代,弥逐颓波,破碎支离,益非其旧"①。

3.《仪礼》祭祀制度的研究

《周礼》作为中国古代"设官分职"的典章制度和政治学说相和合的结晶,在中国制度政治建构、发展中有极重要的影响。如果说《周礼》侧重于政治性典章制度,那么,《仪礼》和《礼记》则注重于祭祀性典章制度和伦理性典章制度。《宋史·艺文志》登录陆佃《仪礼义》17卷,陈详道《注解仪礼》32卷,周燔《仪礼详解》17卷,孝如圭《仪礼集释》17卷,朱熹《仪礼经传通解》32卷,张淳《仪礼识误》1卷,黄榦《续仪礼经传通解》29卷,《仪礼集传集注》14卷,杨复《仪礼图解》17卷,魏了翁《仪礼要义》50卷。宋自熙宁中废罢《仪礼》,学者治是经者甚少②。吕大临撰《兰田仪

---

① 《经部·礼类》,《四库全书总目》卷19,中华书局1965年版,第155页。

② 朱熹说:"王介甫(安石)废了《仪礼》,取《礼记》,某以此知其无识"(《春秋》,《朱子语类》卷83,中华书局1986年版,第2176页)。朱熹批评王安石无识。又说:"熙宁以来,王安石变乱旧制,废罢《仪礼》,而独存《礼记》之科,弃经任传,遗本宗末,其失已甚。"(《乞修三礼劄子》,《朱文公文集》卷14。)

礼说》，就《士冠礼》、《士昏礼》、《士相见礼》、《乡饮酒礼》、《乡射礼》、《燕礼》、《大射仪》做简单的诠释。吕氏认为《冠礼》，"盖礼有斯须之敬，母虽尊，有从子之道，故当其冠也，以成人之礼礼之"①。体现妇女必须"三从四德"的思想。他释《乡射礼》说："先王制射礼，以善养于人于无事之时，使其习之久而安之。君子敬以直内，义以方外，则不疑其所行"②。只有内志正，外体直，然后持弓矢，可以射中，把射与道德心志结合起来，也就是从外在的礼的行为活动和内在心性道德修养统一性层面上诠释礼经。

《四库全书总目》录《仪礼识误》3 卷，其在评价张淳《仪礼识误》时引朱熹《语类》曰："《仪礼》人所罕读，难得善本，而郑注贾疏之外，先儒旧说多不复见。陆氏《释文》亦甚疏略。近世永嘉张淳忠甫校定印本，又为一书以识其误，号为精密，然亦不能无舛谬"③。朱熹赞扬张淳，又说："永嘉张忠甫所校《仪礼》甚仔细。""但此本较他本为最胜"④。张淳在校定《仪礼》郑氏注和陆德明《经典释文》中，为《仪礼》识误，订正其伪。由于他对古经汉注的伪文、脱句借以考识，旧本不传于当时的本子亦得以窥见，所以对《仪礼》是有贡献的，得到后人的推崇。

李如圭《仪礼集释》，《四库全书总目》为 30 卷，又《仪礼释宫》1 卷。李氏录郑康成注，而旁征博引，加以诠释，多发贾公彦疏所未发。由于《仪礼》经文与注伪脱较多，李氏依据古本校正，补经文脱字 24 字，补注文脱字 503，改伪 132 字等。旧本 17 篇，析为 30 卷。他出入经传，又为纲目以别章句之旨；他参考唐石经和陆德明《经典释文》、张淳《仪礼识误》及各本文句字体之别，加以辨证，附以按语，集释可谓精详。《仪礼

---

① 《兰田仪礼说》，《兰田吕氏遗著辑校》，中华书局 1993 年版，第 545 页。
② 《兰田仪礼说》，《兰田吕氏遗著辑校》，中华书局 1993 年版，第 546 页。
③ 《经部·礼类》，《四库全书总目》卷 20，中华书局 1965 年版，第 159 页。《四库全书总目》作《仪礼识误》3 卷，与《宋史·艺文志》1 卷异。
④ 《礼二·仪礼》，《朱子语类》卷 85，中华书局 1986 年版，第 2195 页。

释宫》考论古人宫室制度。他模仿《尔雅·释宫》,条分胪序,各引经记注疏,参考证明。如根据《尚书·顾命》东西序、东西夹、东西房之文,证明寝庙制度异于明堂等。凡此都能辨析详明,深得经的意旨,发先儒之所未发,非以空言说礼之所能①。

李如圭与朱熹同时,有记载称朱熹曾与李氏校定礼书。《四库全书总目》认为,疑朱熹尝录如圭的《仪礼释宫》,而编辑朱熹文集的人以为是朱熹作的,但考朱熹《仪礼经传通解》以乡饮酒荐出自左房,聘礼负右房,都是照贾公彦的疏立论,与李氏《仪礼释宫》不同,可证此书不出于朱熹之手。

朱熹撰《仪礼经传通解》包括《家礼》5 卷,《乡礼》3 卷,《学礼》11卷,《邦国礼》4 卷,《王朝礼》14 卷,丧、祭礼由门人黄榦续成。《朱子语类》编有《仪礼》1 卷。关于《仪礼》的内涵和性质,朱熹认为,"三代之礼,今固难以尽见。其略幸散见于他书,如《仪礼》17 篇多是士礼,邦国人君者仅存一二"②。又说:"今《仪礼》多是士礼,天子诸侯丧祭之礼皆不存,其中不过有些小朝聘燕飨之礼。自汉以来,凡天子之礼,皆是将士礼来增加为之"③。士礼是基础,由此而变通增加天子诸侯丧祭的礼仪。关于《仪礼》的由来,即礼的源头。朱熹认为,《仪礼》不是古人预先作一书如此。"初间只以义起,渐渐相袭,行得好,只管巧,至于情文极细密,极周经处。圣人见此意思好,故录成书"④。它是在人的交往活动中逐渐积累丰富起来,有的交往活动的行为逐渐规范化,相袭而行,圣人加以筛选和改进,而编录成《仪礼》一书。这是符合礼的发生、发展的实际的解释。关于《仪礼》的成书过程。朱熹认为,"鲁共王坏孔子宅,得古文《仪礼》五十六篇,其中十七篇与高堂生所传十七篇同。郑康

---

① 参见《经部·礼类》,《四库全书总目》卷 20,中华书局 1965 年版,第 159 页。
② 《礼一·论考礼纲领》,《朱子语类》卷 84,中华书局 1986 年版,第 2182 页。
③ 《礼二·仪礼》,《朱子语类》卷 85,中华书局 1986 年版,第 2193 页。
④ 《礼二·仪礼》,《朱子语类》卷 85,中华书局 1986 年版,第 2194 页。

成注此十七篇,多举古文作某,则是他当时亦见此壁中之书。不知如何只解此十七篇,而三十九篇解,竟无传焉"①。朱熹对为什么只注 17 篇提出疑问,致使其余 39 篇不传。"上古礼书极多,如河间献王收拾得五十六篇,后来藏在秘府,郑玄辈尚及见之。今注疏中有引援处,后来遂失不传,可惜! 可惜!"② 这个悬案后人虽有解释,但未及其详。关于"三礼"关系。朱熹认为,"《仪礼》是经,《礼记》是解《仪礼》。如《仪礼》有《冠礼》,《礼记》便有《冠礼》;《仪礼》有《昏礼》,《礼记》便有《昏义》;以至燕、射之类,莫不皆然"③。又说:"《仪礼》礼之根本,而《礼记》乃其枝叶。《礼记》乃秦汉上下诸儒解释《仪礼》之书,又有他说附益于其间。"④ 肯定《仪礼》为经、为根本,《礼记》为解释《仪礼》的书,因此朱熹曾设想编一书,把《仪记》篇目置于前,附《礼记》于后,并已作了 20 余篇。他也授于门人潘恭叔,潘亦整理出几篇来⑤。

朱熹门人黄榦、杨复续成《仪礼经传通解续》29 卷。杨复又撰《仪礼图》17 卷,《仪礼旁通图》1 卷。杨氏自序说,赵彦肃作"特牲"、"少牢"二礼图,质于朱熹。朱熹以为,如把冠、昏图及堂室制度一起加以考察更好,于是杨复依据其师朱熹意旨,录 17 篇经文,节取旧说,疏通经意,各详其仪节陈设的方位,系之以图,共 205 图。又分宫庙门、冕弁门、牲鼎礼器门,有图 25,为《仪礼旁通图》附于后。但《四库全书总目》对废"释宫"一门、宫庙门仅 7 图,颇为不满,批评其既纷无条贯,又茫然失其处所。

---

① 《礼二·仪礼》,《朱子语类》卷 85,中华书局 1986 年版,第 2195 页。

② 《礼二·仪礼》,《朱子语类》卷 85,中华书局 1986 年版,第 2194 页。

③ 《礼二·仪礼》,《朱子语类》卷 85,中华书局 1986 年版,第 2194 页。

④ 《礼一·论修礼书》,《朱子语类》卷 84,中华书局 1986 年版,第 2186 页。

⑤ 朱熹曾说:"尝与一二学者考订其说,欲以《仪礼》为经,而取《礼记》及诸经史杂书所载有及于礼者,皆以附于本经之下,具列注疏诸儒之说,略有端绪。"(《乞修三礼劄子》,《朱文公文集》卷 14。)

魏了翁撰《仪礼要义》50卷。朱熹认为,古礼既莫可考,后世沿革因袭的,亦失其意而不知。魏氏是书避免了郑注的古奥而不易通,贾疏的繁文而不易明的弊病,分胪纲目,梳爬剔扶,使其条理秩然,品节度数的分辨,开卷即明,郑、贾两书的精华都于是书所取,于《仪礼》的学习大有功用。

元代吴澄撰《仪礼逸经传》2卷,汪克宽撰《经礼补逸》9卷,均试图对高堂生所传17篇外的39篇的逸经作补。吴澄补《仪礼》之遗经8篇;投壶礼、奔丧礼、公冠礼、诸侯迁庙礼、诸侯衅庙礼、中霤礼、禘于太庙礼、王居明堂礼,其编次先后,皆依行礼之节次,不尽从其原文。此书较之汪克宽书,则显得条精密。汪氏取《仪礼》、《周官》、《大小戴记》、《春秋》三传及诸经中有涉于礼者,以吉、凶、军、宾、嘉五礼统摄编成。

敖继公撰《仪礼集说》17卷。他在《自序》中认为,郑康成注"疵多而醇少",删其不合于经的,存其不谬的,意义有未足的,取疏记或先儒之说以补,又未足,则附自己一得之见[1]。皮锡瑞指出:"敖继公《仪礼集说》,疏解颇畅,惟诋郑注疵多醇少,近儒褚寅亮、钱大昕、俞正燮已驳正之"[2]。他们认为敖氏意不在解经,是在于与郑康成立异。虽然敖氏未免继南宋以来务诋汉儒经注的学风,但《四库全书总目》对此书评价甚高:"于郑注之中,录其所取,而不攻驳所不取,无吹毛索垢百计求胜之心。盖继公于礼所得颇深,其不合于旧说者,不过所见不同,各自抒其心得,初非矫激以争名。故与目未睹注疏之面,而随声佐斗者有不同也。且郑注简约,又多古语,贾公彦疏尚未能一一申明,继公独逐字研求,务畅厥旨,实能有所发挥,则亦不病其异同矣。"[3] 编者未囿于乾嘉汉学之见,而对敖氏如此评价,亦为难得。对敖氏疑

---

① 敖继公:《仪礼集说》,《通志堂经解》(第14册)第33页。

② 《三礼》,《经学通论》(三),中华书局据商务印书馆国学基本丛书本1954年重印,第29页。

③ 《经部·礼类》,《四库全书总目》卷20,中华书局1965年版,第161页。

《丧服传》非子夏所作，多有批评，其实敖氏是怀疑"记"之后的
"传"非子夏所作，因为"记"之后复有"传"的只有《丧服传》这
一篇，所以敖氏提出怀疑，而批评者往往是指"传"后之"记"，而
将"记"后之"传"与之相混淆而致的。

4.《礼记》伦理道德的教化

《礼记》虽作为解释《仪礼》的文本，但由于理学家程朱等从其中抽
出《大学》、《中庸》两篇，格外章句注释，与《论语》、《孟子》并列为《四
书》，成为理学新理论形态的诠释文本的根据。一般在诠释《礼记》时，
亦不废《礼记》原有篇章，依然诠释《大学》、《中庸》。

吕大临撰《礼记解》16卷，宋淳熙间（1175—1189年）朱熹刊刻于临
漳射垛书坊。卫湜于开禧、嘉定年间（1205—1224年）撰成《礼记集说》
引吕氏《礼记解》甚多。《四库全书》编纂在搜罗全国群书中未见吕氏
《礼记解》。宣统三年（1911年）兰田牛兆濂从卫湜《礼记集说》中辑录
而成《兰田吕氏礼记传》16卷（现依陈俊民《兰田吕氏遗著辑校》的《礼
记解》）①。吕氏依理学学风，以义理解经，阐发自己学术思想。他认为
《曲礼》首章首句是讲礼的本根，宗旨和内涵。他说："自天子至于庶人，
壹是以修身为本。欲修其身先正其心者，敬之谓也，修身者，正言貌以
礼者也。故'毋不敬'者，正其心也；'俨若思'者，正其貌也；'安定辞'
者，正其言也。三者正矣，则无所往而非正，此修己以安百姓也。故天
下至大，取之修身而无不足，故曰'安民哉'。此礼之本，故于记之首章
言之"②。吕氏依据《大学》八条目'以修身为本'的思想，敬而正心，思
以正貌，辞以正言，修己以安民。

吕氏从义与利关系诠释《曲礼》"临财毋苟得，临难毋苟免"说："趋

---

① 《礼记解》，中华书局1993年版。
② 《礼记解》，《兰田吕氏遗著辑校》，中华书局1993年版，第187、188页。

利避害,人之情也,虽君子亦然,特主于义而不苟也。义可得则受,义不可得则不受,则得不得有义矣;义可免则免,义不可免则不免,则免不免有义矣。君子所趋,惟义而已,何利害之择哉?"① 趋利避害是人的常情,无论小人君子没有分别,其区别就在于此利得与不得、受与不受,决定于义与不义,合乎义的利可得可受,否则不得不受,是为君子;不义之利得与受,是为小人。吕氏释《中庸》为"圣门学者尽心以知性,躬行以尽性,始卒不越乎此书"②。他释"天命之谓性"为"中","修道之谓教"为"庸"。中为道所由出,为天道、天德,降而在人,人禀受之为性。《中庸》首三句讲性、道、教三者的关系。"性与天道一也,天道降而在人,故谓之性。性者,生生之所固有也。循是而言之,莫非道也。道之在人,有时与位之不同,必欲为法于后世,不可不修"③。凸现理学道德性命之学的主题。

朱熹在《语类》中有一卷论《小戴礼》。他认为"《礼记》要兼《仪礼》读,如冠礼、丧礼、乡饮酒礼之类,《仪礼》皆载其事,《礼记》只发明其理。读《礼记》而不读《仪礼》,许多理皆无安著处"④。由于《礼记》是说理的书,《仪礼》是载事,依事以明理,所以不读《仪礼》理就无安著处或安顿处。朱熹认为从日用的层面看,可以将《礼记》中关于切于日用常行的节选出来看,如《玉藻》、《内则》、《曲礼》、《少仪》等。关于《礼记》古注,他认为郑注自好,看注看疏(孔颖达疏)就可以了。有人攻击郑康成改经文是启学者不敬之心,朱熹却认为改得成义理便可改。

朱熹同意《曲礼》首三句是从源头说来,是一篇的纲领。他在诠释《礼运》"用人之仁去其贪"说:"盖是仁只是爱,爱而无义以制之,便事事都爱好。物事也爱好,官爵也爱,钱也爱,事事都爱,所以贪。诸家解都

---

① 《礼记解》,《兰田吕氏遗著辑校》,中华书局1993年版,第189页。
② 《礼记解》,《兰田吕氏遗著辑校》,中华书局1993年版,第270页。
③ 《礼记解》,《兰田吕氏遗著辑校》,中华书局1993年版,第271页。
④ 《礼四·小戴礼》,《朱子语类》卷87,中华书局1986年版,第2225页。

不曾凭此看得出"①。仁本与贪不相干，但仁属爱，爱有贪的意思，去其贪是去其偏的方面，并非去其爱。他在释《祭义》的"鬼神"时以气魄的魄为"形之神"；魂为"气之神"。魂魄是神气的精英。魂是气之所出入，魄是精明所寓②。朱熹从义理层面释《礼记》，以凸显其理学的思维性。

永嘉学派的集大成者叶适，从功利之学出发评价经典文本，而与程朱道学异趣。他认为《礼记·曲礼》中 300 余条，"人情物理，的然不违"，孔子教颜渊非礼勿视、听、言、动，是必欲此身常行于度数折旋之中，"使人情物理不相逾越，而后其道庶几可存"③。人在交往中其行为应符合度数折旋，然因其度数折旋今已无可考。如果曾子告诉孟敬子的"动容貌、出辞气、正颜色"可以遵用，那么其道应与"人情物理"不相悖或逾越。叶氏突出人情物理与礼的一致性及其地位。

叶适对以往经典文本持批判态度。他释《乐记》说："今以礼乐刑政融会并称，而谓其不二，则论治之浅，莫甚于此。其终礼乐不用而以刑政为报功，儒者之过也"④。礼乐刑政融会的结果，终至导致礼乐不用，刑政为报功的偏颇。他颉难"人生而静，天之性也，感于物而动，性之欲也"。他认为人为生，"生即动，何有于静？以性为静，以物为欲，尊性而贱欲，相去几何？"⑤ 生就是动，那有什么静？既如此，尊性静而贱物动就不合理。他批判《祭义》篇所载宰我孔子的问答，"尤为诞浅而不经。且生生而死死，人道相续，冥冥而昭昭，神道常存，乌有待人死之气而后为神，待人死之魄而后为鬼者乎？骨肉为土，气为昭明，使神道之狭果如此，岂足以流通于无穷乎？"⑥ 人的生生死死、冥冥昭昭，本是人道相

---

① 《礼四·小戴礼》，《朱子语类》卷 87，中华书局 1986 年版，第 2241 页。

② 《礼四·小戴礼》，《朱子语类》卷 87，中华书局 1986 年版，第 2259、2260 页。

③ 《礼记·曲礼》，《习学记言序目》卷 8，中华书局 1977 年版，第 95 页。

④ 《礼记·乐记》，《习学记言序目》卷 8，中华书局 1977 年版，第 103 页。

⑤ 《礼记·乐记》，《习学记言序目》卷 8，中华书局 1977 年版，第 103 页。

⑥ 《礼记·祭义》，《习学记言序目》卷 8，中华书局 1977 年版，第 104、105 页。

续、神道常存的一种状态,并不是待人死后的气魄而为神鬼。对于鬼神,由于"儒者见理不明",而只好讲不可知而已。叶适指摘《中庸》首章,"盖万物与人生于天地之间,同谓之命;若降衷则人固独得之矣。降命而人独受则遗物,与物同受命,则物何以不能率而人能率之哉?"①这就是说,既然人与物同受天命,为什么人能"率性",而物不能"率性"?这就是一个矛盾。他对程朱等对于《大学》"格物"的诠释很不满意,"坐一'物'字或绝或通,自知不审,意迷心误,而身与国家天下之理滞窒而不闳,大为学者之害,非余所敢从也"②。叶适对经学的批判意识是学术的自主性自由意识,只有敢于批判经学的经典文本,才能有新的学术创造,而学术创造是学术生命的源泉。

宋开禧、嘉定(1205—1224 年)间卫湜撰《礼记集说》160 卷。他在《自序》中说,他日编月削,历 20 余年而成。他采摭 144 家之说,朱彝尊《经义考》说,卫湜所采摭有 49 家不知其书与不知其人,都赖卫湜《礼记集说》得以流传,所以被称为《礼记》的"渊海"。卫湜对此书几经核定,去取最为赅博,亦最为精审。卫氏在是书《后序》中说,他人著书,惟恐不出于己,他撰是书,惟恐不出于人③。是书影响很大,黄震《读礼记日钞》、陈栎《礼记集义详解》及清钦定《礼记义疏》,都取是书,或删节,或附以己意。仅就保存文献而言,其功大矣。

元吴澄撰《礼记纂言》36 卷。吴澄认为,戴记经文庞杂,疑多错简。他重新调整篇章次序和内容,变原 49 篇为 36 篇:《通礼》9 篇,《丧礼》11篇,《祭礼》4 篇,《通论》12 篇。《大学》、《中庸》依程朱别为一书,移出《礼记》;《投壶》、《奔丧》归于《仪礼》;《冠义》、《昏义》、《乡饮酒义》、《射义》、《燕义》、《聘义》辑为《仪礼传》。这种篇章次序已与原来不同,即使

---

① 《礼记·中庸》,《习学记言序目》卷 8,中华书局 1977 年版,第 107 页。
② 《礼记·大学》,《习学记言序目》卷 8,中华书局 1977 年版,第 114 页。
③ 《经部·礼类》,《四库全书总目》卷 21,中华书局 1965 年版,第 169 页。

每篇内容亦依以类相从,使上下意义联属贯通,也与原来有别。元人虞集称其"始终先后最为精密,先王之遗制,圣贤之格言,其仅存可考者,既表而存之,各有所附,而其纠纷固泥于专门名家之手者,一旦各有条理,无复余蕴"①。十分推重。王守仁说:"吴幼清氏因而为《纂言》,亦不数数于朱说,而于先后轻重之间,固已多所发明……则如《纂言》者,固学礼者之箕裘筌蹄,而可以少之乎!"②称其为学礼所不可缺的方便之门和方法,亦是不可少的工具。

明胡广奉敕撰《礼记大全》30卷。是书以元人陈澔撰《云庄礼记集说》为主。明初科举之制,始定《礼记》用澔注,用以取士,所以胡广以澔《集说》为宗。之所以用澔注取士,是因为陈澔父陈大猷师事饶鲁,鲁师事朱熹女婿黄榦,为朱学之余蕴;再者郑注简奥,孔疏典赡,都没有陈澔《集说》浅显,卫湜《集说》卷帙繁富,亦没有陈澔《集说》简便。然《四库全书总目》编者批评说:"陈澔《集说》,略度数而推义理,疏于考证,舛误相仍。纳喇性德至专作一书以攻之,凡所驳诘,多中其失。广等乃据以为主,根柢先失。其所援引,亦不过笺释文句,与澔说相发明"③。既指摘澔之失,亦指出胡广《礼记大全》之弊。朱彝尊《经义考》引陆元辅的话说诸经"大全",都是攘窃成书。但诸经的撰写,都是以明理为旨趣,并非"虚悬"。

二、春秋学尊王攘夷的新义

"尊王攘夷"是两宋政治论争的主题,亦与学术论争相关联。北宋是在"五代之际,君君臣臣父父子子之道乖,而宗庙、朝廷、人鬼皆失其

---

① 《经部·礼类》,《四库全书总目》卷21,中华书局1965年版,第169页。
② 《礼记纂言序》,《王文成公全书》卷7。
③ 《经部·礼类》,《四库全书总目》卷21,中华书局1965年版,第170页。

序,斯可谓乱世者欤"①的情境下建立的,就需重建伦理道德和君王权威;南宋是在"靖康之耻"后在杭州建立的偏安政权,时时面临金的侵扰。前者重"尊王",后者重"攘夷",这是时代的使然。以"尊王攘夷"为"大义"的《春秋》经,成为这时论争的需要。所以《春秋》经备受关注,治《春秋》学者代有名家。

1. 春秋学的正王纲严名分

《春秋》是春秋战国时各国史的通名,也是鲁国史的专名。《春秋》有三种传本,即诠释本《左氏春秋》、《公羊春秋》和《谷梁春秋》,前者由先秦文字写的,称"古文",后两种用汉隶写的,称"今文",并立于"学官"。孔子修《春秋》,其情境与宋前五代相似:"世衰道微,邪说暴行有作,臣弑其君者有之,子弑其父者有之。孔子惧,作《春秋》。""孔子成《春秋》而乱臣贼子惧"②。鉴于此,必须首先树立君主至高无上的权威,以纠当时王纲不正、名分僭越的时弊。孙复撰《春秋尊王发微》12篇,直点主题。《四库全书总目》引晁公武《读书志》说:"明复为《春秋》,犹商鞅之法,弃灰于道者有刑,步过六尺者有诛。盖笃论也,而宋代诸儒,喜为苛议,顾相与推之"③。石介亦说明孙复著述之旨趣:"先生尝以谓尽孔子之心者《大易》,尽孔子之用者《春秋》,是二大经,圣人之极笔也,治世之大法也。故作《易说》64 篇,《春秋尊王发微》12 卷。"④ 孙复效法孔子,以《易说》阐发形而上之道,以《春秋尊王发微》发形而下之用。就孙复的治世大法而言:

一是正王纲,辨本末。《春秋》起始隐公元年,"春王正月"。《左传》解释为"元年春,王周正月,不书即位,摄也"。《公羊传》释为"元年者

---

①　《唐废帝家人传》,《新五代史》卷 16,中华书局 1992 年版,第 173 页。
②　《滕文公下》,《孟子集注》卷 6,《四书五经》本,世界书局 1936 年版。
③　《经部·春秋类》,《四库全书总目》卷 26,中华书局 1965 年版,第 214 页。
④　《泰山书院记》,《徂徕石先生文集》卷 19,中华书局 1984 年版,第 223 页。

何？君之始年也。春者何？岁之始也。王者孰谓？谓文王也。曷为先言王而后言正月？王正月也。何言乎王正月？大一统也。公何以不言即位？成公意也。"《谷梁传》释曰："虽无事必举正月，谨始也。公何以不言即位？成公志也"①。孙复借此阐发其尊王思想："欲治其末者必先端其本，严其终者必先正其始。元年书'王'，所以端本也；'正月'，所以正始也。其本既端，其始既正，然后以大中之法从而诛赏之"②。从本末、始终的比较中，凸显"元年书王"和正月正始的重要意义，只有本端才能末治，始正才能终严。换言之王尊而臣从，上正而民服。强本而抑末，正始而严终，使王纲正，本末辨，中央王权得以强化。

二是严名分，禁僭越。隐公二年十二月"郑人伐卫"，《左传》释："讨公孙滑之乱也。"孙复发微说："孔子曰：'天下有道，则礼乐征伐自天子出……'夫礼乐征伐者，天下国家之大经也，天子尸之，非诸侯可得专也。诸侯专之，犹曰不可，况大夫乎！吾观隐、桓之际，诸侯无小大皆专而行之，宣、成而下，大夫无内外皆专而行之，其无王也甚矣！故孔子从而录之，正以王法，凡侵、伐、围、入、取、灭，皆诛罪也"③。制礼作和出兵征伐为国家的政治、军事大经，其最终决定权在于天子。可是诸侯僭越国家的大经大法，也僭越了确定的名分，而出现礼乐征伐自诸侯出，甚至自大夫出。诸侯大夫无小大、无内外之分的"专而行之"，不仅名分错位，权力倒置，造成王权旁落，名分沦丧。务必"正以王法"，禁以僭越，以维护王权。

隐公七年"夏，城中丘"。孙复发微曰："城邑宫室，高下大小，皆有王制，不可妄作。是故城一邑，新一厩，作一门，筑一囿，时与不时，皆详

---

① 见《春秋三传》，《四书五经》本，世界书局1936年版。

② 《春秋尊王发微》，《四库全书》（第147册），上海古籍出版社1987年版，第3页。

③ 《春秋尊王发微》，《四库全书》（第147册），上海古籍出版社1987年版，第5—6页。

而录之……得其时者其恶小,非其时者其恶大。此圣人爱民力,重兴作,惩僭忒之深旨也"[1]。"中丘"《公羊传》释为"内之邑也"。建筑城邑宫室,高矮大小,都有规定,不可僭越,同时要按照规定时间兴建,不可违时。鲁隐公不按规定时间筑中丘,是违"王制"的行为,应惩其恶。总之,孙复通过发微《春秋》尊王思想,为宋王朝现实政治需要做论证。其对于《春秋》经的研究,"上祖陆淳,而下开胡安国"[2],有承上启下之功。

与孙复同时代的刘敞撰《春秋权衡》17 卷,《春秋传》15 卷,《春秋意林》2 卷,《春秋传说例》1 卷。《四库全书总目》在评价孙、刘两家得失时说:"叶梦得作《石林春秋传》(叶氏号石林),于诸家义疏多所排斥,尤诋孙复《尊王发微》,谓其不深于礼学,故其言多自牴牾,有甚害于经者。虽概以礼论当时之过,而不能尽礼之制,尤为肤浅。惟于敞则推其渊源之正,盖敞邃于礼,故是书进退诸说,往往依经立义,不似复之意为断制,此亦说贵征实之一验也"[3]。批评孙复对礼学没有深刻领悟,出现以意断制的弊病。同时《四库全书总目》借提要王晳的《春秋皇纲论》和刘敞的《春秋传》批评孙复沿啖助、赵匡之余波,几于尽废三传之说。认为刘敞"不尽从传,亦不尽废传,故所训释为远胜于复焉"[4]。孙复弃三传,确有其不妥之处,但若照着三传讲,怎能作尊王发微之释,清人受乾嘉汉学影响而评宋学,自有其囿见。

刘敞兼采三传,不主一家。他所著《七经小传》、《春秋五书》,"经苑中莫与抗。故其文雄深雅健,摹《春秋》、《公》、《谷》两家,大、小《戴记》,皆能神肖"[5]。由于他精于礼乐,尝得先秦彝鼎数十,对奇奥的铭文,他

---

① 《春秋尊王发微》,《四库全书》(第 147 册),上海古籍出版社 1987 年版,第10—11 页。

② 《经部·春秋类》,《四库全书总目》卷 26,中华书局 1965 年版,第 214 页。

③ 《经部·春秋类》,《四库全书总目》卷 26,中华书局 1965 年版,第 215 页。

④ 《经部·春秋类》,《四库全书总目》卷 26,中华书局 1965 年版,第 215 页。

⑤ 《庐陵学案·庐陵门人》,《宋元学案》卷 4,中华书局 1986 年版,第 208 页。

都能释读,因以考知三代制度,这对于他诠释《春秋》甚有帮助。刘氏所撰《春秋权衡》,以平三传的得失,《春秋传》节录三传事迹,然后依自己观点进行诠释,其褒贬义例,多采取《公羊》和《谷梁》两传,如以庄公八年,"夏,师及齐师围郕。郕降于齐师"为例,刘敞说:"郕者何? 国也;降者何? 降之者何? 降者未失其国家者也,降之者失其国家者也,未失其国家者复见,失其国家者不复见,犹迁也。"又曰:"《公羊》以为成者,盛也。讳灭同姓也。不言降吾师,辟之也……实灭其国,改谓其降,实降于鲁,又独言齐,皆非圣人之文也。"又曰:"《谷梁》曰:'不使齐师加威于郕',故使若齐无武功而郕自降,审如此春秋为纵失师之志也,其意虽欲贬齐存郕,其实乃为齐文过"①。刘敞对《春秋》笔法,颇有微言,谓之"改白为黑"。然而,敞亦依己意而改易经文,颇出新意,可谓创造性的诠释。《四库全书总目》评说:"宋代改经之例,敞导其先","盖北宋以来,出新意解《春秋》者,自孙复与敞始"②。由于宋代的改经,才使人们思想从经学神圣光环中解放出来,而开启了宋代理学新理论思潮的出现。

2. 春秋学大旨大义的阐发

二程作为理学的奠基者,程颐所以作《春秋传》,自有其旨趣和用心。他说:"学《春秋》者必优游涵泳,默识心通,然后能造其微也。后王知《春秋》之义,则虽德非禹、汤,尚可以法三代之治。自秦而下,其学不传。予悼夫圣人之志不明于后世也,故作《传》以明之,俾后之人通其文而求其义,得其意而法其用,则三代可复也。是《传》也,虽未能极圣人之蕴奥,庶几学者得其门而入矣"③。程颐为往圣继绝学,把秦以后三

---

① 《春秋三传》卷 3,《四书五经》本,世界书局 1936 年版。
② 《经部·春秋类》,《四库全书总目》卷 26,中华书局 1965 年版,第 215 页。
③ 《春秋传序》,《河南程氏文集》卷 8,《二程集》,中华书局 1981 年版,第 584页。

代之治、圣人之道的不传、不明而传承下来,以明于后世。他认为他的
《春秋传》明圣人的蕴奥,为学者入门之书。这就是说他的书不在于史
事的考论,而在于通过一事一义以体贴圣人的"用心"。譬如对隐公元
年"春,王正月"的诠释就与孙复尊王思想异,他说:"书'春王正月',示
人君当上奉天时,下承王正。明此义,则知王与天同大,人道立矣"①。
重人道的确立,就把王与天与人看做是等同的、同大的。这虽没有明确
表示孟子"民贵君轻"论,但程颐在释隐公七年"夏,城中丘"条中说:"为
民立君,所以养之也。养民之道,在爱其力。民力足则生养遂,生养遂
则教化行而风俗美,故为政以民力为重也"②。爱养民力,使民丰衣足
食,就可移风易俗,教化行而风俗美。

朱熹继承程颐,阐发《春秋》大义,他虽无《春秋》的专著,但在《朱子
语类》中有一卷专论《春秋》,可窥见其思想。他主张:

一是体认圣人意蕴,不要一字半字上理会褒贬,以致舍本求末。
"圣人光明正大,不应以一二字加褒贬于人。若如此屑屑求之,恐非圣
人之本意"③。这是对当时研究《春秋》学风的批评。自孙复以来,治
《春秋》者不免陷于褒贬之争,对《春秋》之大义、圣人的蕴奥反而不去体
悟。孙复主"有贬无褒"说,王晳《春秋皇纲论》则主有贬有褒,他认为孔
子修《春秋》并非专为诛乱臣贼子使之惧,同时也善贤旌善,蕴涵褒义。
划敞亦持此论,其褒贬义例,多采《公羊》、《谷梁》两传之说。胡安国则
认为,不仅《春秋》经文寓褒贬义,而且阙文亦含褒贬义。朱熹认为,"若
必于一字一辞之间求褒贬所在,窃恐不然"④。譬如齐桓、晋文所以有

---

①　《春秋传》,《河南程氏经说》卷 4,《二程集》,中华书局 1981 年版,第 1086
页。

②　《春秋传》,《河南程氏经说》卷 4,《二程集》,中华书局 1981 年版,第 1095
页。

③　《春秋·纲领》,《朱子语类》卷 83,中华书局 1986 年版,第 2148 页。

④　《春秋·纲领》,《朱子语类》卷 83,中华书局 1986 年版,第 2149 页。

功于王室,是因为当时楚国最强大,经常加兵于郑国,郑国在王畿之内。如果齐晋不遏制楚,周王室就会被其兼并。朱熹从《春秋》大义出发,批评对《春秋》义理的穿凿附会,"或有解《春秋》者,专以日月为褒贬,书时月则以为贬,书日则以为褒,穿凿得全无义理!"① 有以书与不书为褒贬、有以一字半字为褒贬,这里以日月为褒贬。这就无异于把孔子修《春秋》是"专任私意,妄为褒贬",岂非有辱圣人。

二是明道正谊为《春秋》大旨。朱熹认为,"正谊不谋利,明道不计功;尊王贱伯,内诸夏,外夷狄,此《春秋》之大旨,不可不知也"②。他批评近来治《春秋》只讲趋利避害,霸业权谲。"看已前《春秋》文字虽牾,尚知有圣人明道正谊道理,尚可看。近来止说得伯业权谲底意思,更开眼不得! 此义不可不知"③。体认《春秋》明道正谊的道理,就不会计较谋利、计功,若如今人只计较齐桓、晋文霸业,而谋利计功,实有违《春秋》的本旨大义。假如世上人人都计较功利,谁人去为国牺牲,杀身成仁。"若人人择利害后,到得临死节底事,更有谁做? 其间有为国杀身底人,只是枉死了,始得!"④ 这是朱熹所忧患的。人人只讲功利,仁义道德就可能削弱,唐末和五代的情境就是一个例证,所以,朱熹极力从《春秋》大旨的明道正谊层面诠释,是有其现实需要的。

三是遏人欲,存天理。朱熹认为董仲舒所说的"正其谊不谋其利,明其道不计其功"这两句话正是《春秋》大法之所在,这是天理,今人却不正其谊而谋其利,不明其道而计其功,"一味巧曲,但将《孟子》'何以利吾国'句说尽一部《春秋》"⑤,只讲利和利欲,所以今人治《春秋》,"都是一般巧说,专是计较利害,将圣人之经做一个权谋机变之书。如此,

---

① 《春秋·纲领》,《朱子语类》卷83,中华书局1986年版,第2146页。
② 《春秋·经》,《朱子语类》卷83,中华书局1986年版,第2173页。
③ 《春秋·经》,《朱子语类》卷83,中华书局1986年版,第2173页。
④ 《春秋·纲领》,《朱子语类》卷83,中华书局1986年版,第2150页。
⑤ 《春秋·经》,《朱子语类》卷83,中华书局1986年版,第2174页。

不是圣经,却成一个百将传"①。以自己的利欲之心,诠释《春秋》,测度圣人之意,显然是一种巧说曲解,不附合《春秋》的本旨大义。在朱熹这种"巧曲"的诠释,并不始于今人,《左传》就是先例。他说:"《左氏传》是个博记人做,只是以世俗见识断当他事,皆功利之说"②。"世俗见识"往往只重利欲,而忽略《春秋》所蕴涵的意义和道理。所以朱熹不同意吕祖谦从史学观点出发"教人看《左传》",因为"人若读得《左传》熟,直是会趋利避害"③。所以不如教人看《论》、《孟》。朱熹认为,如果体贴《春秋》的褒贬事例,就不难发现"《春秋》本是严底文字,圣人此书之作,遏人欲于横流,遂以二百四十二年行事寓其褒贬"④。遏人欲,便是为了存天理。

天理既是伦理道德的终极价值,亦是天地社会的终极价值。当时有学生从后一层意义上问《左传》成公十三年刘康公说的一句话"民受天地之中以生"之"中是气否?"朱熹回答说:"中是理,理便是仁义礼智,曷常有形象来? 凡无形者谓之理,若气,则谓之生也。清者是气,浊者是形。气是魂谓之精,血是魄谓之质。所谓'精气为物',须是此两个相交感,便能成物。'游魂为变',所禀之气至此已尽,魂升于天,魄降于地。阳者气也、魂也,归于天,阴者质也、魄也,降于地,谓之死也。知生则便知死,只是此理"⑤。生死之理,阴阳魂魄之理。理是无形的,它是中,也是仁义礼智四德。

朱熹对《春秋》三传也有评价,他认为"看《春秋》,且须看得一部《左传》首尾意思通贯,方能略见圣人笔削,与当时事之大意"⑥。这是《左

---

① 《春秋·经》,《朱子语类》卷83,中华书局1986年版,第2174页。
② 《春秋·纲领》,《朱子语类》卷83,中华书局1986年版,第2151页。
③ 《春秋·纲领》,《朱子语类》卷83,中华书局1986年版,第2150页。
④ 《春秋·经》,《朱子语类》卷83,中华书局1986年版,第2174页。
⑤ 《春秋·经》,《朱子语类》卷83,中华书局1986年版,第2168页。
⑥ 《春秋·纲领》,《朱子语类》卷83,中华书局1986年版,第2148页。

传》长处:"左氏之病,是以成败论是非,而不本于义理之正。尝谓左氏是个猾头熟事,趋炎附势之人"①。不仅评其书之失,且评品其人品。因其人品不高,其"见识甚卑"。朱熹把三传做了分梳,"以三传言之,左氏是史学,《公》、《谷》是经学。史学者记得事却详,于道理上便差;经学者于义理上有功,然记事多误"②。从这个意义上说:"左氏所传春秋事,恐八九分是。公、谷专解经,事则多出拙度";"《春秋》制度大纲,《左传》较可据,《公》、《谷》较难凭"③。这个评价有一定合理性,也较契合事实,这是朱熹对《春秋》三传的体认。

3. 尊王攘夷和天理人欲之辩

朱熹在《语类·春秋》一卷中评论胡安国《春秋传》处甚多,可见胡安国《春秋传》在当时很有影响,但由于胡、朱学术旨趣不同,总的来说,朱熹在回答学生的提问中评价不高。"问:'诸家《春秋》解如何?'曰:'某尽信不及。如胡文定《春秋》,某也信不及'。""问胡《春秋》。曰:'亦有过处。'"又说:"胡《春秋传》有牵强处。然议论有开合精神"④。之所以"信不及"是指《春秋》中的事件,圣人的意思究竟如何难以确定,又指胡氏解经不使道理明白,与做时文答策相似。在《春秋传》经解中,朱熹亦有不同意见:"胡文定说《春秋》'公即位',终是不通。且逾年即位,凶服如何入庙? 胡文定却说是冢宰摄行。他事可摄,即位岂可摄?"⑤ 综观朱熹对胡氏《春秋传》的批评,基本上是从学术层面来思量的。

据载,胡安国撰《春秋传》主旨是尊王攘夷,但也蕴涵批驳王安石喻

---

① 《春秋·纲领》,《朱子语类》卷 83,中华书局 1986 年版,第 2149 页。
② 《春秋·纲领》,《朱子语类》卷 83,中华书局 1986 年版,第 2152 页。
③ 《春秋·纲领》,《朱子语类》卷 83,中华书局 1986 年版,第 2151 页。
④ 《春秋·纲领》,《朱子语类》卷 83,中华书局 1986 年版,第 2155 页。
⑤ 《春秋·经》,《朱子语类》卷 83,中华书局 1986 年版,第 2159 页。

《春秋》为"断烂朝报"①之意。"初，王介甫以字训经义，自谓千圣一致之妙，而于《春秋》不可偏旁点画通也，则诋以为断烂朝报，直废弃之，不列学官。下逮崇宁，防禁益甚。先生谓《六籍》惟此书出于先圣之手，乃使人主不得闻讲说，学者不得相传习，乱伦灭理，中原之祸殆由此乎……慨然叹曰：'此传心要典也！'盖于克己修德之方，尊君父、讨乱贼、攘外寇，存天理、正人心之术，未尝不屡书而致详焉！"② 胡氏自谓治《春秋》32年，一生潜心刻意追求，以至所习益察，所造益深，知圣人之旨益无穷，而成《春秋传》。该书作为"传心要典"之书，其尊君父，讨乱贼、攘外寇，存天理，正人心，揭出了《春秋》要义。至于把"中原之祸"的原因归结于王安石废弃《春秋》，不列学官，这是没有道理的。"靖康之难"自有其政治的、社会的深刻原因，绝非一经不讲闻而致。

胡安国认为，孔子作《春秋》，是在于遏人欲于横流，存天理于既灭，为后世虑至深远，他通过《春秋传》而凸显遏人欲、存天理这一理学时代话题。尊王攘夷亦是当时政治主题。他诠释隐公元年"春王正月"时说："王正月之定于一何也？天无二日，土无二王，家无二主，尊无二上，道无二致，政无二门"③。天、地、家、尊、道、政都无二而定于一，把尊王有一无二普遍化、绝对化；同时他也凸显攘夷，他历经北南宋之变的悲痛和耻辱，金不断南侵的惨苦，所以他发挥《春秋》攘夷之义。他在诠释哀公十三年"公会晋侯及吴子于黄池"时说："《春秋》内中国而诸夏，吴人主会其先，晋纪常也。春秋四夷虽大，皆曰子，吴僭王矣，其称子，正

---

① 皮锡瑞《经学通论》载："林希逸曰：'尹和靖言介甫未尝废《春秋》，废《春秋》以为断烂朝报，皆后来无忌惮者，托介甫之言也'。锡瑞按此诸说可为安石平反。"(《春秋》，《经学通论》四，中华书局1954年上海版，国学基本丛书重印本。)

② 《武夷学案·附录》，《宋元学案》卷34，中华书局1986年版，第1177、1178页。

③ 《春秋传》，《四库全书》(第151册)，上海古籍出版社1986年版，第23页。

名也"①。夷狄君主都称子，而不能僭称王，僭称王就是不合法的事，也意蕴着指斥金的僭越。《春秋》在记载诸夏与夷狄事件的详略上亦有差异，胡安国在诠释宣公十一年"秋晋侯会狄于攒函"时说："《春秋》正法，不与夷狄会同分类也。书'会戎'、'会狄'、'会吴'，皆外词也。内中国故详，外四夷故略"②。"攒函"是狄地，其记载事件详略的差分，说明是以中国为中心、为主导，而以夷狄为边缘、为次要，体现了重中国轻夷狄的历史观。

胡安国儿子胡宏，创立湖湘学派，经张栻的发展，而与朱熹的闽学、吕祖谦为代表的"婺学"相鼎足。胡宏说："孔子作《春秋》，鉴观前代，贤可与，则以天下为公，嫡可与，则以天下为家，此万世无弊之法也。使帝乙而知是道，商之十世犹未可知矣"③。帝乙是贤君，但拘泥于立嫡纣而亡天下，这是帝乙不慎、不知变通的过错。尧舜与贤，天下为公，三王与嫡，天下为家。胡宏认为，这是遇时不同。

吕祖谦对《春秋》深有研究，他从史学角度关注《春秋左氏传》。《宋史·艺文志》录有《春秋集解》30卷，《左传类编》6卷，《左氏博议》20卷，《左氏说》1卷。他的门人张成招标注《左氏博议纲目》1卷。《四库全书》收有《春秋左氏传说》20卷，《春秋左氏传续说》12卷，《详注东莱左氏博议》25卷。《左传类编》取左氏之文分别为19目；《东莱博议》随事立义，以评其失；《左氏传说》持论与《博议》略同，而推阐更为详尽。吕氏治《春秋左氏传》邃于史事，对传文的研究，必穷史事的始末，核实其得失：如对于朝祭、军旅、官制、赋役诸大典；晋、楚兴衰；列国向背之事机，诠释尤为明畅。吕氏基于自己史学实证的方法论，对于传文所载人或事，阐发其意蕴，并抉摘其疵：如不明君臣大义；好以人事附会灾祥；

①　胡安国：《春秋胡氏传》卷1，商务印书馆1934年版，第4页。

②　胡安国：《春秋胡氏传》卷17，商务印书馆1934年版，第8页。

③　《皇王大纪论》，《胡宏集》，中华书局1987年版，第244页。

记管(仲)、晏(婴)事能尽精神,说圣人事便无气象等。《四库全书总目》提要认为,吕氏指出此三方面的弊病,"实颇中其失"。吕氏从其史学实证学风出发,认为空谈不可以说经,但也不倡导废《传》的高论①。这是对待历史文本的正确态度,也表明其求实学风。

吕祖谦诠释《春秋》不离理欲之辨的时代话题和人文语境,但与当时严天理人欲之分稍异,他并非认为两者绝对分二相离,而是从关注两者的相对相关性出发,认为天理人欲既相分,又相依,天理在人欲中,而不在外。吕氏说:"知天理常在人欲中,未尝须臾离也。欲心方炽,而慊心遽生。孰导之而孰发之乎?呜呼!梁伯一念之慊,此改过之门也"②。天理人欲须臾不离,换言之,即天理存,人欲存;天理灭,人欲灭,两者不可绝对分离,也不能存天理而灭人欲。吕氏在诠释《春秋左氏传》:"梁亡,不书其主,自取之也。初,梁伯好土功,亟城而弗处,民罢而弗堪,则曰:'某寇将至,乃沟公宫。'曰:'秦将袭我。'民惧而溃,秦逐取梁"之事说:"惟其心慊然以为非,恐民之不我从,故虚张外寇以胁之耳。嗜版筑而不已者,心之私也;慊版筑而不安者,心之正也。诈固非良心,慊独非良心乎?"③《说文解字》:"慊,疑也。"段玉裁注:"疑者,惑也……不平于心为嫌之正义,则嫌疑字作慊为正。"引申为悔恨的意思。版筑是指筑墙时用两板相夹,以泥置其中,用杵舂实。梁伯虚张外寇来犯的威胁,促使民来筑城墙,是为欺诈,欺诈固非良心,是心之私的私欲,然而,梁伯悔恨版筑不断而心不安,是心之正的良心发现。吕氏认为一个人不可能只有诈心、欲心而没有慊心、良心,换言之,不可能只有人欲而无天理,于是天理人欲不离。

吕祖谦认为利者义之和。他说:"君子固不以利自浼,亦不以利自

①　《经部·春秋类》,《四库全书总目》卷27,中华书局1965年版,第220、221页。

②　吕祖谦:《梁亡》,《东莱博议》卷3。

③　吕祖谦:《梁亡》,《东莱博议》卷3。

嫌也。一国之重，有民人焉，有社稷焉，吾其可以避趋利之小嫌，而濡滞逗挠，使为奸寇之所伺乎！"① 虽然儒家认为正义不谋利，明道不计功，但君子为国家、人民、社稷的公利、大利，而不以利"自嫌"、"自浼"，不避趋利的小嫌，这正是大义之所在。世俗之人诋毁"霸者必曰尚功利"，其实霸者并非都绝对尚功利，两者并非完全一致；仁义亦非与功利绝缘，而无一致性。吕氏借齐桓公为五霸之盛，但诸子相屠，身死不殡，祸且不能避，岂功利之敢望乎！

吕氏治《春秋》，陈振孙《书录·题解》评为：左氏一书，多所发明，而不为文，其说良是。朱熹亦称其极为详博。然由于朱熹主张先经后史，因而以吕氏重史，"伯恭动劝人看《左传》迁《史》，令子约诸人抬得司马迁不知大小，恰比孔子相似"②。由而与朱熹发生冲突，"伯恭子约宗太史公之学，以为非汉儒所及，某尝痛与之辨。子由《古史》言马迁'浅陋而不学，疏略而轻信。'此二句最中马迁之失，伯恭极恶之"③。吕氏兄弟祖谦、祖俭重《左传》、《史记》，朱熹认为他们宗史学，抬高司马迁地位，与孔子相似，并同意苏辙对司马迁的评价，就《史记》的本身说，这个评价有过处、有偏颇。

4.《春秋》褒贬和三传会通

元代《春秋》学，《四库全书》收录 20 种，吴澄撰《春秋纂言》12 卷，《总例》1 卷。是书之作，采摭诸家传注，间或断以己意。该书体例分 7 纲 81 目，天道、人纪二例为其所创造，吉、凶、军、宾、嘉五例，与宋代张大亨《春秋五礼例宗》互相出入。《四库全书总目》提要认为吴澄并非蹈袭张大亨，因为两人学脉有异，门户不同，可能是暗合。吴澄缕析条分，

---

① 吕祖谦：《东莱博议》。

② 《吕伯恭》，《朱子语类》卷 122，中华书局 1986 年版，第 2951 页。

③ 《吕伯恭》，《朱子语类》卷 122，中华书局 1986 年版，第 2951 页。

则比张氏为细密。

吴澄在《春秋序录》中说:"载事则左氏详于公、谷,释经则公、谷精于左氏,意者左氏必有按据之书,而公谷多是传闻之说。"基于此,吴氏认为人名、地名的差异,语音字画之误,此类一从《左传》;文字意义,《左传》确有失而《公羊》、《穀梁》有得,则从《公羊》、《穀梁》。三传各有得失,而不废三传。吴氏尽管试图在学术上和会朱陆,但仍以朱为宗。《春秋纂言》即遵朱熹意旨,采啖助、赵匡、陆淳的遗说,参以吴氏自己的意见,使人知道圣人作《春秋》有一定法则或笔法。吴氏对时人的《春秋》之作,尚能持公正态度。他在齐履谦《春秋诸国统纪·序》中说:"缕数旁通,务合书法,间或求之太过,要之不苟为言"①。瑕瑜不掩,中其肯綮。

程端学撰《春秋本义》30 卷,《春秋或问》10 卷,《春秋三传辨疑》20卷。他采三传以下 176 家(有说 130 家)之说,揭示《春秋》本义。他沿袭孙复"有贬无褒"说,事事求其所贬,本无可讥弹,而必旁引一事或一人以当其罪,而无证据。如经书纪履緰来逆女,伯姬归于纪②等,原无褒贬而贬之,至于支离镣辖,多与经义相违。程氏不信三传,继啖助和赵匡,宋时分为三派:一是孙复《尊王发微》以下,弃传而不驳传;二是刘敞《春秋权衡》以下,驳三传之义例;叶梦得《春秋谳》以下,驳三传之典故。程端学兼三派而用之,并以为《左传》为伪撰。汉时刘向、刘歆、桓谭、班固都认为《左传》的作者是左丘明,唐赵匡以左氏不是左丘明,程氏继之,变本加厉,罔顾其安。《四库全书总目》认为,"平心而论,左氏身为国史,记录最真,《公羊》、《穀梁》去圣人未远,见闻较近,必斥其一

---

① 《经部·春秋》,《四库全书总目》卷 28,中华书局 1965 年版,第 226 页。
② 《春秋》隐公二年《经》载:"九月,纪履緰来逆女。冬十月,伯姬归于纪。"《左传》"纪履緰"作"纪裂繻"。程端学说:"逆当使命卿,不当使大夫,纪以大夫逆国母,鲁亦不能以礼却之,故书以示戒。"(《春秋本义·原序》,《四库全书》(第 160册),第 49 页。)

无可信，世宁复有可信之书。此真妄构虚辞，深诬先哲"①。这个批评带有情绪，而不够公允，对《左传》作者的怀疑，不至于就是"深诬先哲"。对某事的怀疑，是学术求真的动力，学术在怀疑中不断贴近真实。

虽然程端学撰《春秋本义》等三书，但人们均重视郑玉的《春秋经传阙疑》，究其原因是郑玉的书"主于明经以立教，端学之著书主于诋传以邀名。用心之公私，迥不同哉"②。郑玉兼治三传，叙事专主《左氏传》，而附以《公》、《榖》；立论则先以《公》、《榖》，而参以历代诸儒之说。经有残缺则考诸传以补其遗，传有舛误则稽于经而证其谬。所以，郑玉之论皆洞达光明，深得解经之要旨。郑氏著书既严肃又谨慎，对理易明而意有疑的，便阙而不讲。《四库全书总目》认为郑氏"大抵平心静气，得圣人之意者为多"③。

赵汸师事黄泽，黄泽口授赵汸《周易》64 卦大义与学《春秋》之要。黄认为论《春秋》学应以左丘明、杜元凯为主，讲《春秋》须先识圣人气象，则一切刻削烦碎之说自然退听，并考古今礼俗的不同，以说明虚辞解经的无益。赵汸遵其师说，撰《春秋集传》15 卷，《春秋师说》3 卷，《春秋属辞》15 卷，《春秋左氏补传注》10 卷，《春秋金锁匙》1 卷。赵汸于《春秋》用力至深。《四库全书总目》引赵汸《春秋集传·自序》曰："学者必知策书之例，然后笔削之义可求。笔削之义既明，则凡以虚辞说经者皆不攻而自破。"《四库全书总目》接着评论说："可谓得说经之要领矣"④。《春秋集传》昭公二十八年以下为其门人倪尚谊据《春秋属辞》义例续补。赵氏《东山集·与朱枫林书》说："春秋本无例，学者因行事之迹以为例，犹天本无度，历家即周天之数以为度。"他是因《礼记·经解》之语，体悟到《春秋》之义在于比事属辞，因复推笔削之旨，而定例凡八。此书

---

① 《经部·春秋》，《四库全书总目》卷 28，中华书局 1965 年版，第 226、227 页。
② 《经部·春秋》，《四库全书总目》卷 28，中华书局 1965 年版，第 227 页。
③ 《经部·春秋》，《四库全书总目》卷 28，中华书局 1965 年版，第 227 页。
④ 《经部·春秋类》，《四库全书总目》卷 28，中华书局 1965 年版，第 228 页。

"参互错综,若未易观。然其入处祇是属辞比事法,无一义出于杜撰云云。其论义例颇确,其自命亦甚高。今观其书,删除繁琐,区以八门,较诸家为有绪,而目多者失之纠纷,目少者失之强配,其病亦略相等"①。其书淹通贯穿,据传求经,而不臆说。

5. 推原经意以订其谬

明代于《春秋》的著述甚多,《明史·艺文志》登录 131 部,1525 卷。《四库全书总目》著录 21 部。明永乐中胡广奉敕撰《春秋大全》70 卷。元延祐科举新制,始以《春秋》用胡安国《春秋传》,定为功令。朱彝尊《经义考》引吴任臣话说,《春秋大全》纂修官 42 人,虽奉敕纂修,实未纂修。所采诸家之说,惟凭胡安国决定去取,而不复考论是非。有明 200 余年,虽科举以经文命题,实以传文立义。《四库全书总目》认为,康熙皇帝钦定《春秋传说汇纂》,对胡(安国)传迂阔鲜当之论,一一驳正,颁布学官。陆粲撰《春秋胡氏传辨疑》,其主旨是指出胡传之失。"胡氏说经,或失于过求,词不厌烦而圣人之意愈晦"②,自元延祐二年立胡传于学官,永乐纂修《春秋大全》,沿而不改,世儒相沿墨守,莫敢异同。陆粲是书提出 60 余处,纠正胡传,明白正大,足以破曲说之弊。陆氏另有《左传附注》5 卷,旁采诸家论断,间释己意,驳正杜预注、孔颖达疏和陆德明音义多处。袁仁亦撰《春秋胡传考误》1 卷,他在《自序》中说,胡安国愤王安石不立《春秋》,志在匡时,多借经以申其说,于经义未必尽相合。他扶摘胡安国之失,如周月非冠夏时等等诸事,皆深有理解而以纠正。然对胡传一概排斥,便有吹求太甚之病。

湛若水从考诸于事,求之于心出发,撰《春秋正传》37 卷。所谓"正传",意在正诸传之谬。此书以《春秋》本鲁史之文,不可强立义例以臆

---

① 《经部·春秋类》,《四库全书总目》卷 28,中华书局 1965 年版,第 228 页。
② 《经部·春秋类》,《四库全书总目》卷 28,中华书局 1965 年版,第 231 页。

说汩之。认为事得而后圣人之心、《春秋》之义皆可得。在湛氏看来,他对于《春秋》的诠释,不仅能与圣人之心沟通,而且能理解《春秋》文本的本义。例如隐公元年不书即位,是因不报故不书。认为这是乃史之文,并非孔子所削等。《春秋》治乱世之书,圣人没有特笔于其间。湛氏只试图核诸实事以求其旨而已。

　　高拱撰《春秋正旨》1卷,篇帙甚少,但《四库全书总目》评价甚高:"其言皆明白正大,足破说《春秋》者之痼疾。卷帙虽少,要其大义凛然,多得经意,固迥出诸儒之上矣"①。该书自设答问,通过答问形式,以正宋以来说《春秋》的穿凿附会,以明欲尊圣人而不知所以尊,欲明书法而不知所以明的缺失。对程颐的"《春秋》只是一个权",高拱认为,程颐"误以天子之事为孔子之自为天子也,故为之说曰权"②。孔子只是尊周,所以明王道,正大法,以礼乐征伐归诸周天子,是堂堂正正的事。对胡安国《春秋传》谓以"夏时冠周月",高拱正之曰:"《左传》'僖公五年正月辛亥朔,日南至',使用夏正,则正月安得日南至也?""圣莫盛于孔子,孔子之事莫大乎《春秋》,《春秋》之事莫大乎正朔,而乃任意为之,以为国史,将为私言乎? 将为公言乎!"③ 孔子哪能敢于改周正朔而用夏时,是以明胡传之谬。高拱推原经意,以订其谬,这正是此书之长。

　　《宋史·艺文志》登录李攀龙《春秋孔义》12卷。《四库全书总目》著录为高攀龙,《千顷堂书目》亦作高攀龙。然朱彝尊《经义考》认为高攀龙《春秋孔义》12卷外,别有李攀龙《春秋孔义》12卷,但注明未见。考李攀龙惟以诗名,不以经术见长,其墓志铭和《明史·本传》不见有是书,可能因攀龙同名而误为李撰。今从《四库全书总目》定《春秋孔义》为高

---

① 《经部·春秋类》,《四库全书总目》卷28,中华书局1965年版,第231页。
② 《春秋正旨》,《高拱论著四种》,中华书局1993年版,第84、85页。
③ 《春秋正旨》,《高拱论著四种》,中华书局1993年版,第76页。

攀龙所撰。是书比较《左传》、《公羊》、《谷梁》和胡安国《春秋传》四家得失,采取以经解经方法,凡经无传有的不敢信,传无经有的不敢疑,即以经为准,无所考证,无所穿凿,所以名为孔义。它说明孔子的意旨而非诸儒的臆说,对后儒的破碎传解、横生曲解有所纠正。

三、四书学理气心性的意蕴

中国学术思想变动不居,生生不息,每一学术思潮的出现,思维形态的转生,都有其所依傍的诠释文本的变换。理学学术思潮的形成,其核心话题是"理"、"气"、"心"、"性",其人文语境是纲常的重建,其诠释文本是《四书》。《四书》之所以离《五经》、《九经》、《十三经》,而单独称谓,并成为"四书学"是与"理学"思潮相适应的,亦是理学作为新儒学所依傍的诠释文本的需要。

理学家选择《四书》作为其构筑其新的理论思维体系的依傍文本,不仅表明其超越了隋唐时以佛性或性情为核心话题的学术思潮,以及以印度佛经为诠释文本情境,而且超越了以先秦以来的百家之学、两汉经学和魏晋玄学的理论思维形态及其所依傍的诠释文本,而成为一崭新的学术思潮、理论思维形态,这便是宋明理学之所以为新的学术思潮之根据的所在。

《四书》是指《论语》、《孟子》、《大学》、《中庸》,但《四书》原本并非都是书,《大学》、《中庸》原是《礼记》书中的两篇,两宋时被抽出单独成书,而与《论语》、《孟子》合为《四书》。宋以后把《四书》、《五经》合编,而称《四书五经》。其对《四书》的重视有超越《五经》之势,《四书》便成为独立于《五经》的新经学。

《四书》之名和作为科举的教本,始于淳熙和延祐。《四库全书总目》说:"其编为《四书》,自宋淳熙始。其悬为令甲,则自元延祐复科举始"①。《四书》便成为宋明理学依以诠释的经典,傍以发挥义理的文本,与以《五经》为训诂文本的考据之学大异其趣。新的经典解释文本的确立,是新的理学思维形态建构的坚实支撑。可以这样说,无新的经典解释文本的确立,亦无新儒学理学的转生。

1.《论语》的爱之理心之德

《论语》,班固的《汉书·艺文志》认为是记载孔子及其弟子言语行事的著作,即"孔子应答弟子、时人及弟子相与言而接闻于夫子之语"而辑的,所以称为《论语》。尽管《论语》命名后人有各种不同说法,但《汉书·艺文志》说法比较妥帖。《论语》究竟为孔子的哪个弟子所"论纂"起来,已很难可考,后人据其篇与篇之中相互重复,而认为它出自不同弟子之手,甚至再传弟子之手,有其道理。先秦典籍其成书,一般均有一个过程。在"论纂"过程中,也会出现不同的本子,如《老子》除通行本外,有马王堆《帛书老子》甲、乙本,郭店楚墓竹简《老子》甲、乙、丙本。《论语》汉时便有《鲁论语》、《齐论语》、《古文论语》等,其篇章互有出入。这是古籍在流传中不可避免的现象,不必以真伪的绝对性来做非此即彼的评说。汉时张禹依《鲁论语》20 篇,兼采《齐论语》,择善而用,为《张侯论》。东汉末郑玄据《张侯论》,参以《古论语》和《齐论语》,为其作注,为通行本《论语》的祖本。

汉以来由于孔子地位的不断被提高,《论语》亦随之水涨船高。汉平帝刘衎追谥孔子为"褒成宣尼公",汉时治《论语》的有 12 家,唐玄宗李隆基又追谥孔子为"文宣王",从公爵上升王,宋真宗赵恒改为"至圣文宣王"。明世宗朱厚熜嘉靖九年(1530 年)大学士张璁上《议孔子祀典》云:"臣窃惟先师孔子,有功德于天下万世,天下祀之,万世祀之,其

---

① 《四书类》,《四库全书总目》卷 35,第 289 页。有认为淳熙九年(1182 年)合刊于浙东,有说绍熙元年(1190 年)刊刻于漳州。

祀典尚有未安者,不可不正"①。《世宗实录》载:"璁奏言:孔子祀典自唐宋以来,溷乱至今,未有能正之者。今宜称先圣先师而不称王;祀宇宜称庙而不称殿……上嘉其论议详正,下礼部令速集议以闻"②。把孔子从世俗的公、王等封爵的地位中超拔出来,他不应为世俗皇帝所谥,而应为世俗皇帝所礼拜的至圣先师,是有功德于天下万世的圣人,不是谥公、谥王所能体现的。礼部议定:"今宜于孔子神位题至圣先师孔子,去其王号及大成、文宣之称"③。于是孔子成为至圣先师之神,祀宇称"文庙",此名号一直延续到近现代。

《论语》作为孔子的著作,亦被尊为经典。《汉书·艺文志》在《易》、《书》、《诗》、《礼》、《乐》、《春秋》后即列《论语》、居《孝经》之前,而入"六艺略",而与儒家、道家、阴阳家、法家、名家、墨家等的"诸子略"分开,即把《论语》从儒家中分出而单列,可见其地位的确非同一般。以后历代均有治《论语》者。宋元明之时《论语》被推尊为《四书》之首,《四库全书》选30余种。但在《四书》的次第和内涵上,由于各人体认、诠释的差分,亦见仁见智。

宋元明时,《论语》普遍受推崇,被称为"宋初三先生"的胡瑗作《论语说》。他在太学时,曾以"颜子所好何学论"试诸生,得程颐答问,即请相见,知契独深。黄百家引文彦博的话评三先生说:"始以师道明正学,继而濂洛兴矣,故本朝理学虽至伊洛而精,实自三先生而始"④。所谓"明正学",就是"明道",即石介所说的"尧、舜、禹、汤、文王、武王、周、孔之道,万世常行不可易之道也。佛老以妖妄怪诞之教坏乱之……"⑤,

---

① 《议孔子祀典第一》,《张璁集·奏疏》卷7,上海社会科学院出版社2003年版,第181页。该书由族兄张宪文校注,并承蒙赠书。

② 《世宗实录》卷119,嘉靖九年十一月癸巳条。

③ 《礼志四》,《明史》卷50,中华书局1974年版,第1299页。

④ 《泰山学案》,《宋元学案》卷2,中华书局1986年版,第73页。

⑤ 《怪说下》,《徂徕石先生文集》卷5,中华书局1984年版,第63页。

以常道批判佛老。

"继而濂洛兴","濂"为周敦颐之学,史称开理学之端。他赞扬孔子,圣人之道即天地之道。在《通书》中他特撰《孔子上》、《孔子下》二章,表彰孔子"道德高厚,教化无穷,实与天地参而四时同,其惟孔子乎!"① 道高如天,德厚如地,便与天地参,教化无穷如四时,便四时同,惟有孔子一人。朱熹认为,就此而论,"孔子其太极乎!"② "洛"为程颢、程颐之学,二程为理学的奠基者,程颐撰《论语解》,倡导孝悌为仁之本,他说:"孝弟于其家,而后仁爱及于物,所谓亲亲而仁民也,故为仁以孝弟为本。论性,则仁为孝弟之本。"③ 孝悌意蕴顺德,不会做逆理乱常的事或做犯上的事。孝悌虽是家庭伦理道德,但可由己及人,由家及物,这便是亲亲而仁民,仁民而爱物。从这个意义上说,孝悌为仁之本;从人性角度看,便是仁为孝悌之本,有仁爱之性,才有孝悌的道德行为。所以说:"仁者天下之正理,失正理则无序而不和"④。所谓正理是指天理,即善理,公正的理。"苟志于仁,则无不善也","得其公正也"⑤。有正理,天下就有序而和合,善而改恶,公正而无私,仁民而爱物,发扬儒家精神。二程弟子杨时作《论语解》、谢良佐亦撰《论语解》等。

濂洛外、关学、蜀学、新学都推崇孔子《论语》。吕大临撰《论语解》,苏轼撰《论语解》,苏辙撰《论语拾遗》,王安石撰《论语注》、其子王雱作《论语口义》、其徒陈祥道撰《论语全解》,吕惠卿撰《论语义》等。湖湘学派胡宏撰《论语指南》(评黄祖舜、沈大廉之说),张栻作《论语解》(又称《论语说》),张栻在《论语说序》中说,他作《论语解》的宗旨是有鉴于"近岁以来,学者又失其旨,曰吾惟求所谓知而已,而于躬行则

① 《周敦颐集》卷2,中华书局1984年版,第40页。
② 《通书·孔子下》,《周子全书》卷10,《万有文库》本。
③ 《河南程氏经说》卷6,《二程集》,中华书局1981年版,第1133页。
④ 《河南程氏经说》卷6,《二程集》,中华书局1981年版,第1136页。
⑤ 《河南程氏经说》卷6,《二程集》,中华书局1981年版,第1137页。

忽焉"①。知与行相离,知而不行,于是撰《论语解》阐发"致知力行之原",以纠知行相离的弊病。

朱熹毕生钻研《四书》,对《论语》著有《论语要义》、《论语训蒙口义》、《论语精义》、《论语或问》、《论语集注》等。他说:"某于《论》、《孟》,四十余年理会,中间逐字称等,不教偏些子"②。所谓"称等",是指注文的每一个字,都是秤上称过的,不高些亦不低一些,完全符合,不能增损。他对吴仁父说:"某《语、孟集注》,添一字不得,减一字不得,公子细看"③。这不是自诩之词,朱熹确实下了极大功夫,直至临死前仍在不断修改《四书章句集注》。

朱熹对于《论语》的诠释,是一种创造性的"误读"。《论语》中本无理字,然朱熹《论语集注》无处不以理、天理为释:如释"仁"为"爱之理";释"礼"为"天理之节文";释"君使臣以礼,臣事忠以忠"为"二者皆理之当然";释"朝闻道"的"道"为"事物当然之理";释"吾道一以贯之"为"圣人之心,浑然一理";释"君子喻于义"的"义"为"天理之所宜";释"夫子之言性与天道"的"性"为"人所受之天理","天道"为"天理自然之本体","性与天道"为"其实一理也";并释"吾斯之未能信"的"斯"为"指此理而言"。这里仅举《论语》前五篇为例,可见朱熹把《论语》中重要概念,如仁、礼、道、一、义、性、天道等,都"误读"为理、天理,凸显了他是以自己理学思想解读《论语》,体现了理学的时代精神,而不一定符合孔子和《论语》文本的原意,朱熹的诠释,是对《论语》重新创造,是《论语》意蕴的重新发掘和转生,使《论语》意蕴随时代而生生不息。

《论语集注》四十余年"理会",亦是朱熹理学思想体系建构和完善的过程。他说:"《论语》旧尝纂定诸说,近细考之,所当改易者什过五

①　《论语说序》,《张栻全集·南轩集》卷 14,长春出版社 1999 年版,第 751 页。
②　《论语一》,《朱子语类》卷 19,中华书局 1986 年版,第 437 页。
③　《论语一》,《朱子语类》卷 19,中华书局 1986 年版,第 437 页。

六"①。他根据自己理学思想形成中的变易,而不断修改完善。元朝确定以《四书集注》试士子,因此注释之书汗牛充栋,《宋史·艺文志》仅将《论语》入"经类",《大学》、《中庸》未从《礼记》中分出,《孟子》为"子类"。《明史·艺文志》"经类"特立《四书》类,有 59 部,712 卷。明永乐年间胡广奉敕修《四书大全》,作为科举考试的教科书,因而《四书》讲章,不计其数,犹如今日考研辅导资料,泛滥成灾。

2.《孟子》的心、性、天的合一

《孟子》作为《四书》之一,其地位在宋之前,均未入"经类"。从《汉书·艺文志》、《隋书·经籍志》到《宋史·艺文志》均为"子类"。唐儒学复兴运动的开启者韩愈为了与佛道的"法统"相颉颃,编制儒家"道统",首次把孟子作为继尧、舜、禹、汤、文、武、周公、孔子之后的道统的传人,并认为孟子之后,"道统"就不得其传了。② 稍后有李翱、皮日休肯定韩愈的道统说。宋初有孙奭、孙复、石介、范仲淹、欧阳修等,以及二程、张载、王安石,都是尊崇孟子的,石介说:"若夫学尧、舜、孔、孟之道,怀伊尹、周、召之志,文足以绥,武足以来,仁足以恩,义足以教"③。把韩愈的道统谱系简化为"尧舜孔孟之道",孟子已不可或缺。张载曾作《孟子解》14 卷。认为"要见圣人,无如《论》、《孟》为要"④。其弟子吕大临亦作《孟子解》(《孟子讲义》)。二程赞扬孟子不遗余力,"孟子有功于道,为万世之师"⑤。认为圣人之学,若非孟子的传承,就要熄灭了,并认为"学者当以《论语》、《孟子》为本。《论语》、《孟子》既治,则《六经》可不治

---

①　《答程正思》,《朱文公文集》卷 50,《四部丛刊》本。

②　见韩愈:《原道》,《韩昌黎集》卷 11,商务印书馆 1958 年版,国学基本丛书本。

③　《上杜副枢书》,《徂徕石先生文集》卷 14,中华书局 1984 年版,第 158 页。

④　《经学理窟·义理》,《张载集》,中华书局 1978 年版,第 272 页。

⑤　《河南程氏遗书》卷 5,《二程集》,中华书局 1981 年版,第 76 页。

而明矣"①。把《论》、《孟》看做学习《六经》的根本或本根,只有把《论》、《孟》的道理研究透彻了,《六经》就可不治而明,换言之,《论》、《孟》是《六经》要约纲领,以此去体认《六经》,便很省力。显然,二程把《论》、《孟》置于《六经》之先之上。

王安石是熙宁变法的改革家,他所创立的"荆公新学"尊"孔孟如日月",并著《孟子解》14卷,其子王雱亦撰《孟子解》14卷,均佚。熙宁四年(1071年)王安石任同平章事时,以经义取士,将《孟子》首次作为科举科目。朱熹虽指摘王安石,亦称"孟子配享,乃荆公请之"②。马永卿说:荆公《淮南杂说》行于时,天下推尊之以比《孟子》"③。可见王安石一生服膺孟子。元白珽《湛渊静语》提要说:"唐以前《孟子》皆入儒学,至宋乃尊为经。元丰末,遂追封邹国公,建庙邹县,亦安石所为"④。王安石推尊孟子,其功大矣。白珽认为,司马光《疑孟》是由于与王安石相对抗而言的。

但尊孟并非得北宋学者的普遍认同,很多学者对孟子及其书持疑孟、斥孟、贬孟的态度。邵雍的孙子邵博撰《邵氏闻见后录》,在该书的第11卷至13卷,除王充《论衡·刺孟》"近代何涉有《删孟》,文繁不录"⑤和《荀子·非十二子》外,辑录司马光的《疑孟》12条、苏轼《论语说》("与《孟子》辩者八")9条、李觏《常语》、陈次公《述常语》、傅野《述常语》、刘原父《明舜》、张俞《谕韩愈称孟子功不在禹下》、刘道原《资治通鉴外纪》、晁以道《奏审皇太子读孟子》等9家疑、删、诋孟思想,在

_____

①　《河南程氏遗书》卷25,《二程集》,中华书局1981年版,第323页。

②　《礼·祭》,《朱子语类》卷90,中华书局1986年版,第2294页。"元丰七年(1084年),五月壬戌,诏:'自今春秋绎奠,以邹国公孟轲配食宣王'"(李焘:《续资治通鉴长编》卷345,世界书局本,第3542页)。

③　《元城语录解》卷上,商务印书馆,《丛书集成初编》本。

④　《子部·杂家类》,《四库全书总目》卷122,中华书局1965年版,第1050页。

⑤　邵博:《邵氏闻见后录》卷11,中华书局1983年版,第81页。

当时学术界有很大的影响，由此可见，孟子的学术地位并没有被普遍认同。

南宋时期，朱熹、陆九渊、张栻等继承二程的尊孟思想，不仅对《孟子》做仔细的体认诠释，而且对孟子思想阐发精详，为前所不及。朱熹采九家之说撰《孟子精义》、《孟子集义》，后撰成《孟子集注》，又把与学生关于《孟子》的答问纂成《孟子或问》。宋黎靖德编《朱子语类》，其中卷51至61共11卷为《孟子语类》。一生精研《孟子》①，他在《孟子序说》中引"或问于程子曰：'孟子还可谓圣人否？'程子曰：'未敢便道他是圣人，然学已到至处。'"对此，朱熹加了一个按："'至'字，恐当做'圣'字"②。程颐未敢肯定孟子是圣人，可是心中已将其肯定为圣人，基于这种体认，朱熹撰《读余隐之尊孟辨》，对司马光的《疑孟》、李觏的《常语》和郑厚的《艺圃折衷》逐条辨正。

司马光《疑孟》，余允文辨之，朱熹对余氏之辨有同意、有补充、有改正。如《疑孟》第一条："疑'伯夷隘，柳下惠不恭'。"朱熹认为，余氏辨中"观吾孔子之行"至"讵可与夷、惠同日而语哉"58字欲删去，而补之曰："如温公之说，岂非吾夫之一人之身而兼二子之长欤？然则时平清而非一于清矣，是以清而不隘；时乎和而非一于和矣，是以和而未尝不恭……。"并对余氏辨中从"苟有心于制行"至章末，"删去而易之"③。朱熹之辨正是较为客观公正的，如《疑孟》说："孟子云'人无有不善'，此孟子之言失也。"又说："孟子云，白羽之白犹白雪之白，……此所以来犬、牛、人之难也，孟子亦可谓以辩胜人矣。"余允文对此二条都加以批评。

---

① 　朱熹曾编《孟子要略》，他将《孟子》七篇260章，节选85章为5卷，卷一为人性之辨，卷二为论孝悌之道，卷三严义利之辨，卷四辨五霸之方，卷五言为学要领。据曾国藩说，是其亡友汉阳齐苇云传莹，始于金仁山《孟子集注考证》内搜出。使历代不见的《孟子要略》复其旧。

② 　《孟子序说》，《孟子集注》，《四书五经》本，世界书局。

③ 　《读余隐之尊孟辨》，《朱文公文集》卷73，《四部丛刊初编》本。

然朱熹却说:"此二章熹未甚晓,恐隐之之辨亦有未明处"①。朱熹之所以如此说,是由于余氏对人性善之所以为善不明所致。后来他对此在《孟子集注》中对"人无有不善"及"生之谓性"的"犬、牛、人之难"作了诠释:"性者,人之所得于天之理也;生者,人之所得于天之气也。性形而上者也,气形而下者也。人物之生莫不有是性,亦莫不有是气。然以气言之,则知觉运动人与物若不异也;以理言之,则仁义礼智之禀,岂物之所得而全哉,此人之性所以无不善而为万物之灵也"②。性得于理,生得于气,人之生兼具两者,所以从理来说,无有不善;从气来说,知觉运动人与物无差异。由于告子不知理与气之辨,以性为气的知觉运动,便推导出杞柳湍水之喻,食色无善无不善之说等错误。从理气的形而上下层面回应了自己的"未甚晓"与余氏的"未明处",也回应了司马光的疑难。

朱熹对李觏《常语》的诋孟与余允文的《尊孟辨》义加以辨正。自先秦以来,《六经》与王道、孟子与天子的关系,换言之,即《六经》与《孟子》、王道与天子的关系问题,是学术史上论争的重要问题。李觏说:"天下无孟子可也,不可无《六经》;无王道可也,不可无天子。故作《常语》,以正君臣之义,以明孔之道,以防乱患于后世耳"③。李氏分《六经》与孟子、王道与天子为二,两者可以偏废,可有此无彼。余氏则从两者融合层面说明两者不可分二,他说:"无《六经》则不可,而孟子尤不可无;无天子则不可,而王道尤不可无"④。《六经》载帝王之道,为致治的成法,无王道则三纲沦,九法斁,人伦废,天理灭,决不可无。孟子辟杨、墨,距诐行,放淫辞,使邪说不作,正道明,尧舜禹汤文武周孔之业不坠,孟子尤不可无。余氏以"尤"字强调王道和孟子的地位和重要性,这种

① 《读余隐之尊孟辨》,《朱文公文集》卷73,《四部丛刊初编》本。
② 《告子章句上》,《孟子集注》卷11,《四书五经》本,世界书局。
③ 《常语》,《李觏集》附录一,中华书局1981年版,第518页。
④ 见朱熹《读余隐之尊孟辨》,《朱文公文集》卷73,《四部丛刊初编》本。

强调在朱熹看来仍稍有不妥。朱熹喻《六经》为舟，孟子为运舟之人；天子为长民之吏，王道为吏师之法，若舟无人，吏无法，两者都无所值和意义，合而有用，分而无利。

郑叔友的《艺圃折衷》以"孟子非贤人"，并列孟子四罪。余允文认为，所谓孟子之罪的仲尼之徒无道桓文之事，闻诛一夫纣矣，沈同问燕可伐等，已在《疑孟》、《常语》辨中详论。至于"孟子非贤人"，余氏说："孟子治儒术，承三圣，以仁义之道说于诸侯，思济斯民，不幸而其说不行而商周之盛治不可复见，其与假仁而行，急于霸功者有间矣，可谓非贤人乎？"[①] 朱熹评曰：余氏"辨孟子非贤人之句，亦须引孟子所传之说。今只以赵氏题辞为据，恐未足以折谈者之锋也"[②]。在他的心目中，孟子乃是与尧舜禹汤文武周孔相当并列的人，孟子非贤人，是他所决不能接受的，因此朱熹借《读余隐之尊孟辨》，批驳以往诽孟的各种论据，明道统，弘孟子。对于郑厚的诽孟之"贼心"，谤孟之"卖仁义"，"轲诵仁义，卖仁义者也，安得为仲尼之徒欤？"诋孟之"抱纵横之具，饰以仁义，行鬻于齐"[③] 等。朱熹认为这种《折衷》无异于谩骂，他说："诋孟子未有若此言之丑者，虽欲自绝，而于日月何伤乎？有不必辨已"[④]。"言之丑者"，无异于人身攻击的非学术性污蔑。

尽管陆九渊与朱熹学术思想的要旨异趣，然尊孟是相同的。陆氏自称其学"因读《孟子》而自得之于心也"[⑤]，直接承传孟子。并隐晦地承认曾私淑二程。道统自孟轲死后不得其传，"直是至伊洛诸公，得千

①　见《读余隐之尊孟辨》，《朱文公文集》卷73，《四部丛刊初编》本。郑叔友即郑厚为郑樵的兄长。

②　《读余隐之尊孟辨》，《朱文公文集》卷73，《四部丛刊初编》本。赵氏指汉赵岐。

③　见《读余隐之尊孟辨》，《朱文公文集》卷73，《四部丛刊初编》本。

④　《读余隐之尊孟辨》，《朱文公文集》卷73，《四部丛刊初编》本。

⑤　《年谱》，《陆九渊集》卷36，中华书局1980年版，第498页。

载不传之学",但尚是"草创"阶段,"未为光明"。"到今日若不大段光明,更干当甚事?"①　意含他当使之"大段光明"之任,所以他说:"窃不自揆,区区之学,自谓孟子之后至是而始一明也"②。换言之,使孔孟之学真正明于当世的是他陆象山。

与当时程朱道学,陆氏心学相异的永嘉事功之学的叶适,对孟子仍有微辞,特别是否定孟子为道统的承传者。他认为,道始于尧,次舜,次禹,次皋陶,次汤,次伊尹,次文王,次周公,次孔子,"孔子殁,或言传之曾子,曾子传子思,子思传孟子",他断言孔子以后的传承"必有谬误"③。否定曾子传承孔子之道,"以为曾子自传其所得之道则可,以为得孔子之道而传之不可也"④。也就否定了子思、孟子传承道统,并指出孟子"开德广"、"语治骤"、"处己过"、"涉世疏"⑤　的偏颇。既如此,则如何继往圣之绝学?虽叶适自己没有说直承孔子之道,但他非孟,又辨朱陆,隐含自己直承孔子。他的弟子孙之弘在《习学记言序目序》中说:"窃闻学必待习而成,因所习而纪焉,稽合乎孔子之本统者也"⑥。"本统"有"正统"之意蕴。

元延祐年间,以《四书集注》试士子,《孟子》作为四书之一,成为士子们不可不遵循的经典,甚至到了《五经》可不读而《四书》非读不可的地步。明洪武三年(1370年)朱元璋反对《孟子》书中的"君之视臣如手足,则臣视君如腹心;君之视臣如犬马,则臣视君如国人;君之视臣如土芥,则臣视君如寇雠"等语,罢其配享。二十七年(1394年)令大学士刘

---

①　《语录下》,《陆九渊集》卷35,中华书局1980年版,第436页。参见拙著:《走向心学之路——陆象山思想的足迹》,中华书局1992年版,第19页。

②　《与路彦彬》,《陆九渊集》卷10,中华书局1980年版,第134页。

③　《皇朝文鉴·序》,《习学记言序目》卷49,中华书局1977年版,第735—739页。

④　《论语·泰伯》,《习学记言序目》卷13,中华书局1977年版,第188页。

⑤　《皇朝文鉴·序》,《习学记言序目》卷49,中华书局1977年版,第739页。

⑥　《习学记言序目·附录一》,中华书局1977年版,第759页。

三吾修《孟子节文》。刘氏依据朱元璋的意旨删去"词气之间抑扬大过者85条,其余170余条,悉颁之中外校官,俾读是书者知所本旨。自今85条之内,课试不以命题,科举不以取士,壹以圣贤中正之学为本,则高不至于抗,卑不至于谄矣"①。虽然此书作为科试的时间不长,但可窥见朱元璋及明初巩固君主专制政权的需要。

《孟子节文》所删的85条,主要是这样几方面文字:(1)孟子的仁政政治主张,"益迂且远",即最迂腐;(2)《梁惠王》第一章孟子以教训梁惠王的口气"王何必曰利",这是作为至尊的皇帝所不能忍受的,也怕群臣效法;(3)《孟子》书中凡提及桀纣的,阐述得失民心而得失天下的,"闻诛一夫纣矣,未闻弑君"的均删,残贼人纣,而不是弑君,是掌权后的独裁者所害怕的;(4)孟子主张国王应"与民同乐","乐以天下,忧以天下",凡《孟子》书中提到"与民偕乐"、"同乐"都删,以维护宗法社会的等级制度、伦理纲常;(5)孟子准备去见齐王,齐王说有寒疾而不能来看孟子,请孟子去见他,孟子也说自己有疾而不能朝见宣王。孟子认为天下公认尊贵有三:爵位、年龄、道德,齐王怎能以爵位来轻视我的年龄和道德? 表示战国士的独立人格及与王分庭抗礼的胆量,为维护君主至高无上的权利,将《孟子》书中"将朝而闻命中止"均删去;(6)君臣之间是相互的、互动的,不是单方面的绝对服从关系。"孟子告齐宣王曰:'君之视臣如手足,则臣视君如腹心;君之视臣如犬马,则臣视君如国人;君之视臣如土芥,则臣视君如寇雠"。在君主专制制度下,"臣视君如寇雠",无异于鼓励臣民犯上作乱,所以统统被删去;(7)孟子的民贵君轻思想和"诸侯危社稷则变置"的主张,无疑使朱元璋惶惶不安,既怕君主被轻,又惧变置改朝,亦被统统删去。以上几例《疑孟》、《常语》等均不同程度的涉及,刘三吾之《节文》删去了不利于君主统治、民本主义、君

---

① 《孟子节文题辞》,《孟子节文》附,《北京图书馆古籍珍本丛刊》卷1,书目文献出版社1991年版。

臣平等、国家主义、士的独立意志等方面的内容。他在《孟子节文题辞》中说:"若夫天下一君,四海一国,人人同一尊亲上之心,学者或不得其扶持名教之本意,于所不当言、不当施者,概以言焉,概以施焉,则学非所学,而用非所用矣"①。所谓"亲上之心"即亲朱元璋的心思或意志。

明成祖永乐(1403—1424 年)中胡广等敕修《四书大全》,《孟子节文》科试不取的 85 条便失效。嘉靖九年(1530 年)张璁改祀孔子为"至圣先师孔子"时,孟子便成为"亚圣孟子"②。孔孟圣人地位就不可动摇了。

3.《大学》的三纲领八条目

《大学》本是《小戴礼记》中的一篇。从郑玄《礼记注》到唐初孔颖达撰《礼记正义》,均无交代《大学》作者及其成篇时间,学者亦没有特别关注《大学》,只是到了韩愈才对《大学》第一章的八条目予以重视。韩愈在《原道》中率先提出儒教道统说和引用《大学》的诚、正、修、齐、治、平六条目。司马光撰《大学广义》,是《大学》从《礼记》抽出成单行本之始,但亦不明其作者。二程便明确认为:"《大学》孔子之遗言也。学者由是而学,则不迷于入德之门也"③。作为儒教"入德之门"的书,二程十分重视,各自改移原文,而撰《改正大学》④,因而两者有异。这种改变《大学》原文的做法,显然是依据自己对文本的理解并据己意而改的,是消解了经典文本的神圣光环后的改经活动。其后据《宋史·艺文志》载:有

---

① 《孟子节文》后附,《北京图书馆古籍珍本丛刊》卷,书目文献出版社 1991 年版。参见关桐《从明初的〈孟子节文〉看孟子思想》载《炎黄文化研究》2002 年《炎黄文化》增刊,第 102—119 页。

② 《礼志四》,《明史》卷 50,中华书局 1974 年版,第 1299 页。

③ 《论书篇》,《河南程氏粹言》卷 1,《二程集》,中华书局 1981 年版,第 1204 页。

④ 《明道先生改正大学》,《伊川先生改正大学》,《河南程氏经说》卷 5,《二程集》,中华书局 1981 年版,第 1126—1132 页。

吕大临《大学》一卷,喻樗《大学解》一卷,张九成《大学说》一卷等。朱熹集其成而撰《大学章句》和《大学或问》。

朱熹《大学章句》对其作者和章次编定均异于二程。二程以其作者为"孔子之遗言",朱熹则认为《大学》经一章"盖孔子之言,曾子述之(凡205字)。其传十章,则曾子之意而门人记之也"①。比较之二程就具体明确了。关于章次,朱熹说:"旧本颇有错简,今因程子所定,而更考经文,别为序次"②。对照二程《改正大学》,朱熹采程颐较多。朱熹确定第一章为孔子之言,并作为经,传十章则作为对经的诠释,这样编纂确有其内在的逻辑次序,由此他发现原本《大学》遗漏对"格物致知"的诠释,他说:"右传之五章,盖释格物致知之义,而今亡矣,间尝窃取程子之意以补之。"这个补传是朱熹据其理学哲学而补的,阐发其体认论的精蕴。

朱熹自谓"我平生精力尽在此书","某于《大学》用工甚多"③。据载,他死前三日仍在改《大学·诚意章》注,黄榦说:"《大学·诚意》一章,乃其绝笔也"④。朱熹之所以这样重《大学》,是因为《大学》既是人之为学的"大坯模",又是"修身治人的规模"⑤。譬如盖房子,须先打地盘,地盘打好了才可盖房子。犹如"圣人做天下根本",就会明白南面尧之为君,北面舜之为臣,其他事情都可以往此"大坯模"、"规模"中去填;"《大学》之书,古之大学所以教人之法",古代8岁入小学,15岁入大学,"教之以穷理、正心、修己、治人之道"⑥。这是大学教育的主要内容

---

① 《大学章句》经一章,《四书五经》本,世界书局1936年版。
② 同上。
③ 《大学·纲领》,《朱子语类》卷14,中华书局1986年版,第258页。
④ 黄榦:《朝奉大夫文华阁待制赠宝谟阁直学士通议大夫谥文朱先生行状》,《朱熹集》(郭齐、尹波点校),四川教育出版社1996年版,第5815页。
⑤ 《大学·纲领》,《朱子语类》卷14,中华书局1986年版,第250页。
⑥ 《大学章句序》,《四书五经》本,世界书局1936年版。

和所达的目标。朱熹认为,周衰以后,贤圣之君不作,学校之政不修,教化陵夷,风俗颓败,二程出而接孟子之承传,使得圣经贤传之指,粲然复明于世,朱熹自称"亦幸私淑而与有闻焉"①,意即私淑二程,而成为继孔孟之绝学的传人,所以特别关注《大学》;《大学》的三纲领八条目不仅概括了修己治人之道,亦指明了儒家价值理想。其从"内圣"的心性修养到"外王"的齐、治、平等次第运作均明白具体,是理学学术建构所不可或缺的文本依据。

《四库全书总目》提要中说:"《大学章句》诸儒颇有异同,然所谓'诚其意者'以下并用旧文,所特创者不过补传一章,要非增于八条目外,既于理无害,又于学者不为无裨,何必分门角逐欤!"② 王祎就曾批评朱熹特撰"格物致知补传"为不妥,提要加以辩白亦有其用心。

朱熹以后,陈尧道撰《大学说》11卷,真德秀《大学衍义》43卷,谢兴甫《中庸·大学讲义》3卷,金履祥《大学疏义》1卷。元代刘因、许谦、胡炳文、张存中、袁俊翁、王充耘、詹道传、朱公迁等均著《四书集义精要》、《读四书丛说》、《四书通》、《四书纂笺》等。景星撰《大学中庸集说启蒙》2卷。明代有丁玑《大学疑义》,赵南星《学庸正说》,魏校《大学指归》,王道《大学亿》,穆孔晖《大学千虑》,马森《学庸口义》,邹元标《学庸商求》,顾宪成《大学通考》和《大学质言》等。

《明史·艺文志》著录王守仁《古本大学注》1卷(明隆庆刻本为《大学古本傍释》),《王文成公全书》有《大学古本序》(原序作为正德十三年,嘉靖二年改定),另撰《大学问》,阐发其心学思想。如果说朱熹《大学章句》八条目释"壹是皆以修身为本"的"壹是,一切也",强调修身为本的绝对性,那么,王守仁则注释为"修身惟其诚意,故特揭诚意,示人

① 《大学章句序》,《四书章句集注》,中华书局1983年版,第2页。
② 《经部·四书类》,《四库全书总目》卷35,中华书局1965年版,第294页。

以修身之要"①。这个诠释与朱熹道学学术主张的修己治人之学异趣，强调心意的本根性，所以他说："《大学》之要，诚意而已矣"②。他批评不以诚意为要的三种弊端：一是不务于诚意而徒以格物，便是"支离"；二是不事于格物而徒以诚意，便是"虚"；三是不本于致知而徒以格物诚意，便是"妄"。此三者都不可能达到诚意之极的止于至善，显然是对程朱学术流弊的批判。王守仁惧离止于至善诚意之极的目标愈来愈远，所以要复《大学古本》。其实，王守仁是借复古本之名，而另行依自己学术思想加以新诠释而已，也非真正为复古本。

4.《中庸》的天命、性、道、教

《中庸》原为《礼记》中一篇，《汉书·艺文志》载有《中庸说》二篇，《隋书·经籍志》有戴颙《中庸传》2卷，梁武帝撰《中庸讲疏》1卷，它与《大学》不同，宋以前已单独成书。如果韩愈在《原道》中推崇、引用《大学》，那么，李翱便在《复性书》中推崇、引用《中庸》。两人作为唐末儒学复兴运动的推动者，受唐代时代思潮的核心话题性情论激荡，推崇《大学》、《中庸》，实在情理之中。《宋史·艺文志》录有盛乔纂集的《胡先生中庸义》1卷，司马光《中庸广义》1卷，程颢《中庸义》1卷，吕大临《中庸》1卷，游酢《中庸义解》5卷，杨时《中庸解》1卷，郭忠孝《中庸说》1卷，郭雍《中庸说》1卷，张九成《中庸说》1卷，项安世《中庸说》1卷，乔执中《中庸义》1卷，倪思《中庸集义》1卷，朱熹《中庸章句》1卷、《中庸或问》2卷、《中庸辑略》2卷，石𡒥《中庸集解》2卷，晁公武《中庸大传》1卷，赵顺孙《中庸纂疏》3卷，袁甫《中庸详说》2卷，陈尧道《中庸说》13卷，谢兴甫《中庸讲义》3卷。可知其在两宋时受重视程度。

---

① 《大学古本傍释》，隆庆刻本。
② 《大学古本序》，《王文成公全书》卷7。

二程《中庸解》① 释首三句"性与天道,一也。天道降而在人,故谓之性。性者生生之所固有也"②。性与天道互动为一,然道之在人,有时与位的差分,必须修道。《中庸》作为"孔门传授心法",程颐认为"善读《中庸》者,只得此一卷书,终身用不尽也"③。朱熹《中庸章句》确定其作者为子思:"子思恐其久而差也,故笔之于书,以授孟子"。关于分章,朱熹说:"其首章子思推本先圣所传之意以立言,盖一篇之体要。而其下十章,则引先圣之所尝言者以明之也。至十二章又子思之言,而其下八章复以先圣之言明之也。二十一章以下至于卒章,则又皆子思之言,反复推说,互相发明,以尽所传之意者也。熹尝伏读其书,而妄以己意分其章句如此"④。分章是朱熹对《中庸》文本的体认,亦是其诠释的依据。

朱熹之所以推崇《中庸》,一是子思忧道学之失传而作,程朱继孔孟之道统,朱熹揭出"人心惟危,道心惟微,惟精惟一,允执厥中"十六字心传为尧舜禹至孔孟的"传授心法"。从此十六字心传成为理学"内圣"的要旨;二是斥佛老,辨异端的经典。"异端之说日新月盛,以至于老佛之徒出,则弥近理而大乱真矣"⑤。二程续千载不传之绪,以斥老佛之非,朱熹阐发《中庸》要旨,以发明道统;三是朱熹为维护道统十六字心法,对他人的异解提出批评,对杨时门人张九成的《中庸解》,斥其所论著

---

① "按晁昭德《读书志》有明道《中庸解》1 卷,伊川《大全集》亦载此卷。窃尝考之,《中庸》明道不及为书,伊川虽言已成《中庸》之书,自以不满其意,已火之矣。反复此解,其即朱子所辨兰田吕氏讲堂之初本、改本无疑矣"。(《河南程氏经说》卷 8,《二程集》,中华书局 1981 年版,第 1165 页)为吕大临作。于是《兰田吕氏遗著辑校》亦收此《中庸解》为吕大临著作,中华书局 1993 年版,第 481—494 页。

② 《中庸说》,《河南程氏经说》卷 8,《二程集》,中华书局 1981 年版,第 1152 页。

③ 《河南程氏遗书》卷 17,《二程集》,中华书局 1981 年版,第 174 页。

④ 《书〈中庸〉后》,《朱文公文集》卷 81,《四部丛刊初编》本。

⑤ 《中庸章句序》,《朱文公文集》卷 76,《四部丛刊初编》本。

"皆阳儒而阴释",鉴于此,"窃不自揆,尝欲为之论辩,以晓当世之惑"①。于是对张九成《中庸解》逐条批判。如批张氏对《中庸》首三句之解为"皆不知大本,妄意穿凿之言";又批张氏"君子中庸"解为"皆烂漫无根之言,乃释氏之绪余,非吾儒之本指也"② 等。

如果说《宋史·艺文志》将《大学》、《中庸》注解置于《礼类》之中,那么,《明史·艺文志》则特在经类中分出"四书类",此类中除《四书大全》等四书通释外,单独解释《中庸》有孔谔《中庸补注》1 卷,夏良胜《中庸衍义》17 卷,湛若水《中庸测》1 卷,谢东山《中庸集说启蒙》1 卷,管志道《中庸测义》1 卷,李榣《中庸臆说》1 卷,吴应宾《中庸释论》12 卷,顾起元《中庸外传》3 卷等。

《四书》的编成,作为新学术思潮的理学理论体系,便有了与以往学术理论体系相区别的解释文本,使理学学术理论有了经典文本的依据。如果说汉武帝采纳董仲舒建议,罢黜百家,独尊儒术,立《五经》于学官,成后世不刊的儒家经典,实现了第一次儒学的独尊,那么,汉后经儒释道三教的互动,宋明理学以《四书》为科试命题,而取代《五经》,实现了第二次儒学的独尊。虽然这两次儒学独尊的学术思潮的核心话题、依傍经典文本以及文化氛围均殊异,但亦在其独尊的内在意蕴、典章制度上有贯通之处。

四、宋学经典解释学的创新

宋明跨入了中国经学历史的新时代,"宋学"取代汉唐以来的"汉学"而成为时代的主流。汉宋两种诠释虽有其同,但诠释经典文本的方

---

① 《张无垢中庸解》,《朱文公文集》卷 72,《四部丛刊初编》本。
② 《张无垢中庸解》,《朱文公文集》卷 72,《四部丛刊初编》本。

法却殊异;两者于经典诠释各有其贡献,但其缺失也很明显。《四库全书总目》评曰:"汉儒说经以师传,师所不言,则一字不敢更。宋儒说经以理断,理有可据,则六经亦可改。然守师传者其弊不过失之拘;凭理断者其弊或至于横决而不可制。王柏诸人点窜《尚书》,删削《二南》,悍然欲出孔子上,其所由来者渐矣"①。编者倾向于乾嘉汉学,所以对宋学王柏等人特指名批判。王柏的点窜、删削是在"疑经改经"人文语境中的活动,是对于"师传"、"家法"网罗的冲决,是学术思想开放的表征,是经典诠释学的创新。

1. 汉宋融合　解释创新

中国经典诠释学,自古以来就有古文与今文,汉学与宋学两大家。就诠释思想和方法而言,前者关注名物训诂,后者注重义理阐发,这是从经典诠释的指导思想的主旨说。其实,宋学既超越汉学而又汲取汉学,在汲取中求超越和创新。无论是王安石的《三经新义》,还是朱熹的《四书章句集注》,都是融突汉宋,兼收两家。王安石等著《三经新义》,又在晚年著《字说》24卷,他在《自序》中说:"余读《说文》,而于书之意,时有所悟,因序录其说为24卷以与门人,所推经义附之"②。可见其文字学的造诣很深。对《周官新义》,王氏"训而发之",如训《天官》"大宰之职,掌建邦之六典……"说:"典之字从册、从丌。从册则载大事故也;从丌则尊而丌之也。则之字从贝从刀,从贝者利也,从刀者制也"③。名物训诂,详为诠释。王安石《诗经新义》继承郑玄以《礼》解《诗》思想,倡导《诗》、《礼》相解。他在《诗》的文辞训释上体现了"体物之精"和"精于训释字义"的特点。就前者而言,如《无羊》,释"尔羊来思,其角濈濈。

① 《经部·孝经类》,《四库全书总目》卷32,中华书局1965年版,第266页。
② 《熙宁字说》,《王临川全集》卷84,世界书局1935年版,第534页。按:"因序录其说为24卷",原作"20卷",今据通行本改为24卷。
③ 《天官》,《周官新义》卷1,《丛书集成初编》,商务印书馆1937年版,第8页。

尔牛来思,其耳湿湿"说:"湁湁,和也。羊以善触为患,故言其和,谓聚而不相触也。湿湿,润泽也。牛病则耳燥,安则润泽也。"这是对牛羊活动的精密观察而体会出来的;就后者而言,如《关雎》释"悠哉悠哉,辗转反侧"说:"悠者,思之长也"。较《毛诗》释作"悠,思也"郑《笺》作"思之哉,思之哉"为胜①。王氏精于名物训诂,于是《诗义》对《诗》的本义和诗人本意体认深刻。他释《桃夭》"桃之夭夭,灼灼其华"说:"桃华于仲春,以记婚姻之时。"② 按照礼的习俗,仲春以会男女,其释甚当。

王安石的义理之学是建立在精密的名物训诂之上的,而不是依己意断释或"横决"不制。尽管他批判当时章句名数的学风:"蹈道者则未免离章绝句,解名释数,遽然自以圣人之术单此者有焉。夫圣人之术,修其身治天下国家,在于安危治乱,不在章句名数焉而已。而曰圣人之术单此者,皆守经而不苟世者也"③。圣人之术不单在于章句名数,这是文本的表层结构的文字意义,还应体验深层结构的修身治国、安危治乱的意蕴,即义理意义。

理学集大成者朱熹,亦主汉宋之学的融合而集其成。朱熹曾亲自书写给"书堂学者"说:"学者观书,先须读得正文,记得注解,成诵精熟。注中训释文意、事物、名义,发明经指,相穿纽处,一一认得,如自己做出来的一般,方能玩味反复,向上有透处。若不如此,只是虚设议论,如举业一般,非为己之学也"④。他批评有人说《诗》,对《关雎》篇的训诂名物全然未晓,就说"乐而不淫,哀而不伤"八个字。如果这样解《诗》,只须添"思无邪"三字,便可说完一部《毛诗》了,这种"空言无实"的解释是不济事的,有害的。"某所集注《论语》,至于训诂皆仔细者,盖要人字字

①　参见邱汉生:《诗义钩沉序》,《诗义钩沉》,中华书局 1982 年版,第 12—14 页。

②　《桃夭》,《诗义钩沉》卷 1,中华书局 1982 年版,第 15 页。

③　《答姚阆书》,《王临川全集》卷 75,世界书局 1935 年版,第 480 页。

④　《读书法下》,《朱子语类》卷 11,中华书局 1986 年版,第 191 页。

与某着意看,字字思索到,莫要只作等闲看过了"①。朱熹的《四书章句集注》便是会通汉宋训诂与义理融合的代表作。朱熹在《中庸集解序》中指出:"窃谓秦汉以来,圣学不传,儒者惟知章句训诂之为事,而不知复求圣人之意,以明夫性命道德之归。至于近世,先知先觉之士始发明之,则学者既有以知夫前日之为陋矣。然或乃徒诵其言以为高,而又初不知深求其意,甚者遂至于脱略章句,陵籍训诂,坐谈空妙,展转相迷,而其为患反有甚于前日之为陋者"②。秦焚书坑儒,儒家典籍丧失,汉儒在整理典籍文本中,以章句训诂为事,不求圣人之意,以明白性命道德的大旨。宋儒知汉儒的弊陋,发明性命道德之学,但其后学却流于既不深求圣人之意,又不讲章句训诂之病。朱熹认为,汉宋两学都有其发生的人文语境和经学文本诠释的内在逻辑。汉宋两种经典文本的诠释方法,都有其得与失,只有两者融合或兼治,才能和合创新,而开出新的性命道德之学的新局面。乾嘉汉学虽然批评宋学,而其实亦是汉宋兼治会通,如戴震的《孟子字义疏证》等③。宋以后,汉宋的互动、互渗,体现了中国经典诠释学的与时偕行。汉宋两学若严守各自门户,而排斥他者,既不利于两者的互动,亦有碍经典诠释学的创新。

2. 超越旧说　直探本意

中国经典诠释学虽分汉宋两家,但其终极的目标都是为了通经致用,此其理一;其分殊只在其轻重方面、契入点及视域范围等。由此,宋学而开拓出超越旧说,直探本意的诠释风格。

在宋学的发生期,欧阳修是"庆历新政"的中坚人物。他诠释经典以通经致用为宗旨,批判墨守"师说"的汉唐章句训诂之学。在《毛诗本

---

① 《读书法下》,《朱子语类》卷11,中华书局1986年版,第191页。

② 《中庸集解序》,《朱文公文集》卷75,《四部丛刊初编》本。

③ 翁方纲说:"考订者,为义理也。其不涉义理者,亦有时入考订。要之以义理为主也。"(《自题校勘诸经图后》,《复初斋文集》卷7)。

义》中否定毛亨、郑玄之说。"自唐以来,说《诗》莫敢议毛郑,虽老师宿儒,亦谨守《小序》。至宋而新义日增,旧说几废,推原所始,实发于修"①。他之所以批毛、郑,是为了超越旧说,使经典诠释更符合本义。"予欲志郑学之妄,益毛氏疏略而不至者,合之于经"②。"合之于经"就是使经典的诠释更加贴近文本的原意。《四库全书总目》指出,欧阳修的《毛诗本义》"其立论未尝轻议二家,而亦不曲徇二家,其所训释,往往得诗人之本志"③。对以往的诠释既不"轻议",亦不"曲徇",这是公正的、合理的态度,只有如此便可得经典的"本义"和原作者的"本志"。

程颢、程颐为宋学经典诠释学的奠基期。他们批判汉学的繁琐。"汉儒之谈经也,以三万余言明《尧典》二字,可谓知要乎?……本朝经典,比之前代为盛,然三十年以来,议论尚同,学者于训传言语之中,不复致思,而道不明矣"④。汉儒的名物训诂,不能体认经典文本的要旨,而宋儒在训诂中,亦不能致思明道。在这"明道",便是对经典文本的根本精神的把握。在二程看来,道是经典文本的深层的本义,考释名物,不是为考释而考释,"学礼义,考制度,必求圣人之意,得其意,则可以沿革矣"⑤。"诵《诗》、《书》,考古今,察物情,揆人事,反复研究而思索之,求止于至善"⑥。其目的是为了通过名物训诂,"求圣人之意"和"止于至善",即体认经典的本义和圣人本意。他们并非完全否定汉学,而是以汉学为手段,达到对"圣人之意"的体认。

---

① 《经部·诗类》,《四库全书总目》卷15,中华书局1965年版,第121页。
② 《经旨》,《欧阳文忠公文集》卷10。
③ 《经部·诗类》,《四库全书总目》卷15,中华书局1965年版,第121页。
④ 《论书篇》,《河南程氏粹言》卷1,《二程集》,中华书局1981年版,第1202页。
⑤ 《论学篇》,《河南程氏粹言》卷1,《二程集》,中华书局1981年版,第1186页。
⑥ 《论学篇》,《河南程氏粹言》卷1,《二程集》,中华书局1981年版,第1191页。

朱熹是宋学发展期的代表。他主张"以《诗》说《诗》",以"经"言"经"为诠释原则,以"惟本文本意是求"为诠释宗旨。他说:"如《诗》、《易》之类,则为先儒穿凿所坏,使人不见当来立言本意,此又是一种功夫,直是要人虚心平气本文之下,打叠交空荡荡地不要留一字先儒旧说,莫问他是何人所说、所尊、所亲、所憎、所恶,一切莫问,而惟本文本意是求,则圣贤之指得矣"①。朱熹已明确意识到经典文本与诠释者存在的时间差、空间差所造成对经典文本的穿凿破坏,已经不能察见当时经典作者"立言本意"。因此,他要求学者从一切旧说中解脱出来,不管他是何人,也莫问他是否是权威、"圣人",都要以虚心平气的心态回到经典文本之下,惟求"本文本意"。朱熹这种"惟本文本意是求"的经典诠释学,意蕴着一是"无他"。扫除一切他人、先儒的"旧说",因为他人、先儒的经典诠释,都蕴涵着他人,先儒的"先见"、"前识",都是一种"误读"。所以不能为他人、先儒的"穿凿"、"误读"所蔽,而要使自己诠释意识处于空荡荡地不留一字先儒旧说的状态;二是"无我"。朱熹说:"读书且要虚心平气随他文义体当,不可先立己意,作势硬说,只成杜撰,不见圣贤本意也"②。"不可先立己意",就是"无我",即要排除自我"先见"、"前识",虚心平气地去体贴"文义",切不可作势硬予诠释,才能体认"圣贤本意"。他说他解经就遵守"无我"的原则。"大抵某之解经,只是顺圣贤语意,看其血脉通贯处为之解释,不敢自以己意说道理也"③。朱熹的解释是顺圣贤"语意",吃透"语意",而体贴"圣贤本意",不可先立己意,自主己说。这并不是说解经不要有自己独立见解,而是说若先立己意,往往与"圣贤本意"不相符合。在体贴"圣贤本意"中亦会发现更深层的、前儒未释的新义,从而焕发出经典文本新的生命智慧。

---

① 《答吕子约》,《朱文公文集》卷48,《四部丛刊初编》本。
② 《答刘季章》,《朱文公文集》卷53,《四部丛刊初编》本。
③ 《孟子·公孙丑上之上》,《朱子语类》卷53,中华书局1986年版,第1249页。

3. 通经明理　推究演伸

开出经典文本新的生命智慧，必须依据"圣贤本意"而推究。朱熹说："大抵圣贤之言，多是略发个萌芽，更在后人推究，演而伸，触而长，然亦须得圣贤本意。不得其意，则从那处推得出来"①。在经典文本中，圣贤的话语仅是某一思想的一种"萌芽"状态，并未给出明确的、完整的论述，而需要解释者在体贴"圣贤本意"的基础上加以推究、演伸，这种推究、演伸实是对经典本义和圣贤本意的丰富和创造。

经典本义和圣贤本意必合乎义理（天理）。程颐认为，合乎义理或道理，必须去三弊："今之学者有三弊：溺于文章，牵于训诂，惑于异端。苟无是三者，则将安归？必趋于圣人之道矣"②。程颐既批评汉学牵溺文章训诂而不明义理，又批判惑于佛老异端而不明圣贤之道。他主张"通经明理"，"学贵于通。执一而不通，将不胜其疑矣。通莫于理"③。通便是贯通，只有贯通文义，才能求得理明。朱熹亦说："某于《论》、《孟》，四十余年理会，中间逐字称等，不教偏些子……解说圣贤之言，要义理相接去，如水相接去，则水流不碍"④。"不碍"即通，接通义理，不仅对每字的解说都很妥当，而且不使有偏差。"相接"而使圣贤之言与义理的贯通，这既不是以己意解经，亦非硬说杜撰使通。

"通经明理"，朱熹认为近世学者的弊病就在于"道理太多，不能虚心退步徐观圣贤之言，以求其意，而直以己意强置其中，所以不免穿凿破碎之弊"⑤。解释经典的目的，是在于通经以明理，如果道理讲得太

---

① 《中庸第一章》，《朱子语类》卷62，中华书局1986年版，第1512页。

② 《论学篇》，《河南程氏粹言》卷1，《二程集》，中华书局1981年版，第1185页。

③ 同上书，第1199页。

④ 《论语·语孟纲领》，《朱子语类》卷19，中华书局1986年版，第437页。

⑤ 《答赵子钦》，《朱文公文集》卷56，《四部丛刊初编》本。

多,而把己意强置于经解之中,不仅破坏了经典文本的整体性、系统性,而且使圣贤之言为"吾说"的主使,以宾夺主。这就是说,明理有时可能产生与通经的冲突。如何保持通经与明理间的张力?"通经"作为解通经典文本,是在于尽量贴近文本的"本义"和圣贤的"本意";"明理"是发明经典文本中所蕴涵的理。理往往不是显现的,而是隐藏的。正由于是隐藏的,需要依据每个人自己的体贴,而各个人价值观的差分,体贴亦殊。这种分殊在宋明理学家的解经中不可避免。如训《大学》首章的"格物"。程颐说:"格犹穷也,物犹理也,犹曰穷其理而已也"①。格物即是穷理;程颐又说:"格,至也,言穷至物理也"②。格物即是"至其理"。胡宏、张栻认同程颐格物为"至其理"。朱熹在认同程颐格物为"至其理"外,又训格物为"格,尽也,须是穷尽事物之理"③,指穷至和穷尽事物之理。如果说,程朱的格物,是向外的,穷、至、尽的对象是外在事物的理,那么,王守仁的格物,则是向内的。他说:"物者,事也。凡意之所发必有其事,意所在之事谓之物。格者,正也。正其不正以归于正之谓也。正其不正者,去恶之谓也;归于正者,为善之谓也。夫是这谓格"④。所谓"事"是指意之所发或意之所在;"正"是去恶为善。换言之,"格物"就是"格心之物",即"正心之物"。尽管宋明理学家对"格物"训释分殊,但也不能以程朱为是,王守仁为非。他们都有其经典的依据,而不背离经典文本。这种对于经典文本、圣贤之言萌芽处的推究或演伸,是对于经典文本隐藏意蕴的发明和创造,是义理相接中出现的分殊。

4. 体用一源 理一分殊

中国经典解释学在宋明时期开出了一个新的时代,既重体又重用,

---

① 《河南程氏遗书》卷 25,《二程集》,中华书局 1981 年版,第 316 页。

② 《河南程氏遗书》卷 22 上,《二程集》,中华书局 1981 年版,第 277 页。

③ 《大学·经下》,《朱子语类》卷 15,中华书局 1986 年版,第 283 页。

④ 《大学问》,《王文成公全书》卷 25。

即既重整体性、本根性和形上性,又重差分性、分殊性和日用性,并使两者融合起来,这便是程颐提出的"体用一源,显微无间"①,并作为他解易的指导原则。《易》有圣人之道分为四个方面,即是分殊,即是用的层面为"言"、"动"、"制器"、"卜筮"的尚其辞、尚其变、尚其象和尚其占。依据圣人之道四,解《易》者先须体会卦爻辞中所蕴涵的"吉凶消长之理"和"进退存亡之道";推演卦爻辞并考察卦象的变化,象和吉凶祸福之占就蕴涵于其中了。"至微者理也,至著者象也"②。至微与至著、理与象是体用一源、显微无间的。

程颐与吕大临在讨论如何解释《中庸》"喜怒哀乐之未发谓之中,发而皆中节谓之和。中也者,天下之大本也;和也者,天下之达道也"说:"大本言其体,达道言其用,乌得混而一之乎?"③ 体用不能混一,而是分殊。"大本言其体,达道言其用,体用自殊,安得不为二乎?"④ 大本未发是中是体,达道已发是和是用,两者分殊,而不可不分。分殊可体察其差分性、日用性,对每一事物的理有分别的体认,对经典文本的各层次的义理有细致的把握,分殊的达用,还是为了理一的大体。如"其体则谓之易,其理则谓之道,其命在人则谓之性,其用无穷则谓之神,一而已矣"⑤。这便是"体用一源"。

程颐的经典解释是把"体用一源"和"理一分殊"融合起来,而开出理学经典解释的新格局。朱熹发扬程颐的"体用一源"和"理一分殊"的经典解释原则和方法。他在解释《论语·里仁》中说:"夫子之一理浑然

---

① 《易传序》,《二程集》,中华书局 1981 年版,第 689 页。

② 《易传序》,《二程集》,中华书局 1981 年版,第 689 页。

③ 《论道篇》,《河南程氏粹言》卷 1,《二程集》,中华书局 1981 年版,第 1182 页。

④ 《与吕大临论中书》,《河南程氏文集》卷 9,《二程集》,中华书局 1981 年版,第 606 页。

⑤ 《论道篇》,《河南程氏粹言》卷 1,《二程集》,中华书局 1981 年版,第 1170 页。

而泛应曲当,譬则天地之至诚无息,而万物各得其所也。……盖至诚无息者,道之体也,万殊之所以一本也。万物各得其所者,道之用也,一本之所以万殊也。以此观之,一以贯之之实可见矣"①。这是朱熹对于"吾道一以贯之"的解释。在这里,他提出了道体与道用,一本与万殊的关系,使"一以贯之"蕴涵了"体用一源"和"理一分殊"的内涵。"一"即是"一源"和"理一",是至诚无息的道体,它是万殊之所以为万殊的本质根据,万殊的本质根据为"理一",即"一本";"贯之"是"万殊"和"分殊",是万物各得其所的道用,它是一本之所以万殊的原因。朱熹体认孔子之所以告诉曾子"吾道一以贯之",是因为"曾子之鲁,逐件逐事一一根究著落到底。孔子见他用功如此,故告以'吾道一以贯之'。若曾子原不曾理会得万殊之理,则所谓一贯者,贯个什么! 盖曾子知万事各有一理,而未知万理本乎一理,故圣人指以语之"②。这就是说,曾子停滞在道用的万殊层面,随事精察而力行,而不知万理本乎一理,万殊本乎道体,即一本。"曾子于其用处,盖已随事精察而力行之,但未知其体之一尔"③。用殊而体一,理一而分殊,两者"一以贯之",体用一源。

"体用一源"是程颐提出的,"理一分殊"是程颐对张载《西铭》篇旨意的体认④,即对《西铭》的解释。朱熹融合两者,进而解释《西铭》,作《西铭论》。他说:"天地之间,理一而已。然乾道成男,坤道成女,二气交感,化生万物,则其大小之分,亲疏之等,至于十百千万,而不能齐也。不有圣贤者出,孰能合其异而反其同哉?《西铭》之作,意盖如此"⑤。

---

① 《里仁》,《论语集注》卷2,《四书五经》本,世界书局1936年版。

② 《论语·里仁篇下》,《朱子语类》卷27,中华书局1986年版,第678页。

③ 《里仁》,《论语集注》卷2,《四书五经》本,世界书局1936年版。

④ 程颐说:"《西铭》理一而分殊,墨氏则爱合而无分"。(《论书篇》,《河南程氏粹言》卷1,《二程集》,中华书局1981年版,第1202页。)

⑤ 《西铭论》,《张子全书》卷1,《国学基本丛书》,商务印书馆1935年版,第8页。

朱熹作为理学集大成者,他融合周敦颐的《太极图说》和程颐思想以及儒墨之说来解释《西铭》,认为乾父坤母都是有生之类,便是理一,天地之间无二理,这便是道体或"一";万物化生,大小亲疏之分等,千万之不齐,这便是分殊的道用。"一统而万殊","万殊而一贯"①,阐发了"理一分殊"和"体用一源"的和合解释思想。

　　理学经典诠释学的创新,使中国经典诠释学进入新阶段,并开创了与汉学相对应的宋学时代。"诠释"一词已见于昙延(515—588年)的誓言:"延以凡度,仰测圣心。诠释已了,具如别卷……"②。颜师古(581—645年)说:"厥意如何,停闻诠释"③。宋人较少用诠释一词,但《四库全书总目》中较多使用,不下百处。"解释"一词使用较早,《子夏易传》释《解卦》时便已用这词,宋代二程、胡安国、朱熹等常用④。因此使用"诠释"、"解释"均是指对经典文本的意义的呈现。程颐说:"某年二十时,解释经义,与今无异,然思今日,觉得意味与少时自别"⑤。虽对经义的解释少大无别,但体会的"意味"已不同。这就是说,随着人生经验的丰富,对经义意味的体验就更深刻了。

---

　　① 《西铭论》,《张子全书》卷1,《国学基本丛书》,商务印书馆1935年版,第8页。

　　② 《说听篇第十六》,《法苑珠林》卷24,上海古籍出版社1991年影印本,第187页。"诠释"刻本作"铨释","诠"与"铨"通。

　　③ 《策问十五道》,《文苑英华》卷473。

　　④ 参见景海峰:《"诠释"考》,《中国哲学史》2003年第2期。

　　⑤ 《河南程氏遗书》卷18,《二程集》,中华书局1981年版,第188页。

第七章　理学的开创和奠基

宋明理学是儒、释、道三教长期冲突、逐渐融合所创生和结晶出来的和合理论形态。它充分体现了宋明时期社会历史的发展趋势,真实反映了时代精神的道德理想和民族文化的选择策略。

从学术自身的逻辑演进看,理学在北宋时期处于奠基和开创阶段。其学术宗旨,即对汉唐章句注疏的思想反动,对佛教文明挑战的积极回应,以及对儒教伦理价值的本体重建,此时已完全彰显出来。为了稳定社会秩序,加强民族凝聚力,北宋时期的理学家自觉担当起重整纲常伦理及其道德规范、重建价值理想和精神家园的历史责任。从"庆历新政"至"熙宁新法"的二三十年间,相继形成了"濂学"、"关学"、"新学"、"洛学"、"蜀学"和"涑学"等众多学派,相互论争,思想活跃,学术大进。

从理学本身的思想内涵看,作为时代精神的核心话题和人文语境的社会思潮,宋明理学有主流派和非主流派之分。所谓主流与非主流的区分,主要是指一个学术流派在社会思潮中是否起主导作用、居主要地位。周敦颐的"濂学"、二程的"洛学"和张载的"关学",是这一时期的主流派。他们从形上学本体论层面重新审视传统儒学的伦理道德,通过对心性与本体、伦理与天道的义理沟通,从生存世界、意义世界和可能世界三个和合维度,全面激活了元典儒学的逻辑结构和价值理想,使儒学获得了新的生命,出现了新的形态。王安石的"新学"、苏轼的"蜀学"以及司马光的"涑学",是这一时期的非主流派。与主流派相比,非主流派不是严格意义上的心性义理之学。他们往往更加关注"礼乐刑政"等儒家经世致用传统,对现实政治的参与多于对心性义理的沉思,对历史经验的总结多于对阴阳道器的思辨。就宋明理学发展的全过程而言,主流派与非主流派的学术分野又具有相对的意义,他们的区别除了作用和地位的不同外,更多地表现为谈论核心话题的兴趣和方式不同,以及由此形成的学术特色殊异。

一、主流派:濂学、关学、洛学

在理学主流派中,"濂学"标志着理学的真正开创。周敦颐也因此被推崇为宋明理学的开山鼻祖。周敦颐之所以能成为理学的开创者,原因有三:一是在回应外来佛教文化的挑战中,不再采用唐代韩愈和宋初孙复、李觏等人的简单批判和断然拒斥方式,而是援佛、道入儒,积极吸收佛教的思辨哲学理论和道教的宇宙生成模式,为理学家出入佛、道二教开辟了新的学术路径。二是周敦颐融会"五经"、《中庸》以及佛、道思想,首先提出了一系列为理学家不断阐释的新话题和新范畴,特别是孔门弟子所"不可得而闻"的心性与天道话题,经由"濂学"的发明,成为宋明理学奥秘无穷的重要论题。三是提出了"立人极"的道德理想和成圣标准,对"圣人之道"的价值内涵和修养功夫进行了原则规范,从而成为"道学宗主"。

继"濂学"之后,二程的"洛学"和张载的"关学"并称宋明理学的奠基者。"洛学"和"关学"对理学的奠基作用主要表现为:其一,凸现了理气范畴在理学中的重要地位,为理学家探究自然、社会、人生的"所以然"和"所当然"奠定了坚实的逻辑基础。程颢说过:"吾学虽有所受,天理二字却是自家体贴出来"①。这表明二程兄弟建构了以天理范畴为

---

① 《河南程氏外书》卷 12,《二程集》,中华书局 1981 年版,第 424 页。

核心的哲学体系,开启了宋明理学崇尚理性的新风气,实现了理论思维的形态转换。张载以"太虚与气相即"为道体,使气质范畴获得了道德形上学的本体特征。围绕理气范畴及其逻辑结构关系,二程和张载从不同层面探讨了自然现象、社会现象和人生活动中的道德形上学问题,特别是儒教伦理的价值意蕴和本体根据。其二,在心性、格致、知行等方面,他们提出了诸多备受后世关注的哲学命题,为理学的进一步发展开拓了广阔的思维空间。二程的"性即理也"、"格物致知"、"知先行后"、"天理人欲"以及万物"无独必有对"等说法,张载的"天地之性"与"气质之性"、"德性之知"与"见闻之知"、"心统性情"和"理一分殊"等主张,都成了宋明理学的基本命题或重要原理。朱熹曾赞扬说:"伊川'性即理也',横渠'心统性情'二句,颠扑不破"[1]。其三,将形上学与伦理学融为一体,使儒教伦理获得了哲学本体论的逻辑支持。他们视"人性"为"天理",将人伦秩序形上化,道德精神本体化,在天人和合框架内建构了理学的理想世界和精神家园。在程颢的《识仁篇》内,"仁者,浑然与物同体"[2],天地万物通过"仁"的价值沟通,成为生意盎然的有机整体。在张载的《西铭》里,由"事亲之诚"推及"事天之道","天地万物与我同体"[3]的理学精蕴全然呈现。

1. 濂学:周敦颐的人极学说

周敦颐(1017—1073 年)字茂叔,原名惇实,"后避英宗旧名改惇颐"[4],道州营道(今湖南道县)人。因建濂溪书堂于庐山之麓,后人称为濂溪先生,称其学术为"濂学"。

据《年谱》记载,周敦颐生于"业儒"世家,其父周辅成于大中祥符八

---

① 《朱子语类》卷 5。

② 《河南程氏遗书》卷 2,《二程集》,第 16 页。

③ 朱熹:《张子全书·西铭注》。

④ 《濂溪先生事状》,《伊洛渊源录》卷 1。

年(1015年)特赐进士出身,官为贺州桂岭县令,累赠谏议大夫。父亲去世后,偕母亲自营道入京师开封,依靠其舅父龙图阁直学士郑向生活。

十三四岁时,周敦颐常在濂溪钓鱼,吟风弄月。濂溪之西十里,有一崖洞,"东西两门,入之若月上下弦,中圆若月望,俗呼月崖。……相传睹此而悟太极"①。景祐三年(1036年),周敦颐年满20岁,作为郑向"以叙例应荫子,乃奏补先生,试将作监主簿"②。次年,母卒服丧。康定元年(1040年)服除,从吏部调任洪州分宁县主簿。庆历四年(1044年),吏部使者以周敦颐为人才,举荐南安军司理参军。庆历六年(1046年),大理寺丞、知虔州兴国县程珦与周敦颐相识,得知其为"知道者",遂令二子程颢、程颐拜周敦颐为师。程颐在《明道先生行状》中回忆说:"先生为学,自十五六时,闻汝南周茂叔论道,遂厌科举之业,慨然有求道之志"③。是年冬天,经由转运使王逵推荐,移任郴州郴县令。由此可见,二程受学周敦颐不足一年。在郴县任职期间,周敦颐"首修学校以教人",开始授徒讲学。

皇祐二年(1050年),改任郴州桂阳令,执政颇有"治绩"。至和元年(1054年),改任大理寺丞,知洪州南昌县。嘉祐元年(1056年),改太子中舍佥书,署合州判官事。这期间,提出"无欲"的养心学说,思想已趋成熟。嘉祐六年(1061年),升迁国子博士,通判虔州,道经庐山,爱其山水殊胜,建濂溪书堂于山麓。嘉祐八年(1063年),升迁为虞部员外郎,继续任通判虔州。五月作《爱莲说》,其文颇有韵味:

> 水陆草本之花,可爱者甚蕃。晋陶渊明独爱菊。自李唐

---

① 《周敦颐年谱》,《周子全书》卷20。
② 《周敦颐年谱》,《周子全书》卷20。
③ 《二程集》,第638页。

来,世人盛爱牡丹。予独爱莲之出于污泥而不染,濯清涟而不妖,中通外直,不蔓不枝,香远益清,亭亭净植,可远观而不可亵玩焉。予谓菊,花之隐逸者也;牡丹,花之富贵者也;莲,花之君子者也。噫!菊之爱,陶之后鲜有闻。莲之爱,同予者何人?牡丹之爱,宜乎众也。①

莲花本是佛教的吉祥物,是华严宗自性清净的象征和比喻。《爱莲说》深受佛教思想的浸润,形象反映了周敦颐援佛入儒的学术倾向,生动体现了他对君子人格及其理想境界的道德诉求。

神宗熙宁元年(1068 年),周敦颐在邵州兴建州学,教学授徒,"言行政事,皆本之六经,考之孟子"②。在朝臣吕公著等人举荐下,于熙宁三年(1070 年)转迁虞部郎中,提点广南东路刑狱,此时已身患疾病。第二年八月,移知南康军,年底辞官回九江。熙宁五年(1072 年),定居庐山莲花峰下。次年六月病逝。

周敦颐从 20 岁踏上仕途,为官 30 多年,均为中下层官吏,政治地位始终不高,经济生活也不富裕。一生"善谈名理,深于易学",基本上是一位出入儒、释、道三教的学者。其主要著述为《太极图》、《太极图说》(又称《易说》)、《通书》(又称《易通》)以及少量诗文。

周敦颐的理学主张言简意赅,其思想学说包括两个部分:"立太极"的宇宙论和"立人极"的伦理学。根据朱熹的解释,《太极图说》和《通书》都是发挥《太极图》的哲理意蕴:"盖先生之学,其妙具于太极一图,《通书》之言,皆发此图之蕴"③。张栻也认为:"所谓《太极图》,乃其纲领也"④。南宋两大学者对"濂学"的概括,非常合乎周敦颐的思想原

---

① 《周子全书》卷 17。
② 《周子全书》卷 17。
③ 《周子太极通书后序》,《朱文公文集》卷 75。
④ 《通书后跋》,《周子全书》卷 11。

意。因此，研究"濂学"思想，应通过《太极图》理解《太极图说》和《通书》，同时通过《太极图说》和《通书》阐释《太极图》，在相互参证中探究"濂学"的和合宗旨。

第一、《太极图说》的逻辑结构。

有关《太极图》的来源问题，从南宋开始便有很大争议。朱震认为，周敦颐的《太极图》是从五代道士陈抟那里传承来的。其后，明清时期的黄宗炎、毛奇龄、胡渭、朱彝尊等学者，都力求考证周氏《太极图》源于道家或道教。朱熹虽曾怀疑周敦颐《太极图》与道士陈抟有关，但仍然充分肯定《太极图》在理论思想上的原创性："窃疑是说之传，固有端绪。至于先生然后得之于心，而天地万物之理，巨细、幽明、高下、精粗，无不贯于是，始为此图，以发其秘尔"①。其弟子陈淳进一步称赞《太极图》是"濂学"得天独厚的义理发明："濂溪不由师传，独得于天，提纲启钥，其妙具在《太极》一图。而《通书》四十章，又以发图之所未尽，上与羲皇之《易》相表里，而下以振孔孟不传之坠绪，所谓再辟浑沦"②。

平心而论，传统学术有关《太极图》是否出自道教的争论，不是单纯的学术问题，而是道统的传承问题。按照这种狭隘的门户偏见，只要能证明《太极图》是道家或道教的作品，那么周敦颐对"道家者流"的援引、模仿或抄袭，他就不配称做儒教的"道学宗主"，其"濂学"思想也就不能成为儒学的正统嫡传。其实，包括周敦颐"濂学"在内的整个宋明理学，在建构其哲学逻辑结构时，都是沿着"出入释老"而"返求诸六经"这个三教合一的路数进行的。从学术思想的历史渊源上讲，周敦颐的《太极图》不仅与道教丹道的修炼图式有关，而且也与佛教禅宗的《阿黎耶识图》有缘。周敦颐本来就是以儒教伦理观念为主，兼容佛、道二教思想创立自家的"濂学"体系的。他在绘制《太极图》时，确有可能借鉴和吸

---

① 《再定太极通书后序》，《朱文公文集》卷76。
② 《严陵讲义·师友渊源》，《北溪字义》，中华书局1983年，第76、77页。

收了《道藏·太极先天之图》、禅师的《阿黎耶识图》和陈抟的《无极图》等
图式中的结构因素,这只能说明宋代学术中普遍存在的儒、释、道三教
合一趋势,以及周敦颐出入释、老的思想轨迹,并不能从根本上否认《太
极图》是具有综合性和创造性的学术作品。特别是周敦颐从"无极"到
"太极"再到"人极"的范畴逻辑结构,是一个熔自然、社会、人生为一炉
的全新世界图式。在仅有二百余字的《太极图说》中,周敦颐将宇宙的
生成、万物的化育和人伦的准则用简明的话语概括出来,初步回答了物
理世界的本原问题和伦理世界的本体问题,为化解人与自然、人与社会
和人与人际等领域的价值冲突,开拓了天人和合的价值思路,提供了仁
义中正的道德方案。

从南宋开始,对周敦颐《太极图说》中的个别关键文句一直有比较
大的争议。特别是开篇的第一句,在洪迈编修的《国史·濂溪传》里为
"自无极而为太极",在朱熹校订的《周子太极图说》中为"无极而太极",
此外还有首句为"无极而生太极"的其他版本。今根据《道藏·洞真部·
灵图类》本《周易图上·周氏太极图》图文、《通志堂经解》本朱震所进《汉
上易卦图上·周子太极图》图文、《性理大全》本朱熹所定《周子太极图》
图文、以及《宋元学案》本和正谊堂《周子全书》本等传世版本,结合周敦
颐哲学范畴逻辑结构的演进脉络,合校勘订正图文如下:

> 自无极而为太极①。太极动而生阳,动极而静;静而生
> 阴②,静极复动。一动一静,互为其根。分阴分阳,两仪立焉。
> 阳变阴合,而生水、火、木、金、土。五气顺布,四时行焉。五
> 行,一阴阳也。阴阳,一太极也。太极,本无极也。五行之生

---

① 《道藏》本、《通志堂经解》本、《性理大全》本、《宋元学案》本和《周子全书》
本均作"无极而太极",今据《国史·濂溪传》校改。

② 《道藏》本无"静而生阴"四字。《通志堂经解》本作"静极而生阴",《性理大
全》本无"极"字。今依据朱熹考正删削(参见《朱文公文集》卷42)。

也,各一其性。无极之真,二五之精,妙合而凝。乾道成男,坤道成女。二气交感,化生万物,万物生生,而变化无穷焉。惟人也得其秀而最灵。形既生矣,神发知矣,五性感动而善恶分,万事出矣。圣人定之以中正仁义(自注:圣人之道,仁义中正而已矣①)而主静(自注:无欲故静),立人极焉。故圣人与天地合其德,日月合其明,四时合其序,鬼神合其吉凶。君子修之吉,小人悖之凶。故曰:立天之道,曰阴与阳;立地之道,曰柔与刚;立人之道,曰仁与义。又曰:原始反终,故知死生之说。大哉易也,斯其至矣。②

在这里,周敦颐首先明确提出了宇宙从无极到万物的衍生顺序:"无极"→"太极"→"阴阳"→"五行"→"男女"→"万物",以及再从天地万物到太极无极的回归路线:"万物"→"男女"→"五行"→"阴阳"→"太极"→"无极"。从范畴逻辑结构讲,从"无极"到"万物"的衍生过程是逐步离散的展开过程,而从"万物"到"无极"的回归过程则是渐次凝聚的收敛过程。这实际上正是气化运动的聚散机制。因此,周敦颐的《太极图》总体上属于气质性的宇宙生成图式,其中的重要概念"无极"、"太极"、"阴阳"、"五行"、"乾坤男女"和"天地万物",分别标志着宇宙气化过程的不同阶段或不同形态。这是对汉唐元气化生思想的结构提炼和逻辑概括。正是由于《太极图说》以极其精炼

---

① 《宋元学案》本无此自注文。
② 《周子全书》卷1。

的结构形式总结了汉唐时期的元气化生思想，所以周敦颐在《通书》里很少再详细解说"无极"、"太极"等概念的哲理意蕴，而将精力集中于"立人极"的伦理道德学说上。从这个意义上讲，《太极图说》在中国思想史上具有承上启下的转折点特征。通过《太极图说》的承启作用，汉唐时期的元气化生顺利转换成宋明时期的心性义理。道理显而易见，既然在宇宙化生万物的过程中，"惟人也得其秀而最灵。形既生矣，神发知矣，五性感动而善恶分，万事出矣"，那么，人生天地之间，关键的问题就是以怎样分辨善恶，通过什么样的伦理规范和道德修养成为顶天立地的圣人，最终达到"与天地合其德，日月合其明，四时合其序，鬼神合其吉凶"的和合境界。《太极图说》全篇的核心思想是："圣人定之以中正仁义（自注：圣人之道，仁义中正而已矣①）而主静（自注：无欲故静），立人极焉。"周敦颐惟恐别人误解他的良苦用心，特加两句"自注"画龙点睛，以便引起足够重视。因此，以"中正仁义而主静"为核心的人极学说，足以概括"濂学"的义理精蕴。

在《太极图说》中，周敦颐从"无极"到"太极"再到"人极"的理学思路，主要表现为以下三个方面：

其一、作为范畴逻辑结构出发点和归宿处的"无极"，是心智创造的虚性范畴。尽管这一概念更深刻地反映了宇宙的时空本性，但它是依据"有生于无"的创生原则设计出来的抽象观念。从学术渊源上看，"无极"概念最早由先秦道家老子提出，见于《道德经》第二十八章"复归于无极"命题中。其后，在《庄子》、《逸周书》、《淮南子》以及《周易参同契》、《超日明三昧经》等典籍里屡见不鲜。汉魏以来，"无极"已成为儒、释、道三教共用的普通术语，而并非道家或道教的专有名词。从比较学术讲，"无极"概念的基本含义是无限，相当于古希腊哲学米利都学派阿那克西曼德所说的"无定者"。以无限概括宇宙的时空本原和万物的变

---

① 《宋元学案》本无此自注文。

化根据，是一种否定性的理论思维和形上学的逻辑抽象。它远离了具体事物的本真形式，达到了客观实在的超越层面。周敦颐在"太极"之先或之上增设"无极"这一前提，不仅为儒家学术从汉唐元气化生论升迁到宋明心性本体论创造了思想条件，而且为进一步将儒教的大化流行、道教的元气聚散与佛学的因果轮回等观念融突和合铺设了逻辑桥梁。朱熹在进行理学集大成时，对周敦颐的无极太极思想反复诠释，赞誉不绝。这足以说明，无极和太极作为虚性范畴，具有可充实的义理特征。

其二、周敦颐范畴逻辑结构的聚散循环机制，只是纯粹思辨的心智活动，不是宇宙演化的客观规律。从无极太极到阴阳五行的衍生离散过程，实质上是思维世界的分析性演绎和实体化映射；从五行阴阳到太极无极的回归凝聚过程，则是观念领域的综合性归纳和外在化投影。换句话说，周敦颐在《太极图说》里所从事的哲学语言游戏，并不是关于宇宙起源的科学假说，而是在有限与无限、合一与两分、运动与静止、阴性与阳性、本根与生成、本体与作用等等对偶范畴之间，进行相反相成、物极必反和殊途同归等辩证反思。它上承以《周易大传》为标志的儒教崇阳辩证思想，统摄以《道德真经》为指归的道教贵柔辩证传统，兼容以《大智度论》为代表的佛教般若辩证学说，下启从张横渠到王夫之的气学辩证法、从二程到朱熹的理学辩证法，以及从陆象山到王阳明的心学辩证法。一言以蔽之，周敦颐《太极图说》中的阴阳动静辩证法，是宋明新儒学彻底摆脱汉唐经学教条主义，获得思想解放的关键转折和枢纽环节，也是"濂学"对整个理学思潮开创作用的最集中体现。

其三，在万物化生阶段，周敦颐哲学范畴逻辑结构开始分道扬镳，通过"无极之真，二五之精，妙合而凝"的气质升华机制，人类因"得其秀而最灵"的缘故，从天地万物中脱颖而出，以善恶为标识的价值世界全然呈现。"仁义中正"的伦理规范和"无欲主静"的心性修养，也作为"圣人之道"从自然之道中分化出来，成为做人的道德理想和人生的终极关怀。尽管在《太极图说》里，有关"立人极"的论述只是一些直截了当的价值判断,缺少必要的分析和具体的说明,但它却为整个理学思潮定下了不容改易的道德基调。对道德主体性的文化高扬,对心灵感通性的哲学反思,对智能创造性的实践磨练,以及对伦理善恶性的严格分辨,这些都是"濂学"之后宋明理学不断深入研讨的学术课题。

第二、《通书》的圣人精蕴。

在周敦颐看来,圣人是人性充实、人格完善的最高楷模,是人生圆满、心智高明的极致境界。根据"圣人之道,仁义中正而已矣"的注解,中正是做人的道德本分,仁义是人际的善恶准则。要把握人的心性义理,关键就在于明确圣人之所以为圣的内在规定性。周敦颐的《通书》,是为进一步阐明"立人极"的伦理道德学说而创作的。

从写作形式看,《通书》四十章是周敦颐研习《周易》的离散札记,通过语录体裁表达了他对心性义理与道德善恶的深沉思考,对人伦秩序的急切关注和对天命神化的玄妙洞察。全书以《诚几德第三》章为契机,以《理性命第二十二》章为枢纽,依照心性→伦理→天命和诚实→几微→神化的逻辑思路,分层次、多维度发明"圣人之本"和"圣人之道"的"精蕴",即"圣蕴"。

周敦颐从刚柔气质入手,对心性的善恶表现及其可能形态作了全面分析。在比较中明确中和之性才是人的本真之性,沿着中和之道才能通达圣人的至善境界:

> 曰:"性者,刚柔、善恶、中而已矣。"不达。曰:"刚善,为义、为直、为断、为严毅、为干固;恶,为猛、为隘、为强梁。柔善,为慈、为顺、为巽;恶,为懦弱、为无断、为邪佞。惟中也者,和也,中节也,天下之达道也,圣人之事也。"[①]

---

① 《通书·师第七》,《周子全书》卷8。

这是周敦颐对《太极图说》中"五性感动而善恶分,万事出"所作的最好注解:刚善如太刚之火,柔善如太柔之水;刚恶似少刚之金,柔恶似少柔之木;中和犹如中正之土。这虽是通过"五行"类比"五性",未免牵强附会,但却是对人性特征的形象概括。从"五性"中突出中和之性的伦理地位与道德作用,这充分体现了周敦颐对心性义理的和合建构。

就心性论而言,中和之性是心智至诚无为的虚明状态,是圣人之所以为圣的心性根据。因此,纯粹至善的"诚",是圣人心性的本体依据和价值源泉:

> 诚者,圣人之本。"大哉乾元,万物资始",诚之源也。"乾道变化,各正性命",诚斯立焉。纯粹至善者也。故曰:"一阴一阳之谓道,继之者善也,成之者性也。"元亨,诚之通;利贞,诚之复。大哉易也,性命之源乎![①]

> 圣,诚而已矣。诚,五常之本,百行之源也。静无而动有,至正而明达也。五常百行,非诚,非也。邪,暗塞也。故诚则无事矣。至易而行难。果而确,无难矣。故曰:"一日克己复礼,天下归仁焉。"[②]

在这里,周敦颐将大易原理、孔孟之道和中庸思想有机融会起来,确立了诚范畴在"圣人之道"中的首要价值地位。

在传统儒学思想里,孟子最早主张以"诚"沟通天人之道。他说:"是故诚者,天之道也;思诚者,人之道也。至诚而不动者,未之有也;不诚,未有能动者也。"[③] 对此,《礼记·中庸》作了进一步发挥:"诚者,天

---

① 《通书·诚上第一》,《周子全书》卷7。
② 《通书·诚下第二》,《周子全书》卷7。
③ 《孟子注疏》卷7,《离娄上》。

之道也;诚之者,人之道也。诚者,不勉而中,不思而得,从容中道,圣人也。诚之者,择善而固执之者也。"① 周敦颐在这些经典论述的基础上,作了两方面义理发挥:一是用大易中的"乾元"统摄"诚",使其成为贯通天命与人性的形上学纽带,赋予"诚"不落有无、不间动静的辩证品格;二是将"诚"向下贯彻到"五常"和"百行"之中,使其成为各种伦理行为的内在精神与至善根据。经过这一彻上彻下的逻辑加工,"诚"从心性论一般概念跃迁成"濂学"重要范畴。

要深入把握诚范畴作为"五常之本,百行之源"的精蕴,还必须从有无、虚实、动静、学思和善恶等对偶关系入手,对其进行深入分析。

首先,作为"圣人之本",诚范畴具有"自无极而为太极"的全部义蕴。就无极而言,"诚无为"②,"寂然不动者,诚也"③,因而"诚则无事矣";就太极而论,"感而遂通者,神也"④,"至诚则动,动则变,变则化"⑤。所以"五常百行,非诚,非也。"综合起来看,至诚之道,其本体"寂然不动",是"无极之真"在心智世界的虚灵状态;其作用"感而遂通",是"二五之精"在情感领域的阴阳变化。因此,"诚"是"动而无动,静而无静"的神秘存在。周敦颐对诚范畴的这一超越式设计,在理论思维上深受佛教般若性智、道教元精元神等学说的思想影响和逻辑感染。

其次,作为"圣人之事",诚范畴具有无思之思的睿智特性和无欲之欲的志学意向。这是从心性修养功夫角度进一步展开"圣人之道"的精粹意蕴。

《洪范》曰:"思曰睿,睿作圣。"无思,本也;思通,用也。几

---

① 《中庸第三十一》,《礼记正义》卷 52。
② 《通书·诚几德第三》,《周子全书》卷 7。
③ 《通书·圣蕴第四》,《周子全书》卷 8。
④ 《通书·圣蕴第四》,《周子全书》卷 8。
⑤ 《通书·拟议第三十五》,《周子全书》卷 10。

动于彼,诚动于此。无思而无不通,为圣人。不思,则不能通微;不睿,则不能无不通。是则无不通生于通微,通微生于思。故思者,圣功之本,而吉凶之几也。《易》曰:"君子见几而作,不俟终日。"又曰:"知几其神乎!"①

在周敦颐看来,从无思的心性本体产生出思虑的智能作用,是心灵活动最诚实、最几微的信息感通机制。心灵活动从无到有、由此及彼的感通机制,是圣人之所以为圣的功夫过程。因此,要想成就君子人格,做出圣贤业绩,就必须在心性至诚的前提下,作无欲而主静的志学功夫:

"圣可学乎?"曰:"可。"曰:"有要乎?"曰:"有。"请闻焉。曰:"一为要。一者,无欲也。无欲,则静虚动直。静虚则明,明则通。动直则公,公则溥。明通公溥,庶矣乎!"②

周敦颐认为,心性本体的明通精神与公溥意趣,只有在"动而无动,静而无静"的动静和合中才能呈现出来。心灵虚无寂静,内外一体透明,则能静极生动,有感必应,物我融通。智能率直行动,心地廓然大公,就能动极而静,博厚载物,天人合德。这一主静制动的为圣功夫,其关键在于"无欲",即心性本体超越情感欲望的束缚,渐次进入"常泰无不足,而铢视轩冕,尘视金玉"③ 的精神自由境界。

从孟子的"寡欲"说到周敦颐的"无欲"论,儒家修心养性的清规戒律沿着禁欲主义的理路不断升级。"无欲"与"不欲"有着原则区别。"无欲"只是于欲无欲,即在感性情欲活动中突出理性意念的统帅地位

---

① 《通书·思第九》,《周子全书》卷8。
② 《通书·圣学第二十》,《周子全书》卷9。
③ 《通书·富贵第三十三》,《周子全书》卷10。

和监察作用;而"不欲"则是对各种欲望的强行抑制和消极排除。强制性消除生理欲望的行为本身,已构成了更具有破坏性的伦理欲望。这种以欲灭欲的修养方案,无异于火上浇油,往往会陷入欲海无边、回头无岸的恶性循环中。从佛教涅槃立场看,人的情感欲望本来空寂,触境生情,因缘起欲,情欲不过是水月镜花式的颠倒妄想,当以不了了之。从儒家礼乐教化角度讲,要"仁者爱人","见利思义",就不能没有"我欲仁,斯仁至矣"的道德情感与伦理欲求。圣人为人道确立的"中正仁义"等道德规范,也是以人的情感欲望作为内在驱动力量的。周敦颐的"无欲",实质上是"无欲之欲"。它是"无思之思"的心性本体在感性作用层面的具体呈现,是情感欲望从有到无的道德升华。在这里,周敦颐巧妙地运用了禅宗六祖惠能"无念为本,无相为体,无住为本"的"三无法门"。同时,他融会了道教鼻祖老子"为道日损,损之又损,以至于无为,无为而无不为"的"众妙之门"。宋明理学的心性修养,从"濂学"的"无欲主静"发展到"闽学"的"存理灭欲",其积极作用在于,主张人不应以情欲的满足作为道德实践的价值理想。这对沉溺于情欲的腐化状况,确实是追根究底式的伦理诊治,有助于纯洁社会风气,提高公德水平。其消极影响在于,此种学说一旦变成专制政体的统治策略和奴役手段,就会沦为"以理杀人"的残忍工具,给社会文化和历史发展造成难以肃清的恶劣影响。

再次,作为"圣人之道",诚范畴具有超越善恶的绝对价值和形上品格。至诚是道德心性的"无极之真",是一切情感、欲望、认知和意志活动的本体论根据和形上学原理。周敦颐认为,至诚之道"厥彰厥微,匪灵匪莹"[1]。虽然心灵因至诚而昭明,性命因至诚而莹彻,但至诚本身却无灵明之光足以彰显,无晶莹之状可以微观。它至大无外,天地万物皆是至诚之道的现象彰显;至小无内,阴阳五行均属至诚之道的几微变

---

① 《通书·理性命第二十二》,《周子全书》卷9。

化。从道德形上学看，至诚"无为而无不为"，从"圣人之本"到"五常之本"，从"性命之源"到"百行之源"，通过"几"的道德环节为善去恶，达到自觉履行"仁义礼智信"等儒教伦理规范的神化境域：

> 诚无为，几善恶。德：爱曰仁，宜曰义，理曰礼，通曰智，守曰信。性焉，安焉之谓圣。复焉，执焉之谓贤。发微不可见，充周不可穷之谓神。①

作为至善本体，"诚"属于"无为法"，是"寂然不动"的"无极"，因而对善恶特征均无染着、无所偏执；作为至诚之道的显现机制，"几"属于有为法，是"感而遂通"的"太极"，不仅有阴阳动静之分，而且有善恶正邪之别。既然在体用之间有如此微妙的发用机理，那么在个人心性修养中，君子必须"慎动"，随时防止邪恶意念萌发于有无之间；在人际道德交往中，圣贤必须"定之以中正仁义"，以"仁义礼智信"作为意念邪正的甄别标准和教化内容。"匪仁，匪义，匪礼，匪智，匪信，悉邪也。邪动，辱也；甚焉，害也。"② 由此可见，圣人立教的根本目的是让人"自易其恶，自至其中而止矣"③。

"圣人之道"在生活世界的具体落实，表现为礼乐和刑政的兼容并用，内圣与外王的互动补偿。按照"一阴一阳之谓道"的变易法则，治理天下必须用礼乐教化人心，用刑政控制民众，二者相辅相成，不可或缺。周敦颐认为，礼乐教化当以纯洁心灵为要旨，其施政程序是：礼在先，乐为后。

---

① 《通书·诚几德第三》，《周子全书》卷7。
② 《通书·慎动第五》，《周子全书》卷8。
③ 《通书·师第七》，《周子全书》卷8。

十室之邑,人人提耳而教且不及,况天下之广,兆民之众哉! 曰:纯其心而已矣。仁义礼智四者,动静、言貌、视听无违之谓纯。心纯则贤才辅,贤才辅则天下治。纯心,要矣。①

礼者,理也。乐者,和也。阴阳理,然后和。君君、臣臣、父父、子子、兄兄、弟弟、夫夫、妇妇,万物各得其理然后和。故礼先而乐后。②

圣贤教化民众,首先应以道德感化为主。通过礼乐规范行为,如春风细雨滋润民众心田,使其诚实无妄。然而,时有春雨,也有秋风。礼乐教化属于心术,取法天道中的春生万物。它虽能使人生起善心,但并不能杜绝邪恶。一旦情欲冲动,邪恶滋生,冲犯人伦,就必须转换统治手段,变心术为法术,变"无欲主静"为"有欲主刑"。

天以春生万物,止之以秋。物之生也,既成矣,不止则过焉,故得秋以成。圣人之法天,以政养万民,肃之以刑。民之盛也,欲动情胜,利害相攻,不止,则贼灭无伦矣,故得刑以治。情伪微暧,其变千状,苟非中正明达果断者,不能治也。讼卦曰:"利见大人",以刚得中也。噬嗑卦曰:"利用狱",以动而明也。呜呼! 天下之广,主刑者,民之司命也,任用可不慎乎! ③

对"圣人之道"而言,刑政法术犹如天道中的秋风肃杀,有助于"遏恶扬善"。鉴于刑政法术属"有为法",是以动制动的为政之方,故任用刑政法术不能不谨慎从事。"慎刑"既符合"慎动"的道德要求,也是周敦颐长期司法经验的理论提升。

① 《通书·治第十二》,《周子全书》卷9。
② 《通书·礼乐第十三》,《周子全书》卷9。
③ 《通书·刑第三十六》,《周子全书》卷10。

　　无论是礼乐教化,还是刑政法术,都是为了"立人极",为了使天下人成为模范履行"仁义中正"的圣人。在《通书》四十章里,周敦颐通过详细论述为"圣"的标准、内容、功夫,以及礼乐教化和刑政法术等一系列社会问题,基本上沿着《礼记·大学》诚意、正心、修身、齐家、治国和平天下的逻辑程序,确立了心性至诚是凡人成圣的本体依据,仁义中正是伦理政教的绝对价值,从而实现了人道与天道的和合建构,完成了以阴阳"立太极"和以仁义"立人极"的"濂学"思想体系。

　　周敦颐作为理学开创者的地位是在南宋确立的。北宋二程虽受学于周敦颐,但并不推崇"濂学"的思想主张。南宋初年,湖湘学派的胡宏在《通书序略》中称颂道:

> 　　今周子启程氏兄弟以不传之秘,一回万古之光明,如日丽天;将为百世之利泽,如水行地。其功盖在孔孟之间矣。……故此一卷书,皆发端以示人者,宜其度越诸子,直与《诗》、《书》、《易》、《春秋》、《语》、《孟》,同流行乎天下。[①]

这已将周敦颐抬高到与孔孟并列的崇高地位,其《通书》也获得与《六经》和《语》、《孟》同等流行天下的经典殊荣。朱熹更是不遗余力地表扬周敦颐在学术思想上的独创性:

> 　　盖自邹孟氏没,而圣人之道不传。世俗所谓儒者之学,内则局于章句文词之习,外则杂于老子释氏之言,而其所以修己治人者,遂一出于私智人为之凿,……盖已千有余年于今矣。濂溪周公先生,奋乎百世之下,乃始探圣贤之奥,疏观造化之

---

　① 《周子全书》卷11。

源,而独心得之。①

同一时期的张栻也赞扬不绝,称"惟周先生出乎千载之后,而有得于太极之妙。今其图与书具存,道学有传,实在乎此"②。经过南宋"湖湘学"和"闽学"的竭力尊奉,周敦颐在理学中的开山地位始被承认。特别是在朱熹仿效禅宗《景德传灯录》而编撰的《伊洛渊源录》里,周敦颐被列为开卷之首,其理学开创者的地位正式确定。后经魏了翁的两次上疏奏请,终于在南宋理宗淳祐元年(1241 年)诏礼朝廷,不久追封汝南伯。元代仁宗延祐六年(1319 年)加封道国公。明代英宗正统元年(1436 年)诏修祠墓,优恤子孙。随着理学演变成为官方哲学和主流意识形态,周敦颐的地位越来越高。

总而言之,作为理学的开创者,周敦颐不仅开一代思潮,而且开一代学风。他上承汉唐以来儒、释、道三教思想,下启洛、关、闽义理探究,是中国学术思想史上不可缺少的重要环节。

2. 关学:张载的太虚学说

"濂学"后,"关学"和"洛学"几乎同时涌现,共同为理学的进一步发展和最终集大成,提出了丰富的范畴学说,奠定了坚实的逻辑基础。尽管在以后的传承中,"关学"因后继者缺少创造性,其学术影响无法与"洛学"抗衡,但作为别具一格的理学主流派,"关学"曾一度与"洛学"和"新学"鼎立而足。明代学者冯从吾编辑《关学编》时,收入关中理学家共 33 人,附录 11 人,因此关中有"理学之邦"的称誉。

"关学"的代表人物是陕西关中地区的张载。据《宋史·张载传》记

---

① 《袁州州学三先生祠记》,《朱文公文集》卷 78。
② 《尤溪县传心阁铭并序》,《周子全书》卷 21。

述:"载学古力行,为关中士人宗师"①。清代学者全祖望在《横渠学案序录》中也曾指出:"横渠先生通于造道,其门户虽微有殊于伊洛,而大本则一也"②。这里所说的"道"与"大本",应指关学和洛学共同追求的道德理想和价值本体。因此,张载和二程在理学中具有相同的奠基者地位。

张载(1020—1078 年)字子厚,陕西凤翔郿县人,因在郿县横渠镇讲学,学者称其为横渠先生。据学生吕大临在《横渠先生行状》中追述,张载先世为大梁(今河南开封)人。从祖父张复开始进入仕途,父亲张迪曾知涪州(今四川涪陵)。父亲死后,举家定居凤翔郿县。

张载一生的学术思想,大约经历了三个发展阶段。

第一阶段,从少年时代亲身感受边患到 21 岁上书范仲淹,张载的主要兴趣是现实政治问题,"学贵于用"的务实学风已现端倪。北宋中叶,国家积贫积弱,边患连年不断。张载少年时有志报国,喜欢谈论兵法,"至欲结客取洮西之地"。宋仁宗康定元年(1040 年),西夏犯境,宋军战败。范仲淹奉命为陕西经略安抚副使,兼知延州。张载来到延州,上书范仲淹。据《宋史》记载:"年二十一,以书谒范仲淹,一见知其远器,乃警之曰:'儒者自有名教可乐,何事于兵!'因劝读《中庸》"③。

第二阶段,从以书谒见范仲淹到以《正蒙》出示门人,张载的主要精力用于气本论的哲学探讨。听从范仲淹劝告,张载开始研读《中庸》。按照《横渠先生行状》的记述:

> 先生读其书,虽爱之,犹未以为足也,于是又访诸释、老之书,累年尽究其说,知无所得,反而求之《六经》。④

---

① 《宋史》卷 427。
② 《横渠学案上》,《宋元学案》卷 17,中华书局 1986 年版,第 662 页。
③ 《张载传》,《宋史》卷 427。
④ 《横渠先生行状》,《张载集》,第 381 页。

这一从儒家《六经》到释、老之书,然后再回到儒家《六经》的学习途径,具有典型意义。尽管其出发点和归结点都是儒家学术,但经过佛教和道教学术的洗礼之后,张载的儒家学术已经摄取和吸收了释、老思想的精髓,成为融合儒、释、道三教哲学的和合思想体系。在张载出入释、老的思想融突过程中,对儒家经典《周易》的研读和讲述,起了沟通桥梁和转换枢纽的逻辑作用。据《河南程氏外书》记载,张载曾在京师讲授易学:

> 横渠昔在京师,坐虎皮,说《周易》,听从甚众。一夕,二程先生至,论《易》。次日,横渠撤去虎皮,曰:"吾平日为诸公说者,皆乱道。有二程近到,深明《易》道,吾所弗及,汝辈可师之。"横渠乃归陕西。①

嘉祐二年(1057年),张载与程颢同登进士第,先任祁州(今河北安国县)司法参军,后迁丹州云岩(今陕西宜川县云岩镇)县令。任职期间,多以教化为主,政事为辅。宋神宗即位后,张载迁升著作佐郎。王安石变法期间,张载任崇文院校书。"关学"和"新学"虽都主张变法,都以《周礼》作为变法的经典依据,但在变法的具体措施上,张载和王安石存在很大分歧。张载力求推行理想化的"三代之法",更关心"经界"、"井田"、"宅里"、"学校"等仁政方案的具体实施。因而与王安石"语多不合",既没有参加熙宁新政,也没有公开发表反对言论。后因其弟张戬激烈反对新政而受贬。张载辞去崇文院校书之职,回归陕西横渠故里,一面调养身心,一面著书讲学:

---

① 《二程集》,第436、437页。

　　终日危坐一室,左右简编,俯而读,仰而思,有得则识之,或中夜起坐,取烛以书。其志道精思,未始须臾息,亦未尝须臾忘也。敝衣蔬食,与诸生讲学,每告以知礼成性,变化气质之道,学必如圣人而后已。以为知人而不知天,求为贤人而不求为圣人,此秦汉以来学者之大蔽也。①

　　熙宁九年(1076年)秋,张载"忽以书属门人,乃集所立言,谓之《正蒙》,出示门人曰:'此书予历年致思之所得,其言殆于前圣合与!大要发端示人而已,其触类广之,则吾将有待于学者。正如老木之株,枝别固多,所少者润泽华叶尔'"②。《正蒙》一书是张载长期"志道精思"的理论结晶。它的最终完成和公开出示,标志着"关学"思想体系的全面成熟。

　　第三阶段,从吕大防向神宗举荐到客死辞职回陕西途中,"关学"受到朝野注意,开始传播。熙宁十年(1077年),因吕大防举荐,宋神宗诏张载至京师,任太常礼院礼官。张载怀着"庶几有遇"的心理,"不敢以疾辞",带病赴任。但终因在"冠婚丧祭之礼"和"郊庙之礼"等问题上与主管礼官意见不合,是年秋天辞职回陕西。

　　西归途中,张载顺道经过洛阳,与二程议论正"经界"、行"井田"和改易"婚丧之礼"等问题。当谈及《周易·说卦传》的"穷理尽性以至于命"时,张载与二程发生分歧。二程认为:"只穷理便是至于命"。张载却认为:"亦是失于太快,此义尽有次序,须是穷理,便能尽得己之性,则推类又尽人之性;既尽得人之性,须是并万物之性一齐尽得,如此然后至于天道也"③。分歧的原因在于,"洛学"以"性"为"理","理"、"性"、"命"都是标志价值本体的最高范畴,在逻辑结构上彼此等价。而"关

---

① 《张载传》,《张载集》,第386页。
② 《横渠先生行状》,《张载集》,第384页。
③ 《河南程氏外书》卷第10,《二程集》,第115页。

学"将"理"视为气化之道的"次序","理"与"性"、"命"不在同一逻辑层次上,因此"穷理"并不等于"尽性以至于命"。

到达洛阳时,张载病情已十分危重。"行至临潼,沐浴更衣而寝,及旦视之,亡矣。门生衰绖挽车以葬"①。张载一生做官生涯很短,大部分时间都在讲学授徒,著书立说。其著作见于《近思录》引用的有《正蒙》、《文集》、《易说》、《礼乐说》、《论语说》、《孟子说》和《语录》等 7 种。元明时期有所散佚。《宋史·艺文志》录有《易说》3 卷、《正蒙》10 卷、《经学理窟》10 卷、《文集》10 卷。未录《礼乐说》、《论语说》和《孟子说》等篇目,可能已包括在《经学理窟》中。明万历年间,都门沈自彰守陕西凤翔府,搜集张载著作刻为《张子全书》。1978 年,中华书局依据《张子全书》编校出版《张载集》,是目前收集最全、编校最好的本子。

与北宋时期的"濂学"、"洛学"相比,"关学"提出了比较系统的社会改革思想。但与王安石以"理财"为宗旨的"新学"相比,张载的变革主张是以恢复三代"井田"、"封建"和"肉刑"为主要内容,与时代需要过分脱节,无法适应历史发展。

鉴于边兵日弛,国力日殚,以及目睹西夏侵扰、边民日困现状,张载提出了"复三代"的变革口号,即根据《周礼》记载,推行"井田"制、"封建"制和"肉刑"制。与王安石变法主张的相同之处在于,"关学"和"新学"都以《周礼》作为变革的经典依据,都想通过改革具体制度达到"利民"目的。不同之处有两点:一是王安石注重自上而下的组织变革,敢于触动既得利益集团;而张载则重视个人实验,是一种理想化的书斋改革;二是王安石采取快刀斩乱麻的"顿革"方式,而张载反对"顿革",主张"运之无形以通其变"② 的渐进方式。

关于"井田"制。张载认为,"井田"制是"先王之遗法",推行"井田"

---

① 《伊洛渊源录》卷 6。
② 《横渠易说》,《张载集》,第 212 页。

是治理天下的当务之急。他在与学者讨论"三代之法"时,曾想购买一块田地,进行"井田"试验,既完成国家赋税,又能够"正经界,分宅里,立敛法,广储蓄,兴学校,成礼俗,救菑恤患,敦本抑末"①。其原则构想是:"今以天下之土棋画分布,人受一方,养民之本也"②。即在不改变土地占有方式的前提下,对耕地使用权进行平均分配。将国家的耕地像棋盘一样分成方块,每一农夫耕种一个方块,并按一定比例出田租和军赋。"井田亦无他术,但先以天下之地棋布画定,使人受一方,则自是均。"由此可见,张载推行"井田"制的目的主要是为了解决土地兼并带来的贫富不均问题,以实现中国农民梦寐以求的"均平"理想。他说:"治天下不由井田,终无由得平。周道止是均平"③。在张载看来,推行"井田"制是非常容易的事情。只要"人主"有一颗爱民的"仁心",有果敢的英明,加上宰相的才干,朝廷一发命令,就能在全国顺利实行。

> 井田至易行,但朝廷出一令,可以不笞一人而定。盖人无敢据土者,又须使民悦从,其多有田者,使不失其为富。④
>
> 人主能行井田者,须有仁心,又更强明果敢及宰相之有才者。⑤

这种基于"均平"观念和明主期待的托古改制,是传统农民意识在学术思想里的折射,是农业文明特有的道德幻想和价值寄托。南宋朱熹和陈亮也曾有类似张载的"井田"制主张。

关于"封建"制。从一定意义上讲,张载对"封建"制的积极肯定和

---

① 《横渠先生行状》,《张载集》,第384页。
② 《经学理窟·周礼》,《张载集》,第249页。
③ 《经学理窟·周礼》,《张载集》,第248页。
④ 《经学理窟·周礼》,《张载集》,第249页。
⑤ 《经学理窟·周礼》,《张载集》,第251页。

积极竭力辩护,是对唐代柳宗元《封建论》的学术异议和理论批判。不过,两人所说的"封建"制不完全相同。柳宗元所说的"封建制",是诸侯封土而治,是与郡县制相对的行政管理体制。而张载所说的"封建"制,则是在中央高度集权和君主专制前提下,按照宗法原则"分封"自治的社会管理模式。张载认为,"井田卒归于封建乃定"①。实行"封建"制的最大好处在于,它可以精简国家权力机构,减轻君主管理天下的行政事务。

> 所以必要封建者,天下之事,分得简则治之精,不简则不精,故圣人必以天下分之于人,则事无不治者。圣人立法,必计后世子孙,使周公当轴,虽揽天下之政,治之必精,后世安得如此!且为天下者,奚为纷纷必亲天下之事?今便封建,不肖者复逐之,有何害?岂有以天下之势不能正一百里之国,使诸侯得以交结以乱天下!自非朝廷大不能治,安得如此?而后世乃谓秦不封建为得策,此不知圣人之意也。②

张载的"封建"制,已经涉及到国家行政管理中的集权与分权问题。在他看来,中央集权的君主专制应是"立法"层次上的集中管理,天下的具体事务应由各个社会组织分而治之。张载特别强调"宗子之法"在血缘家族自身管理方面的重要作用。他认为,宗法式的封建管理,事关社会风俗的厚薄和人情世故的炎凉。

> 管摄天下人心,收宗族,厚风俗,使人不忘本,须是明谱系世族与立宗子法。宗法不立,则人不知统系来处。古人亦鲜

---

① 《经学理窟·周礼》,《张载集》,第251页。
② 《经学理窟·周礼》,《张载集》,第251页。

有不知来处者，宗子法废，后世尚谱牒，犹有遗风。谱牒又废，
人家不知来处，无百年之家，骨肉无统，虽至亲，恩亦薄。①

与中国古代所有思想家一样，张载也不能从理论思维上分辨清楚
血缘关系、地缘关系和业缘关系的本质区别及其在管理领域中不同地
位和作用。家族自治需要依赖温情脉脉的血缘纽带加以维系，建立以
道德感化为主的宗法式管理体制。但是，国家是地缘性的政治组织，社
会是业缘化的区域组织，它们在本质上都不具有血缘特征。用"宗子之
法"管理国家权力和社会事务，只能是一种最严厉、最残酷的血腥统治。
中国古代政治的黑暗和社会发展的缓慢，很大程度上要归咎于宗法化
的专制统治，即儒家所谓的"德政"和"礼治"。张载的"封建"制及其"宗
子之法"，虽然探讨了集权模式下的分权管理，但总体上是一种非常落
后、极为糊涂的管理思想。

关于"肉刑"制。正是基于宗法封建制的法治需要，张载进一步主
张恢复"肉刑"。这里所谓的"肉刑"，特指墨（脸上刺字）、劓（割掉鼻
子）、剕（砍下脚足）、宫（割去男性生殖器官）等以残害肢体为惩戒的肉
体刑罚。这些极不人道的刑罚，相传开始于夏代，盛行于商周。随着文
明的进步，"肉刑"被逐渐废除。西汉文帝时废除了墨、劓、剕三刑，隋文
帝时废除宫刑。张载恢复"肉刑"的想法，主要有两方面的考虑：一是用
"肉刑"取代"死刑"，体现对生命的某种仁爱之情；二是让犯人求生不
全，求死不能，以形成更大的威慑力量，产生更强的教化效果，使人不敢
以身试法，轻易犯上作乱。这种以仁爱为统治手段的"仁术"，比动辄处
以极刑（大辟、凌迟之类）的"法术"，显然更加行之有效。

肉刑犹可用于死刑。今大辟之罪，且如伤旧主者死，军人

---

① 《经学理窟·宗法》，《张载集》，第258—259页。

犯逃走亦死,今且以此比刖足,彼亦自幸得免死,人观之更不敢犯。今之妄人往往轻视其死,使之刖足,亦必惧矣。此亦仁术。①

在张载的论述中,"井田"、"封建"和"肉刑"三者是相互依赖、不可或缺的社会改革方案:"井田而不封建,犹能养而不能教;封建而不井田,犹能教而不能养;封建井田而不肉刑,犹能教养而不能使"②。张载的社会改革思想虽然比较系统,但却十分幼稚,无法与王安石的变法主张相提并论。倘若宋代统治集团果真推行了张载的"三代之法",那么中国的历史发展将不堪设想。

其实,张载在学术思想史上的重要地位,并不是由于他对现实政治问题的热情关注,而是由于他对心性义理问题的冷静思索,是由于他独创了以"太虚即气"为标识的气本论范畴体系,为宋明理学的集大成奠定了坚实的逻辑结构基础。弟子吕大临用"知礼成性、变化气质之道"③来概括张载的哲学思想,比较中肯。

在理学史上,由于张载去世后,不少"关学"弟子改事二程,特别是撰写《横渠先生行状》的吕大临,改师二程后编造了一段张载见二程"尽弃其学而学焉"④的传奇故事。程门弟子杨时也有类似说法:"横渠之学,其源出于程氏,而关中诸生尊其书,欲自为一家"⑤。这样就形成了一则有关张载思想渊源与师承的学术公案。对弟子有意抬高"洛学"、极力贬低"关学"的门户之见,程颐在世时就曾实事求是地指出:

---

① 《经学理窟·周礼》,《张载集》,第 248 页。
② 《拾遗·性理拾遗》,《张载集》,第 375 页。
③ 《横渠先生行状》,《张载集》,第 383 页。
④ 《伊洛渊源录》卷 6。
⑤ 《跋横渠先生及康节先生人贵有精神诗》,《杨龟山集》卷 5。

　　表叔平生议论,谓颐兄弟有同处则可,若谓学于颐兄则无是事。顷年属与叔删去,不谓尚存斯言,几于无忌惮。①

　　后来,朱熹在编写《伊洛渊源录》时,打了个折中性圆场:"……横渠之学,实亦自成一家,但其源则自二先生发之耳。"② 但在《朱子语类》中,朱熹强调张载学术思想是靠个人"苦心力索之功深"得来的:"明道之学,从容涵泳之味洽;横渠之学,苦心力索之功深。"③ "横渠之学,是苦心得之,乃是致曲,与伊川异"④。黄宗羲在写《宋元学案》时,没有采纳吕大临和杨时等人的说法,而是按照师承关系将其列入《高平学案》范仲淹的门下。在讲究师法传承和推原学术源流的经学时代,诸如此类的学术公案是剪不断、理还乱的无明情结,没有多大的学术意义,也不值得费心思专门考证。

　　书归正传,张载富有个性、独创性和哲理意蕴的理学思想,主要有以下五个方面:

　　第一、"佛老之旨"的批判汲取

　　如果说周敦颐在援释、老入儒时,尚不能自觉地与佛、道二教划清界限,那么张载是第一位自觉从哲学本体论和道德形上学高度,对佛教和道教进行学术批判的理学思想家。张载首先紧紧抓住佛、道二教理论思维的要害:佛教学术以心为法,以空为真;而道教学术以无为道,以我为真。他们的真实用意,都是想超越生死自然法则,建构满足终极关怀的精神家园。门人范育在《正蒙》序里指出:

---

　　① 《河南程氏外书》卷第 11,《二程集》,第 414—415 页。"表叔"是对张载的称谓,张载与二程有亲戚关系。"与叔"指吕大临。吕大临(约 1042—1090),字与叔,陕西蓝田人,初学于张载,后改师二程。

　　② 《伊洛渊源录》卷 6。

　　③ 《朱子语类》卷 93。

　　④ 《朱子语类》卷 93。

　　浮屠以心为法,以空为真,故《正蒙》辟之以天理之大,又曰:"知虚空即气,则有无、隐显、神化、性命通一无二。"老子以无为为道,故《正蒙》辟之曰:"不有两则无一。"至于谈死生之际,曰"轮转不息,能脱是者则无生灭",或曰"久生不死",故《正蒙》辟之曰:"太虚不能无气,气不能不聚而为万物,万物不能不散而为太虚。"夫为是言者,岂得已哉!①

既然"空"与"无"是释、老的核心范畴和根本宗旨,是佛、道二教建构精神家园的逻辑基础和价值前提,那么只要能够破除人们对"空"、"无"的执著和迷狂,就能从理论思维上超越释、老的"大道精微之理",重新确立孔孟的"三纲五常之道"。

　　张载认为,佛教在天地之外寻找安身立命的精神家园,以求满足终极关怀,这种做法不仅是虚幻的一厢情愿,是狂妄的大小颠倒、本末倒置,而且也是对天命必然性的无知和对山河大地无限性的否定,是不能"穷理尽性以至于命"的肤浅之见:

　　　　释氏不知天命,而以心法起灭天地,以小缘大,以末缘本,其不能穷而谓之幻妄,真所谓疑冰者与![自注:夏虫疑冰,以其不识。]

　　　　释氏妄意天性而不知范围天用,反以六根之微因缘天地。明不能尽,则诬天地日月为幻妄,蔽其用于一身之小,溺其志于虚空之大,所以语大语小,流遁失中。其过于大也,尘芥六合;其蔽于小也,梦幻人世。谓之穷理可乎? 不知穷理而谓尽性可乎? 谓之无不知可乎? 尘芥六合,谓天地为有穷也;梦幻

————————————

① 《张载集》,第5页。

人世,明不能究所从也。①

这种"以山河大地为见病之说"②,是通过否认现实世界的真实性,以唤起人们对彼岸世界的宗教热情。张载明确否定彼岸世界的存在,批判人死为鬼、转世投生和灵魂不灭等学说,力求在天地之间建构人生此在的道德乐园,在乾坤之内营造人伦和谐的伦理秩序。

> 浮屠明鬼,谓有识之死受生循环,遂厌苦求免,可谓知鬼乎?以人生谓妄见,可谓有知人乎?天人一物,辄生取舍,可谓知天乎?孔孟所谓天,彼所谓道。惑者指游魂为变为轮回,未之思也。③

在张载看来,"生死"只是太虚的聚散变化,"鬼神"只是气化运动的往来、屈伸形式。人作为天地万物中的一物,不可能脱离太虚之气的聚散屈伸变化,达到所谓的"无生灭"或"久生不死"状态。

> 鬼神,往来、屈伸之义。故天曰神,地曰示,人曰鬼。[自注:神示者归之始,归往者来之终。]④
> 物之初生,气日至而滋息;物生既盈,气日反而游散。至之谓神,以其伸也;反之为鬼,以其归也。⑤

张载用气化运动解释生死现象和鬼神情状,是对《周易·系辞上传》

①　《正蒙·大心篇第七》,《张载集》,第 26 页。
②　《正蒙·太和篇第一》,《张载集》,第 8 页。
③　《正蒙·乾称篇第十七》,《张载集》,第 64 页。
④　《正蒙·神化篇第四》,《张载集》,第 16 页。
⑤　《正蒙·动物篇第五》,《张载集》,第 19 页。

"原始反终,故知死生之说。精气为物,游魂为变,是故知鬼神之情状"① 的义理发挥。后来,这一解释和发挥为朱熹等人继承,成为宋明理学对抗佛教生死观与道教鬼神说的重要思想。

在批判佛教的同时,张载对道教"有生于无"的宇宙化生论也进行了理论清算。他认为,世界上的万事万物都产生于"有",而非出生于"无"。他还用气的聚散变化来解释时空存在的有形与无形、幽隐与明显。

> 气聚则离明得施而有形,气不聚则离明不得施而无形。
> 方其聚也,安得不谓之有? 安得遽谓之无? 故圣人仰观俯察,
> 但云"知幽明之故",不云"知有无之故"。②

从气化运动讲,气凝聚之时显明,呈现为有形体、有物象的存在状态;气扩散之时幽隐,表现为无形体、无物象的存在形态。在张载看来,实体性的"有无"范畴,不能准确地描述宇宙的气化运动,只有通过摹状性或模拟性的"幽明"语辞,才能生动而真实地刻画太虚的聚散变化。张载指出:"《大易》不言有无,言有无,诸子之陋也"③。

在张载的话语系统内,"有无"确实不是表达实体的存在性范畴。但作为对气化运动及其聚散形态的认知把握和语言描述,他仍然在"有形"与"无形"、"有穷"与"无穷"与等语义上使用"有无"二字。"有无一,内外合,此人心之所自来也。"④ 这是语言学和认识论意义上的"有无"统一观。中国古代哲学发展到张载的气本论时,才真正超越了先秦老子"有生于无"的生成论和魏晋王弼"以无为本"的本体论,达到了"有无

---

① 《周易正义》卷7,《系辞上》。
② 《横渠易说·系辞上》,《张载集》,第182页。
③ 《正蒙·大易篇第十四》,《张载集》,第48页。
④ 《正蒙·乾称篇第十七》,《张载集》,第63页。

混一之常"① 的和合层次,具有了全面回答世界本原问题的理论思维水平。

第二、"气之本体"的和合建构。

鉴于释、老在"有形"之上、之先虚构"无"的本原或本体,在现实人生之外、之后幻想"鬼神"的彼岸世界,从而陷入"体用殊绝"的理论思维教训,张载统合"有形"与"无形",依据太虚之气的存在方式及其聚散变化,建构了以气为本的范畴逻辑结构,将汉唐以来的元气自然论及其辩证法思想,提到了哲学本体论的最高水平。

> 凡可状,皆有也;凡有,皆象也;凡象,皆气也。气之性本虚而神,则神与性乃气所固有,此鬼神所以体物而不可遗也。②

在张载看来,一切可以名状的事物都是有形的存在,一切有形的存在都是气象的显现,一切气象的显现都是"气之本体"的变化形式。气的聚散变化必有可感知、可认识的形象呈现出来,但气的本真性质却是无形的"太虚"和无感的"神化"。

> 太虚无形,气之本体,其聚其散,变化之客形尔;至静无感,性之渊源,有识有知,物交之客感尔。客感客形与无感无形,惟尽性者一之。③

在这一论述中,张载明确区分出性质不同的两个逻辑层次:一是认识论

---

①　《正蒙·太和篇第一》,《张载集》,第 8 页。
②　《正蒙·乾称篇第十七》,《张载集》,第 63 页。
③　《正蒙·太和篇第一》,《张载集》,第 7 页。

上作为客体对象的"客感客形",二是本体论上作为本来状态的"无感无形"。将这两个层次和合起来,就形成了张载哲学范畴的逻辑结构:

气(太虚)$\xrightarrow{\text{聚}}$物$\xrightarrow{\text{散}}$气(太虚)。

在这一逻辑结构中,作为凝聚起点和扩散终点的"气",其本身是"无形"的"太虚",或"至静无感"的"虚空"。从话语形式上看,用"太虚"或"虚空"描述气的"本体"(本来状态)或"本性"(本真存在),确实吸收和摄取了道教的清静虚无和佛教的真空妙有等形上学主张。但从思想内容上看,"太虚"或"虚空"都是对气范畴的抽象描述和一般规定,并不具有独立的存在品格。正是借助"太虚"、"虚空"这两个虚性概念的逻辑转换,汉唐以来的元气思想才从形而下的器物层面升华到形而上的道体层面。就此而言,没有佛教和道教虚性思维的逻辑洗礼,中国古代的气学思想及其辩证方法,很难自发达到哲学本体论的理论高度。

张载有"太虚即气"和"虚空即气"两个重要哲学命题,它们旨在强调"虚"与"气"的相即不离关系。"太虚"或"虚空"不能离开"气"而成为一无所有的独立存在,"气"也不能离开"太虚"或"虚空"而成为聚散变化的本体状态。只有使"太虚"或"虚空"与"气"在解释学的语义循环中相互界说,才能既克服释、老以"虚"为实有、以"空"为真如的偏蔽,又超越汉唐元气自然论对形象的执著。在《正蒙·太和篇》内,张载明确地讲述了这两大命题的言说宗旨:

> 气之聚散于太虚,犹冰凝释于水,知太虚即气,则无无。故圣人语性与天道之极,尽于参伍之神变易而已。诸子浅妄,有有无之分,非穷理之学也。[1]
>
> 知虚空即气,则有无、隐显、神化、性命通一无二,顾聚散、

---

[1] 《正蒙·太和篇第一》,《张载集》,第8、9页。

出入、形不形，能推本所从来，则深于《易》者也。若谓虚能生气，则虚无穷，气有限，体用殊绝，入老氏"有生于无"自然之论，不识所谓有无混一之常；若谓万象为太虚中所见之物，则物与虚不相资，形自形，性自性，形性、天人不相待而有，陷于浮屠以山河大地为见病之说。此道不明，正由懵者略知体虚空为性，不知本天道为用，反以人见之小因缘天地。明有不尽，则诬世界乾坤为幻化。幽明不能举其要，遂躐等妄意而然。不悟一阴一阳范围天地、通乎昼夜、三极大中之矩，遂使儒、佛、老、庄混然一涂。语天道性命者，不罔于恍惚梦幻，则定以"有生于无"，为穷高极微之论。入德之途，不知择术而求，多见其蔽于诐而陷于淫矣。①

可以说，直到规定了"太虚"或"虚空"与"气"的相即不离、相资为用、变易沟通和浑然一体等逻辑关系后，张载对"释老之旨"的儒学批判才有了真正的落脚点和归宿处，才为最终确立圣人"性与天道"在宇宙大化流行中的本体地位奠定了稳固的哲学基础，为全面贯彻儒教伦理及其道德理想提供了超越的价值尺度。

值得特别指出的是，张载的气学思想属于广义的理学范畴，是以人性与天道的意义和价值为论域的"穷理之学"。按照"穷理尽性以至于命"的探究次序，穷究义理是为了曲尽心性，曲尽心性是为了领悟天命，领悟天命是为了最终完善伦理道德，达到内外合一的"太和"境界。这种心性义理之学，具有强烈的目的论色彩，它的探究目的始终是人的"性命"和做人的规矩，即"三极大中之矩"，也就是周敦颐所说的"立人极"。因此，张载的气学思想总体上属于心智哲学或道德哲学，而不属于自然哲学（"自然之论"）。它既不同于古希腊亚里士多德的"物理

---

① 《正蒙·太和篇第一》，《张载集》，第 8 页。

学"，也不同于西方哲学史上的"唯物论"。这可以从两个方面加以说明：

其一，张载把气凝聚生成的天地万物称之为"客形"和"法象"，认为客观事物是"太虚"之气神化过程中混浊不清、阻碍不通的"糟粕"。他说："盈天地之间者，皆物也"①。由于"物"是有形可状的"法象"，所以"盈天地之间者，法象而已"②。又说："鬼神者，二气之良能也。圣者，至诚得天之谓；神者，太虚妙应之目。凡天地法象，皆神化之糟粕尔"③。张载还讲："太虚为清，清则无碍，无碍故神；反清为浊，浊则碍，碍则形"④。这些有意贬低"物"的论述，与唯物主义将"物"视为最真实的客观存在，不可等量齐观。

其二，张载的"太虚"不仅是"气之本体"，而且也是"心之实"和"性之渊源"。"太虚"与"心性"的实质关联，是通过"诚"在天人之际建构出来的。他说："诚则实也，太虚者天之实也。万物取足于太虚，人亦出于太虚，太虚者心之实也"⑤。那么，怎样理解张载用"太虚"描述心性本体的这一论断呢？其实，在张载的话语系统里，"太虚"一词有两种语用功能：一是在"太虚即气"里，"太虚"用于描述"气"无形状、无法象、无感知的本体存在方式。在这一用法里，可以说"太虚者天之实也"，或"太虚者自然之道"⑥；二是在"太虚者心之实"里，"太虚"用于描述心灵的至静诚明状态或性命的至善清澈形式。在这种用法中，一切与心性诚明、至善有关的道德范畴，都可用"虚"来形容其真实情状。比如，"虚者，仁之原"。"敦厚虚静，仁之本；敬和接物，仁之用。""虚则生仁，仁在

---

① 《张子语录下》，《张载集》，第 333 页。
② 《横渠易说·系辞上》，《张载集》，第 182 页。
③ 《正蒙·太和篇第一》，《张载集》，第 9 页。
④ 《正蒙·太和篇第一》，《张载集》，第 9 页。
⑤ 《张子语录中》，《张载集》，第 324 页。
⑥ 《张子语录中》，《张载集》，第 325 页。

理以成之"①。又如："天地以虚为德,至善者虚也。虚者天地之祖,天地从虚中来"②。按照心性与天道"通一无二"的和合原则,探究人类的心性实体和天地的气化本体,必须运用"以至虚为实"或"虚中求出实"的超越逻辑,来对事物和现象进行高度的义理提纯。

> 天地之道无非以至虚为实,人须于虚中求出实。圣人虚之至,故择善自精。心之不能虚,由有物榛碍。金铁有时而腐,山岳有时而摧,凡有形之物即易坏,惟太虚无动摇,故为至实。《诗》云:"德辖如毛",毛犹有伦,上天之载,无声无臭,至矣。
>
> 静者善之本,虚者静之本。静犹对动,虚则至一。③

由此可见,为张载所肯定的"虚"或"太虚",既是蕴涵实在、统摄动静的超越范畴,又是与至诚、至善、仁、圣对等的价值范畴。在张载看来,"太虚"是本体世界的真实状况,是道德理想和精神境界的审美特征。

第三、"太和之道"的辩证理解。

孟子讲过:"可欲之谓善,有诸己之谓信,充实之谓美,充实而有光辉之谓大,大而化之之谓圣,圣而不可知之之谓神"④。在"关学"的范畴逻辑结构中,"太虚"在气的聚散变化中始终"无动摇",是至诚、至善、至一、至实的存在本体和价值境域。经过儒教伦理及其道德精神充实后的"太虚"境域,已不再是先秦庄子所说的"太虚"⑤,而完全符合儒家

① 《张子语录中》,《张载集》,第325页。
② 《张子语录中》,《张载集》,第326页。
③ 《张子语录中》,《张载集》,第325页。
④ 《尽心下》,《孟子注疏》卷14。
⑤ "太虚"最早见于《庄子·知北游》:"是以不过乎昆仑,不游乎太虚。"其意指宇宙虚寂寥廓的肇始状态。

孟子所说的"善"、"信"、"美"、"大"、"圣"、"神"等审美价值范畴。为了使"太虚"境域更加充实,富有生机,张载进一步用"太和"与"神化"来概括说明天地万物在"太虚"境域动静相感、絪缊相荡的变易景观。张载哲学极为丰富的辩证法思想,总体上服务于至善的伦理价值和至诚的道德精神,是其心性义理之学的必要组成部分。

> 太和所谓道,中涵浮沉、升降、动静、相感之性,是生絪缊、相荡、胜负、屈伸之始。其来也几微易简,其究也广大坚固。起知于易者乾乎!效法于简者坤乎!散殊而可象为气,清通而不可象为神。不如野马、絪缊,不足谓之太和。语道者知此,谓之知道;学《易》者见此,谓之见《易》。不如是,虽周公才美,其智不足称也已。①

《正蒙》开篇中的这段精彩论述,可以看做是张载哲学辩证法的提要与总纲。从道德形上学和价值本体论角度看,"太和"与"太虚"都是虚性的超越范畴,二者在逻辑结构上具有对当等价关系。其语义差别在于,"太虚"描述本体寂然不动的神秘存在方式,因此"太虚无形",至一至静;"太和"则描述本体感而遂通的生化作用机制,所以"保合太和",动静絪缊。

从学术思想渊源上分析,张载的太和辩证法,首先是对《周易》乾坤阴阳辩证法的继承和发展,同时也汲取了庄子的气化思想,因而具有丰厚的哲理意蕴。他直言不讳地说:

> 气坱然太虚,升降飞扬,未尝止息,《易》所谓"絪缊",庄生所谓"生物以息相吹"、"野马"者与!此虚实、动静之机,阴阳、

---

① 《正蒙·太和篇第一》,《张载集》,第7页。

刚柔之始。浮而上者阳之清,降而下者阴之浊,其感通聚结,为风雨,为雪霜,万品之流形,山川之融结,糟粕煨烬,无非教也。①

不过,"野马"也好,"缊缊"也罢,都是对道德本体作用机制的生动描绘。对"太和"之道的系统描述,必须运用"神化"、"体用"、"阴阳"、"聚散"、"动静"等对偶化的辩证概念。

> 神,天德;化,天道。德,其体;道,其用,一于气而已。②
>
> 阴性凝聚,阳性发散;阴聚之,阳必散之,其势均散。阳为阴累,则相持为雨而降;阴为阳得,则飘扬为云而升。故云雾班布太虚者,阴为风驱,敛聚而未散者也。凡阴气凝聚,阳在内者不得出,则奋击而为雷霆;阳在外者不得入,则周旋不舍而为风;其聚有远近虚实,故雷风有小大暴缓。和而散,则为霜雪雨露;不和而散,则伪戾气曀霾;阴常散缓,受交于阳,则风雨调,寒暑正。③
>
> 天地之道,惟有日月、寒暑之往来、屈伸、动静两端而已。④

张载进一步将其丰富的辩证法思想,概括成为"一物两体"这一高度浓缩的哲学命题。所谓"一物",是指天地万物的统一关系或协调作用。所谓"两体",是指事物变化的两个极端或两重属性。在他看来,由于天、地、人"三极之道"都具有"一物而两体"的辩证结构,天道有阴阳

① 《正蒙·太和篇第一》,《张载集》,第 8 页。
② 《正蒙·神化篇第四》,《张载集》,第 15 页。
③ 《正蒙·参两篇第二》,《张载集》,第 12 页。
④ 《横渠易说·下经·咸》,《张载集》,第 126 页。

象征,地道有刚柔法则,人道有仁义心性,因此,"一物两体"是"太虚"之气神化莫测的内在机制,是人道参赞天地化育的感通原理。

> 一物而两体,其太极之谓与! 阴阳天道,象之成也;刚柔地道,法之效也;仁义人道,性之立也。三才两之,莫不有乾坤之道。①
>
> 一物两体,气也;一故神(自注:两在故不测),两故化(自注:推行于一),此天之所以参也。②
>
> 有无一,内外合,庸圣同。此人心之所自来也。若圣人则不专以闻见为心,故能不专以闻见为用。无所不感者虚也,感即合也,咸也。以万物本一,故一能合异;以其能合异,故谓之感;若非有异则无合。天性,乾坤、阴阳也,二端故有感,本一故能合。天地生万物,所受虽不同,皆无须臾之不感,所谓性即天道也。③

张载"一物两体"的气学辩证思维,是遵循"太和"之道的和合思维。它首先从两极化差异出发,经过阴阳二气的交相感应,差异彼此融突、信息沟通,达成和解,最终参合成高度和谐、协调发展、神化莫测的无穷道德境域。他说:"气本之虚则湛一无形,感而生则聚而有象。有象斯有对,对必反其为;有反斯有仇,仇必和而解。故爱恶之情同出于太虚,而卒归于物欲,倏而生,忽而成,不容有毫发之间,其神矣夫!"④ 尽管张载的这些论述比较简略,但以和合价值化解一切形式的反对与仇恨,确实比片面崇尚斗争的"一分为二",要深刻得多,高明得多。

---

① 《正蒙·大易篇第十四》,《张载集》,第48、49页。
② 《正蒙·参两篇第二》,《张载集》,第10页。
③ 《正蒙·乾称篇第十七》,《张载集》,第63页。
④ 《正蒙·太和篇第一》,《张载集》,第10页。

第四、"心统性情"的内外分析。

按照"一物两体"的辩证法则,原本于"太虚"、感通在"太和"中的道德心性,也是"一故神,两故化"的和合体。就其"本一"能合而言,"合内外,平物我,自见道之大端"①。因此张载有"心统性情"的"合内外之道"。就其"两端"有感而论,心灵的认知方式有"见闻之知"与"德性之知"的分辨,人性趋向有"气质之性"与"天地之性"的区别。"关学"在心性论上表现出来的这种二重性,是受其范畴逻辑结构制约的,具有理论思维上的内在必然性,不能说成是其学术思想的历史局限。

按照朱熹的说法,张载的"心统性情"是宋明理学"颠扑不破"的心性论命题。这一命题高度概括了"心"对"性情"的兼容功能和统摄作用,充分体现了理学心性论的和合特征。

> 性对情言,心对性情言。今如此是性,动处是情,主宰是心。横渠云"心统性情者也",此语极佳。大抵心与性情,似一而二,似二而一,此处最当体认。②

朱熹还从体用关系角度,对"心统性情"作了进一步解释:"性是体,情是用,性情皆出于心,故心能统之。"③ 不过,张载自己尚未明确地从"性即理"的形上学维度加以展开,而是根据其范畴逻辑结构,从"太虚"的气化之道逐渐推导出"性"与"心"的和合结构。

> 由太虚,有天之名;由气化,有道之名;合虚与气,有性之名;合性与知觉,有心之名。④

---

① 《经学理窟·义理》,《张载集》,第273页。
② 《张子语录·后录下》,《张载集》,第338、339页。
③ 《张子语录·后录下》,《张载集》,第339页。
④ 《正蒙·太和篇第一》,《张载集》,第9页。

由此可见,要忠实地理解张载本人的"心统性情",必须按照"一物两体"的辩证逻辑与"内外之合"的和合思维,分两个层面进行。

第一层,人心是"内外合"的知觉器官。其中,所谓的"内"是指内在的认知德性,是得之于"太虚"或"天道"的"天德良知"、"诚明所知"或"德性之知",即认识主体及其所具有的良性认知能力。"诚明所知乃天德良知,非闻见小知而已"①。所谓的"外"是指耳目之外的客观事物,即作为认知对象的外在客体。张载认为,人的心灵感受客观事物的认知过程,是一个内在主体与外在客体交互发明的和合过程。他说:"人谓己有知,由耳目有受也;人之有受,由内外之合也。知合内外于耳目之外,则其知也过人远矣"②。这种通过耳目感受所获得的认知,是"见闻之知"。与"诚明所知"相比,"见闻之知"有两点不足:一是过分依赖于物象,有可能"徇物丧心",被物欲引上的"人化物而灭天理"③ 的陷溺歧途;二是既"不足以尽物",也"不足以尽心",是一种有限的认识形态,无法从总体上把握无限的天地万物和无形的"太虚"之气。

> 言尽物者,据其大总也。今言尽物且未说到穷理,但恐以闻见为心则不足以尽心。人本无心,因物为心,若只以闻见为心,但恐小却心。今盈天地之间者皆物也,如只据己之闻见,所接几何,安能尽天下之物?所以欲尽其心也。穷理则其间细微甚有分别,至如遍[礼]乐,其始亦但知其大总,更去其间比较,方尽其细理。若便谓推类,以穷理为尽物,则是亦但据闻见上推类,却闻见安能尽物! 今所言尽物,盖欲尽心耳。④

① 《正蒙·诚明篇第六》,《张载集》,第 20 页。
② 《正蒙·大心篇第七》,《张载集》,第 25 页。
③ 《正蒙·神化篇第四》,《张载集》,第 18 页。
④ 《张子语录下》,《张载集》,第 333 页。

很显然,"见闻之知"属于感性认识范畴,它既无法全面认识客观事物的本质("尽物"),系统把握现象变化的规律("穷理"),更无法深入了解心智的认识能力及其推理机制("尽心")。因此,要"尽物"、"尽心","穷理"、"尽性",就必须超越"见闻之知",在"推类"的基础上开发"诚明所知",运用"德性之知"所特有的伦理实践和道德修养,达到"变化气质"、"止于至善"的成圣目的。

张载认为,"见闻之知"属于有外的"小心"和"小知",是心灵认识的感性起始,其地位和作用都是有限的。而"德性之知"属于无外的"大心"和"良知",是德性认知的逻辑归结,其境域是无限的"太和"。张载明确指出,这种道德化的"德性所知"是"至大无外"的天人和合境界,不能通过"见闻之知"自发萌生,只能通过"大其心"的"知性知天"功夫自觉追求。他说:

> 大其心则能体天下之物,物有未体,则心为有外。世人之心,止于闻见之狭。圣人尽性,不以见闻梏其心,其视天下无一物非我,孟子谓尽心则知性知天以此。天大无外,故有外之心不足以合天心。见闻之知,乃物交而知,非德性所知;德性所知,不萌于见闻。①

第二层,人性是"有无一"的义理存在。张载的"德性之知",是基于人性至善设定的道德理性及其体认能力,与现代哲学认识论中的理性认识形式不完全对等。正是由于"德性之知"预设了"天德"、"诚明"和"良知"等至善的道德价值,因此,与之相应的人性就是至善的"天地之性"。为了比较圆满说明现实生活中存在的道德善恶及其心性起源,张

---

① 《正蒙·大心篇第七》,《张载集》,第24页。

载对孟子以来的人性问题进行了辩证考察,确立了"天地之性"与"气质之性"的二元和合结构。在他看来,告子"以生为性"荒诞不经,"既不通昼夜之道,且人与物等"①;而孟子的"性善"主张,"言性情皆一也",不知情感的抒发有善与恶两种形态:"哀乐喜怒发而皆中节谓之和",心性中和则为善,"不中节则为恶"②。至于佛教所说的"佛性",张载认为与告子的"生之谓性"相似,都是以"天下万物之性为一",没有突出"人之性"的仁义内涵及其在天地万物中的高贵地位。

张载认为,人性问题事关"人之所以为人"的本体根据,以及怎样成为圣人的伦理实践和道德境界,因此,人性的善恶就不是既定的事实问题,而是待成的价值问题。他说:

> 学者当须立人之性。仁者人也,当辨其人之所谓人。学者学所以为人。③

张载"立人之性"的价值方案,是从气化之道入手建构出来的。一方面,人生天地之间,禀受阴阳二气,是有欲求、有情感和有形体的生理存在,具有"气质之性"或"攻取之性"。另一方面,人与天地万物都本原于"湛一"而"无形"的"太虚",具有和乐融融、长久广大的"天地之性"或敦厚虚静、弘大公平的"道德性命"。从价值取向上看,"气质之性"有可能趋向邪恶,而"天地之性"始终至善。他说:

> 湛一,气之本;攻取,气之欲。口腹于饮食,鼻舌于臭味,皆攻取之性也。知德者属厌而已,不以嗜欲累其心,不以小害

---

① 《正蒙·诚明篇第六》,《张载集》,第22页。
② 《张子语录中》,《张载集》,第323、324页。
③ 《张子语录中》,《张载集》,第321页。

大、末丧本焉尔。①

　　形而后有气质之性，善反之则天地之性存焉。故气质之性，君子有弗性者焉。②

　　和乐，道之端乎！和则可大，乐则可久，天地之性，久大而已矣。③

既然"气质之性"不是君子的本性和圣人的德性，所以，改变"气质之性"有可能趋向邪恶的攻取特征，使其向"和乐"、"久大"的"天地之性"转化，就理应成为学者的道德使命：

　　为学大益在自求变化气质，不尔皆为人之弊，卒无所发明，不得见圣人之奥。④

　　张载通过有形的"气质之性"与无形的"天地之性"的和合建构，比较成功地解决了道德心性的善恶问题以及遏恶扬善的选择问题，因而受到朱熹的高度称赞："气质之说，起于张程，极有功于圣门，有补于后学，前人未曾说到，故张程之说立，则诸子之说泯矣"⑤。可以说，张载对儒学心性论的最大贡献有三点：一是终结了先秦儒学"性善"与"性恶"两种针锋相对的心性假设，强化道德善恶的实践选择；二是澄清了汉唐儒学性情分品的等级观念，重新确立了人性相近的平等理念；三是凸显了心性的生成结构和善恶的转换机制，为明清大儒王夫之提出"性日生日成"铺平了学术道路。

---

① 《正蒙·诚明篇第六》，《张载集》，第22页。
② 《正蒙·诚明篇第六》，《张载集》，第23页。
③ 《正蒙·诚明篇第六》，《张载集》，第24页。
④ 《张子语录中》，《张载集》，第321页。
⑤ 《正蒙·诚明篇》朱熹注，《张子全书》卷2。

第五、"民胞物与"的道德追求。

在伦理道德方面,"变化气质"不完全是"为学日益"的知识积累过程,而主要是"为道日损"的心性修养功夫。在张载的修养论里,需要"日损"或禁绝的是个人的"私己",即与"天理"相对的"人欲"。所谓"人欲",是指个人根源于"攻取之性"的物质欲望,以及为了满足这类物质欲望而进行的欺骗行为,尤其是指与"天地之性"相背离的"意、必、固、我之凿"。"天理一贯,则无意、必、固、我之凿。意、必、固、我,一物存焉,非诚也;四者尽去,则直养而无害矣。"① 而"天理"则是一种普遍的道德准则,是诚实无妄、光明正大的道德理性。"所谓天理也者,能悦诸心,能通天下之志之理也。能使天下悦且通,则天下必归焉"②。

针对孔孟以后"灭天理而穷人欲"③ 的名教灾难和道德危机,张载在其著名的《西铭》篇内,重新确立了儒教伦理的"仁孝"道德理想。在当时就得到了"洛学"程颢的首肯:"孟子以后,未有人及此。得此文字,省多少言语。且教佗人读书,要之仁孝之理备于此。须臾而不于此,则便不仁不孝也。"④

《西铭》本是《正蒙·乾称篇》开头一段,张载弟子苏昞、范育在编辑《正蒙》时尚未分出。朱熹在为《西铭》作注解时说:张载"尝于学堂双牖,左书《贬愚》,右书《订顽》,伊川先生曰:'是启争端,改曰《东铭》、《西铭》'"⑤。二程也有"《订顽》之言,极纯无杂"的说法。可见,张载确有"砭愚"、"订顽"之称。经过朱熹的注解和宣扬,《西铭》真正成了"明理一而分殊,扩前圣所未发,与孟子性善养气之论同功"⑥ 的理学经典

---

① 《正蒙·中正篇第八》,《张载集》,第28页。
② 《正蒙·诚明篇第六》,《张载集》,第23页。
③ 《经学理窟·理》,《张载集》,第273页。
④ 《河南程氏遗书》卷2,《二程集》,第39页。
⑤ 《张子全书》卷1。
⑥ 《宋史·张载传》引程颐语,《张载集》,第387页。

篇章。

> 乾称父,坤称母;予兹藐焉,乃浑然中处。故天地之塞,吾
> 其体;天地之帅,吾其性。民吾同胞,物吾与也。①

　　将乾坤称为我的父母尊长,视天地为我的躯体与本性,以民众为我的骨肉同胞,以万物为我的亲密同伴,这就是《西铭》所提倡的人与天地万物"知必周知,爱必兼爱,成不独成"的道德和合境域。这种浑然一体的"民胞物与"道德理想,以"宗子之法"为伦理原型,力求将"仁孝之理"从血缘家族拓展到宇宙天地。在《乾称篇》内,张载紧接着《西铭》讲道:"大君者,吾父母宗子;其大臣,宗子之家相也。尊高年,所以长其长;慈孤弱,所以幼吾幼。圣其合德,贤其秀也。凡天下疲癃残疾、惸独鳏寡,皆吾兄弟之颠连而无告者也。于时保之,子之翼也;乐且不忧,纯乎孝者也。违曰悖德,害仁曰贼;济恶者不才,其践形,惟肖者也。知化则善述其事,穷神则善继其志。不愧屋漏为无忝,存心养性为匪懈"②。

　　在张载看来,不仅天地自然是"乾称父,坤称母"的伦理大家庭,而且国家社稷也是君为父母、臣为家相的道德大宗族。很明显,张载试图为农耕文明染上和谐融融的天伦乐趣,给君主专制蒙上温情脉脉的兼爱面纱,从而在"仁孝之理"中建构穷神知化、存心养性和安身立命的精神家园,彻底解决儒家"名教"的终极关怀问题。所以,他在《东铭》里概括指出:

> 富贵福泽,将厚吾之生也;贫贱忧戚,庸玉女于成也。存,

---

① 《正蒙·乾称篇第十七》,《张载集》,第62页。
② 《正蒙·乾称篇第十七》,《张载集》,第62页。

吾顺事，没，吾宁也。①

这一"存顺没宁"的终极价值，既没有天堂、也没有地狱，既没有前生、也没有来世，是纯粹的此岸和平庸的现实。人生天地之间，一切听任天命，一切顺应自然，处富贵不骄逸，处贫贱不怨恨，以"平常之心"平平淡淡地度过此生。这种终极价值，其实是无可奈何的消极价值，是对现实人生的逆来顺受。这是张载用"太虚之气"说明心性及其道德本原时，由于抽掉了人生极为丰富的情感追求和极其复杂的社会关系，从而必然使人生单调化，人性所特有的自我创造激情与冲动，竟被全然窒息。宋明理学最终蜕变成为君主专制"以理杀人"的残忍工具，与理学家这种"无情"、"无欲"的理论建构有着内在的历史关联。

　　尽管张载为儒教伦理建构的精神家园是"民胞物与"的泛道德境域，确立的终极关怀是"存顺没宁"的无情欲世界，但是，作为"关学"的创始人和理学的奠基者，张载本人却是富有激情的思想家，他献身学术的美好理想与宏大意愿是："为天地立心，为生民立道，为去圣继绝学，为万世开太平"②。在汉唐佛教学说"炽传中国，儒者未容窥圣学门墙，已为引取，沦胥其间，指为大道"③的特定条件下，张载致力于从伦理道德方面振兴即将中绝的儒学思想。其在理学中的奠基地位，在当时已是公认的学术评价。与张载同时的程颐曾指出，《西铭》"与孟子性善养气之论同功"，南宋陈亮也有"世以孟子比横渠"的说法。朱熹在《伊洛渊源录》里将周敦颐、邵雍、二程和张载并列为"北宋五子"。理宗淳祐年间，诏令张载从祀孔子庙，封为郿伯。明清之际的王夫之，在《正蒙

---

① 《正蒙·乾称篇第十七》，《张载集》，第63页。

② 《张子语录中》，《张载集》，第320页。这句理学名言在文字上稍有差别，朱熹和吕祖谦所编《近思录》卷二的引文与此相同，而《宋元学案·横渠学案上》引作"为天地立心，为生民立命，为往圣继绝学，为万世开太平"。

③ 《正蒙·乾称篇第十七》，《张载集》，第64页。

注序论》中更是感叹不已,推崇备至:"呜呼! 张子之学,上承孔孟之志,下救来兹之失,如皎日丽天,无幽不烛,圣人复起,未有能易焉者也"①。

不过,张载对理学的奠基作用,不是通过"关学"学派的壮大和师徒的传承直接实现的。事实上,在南宋时期,包括关中和洛阳在内的整个北方地区沦陷,学术中心南移。湖湘学派、福建学派、浙东永康、永嘉学派以及江西学派,分别占据了理学展开和集成时期的学术舞台。因此,在宋明理学发展史上,张载"太虚即气"和"心统性情"等思想主张,首先被朱熹的"闽学"所吸收,为理学的展开和集成铺平了逻辑道路。其后,张载的"太虚"思想经陆九渊的"心学"发挥,为王阳明所吸收;其气化思想经王廷相的"气学"辩证,为王夫之所继承。

3. 洛学:二程的天理学说

张载在世时,"关学之盛,不下洛学"②,在其去世后,"关学"再传寥寥无几,"洛学"日趋兴盛,广为流传。其原因主要有二:一是当时的"巨公耆儒"富弼、文彦博、司马光等人竭力支持"洛学",而"张子皆素位隐居而未由相为羽翼";二是"关学"弟子吕大忠、吕大钧、吕大临和苏昞等改师二程,"程子之道广,而一时之英才辐辏于其门"③。

"洛学"是由二程兄弟创立的理学学派。兄长程颢(1032—1085 年)字伯淳,后人称为明道先生;弟弟程颐(1033—1107 年)字正叔,后人称为伊川先生。二程出身官宦世家,祖籍安徽歙县篁敦,后迁中山博野。高祖程羽为赵匡胤的将领,官至"尚书兵部侍郎,赠太子少师","赐第京师,始居开封",并"隶籍于洛"④。曾祖程希振任尚书虞部员外郎,祖父程通赠开封仪同三司吏部尚书。父亲程珦以荫庇得官,历任知县、知

---

①　《附录·王夫之张载正蒙注序论》,《张载集》,第 409 页。
②　《宋元学案序录》,《宋元学案》卷首,中华书局(全四册)1986 年版,第 6 页。
③　《张子正蒙注序录》,《张载集》,第 409 页。
④　《书先公自撰墓志后》,《河南程氏文集》卷 12,《二程集》,第 645 页。

州、大理寺丞和太中大夫等职。程氏家族在当时具有较高的政治地位和富裕的家庭经济。

程颢少年时期,随父亲在各任所就读儒家经典。"自十五六时,闻汝南周茂叔论道,遂厌科举之业,慨然有求道之志"①。有关二程兄弟求学于周敦颐并受其影响,这是不容置疑的历史事实。但二程"终身不甚推濂溪",这至少说明"洛学"的天理学说是独创的,不是"濂学"太极学说的直接传承。正如程颢自己所说:"吾学虽有所受,天理二字却是自家体贴出来。"② 按照清代学者全祖望的说法,"濂溪之门,二程子少尝游焉。其后伊洛所得,实不由于濂溪⋯⋯予谓濂溪诚入圣人之室,而二程子未尝传其学,则必欲沟而合之,良无庸矣"③。换言之,"濂学"对"洛学"的思想影响,在很大程度上是间接的逻辑关联,不是直接的师门传承。

仁宗嘉祐二年(1057 年),程颢中进士第。次年,任京兆府鄠县主簿。嘉祐四年(1059 年),作《答横渠张子厚先生书》(即《定性书》)。嘉祐六年(1061 年),调任江宁府上元县主簿。英宗治平二年(1065 年),调泽州晋城令,以儒教伦理教育乡民。治平四年(1067 年),改任著作佐郎。

神宗熙宁年间(1068—1077 年),王安石推行新法。程颢多次上奏疏,反对"荆公新学"。所上奏疏有《论王霸札子》、《上殿札子》、《请修学校尊师儒取士札子》、《论十事札子》和《论养贤札子》等,主张加强伦理秩序与道德教化,实行"得天理之正,极人伦之至"的"尧、舜之道"④。新法期间,程颢先后出任农田水利使,太子中允权监察御史里行,京西路提点刑狱,镇宁军节度判官等职,因仕途不得志,主要精力用于讲学

---

① 《明道先生行状》,《河南程氏文集》卷 11,《二程集》,第 638 页。
② 《河南程氏外书》卷 12,《二程集》,第 424 页。
③ 《濂溪学案上》,《宋元学案》卷 11,第 480 页。
④ 《论王霸札子》,《河南程氏文集》卷 1,《二程集》,第 450 页。

授徒，"士大夫从之讲学者，日夕盈门，虚往实归，人得所欲"①。

程颢一生任官约十五六年，均为主簿、知县之类地方小官，或著作佐郎、太子中允等朝廷闲职。其余大部分时间是读书和讲学授徒，建构和发展"洛学"学派及其天理学说。

与程颢"德性宽宏，规模阔广，以光风霁月为怀"不同，程颐"气质刚方，文理密察，以峭壁孤峰为体"②。仁宗皇祐二年（1050 年），年仅 18 岁的程颐就呈《上仁宗皇帝书》，大讲固本安民之道。嘉祐元年（1056 年），随父进京师，入国子监读书。直讲胡瑗以《颜子所好何学论》考试诸生，程颐以"学以至圣人之道"的观点博得好评。嘉祐四年（1059 年），诏赐进士出身。

熙宁年间，程颐闲居洛阳，曾应诏上书，以公私、理欲之辩反对荆公新法："……以严法令举条纲为可喜，以富国家强兵甲为自得，锐于作为，快于自任，贪惑至于如此，迷错岂能自知？若是者，以天下徇其私欲者也"③。这期间，二程兄弟时常拜访邵雍，一起说《易》论"道"。张载应诏入京时，路经洛阳，议论"道学"。元丰三年（1080 年），程颐西行到关中，与关中学者游学。元丰五年（1082 年），上书文彦博，要求在位于洛阳城南 20 里的龙门山胜德庵上方寺旧址修建伊川书院，作为著书授徒的活动场所。直到崇宁二年（1103 年）的 20 年间，程颐经常在此讲学，形成了声震宇内、桃李天下的伊川学派。

元丰八年（1085 年），神宗去世，新法随即废止，反对派吕公著、司马光等人执政，上疏推荐程颐。哲宗元祐元年（1086 年），特召上殿面对，受国子监教授之职，以通直郎充崇政殿说书。这期间，程颐多次为哲宗皇帝侍读讲说，并上书太皇太后，反复倡导"辅养之道"。一时间，

①　《门人朋友叙述》，《伊洛渊源录》卷 2。
②　《明道学案上》，《宋元学案》卷 13，第 540 页。
③　《代吕公著应诏上神宗皇帝书》，《河南程氏文集》卷 5，《二程集》，第 530 页。

天下士人多归程门,程颐亦以天下自任,论议褒贬,无所顾避。元祐二年(1087年)八月,因谏议大夫孔文仲奏请,罢崇政殿说书,差管西京国子监。程颐再三上状乞求免官,回归田里,不许。

元祐八年(1093年),太皇太后卒,哲宗亲政,改元绍圣,继续推行神宗时期的变法事业。程颐因反对过新法而被列入"奸党",绍圣四年(1097年)二月,下诏追毁其出身以来所有文字,放归田里。十一月,被逐出京师,贬到四川涪州接受"编管"。元符元年(1098年),程颐在涪州专心为《周易》作传。元符三年(1100年),哲宗去世,徽宗即位,程颐复职,返回洛阳。崇宁元年(1102年),徽宗复行熙宁新法,贬斥"元祐奸党",程颐再次受到牵连。大观元年(1107年),"元祐党祸"尚未结束,程颐寝疾,将《周易程氏传》授予学生尹焞和张绎,不久病逝。丧葬之时,门人弟子惧怕被编入党籍,不敢送葬:"先生之葬,洛人畏入党,无敢送者,故祭文惟张绎、范域、孟厚及焞四人。乙夜,有素衣白马至者,视之,邵溥也,乃附名焉。盖溥亦有所畏而薄暮出城,是以后"[1]。

程颐一生做官时间很短,绝大部分时间著书立说,讲学授徒,其弟子较有名者80余人,来自全国40多个府州,特别是远自福建、浙江和江西等南传弟子,为"洛学"在南宋时期的进一步展开和理学的集大成,创造了学术条件。

二程兄弟的学术著作,主要有《遗书》、《外书》、《文集》、《经说》、《易传》和《粹言》等六书。其中,《程氏遗书》是门人"记其所见闻答问之书",由朱熹于乾道四年(1168年)编定,共25篇(卷),并以《明道先生行状》等8篇为《附录》。《程氏外书》12篇,是从集录中杂取出来的,有些无法审定来源,由朱熹于乾道九年(1173年)编定。《程氏文集》12卷,前4卷为程颢诗文集,后8卷为程颐诗文集。宋刻本《程氏经说》为7卷,明刊本有所合并与增益,共八卷,记载二程的解经语录。《周易程氏

---

① 《河南程氏遗书·附录》,《二程集》,第347、348页。

传》4卷,是程颐对《周易》经文的注解,不及《易传》。《程氏粹言》是弟子杨时对二程语录的修饰与改写,后由张栻于乾道二年(1166年)编次为两卷十篇。明清时期,二程的上述六书合刊为《二程全书》。1981年,中华书局据此出版点校本《二程集》。

二程兄弟的理学思想,是以天理学说为其核心的。在宋明理学中,张载确立了"气"在理学思想中的重要地位,为理学范畴系统提供了变易的气质因素。二程兄弟突出了"理"在理学思想中的枢纽作用,为理学逻辑结构找到了稳定的义理原则。尽管"理"或"天理"在先秦和汉唐文献中均有记载,但是,作为道德形上学和价值本体论的最高范畴,并通过"天理"二字"穷极性命之根柢,发挥义理之精微"①,确实是程氏兄弟"自家体贴出来的"。

近人有以程颢和程颐分别开启宋明理学中的陆王、程朱两大学派,这一说法虽有一定的合理性,然而从根本上讲,二程兄弟的"大旨"是相同的。即使论其异,也是只能是同中之异,即学术特色、思想风格和教育方法等方面的个性差异。诚如朱熹所言:"明道宏大,伊川亲切。大程夫子当识其明快中和处,小程夫子当识其初年之严毅,晚年又济以宽平处"②。程颐晚年曾对其高足张绎说:"我昔状明道先生之行,我之道盖与明道同。异时欲知我者,求之于此文可也"③。

如果说程颢体贴出"天理"而无详细论证的话,那么,程颐不仅做了发挥,而且通过撰写《易传》引入"气"("象")范畴,使"理"进入大化流行过程,建构了"理"("道"、"天")→"象"("气"、"阴阳")→"数"("物")→"理"("道"、"天")的范畴逻辑结构,通过宇宙的化生方式来说明伦理秩序的普遍意义和道德规范的永恒价值。他说:

---

①　《伊川学案下》,《宋元学案》卷16,第652、653页。

②　《伊川学案下》,《宋元学案》卷16,第652页。

③　《伊川先生年谱》,《河南程氏遗书·附录》,《二程集》,第346页。

有理而后有象,有象而后有数。《易》因象以明理,由象而知数。①

有理则有气,有气则有数。鬼神者,数也。数者,气之用也。②

在二程哲学思想中,"理"与"道"、"天"都标志着最高的形上学本体范畴,是其逻辑结构的出发点和归结处。在解决"理"如何造作万物的问题时,二程(特别是程颐)吸收并改造了张载的"气"范畴,将其从太虚无形的本体地位还原成阴阳对待的气质变化,"理"通过"气"的阴阳交感而化生天地万物。人作为万物之灵,通过"格物穷理"方法体认"天理"的实在性和绝对性,从而实现"理"自我回归的逻辑运动。程氏兄弟哲学思想的主要区别集中在最后环节上:程颢强调"有我",通过"万物皆备于我"内向修养,达到"理与心一"③ 的浑然意境;程颐主张"无己",通过"赞天地之化育"外向努力,达到"大而化,己与理一,一则无己"④ 的和合境域。

根据二程哲学的范畴逻辑结构,其理学思想主要有以下五个方面:

第一、"天者理也"的多重规定

"理"是二程哲学的根本范畴,是对天地自然和人伦物理的最高概括。在二程的具体论述中,"理"范畴具有多重义理规定。

其一,"理"是与"天"、"道"逻辑等价的本体范畴,是绝对的形而上者,是永恒的精神实体。"天者,理也"⑤;"夫天,专言之则道也"⑥;"此

---

① 《河南程氏遗书》卷21,《二程集》,第271页。
② 《天地篇》,《河南程氏粹言》卷2,《二程集》,第1028页。
③ 《河南程氏遗书》卷5,《二程集》,第76页。
④ 《河南程氏遗书》卷15,《二程集》,第143页。
⑤ 《河南程氏遗书》卷11,《二程集》,第132页。
⑥ 《周易程氏传》卷1,《二程集》,第695页。

理,天命也。顺而循之,则道也"①;诸如此类的等价界定,说明在二程的本体论话语中,"天"、"理"与"道"的语义差别仅仅是修辞性的,说"天"强调其"自然之理",论"理"突出其"天命不易",讲"道"描述其"随时变易",而它们所指的价值本体则是惟一的。故二程经常使用"天理"、"天道"和"道理"等合称语辞,其含义都是指世界万物存在的本体根据,即既内在于万物之中、又超越于形体之上的至善理念。二程指出:

> 天理云者,这一个道理,更有甚穷已?不为尧存,不为桀亡。人得之者,故大行不加,穷居不损。这上头来,更怎生说得存亡加减?是佗元无少欠,百理具备。②

作为永恒的道理,"天理"是无穷的、绝对的和完满的精神实体。为了进一步与佛、道二教的"空"、"虚"之道相区别,并有鉴于张载"太虚"、"虚空"等气学概念过于虚化,容易落入"清虚一大",使儒教伦理的价值本体无法落实到宇宙和人生中,二程特别强调"理"在本体层次上的实在性。他们说:"理者,实也,本也"③。又说:"实理者,实见得是,实见得非。凡实理,得之于心自别"④。按照"惟理为实"的实在性原则,二程明确否定了张载的"太虚"概念,从而使阴阳二气的动静变化完全服从天理法则。

其二,"天理"是无形的物理法则和至善的伦理准则,是世界万物及其变化的"必然"和"所以然"。遵循"天人本无二"⑤ 的理学和合宗旨,

---

① 《河南程氏遗书》卷1,《二程集》,第11页。
② 《河南程氏遗书》卷2,《二程集》,第31页。
③ 《河南程氏遗书》卷11,《二程集》,第125页。
④ 《河南程氏遗书》卷15,《二程集》,第147页。
⑤ 《河南程氏遗书》卷6,《二程集》,第81页。

二程认为,物理世界的必然规律和伦理秩序的当然规范,都是他们所说的"天理":"天下物皆可以理照,有物必有则,一物须有一理"①。一方面,"天地之所以高深,鬼神之所以幽显"②,"火之所以热,水之所以寒"③,举凡眼前所见的一切物理现象,其存在和变化都有"自然之理",有其合乎"必然"的客观规律。另一方面,"视听言动,非理不为,即是礼,礼即是理也"④。社会的典章制度和人伦的等级秩序也是"天理"。这不仅是天地之间最重要的"自然之理",而且也是君臣父子之间的"义理所当然者"。

从张载和二程开始,几乎所有的理学家都将自然结构与社会秩序、物理法则与伦理准则、事实规律与价值规范视做浑然一体、本一无二的和合体。这种"理所当然"的和合思维,既使物理世界伦理化,天地获得了父母祖宗的道德位格,又使伦理生活物理化,人生失去了情感欲望的利益追求。在这种浑然不分的学术视域内,除了"父子君臣,天下之定理,无所逃于天地之间"等纲常原则有研究价值外,"过此则无理"⑤,其余的事情似乎都不值得理学家们去探讨。通过二程对"天理"范畴的这一捆绑式设定,足以看出理学家用伦理准则涵摄物理法则、用物理法则消解生理需求和心理欲望的文化策略,其实是一种釜底抽薪式的"心术",是"忍而残杀之具"⑥,旨在"以学术杀天下后世"⑦。宋明理学的悲剧性历史命运,确实有其逻辑根源。

其三,"理"是开阖、动静、盛衰、消长等运动变化的周期性和守恒

---

① 《河南程氏遗书》卷18,《二程集》,第193页。
② 《河南程氏遗书》卷15,《二程集》,第157页。
③ 《河南程氏遗书》卷19,《二程集》,第247页。
④ 《河南程氏遗书》卷15,《二程集》,第144页。
⑤ 《河南程氏遗书》卷5,《二程集》,第77页。
⑥ 《权》,《孟子字义疏证》卷下。
⑦ 《传习录中》,《王阳明全集》卷2,上海古籍出版社1992年版,第77页。

律。二程首先对《易传》中的"一阴一阳之谓道"进行形上学本体改造，使"理"或"道"成为阴阳二气之上的"所以阴阳者"：

> "一阴一阳之谓道"，此理固深，说则无可说。所以阴阳者道。[1]

> 离了阴阳更无道，所以阴阳者是道也。阴阳，气也。气是形而下者，道是形而上者。形而上者则是密也。[2]

按照二程的理解，"一阴一阳"合起来就是"二"，"二则便有感"，于是便派生出开阖、动静、盛衰、消长等二元对待关系，产生无穷的现象和循环的变化。相反，"道"或"理"是"惟一"的，"无二"的，是"所以运动变化者"，即开阖、动静、盛衰、消长等运动变化的"所以然者"。根据这一形而上与形而下的道器分层关系，"所以开阖者道，开阖便是阴阳"[3]。只要有开阖、动静等阴阳特征，有"存亡加减"现象变化，都属于"形而下者"。此时，"理"作为"通变不穷"的"形而上者"，是以运动变化"终而复始"的周期性和"恒而不穷"的守恒律发挥其本体作用的。"天下之理，未有不动而能恒者也。动则终而复始，所以恒而不穷"[4]。

在二程的具体表述中，特别是在弟子记述中，有时将"理"说成是"有盛衰，有消长，有盈虚，有虚损"[5] 的生生过程。从二程的整个哲学论思想来讲，在价值本体范畴内，"形而上者"为"道"、为"理"，"形而下者"为"器"、为"阴阳"，始终"截得上下最分明"[6]，"道理"本身不可能具

---

① 《河南程氏遗书》卷15，《二程集》，第160页。

② 《河南程氏遗书》卷15，《二程集》，第162页。

③ 《河南程氏遗书》卷15，《二程集》，第160页。

④ 《周易程氏传》卷3，《二程集》，第862页。

⑤ 《河南程氏粹言》卷1，《二程集》，第1175页。

⑥ 《河南程氏遗书》卷11，《二程集》，第118页。

有运动变化的象数特征。但在辩证思维领域中,上下、本末、内外、天人等对待关系虽然都是"一理"或"道一",然而又都服从"无独必有对"的阴阳辩证法则:"道无无对,有阴则有阳,有善则有恶,有是则有非,无一亦无三"①。这是思想家在不同论域内和不同语题下的不同说法,并不意味着二程哲学体系所谓的"矛盾二重性"。

第二、"无独必有对"的辩证思维

在从"象"("气"、"阴阳")→"数"("物")的范畴逻辑结构环节上,二程哲学体现出极为丰富的阴阳辩证思维。这很大程度上得益于"气"范畴的生动性和"阴阳"范畴的对待性。至高无上的"天理"或"天道",正是通过阴阳二气的往来变化,衍生出天地万物和人间万事。但二程的"气"范畴既是物理性的客观存在,又是心理性的精神境界,是物理与心理的融合体。物理性的"气",主要指元素化的"五行之气":"天有五气,故凡生物,莫不具有五性,居其一而有其四。至如草木也,其黄者得土之性多,其白者得金之性多"②。心理性的"气",主要指道义化的"浩然之气":"浩然之气,既言气,则已是大段有形体之物。如言志,有甚迹,然亦尽有形象。浩然之气是集义所生者,既生得此气,语其体则与道合,语其用则莫不是义。譬之以金为器,及其器成,方命得此是金器"③。这两种性质不同的"气",又具有相同的变化功用。"气化之在人与在天,一也,圣人于其间,有功用而已"④。

在描述"气"的阴阳属性、交感作用和动静变化时,二程明确提出了"无独必有对"、"动静相因"和"物极必反"等辩证命题。程颢说:

天地万物之理,无独必有对,皆自然而然,非有安排也。

①　《河南程氏遗书》卷15,《二程集》,第161页。
②　《河南程氏遗书》卷15,《二程集》,第162页。
③　《河南程氏遗书》卷15,《二程集》,第148页。
④　《天地篇》,《河南程氏粹言》卷2,《二程集》,第1226页。

每中夜以思,不知手之舞之,足之蹈之也。①

　　万物莫不有对,一阴一阳,一善一恶,阳长则阴消,善增则
恶减。斯理也,推之其远乎? 人只要知此耳。②

"必有对"和"莫不有对"的说法,强调说明了阴阳对待、彼此消长原理的
自然性、必然性和普遍性。程颐也有类似的说法:

　　天地之间皆有对,有阴则有阳,有善则有恶。③

　　质必有文,自然之理。理必有对待,生生之本一也。有上
则有下,有此则有彼,有质则有文,一不独立,二则为文。非知
道者,孰能识之。④

　　从阴阳相对而立、相须为用和相因成变等关系出发,二程进一步肯
定了气化过程中的缊缊交感机制和动静聚散变化。"缊缊"一辞源出
《周易·系辞传》:"天地缊缊,万物化生"。程颐认为,"缊缊"是"交密之
状",形象地描绘阴阳交相感应、交相摩轧和交媾推荡的"造化之功"。
"缊缊交感,变化不穷"⑤。就其生成结构而言,变化是由"气"的聚散构
成的。"物生则气聚,死则散而归尽"⑥。就其表现形态而论,变化是
"阳动阴静"交替进行的。在无穷的变化过程中,动静阴阳"终而复始",
无穷无尽,没有绝对的开端与起始。

―――――――――

① 《河南程氏遗书》卷11,《二程集》,第121页。
② 《河南程氏遗书》卷11,《二程集》,第123页。
③ 《河南程氏遗书》卷15,《二程集》,第161页。
④ 《周易程氏传》卷2,《二程集》,第808页。
⑤ 《河南程氏文集·遗文·易序》,《二程集》,第667页。
⑥ 《河南程氏遗书》卷2,《二程集》,第56页。

> 道者,一阴一阳也。动静无端,阴阳无始。非知道者,孰能识之? 动静相因成变化,顺继此道,则为善也;成之在人,则为之性也。①

既然阴阳一道、动静一源,那么,阴阳动静之间的周期性交替变化就必然形成"物极必反"的转化现象。程颐在解释《睽卦》和《困卦》时分别说:

> 物极则必反,故睽极则必通,若睽则不通,却终于睽而已。②
> 物极则反,事极则变。困既极矣,理当变矣。③

但二程认为,极端转化只是事物变化的阴阳交替现象,不是恒常不变的道理。社会中的贵贱等级地位和尊卑纲常秩序,是"天地长久之道,天下常久之理"④,是不容有丝毫更改的"永终之义":"男女有尊卑之序,夫妇有唱随之礼,此常理也"⑤。由此可见,理学的辩证思维只是辩护性的价值论证,而不是探索性的事实研究。其学术目的始终在于,论证儒教伦理所支持的"君臣父子之理"、"阴阳尊卑之义"和"男女长幼之序",既是天地大经,又是人之极至。

第三、"格物穷理"与"灭欲明理"

在二程哲学范畴的逻辑结构中,从"物"到"理"的回归不是自然而然地实现的,需要有一番"格物穷理"的致知功夫,才能体认出潜在于

---

① 《易说·系辞》,《河南程氏经说》卷 1,《二程集》,第 1029 页。
② 《河南程氏遗书》卷 17,《二程集》,第 174 页。
③ 《周易程氏传》卷 4,《二程集》,第 945 页。
④ 《周易程氏传》卷 3,《二程集》,第 862 页。
⑤ 《周易程氏传》卷 4,《二程集》,第 979 页。

天地万物中的"天理"。从学术渊源上看,二程的"格物穷理"说是对《礼记·大学》篇中"致知在格物"的全新注解:

> 　　或问:"进修之术何先?"曰:"莫先于正心诚意。诚意在致
> 知,致知在格物。格,至也,如'祖考来格'之格。凡一物上有
> 一理,须是穷致其理。穷理亦多端,或读书,讲明义理,或论古
> 今人物,别其是非,或应接事物而处其当,皆穷理也。"
> 　　或问:"格物须物物格之,还只格一物而万理皆知?"曰:
> "怎生便会该通?若只格一物便通众理,虽颜子亦不敢如此
> 道。须是今日格一件,明日又格一件,积习既多,然后脱然自
> 有贯通处。"①

《遗书》中的这两段对话,比较集中地概括了二程"格物穷理"学说的主要内容。从中可以看出,二程解释"致知在格物"的新颖之处表现在两个方面:一是对"格"和"物"的字义训诂是独创性的。"格犹穷也,物犹理也,犹曰穷其理而已也"②。经过二程的解释学发挥,"格物"的意思是穷尽事物的道理。二是提出了一套先"积习"、后"贯通"的格物程序,即由"渐修"到"顿悟"的明理过程。很显然,这是对唐代佛教禅宗心性修养理论的自觉吸收。

二程通过"穷理格物"所致之"知",主要是指明白为人处事的道德良知,即"德性之知",而不太关注百姓日用的经验知识,即"闻见之知"。与张载一样,二程也将认知"一分为二",突出"德性之知"在心智系统的内在性及其对事物刺激的超越性。程颐说:

---

① 《河南程氏遗书》卷18,《二程集》,第188页。
② 《河南程氏遗书》卷25,《二程集》,第316页。

闻见之知，非德性之知。物交物则知之，非内也，今之所谓博物多能者是也。德性之知，不假闻见。①

将"闻见之知"与"德性之知"截然分开，其目的是为了排除物质欲望对心性修养的诱惑与陷溺，从而顺利地实现"穷理尽性以至于命"的终极关怀。二程指出："理则须穷，性则须尽，命则不可言穷与尽，只是至于命也。横渠昔尝譬命是源，穷理与尽性如穿渠引源。然则渠与源是两物，后来此议必改来"②。按照二程的理解，"理"、"性"、"命"都是伦理性的价值本体，既不存在源流关系，也没有先后次序可言。程颢说过："穷理尽性以至于命，三事一时并了，元无次序，不可将穷理作知之事。若实穷得理，即性命亦可了"③。程颐也说："穷理尽性至命，只是一事。才穷理，便尽性；才尽性，便至命"④。可见，"穷理"不是认知领域的事情，而是心性修养的功夫。

在功夫积累上，"穷理"的根本要求又有正反两个方面。正面的要求是"居敬"与"集义"，反面的要求是"灭欲"与"克己"。

"居敬"说是二程对周敦颐"主静"说法的儒学改造。因为"才说静，便入于释氏之说也。不用静字，只用敬字。才说着静字，便是忘也"⑤。而"居敬"的修养要求，首先是"动静一源"的"主一"："所谓敬者，主一之谓敬。所谓一者，无适之谓一。且欲涵泳主一之义，一则无二三矣"⑥。即心智高度专注，用于一事，不为物欲所纷扰。其次是"内外一理"的"直内"："《易》所谓'敬以直内，义以方外'，须是直内，乃是主一之义。

---

① 《河南程氏遗书》卷25，《二程集》，第317页。
② 《河南程氏遗书》卷2，《二程集》，第27页。
③ 《河南程氏遗书》卷2，《二程集》，第15页。
④ 《河南程氏遗书》卷18，《二程集》，第193页。
⑤ 《河南程氏遗书》卷18，《二程集》，第189页。
⑥ 《河南程氏遗书》卷15，《二程集》，第169页。

至于不敢欺，不敢慢，尚不愧于屋漏，皆是敬之事也。但存此涵养，久之自然天理明"①。"集义"说是对孟子养浩然之气思想的直接继承，是与"直内"相互促进的"方外"事功。"敬只是涵养一事。必有事焉，须当集义。只知用敬，不知集义，却是都无事也"②。比如，对父母尽孝道，"居敬"是"持己之道"，内心世界必须时时明确孝道的是非准则。"集义"则是"必于行事"，行为活动必须处处体现孝道的伦理精神。"居敬"与"集义"内外交相养，才能真正尽孝道："须是知所以为孝之道，所以侍奉当如何，温凊当如何，然后能尽孝道也"③。

"灭欲"就是"灭私欲"，即一切根源于生理需要、并受外物诱惑的个人"嗜欲"，诸如"目则欲色，耳则欲声，以至鼻则欲香，口则欲味，体则欲安"④ 等等。二程之所以要灭除"私欲"，其理由是："人心，私欲也，危而不安；道心，天理也，微则难得"⑤。正是由于私欲危害天理，因而要"穷理"、"明理"，就必须奉行"窒欲之道"，"损人欲以复天理"⑥。而要减损并窒息私欲的最好办法，莫过于"克尽己私"："克己则私心去，自然能复礼，虽不学文，而礼意已得"⑦。

第四、"性即理也"的心性设定

就学术思想的内在逻辑讲，二程的"灭欲明理"主张涉及对道德心性的基本设定。二程认为，人类与禽兽的根本区别在于是否存持"天理"："人之所以为人者，以有天理也。天理之不存，则与禽兽何异矣"⑧。根据这一高度抽象的理性设定，人类与禽兽相同的生理需要和

---

① 《河南程氏遗书》卷15，《二程集》，第169页。
② 《河南程氏遗书》卷18，《二程集》，第206页。
③ 《河南程氏遗书》卷18，《二程集》，第206页。
④ 《河南程氏遗书》卷25，《二程集》，第319页。
⑤ 《心性篇》，《河南程氏粹言》卷2，《二程集》，第1261页。
⑥ 《周易程氏传》卷3，《二程集》，第907页。
⑦ 《河南程氏遗书》卷2上，《二程集》，第18页。
⑧ 《人物篇》，《河南程氏粹言》卷2，《二程集》，第1272页。

相近的感性欲望,必须设法从内心世界和人伦活动中清除干净,使人类成为纯粹的道义存在,容不得半点私心物欲。二程"性即是理"的心性设定,就是想使人类成为禀受天命的道义存在。尽管其初衷是要让天下所有人都成为心性至善的圣贤人格,然而,事实上人非圣贤,孰能无欲? 因此理欲之际的存在紧张和价值冲突,始终是二程以后宋明理学难以化解的结构性危机。明清时期的反理学思潮,正是通过对心性的重新设定清算不相容、不和合的"理欲之辩",从而使整个理学思潮走向逻辑终结。

二程对心性的逻辑设定,基本上是根据理气关系分层进行的。首先,"心"有"仁义之心"("道心"),有"利欲之心"("人心")。其中,"利欲之心"不符合人的天命,只有"仁义之心"方可称之为"性"。程颐说:"孟子曰:'尽其心,知其性。'心即性也。在天为命,在人为性,论其所主为心,其实只是一个道"①。而"仁义之心"也有体用之分:"心一也,有指体而言者,寂然不动是也;有指用而言者,感而遂通天下之故是也。"②在未发的本体层面,"心"即是"性"。其次,"性"有"天命之性",有"生之谓性"。其中,"天命之性"是人的道义本体,天理所存,无往而不善:

> 性即理也,所谓理,性是也。天下之理,原其所自,未有不善。喜怒哀乐未发,何尝不善? 发而中节,则无往而不善。凡言善恶,皆先善而后恶;言吉凶,皆先吉而后凶;言是非,皆先是而后非。③

根据善对恶、吉对凶、是对非的价值选择优先性,至善的"天命之性"是

① 《河南程氏遗书》卷18,《二程集》,第204页。
② 《论道篇》,《河南程氏粹言》卷1,《二程集》,第1183页。
③ 《河南程氏遗书》卷22上,《二程集》,第292页。

"极本穷源之性"①,是人能够自觉履行仁义礼智信等"五常"的心性根据,因此也叫"五常性"。"生之谓性"是人气质禀赋,生理所系,有善也有恶:

> "生之谓性",性即气,气即性,生之谓也。人生气禀,理有善恶,然不是性中元有此两物相对而生也。有自幼而善,有自幼而恶……。善固性也,然恶亦不可不谓之性也。盖"生之谓性"、"人生而静"以上不容说,才说性时,便已不是性也。②

"生之谓性"本是告子的说法,旨在说明人的生理属性无所谓善恶。二程借用这一术语来说明人的"气质之性",但又不同意行告子的"性无善恶"说,认为这种禀气而生的人性相对于"天理"的至善而言,是有善恶趋向的可塑性。因此,对"气质之性"必须加以"澄治之功",才能继续天命本性之善,达到"止于至善"的圣人心性境界。二程从天理与气质相即的和合维度设定道德心性,比较明确而圆满地解决了孟子以来儒家的心性善恶问题,在中国学术发展史中功不可没。

二程及其所创立的"洛学",经谢良佐、杨时、游酢、尹焞"四大弟子"的继承、发扬和传播,到南宋时蔚然大观。特别是俗称"道南学派"的杨时,被《宋元学案》推崇为"南渡洛学大宗,晦翁、南轩、东莱皆其所自出"③。经过"湖湘学"张栻、"闽学"朱熹等南宋理学家的逻辑展开与系统集成,"洛学"既是宋明时期理学发展的主流汇集,也是后期宗法社会的官方学术。当然,"洛学"独盛的学术地位和深远的历史影响,也是随着理学思潮的展开逐渐表现出来的。程颢去世后,程颐在《明道先生墓

---

① 《河南程氏遗书》卷3,《二程集》,第63页。
② 《河南程氏遗书》卷1,《二程集》,第10页。
③ 《龟山学案》,《宋元学案》卷25,第944页。

表》中说曾十分自信地讲：

> 先生出，倡圣学以示人，辨异端，辟邪说，开历古之沉迷，
> 圣人之道得先生而后明，为功大矣。①

南宋初年，胡安国曾上奏请加封二程，载在祀典："孔孟之道不传久矣，
自颐兄弟始发明之，而后其道可学而至也"②。其后，朱熹推崇备至：
"夫以二先生倡明道学于孔孟既没、千载不传之后，可谓盛矣"③。经过
南宋理学家的不断努力，理宗淳祐元年（1241 年），皇帝诏命二程从祀
朝廷，进入孔庙，并加封程颢为河南伯，程颐为伊阳伯。到了元代，程朱
理学在学术思想界的统治地位最终确立，文宗至顺二年（1331 年），诏
封程颢为豫国公，程颐为洛国公。这样，二程理学思想最终实现了从学
术、心术到权术、法术的蜕化与嬗变，其独创性的思想学说完全沦为窒
息学术进一步创新和发展的桎梏。特别是二程的"理欲之辩"和那一句
"饿死事极小，失节事极大"④ 的无情话语，竟然演变成为摧残和吞噬
广大妇女的"贞节牌坊"。宋明理学从民间自由学术到官方意识形态的
悲剧性历史演变，其中的理论思维教训永远需要记取。

二、非主流派：涑学、蜀学、新学

与"濂学"、"关学"和"洛学"三大主流学派相比，"涑学"、"蜀学"和
"新学"也都属于宋明理学范畴。尽管作为非主流学派，它们的学术地

---

① 《河南程氏文集》卷 11，《二程集》，第 640 页。
② 《伊洛渊源录》卷 4。
③ 《程氏遗书后序》，《朱文公文集》卷 75。
④ 《河南程氏遗书》卷 22 下，《二程集》，第 301 页。

位和历史影响难以与主流学派抗衡,但是,作为宋代社会的思想解放运动和心性义理之学,它们非常关注"积贫积弱"的现实问题,力求通过文化历史的学术研究,寻找治国平天下的万全良策;它们也都经过出入佛老、回归孔孟的心路历程,对儒、释、道三教思想的创造融合,对儒教伦理精神的伟大复兴,有过各自的理论贡献。

1. 涑学:司马光的潜虚学说

在学术史上,以司马光为代表的"涑学"(又称"朔学"①)素以史学成就著称于世。一部《资治通鉴》,足以让他与太史公司马迁前后呼应,并垂青史。或许是由于其"务实"的史学成就过于显著,反而遮蔽了他的理学思想;或许是因为他所诠释《太玄》过分玄奥,以至人们很难窥测其中"务虚"的理性精神;或许是基于其政治立场十分保守,使急于求成者将其拒之思想殿堂门外。就连《宋元学案》的三位编著黄宗羲、黄百家和全祖望,也没有给《涑水学案》做出明确的案语。除了转述程颐和朱熹两人的简要评语外,只是说"涑水微嫌其格物之未精",让人不得要领。

司马光(1019—1086年)字君实,号迁叟,北宋陕州夏县(今山西夏县)涑水人,世称涑水先生。祖上属于显赫一时的西晋司马家族,迁入夏县后家道中衰,成为普通的耕读之家。祖父司马炫进士及第,官至县令。父亲司马池以孝著称,善于经营,富有韬略,进士及第后,官职累进

---

① 熙丰新政期间,以御史刘挚、谏官梁焘、王岩叟和刘安世为领袖的"旧党"史称"朔党",因为他们多数是北宋河朔地区人。当时,司马光也属于"朔党"系列,因此后世称其学派为"朔学"。可能是由于"朔学"这一称谓与"朔党"的联系太密切,政治色彩太浓,所以《宋元学案》只为司马光立《涑水学案》,为其弟子刘安世立《元城学案》,而不立"河朔学案"。这至少说明,北宋时期的学派争辩与党派争斗虽然交织在一起,但毕竟有着原则区别。因此称司马光为"涑学"比延用"朔学"更富有学术意义。

到三司副使、天章阁待制兼知州,成为宝元、庆历年间名臣。司马光出
生在光州官舍,幼年随父宦游,到过淮南、洛阳、凤翔等地。15岁以祖
荫获官,20岁进士及第,出任华州判官。其后,官职不断提升,熙宁新
政时官至翰林学士。嘉祐四年(1059年),与"新学"王安石同在三司为
官,彼此诗歌唱和,交情日笃。从嘉祐六年(1061年)到治平二年(1065
年),司马光在谏院任职,上呈谏章170余篇,对朝纲、吏治、科举、财政、
司法和边防等国政问题,都提出了有针对性的改良建议。这期间,他结
识了"蜀学"苏轼、苏辙兄弟。宋神宗即位,司马光与王安石、吕公著等
人同为翰林学士,参与皇帝枢密决策。在理财、青苗、水利、均输等重大
改革问题上,司马光与王安石发生严重分歧,相互对峙。熙宁三年
(1070年),司马光坚决推辞枢密副使任命,出任永兴知军。不久以冗
官闲居洛阳,潜心读书,修纂《资治通鉴》,注解《周易》、《太玄》和《道德
经》,与洛阳学者邵雍、程颢、程颐等人切磋学问,交游甚密。在这段长
达18年的闲置时间里,司马光完成了众多学术著作编纂和注释,奠定
了"涑学"在中国学术史上的重要地位。元丰八年(1085年),司马光复
出,主持"元祐更化",废止熙宁新法,罢免"新党"成员,推行和戎外交。
元祐元年(1086年)九月病故,追赠太师、温国公,谥号"文正"。苏轼撰
写神道碑文,称赞司马光"以文章名于世","以忠义自结人主"。绍圣元
年(1094年),"新党"复起,禁逐"元祐奸党"①,司马光死后所获得的名
分全被剥夺。靖康元年(1126年),解除"元祐党禁",恢复司马光的封
名与赠典。

司马光学识渊博,一生涉足经、史、诸子多个领域。他闲居洛阳的
15年,正值理学奠基时期。"涑学"与"洛学"、"关学"都有深层次思想
交流,对主流理学的发展影响甚大。理学集大成者朱熹,将司马光与周

---

① "元祐奸党"是相对于"新党"而言的"旧党",包括"洛学"中的程颐、"涑学"
中的司马光、以及"蜀学"中的苏轼、苏辙等当时著名学者。

敦颐、邵雍、张载、程颢、程颐并称为北宋"六先生"。其传世著作主要有三类:史学类有《资治通鉴》、《通鉴考异》、《通鉴释例》、《通鉴目录》和《稽古录》等,理学类有《潜虚》、《温公易说》、《太玄集注》、《温公迂书》、《法言集注》和《老子道德经注》等,奏议、书信、诗词等其他类别有《续诗话》和《文集》等。

司马光理学思想的学术渊源有三个,即先秦的周易学、老子学和西汉扬雄的太玄学。其学术宗旨与"关学"张载非常接近,都比较重视气范畴的虚性本原、形质变化与中和境域。司马光最令人难解的《潜虚》一书,既是其晚年思想成熟时的作品(未完成),也是他一生研究扬雄《太玄》的结晶。与《太玄》一样,《潜虚》也是仿易学创作,是象数结构、义理阐释和时空图式三种思维模型的综合运用。《周易》是阴(--)阳(一)二元符号的奇偶编码,六位(六爻)成卦,共有 2^6 卦,即六十四卦。《太玄》是阴(--)阳(一)和(---)三元符号的交错编码,方、州、部、家四维成首,共有 3^4 首,即八十一首。《潜虚》是水、火、木、金、土五行符号的序偶编码,按堆圆术二项式展开,共有 $\dfrac{(1+10)\times10}{2}$ 图,即五十五图。从象数结构看,三者都属于古老的组合算术,在形式上具有周延性,因而有助于训练数理思维,拓展空间想像。其差别在于:《周易》是二进制六位结构,《太玄》是三进制四维结构,《潜虚》是十进制二项结构。从现代数学角度看,三者之间不存在逻辑上的同构关系。虽说是模仿,毕竟是创作。比较而言,《潜虚》用前 10 个自然数为五行作序偶编码,依次生成气、体、性、名、行(附变、解)、命六类图式,在一分为二、合二而一、变通化解等辩证思维方法上,比《太虚》更加贴近《周易》的阴阳辩证思维与中正和合精神。

第一、潜虚之说

如果剔除五行与吉凶之间的神秘联系,就会发现,司马光创作《潜虚》的真正意图在于,用范畴逻辑结构把握天道自然与人道伦理之间的和合关系。因此,他在《潜虚》开宗明义,首先提出了一个类似"濂学"《太极图说》的万物生成序列,接着在《名图》中给出了人"本于虚"、"返于虚"的性命循环道路,两者共同构成了以"虚"为元始和终结的逻辑结构系统。

> 万物皆祖于虚,生于气,气以成体,体以受性,性以辨名,名以立行,行以俟命。故虚者,物之府也;气者,生之户也;体者,质之具也;性者,神之赋也;名者,事之分也;行者,人之务也;命者,时之遇也。[①]
>
> 人之生本于虚,虚然后形,形然后性,性然后动,动然后情,情然后事,事然后德,德然后家,家然后国,国然后政,政然后功,功然后业,业终则返于虚矣。[②]

在此,司马光给出了两个概念推演序列:第一序列模拟万物从虚空到时命的自然生成过程,即虚→气→体→性→名→行→命;第二序列模拟人从生育到死亡的建功立业过程,即虚→形→性→动→情→事→德→家→国→政→功→业→虚。

《潜虚》范畴逻辑结构的第一序列标志天道演化,其中最重要的理学范畴有四个:即"虚"、"气"、"性"和"命"。根据"虚者,物之府也"的界说,司马光的"虚"相当于张载"虚空即气"命题中的"虚空",即高度抽象的纯粹空间。作为万物的府藏,"虚"并非一无所有,而是潜藏着无限生机和无穷能量的奇异结构,相当于现代宇宙学上的奇点。司马光之所以将书名定为《潜虚》,其意蕴是深刻的。"潜虚"的意思就是潜藏万物的虚空。要使"潜虚"显实成体,"气"、"性"、"命"是三大并列的转换

---

① 《涑水学案·温公潜虚》,《宋元学案》卷 8,第 295 页。
② 《涑水学案·温公潜虚·名图》,《宋元学案》卷 8,第 299 页。

范畴。"气者,生之户也"。"气"是生育万物的质料元素和运动枢纽,如同万物出入"潜虚"的门户,禀受气质之后构成形体,气质消散之后潜隐虚空。"性者,神之赋也"。"性"是五行元素和合而成的自然属性和生理机制,是心理反应和精神活动的天赋基础。按照《性图》的五行配合方案及其序偶编码,"始于纯,终于配,天地之道也"[①];司马光的"性"范畴相当于周敦颐的"二五之精,妙合而凝",与"洛学"和"关学"的气质之性逻辑等价。"命者,时之遇也"。通常研究多认为,司马光的天命观念是宿命论或命定论,其实是一种理论误解。命定论是两汉学术的基本主张,以王充为代表。受佛教因缘和合、因果报应等思维洗礼后,宋明理学的命范畴逐步道德理性化、时遇机缘化,在"穷理尽性以至于命"中,"理"、"性"、"命"是等价的道德本体范畴,"命"具有自然生命、道德使命和偶然时遇三种基本内涵。"洛学"的命范畴是道德理性化的结果,"涑学"的命范畴则是时遇机化的产物。

《潜虚》范畴逻辑结构的第二序列标志人道生涯,位于中心环节上的价值范畴是"德"。《名图》强调指出,"为人上者"的君主要按照道德中和原理,对万民实施"养之、教之、理之"的德政,使天下之人"爱之如父母,信之如卜筮,畏之如雷霆"[②]。《行图》五十五式的系辞,都是有关德性修养的教谕。兹从《行图》中选取几式,列举如下:

(1、1)元　元,始也。夜半,日之始也。朔,月之始也。冬至,岁之始也。好学,智之始也。力行,道德之始也。任人,治乱之始也。[③]

(1、3)柔　柔,地之德也,臣之则也。天为刚矣,不逆四

① 《涑水学案·温公潜虚·性图》,《宋元学案》卷8,第297页。
② 《涑水学案·温公潜虚·名图》,《宋元学案》卷8,第299页。
③ 《涑水学案·温公潜虚·行图》,《宋元学案》卷8,第301页。原图式以古代筹算符号编码,现统一改换成为等价的自然数序偶编码。

时;君为刚矣,不却嘉谋;金为刚矣,从人所为。故刚而不柔,未有能成者也。①

(1、4)刚　刚,天之道也,君之守也。地为柔矣,负载山岳;臣为柔矣,正直谔谔;水为柔矣,颓崖穿石。故柔而不刚,未有能立者也。②

(5、7)昭　昭,明也。天地之明,靡不察也;日月之明,靡不照也;人君之明,官群材也。怛有辜也,懋有功也。③

(3、4)言　言,辞也。有雷有风,天心始通。有号有令,君心无隐。有话有言,中心乃宣。④

(3、5)虑　虑,思也。圣人无思,自合于宜。贤者之思,以求其时。临事不思,不能研几。学道不思,不能造微。⑤

(3、6)聆　聆,听也。天下其耳,舜达四听。听而不闻,是谓耳聩。闻而不择,是谓心聋。所以王者听德惟聪,学者非礼不听。⑥

(3、7)觌　觌,视也。天高其目,舜明四目。视而弗见,是谓目盲。见而弗择,是谓心瞽。所以王者视远惟明,学者非礼不视。

(8、1)罹　罹,忧也。知命乐天,无忧则贤。乐天知命,有忧则圣。若夫涉世应事,则有常理。始于忧勤,终于逸乐。人无远虑,必有近忧。⑦

---

① 《涑水学案·温公潜虚·行图》,《宋元学案》卷8,第302页。
② 《涑水学案·温公潜虚·行图》,《宋元学案》卷8,第303页。
③ 《涑水学案·温公潜虚·行图》,《宋元学案》卷8,第305页。
④ 《涑水学案·温公潜虚·行图》,《宋元学案》卷8,第306页。
⑤ 《涑水学案·温公潜虚·行图》,《宋元学案》卷8,第307页。
⑥ 《涑水学案·温公潜虚·行图》,《宋元学案》卷8,第308页。
⑦ 《涑水学案·温公潜虚·行图》,《宋元学案》卷8,第311页。

（2、4）宜　宜，义也。君子有义，利以制事。事无常时，务在得宜。知宜而通，惟义之功。暗宜而执，亦义之败。所以天地当就不废肃杀，圣人用刑不害慈爱。①

（7、7）考　考，父也。君为尊矣，患于不亲；母为亲矣，患于不尊。能尽二者，其惟父乎！慈而不训，失尊之义。训而不慈，害亲之理。慈训曲全，尊亲斯备。②

（5、8）范　范，师也。天垂日星，圣人象之。地出《图》、《书》，圣人则之。渔叟之微，文、武是资。郯子之陋，孔子所咨。若之何其无师！③

（9、3）敫　敫，教也。木有材，工则斫之。民有性，君则教之。生之者天，教之者人。教化既美，习俗乃成。习俗既成，运数莫夺。越千百年，风流不绝。④

（5、5）齐　齐，中也。阴阳不中，则物不生。血气不中，则体不平。刚柔不中，则德不成。宽猛不中，则政不行。中之用，其至矣乎！⑤

上述所引《行图》的谈论话题，是天地日月、君师父母、视听言动、思虑忧患等传统儒学的基本话题。这表明，司马光的《潜虚》与周敦颐的《通书》具有异曲同工之妙，都是通过"中正仁义"等道德原理为人道建构精神家园，解决终极关怀问题。相比之下，《潜虚》比《通书》更系统，富有文学创意；《通书》比《潜虚》更集中，富于思辨特色。

《潜虚》是运用卜筮、占辞等古奥体裁创作出来的全新"道德之书"。

---

① 《涑水学案·温公潜虚·行图》，《宋元学案》卷8，第316、317页。
② 《涑水学案·温公潜虚·行图》，《宋元学案》卷8，第322页。
③ 《涑水学案·温公潜虚·行图》，《宋元学案》卷8，第323页。
④ 《涑水学案·温公潜虚·行图》，《宋元学案》卷8，第329页。
⑤ 《涑水学案·温公潜虚·行图》，《宋元学案》卷8，第337页。

有关这一点，宋代学者张敦实在《潜虚发微论》中讲得非常清楚："五行在天地之间，可以开物成务，冒天下以道者也。故用各有五，终于五十五名。其修为之序，可以治性，可以修身，可以齐家，可以治国，可以平天下。故曰：'行者，人之所务也。'系之辞以明其义，用之变以尚其占，皆所以前民用也"①。程颐称道司马光学术"不杂"，确实是中肯的评价。包括其《资治通鉴》在内的系列史学著述，以及《温公文集》中的大量奏议和书信，也都是围绕"大学之道"的格致诚正、修齐治平等儒教伦理展开的，而这正是宋明理学的兴趣中心。

第二、人物之性

在《潜虚》第一推演序列虚→气→体→性→名→行→命中，"性"是从虚空、气质、形体到名分、行为、时命的中介环节。对天性及其修治的极其重视，是司马光学术研究的重要课题。如果说《潜虚》中的"性者，神之赋也"多少有些神化特征，那么，在《法言集注》、《性辨》和《迂书》等篇章内，司马光对"人物之性"及其善恶问题的理论探讨就显得格外平实，没有丝毫玄虚花样。

司马光认为，人性、物性都是自然的生理禀性，不可勉强改变。"天地之理，人物之性，皆生于自然，不可强改"②。从遗传学角度看，人与物的天性都是由染色体上的基因密码组决定的，具有极强的稳定机制和复制能力。虽然有随机性或适应性的变异反应，但人之所以为人、物之所以为物的本质差异性，是根本无法改变的。换言之，我们根本不可能用牛的干细胞克隆出人来，也不可能用人的干细胞克隆出牛来。从这个意义上讲，人物之性都是一种"天命"，即自然生态系统亿万年地质变迁和生物进化的质能信息积淀，是无法抗拒的自然规律。所以，司马

①　《涑水学案·温公潜虚·行图注》，《宋元学案》卷 8，第 337 页。
②　《问道篇》，《扬子法言集注》卷 3。

光说:"性,天命也"①。以往对理学家"天命之性"的学术批判显然过于浅薄、粗暴,一看见"天命"二字,马上就说是"地地道道的唯心主义"。

人性比物性要复杂得多。这是因为,物性纯属天然,不关善恶价值;人性参合习惯,总有是非判断。司马光对先秦人性论中的善恶之争,提出了否定性的评析。他指出:

> 孟子以为人性善,其不善者,外物诱之也;荀子以为人性恶,其善者,圣人之教也。是皆得其一偏而遗其大体。
>
> 夫性者,人之所受于天以生者也,善与恶必兼有之。是故虽圣人不能无恶,虽愚人不能无善。其所受多少之间则殊矣。善至多而恶至少,则为圣人;恶至多而善至少,则为愚人;善恶相半,则为中人。②

从话语形式上看,这仍然是善恶分品论。但与汉代学者王充、唐代学者韩愈的性三品说相比,司马光对扬雄人性"善恶混"的诠释有两点新颖之处。一是圣人之性也有恶,并非至善无恶,愚人之性也有善,并非恶极无善。二是人性问题的关键不是既成的善恶定性,而是面向至善的道德教化和心性修养,即对人性的决滞启蒙,使其达到既无过、亦无不及的中和之道。他说:"才者天也,不教则弃。教者人也,不才则悖。故人者受才于天,而受教于师。师决其滞,发其蔽,抑其过,引其不及,以养进其天才而已"③。

第三、中和之道

司马光认为,对人的天性进行教化和修养,实际上是在天人之际建

----

① 《太玄集注》卷7。
② 《性辨》,《传家集》卷66。
③ 《温公易说》卷1。

构阴阳冲突、协调融合的"中和之道"。

"涑学"的中和思想有两个学术源泉:一是先秦道家老子《道德经》四十二章中的"万物负阴而抱阳,冲气以为和",二是先秦儒家孔子《论语·先进》篇中的"过犹不及"、《易传》里的"中正"观念以及《礼记·中庸》篇内的"致中和"。司马光指出,老子所说的"冲气"是阴阳中和时的作用状态。"万物莫不以阴阳为体,以冲气为用"①。孔子所讲的"过犹不及",是阴阳之道趋向中和时的作用法则。

> 阴阳之道,在天为寒燠雨旸,在国为礼乐刑赏,在心为刚柔缓急,在身为饥饱寒热,此皆天人之所以存,日用而不可免者也。……善为之者,损其有余,益其不足;抑其太过,举其不及。大要归诸中和已矣。②

从生成结构及其演化过程看,太极分解成为阴阳,"阴阳之间,必有中和"③。因此,阴阳中和是贯通天人之际的普适法则。"中和之道,崇深闳远,无所不周,无所不容"④。对于肩负燮理天地阴阳、参赞万物化育的人类而言,"中和之道"更是渗透到一切伦理行为和所有实践活动中的价值归宿。"人从之者,如鸟兽依林;去之者,如鱼虾出水。得失在此"⑤。在司马光看来,人类社会的文明创举,其实都是中正、和合的伟大事业。圣贤修养"至大至刚"的"浩然之气",得益于"中和之道"。礼乐刑政、视听言动、饮食养生,都需要以中和为善,以中和为美,以中和为贵。

---

① 《道德真经论》卷3。
② 《答李大卿孝基书》,《传家集》卷61。
③ 《温公易说》卷5。
④ 《与范景仁论中和书》,《传家集》卷62。
⑤ 《与范景仁论中和书》,《传家集》卷62。

怎样才能达到"中和之道"呢？与所有的理学家一样,司马光认为应按照《大学》的"致知在格物"的要求做格物致知的工夫,他还专门撰写《致知在格物论》加以论述。但与"洛学"的"格物穷理"说相比,"涑学"的格物说不仅"未精",而且消极。他对"致知在格物"的训解是:"《大学》曰:'致知在格物'。格,犹扞也,御也。能扞御外物,然后能知至道矣"①。靠抵御外物的诱惑来实现最高的"内守中和",很难达到内外和合的"至道"境界。

总之,"涑学"是处于"道统"边缘上的非主流学派。这从其核心话题、诠释文本与主流学派的重大差异中可见一斑。司马光一生最关心的话题是国计民生、治乱得失和以史致用,而不是天命义理与道德心性。他对理学思潮的新诠释文本《大学》、《中庸》虽有所阐释,但比起他对《太玄》和《道德经》的独到研究,显然没有自家发明。特别是他的《温公疑孟》,受到了朱熹的公开批评。他在《潜虚》中提出的气质思想,也被提倡"太虚即气"的张载批评为不免"诸子之陋"。最能体现其价值理想的"中和之道",被程颐说成是为"中"字系缚。"涑学"在理学"道统"中的边缘地位,使后继者"涑水弟子"多数无法传承其学统,更别说发扬光大了。

司马光门下最著名的"涑水弟子"有三人,即范祖禹(1041—1098年,字淳夫)、刘安世(1048—1125年,字器之)和晁说之(1059—1129年,字以道)。《宋元学案》分别为三人立《华阳学案》、《元城学案》和《景迂学案》。在这三人,范祖禹是史学家,是司马光编修《资治通鉴》的得力助手,理学著述有《中庸论》5篇,史学著作有《唐鉴》12卷、《帝学》8卷和《仁宗政典》8卷;刘安世是性格耿直的学者,大东莱先生吕本中是其门人,著作只有残缺的《语录》、《谭录》和《道护录》三种;晁说之是象数学家,私淑邵雍,学问斑驳不纯,晚年喜好佛学,一生不遗余力地攻击王安石"新学",著作有19种,多数属易学领域,传世的有《易玄星纪谱》、

---

① 《致知在格物论》,《传家集》卷65。

《易规》和《中庸传》。按全祖望的说法,刘安世"得其刚健",范祖禹"得其纯粹",晁说之"得其数学",但"涑学"最终仍就因缺少核心范畴和后继学者而衰落。

2. 蜀学:苏东坡的性道之辨

"蜀学"特指与"洛学"、"新学"鼎立、由苏氏父子创建的理学非主流派,即苏氏"蜀学",而不泛指古代四川地区的整个学术文化。

苏氏"蜀学"崛起于宋仁宗嘉祐年间(1056—1063 年)。嘉祐元年(1056 年),眉州学者苏洵携二子苏轼、苏辙离开家乡眉山,游出三峡,来到人文荟萃的汴京,以文章拜谒翰林学士欧阳修。欧阳修将苏洵所著 22 篇文章进献朝中,公卿士大夫争相传阅。第二年,苏轼、苏辙兄弟双双进士及第。一时间,苏氏父子名动京师,"苏氏文章遂擅天下"[1]。熙宁四年(1071 年),苏轼以殿中丞直史馆判官、诰院权开封府推官身分向神宗皇帝上万言书,向王安石新法全面发难。书上之后,被调出京师,外任杭州通判、徐州知州等职。

元丰二年(1079 年),苏轼因诗文中有反对变法的词句,下御史台诏狱。后经章惇等人营救,赦免罪责,贬为黄州团练副使。元祐元年(1086 年),司马光复出主政,苏轼调回京师,任中书舍人、翰林学士。此时,"旧党"内部开始分裂,以苏轼为首的"蜀党"与以程颐为主的"洛党"首先交恶,在政见、学术等方面均出现严重分歧。绍圣元年(1094 年),以章惇为首的"新党"再次执政,推行变法,苏轼、苏辙同列"元祐奸党",兄弟二人均被贬出京。在贬谪期间,苏轼完成了《东坡易传》、《论语说》和《书传》,苏辙也完成了《老子解》、《孟子解》和《春秋传》。苏氏"蜀学"对经典文本的诠释结出了一批学术成果。

苏氏"蜀学"有自己独特的学术风格。在核心话题上,"蜀学"极少

---

[1] 《苏洵墓志铭》,《欧阳文忠公文集》卷 34。

谈论心性义理,而是急切地关注成败得失。苏辙在评述其父兄的学术时说:"父兄之学,皆以古今成败得失为议论之要"①。这就是说,"蜀学"的主要学术兴趣,是想通过总结历史的成败经验来解决现实政治问题,而不是通过探究心性的善恶意欲来解决伦理道德问题。在价值取向上,"蜀学"没有强烈的"道统"意识,对佛老思想采取有所肯定和积极吸取的开放态度,不像主流理学那样视佛、老为异端邪说。苏轼写过《正统论三首》,用《易传》殊途同归的思路来理解"孔老异门,儒释分宫"现象,主张应像百川汇海一样,包容佛教和道家的文化思想。"吾欲重天下之实,于是始乎轻视正统"②。轻视道统与门户,面对实事与问题,这是苏氏"蜀学"最大的学术特征,也是其激怒理学主流派的重要原因。

在诠释文本上,苏氏父子一生用力最勤的是《战国策》、《周易》和《道德经》,而对被"洛学"盛赞为"放之则弥六合,卷之则退藏于密"③的《中庸》,多有非难。从其一生的学术成就来看,苏氏父子,特别是苏东坡,首先是伟大的文学家,然后才是有思想的理学家。与同时代的"关学"和"洛学"相比,"蜀学"既没有标志性的理论学说,也没有超越性的核心范畴,更缺少精致化的思想体系。因此,苏氏"蜀学"只能以理学非主流派角色,对理学思潮的奠基产生不可低估的历史影响。

第一、苏洵的《六经论》

苏洵(1009—1066年)字明允,自号老泉,俗称老苏,四川眉山人。27岁以前游手好闲,无所事事。之后发愤为学,多次应试不中,"悉焚常所为文,闭户益读书,遂通《六经》、百家之说,下笔顷刻数千言"④。嘉祐初年携二子出蜀仕游,因政论文章知名京师,授职秘书省试校书郎,后出任霸州文安县主簿。晚年喜欢《易经》,作《易传》未竟去世。著

---

① 《历代论一·并引》,《栾城后集》卷7。
② 《正统论三首》,《苏轼文集》卷4。
③ 《河南程氏遗书》卷11。
④ 《苏氏蜀学略》,《宋元学案》卷99,第3276页。

作有《嘉佑集》20卷。苏洵一生的最大成就是散文创作,属"唐宋八大家"之一。其政论文具有古朴简劲、博辩宏伟、纵厉雄奇和言辞锋利等纵横家雄辩特点,对历代政治、经济、军事和用人等方面进行了广泛评论。欧阳修认为,苏洵的文辞,完全可以与汉代散文学家贾谊、刘向媲美。

苏洵的理学思想相当零碎,而且不纯,"出于纵横之学而亦杂于禅"①。尽管如此,他的《六经论》仍属"圣人之道"。

苏洵认为,在《六经》中,《易经》和《礼经》最为根本。它们一个幽暗,一个显明,共同构成"圣人之道"的两大经典支柱。

> 圣人之道,得《礼》而信,得《易》而尊。信之而不可废,尊之而不敢废,故圣人之道所以不废者,《礼》为之明而《易》为之幽也。②

《易经》观象为爻,通变为卦,探赜索隐,神道设教,为"圣人之道"中的君臣、父子和兄弟等伦理秩序,以及贵贱、尊卑和长幼等道德价值提供天道论证。在他看来,圣人创作《周易》的目的完全是为了道德教化:"观天地之象以为爻,通阴阳之变以为卦,考鬼神之情以为辞。探之茫茫,索之冥冥,童而习之,白首而不得其源。故天下视圣人如神之幽,如天之高,尊其人而其教亦随而尊。故其道之所以尊于天下而不敢废者,《易》为之幽也"③。

为了道德教化,圣人有意神化《易经》,将龟卜、筮占搞得神乎其神,将阴阳、奇偶说得天花乱坠,以掩人耳目,让人摸不着头脑,看不清内

---

① 《荆公新学略》,《宋元学案》卷98,第3237页。
② 《六经论·易论》,《嘉祐集》卷6。
③ 《六经论·易论》,《嘉祐集》卷6。

幕。苏洵将《易经》的创作和运用完全理解成圣人把持天下的机密手段
和权变策略,这在崇拜圣人的经学时代,确实有些异端邪说味道。不
过,他又明确地指出,《易经》是天人参赞的和合之道,可谓一语道破传
统易学的神秘天机。"圣人曰:是天人参焉,道也,道有所施吾教矣。于
是因而作《易》以神天下之耳目,而其道遂尊而不废。此圣人用其机权
以持天下之心,而济其道于不穷也。"

对于《礼经》,苏洵侧重从"人之情"出发,探讨了圣人制定礼法的社
会心理缘故。他说:"夫人之情,安于其所常为,无故而变其俗,则其势
必不从。圣人之始作《礼》也,不因其势之危亡困辱之者以厌服其心,而
徒欲使之轻去其旧,而乐就吾法"①。圣人要让人们改变习以为常的旧
风俗,适应君臣父子的新礼制,首先必须自己以身作则,用计策设法让
天下人乐于仿效。

> 古之圣人将欲以礼法天下之民,故先自治其身,使天下皆
> 信其言。曰:此人也,其言如是,是必不可不如是也。故圣人
> 曰:天下有不拜其君、父、兄者,吾不与之齿。而使天下之人亦
> 曰:彼将不与我齿也,于是相率以拜其君、父、兄,以求齿于圣
> 人。虽然,彼圣人者,必欲天下之拜其君父兄,何也? 其微权
> 也。②

"微权"指微妙的权变,灵活的计策。在苏洵看来,圣人在推行礼法制度
时,充分利用了人们希望被他人、特别是圣人称道的虚荣心。而虚荣心
理又是不可明说、不能道破的"人之情",所以圣人就以耻辱作为礼教入
门的第一步。"故圣人以其微权而使天下尊其君父兄。而权者,又不可

以告人,故先之以耻"①。

苏洵"机权"和"微权"等权变观点,也渗透到在他对《乐经》、《诗经》和《书经》的评论中。关于圣人创作音乐的意图,他说:"用莫神于声,故圣人因声以为乐。为之君臣、父子、兄弟者,礼也。礼之所不及,而乐及焉。正声人乎耳,而人皆有事君、事父、事兄之心,则礼者固吾心之所有也,而圣人之说又何从而不信乎?"② 圣人利用人们喜欢欣赏音乐的审美心理,将礼制精神灌注到音乐教化之中,以弥补礼教的不足。关于圣人征集诗歌的目的,他说:"故圣人之道,严于《礼》而通于《诗》。《礼》曰:必无好色,必无怨而君、父、兄。《诗》曰:好色而无至于淫,怨而君、父、兄而无至于叛。严以待天下之贤人,通以全天下之中人"③。圣人利用心理能量的发泄机制,让人们通过吟诗唱歌来抒发对君主、父亲和兄长的不满情绪,以防出现众叛亲离和犯上作乱。

为了移风易俗,圣人施行权变策略,以灵活性体现原则性。由于权变策略具有因时制宜的境遇化特征,时过境迁之后,很难留下痕迹。为了让没有圣人兴起的后世也能像圣人那样治理天下,详细记载圣人通权达变、让后人参照和借鉴的《书经》就出现了。"圣人因风俗之变而用其权。圣人之权用于当世,而风俗之变益甚,以至于不可复反。幸而又有圣人焉,承其后而维之,则天下可以复治;不幸其后无圣人,其变穷而无所复入,则已矣。昔者,吾尝欲观古之变而不可得也,于《诗》见商与周焉而不详。及今观《书》,然后见尧舜之时与三代之相变,如此之亟也"④。

对于《春秋》,苏洵的评论主要围绕公与私、位与道、赏罚与是非等范畴展开。他认为,赏罚制度是治理天下的公共措施,是非判断则是表

---

① 《六经论·礼论》,《嘉祐集》卷 6。
② 《六经论·乐论》,《嘉祐集》卷 6。
③ 《六经论·诗论》,《嘉祐集》卷 6。
④ 《六经论·书论》,《嘉祐集》卷 6。

现个人的私下言论。天子之位是公共权力的政治象征,圣人之道则是私人权威的话语天平。"赏罚者,天下之公也。是非者,一人之私也。位之所在,则圣人以其权为天下之公,而天下以惩以劝。道之所在,则圣人以其位为一人之私,而天下以荣以辱"①。孔子作《春秋》,首开学术话语干预政治权力的危险先例。由于学术话语的是非判断与政治权力的赏罚制度,是公私性质截然相反的两种文明动作方式。"位,公也;道,私也。私不胜公,则道不胜位。位之权得以赏罚,而道之权不过于是非。道在我矣,而不得为有位者之事,则天下皆曰:位之不可僭也如此!不然,天下其谁不曰道在我。则是道者,位之贼也"②。为了僭越天子权位,天下几乎谁都可以打着"替天行道"的旗帜,用几篇鼓动性极强的檄文,就能发动一场又一场旨在篡位夺权的起义或革命。苏洵尖锐地指出,孔子作《春秋》虽然本意是"以公天下",而实际上却是希望鲁国效法"周公之法",让鲁君行使天子"礼乐征伐"的政治权力。后世之人,如果没有周公之才、孔子之德,那么其想作《春秋》的愿望或举动,事实上就只能是以下三者之一:要么制造叛乱,要么试图僭越,要么使人涣散。"呜呼!后之《春秋》,乱耶,僭耶,散耶!"③

苏洵的《六经论》,自始至终洋溢着权变、计谋和策略等"纵横之学"。在他的心目中,圣人不再是道德的楷模、至善的典范,而是运筹帷幄、通权达变的"智能之士"。在逻辑思路上,《六经论》"自小处起议论"④,这种见微知著的分析思维别具一格,具有极强的穿透力和感染力,难怪在当时,学习和模仿苏文成为潮流和时尚。

第二、苏轼的《东坡易传》

苏轼(1037—1101年)字子瞻,号东坡居士。幼年由母亲进行启蒙

---

①　《六经论·春秋论》,《嘉祐集》卷6。

②　《六经论·春秋论》,《嘉祐集》卷6。

③　《六经论·春秋论》,《嘉祐集》卷6。

④　《朱子语类》卷139。

教育，"亲授以书，闻古今成败，辄能语其要"①。从小博通经史，喜欢贾谊散文和庄子哲学。进士及第后授福昌县主簿，入秘书阁。熙宁年间，上书反对新法，强调"国家之所以存亡者，在道德之浅深，不在乎强与弱；历数之所以长短者，在风俗之薄厚，不在乎富与贫"②。王安石被激怒，苏轼外调出京，先通判杭州，后又做密州、徐州、湖州等地知州。"乌台诗案"后，被贬黄州，筑室东坡，归诚佛僧。元祐元年（1086年）召回京师，官至翰林学士、龙图阁学士。后因不同意司马光废除募役法，又与程颐发生严重分歧，主动离开京师，出任杭州、扬州等地知州。绍圣元年（1094年）被列入"元祐党籍"，遭到不断贬谪。元符元年（1100年）遇赦，从儋州（海南岛）渡海北归，第二年病死在常州。

苏轼一生历经北宋仁宗、英宗、神宗、哲宗和徽宗五朝，仕途坎坷。他是继欧阳修之后唐宋古文运动领袖，在散文、诗词、绘画和书法等文学艺术领域成就卓著，堪称一代文豪。著作有《东坡易传》9卷、《论语说》4卷、《书传》20卷、《东坡集》40卷、《后集》20卷、《奏议》15卷、《内制》10卷、《外制》3卷、《和陶诗》4卷等。

苏轼是"蜀学"的中坚人物，《东坡易传》（又称《苏氏易传》）是其理学代表著作。据苏辙在《东坡先生墓志铭》中记述，苏洵晚年作《易传》未竟，临终命苏轼、苏辙继承遗志，完成是书。苏轼贬居黄州时完成初稿，晚年谪居儋州最后定稿。《东坡易传》九卷是在苏洵遗稿的基础上，主要由苏轼撰写，并采纳了苏辙的一部分解释。因此，可以看做是苏氏父子共同的作品。与"洛学"程颐的《程氏易传》相比，苏轼的《东坡易传》"推阐理势，言简意赅，往往足以达难显之情，而深得曲譬之旨"，其最大的特点是"多切人事"，"文辞博辩"③。换言之，《程氏易传》多论

---

① 《苏轼传》，《宋史》卷338。
② 《苏轼传》，《宋史》卷338。
③ 《经部二·易类二·东坡易传》，《四库全书总目提要》卷2。

"性命之理",《东坡易传》多说"人情之理"。本来,二者可以互补,相得益彰。但在南宋时期,"洛学"一跃成为理学大宗,"道统"嫡传,"性命之理"成为理学的核心话题。"蜀学"和《东坡易传》成了奚落对象。朱熹是这样评述《东坡易传》的:"苏氏不知其说,而欲以其所臆度者言之,又畏人之指其失也,故每为不可言、不可见之说以先后之,务为闪倏滉漾不可捉摸之形,使读者茫然,虽欲攻之,而无所措其辩。殊不知性命之理甚明,而其为说至简"[1]。

对《系辞上传》"一阴一阳之谓道,继之者善也,成之者性也"一句的解释,最能体现《东坡易传》的思维特点。根据朱熹的评析,苏轼的解释可以分成五个自然段落。

第一段落涉及到阴阳的存在属性及其在创生万物过程的地位和作用。

　　　　阴阳果何物哉? 虽有娄、旷之聪明,未有得其仿佛者也。阴阳交然后生物,物生然后有象,象立而阴阳隐矣。凡可见者皆物也,非阴阳也。然谓阴阳为无有,可乎? 虽至愚知其不然也。物何自生哉? 是故指生物而谓之阴阳,与不见阴阳之仿佛而谓之无有者,皆惑也。[2]

苏轼认为,阴阳不是宏观领域的可见事物,而是看不见、摸不着的隐性存在。但也不能因此说阴阳是"无有"。阴阳既不是有形的事物,也不是一无所有,而是生成万物的无形元素,介于形而上("道体")和形而下("器物")之间。阴阳交感生成万物之后,潜隐不显。其范畴逻辑结构是:阴阳→万物→象数。朱熹则继承程颐的主张,认为阴阳只是形而下

---

① 《苏氏蜀学略》,《宋元学案》卷99,第3287、3288 页。
② 《东坡易传》卷7。

者,充盈天地之间,触目皆阴阳,涵盖有形无形。

第二段落论述阴阳与道的关系,以及阴阳所生之水与道的关系。

> 圣人知道之难言也,故借阴阳以言之,曰"一阴一阳之谓道"。一阴一阳者,阴阳未交而物未生之谓也。喻道之似,莫密于此者矣。阴阳一交而生物,其始为水。水者,无有之际也,始离于无而入于有矣。老子识之,故其言曰:"上善若水。"又曰:"水几于道。"圣人之德,虽可以名言,而不囿于一物。若水之无常形,此善之上者,几于道矣,而非道也。若夫水之未生,阴阳之未交,廓然无一物,而不可谓之无有,此真道之似也。①

这里的"阴阳"有两层意思,一是比拟"道"的名言,即语言符号;二是生成万物的无形元素。作为语言符号,"阴阳"只是描述"道之大全"② 的对偶化比喻词。大全式的"道"是不可用分节语言直接陈述的,因此,只有借助"一阴一阳"的形容词,才能摹状阴阳尚未交感、万物尚未产生之前"道"的存在方式。作为无形元素,阴阳交感首先生成水。水没有固定的形体,是从无形到有形的中介过渡状态,因而最接近道的真实情状。但水和阴阳本身都不是真正的道,"真道"类似"廓然无一物"的纯粹时空境域,而又并非"无有"。朱熹指出,苏轼的这段论述只是"揣摹","蜀学"压根儿就不知"道之所以为道"③。

第三段落论述道与物、道与善的关系。

---

① 《东坡易传》卷 7。
② 《东坡易传》卷 8。
③ 《苏氏蜀学略》,《宋元学案》卷 99,第 3291 页。

　　　　阴阳交而生物,道与物接而生善;物生而阴阳隐,善立而
　　　道不见矣。故曰:"继之者善也,成之者性也。"仁者见道而谓
　　　之仁,知者见道而谓之知,夫仁、知,圣人之所谓善也。善者,
　　　道之继,而指以谓道则不可。今不识其人而识其子,因之以见
　　　其人则可,以谓其人则不可。故曰:"继之者善也。"学道而自
　　　其继者始,则道不全。①

　　苏轼所说的"道"是生存世界的全体境域,本身不具有善恶特征。阴阳
交感生成事物之后,事物在生存境域活动产生善恶效应。因此,"道与
物接而生善",善恶都是道在具体事物中的派生效用。通过善可以认识
道,但道本身不是善。善名确立以后,人们追求至善效果,生存境域的
全体大用就隐而不见。圣人出于让人向善的考虑,强调仁爱和理智的
至善价值。而仁爱与理智只是"道之大全"的价值维度之一,不能涵盖
逼真、审美、功利等其他生存维度。换言之,仁者和知者只得到"道之大
全"的一个方面,所以仁知等至善规范只能是对道的承继,而不是道的
全体。朱熹却认为,"道之所出无非善","率性而行,则无往而非道"②。
道是至善的价值本体,说道与物接触才生成善,"何其言之缪邪!"③
　　第四段落论述性与善的关系,批评孟子的性善说。

　　　　昔于孟子以为性善,以为至矣,读《易》而后知其未至也。
　　　孟子之于性,盖见其继者而已矣。夫善,性之效也,孟子未及
　　　见性,而见其性之效,因以所见者为性。犹火之能熟物也,吾
　　　未见火,而指天下之熟物以为火,夫熟物则火之效也。④

---

① 《东坡易传》卷7。
② 《苏氏蜀学略》,《宋元学案》卷99,第3292页。
③ 《苏氏蜀学略》,《宋元学案》卷99,第3292页。
④ 《东坡易传》卷7。

与"道"相似,"性"也是难以看见的存在。所有对"性"的言说,都具有比拟性和相似性。孟子说人性是善的,讲述的道理只是人性承继"道之大全"的善良效果,而不是人性的本来面目。用人性的善良效果来规定人性的本质存在,在逻辑思维上显然不很到位。朱熹指出,苏轼根本就不懂得"性之所自来,善之所从立"①,只是急于创立学说,"非特不察于《易》,又不及详于孟子,故其言之悖如此!"②

第五段落以设问方式揭示了《东坡易传》的主题"性与道之辨",强调"性"是人之所以为人者,"道"是人性的自我完善途径,是人生的无限追求过程。

> 敢问性与道之辨。曰:难言也,可言其似。道之似则声也,性之似则闻也。有声而后有闻邪?有闻而后有声邪?是二者果一乎?果二乎?孔子曰;"人能宏道,非道宏人。"又曰;"神而明之,存乎其人。"性者,所以为人者也,非是,无以成道矣。③

"性与天道"是孔门弟子无法得知的高深学问。因为孔子在日常教学活动中,根本不谈论这种形上学超越问题。为回应佛教心性本体论的学术挑战,宋明理学的核心话题就是性命与天道的义理关系,即"性命之理"。苏轼没有从正面直接地回答理学的核心话题,而是用比拟、反问和征引等修辞方法,巧妙地否定了道与性的二元化和一体化两种主张,将其消解在人生的道德旅程中。朱熹认为,"苏氏之言,曲譬巧喻,欲言

---

① 《苏氏蜀学略》,《宋元学案》卷99,第3289页。
② 《苏氏蜀学略》,《宋元学案》卷99,第3292页。
③ 《东坡易传》卷7。

其似而不可得,岂若圣贤之言,直示而无隐邪?"① 并引用《中庸》的"率性之谓道"和邵雍的"性者,道之形体也",说明性与道的同一关系是最浅显易见的。"蜀学"与"洛学"、"闽学"在性与道之辨上的分歧在于,"蜀学"的性范畴兼容命和情,是生命智慧的全体境域和智能流行的生存道路,无所谓善与恶,"溯而上至于命,沿而下至于情,无非性者。性之与情,非有善恶之别也"②。而程朱理学的性范畴,是天命之性,不容有情,纯粹至善。"天命之性,万理完具;总其大目,则仁义礼智,其中遂分别成许多万善。大纲只如此,然就其中须件件要彻"③。

学术争辩并非总是存在正确与否的真理特征。特别是在超越经验之上的和合可能世界里,对诸种可能性问题的不同探讨并没有真假特征,更不存在善恶属性,探讨可能世界及其逻辑结构,旨在开拓理论思维,建构和合境域。正如欧氏几何与非欧几何都是对时空结构的数学模拟一样,"蜀学"的性道之辨和"洛学"、"闽学"的性命之理,都是对人的生存境域及其理想追求的逻辑建构,也不存在谁是谁非、谁善谁恶的价值观问题。但受"道统"观念影响,传统学术有意贬低《东坡易传》,竭力抬高《伊川易传》。这种褒贬态度本身,只能说是学者的情绪流露,不能说是学术的真诚表达。

第三、苏辙的《老子解》

苏辙(1039—1112年)字子由,晚年号颍滨遗老。19岁登进士科,授商州军事推官。熙丰新政期间,与王安石关系微妙,出任河南推官、陈州教授和齐州掌书记等地方官职。后因苏轼"乌台诗案"受牵连,谪贬筠州盐酒税监,五年不得调迁。元祐元年(1086年)任右司谏,后拜尚书右丞,进门下侍郎。绍圣初年,上奏引起哲宗不悦,落职知汝州。

---

① 《苏氏蜀学略》,《宋元学案》卷99,第3293页。
② 《东坡易传》卷1。
③ 《朱子语类》卷117。

不久,元丰"新党"执掌朝政,被贬到岭南化州、雷州等地。徽宗即位,赦免"元祐党人",北归定居许州,从此闭门谢客,潜心经学,"终日默坐,如是者几十年"①。死后追复端明殿学士。苏辙性格深沉,颇有心机,以文章著称于世。主要著作有《诗传》、《春秋传》、《古史》、《老子解》和《栾城文集》等。

《老子解》是苏辙理学思想的代表作,注解体现了"蜀学"对儒、释、道三教思想的融合主张。可惜没有完整的刊行本,注文散见在南宋彭耜《道德真经集注》和金代李霖《道德真经取善集》等道藏典籍内。苏轼在跋语中称赞说:

> 昨日子由寄《老子新解》,读之不尽卷,废卷而叹。使战国时有此书,则无商鞅、韩非;使汉初有此书,则孔、老为一;晋、宋间有此书,则佛、老不为二;不意老年见此奇特!②

朱熹在《苏黄门老子解》中则贬斥道:

> 苏侍郎晚为是书,合吾儒与老子,以为未足,又并释氏而弥缝之,可谓舛矣!然其自许甚高,至谓当世无一人可与语此者。而其兄东坡公亦以为,不意晚年见此奇特! 以予观之,其可谓无忌惮者与!③

苏轼与朱熹在《老子解》评价问题上的这一分歧,除了对待儒、释、道三教关系的立场不同外,诠释文本的不同选择也是其中的重要原因。在

①　《苏辙传》,《宋史》卷 339。
②　《跋子由老子解后》,《苏轼文集》卷 66。
③　《杂学辨·苏黄门老子解》,《朱文公文集》卷 72。

北宋理学开创和奠基时期，老子《道德经》是理学非主流派的研究热点。王安石的《老子注》约刊行于嘉祐年间（1056—1063 年）。之后，其子王雱著有《老子训传》。二者代表"新学"对老子"道德性命之学"的独到理解。"涑学"司马光有《老子道德经注》。"蜀学"苏辙有《老子解》。与此相反，"濂学"周敦颐、"关学"张载和"洛学"二程，都反对"老氏之学"，自然不甘心替《道德经》作注脚。

鉴于苏辙《老子解》已无完整版本，很能复原其全貌。以下围绕他对老子道范畴的几条注释，简要探讨苏辙的理学思想。

对老子《道经》第一句"道可道，非常道"，苏辙的注释是："莫非道也，而可道不可常；惟不可道，而后可常耳！"[1] 这也就是说，尽管天地万物、人间万事都有自身运动变化的道理和法则，但可以言说的道理，可以形容的法则，却不具有恒常性，总是随着时势和境遇的变化而不断改变其内涵。只有不可言说的道理、无法形容的法则，才是可以常久存在的道理、真实无妄的法则。

从先秦《道德经》开始，道理与法则的存在性和稳定性，人们对这一存在性和稳定性的认知把握及其语言表达等问题，一直是困扰古代思想家的学术理论难题。这一难题不仅涉及到观念与存在的关系问题，而且也牵涉到逻辑与语言的关系问题。"道可道，非常道"命题的重要意义在于，第一次明确承认观念与存在、逻辑与语言之间有原则区别。观念意识到的存在，总是对象性的存在者；而语言表达出来的逻辑，总是拟议化的句法。正是由于理性思维必须通过从存在到观念、从逻辑到语言两重转换才能认识对象、表达思想，因此任何话语系统所言说的道理和法则，不管多么神圣，也只是近似而已，并不等于真理本身。"天道不可言，可言者，皆其似者也。达者因似以识真，而昧者执似以陷于伪"①。对苏辙的这种说法,朱熹大加鞭挞,认为苏辙根本不懂得道体与器用的不相离关系。朱熹指出:"圣人之言道,曰君臣也,父子也,夫妇也,昆弟也,朋友之交也。不知此言道邪? 抑言其似者而已邪? 执此而行,亦有所陷者邪? 然则,道岂真不可言! 但人自不识道与器之未尝相离也,而反求之于昏默无形之中,所以为是言耳"②。

其实,朱熹所说的君臣、父子、夫妇、兄弟和朋友之道,在苏辙看来,不过是属于可言说、可形容、却不可常的"可道"范畴。它们都是对人道伦理秩序的一种规定,都会随着时代和地域的变迁而不断改变。但是,按照理学主流派的思想观点,这"五伦"是人道的纲常,是天理之当然,不可动摇,磨灭不得。朱熹在《语类》中说得最为透彻:

> 纲常千万年磨灭不得。只是盛衰消长之势,自不可已,盛了又衰,衰了又盛,其势如此。圣人出来,亦只是就这上损其余,益其不足。圣人做得来自是恰好,不到有悔憾处。三代以下做来不恰好,定有悔憾。虽做得不尽善,要亦是损益前人底。虽是人谋,然大势不得不出此。但这纲常自要坏灭不得,世间自是有父子,有上下。羔羊跪乳,便有父子;蝼蚁统属,便有君臣;或居先,或居后,便有兄弟;犬马牛羊成群连队,便有朋友。始皇为父,胡亥为子,扶苏为兄,胡亥为弟,这个也泯灭不得。③

由此可见,朱熹对苏辙的批评,不完全是平等而自由的学术争鸣,而是替"纲常"伦理秩序辩护,为儒教圣贤"道统"论证。

---

① 《杂学辨·苏黄门老子解》,《朱文公文集》卷72。
② 《杂学辨·苏黄门老子解》,《朱文公文集》卷72。
③ 《朱子语类》卷24。

苏辙还认为，在对"可道"的言说方面，孔子和老子的差别只是选择了不同的认知方式。"孔子之虑后世也深，故示人以器而晦其道。"孔子不言"性与天道"，只讲"仁义礼乐"，是深谋远虑的文化策略。相反，"老子则不然，志于明道，而急于开人心。故示人以道而薄于器，以为学者惟器之知而道隐矣，故绝仁义、弃礼乐以明道"①。老子大谈"道德"，是急于求成的教育智谋。相比较而言，孔子更胜一筹。对此，朱熹也提出了异议："道者，仁义礼乐之总名，而仁义礼乐皆道之体用也。圣人之修仁义，制礼乐，凡以明道故也"②。在这里，朱熹所理解的"道"，只是一个总括性的名称，其实质蕴涵是"仁义礼乐"。因此，朱熹不客气地批评苏辙，不仅不懂得圣人之道，而且对"佛老之学"也是一知半解，不识好歹，不知利害。"佛老之学，不待深辨而明。只是废三纲五常，这一事已是极大罪名！"③ 苏氏"蜀学"敢为佛老讲好话，敢给《道德真经》作注解，确实有些肆无忌惮！

从苏洵的《六经论》到苏轼的《东坡易传》再到苏辙的《老子解》，苏氏父子对经学进行了不同于主流理学的独立探讨，尽管没有形成完整的思想体系，但对北宋理学的开创和奠基产生过一定影响。南宋朱熹传承"洛学"思想，对"蜀学"观点不仅批评最多，也最为刻薄。但在理学的集成中，朱熹还是虚心汲取了"蜀学"对《论语》和《书经》的部分解说。

苏氏"蜀学"因"三苏"在宋代古文运动中的文学成就，特别是苏轼才华横溢、气势豪放的文风，曾风靡一时，一度形成"苏学热"。宋代颇有名气的文人张耒、黄庭坚、晁补之和秦观，都曾师从苏轼学习，号称"苏门四学士"。"洛学"南渡后成为理学大宗，而"蜀学"留守中原，继续北传，对北方辽国、西夏和金朝接受中原文化和儒学精神，起到了重要

---

① 《杂学辨·苏黄门老子解》，《朱文公文集》卷 72。
② 《杂学辨·苏黄门老子解》，《朱文公文集》卷 72。
③ 《朱子语类》卷 126。

的历史作用。

3.新学：王安石的五行学说

王安石（1021—1086 年）字介甫,因晚年封荆国公,后世尊称荆公,抚州临川（今江西临川）人。出身中下层官僚家庭,父亲王益进士出身,历任主簿、判官、知县和知州等职。18 岁父亲去世后,"无田亩以托一日之命"①,家境陷入贫苦。仁宗庆历二年（1039 年）进士及第,签书淮南判官,后历任知县、通判、知州和提点刑狱等职。嘉祐三年（1058 年）上书言事,明确提出变法:"视时势之可否,而因人情之患苦,变更天下之弊法,以趋先王之意"②。治平年间（1057 - 1064 年）,《淮南杂说》和《洪范传》问世,在学术界和社会上引起极大反响,将其与《孟子》相比,"于是天下之士,始原道德之意,窥性命之端"③。王安石开始在金陵授徒讲学,"新学"初步形成。

神宗熙宁二年（1069 年）,以翰林学士、右谏议大夫参知政事,积极实施变法,推行"新政"。熙宁六年（1073 年）主持经义局,重新诠释儒家经典,亲自撰写《周礼新义》,作为熙丰变法的经典根据,"新学"达到鼎盛。熙宁七年（1074 年）,因阻力过大,"新法"难以继续推行,加上久旱不雨,王安石辞去宰相,以吏部尚书、观文殿大学士出知江宁府。第二年恢复相位,再拜官同中书门下平章事。熙宁九年（1076 年）第二次辞去宰相,退居金陵,参禅读经,著书立说,直到元祐元年（1086 年）去世。此时,"新政"已被废止,"新学"也受到抨击。

王安石一生的主要著作有:《临川集》100 卷、《临川后集》80 卷、《易义》20 卷、《洪范传》1 卷、《左氏解》1 卷、《礼记要义》2 卷、《孝经义》1 卷、

---

① 《上相府书》,《临川集》卷 74。

② 《上仁宗皇帝言事书》,《临川集》卷 39。

③ 晁公武:《郡斋读书志》后志 2。

《论语解》10卷、《孟子解》14卷、《老子注》2卷和《字说》24卷等。其中，《老子注》和《字说》在元祐年间曾被焚毁，个别注释散见在彭耜《道德真经集注》等书中。

王安石有关"道德性命"的理学思想，主要集中在他的《洪范传》、《老子注》、《原性》、《性情》等论著和文章里。其中，"原道德之意"体现为洪范五行说，"窥性命之端"体现为性情善恶论。

第一、洪范五行说

《洪范传》是针对两汉今文经学的"天人感应"说，以及"祥瑞"和"灾异"等谶纬经学而作的义理学著述。其核心观点是：天道通过五行构成万物，自然运化；人道继天道成性，有正邪、美恶、丑好和吉凶等价值尺度。天人之际虽然存在气质和合、性命感通等复杂机制，但是，天道没情感化的好恶和神秘性的谴告。

水、火、木、金、土是《尚书》"洪范九畴"中的第一畴，即"初一曰五行"。在董仲舒"天人感应"学说和西汉象数易学中，"五行"具有神秘莫测的微言大义。在卜筮、星占和望气等法术中，其功用更是神乎其神。隋代萧吉所著的五卷《五行大义》，汇集了两汉时期五行生克制化、旺相休囚等神秘学说。但在王安石的《洪范传》里，五行的神秘感应色彩荡然无存。他对"洪范九畴"的义理诠释是：

> 五行，天所以命万物者也。故"初一曰五行"。五事，人所以继天道而成性者也，故"次二曰敬用五事"。五事，人君所以修其心、治其身者也。修其身、治其身而后可以为政于天下，故"次三曰农用八政"。为政必协之岁、月、日、星辰、历数之纪，故"次四曰协用五纪"。既协之岁、月、日、星辰、历数之纪，当立之以天下之中，故"次五曰建用皇极"。中者，所以立本而未足以趣时。趣时则中不中无常也，惟所施之宜而已矣，故"次六曰乂用三德"。有皇极以立本，有三德以趣时，而人君之

能事具矣。虽然,天下之故,犹不能无疑也。疑则如之何? 谋
之人以尽其智,谋之鬼神以尽其神,而不专用己也,故"次七曰
明用稽疑"。虽不专用己而参之于人物鬼神,然而反身不诚不
善,则明不足以尽人物,幽不足以尽鬼神,则其在**我**者不可以
不思。在我者其得失微而难知,莫若质诸天物之显而易见,且
可以为戒也,故"次八曰念用庶证"。自五事至于庶证各得其
序,则五福之所集;自五事至于庶证各失其序,则六极之所集,
故"次九曰向用五福,威用六极"。①

这段400余字的诠释性论述,几乎涵盖了天道、人道、君道和皇极中道,
以及刚柔克制、智能决策、祸福赏罚等传统儒学的所有话题,可以看做
是"新学"的道德纲领和性命宣言,完全能够与"濂学"的《太极图说》相
提并论。

　　从范畴逻辑结构看,《洪范传》有三个义理层次:天道五行→人道使
命→君道皇极。

　　其一,天道五行。王安石认为,"道者,万物莫不由之者也"②。天
道是万物生成变化的运行法则。"五行者,成变化而行鬼神,往来乎天
地之间而不穷者也"③。五行既是弥漫于天地之间的五种气质元素,也
是天道生化万物、运行万象的五种能量因子。王安石吸取了北宋《周
易》图书学派的象数结构,给出了一个五行生成图式:天一生水,构成事
物的精气;地二生火,构成事物的神情;天三生木,构成事物的灵魂;地
四生金,构成事物的体魄;天五生土,构成事物的意欲。天地之间一切
事物的精神、魂魄、意欲,都是由五行元素按照一定的数理法则耦合而

①　《洪范传》,《临川集》卷65。
②　《洪范传》,《临川集》卷65。
③　《洪范传》,《临川集》卷65。

成。"盖五行之为物,其时,其位,其材,其气,其性,其形,其事,其情,其色,其声,其臭,其味,皆各有耦,推而散之,无所不通"①。用五行元素及其偶合生成结构,不仅足以说明一切天道自然现象及其无穷变化,而且还可以进一步解释人道价值现象及其道德原理。"一柔一刚,一晦一明,故有正有邪,有美有恶,有丑有好,有凶有吉,性命之理,道德之意,皆在是矣"②。

其二,人道使命。人道继天道五行制造器物,运用相生相克参赞化育,在天人之际形成道德与器用、时序与命运等天人和合关系。"语器也以相治,故序六府以相克;语时也以相继,故序盛德所在以相生"③。王安石指出,天道是万物生化的自然法则,天命是顺应天道生化万物的道德使命。因此,从百姓到君子,都要"由于道,听于命"④,按照五行、六府(五行与谷物的合称)的生长习性耕耘稼穑,承担人道参赞天地化育的天赋使命。所以,在"洪范五行"中,只有"土爰稼穑"讲述人事,"稼穑者,人事也"⑤。原因在于,按照五行的时空结构,土位于中央,是"阴阳冲气之所生"⑥,最富有和合创造权能,所以只能由人来承当。"中央,人之位也,故于土言人事"⑦。依据王安石的解释,播种、收获等土地耕耘,掘井、沟渠等水利工程,烧煮、冶炼等用火技术,以及木材加工和金属制造,都是人道运用五行参赞天地化育的和合事业。

其三,君道皇极。人君为政,治理天下,必须内修身心,外协时序,建构皇极以确立君道的根本原理。王安石认为,皇极是天下最中正的

---

① 《洪范传》,《临川集》卷 65。
② 《洪范传》,《临川集》卷 65。
③ 《洪范传》,《临川集》卷 65。
④ 《洪范传》,《临川集》卷 65。
⑤ 《洪范传》,《临川集》卷 65。
⑥ 《洪范传》,《临川集》卷 65。
⑦ 《洪范传》,《临川集》卷 65。

道德准则,是人道"辅相天地以理万物"① 的价值尺度,同时也是人君"修其心,治其身"的道德指针。所以他说:"有皇极以立本,有三德以趣时,而人君之能事具矣。""三德"是指正直、刚克和柔克三种身心修治方法。人君若能在容貌、言辞、视觉、听觉和思虑等方面按照"无偏无陂,遵王之义;无有作好,遵王之道;无有作恶,遵王之路;无偏无党,王道荡荡;无党无偏,王道平平;无反无侧,王道正直;会其有极,归其有极"②的皇极要求,依次修身养性,就能达到圣王境界。"既圣矣,则虽无思也,无为也,寂然不动,感而遂通天下之故可也"③。

第二、性情善恶辩

修身养性的逻辑前提是,"性相近也,习相远也"。也就是说,只有首先承认每个人从天道五行禀赋的生理气质和心理素质是相近的,才能通过后天的道德修养能够逐步完善人的天性,使其最终达到中和正直、荡荡平平的皇极境域。王安石有关道德性命的修养理论,以天道五行为自然哲学前提,以君道皇极为道德哲学归宿,以孔子的"性近习远"命题为立论基础,以孟、荀、扬、韩"四子"的性情善恶主张为驳论对象,体现了"新学"对先秦儒家和汉唐儒术心性思想的综合批判,具有承前启后的学术意义。

要准确理解王安石的性情善恶论辩,首先必须搞清楚他对"性"范畴的本质界说。在《原性》篇里,王安石给"性"下过两个定义。一是从天道五行角度界定人性,"性者,有生之大本也"④。即人性是从天道五行生化万物过程中禀受的本质属性。二是从人道五常角度界定人性,"性者,五常之太极也,而五常不可以为性"⑤。即人性是仁、义、礼、智、

---

① 《洪范传》,《临川集》卷65。
② 《周书·洪范》,《尚书正义》卷12。
③ 《洪范传》,《临川集》卷65。
④ 《原性》,《临川集》卷68。
⑤ 《原性》,《临川集》卷68。

信等道德规范的内在根据，而仁、义、礼、智、信本身只是人性的道德情感表现，不是人性的生理本质特性。因此，王安石所说的"性"范畴，相当于天性、生性和本性等概念，强调人性的自然禀赋和生理方面。他认为，在这种意义上，性本身不存在善恶特征。

其次需要把握王安石所说的性情关系。"性情一也"①是他提出的重要心性命题。根据《礼记·中庸》对情感活动未发和已发两种状态的区分，王安石得出了"性本情用"的结论。他说："喜、怒、哀、乐、好、恶、欲，未发于外而存于心，性也。喜、怒、哀、乐、好、恶、欲，发于外而见于行，情也。性者情之本，情者性之用。故吾曰：性情一也"②。人的七情六欲，未曾发作和表现，以心理能量的方式潜藏在心中，就是"性"。一旦情感发作，流露于外，见诸行为，就是"情"。"性"是情感的智能本体，"情"是心性的感动作用。性情之间是体用关系，因而具有一致性。

根据人性的本质界说和性情的体用关系，王安石对孟子的性善说、荀子的性恶说、扬雄的性善恶混说和韩愈的性情三品说，进行了系统的学术批判。他认为，这"四子"所言的"性"，其实是他所说的情感表现和心理习惯。"且诸子之所言，皆吾所谓情也，习也，非性也"③。情感和习惯可以用"善恶"来形容，生理本性或心理素质却不能用"善恶"来言说。

孟子的性善说和荀子的性恶说是两个极端，错误显而易见。"孟子言人之性善，荀子言人之性恶。夫太极生五行，然后利害生焉，而太极不可以利害言也。性生乎情，有情然后善恶形焉，而性不可以善恶言也。此吾所以异于二子"④。孟子专指人的恻隐心理和仁爱情感，就断言"人之性无不善"，却忘记了人还有怨毒心理和忿戾感情。荀子则走

① 《性情》，《临川集》卷67。
② 《性情》，《临川集》卷67。
③ 《性情》，《临川集》卷67。
④ 《原性》，《临川集》卷68。

向另一极端,专指人的怨毒心理和忿戾感情,就推断"性恶善伪",却忽略了人的恻隐心理和仁爱情感。况且,如果没有先天可完善的生理基础和心理素质,"化性起伪"的人性陶冶是根本不可能的。

扬雄的性善恶混说,以习惯为天性,表面上看似乎很全面,实际上只是说"情",并非言"性"。"扬子之言为似矣,犹未出乎以习而言性也"①。社会习俗和个人习惯,确实有善恶之分,但这仍属于喜怒哀乐等情感表现范畴。"喜、怒、爱、恶、欲而善,然后从而命之曰仁也、义也;喜、怒、爱、恶、欲而不善,然后从而命之曰不仁也,不义也。故曰有情然后善恶形焉。然则善恶者,情之成名而已矣"②。

韩愈的性情三品说其实自相矛盾。根据王安石的理解,仁、义、礼、智、信不属于"性"范畴,只是对心性行为的道德规范。退一步讲,假设这"五常"是人性,那么韩愈断定下品人性是恶的,岂不等于说这"五常"之性是恶的吗?"且韩子以仁、义、礼、智、信五者谓性,而曰'下之性恶焉而已矣',五者之谓性而恶焉者,岂五者之谓哉?"③

王安石还敏锐地发现,性情善恶问题其实是伦理秩序和道德修养问题。情感的自然流露和境遇发作,其本身也不存在善恶特征。只有在伦理交往中的道德情感和道德人格,才有善恶之辨。"情发动非恶,当于理则圣贤,不当于理则小人"④。善恶本是道德评价指标。情感活动符合某种伦理秩序的规范要求,就理所当然地具有善良特征和圣贤人格;否则,违背伦理规范,甚至大逆不道,就理所当然地具有邪恶特征与小人品性。

王安石的"新学"因《三经新义》得名,因倡导变法而震惊一时,并与"洛学"、"涑学"和"蜀学"发生过激烈的思想交锋。撇开当时错综复杂

① 《原性》,《临川集》卷68。
② 《原性》,《临川集》卷68。
③ 《原性》,《临川集》卷68。
④ 《性情》,《临川集》卷67。

的政治因素不谈,"新学"在北宋学术界具有革命意义。首先,《三经新义》属于义理解经,是对以《五经正义》为代表的汉唐章句训诂的诠释学革命。它在经典文本的诠释上,对理学思潮影响甚巨。其次,"新学"重视"洪范五行",论辩"性情善恶",讲究"理财之道",探索"取士之道",具有经世致用的功利取向,这不仅超越了抽象的"道德性命之说",而且也是南宋浙东"功利之学"的思想先导。最后,《三经新义》和《字说》均颁布学官,通行场屋,是士子科举的必修书目。"新学"作为北宋官学左右学术思想前后达60年,对当时的政治经济和文化教育,都产生过广泛的历史影响。从核心话题来看,"新学"比"涑学"、"蜀学"更接近主流理学,因此全祖望对荆公"新学"的评语是"荆公欲明圣学而杂于禅"①。

---

① 《荆公新学略》,《宋元学案》卷98,第3237页。

第八章 理学的展开和集成

　　经过北宋百余年的发展,到南宋时期,理学渐趋成熟。著名学者人才辈出,重要学派不断涌现。一时间,湖南有以胡宏、张栻为代表的"湖湘学",福建有朱熹所代表的"闽学",浙江有陈亮的"永康学"、叶适的"永嘉学"和吕祖谦的"金华学",江西有陆九渊的"象山学"。他们密切往来,或集会,或访问,或通信,切磋学术问题,交流思想观点,使理学出现了全面展开和系统集成的发展高潮。

　　绍兴和议(1141 年)后,南北对峙局面形成。随着政治、经济和文化的南移,学术活动中心也向东南迁移。到宋孝宗乾道、淳熙年间(1163—1189 年),福建朱熹、浙江吕祖谦和湖南张栻并称"东南三贤",成为"一世学者宗师"[1]。吕祖谦、张栻去世后,朱熹的"闽学"、叶适的"永嘉学"和三陆的江西之学"遂称鼎足"[2]。此时,理学发展群英荟萃,诸多问题全面展开。

　　朱熹承继张载"关学"和二程"洛学",深入探究了自然、社会和人生现象的"所以然"与"所当然",建构了融合理气、统摄道器、贯通上下的理学范畴体系,对传统儒学的"性与天道"问题,做出了"致广大,尽精微,综罗百代"[3] 的义理诠释,完成了孔孟以来中国古典学术的集大

---

① 《与张定叟侍郎》,《陈亮集》卷 21。

② 《水心学案序录》,《宋元学案》卷 54,第 1738 页。

③ 《晦翁学案》,《宋元学案》卷 48,第 1495 页。

成。陈亮、叶适等浙东事功学,继续王安石的功利思想和革新主张,形成了关注现实的"功利之学"。陆九渊则集中发挥了程颢的"心学"思想,力求从本心世界建构儒教伦理的精神家园和纲常名教的普遍法则。

心性与义理关系问题的全面展开,特别是程朱理学范畴逻辑结构的系统集成,使理学思潮内在的思想冲突暴露无遗。理学家过分陶醉于"人极"、"太虚"、"太极"等终极问题的纯粹义理探究,企求在生活世界之上营造出一个绝对、永恒、至善的"天理流行"境域。这种过于理想化的价值本体追求,既遭到了当时统治集团的多次误解,被视为"伪学逆党"予以取缔;同时又受到了事功学派的尖锐批判,被认为只是"无用之虚语"。而在"天地之先"悬设一个极好至善的"道理",反过来用所谓的"天理"来钳制"人心",灭绝"人欲",程朱理学在天人之际的这一"理欲之辩",特别是"心外求理"的外在超越思路,受到了象山心学"易简工夫"的极大挑战。著名的"鹅湖之会",本是吕祖谦设法化解朱陆分歧的学术尝试,其结果反倒使两家的分歧公开化。这次重要的学术聚会,标志着理学内部的思想分歧已发展到无法自我协调、即将分道扬镳的转折点上。陆王心学的逻辑结构,即将从程朱理学的范畴大厦中分化出来,走上终结理学话题的解构之路。

一、湖湘学:理学的展开

南宋初期,"湖湘学"和"闽学"齐头并进,是当时重要的理学主流派。后因张栻早逝,"湖湘学"的思想成就和历史影响不及"闽学"。从学术渊源看,它们都是北宋"洛学"南渡的思想硕果。在传播和昌明"洛学"的过程中,都起过重要作用。其传承谱系大致为:二程→杨时→罗从彦→李侗→朱熹;二程→谢良佐→胡安国→胡宏→张栻。从学术倾向上看,"湖湘学"非常注重对心性本原的伦理探讨,将具有主宰作用的"仁心"视为道义渊源,强调居敬修养而不废事功;"闽学"则集中精力建构理气关系,将净洁空阔的"天理"作为道德本体,主张即物穷理以统摄事功。因此,清代学者全祖望有"南轩似明道,晦翁似伊川"①的说法。

"湖湘学"特指南宋时期产生于湖南湘江流域和衡岳一带的理学派系。这一称谓最早见于《朱子语类》卷101。朱熹及其弟子称胡安定、胡五峰和张南轩等人为"胡湘学者"、"湖南学者"或"湖南一派",有时干脆简称"湖湘"、"湖南"。

"湖湘学"的开创者,是两宋之际的胡安国。胡安国(1074—1138年)字康侯,谥文定,建州崇安人。绍圣四年(1097年)进士及第,"除荆南教授,入为太学博士"②。曾提举湖南、江东学事,历任尚书员外郎、中书舍人和宝文阁直学士等职。南渡后,"休于衡岳之下",专心著述与讲学。主要著作有《春秋传》30卷、《资治通鉴举要补遗》100卷及《文集》15卷。胡安国对"湖湘学"的开创之功,主要有三个方面:一是在任荆南教授和太学博士期间,与程门弟子杨时、游酢和谢良佐相识,"义兼师友",从而成为"私淑洛学而大成者"③,为南渡以后昌明"洛学"奠定了坚实的思想基础。二是在隐居衡岳期间筹建讲堂,为理学的研究和传播创建了稳定的教育基地。三是培养了一大批门人弟子,特别是季子胡宏,承传家学而发扬光大,"卒开湖湘之学统"④。

就学术思想而言,胡安国毕生致力于为《春秋》作传,发挥其"微言大义",诸如"华夷之辩"、"君臣之义"和"人伦之本"等。尽管在程朱理学取得正统地位的元明时期,胡安国的《春秋传》成为解释《春秋》经文的重要依据,但是,从诠释文本讲,胡氏的春秋学仍

① 《南轩学案》,《宋元学案》卷50,第1609页。
② 《武夷学案》,《宋元学案》卷34,第1171页。
③ 《武夷学案·序录》,《宋元学案》卷34,第1170页。
④ 《五峰学案·序录》,《宋元学案》卷42,第1366页。

旧属于汉唐今文经学的义理延续，与宋明理学的核心话题不相称。朱熹甚至认为，胡安国的春秋学比董仲舒的公羊学"较浅"①。其理由是，《春秋》属于史实范畴，应以可信的史料本身说明道理，而胡安国的《春秋传》与汉代的《春秋公羊传》和《春秋谷梁传》一样，多是难以凭信的臆度之说：

> 《春秋》制度大纲，《左传》较可据，《公》、《谷》较难凭。胡文定义理正当，然此样处，多是臆度说。②

> 问："诸家《春秋》解如何？"曰："某尽信不及。如胡文定《春秋》，某也信不及，知得圣人意里是如此说否？今只眼前朝报差除，尚未知朝廷意思如何，况生乎千百载之下，欲逆推乎千百载上圣人之心！况自家之心，又未如得圣人，如何知得圣人肚里事！某所以都不敢信诸家解，除非是得孔子还魂亲说出，不知如何。"③

其实，从哲学解释学的创新维度看，宋明理学的诠释文本已逐渐由汉唐时期的"五经"转换成为宋明时期的"四书"。"湖湘学"直到张栻执教岳麓书院时，才实现了诠释文本的创新转换。其《论语解》和《孟子说》，成为"足以名于一世"④ 的理学力作。而胡安国在世时，"湖湘学"虽然意识到"穷理尽性，乃圣门事业"，"圣门之学，则以致知为始，穷理为要。知至理得，不迷本心，如日方中，万象皆见，则不疑所行而内外合也"⑤。但是，在治学方式上，胡安国仍以"皓首穷经"的方式泛泛而论，只能"大纲

① 《朱子语类》卷101。
② 《朱子语类》卷83。
③ 《朱子语类》卷83。
④ 《南轩文集·朱熹序》。
⑤ 《武夷学案》，《宋元学案》卷34，第1172页。

说得正"①,不能"穷理尽性以至于命",在微细处,"不十分切要"②。

"湖湘学"的真正奠基者,是胡安国的季子胡宏。胡宏(1098—1161年)字仁仲,学者称五峰先生。成年逢秦桧专权当国,曾"以荫补右承务郎,避桧不出"。一生居家治学,"优游衡山二十余年,玩心神明,不舍昼夜"③。绍兴年间(1131—1162年),胡宏在衡岳碧泉书堂讲学,张栻前来谒拜,当时诸儒所达造诣"莫出五峰之上"。其主要理学著作为语录体《知言》六卷,吕祖谦曾给予极高评价,"以为过于《正蒙》"④。

"湖湘学"的全面展开,是由胡宏的晚年弟子张栻实现的。张栻(1133—1180年)字敬夫,又字乐斋,号南轩,广汉(今四川绵竹)人,出身官宦之家。其父张浚为抗金将领,官至丞相,封魏国公。张栻从小受到良好家教,"所教莫非仁义忠孝之实"⑤。成年后,"以荫补官",先后知严州、袁州、静江和江陵等州府,在朝中任吏部侍郎,兼权起居郎侍立官。曾多次应诏为孝宗皇帝侍讲,"所言大抵皆修身务学,畏天恤民,抑侥幸,屏谗谀,于是宰相益惮之,而近习尤不悦"⑥。在朝中任职时间大约一载。居官十余年,大部分时间在地方供职。绍兴三十一年(1161年),师从胡宏请教程氏之学,"五峰一见,知其大器,即以所闻孔门论仁亲切之指告之"⑦。后主教岳麓书院,与朱熹、吕祖谦等学者频繁往来,反复辩难,对宋明理学的展开与集成贡献卓越。主要学术著述有《论语解》10卷,《孟子说》7卷,《南轩易说》11卷,以及死后由朱熹编辑的《南轩文集》44卷。

---

① 《朱子语类》卷101。
② 《武夷学案》,《宋元学案》卷34,第1175页。
③ 《五峰学案》,《宋元学案》卷42,第1367页。
④ 《五峰学案·序录》,《宋元学案》卷42,第1366页。
⑤ 《道学三·张栻传》,《宋史》卷429。
⑥ 《道学三·张栻传》,《宋史》卷429。
⑦ 《南轩学案》,《宋元学案》卷50,第1609页。

　　由于张栻中年病逝,其学术思想处于尚未完全成熟的"未济"状态,加上身后又缺少一流弟子承继学业,因此,张栻之后的"湖湘学"逐渐由"当时为最盛"转向衰落,无法与朱子学、象山学鼎足三立。但是,作为理学展开和集成时期的重要学派,"湖湘学"对心性与义理关系的独特探讨,事实上对"闽学"的系统集成和"心学"的分道扬镳,起到积极的推进作用。黄宗羲在《南轩学案·附录》中有两段案语,足以说明学术思想的逻辑展开与历史发展,是超越学派分畛和门户界限的道理疏明过程。

　　　　南轩之学,得之五峰。论其所造,大要比五峰更纯粹,盖由其见处高,践履又实也。朱子生平相与切磋得力者,东莱、象山、南轩数人而已。东莱则言其杂,象山则言其禅,惟于南轩,为所佩服,一则曰:"敬夫见识,卓然不可及。从游之久,反复开益为多。"一则曰:"敬夫学问愈高,所见卓然,议论出人表。近读其语,不觉胸中洒然,诚可叹服。"然南轩非与朱子反复论难,亦焉取斯哉! 第南轩早知持养是本,省察所以成其持养,故力省而功倍。朱子缺却平日一段涵养工夫,至晚年而后悟也。

　　　　南轩受教于五峰之日浅,然自一闻五峰之说,即默体实践,孜孜勿释。又其天资明敏,其所见解,初不历阶级而得之。五峰之门,得南轩而有耀。从游南轩者甚众,乃无一人得其传。故道之明晦,不在人之众寡尔。[①]

　　尽管"湖湘学"因张栻不得永享天年而中道式微,但与朱子学和象山学相比,确实有自己独特的思想主张和学术风格。在价值本体上,"湖湘学"强调心性"体用一源",理欲"同体异用",与朱子学过于支离的

————————

[①]　《南轩学案·附录》,《宋元学案》卷50,第1635—1636页。

二元分殊和两极对待明显不同;在修养工夫上,"湖湘学"既强调居敬存心的"主一之功",又讲究穷理省察的"持养之功",比象山学过于易简的"发明本心",更符合儒学的道德实践宗旨。以下从"湖湘学"与"闽学"的比较入手,侧重介绍体用一源的中和说、心性本一的太极论和仁智合一的居敬观等三个方面的理学思想。

1. 体用一源的中和说:"道者,体用之总名。"①

自从程颐泄露出"体用一源,显微无间"② 的易学天机后,体用范畴成了宋明理学家建构学术大厦的万能逻辑工具。作为虚性和合范畴,"体用"二字几乎可以任意充实化,进行无穷无尽的随机解释。从一定意义上讲,能否得心应手、运用自如地驾驭体用范畴,是理学家思想是否成熟的逻辑标志。朱熹无疑是宋明理学中运用体用范畴最娴熟的思想大师。我们不妨从《语类》里挑选一段朱熹论述体用关系的文字予以佐证:

> 　　自心而言,则心为体,敬和为用;以敬对和而言,则敬为体,和为用。大抵体用无尽时,只管怎地移将去。如自南而视北,则北为北,南为南;移向北立,则北中又自有南北。体用无定,这处体用在这里,那处体用在那里。这道理尽无穷,四方八面无不是,千头万绪相贯串。③

但是,朱熹早年从师李侗,尚未精通体用之奥秘,一味"默坐澄心",观看"喜怒哀乐之未发时作何气象"④,始终不能通达《中庸》"致中和,天地

---

①　《知言·阴阳》,《胡宏集》,中华书局1987年版,第10页。
②　《易传序》,《二程集》,第689页。
③　《朱子语类》卷22。
④　《晦翁学案上》,《宋元学案》卷48,第1508页。

位焉,万物育焉"的大化道理。后来"闻张钦夫得衡山胡氏学,往问之"①,经过与张栻等"湖南诸公"多次书信往来,朱熹才逐渐体会和领悟到程颐"体用一源,显微无间"的"中和之妙",为其学术思想从"中和旧说"到"中和新说"的发展奠定了逻辑基础。

张栻等"湖南诸公"的中和学说,直接师承于胡宏。而胡宏的中体和用说,又来源于程颐。早在北宋时期,"洛学"程颐就不太同意"关学"张载的"太和"思想。在与吕大临的论辩中,程颐不同意"中者道之所由出"的提法,认为"中即道也"。按照《中庸》的论述,"中"是大本之体,"和"是达道之用,"体用一源",才能"致中和",才能"达天理"。"若致中和,则是达天理,便见得天尊地卑、万物化育之道,只是致知也。"② 否则,"大本言其体,达道言其用,体用自殊,安得不为二乎?"③ 但程颐并没有明确肯定中和与道、性的体用关系。在理学思想史上,是"湖湘学"第一次明确将"体用一源"法则贯彻到中和学说,并通过中体和用的和合建构,把握道体的发用流行,揭示人性的太极奥秘。

在《知言》里,胡宏对体用范畴"无尽"、"无定"的解释学功能,已有了相当自觉的义理发挥和灵活运用。

> 有情无情,体同而用分。人以其耳目所学习,而不能超乎见闻之表,故昭体用以示之,则惑矣。④
>
> 道者,体用之总名。仁,其体;义,其用。合体与用,其为道矣。大道废,有仁义。老聃非知道者也。⑤
>
> 中者,道之体;和者,道之用。中和变化,万物各正性命而

① 《晦翁学案上》,《宋元学案》卷48,第1508、1509页。
② 《河南程氏遗书》卷15。
③ 《与吕大临论中书》,《河南程氏文集》卷9。
④ 《知言·阴阳》,《胡宏集》,第9页。
⑤ 《知言·阴阳》,《胡宏集》,第10页。

纯备者,人也,性之极也。故观万物之流形,其性则异;察万物之本性,其源则一。圣人执天之机,惇叙五典,庸秩五礼。顺是者,彰之以五服;逆是者,讨之以五刑。调理万物,各得其所。此人之所以为天地也。①

为天下者,必本于义理。理也者,天下之大体也;义也者,天下之大用也。理不可以不明,义不可以不精。理明,然后纲纪可正;义精,然后权衡可平。纲纪正,权衡平,则万事治,百姓服,四海同。夫理,天命也;义,人心也。惟天命至微,惟人心好动。微则难知,动则易乱。欲著其微,欲静其动,则莫过乎学。②

学圣人之道,得其体,必得其用。有体而无用,与异端何辨?③

寂然不动感而遂通天下之故,与未发已发不同。体用一源,不于已发未发而分也。宜深思之。④

形而在上者谓之性,形而在下者谓之物。性有大体,人尽之矣。一人之性,万物备之矣。论其体,则浑沦乎天地,博浃于万物,虽圣人,无得而名焉;论其生,则散为万殊,善恶吉凶百行俱载,不可掩遏。论至于是,则知物有定性,而性无定体矣,乌得以不能自变之色比而同之乎?⑤

从胡宏对体用范畴的这些论述中,可以概括出五个理论要点:

其一,体用是"超乎见闻之表"的超越范畴,只能用其说明形而上的

---

①　《知言·往来》,《胡宏集》,第 14 页。
②　《知言·义理》,《胡宏集》,第 29 页。
③　《与张敬夫》,《胡宏集》,第 131 页。
④　《与彪德美》,《胡宏集》,第 135 页。
⑤　《释疑孟·辨》,《胡宏集》,第 319 页。

抽象道理,不能用其描述形而下的具体事物。

其二,不管多么抽象的道理义理,都可用体用范畴加以分析说明。换言之,道德义理必有"体用一源"的逻辑结构,有体而无用,或有用而无体,都不是圣人之道。如做人的道理有"仁义之道"或"中和之道"。"仁义之道"必以"仁"为其体,"义"为其用,体用和合,才是圣人提倡的仁义大道。"中和之道"必以"中"为其体,"和"为其用,体用和合,才是各正性命的中和达道。

其三,义理是天命和人心的道德形上学根据。天命之理是道德的"大体",人心之义是道德的"大用",只有体用和合一源,才能够使义理交相发明,在天下确立"纲纪正,权衡平"的伦理教化秩序。

其四,作为超越见闻的和合范畴,"体用"所要说明的道理是"形而在上者",即物性、人性的根本原理。这些让人成为圣人的根本道理,是不能通过分析心理活动来解释清楚的。感情的未发状态不是"大体",已发状态不是"大用"。因此,不能用"已发未发之分"来解释"体用一源"的道德根本法则。

其五,根据"体定而用变"和"体同而用分"的体用关系,胡宏得出了两个独具"湖湘学"特征的理学命题,即"心以成性"的价值本体论和"理欲同体"的修养流行论。前者强调人类心性的道德价值意蕴和伦理实践生成,后者突出天理人欲在心性修养过程中的同源异流关系。

张栻师承胡宏,继续"先察识而后存养"心性修养路线,坚持中体和用的分析范式,从心知的已发状态和流行过程中,体会"主一之义",修持"居敬之功",而不盲目地在"主静"中体验心知未发的寂然不动气象。不过,与胡宏"不于已发未发而分"体用的不同之处在于,张栻更强调"精晰体用分明",并逐渐用"理一分殊"范式来替代"体用一源"法则,其学术倾向已明显受到"闽学"精致分析方法的影响。张栻指出:

> 未发、已发,体用自殊,不可溟涬无别。要须精晰体用分

明，方见贯通一源处。有生之后，岂无未发之时，正要深体之。
若谓有生之后皆是已发，是昧夫性之所存也。①

不过，以胡宏、张栻为代表的"湖湘学"始终以持养为本，"略于省察"②，
对中体和用的论述"只是偭侗见得大本达道底影像"，而不能有条不紊
地曲尽"性情之德，中和之妙"③。但在"湖湘学"中和说的启发下，经过
深入细致的参究，朱熹终于提出了以心为主的"中和新说"，取代了胡宏
以道为名的中体和用说。

朱熹认为，中和之道、体用之理，只有"以心为主而论之"，才能既体
察到此心"寂然感通，周流贯彻"的奥妙，同时又坚持理学"体用一源，显
微无间"法则。否则，如果没有"主宰知觉处"，那么，在浩浩荡荡的大化
流行之中，何处才是自家安身立命的"大本"和"达道"呢？

> 盖人之一身，知觉运动莫非心之所为。则心者，所以主于
> 身而无动静语默之间者也。方其静也，事物未至，思虑未萌，
> 而一性浑然，道义全具，其所谓"中"，乃心之所以为体，而寂然
> 不动者也。及其动也，事物交至，思虑萌焉，则七情迭用，各有
> 攸主，其所谓"和"，是乃心之所以为用，感而遂通者也。然性
> 之静也而不能不动，情之动也而必有节焉，是则心之所以寂然
> 感通，周流贯彻，而体用未始相离者也。④

在此，朱熹没有像胡宏、张栻那样"偭侗说道理"，而是明确指出，中和只
是性情未发与已发的特征描述。根据"心统性情"原则，中和与心之体

① 《南轩学案·南轩答问》，《宋元学案》卷50，第1623、1624页。
② 《南轩学案·南轩答问》，《宋元学案》卷50，第1614页。
③ 《晦翁学案·中和说二》，《宋元学案》卷48，第1506页。
④ 《晦翁学案·中和说三》，《宋元学案》卷48，第1506、1507页。

用之间的对当关系是:未发之中为心之体,是寂然不动之性;已发之和为心之用,是感而遂通之情。可在晚年成书的《中庸章句》里,朱熹又重新采纳了胡宏"道者,体用之总名"的形式话语,使"中庸"之"中"兼容"中和之义",并用德行意义上的"中庸"彻底替代了性情意义上的"中和",从而终结了理学内部的"中和之辩"。按照"必其体立而后用有以行"的本体优先原则,朱熹将"湖湘学"的中和体用之道,完全纳入到自己的理学集大成系统,使其成为"道统"中的"平常之理":

> 喜怒哀乐,情也。其未发,则性也,无所偏倚,故谓之中。发皆中节,情之正也,无所乖戾,故谓之和。大本者,天命之性,天下之理皆由此出,道之体也。达道者,循性之谓,天下古今之所共由,道之用也。此言性情之德,以明道之不可离之意。①

2. 心性本一的太极观:"太极者,所以生生者也。"②

"濂学"周敦颐的《太极图说》,在北宋并未受到足够的学术重视,其太极观念也没有得到"关学"和"洛学"的首肯与认同。到了南宋时期,不仅《太极图说》和《通书》成了理学的经典著述,而且太极观念也逐渐变为理学的核心范畴。作为南宋理学的主流和大宗,"湖湘学"和"闽学"都肯定"濂学"在理学思潮中的开创地位,都有发挥《太极图说》的太极理论。相比之下,"湖湘学"的太极是"生化之根",作为天命之性,太极不离气质本原;而"闽学"的太极则是"至善之理",作为天地之理,太极不离阴阳两仪。

胡宏对"濂学"周敦颐的《通书》和"关学"张载的《正蒙》都很推崇。

---

① 《中庸章句》,《四书章句集注》,中华书局 1983 年版,第 18 页。
② 《答吴晦叔》,《南轩文集》卷 19。

在《周子通书序》内，他首先认为，周敦颐对理学的开创，"其功盖在孔、孟之间矣"。然后强调指出，"《通书》之言包括至大，而圣门之事业列穷矣"①。在《横渠正蒙序》里，他称赞《正蒙》"极天地阴阳之本，穷神化，一天人，所以息邪说而正人心"②。可以说，胡宏对太极的论述，其思维理路介于周敦颐和张载之间，既继承了"濂学"的太极本体结构，又融入了"关学"的太虚气质变化，但同时表现出明显的心性化趋向。

与弟子张栻相比，胡宏阐述太极的言论不够系统。在《知言》中，胡宏对太极的重要阐述有两条。这两条都是对《周易·系辞传》"一阴一阳之谓道"的命题解释和义理发挥。

> 胡子曰："一阴一阳之谓道。"有一则有三，自三而无穷矣。老氏谓"一生二，二生三"，非知太极之蕴者也。③
>
> "一阴一阳之谓道。"道谓何也？谓太极也。阴阳刚柔，显极之机，至善以微，孟子所谓可欲者也。天成象而地成形，万古不变。仁行乎其中，万物育而大业生矣。④

由此可知，胡宏的太极思想有四重义理：

其一，太极不是老子宇宙生成论意义上的本源性存在，不能用生成结构去理解太极与阴阳的关系。太极是"一"，太极与"一阴一阳"的和合数是"三"，太极和阴阳共同构成无穷变化的本体精蕴，太极本身不具有生成能力。在此，胡宏力求克服周敦颐《太极图说》里的太极运动生成阴阳的宇宙演化思路，努力使太极真正成为"所以阴阳者"，即形而上的道体。

---

① 《周子通书序》，《胡宏集》，第161页。
② 《横渠正蒙序》，《胡宏集》，第162页。
③ 《知言·阴阳》，《胡宏集》，第7页。
④ 《知言·汉文》，《胡宏集》，第41页。

其二,太极就是阴阳和合之道。尽管道与太极都是对阴阳运动机制和刚柔变易原理的本体描述,但太极观念更能体现阴阳变动不居、刚柔上下无常的"显极之机"。

其三,太极不是纯粹的自然哲学范畴,而是自然化的道德哲学概念。太极具有趋于至善的价值元素,能够体现仁民爱物的人文精神。作为虚性范畴,太极中的至善仅仅反映了心性的价值理想,是"可欲"的道德期望,有待伦理实践去充实。

其四,太极是沟通天地万物与人类心性的和合枢纽。太极通过阴阳说明"天成象而地成形"的物理运动,通过心性解释"万物育而大业生"的伦理行为。

正是由于太极在胡宏的理学思想中只是连通天地和心性的和合枢纽,所以,他在具体分析心性本原时,更多地用"仁"来替代"太极"。他说:"仁者,人所以肖天地之机要也。"[①] 太极是天地阴阳的生成化育机制,仁是人道参赞天地化育的心性至善要求。通过将周敦颐的"太极"与程颢的"仁"的融会贯通,胡宏初步解决了太极的善恶性向问题,为张栻和朱熹从"至善之理"论述太极铺平了逻辑道路。

张栻的太极思想极为丰富,既有作为"生化之根"的太极化生原理,又有"贯万物、统万理"的太极心性本体。通过"太极之体"论证仁义是"性之本然",使儒家伦理规范成为涵蕴天地万物、天下万事的"万善之宗",这是张栻太极学说的核心议题。

首先,张栻完全继承了周敦颐《太极图说》里的太极化生原理,将太极视为混沌未分的生化根源。他说:"太极混沌,生化之根。阖辟二气,枢纽群动,惟物由乎其间而莫之知,惟人则能知之矣"[②]。太极生成阴阳之后,就从生化根源转换为变动枢纽,成为事物和人类生生不息的内

① 《知言·纷华》,《胡宏集》,第 25 页。
② 《扩斋记》,《南轩文集》卷 4。

在法规。这一层次上的太极属于自然哲学范畴，基本上是指气质生化及其运动规律，没有善恶道德含义。

其次，张栻更进一步，用太极观念解说孟子的性善假设，使太极由气质性的宇宙存在转换成为道德化的心性本体，并提出了"太极即性"的命题思想。他在《孟子说》里指出：

> 有太极则有两仪，故立天之道曰阴曰阳，立人之道曰仁曰义。仁义者，性之所有而万善之宗也。人为仁义乃性之本然。[①]

太极的这一心性化推演，是通过天人的和合机制顺利实现的。既然"太极"是"两仪"的"所以生生者"，天道阴阳又是动静的气质表现，那么，人道仁义作为心性的本然状态，也应当服从太极生化原理。

最后，借助太极范畴在天人之际的浑然对应法则，张栻一举两得：用天道阴阳论证了人道仁义是合乎人性自然的本真状态，与此同时，又用人道仁义说明本性至善是天地万物的价值本体。他认为："原物之始，岂有不善者哉？其善者，天地之性也"[②]。在至善的"天地之性"中，人与物的相同点在于具备太极，差别仅在于气禀各异。

> 盖何莫而不由于太极，何莫而不具于太极，是其本之一也。然太极则有二气五行，细缊交感其变不齐，故其发见于人物者，其气禀各异而有万之不同也，虽有万之不同而其本之一者，亦未尝不各具于其气禀之内。[③]

---

① 《孟子说》卷6。
② 《存斋记》，《南轩文集》卷4。
③ 《孟子说》卷6。

从周敦颐开始，太极逐渐从普通的学术概念上升成为重要的哲学范畴。从逻辑结构观点看，太极观念的范畴化过程，主要得益于太极的阴阳对待结构、自然生化法则、中和极限状态。"一阴一阳之谓道。"根据传统易学的象数原理，太极首先是对阴阳二气的和合统摄，富有辩证思维的逻辑特征。"太极动而二气形，二气形而万物化生。人与物俱本乎此者也"①。按照易学"生生之谓易"的生成模式，太极又是"所以生生者"，即天地万物的化生法则。在传统学术视域内，一切运动变化都可以用太极法则加以说明，太极范畴的解释能力几乎是不可穷尽的。汉唐时期的各种元气学说，已经能够自觉地运用太极观念的这两重逻辑功能。宋明理学对太极的发挥，主要是通过将《中庸》的中和价值尺度与《易传》的阴阳太极法则连通起来实现的。此时，太极既具有至善的道德属性，又具有终极的价值指向。

换言之，理学视域内的太极范畴，具有终极关怀的超越意义。因此，包括"湖湘学"在内的整个理学思潮，对太极的论述表现出两种相当矛盾的语用特征：一是将太极看做是最高的原理和永恒的法则，是至善的表征；二是对太极的论述常常含糊不清，闪烁其词，是神秘的渊薮。在后来的"鹅湖之会"上，朱熹与陆九渊有关太极的严重分歧和往复论辩，开始暴露出太极范畴逻辑虚拟性和语义充实性之间的不和谐关系。在传统学术里，人人都讲太极，处处都有太极，最后众说纷纭，谁也搞不清究竟何为太极。胡宏和张栻力求用太极原理说明心性的道德至善，同样存在着含糊不清的解释和理所当然的独断，留给我们的精神遗产更多的是理论思维的教训而不是生命智慧的启迪。

---

① 《存斋记》，《南轩文集》卷4。

3. 仁智合一的居敬说:"惟仁者为能尽性至命。"①

在《知言》一开篇,胡宏就说:"诚者,命之道乎!中者,性之道乎!仁者,心之道乎!惟仁者为能尽性至命"②。接着又说:"静观万物之理,得吾心之说也易;动处万物之分,得吾心之乐也难。是故仁智合一,然后君子之学成。"③ 这两段论述,基本上概略说明了"湖湘学"由用及体的学术大思路,与朱子学的由体及用和阳明学的即用即体、即体即用三足鼎立,穷尽了体用关系在道德修养领域的基本组合方式。

按照《周易·说卦传》"穷理尽性以至于命"的修养工夫和体悟程序,胡宏更加重视尽心尽性的内在超越式修养。因此,在胡宏的心性义理学说中,讲述心性关系及其修养要求的内容最多,也最重要。"湖湘学"仁智合一的居敬说,充分体现了他们通过"仁者"尽心穷理工夫把握"天命"道德本体这一学术思路。在胡宏看来,"天命为性,人性为心"④。心性范畴是沟通天人之际的逻辑桥梁。而"仁者"又是"天地之心"⑤,"义理"是"群生之性"⑥,仁者在"敬立而爱施"、"义行而理明"的伦理实践和道德修养中,使天人"不得不合而合",从而形成天命之性和天地之心浑然一体的和合境域。因此,只有仁者才能通过诚敬的义理确立天命至善的绝对权威:"诚,天命。中,天性。仁,天心。理性以立命,惟仁者能之"⑦。

从范畴逻辑结构推演看,胡宏心性义理学说,在流行过程中依次确

---

① 《知言·天命》,《胡宏集》,第1页。
② 《知言·天命》,《胡宏集》,第1页。
③ 《知言·天命》,《胡宏集》,第1页。
④ 《知言·天命》,《胡宏集》,第4页。
⑤ 《知言·天命》,《胡宏集》,第4页。
⑥ 《知言·义理》,《胡宏集》,第29页。
⑦ 《知言·汉文》,《胡宏集》,第41页。

立心性的主宰地位和超越作用。他说：

> 气之流行,性为之主。性之流行,心为之主。①
> 气主乎性,性主乎心。心纯,则性定而气正。气正,则动
> 而不差。动而有差者,心未纯也。②

胡宏的这一气→性→心的主宰系列,旨在逆向说明仁是"穷理尽性以至于命"的修养起点:人只有尽心才可言仁,心只有穷理才可言性,性只有保持诚明才能符合天命。"人尽其心,则可与言仁矣;心穷其理,则可与言性矣;性存其诚,则可与言命矣"③。

胡宏谈论心性时,非常强调仁者之爱敬对天地万物的参赞作用,认为只有明理居敬的仁者才能"参天地而不物,关百圣而不惑,乱九流而不谬,乘富贵而能约,遭贫贱而能享,礼仪三百,威仪三千,周旋繁缛而不乱"④。至于怎样明理,如何居敬,胡宏没有系统的阐述,这一问题留给张栻来解决。

张栻的心性思想更加重视心对万物、万事、万理的主宰作用。他说:"盖万事具万理,万理在万物,而其妙著于人心。……心也者,贯万事,统万理,而为万物之主宰者也。"⑤ 尽管在价值本体层面,"天"、"性"与"心"是等价的本体论范畴,"天也,性也,心也,所取则异而体则同"⑥,其核心内涵都是指"君臣、父子、兄弟、夫妇、朋友"等伦理关系和"仁、义、礼、智"等道德规范;但与"心"的主宰作用不同,"天"突出伦理

---

① 《知言·事物》,《胡宏集》,第 22 页。
② 《知言·仲尼》,《胡宏集》,第 16 页。
③ 《知言·纷华》,《胡宏集》,第 26 页。
④ 《知言·仲尼》,《胡宏集》,第 16 页。
⑤ 《敬斋记》,《南轩文集》卷 4。
⑥ 《孟子说》卷 7。

关系的自然性和神圣性,"理之自然谓之天";"性"强调道德规范是人所特有的天赋使命:

> 原性之理,无有不善,人物所同也。论性之存乎气质,则有禀天地之精,五行之秀,固与禽兽草木异。①
>
> 原其性之本一,而察其流行各异;知其流行之各异,而本之一者,初未尝不完也,而后可以论性矣。故程子说:"论性不论气不备,论气不论性不明。"②

由此可见,张栻心性思想的逻辑思路是,首先根据至善的天理规定人物的道德本性(即天命之性),然后通过人所禀赋的气质特异性(即气质之性),说明在天地万物中只有人能体悟"天命之全体",最后通过心灵的主宰作用和求仁学习,贯通万物万事之理,使伦理价值本体不再受气质清浊厚薄等遗传因素的遮蔽。所以张栻指出:"善学者,克其气质之偏,以复其天性之本,而其近者亦可得而一矣"③。

要克服气质方面的偏蔽,必须做两方面的修持工夫:一是格物致知,认识天理,不为人欲诱惑;二是居敬主一,涵泳存心,不为杂念干扰。

关于格物致知。张栻继承和发扬了"洛学"的格致学说,认为格物致知是道德学问的起始点,是修养工夫的下手处。他说:

> 格,至也;格物者,至极其理也。此正学者下工夫处。④
>
> 大学之道,以格物致知为先。格物以致知,则天理可识,

---

① 《癸巳论语解》卷9。
② 《孟子说》卷7。
③ 《癸巳论语解》卷9。
④ 《答江文叔》,《南轩文集》卷2。

而不为人欲所乱。①

与二程的格致说相比,张栻除了重视诚意和积累外,特别强调心灵的感通机制、主宰作用和专一工夫。他认为,"格"字的本义具有"感通至到"的意思。格物的工夫不是泛滥于天地万物,以求其物理知识,而是回归到意念本身,以诚明其伦理觉悟。"所谓格也,盖积其诚意,一动一静,一语一默,无非格之之道也"②。这种在动静语默之间积累"正心诚意"的工夫,已经是格物工夫的进一步深化,张栻称之为"主一之功"。

关于居敬主一。"主一之义"本是程颐为了与道教的"绝圣弃智"和佛教的"坐禅入定"相抗衡而提出的理学心性修养原理,是对《孟子》养气尚志和《易传》敬以直内等先秦儒学修养学说的综合运用,是"洛学"涵养用敬原则的操作指南。为了更好地把握张栻的"主一之功"和居敬学说,有必要先看看程颐对"主一之义"的详细解说:

> 学者先务,固在心志。有谓欲屏去闻见知思,则是,"绝圣弃智"。有欲屏去思虑,患其纷乱,则是须坐禅入定。如明鉴在此,万物毕照,是鉴之常,难为使之不照。人心不能不交感万物,亦难为使之不思虑。若欲免此,惟是心有主。如何为主? 敬而已矣。有主则虚,虚谓邪不能入。无主则实,实谓物来夺之。今夫瓶罂,有水实内,则虽江海之浸,无所能入,安得不虚? 无水于内,则停注之水,不可胜注,安得不实? 大凡人心,不可二用,用于一事,则他事更不能入者,事为之主也。事为之主,尚无思虑纷扰之患,若主于敬,又焉有此患乎? 所谓敬者,主一之谓敬。所谓一者,无适之谓一。且欲涵泳主一之

---

① 《答直夫》,《南轩文集》卷2。
② 《孟子说》卷4。

义，一则无二三矣。言敬，无如圣人之言。易所谓"敬以直内，义以方外"，须是直内，乃是主一之义。至于不敢欺，不敢慢，尚不愧于屋漏，皆是敬之事也。但存此涵养，久之自然天理明。①

说得简单一点，程颐的"主一之义"，其实是要求人们心无二用，专心致志。张栻对"洛学"的"主一之义"推崇备至，认为这是"求仁之方"，并特意创作《主一箴》警示学者：

> 伊川先生曰："主一之谓敬。"又曰："无适之谓一。"嗟呼！求仁之方，孰要乎此。因为箴书于坐右，且以示同志。

> 人禀天性，其生也直。克顺厥彝，则靡有忒。事物之感，纷纶朝夕。动而无节，生道或息。惟学有要，持敬勿失。验厥操舍，乃知出入。曷为其敬？妙在主一。曷为其一？惟以无适。居无越思，事靡他及。涵泳于中，匪忘匪亟。斯须造次，是保是积。既久而精，乃会于极。勉哉勿倦，圣贤可则。②

作为涵泳心性的基本程式，张栻的居敬主一学说在用功方面有两个切要点：一是居敬"必以动容貌、整思虑为先"③，如果没有行为举止方面的外在表现，没有日用常行方面的娴熟功夫，那么所谓"存心"、"居敬"和"主一"都只不过是"想像"而已，没有切实功效。二是居敬必须在心灵的主宰作用上持之以恒，"敬有主宰，涵养渐熟"，才能真正获得"主一之功"。

---

① 《河南程氏遗书》卷15。
② 《主一箴》，《南轩文集》卷7。
③ 《南轩学案》，《宋元学案》卷50，第1612页。

所谓持敬，乃是切要工夫，然将个敬来治心则不可。盖
"主一之谓敬"，敬是敬此者也。只敬便在此。若谓敬为一物，
将一物治一物，非惟无益而反有害。乃孟子所谓必有事焉而
正之，卒为助长之病，如左右所言，窘于应事，无舒缓意，无怪
其然也。故欲从事于敬，惟当常存主一之意，此难以言语尽，
实下工夫，涵泳勿舍，久久自觉深长而无穷也。①

作为存心养性的道德修养工夫，居敬主一实际上是怎样在伦理生活中，
如实发挥心灵"贯万事，统万理，而为万物之主宰"的实践操作问题，因
而不应过多进行学理方面的纯粹理性思辨，而应当像"汲井"一样，深切
体会，不断警励，渐汲渐清，直到心体完全呈现，内外和合为一，"天命之
全体，流行无间，贯乎古今，通乎万物"②。

二、闽学：理学的集成

朱熹继承"洛学"程颐的天理范畴，汲取"关学"张载的气质变化，按
照"涵养须用敬，进学在致知"的道德修养原则，精心建构了以理气关系
为基础的程朱理学大厦，以其渊博的学识，深厚的素养和缜密的思考，
"致广大，尽精微，综罗百代"③，创造性完成整个理学思潮的集大成，系
统回应了时代精神和民族文化对学术思想的历史挑战，将中国传统学
术推向新的发展高潮。

朱熹（1130—1200 年）字元晦，后改为仲晦，号晦庵，晚年又号晦翁、

---

① 《答曾致虚》，《南轩文集》卷 2。
② 《南轩学案》，《宋元学案》卷 50，第 1619 页。
③ 《晦翁学案上》，《宋元学案》卷 48，第 1495 页。

云谷老人、沧州病叟等,祖籍徽州婺源(今江西婺源),出生在建州尤溪(今福建南平)。门人黄榦在《朱子行状》中记述,朱熹的宗族"以儒名家",是婺源的"著姓"。清代编修的《婺源县志》所载,从唐末开始,婺源朱家多出文官武将,属于官宦世家。但在朱熹出生时,父亲朱松从尤溪县尉去官,以教书谋生,家境相当清贫。

朱熹走向理学集大成的心路历程和学术生涯,大致可以分为三个时期:从进士及第、受学李侗到初登仕途为第一个时期;从创设"五夫社仓"到编成《论语》、《孟子》集注为第二个时期,从诏免侍讲和"庆元学禁"到逝世为第三个时期。

在朱熹 14 岁时,父亲病逝。临终遗嘱朱熹父事胡原仲、刘致中和刘彦冲,师从三人学习。19 岁考取进士,22 岁授迪功郎、任泉州同安县主簿。绍兴三十年(1160 年),朱熹正式拜李侗为师,放弃年轻时所习禅学,开始专攻儒家圣贤经典。李侗是罗从彦的学生,罗从彦是道南学派杨时的高足,杨时是二程大弟子,是南传"洛学"的关键人物。在师承关系和学术渊源上,朱熹成了二程的四传弟子,取得了"洛学"正宗嫡传地位。

乾道三年(1167 年),朱熹奉命到福建崇安县视察水灾。第二年春夏之交,为解决因水灾引发的饥荒,构想设立"社仓"以赈救饥民。乾道七年(1171 年),朱熹在崇安县五夫里创立"社仓",后又在福建建阳和浙江金华推广。淳熙二年(1175 年)夏季,与吕祖谦相聚"寒泉精舍",共编《近思录》,并在"鹅湖之会"与江西陆九渊等讨论"为学之方"。淳熙四年(1177 年),编成《论语集注》和《孟子集注》,标志着朱子理学体系的建立和程朱理学系统的集成。第二年出知南康军,修复白鹿洞书院,制定书院《学规》,门人云集,"闽学"盛极,弟子遍布全国各地。绍熙元年(1190 年),出知福建漳州,蠲减"经总制钱",提出"经界"主张,以求减轻农民纳税负担。

绍熙五年(1194 年)十月,任宁宗皇帝侍讲,进讲《大学》,兼议朝政。一个月后被免职,回到福建考亭,建设竹林精舍,从事讲学和著述活动。庆元元年(1195年),外戚韩侂胄以反"道学"的名义,罢免丞相赵汝愚。朱熹病中撰成《封事》欲上奏,门人蔡元定请求筮占吉凶,"得《遯》之《家人》"①,"先生默然退,取奏稿焚之,更号遯翁"②。庆元四年(1198年),朝廷以"道学"为"逆党",《六经》、《论语》、《孟子》、《中庸》和《大学》等理学诠释著作"为世大禁",有人"至上书乞斩熹"③。这期间,擅长解读《周易》和《尚书》的学生蔡元定被逮捕,解送道州(今湖南零陵地区)接受编管,后病死贬所。庆元六年(1200年),朱熹在修改《大学章句·诚意章》中病逝。

朱熹一生勤于讲学授徒,著书立说,培养了大批弟子,留下了大量文稿。"所著书有:《易》本义、启蒙、《蓍卦考误》,《诗集传》,《大学中庸》章句、或问、《论语》、《孟子》集注、《太极图》、《通书》、《西铭解》、《楚辞》集注、辨证、《韩文考异》;所编次有:《论孟集议》,《孟子指要》,《中庸辑略》,《孝经刊误》,《小学书》,《通鉴纲目》,《宋名臣言行录》,《家礼》,《近思录》,《河南程氏遗书》,《伊洛渊源录》,皆行于世。熹没,朝廷以其《大学》、《语》、《孟》、《中庸》训说立于学官。又有《仪礼经传通解》未脱稿,亦在学官。平生为文凡一百卷,生徒问答凡八十卷,别录十卷"④。

朱熹理学思想的核心范畴是"理"。由于"此一个理"是纯粹至善的形而上者,所以必须借助气化流行的阴阳运动,才能实现向人心的定位与安顿。为此目的,朱熹构造了相当精致的理气关系学说,运用范畴的逻辑推演虚拟出一个道德化的世界图式。他说:

> 自下推而上去,五行只是二气,二气又只是一理;自上推

---

① 《晦庵先生朱文公文集·别集》卷1,《四部丛刊》初编本,第1884页。
② 《朱子年谱》卷4。
③ 《道学三·朱熹传》,《宋史》卷429。
④ 《道学三·朱熹传》,《宋史》卷429。

而下来,只是此一个理,万物分之以为体。万物之中,又各具
一理,所谓乾道变化,各正性命,然总又是一理。①

"自上推而下来"是"理"经"气"达到"物"的宇宙衍生过程,即"理"→
"气"→"物";"自下推而上去"是"物"经"气"回到"理"的心性修养过程,
即"物"→"气"→"理"。这一先验的逻辑结构图式,是朱熹对"濂学"《太
极图说》"自无极而为太极"的宇宙生成模式加以改造和净化的理论思
维结果。它涉及到理气的上下秩序、心性的体用分殊与天人的和合境
域等一系列重要的理学问题。

1. 理气上下秩序:理一何以分殊

"理"是朱熹哲学范畴系统的逻辑起点和价值归宿。作为高度抽象
的本体范畴,在逻辑语形学上,"理"范畴有三种语词表达形式,即天理、
太极和道体。准确理解这三个概念的逻辑特征,是完整把握朱熹理气
学说的前提条件。

第一、天理的差分结构

自从"洛学"体贴出"天理"二字,并总结出"体用一源"和"理一分
殊"两条思维原则后,理学思潮逐步踏上了义理化的抽象之路。从程颐
去世到朱熹诞生,中间历时一百余年,虽经三代学者接力传承,天理概
念却一直处于"理一"的抽象同一或"未发"的神秘体验中,没有全面完
成从逻辑抽象到价值充实的思维飞跃。朱熹遵照李侗的告诫,侧重从
"分殊"中把握"理一"。

在朱熹的学术思想中,"天理"二字有两种不尽相同的使用方式。
在天道系统,天理与气质相对,是万物生化的本体根据。在人道系统,
天理与人欲相对,是制约万事的价值准则。前者是后者的自然哲学基

---

① 《朱子语类》卷94。

础,后者是前者的道德哲学归宿。自然哲学上的理气之辨,是为道德哲学上的理欲之辨作理论准备的。天道"理先气后"的物理秩序,是人道"存理灭欲"伦理抉择的先验根据。

相对于气质变化,天理具有三重逻辑结构特征:

首先,天理是形上学理念,具有超越性。朱熹认为:"理者所谓形而上者也"①。因此,天理是没有任何感性特征的理性存在。它无形体,无情状,超感觉,超时空。它无法用感性经验来模拟,只能用理性思维来洞察。就此而言,"理是虚底物事"②。它在逻辑语形学上具有"无"、"空"和"虚"等虚性范畴特征。朱熹的描述更加生动:

> 若理则只是个净洁空阔底世界,无形迹,他却不会造作。
> 理却无情意,无计度,无造作。③

将形上学的超越性赋予天理,这一方面保持了传统儒学天命观念所特有的主宰意志和绝对权威,另一方面又消除了汉唐时期天命话语所残存的拟人化痕迹。在这里,朱熹巧妙地运用了佛教的否定性思维,对经学儒学以及董仲舒的天人感应论,做了理学的义理化改造。

其次,天理是有定名的实体,具有实在性。朱熹深知,佛教的否定性思维虽然具有扫除象数的批判功能,有助于廓清汉唐经学的繁琐训诂,展现"孔孟之道"内在的道德精神,但是,佛教的否定辩证法是双刃的奥卡姆剃刀,使用不当,就会将纲常伦理等价值内涵也剔除干净,使人伦物理落入"空寂"。为此,他继承了二程的"实理"、"实学"主张,弘扬了张载的破除"空"、"无"的批判精神,划清了理学与释氏佛教学术和

---

① 《答江德功》,《朱文公文集》卷44。
② 《朱子语类》卷74。
③ 《朱子语类》卷1。

老氏道教学术的原则界限。"如释氏便只是说'空',老氏便只是说'无',却不知道莫实于理"①。

再次,天理是具有实质内涵的伦理精神。它包括"所以然之故"和"所当然之则"两个方面:"至于天下之物,则必有所以然之故与所当然之则,所谓理也"②。其中的"所以然之故"属于物理学的事实规律,"所当然之则"属于伦理学的价值规则。对人伦道德而言,"所当然之则"是天理更为实在和最为经常的义理内涵:"君臣、父子、夫妇、长幼、朋友之常,是皆必有当然之则,而自不容已,所谓理也"③。

最后,天理是天、地、人三才之道的终极根据,具有先验性。相对于天地万物、人间万事这些暂时的存在者而言,天理是永恒的绝对存在。"未有天地之先,毕竟也只是理。有此理,便有此天地;若无此理,便亦无天地,无人无物,都无该载了!"④ 从逻辑语义学讲,存在者仅仅是存在的显现样式,服从"生灭法",随有可能化为虚无。存在本身却属于"真如法",绝对不会幻灭。天理是一切经验存在者的先验根据,是理性精神的逻辑上限。如同命运一般,天理是天地人物都必须无条件遵从的"所以当然之故"。"天命,即天道之流行而赋予物者,乃事物所以当然之故也"⑤。这一意义上的天理,既是天命,又是道体,也是太极。

第二、太极的序化机制

天理作为存在者存在的终极根据,便是太极。简单地说:"太极只是一个'理'字"⑥。因此,天理的一切逻辑特征,太极都具有。"盖太极

---

① 《朱子语类》卷95。

② 《大学或问》卷1。

③ 《大学或问》卷2。

④ 《朱子语类》卷1。

⑤ 《为政第二》,《论语集注》卷1,《四书章句集注》,第54页。

⑥ 《朱子语类》卷1。

是理,形而上者"①。但朱熹使用太极概念,还有别出心裁的理论考虑。对天理做出差分之后,必须进一步做出有序综合,才能"止于至善"。与天理相比,太极有自己独特的逻辑特征。

其一,太极是天地万物的生化根柢,具有本源性。太极的这一象数特征,使其成为理学本体论与生成论的转换枢纽,为"理"范畴自上而下和自下而上的逻辑推演提供了连通桥梁。换言之,只有启动周敦颐《太极图说》中的这一模糊范畴,才能真正体现《程氏易传》里"体用一源,显微无间"的易学天机。这正是"闽学"比"洛学"的高明之处。要让"天理"二字从直觉体贴水平上升到自觉论证高度,没有太极的有序转换机制是无法实现的。在"闽学"中,"濂学"的太极生成模式和"洛学"的天理本体建构达到逻辑和解。朱熹的太极概念,既属本体论范畴,含有抽象的天命义理;又属生成论范畴,含有具体的阴阳象数。他说:"自太极至万物化生,只是一个道理包括,非是先有此而后有彼。但统是一个大源,由体而达用,从微而至着耳"②。

其二,太极是万善至好的表德,具有至善性。"太极只是个极好至善的道理。人人有一太极,物物有一太极。周子所谓太极,是天地人物万善至好的表德"③。很显然,这是朱熹对太极概念的全新解释。事实上,周敦颐尚未达到如此高的思维水平。在"濂学"那里,"极好至善的道理"是《通书》中的"诚",而不是《太极图说》中的"太极"。朱熹让太极有了"极好至善的道理",非常巧妙地将伦理道德自然化,使太极阴阳人文化,从而在更高的理论思维水平上体现了"天人本一,不必言合"的理学宗旨。

其三,太极是天命义理的极致境域,具有绝对性。"太极之义,正谓

① 《朱子语类》卷5。
② 《朱子语类》卷94。
③ 《朱子语类》卷94。

理之极致耳"①。从语源学看,"太极"是程度副词的复合化与名物化。"太"与"极"都是"到此极尽,更没去处"之义②。从语用学看,太极语词的名物化运用,使人产生出一种错觉,以为在阴阳五行、天地万物之上或之先,别有一个存在物名叫"太极"。虚性范畴的实体化应用,使太极概念出现了不应有的误解与混乱。朱熹明确指出:"太极非是别为一物,即阴阳而在阴阳,即五行而在五行,即万物而在万物,只是一个理而已。因其极致,故名曰太极"③。太极原理不同于一般的道理,它是反向偶合的奇异道理:一方面,太极是"一理","总天地万物之理,便是太极"④。另一方面,太极又是"万理","人人有一太极,物物有一太极。"如此,太极既是万中之一,也是一中之万。"是万为一,一实万分。万一各正,小大有定"⑤。太极概念的这一奇异特征,实际上是道体流行的全息缩影:"始言一理,中散为万事,末复合为一理。放之则弥六合,卷之则退藏于密"⑥。

　　从范畴分类学看,朱熹的太极概念涵盖了中国哲学象性、实性和虚性三类范畴的所有特征,具有逻辑结构上的浑然对应性,因而最难理解。连朱熹本人有时也是"以其昏昏使人昭昭",不得不借用华严禅的"月印万川"来做比喻。当代物理学在涉足混沌现象时,提出了一个十分著名的逻辑命题:混沌是有序之源。朱熹不厌其烦地讲述太极,正是竭力想从浑然一体的天道里替人道伦理秩序寻找有序之源。没有太极的序化机制,我们很难理解朱子理学为什么会有"理先气后"的关系学说。

---

① 《朱文公文集》卷37,《答程可久》。
② 《朱子语类》卷98。
③ 《朱子语类》卷94。
④ 《朱子语类》卷94。
⑤ 《通书·理性命第二十二》,《周子全书》卷2。
⑥ 《中庸章句》,《四书章句集注》,第17页。

第三、道体的和合统摄

天理的差分结构,太极的有序机制,只有放在道体的发育流行中,才能得到圆融无碍的和合统摄。相对于众多的器用,道体有以下三项逻辑品格:

一是道体无所不包。它是所有器物发挥作用的本体根据,具有逻辑完备性。"夫道体之全,浑然一致,而精粗本末、内外宾主之分,粲然于其中,有不可以毫厘差者。此圣贤之言,所以或离或合,或异或同,而乃所以为道体之全也"①。从字义上看,"道"与"理"的分别在于:"道字宏大,理字精密。""道是统名,理是细目"②。道体流行的精细脉络便是天理,天理统合的总体大纲便是道体。使用"天理"二字强调的是伦理秩序的"千古不易者";使用"道体"二字突出的是道德精神的"万古通行者"。

二是道体无处不在。它是宇宙万象的空间总括,具有义理普适性。"道之体用,其大天下莫能载,其小天下莫能破"③。因此,道体至大无外,囊括所有事物;至小无内,寄寓一切器用。

三是道体无时不有。它是纲常伦理的时间绵延,具有天命永恒性。朱熹认为:"若论道之常存,……自是亘古亘今,常在不灭之物,虽千百年被人做坏,终殄灭它不得耳"④。之所以能够如此,是因为"道之在天下,其实原于天命之性,而行于君臣、父子、兄弟、夫妇、朋友之间"⑤。

从天理的差分结构、经太极的序化机制、再到道体的和合统摄,朱熹完成了理气学说的奠基工程,在理学的集大成路上迈出了决定性步伐。形成天理与气质、太极与阴阳、道体与器用三大并行的范畴逻辑结

---

① 《太极图说·附辩》,《周子全书》卷 1。
② 《朱子语类》卷 6。
③ 《中庸或问》卷 2。
④ 《答陈同甫》,《朱文公文集》卷 36。
⑤ 《徽州婺源县学藏书阁记》,《朱文公文集》卷 78。

构,从而为系统建构理气关系学说铺平了道路。

朱熹的理气关系学说是由三项学术理论组合而成的,即道体流行学说、太极阴阳学说和理先气后学说。这三大学说是道体、太极和天理三大范畴的进一步展开。

第四、道体流行说

道体变易流行是易学的精粹思想。熟谙易学的朱熹在集成理学时,充分运用了"一阴一阳之谓道"的阴阳思维和"生生之谓易"的生态模拟。他认为,道体的本然存在和自然态势,是生生不息,大化流行,如同川流一般。

> 天地之化,往者过,来者续,无一息之停,乃道体之本然也。然其可指而易见者,莫如川流。故于此发以示人,欲学者时时省察,而无毫发之间断也。①

从万物的化育流行过程中省察道体的本来面目,这是把握道体的根本途径。这是因为,"道无形体可见。只看日往月来,寒往暑来,水流不息,物生不穷,显显者乃是'与道为体'"②。道体属于形而上者,是对天地万物运动的本质概括,是对宇宙时空变换的逻辑抽象。本质概括虽高于现象存在,但不离开现象存在;逻辑抽象虽超越时空形式,但不外在于时空形式。朱熹的道体流行论,在宏观层次比较真实地反映了物理世界的绝对运动和无限发展,在宇观层次比较准确地揭示了宇宙时空的周期摄动和无穷演进,是难能可贵的自然哲学思想。

《周易·系辞上传》对道器关系有一个形式化的规定:"形而上者谓

---

① 《子罕第九·子在川上章注》,《论语集注》卷5,《四书章句集注》,第113页。

② 《朱子语类》卷36。

之道,形而下者谓之器。"在发用流行过程中,道与器的名号虽异,其所指对象却是一致的。此时,"须知器即道,道即器,莫离道而言器可也"①。道体中不过是形器中的变通原理,彼此相即不离。但道器毕竟存在形而上下的"分殊"关系。就此而言,道器关系实质上是太极阴阳关系。"太极,形而上之道也;阴阳,形而下之器也"②。

道体流行是"分殊"中的"理一",朱熹也称之为"天理流行";太极阴阳则是"理一"中的"分殊"。因此,只有深入了解太极生化阴阳的动静机制,才能明白天理流行的"本然之妙"和"所乘之机"。

第五、太极阴阳说

太极与阴阳的对偶关联,最初萌发于《系辞上传》的"易有太极,是生两仪。"周敦颐在《太极图说》中,将此解释成为"太极动而生阳,动极而静,静而生阴。"程颐在《程氏易传》里,进一步概括成一条重要原理:"动静无端,阴阳无始。"朱熹会通"濂学"和"洛学",以太极为理,以阴阳为气,借助动静机制,将理与气巧妙地和合起来。

太极与阴阳的关系,既相对待又相统一。从对待关系讲,"太极者,其理也;两仪者,始为一画以分阴阳"③。太极是阴阳的变易原理,属形而上者;阴阳是太极的象数符号,属形而下者。二者上下界限分明,不可混为一谈。从统一关系论,"只从阴阳处看,则所谓太极者,便只在阴阳里;所谓阴阳者,便只是在太极里。而今人说阴阳上面别有一个无形无影的物是太极,非也"④。太极本体寓于阴阳发用中,阴阳发用体现太极本体。太极不为先,阴阳不在后,这只是就事物的现实存在而言的。"虽然,自见在事物而观之,则阴阳涵太极;推其本,则太极生阴

---

①　《朱子语类》卷94。

②　《太极图说解》,《周子全书》卷1。

③　《系辞上传·第十一章注》,《周易本义》卷3。

④　《朱子语类》卷95。

阳"①。

"太极生阴阳",这是理解朱熹太极阴阳说的关键所在。那么,太极究竟是怎样产生阴阳的呢? 对于这一与"理先气后"说有实质性关联的学术问题,朱熹的回答比较曲折。

> 太极动而生阳,静而生阴。非是动而后有阳,静而后生阴,截然为两段,先有此而后有彼也。只太极之动便是阳,静便是阴。方其动时,则不见静;方其静时,不见其动。然动而生阳,只是且从此说起。阳动以上更有在。程子所谓"动静无端,阴阳无始",于此可见。②

太极有周期性的动静变化,呈现出一阴一阳的交替旋律,却无截然的先后次序,这是朱熹对太极阴阳生成关系的基本主张。太极之理涵摄阴阳旋律和动静机制,这是天理流行的必然要求。

朱熹曾尝试按体用范畴处理太极与动静的关系,主张"太极为体,动静为用",这实际上与太极的序化机制不相容。因为"一动一静"的周期性循环,正是太极序化机制的表现。经过一番波折,朱熹得出概括性结论:"太极者本然之妙也,动静者所乘之机也,此则庶几近之"③。这一概括比较贴近太极与阴阳的内在关系,但十分玄虚,难以理解。迫不得已,朱熹提出了受人诟病的"人马之喻"。他说:

> 太极理也,动静气也。气行则理亦行,二者常相依而未尝相离也。太极犹人,动静犹马;马所以载人,人所以乘马。马

---

① 《朱子语类》卷75。
② 《朱子语类》卷94。
③ 《答杨子直》,《朱文公文集》卷45。

之一出一入,人亦与之一出一入。盖一动一静,而太极之妙未
尝不在焉。此所谓"所乘之机",无极、二五所以"妙合而凝"
也。①

这一比喻,有使太极变成有形存在的理论风险。因为在本体论语境内,
太极、动静与阴阳都是抽象的符号形式和思维原则,都属"形而上"的道
理。朱熹以太极为形而上者,动静为形而下者,这不仅增加了太极阴阳
学说的理解难度,而且也给整个理气学说带来了潜在的解体危机。罗
钦顺、王廷相以及王夫之等人就是从这里攻入,实现了对程朱理学理气
关系的逻辑解体。

第六、理先气后说

太极为理,阴阳为气,太极阴阳说实际上是理气关系说的先导。相
比之下,朱熹的理气学说要比道体流行说、太极阴阳说复杂得多,不过
其核心主张是理先气后说。按照朱熹哲学的范畴逻辑结构,"理在气
先"不是事实关系,而是价值秩序。

在生存世界,理气是道体发育流行、造化万物的双重因素,彼此相
依不离,没有先后顺序。朱熹反复强调:"理气本无先后可言"②。但
是,按照它们在道体生化万物中的地位和作用来区分,理是"生物
之本"。

> 天地之间,有理有气。理也者,形而上之道也,生物之本
> 也;气也者,形而下之器也,生物之具也。是以人物之生,必禀
> 此理,然后有性;必禀此气,然后有形。其性其形,虽不外乎一

---

① 《朱子语类》卷94。
② 《朱子语类》卷1。

身,然其道器之间,分际甚明,不可乱也。①

在意义世界,理与气分别是太极动静机制和阴阳消息变化的等价表述,彼此之间存在严格的推演关系和明确的先后序列。"太极生阴阳,理生气也。阴阳既生,则太极在其中,理复在气之内也"②。由此可见,在"有是理后生是气"③ 中,"理"与"气"都是以特称的方式使用的。"是理"或"此理",专指极好至善的伦理秩序和仁义道德,所谓"此性自有仁义"④。

在可能世界,理是先天的逻辑前提,气则是后天的演绎结论。根据符号逻辑的推理模型,前提必然先于结论。因此,"理与气本无先后之可言。但推上去时,却如理在先,气在后相似"⑤。很显然,只有在可能世界明确肯定理相对于气的逻辑先在性,才能巩固它在意义世界中的价值主宰地位,进而为最终确立天理对万事万物支配作用开辟逻辑道路。

理先气后的逻辑偏序关系,是朱熹哲学范畴逻辑结构的必然规定。因为按照"理"→"气"→"物"的推演程序,"理在先,气在后"是程朱理学系统的逻辑公设。当思维"自上推而下来"时,"须说先有是理","有是理然后有是气";当思维统观天地万物时,"天下未有无理之气,亦未有无气之理"⑥;当思维"自下推而上去"时,又该说理在气后,"且如万一山河大地都陷了,毕竟理却只在这里"⑦。朱熹关于理气关系的不同说

---

① 《答黄道夫》,《朱文公文集》卷 58。
② 《太极图说解·集说》,《周子全书》卷 1。
③ 《朱子语类》卷 1。
④ 《朱子语类》卷 1。
⑤ 《朱子语类》卷 1。
⑥ 《朱子语类》卷 1。
⑦ 《朱子语类》卷 1。

法,放在范畴逻辑结构的不同推演环节上都有道理,不存在自相矛盾。

2. 心性体用分析:性理如何相即

冯友兰先生在两卷本《中国哲学史》中,曾以"性即理"和"心即理"两大命题来概括程朱理学和陆王心学的分歧。其实,探讨心性与义理的和合关系是整个理学思潮的核心话题,程朱理学不拒斥"心即理",陆王心学也坚持"性即理"。理学与心学的区别不在于"心即理"或"性即理"上,而是聚集在心性怎样达到义理,也就是心理、性理如何相即。朱熹巧妙运用体用范畴,通过道心与人心的分殊,以解决心与理的相即问题;通过天命之性与气质之性的分殊,以解决性与理的相即问题;通过天理与人欲的分殊,以解决心性中的非理性因素对义理的潜在威胁问题。这三重体用分殊方案,共同构成了朱子理学心性思想。

第一、道心与人心

朱熹论心,遵循从"分殊"中把握"理一"的综合思路。在他的心性思想中,心范畴具有多重含义。

首先,心是"主宰底意",即心根据理性法则,对意识活动行使主宰权能。他说:"心固是主宰底意,然所谓主宰者,即是理也,不是心外别有个理,理外别有个心"①。

其次,心是知觉思虑的心理活动。他说:"心则能思,而以思为职。凡事物之来,心得其职,则得其理,而物不能蔽;失其职,则不得其理,而物来蔽之"②。

再次,心是虚灵神明的道德精神。朱熹认为:"此心至灵,细入毫芒纤芥之间,便知便觉,六合之大,莫不在此。又如古初去今是几千万年,若此念才发,便到那里。下面方来又不知几千万年,若此念才发,便也

---

① 《朱子语类》卷1。
② 《告子章句上》,《孟子集注》卷6,《四书章句集注》,第335页。

到那里。这个神明不测,至虚至灵,是甚次第!"①

最后,心是寂然不动的智慧潜能。他说:"某看来,'寂然不动',众人皆有是心;至'感而遂通',惟圣人能之,众人却不然"②。这就是说,圣凡的心智潜能是平等的,差别仅在于运用的方式和达到的效果不同。

从体用范畴来分析,心之本体"寂然不动",所以没有善恶分辨。心之发"感而遂通",存在真妄邪正之分。依据心智活动的价值取向,心可分为道心与人心两种活动方式:"只是这一个心,知觉从耳目之欲上去,便是人心;知觉从义理上去,便是道心。人心则危而易陷,道心则微而难着"③。

朱熹认为,道心与人心有着原则区别。从根源上讲,道心"原于性命之正",人心"生于形气之私";从特征上看,道心"微妙而难见",人心"危殆而不安"④;从归宿上论,道心属于天理范畴,是仁义礼智之心,无所不善;人心属于人欲范畴,是饥食渴饮之心,有善有恶。

道心、人心总归是一心,因而又密切联系。由于人人皆有"形气之私","故虽上智不能无人心";同样,由于人人皆有"性命之正","故虽下愚不能无道心"⑤。圣凡的区别不在于有无人心、道心,而在于二者的主次关系:"圣人全是道心主宰,故其人心自是不危;若只是人心也危"⑥。这样,道德修养的要求就是:"必使道心常为一身之主,而人心每听命焉,则危者安,微者著,而动静云为自无过不及之差矣"⑦。形象地说,道心与人心的关系,如同将帅与兵卒、战船与舵橹的关系一样。

---

① 《朱子语类》卷18。
② 《朱子语类》卷95。
③ 《朱子语类》卷78。
④ 《中庸章句序》,《四书章句集注》,第14页。
⑤ 《中庸章句序》,《四书章句集注》,第14页。
⑥ 《朱子语类》卷78。
⑦ 《中庸章句序》,《四书章句集注》,第14页。

"人心如卒徒,道心如将"①。"人心如船,道心如舵"②。

事实上,朱熹所说的道心更接近性范畴,所说的人心更接近情范畴。道心与人心在价值取向上的善恶冲突和主次关系,曲折地反映了在理学思想中,性与情之间的错综复杂关系。在理学思想的集成中,朱熹将"洛学"的"性即理也"和"关学"的"心统性情"和合起来,从而比较成功地解决了一系列心性问题。他说:"伊川'性即理也',横渠'心统性情'二句,颠扑不破"③。借助张载"心统性情"命题的转换,朱熹就可以顺利地从心范畴深入到性范畴,在人性深处解决"性命之正"和"形气之私"之间的和合问题。

第二、天命之性与气质之性

朱熹谈性,是接着程颐的"性即理也"讲下去的。他说:"伊川'性即理也',自孔孟后,无人见得到此。亦是从古无人敢如此道"④。与此同时,他将"关学"张载和"洛学"二程有关天命之性与气质之性的离散论述综合起来,使先秦儒学的性善性恶之争,在"性与天道"的本体论水平上达到了矛盾冲突的和合化解。

其一,人性与物性之异同。

朱熹认为,性是包括人在内的一切生物体所禀受的生理。"性者,人物之所得以生之理也"⑤。就此而言,生理面前人物平等,这是人性与物性异同分析的立论前提。

> 性者,人之所得于天之理也;生者,人之所得于天之气也。
> 性,形而上者也;气,形而下者也。人物之生,莫不有是性,亦

---

① 《朱子语类》卷78。
② 《朱子语类》卷62。
③ 《朱子语类》卷5。
④ 《朱子语类》卷59。
⑤ 《离娄章句下》,《孟子集注》卷8,《四书章句集注》,第297页。

> 莫不有是气。然以气言之,则知觉运动,人与物若不异也;以
> 理言之,则仁义礼智之禀,岂物所得而全哉? 此人之性所以无
> 不善,而为万物之灵也。①

从理气关系说,人性与物性的相同之处在于"知觉运动",即人和其他生物都有知觉运动和感性能力;其相异之处在于"仁义礼智",即只有人才具有价值观念和理性能力。

就相异方面做进一步分析,人性与物性的差别,在形质上"少异",在程度上"几希"。

> 人物之生,同得天地之理以为性,同得天地之气以为形;
> 其不同者,独人于其间得形气之正,而能有以全其性,为少异
> 耳。虽曰少异,然人物之所以分,实在于此。②

显然,这是对孟子"人之所以异于禽兽者几希"的理学阐释。朱熹指出,人类与禽兽在生性上的这点差异,事关重大。"学者于此,正当审其偏正全阙,而求其所以自贵于物,不可以有生之不同,反自陷于禽兽,而不知己性之大全也"③。

朱熹对人性与物性同异的论述,其学术宗旨在于达到一箭双雕的目的。一方面,人性与物性的同一关系,能使仁义礼智等道德规范顺利地从人道向天道延伸,从纲常伦理向动物心理渗透,由"所当然"的价值判断向"所以然"的事实原理泛化,从而使儒教伦理得到自然哲学论证。另一方面,人性与物性的差异关系,能使人见微知著,终日乾乾,通过存

---

① 《告子章句上》,《孟子集注》卷11,《四书章句集注》,第 326 页。
② 《离娄章句下》,《孟子集注》卷8,《四书章句集注》,第 293—294 页。
③ 《答程正思》,《朱文公文集》卷50。

心养性的道德修养，弘扬儒家文化的主体精神。然而，这种逻辑建构却埋藏着巨大的理论风险，有可能将人类特有的仁义礼智等道德属性赋予禽兽。"虎狼之仁，蝼蚁之义，即五常之性。但只禀得来少，不似人禀得来全耳"①。尽管这能使纲常伦理获得自然生理基础，却使其失去了神圣光环，染上了野蛮色彩。高尚的君臣之义，温情的父子之仁，现在成了盲目的蝼蚁之行，虎狼之为。这势必给随后的"以理杀人"预备了绝好的辩护词。既然连蝼蚁虎狼都有仁义之性，那么，如果人而不仁不义，那就不如禽兽，杀掉禽兽不如的人似乎就是理所当然。与此相应，将禽兽的好生恶死、趋利避害等自然属性当成人性的前提，虽然能使道德精神含有更加实在的价值内涵，但也使其失去了超功利的至善假定，染上了灰暗污垢。承认人性与物性的相同关系，客观上默认了个人私欲的天然合理性。这就为明清之际的启蒙思潮及其功利主义埋下了学术伏笔。更为严重的事件是，人性与物性的异同比较，将邪恶引入心性之间，这不仅冲淡了思孟学派对人性善良的学术神话，而且加大了善恶冲突的内在张力和道德选择的主体困境。

其二，恶性与善性之界限。

善恶冲突是心性之间最根本的伦理学问题。先秦儒学对人性提出了两种截然相反的假设，孟子的性善论与荀子的性恶论。汉唐时期，董仲舒和韩愈都有性三品说，将心性的善恶趋向问题归结为道德人格的宏观分布问题。经过佛教心性觉悟与道教气质修炼等思想主张的挑战，作为理论回应，"关学"和"洛学"都将人性区分为天命之性与气质之性，开始从理气关系角度探究善恶的内在起源和区分善恶的本体尺度。朱熹肯定了"关学"和"洛学"的逻辑思路，并加以系统化集成。

朱熹对儒家的人性学说，也进行了历史反思和学术批评。他认为，孟子讲性善，在大方向上是正确的，为儒学的心性思想规定了不可动摇

---

① 《朱子语类》卷62。

的至善价值。但是,孟子"论性不论气,有些不备"①。孟子讲述了天命之性,疏漏了气质之性,因而无法说明邪恶的深层原因。荀子讲性恶,只看到人性在行为上的流弊,"荀子只见得不好人底性,便说是恶"②。这是论气不论性,看不到人性的光明面,不能揭示善良的内在根据。扬雄意在调和孟荀,主张性善恶混,"又见得半上半下底"③。韩愈的性情三品说,虽力求全面,如以仁义礼智作为人性的道德内涵,"韩子所言,却是说得稍近。盖荀扬说既不是,韩子看来端底有如此不同,故有三品之说,然惜其言之不尽。"④ 总而言之,"秦汉以来,传记所载,只是说梦!"⑤

　　朱熹对张载和二程的天命之性和气质之性大加推崇,称赞不已。"诸子说性恶与善恶混,使张程之说早出,则这许多说话自不用纷争。故张程之说立,则诸子之说泯矣。"⑥ 朱熹认为,关洛二学将气质概念引入人性,使儒学道德人性论获得了自然哲学基础,纲常伦理便可真正扎根于心性深处,因此"有补于后学","有功于圣门","有功于名教"。

　　朱熹自己对天命之性和气质之性有更为明确、更加详尽的理论阐述。他说:

　　　　论天地之性,则专指理言;论气质之性,则以理与气杂而言之。

　　　　性只是理。然无那天气地质,则此理没安顿处。但得气之清明则不蔽锢,此理顺发出来。蔽锢少者,发出来天理胜;

_____

① 《朱子语类》卷4。
② 《朱子语类》卷59。
③ 《朱子语类》卷4。
④ 《朱子语类》卷59。
⑤ 《朱子语类》卷4。
⑥ 《朱子语类》卷4。

蔽锢多者，则私欲胜。便见得本原之性，无有不善。

> 人之性皆善。然而有生下来善底，有生下来便恶底，此是气禀不同。①

按照朱熹的上述说法，人性的善恶问题转换成了理气关系问题。人性的善恶这一伦理学价值判断，变成了气质的偏全、厚薄、昏明等物理学事实分析。这与其说是解决了善恶问题，不如说是转移甚至取消了价值问题。

其三，凡性与圣性之差别。

由于恶的自然哲学根源在于人的气质之性，因此，只有变化气质，才能使凡俗之人成为圣贤。理学变化气质主张的道德宗旨在于："须知气禀之害，要力去用功克治，裁其胜而归于中乃可"②。朱熹认为，在人类内部，凡俗与圣贤的差别仅仅在于禀气的清浊不同。"但禀气之清者，为圣为贤，如宝珠在清冷水中；禀气之浊者，为愚为不肖，如珠在浊水中"③。

朱熹的气禀学说，虽然是对"关学"张载变化气质主张的具体发挥，但在学理和见地上，比以往的人性论更加细密。根据圣贤与凡俗只是气禀不同的主张，他对《论语·季氏篇》里的"生而知之"、"学而知之"、"困而学之"和"困而不学"作了人性论上的哲学解释，将这四个等级仅仅看做是气质差异。他还对孟子的"四端"说做了气禀上的定性与定量分析。"有得木气重者，则恻隐之心常多，而羞恶、辞逊、是非之心，为其所塞而不发"④。尽管在具体论述中难免牵强附会，对等级制度确信不疑，但作为中古时期学术思想家，朱熹心性学说最难能可贵的地方在

---

① 《朱子语类》卷4。
② 《朱子语类》卷4。
③ 《朱子语类》卷4。
④ 《朱子语类》卷4。

于,他不遗余力地说明人性的先天自然公正和后天道德平等,明确无疑地承认圣贤与凡俗在心性之间没有绝对不可逾越的道德鸿沟。只要在心底里自觉地变化气质禀赋,人人皆可超凡入圣。

第三、天理与人欲

中国学术史上的天命问题,跟西方学术史上的意志自由问题在本质上是语义同构的。康德通过实践理性批判确立了"意志自由"等绝对命令,在一定意义上讲,同朱熹等理学家"存理灭欲"的无条件抉择,具有异工同曲之妙。因此,与其说朱熹像黑格尔,不如说更像康德。当然,朱子理学与康德伦理学处于完全不同的民族文化语境中,不可做机械类比。但他们在某些特征上的相似性,有助于我们澄清一个误解,理学的"存理灭欲"是杀人不见血的软刀子。宋明理学的"理欲之辨"从"作圣之功"沦为"残杀之具",其中的原因极为复杂。以朱熹为代表的理学家并不是嗜杀成性的歹徒,他们提起"理欲之辨",单从学术上讲,只是为了高扬人的天命之性,是对儒家伦理人文精神的真挚承继。

广义的天理人欲之辨,包括义利、公私和理欲三个褒奖依次递进的思辨。先说"义利之辨"。

既然凡俗与圣贤的差别只在气质不同,而气质不过是天命义理的安顿处所,那么,人生的天然使命,人伦的本然秩序,人道的自然理势,就是最大限度地发挥天赋的道德理性,修道立教,成就圣贤气象。朱熹指出:

> 天只生得许多人物,与你许多道理。然天却自做不得,所以生得圣人为之修道立教,以教化百姓,所谓"裁成天地之道,辅相天地之宜"是也。盖天做不得底,却须圣人为他做也。[①]

---

① 《朱子语类》卷 14。

圣人替天"修道立教",首要的道德修养功夫就是明确义利之辨。"义者,天理之所宜。利者,人情之所欲"①。义就是行为适合天理的要求,是"合当如此":用道德本心裁制万事,使天下万事各得其宜,无过无不及。"义者,心之制、事之宜也"②。利则是计较利害得失的心理活动,是"自家私意"。"小人则计较利害,如此则利,如此则害"③。

作为心性修养的第一道工夫,"义利之辨"的要诀是:"必以仁义为先,不以功利为急"。④ 朱熹认为,天下万事的根本在于人的一心,心中的仁义道德得到存养,就有克制利欲的内在力量。因此,"事无大小,皆有义利"⑤。

再说"公私之辨"。进一步追究"义利之辨",其实质是公与私、善与恶的选择问题,是单为自己着想与兼为他人考虑的分辨。当人心专任"巧智之私",即专为自己着想,就是邪恶的私欲;当人心"惟理之从",即遍为众人考虑,就是善良的公理。因此朱熹说:"人只有一个公私,天下只有一个邪正"⑥。又说:"将天下正大底道理去处置事,便公;以自家私意去处之,便私"⑦。

在朱熹的理解中,公是伦理道德的本质特征。"道者,古今共由之理,如父之慈,子之孝,君仁臣忠,是一个公共底道理。德便是得此道于身,则为君必仁,为臣必忠之类,皆是自有得于己,方解恁地。尧所以修此道而成尧之德,舜所以修此道而成舜之德,自天地以先,羲黄以降,都即是这一个道理,古今未常有异,只是代代有一个人出来做主"⑧。与

---

① 《里仁第四》,《论语集注》卷2,《四书章句集注》,第73页。
② 《梁惠王章句上》,《孟子集注》卷1,《四书章句集注》,第201页。
③ 《朱子语类》卷27。
④ 《送张仲隆序》,《朱文公文集》卷75。
⑤ 《朱子语类》卷13。
⑥ 《朱子语类》卷13。
⑦ 《朱子语类》卷13。
⑧ 《朱子语类》卷13。

此相反,私是道德修养的克制对象。《语类》中有如下记载:

> 或问:"克己之私有三:气禀,耳目鼻口之欲,及人我是也。
> 不知那个是夫子所指者?"曰:"三者皆在里。然非礼勿视听言
> 动,则耳目口鼻之欲较多。"[1]

总之,气禀偏蔽、感性物欲和人我计较等都是有害于伦理道德的私欲。只有克去自己的私欲,才能从心性中根除邪恶之念,复归于至善的天理。

最后说"理欲之辨"。这是宋明理学正人心、明人伦的压轴戏。能否实现"明天理,灭人欲",直接关系到能不能在心性深处重新确立儒教纲常伦理的绝对权威,关系到能不能在意识形态重新恢复儒家道统心术的独尊地位。所以,朱熹指出:

> 孔子所谓"克己复礼",中庸所谓"致中和","尊德性","道
> 问学",大学所谓"明明德",书曰"人心惟危,道心惟微,惟精惟
> 一,允执厥中",圣贤千言万语,只是教人明天理,灭人欲。天
> 理明,自不消讲学。人性本明,如宝珠沉溷水中,明不可见;去
> 了溷水,则宝珠依旧自明。自家若得知是人欲蔽了,便是明
> 处。只是这上便紧紧着力主定,一面格物。今日格一物,明日
> 格一物,正如游兵攻围拔守,人欲自消铄去。所以程先生说
> "敬"字,只是谓我自有一个明底物事在这里。把个"敬"字抵
> 敌,常常存个敬在这里,则人欲自然来不得。夫子曰:"为仁由
> 己,而由人乎哉!"紧要处正在这里![2]

————————

[1] 《朱子语类》卷41。
[2] 《朱子语类》卷12。

相对于人欲而言的天理,特指纲常伦理:"所谓天理,复是何物? 仁义礼智,岂不是天理? 君臣、父子、兄弟、夫妇、朋友,岂不是天理?"① 相对于天理的人欲,专指过分欲望:"人欲者,此心之疾疢,循之则其心私而且邪"②。依此规定,人欲就是"恶底心"。与"洛学"不同的是,朱熹并不笼统地排斥人的所有物质欲望。在他看来,人的欲望本身也有公私邪正的分别。比如说,"饥而欲食,渴而欲饮",这种基本的生理需要应是公正的天理。若是饮食"要求美味",就是邪恶的人欲了。

由于天理和人欲是心性中的两种价值趋向,二者相互嵌合,很难划出一条截然分明的界限。朱熹甚至认为:

> 有个天理,便有个人欲。盖缘这个天理须有个安顿处,才安顿得不恰好,便有人欲出来。③

在这里,朱熹虽没有明确地讲人欲是天理的安顿处,但就整个学术理路看,这个"安顿处"应是"人心"或"气质之性"。因此,朱熹有"天理本多,人欲便也是天理里面做出来。虽是人欲,人欲中自有天理"④ 等理欲兼容的说法。这确实表明"天理人欲,几微之间"⑤,"存理灭欲"比"防贼工夫"和"杀贼工夫"⑥ 的养成更难。

天理与人欲的对偶使用,特别"存理灭欲"口号的提出,将心性内部的价值冲突引向天人之际。既然"人之一心,天理存则人欲亡,人欲胜

---

① 《答吴斗南》,《朱文公文集》卷 59。
② 《辛丑延和奏札二》,《朱文公文集》卷 13。
③ 《朱子语类》卷 13。
④ 《朱子语类》卷 13。
⑤ 《朱子语类》卷 13。
⑥ 《朱子语类》卷 42。

则天理灭"①,那么,在理欲交战、天人相胜的弥漫战火中,理学应该如何体现传统儒学"天人合一"的神圣宗旨呢?

3. 天人和合境域:存理为何灭欲

从朱熹理学范畴逻辑结构看,"存理灭欲"是其理论思维在"理一分殊"道路上的急刹车和急转弯,其学术目的在于实现从人道向天道的义理反归,完成从"物"经"气"到"理"的道德回复。这一"归根复命"的范畴逻辑运动,是由即物穷理,知先行重和持敬思诚等三个和合环节构成的,是朱熹对理学知识理论和修养学说的集大成。

第一、即物穷理说

朱熹的格物致知学说,最集中地表现在他为《大学》"格物致知章"所续补的传中。全文简短精炼,是理学知识论和修养说的总纲领:

> 所谓致知在格物者,言欲致吾之知,在即物而穷其理也。盖人心之灵莫不有知,而天下之物莫不有理,惟于理有未穷,故其知有不尽也。是以《大学》始教,必使学者即凡天下之物,莫不因其已知之理而益穷之,以求致乎其极。至于用力之久,而一旦豁然贯通焉,则众物之表里精粗无不到,而吾心之全体大用无不明矣。此谓格物,此谓知之至也。②

朱熹自称这段补传是"间尝窃取程子之意以补之",确实如此,朱熹的即物穷理说是"洛学"格物致知说的完善和发展。

对"格物"二字,朱熹的释义是:"格,至也。物,犹事也。穷至事物

---

① 《朱子语类》卷13。
② 《大学章句》,《四书章句集注》,第6、7页。

之理,欲其极处无不到也"①。"格"是指极至与穷尽的意思,"物"是指事或事物的意思。据此解释,"格物"就成了"即物而穷其理"的外向性知识积累:"上而无极、太极,下而至于一草、一木、一昆虫之微,亦各有理。一书不读,则阙了一书道理;一事不穷,则阙了一事道理;一物不格,则阙了一物道理。须着逐一件与他理会过"②。不过格物"亦须有缓急先后之序"。在天下万事万物之中,只有"穷天理,明人伦,讲圣言,通世故"③,才是"格物工夫"的当务之急。

对"致知"二字,朱熹的解释是:"致,推极也。知,犹识也。推极吾之知识,欲其所知无不尽也"④。"致"是极至、穷尽的意思。致知就是"因其已知之理而益穷之,以求致乎其极"。这实际上是推理能力的极限运用。所以致知是内向性逻辑推演,即"类推",或称类比推理。"格物非欲尽穷天下之物,但于一事上穷尽,其他可以类推"⑤。类推之所以行之有效,原因在于"万物各具一理,而万理同出一源,此所以可推而无不通也"⑥。

朱熹的即物穷理说,在话语形式上具有科学的求知精神。但在实质内容上,朱熹的即物穷理说却不是近现代意义上的自然科学。二者的原则区别在于:其一,理学所要穷至的道理是先于经验的伦理价值,而科学所要发现的真理是经验之中的物理事实;其二,理学所关心的话题是至善,道德之善高于科学之真,而科学所从事的课题是真实,科学之真先于道德之善。

第二、知先行重说

① 《大学章句》,《四书章句集注》,第4页。
② 《朱子语类》卷15。
③ 《答陈齐仲》,《朱文公文集》卷39。
④ 《大学章句》,《四书章句集注》,第4页。
⑤ 《大学或问》卷2。
⑥ 《大学或问》卷2。

格物与致知都属认识论范畴，它们是"大学之道"的起始点。通过即物穷理工夫"明明德"之后，才能踏上"以修身为本"的至善之道。此时，知与行的关系问题就成了道德修养实践的基本问题。在知行观上，朱熹的思想总纲是："论先后，当以致知为先；论轻重，当以力行为重"①。

朱熹认为，做学问的顺序应当先致知，明白义理之后再力行。知先行后的实践顺序是理先气后说在修养论上的贯彻。"致知为先"的理论依据有两点：一是"知得方行得"。知晓义理是如实力行的必要条件。二是"既知则自然行得"。穷理是力行的充分条件。穷理愈深，知道愈明，履行也就愈笃。"既知则自然行得，不待勉强，却是知字上重"②。

但在重要性上，力行的意义更加重大。这首先是因为，只有力行才能变化气质。其次是因为，只有力行才是致知的目的与归宿。最后是因为，只有力行才能验证致知的真实性。"欲知知之真不真，意之诚不诚，只看做不做。如何真个如此做底，便是知至意诚"③。

第三、持敬思诚说

朱熹的心性涵养学说，系统阐发了程颐的"主敬"说，提出了"持敬"和"思诚"等主张。他认为："'敬'之一字，真圣门之纲领，存养之要法"④。操持"敬"字的细目与程式为：

> 持敬之说，不必多言。但熟味"整齐严肃"，"严威俨恪"，"动容貌，整思虑"，"正衣冠，尊瞻视"此等数语，而实加工焉，则所谓直内，所谓主一，自然不费安排，而身心肃然，表里如

① 《朱子语类》卷 9。
② 《朱子语类》卷 18。
③ 《朱子语类》卷 15。
④ 《朱子语类》卷 12。

一矣。①

用"持敬"的方法存养心性，目的在于恭顺天命，不断体证天理所赋予人的主宰感和使命感，不断完善人作为道德主体的自觉性与自主性。一言以蔽之，"敬只是此心自做主宰处"②。

比"持敬"更高深的心性修养工夫是"思诚"。朱熹对"诚"字有严格的义理规定："诚者，真实无妄之谓，天理之本然也。诚之者，未能真实无妄，而欲其真实无妄之谓，人事之当然也。圣人之德，浑然天理，真实无妄，不待思勉而从容中道，则亦天之道也。未至于圣，则不能无人欲之私，而其为德能皆实"③。与"持敬"相比，"思诚"已由心性修养论上升到了本体觉悟论。"敬"之精义是"恭"和"畏"，尚有人为的痕迹；而"诚"之本义则是"真"与"实"，已无虚妄的心态。

"思诚"所达到的本体真实，是虚心之后的价值充实境域。天理本是个"虚底物事"，经伦理价值充实后，就成天下最真实的价值境域。在这一终极价值境域中，个人的欲望和利益，确实没有任何立足之地。从朱熹所讲的"持敬"和"思诚"工夫中，我们不能发现，宋明理学"存天理灭人欲"的真实意图，是通过"以天灭人"的极端方式实现所谓的"天人本只一理"，使整个宇宙时空和历史长河成为只有"天理流行"的纯粹道德境域。

> 天人本只一理。若理会得此意，则天何尝大，人何尝小也。
>
> 天即人，人即天。人之始生，得于天也；既生此人，而天又

---

① 《朱子语类》卷12。
② 《朱子语类》卷12。
③ 《中庸章句》，《四书章句集注》，第31页。

在人矣。①

到此为止,朱熹理学范畴系统的逻辑结构运动,由"理一"而"分殊",又由"分殊"而"理一";从"体立"而后"用行",再从"发用"而后"体明",从"天道阴阳"到"人道仁义",又从"人类心性"到"天命义理";经过理气的上下秩序转换到心性的体用分析,最终达到天人的和合境域,完成了一个前无古人的解释学循环,在话语形式上实现了对理学思潮所有重要问题及其思想学说的集大成。由于先秦名学的流产和墨家逻辑的式微,秦汉以后的中国古代学术始终缺少纯粹的逻辑兴趣和自觉的推理意识,特别是对像"太极"、"道体"等虚性范畴及其推理模型,更是揣摸影响,不知所措。因此,程朱理学"体用一源"和"理一分殊"等范畴逻辑结构规则,常常被视为神秘莫测的理学"天机"。其实,本体层面的"理一"是演绎逻辑的大前提或公理集,作用层面的"分殊"是演绎系统的推论集或定理集,从"理一"到"分殊"是范畴逻辑结构的演绎展开,是从一到多的离散式映射,相反,从"分殊"到"理一"则是范畴逻辑结构的归纳集成,是从多到一的聚合式映射。就此而言,朱熹学术思想永恒的闪光点在于:朱子是中国思想史上第一位熟练地驾驭范畴逻辑结构来诠释儒家经典文本,尝试解决社会历史问题,并达到了"尊德性而道问学,致广大而尽精微,极高明而道中庸"的一代大哲,其理论思维的伟大成就和惨痛教训都是值得我们不断继承的精神遗产。

三、浙东事功学:理学的变奏

在南宋理学的展开和集成过程中,以陈亮为代表的"永康学"和以

---

① 《朱子语类》卷 17。

叶适为代表的"永嘉学"通称浙东事功学,它们均因"言事功"或主"功利之说"而成为非主流派,并与主流派进行过激烈的学术论辩,从而推动理学思潮达到前所未有的发展水平。

浙东事功学的形成和发展,有其深刻的社会根源和深厚的学术渊源。从社会经济方面看,浙东事功学诞生于南宋经济最为发达的两浙东路。有关两浙路的地理资源和风土人情,《宋史·地理志》作了概括描述:

> 两浙路,盖《禹贡》扬州之域,当南斗、须女之分。东南际海,西控震泽,北又滨于海。有鱼盐、布帛、秔稻之产。人性柔慧,尚浮屠之教。俗奢靡而无积聚,厚于滋味。善进取,急图利,而奇技之巧出焉。余杭、四明,通蕃互市,珠贝外国之物,颇充于中藏云。①

从地理沿革上讲,两浙路是北宋时期统一的行政区划。南宋时因北方沦陷,国土面积锐减。为了加强国家对地域经济的控制,将两浙路一分为二,析为两浙东路与两浙西路。不论是农业、手工业,还是商业、贸易,两浙地区在当时都居全国之最。随着经济的繁荣和贸易的增长,特别是城镇工商阶层力量的逐渐壮大,他们对社会制度和政治管理的功利性要求,势必会通过学术思想体现出来。浙东事功学务实的治学风格和明确的功利取向,客观上反映了两浙地域经济和文化的发展要求。这从"永嘉学"的开创者薛季宣的一段表白中可以得到印证:"务为深醇盛大,以求经学之正;讲明时务本末利害,必周知之,无为空言,无戾于行"②。

---

① 《地理志四》,《宋史》卷88。
② 《答象先侄书》,《浪语集》卷25。

关于浙东事功学的思想渊源,清代学者黄百家和全祖望在《宋元学案》里都认为,"永嘉学"在学术上"得统于程氏"①;而"永康学"则"无所承接"②。就传统的师承关系而言,这种说法确实有一定的历史依据。陈亮的学术无直接师承,思想独树一帜,这应是基本事实。但早年与永嘉学者郑伯熊和郑伯英兄弟两人交往密切,关系介于师友之间。一生与"永嘉学"的主要学者薛季宣、陈傅良有过频繁交游。特别是与"永嘉学"的集大成者叶适,更是情投意合,彼此可以推心置腹地谈论学术。

因此,整个浙东事功学的思想渊源就逻辑地归结为"永嘉学"的传承问题。按照《宋元学案·周许诸儒学案》全祖望序录称:"世知永嘉诸子之传洛学,不知其兼传关学"③。远在北宋神宗元丰年间(1078—1085年),永嘉学者周行己与许景衡等人在京师太学读书时,就已成为程门弟子,并就学于从"关学"转入"洛学"的吕大临、吕大钧等人。黄百家也认为,北宋"洛学"的南传有两个谱系:一是杨时(龟山)、游酢(定夫)一系,二是许景衡、周行己一系:"伊洛之学,东南之士,龟山、定夫之外,惟许景衡、周行己并见伊川,得其传以归"④。实际上,从北宋元丰到南宋乾道、淳祐这一百年时间里,永嘉学者不仅将中原形成的"洛学"和"关学"思想传播到浙东地区,而且与南宋的社会现实和当地的精神文化熔为一炉,冶炼出了既不同于"洛学"、又有别于"关学"的独立学派。

同为浙东事功学,"永康学"和"永嘉学"确实有着共同的学术话题——"言事功",有着相近的学术兴趣:"俱以读书经济为事,嗤黜空疏、随人牙后谈性命者,以为灰埃。亦遂为世所忌,以为此近于功利,俱目之为浙学"⑤。在心性义理之学充分展开和集大成之际,浙东事功学出

---

① 《龙川学案》,《宋元学案》卷56,第1830页。
② 《龙川学案》,《宋元学案》卷56,第1832页。
③ 《周许诸儒学案》,《宋元学案》卷32,第1131页。
④ 《周许诸儒学案》,《宋元学案》卷32,第1133页。
⑤ 《龙川学案》,《宋元学案》卷56,第1832页。

入经史,畅谈事功,讲究经世致用之学,反对不切实际地空谈心性义理。这至少说明了两点:第一,浙东事功学不是理学的主流,他们的话题都是当时主流学术忌讳谈论的"功利",与"湖湘学"、"闽学"和象山学等理学主流派存在核心话题上话语冲突;第二,南宋时期,整个理学思潮开始支离分化,内部有江西陆氏"易简工夫"的直接挑战,外部有浙东永康、永嘉"功利之学"的迂回包抄。

1. 永康学:王道与霸道杂用

从严格的意义上讲,"永康学"是陈亮独创的"功利之学",前无所承,后无所继,中间盛极一时。借用近代学者龚自珍的诗来说,陈亮也是"但开风气不为师"①的孤愤型思想家。

陈亮(1143—1194年)字同甫,号龙川先生,两浙东路婺州永康(今浙江永康市)人。据陈亮自己《先祖府君墓志铭》追述,其先祖曾是南朝陈代国君,隋灭陈后,陈氏家族散落,"永康之陈最号繁多,而谱牒未尝相通"②。陈亮出生在衰败清贫家庭,父亲不善持家,嗜酒成性,幼年是在祖父母的抚育下成长的。受父亲影响,陈亮性格落拓豪放,喜好兵法,常常借酒抒怀,"慨然有经略四方之志"③。19岁时,著《酌古论》,考论古人用兵的成败得失,推崇料敌之智和用兵韬略,注重史实和关切现实的学风初现端倪。

绍兴三十二年(1162年),陈亮客居临安,与婺州金华吕祖谦相识。乾道二年(1166年),陈亮编成《英豪录》,搜集历代英雄豪杰的行事与功绩。乾道四年(1168年)会试落第后,撰写《中兴五论》,向孝宗皇帝进献收复北方失地策略。但奏而不报,没有任何反馈。科举不中,上书

---

① 《己亥杂诗三百十五首》,《龚定庵全集类编》卷16,中国书店(北京)1991年影印本,第373页。
② 《先祖府君墓志铭》,《陈亮集》卷35。
③ 《中兴论跋》,《陈亮集》卷2。

不达,无可奈何之际,陈亮"已而退修于家,学者多归之,益力学著书者十年"①。这期间,陈亮以乡绅身分设馆讲学,教学内容以《六经》、《论语》和《孟子》为主,"永康学"初具规模。

淳熙四年(1177年)前后,陈亮再入京师,以图施展平生抱负。连续三次上书孝宗皇帝,慷慨陈词,极论国家社稷大计。"书既上,帝欲官之,亮笑曰:'吾欲为社稷开数百年之基,宁用以博一官乎'亟渡江而归。日落魄醉酒,与邑之狂士饮,醉中戏为大言"②。淡薄功名之后,陈亮"遂与田里相忘",一边继续聚徒讲学,一边并自躬耕畦垄,过着清静怡乐的田园生活。但是,对于这位"自少有驱驰四方之志"的思想家而言,如此耕读生活,绝非情愿。淳熙十四年(1187年),年过不惑的陈亮再次迷恋礼部考试,以求侥幸中举,在官场有所作为。淳熙十五年第三次上书孝宗皇帝,重申复仇大义。光宗绍熙四年(1193年),年满五十的陈亮终于考取进士,以"御笔擢第一"的殊荣及第,"授金书建康府判官厅公事",未及到任,病逝家中。

陈亮本是功名中人,可生不逢时,命运多舛,一生因"狂怪"两次下狱,又因"天下奇才"而幸免于死。陈亮"为人才气超迈,喜谈兵,论议风生,下笔数千言立就",确实是难得的奇才。一生为中兴事功颠沛奔走,但不被时人称道,甚至为贤者误解。身后遗留下大量诗文,由其子陈沆编定为《龙川集》40卷,叶适为之作序。序文抒发了对一代奇才不幸遭遇的愤慨之情:

> 初,天子得同甫书,惊异累日,以为绝出,使执政召问当从何处下手,将由布衣径惟诺殿上以定大事,何其盛也!然而诋诃交起,竟用空言罗织成罪,再入大理狱几死,又何酷也!使

---

① 《儒林六·陈亮传》,《宋史》卷436。
② 《儒林六·陈亮传》,《宋史》卷436。

同甫晚不登进士第,则世终以为狼疾人矣。呜呼,悲夫! 同甫
其果有罪于世乎? 天乎,余固知其无罪也。同甫其果无罪于
世乎? 世之好恶未有不以情者,彼于同甫何独异哉![①]

陈亮的学术思想主要有两个方面:一是与汉唐之辨有关的历史发
展观,二是与义利、王霸之辨有关的伦理道德说。这两个方面的思想学
说,都是在"闽学"朱熹的论辩过程中体现出来的。

第一、治道存亡赖人事

从少年时代的《酌古论》开始,陈亮学术思想的立论依据始终是历
史经验。这也是吕祖谦、陈傅良和叶适等浙江学者共同遵循的史学传
统,与朱熹"闽学"关注仁义道德的经学传统形成鲜明对比。在这一点
上,朱熹非常了解他的论敌。他说:"看史只如看人相打,相打有甚好看
处? 陈同父一生被史坏了"[②]。至于研究历史是否一定败坏学术,是一
个值得深思的问题,但陈亮的治学路数确实是以史为鉴,"穷天地造化
之初,考古今沿革之变,以推极皇帝王伯之道,而得汉魏晋唐长短之
由"[③]。

按照陈亮的史学式理解,道只是"因事作则"的行为规范,"天地之
间,何物非道!"[④] 作为天下万事万物的法则和规范,道必然具有历史
性,会随着事物的历史变迁而不断改变内容。既然一切事物都在历史
长河之中,那么《六经》和诸史一样,记载的内容都是道的因时制宜和损
益变革,专尊《六经》而轻视诸史的学术态度是不可取的。他说:

　　《六经》诸史,反复推究,以见天运人事流行参错之处,而

①　《龙川集序》,《水心文集》卷 12。
②　《朱子语类》卷 123。
③　《上孝宗皇帝第一书》,《陈亮集》卷 1。
④　《又乙巳秋书》,《陈亮集》卷 28。

识观象之妙、时措之宜,如长江大河,浑浑浩浩,尽收众流而万古不能尽也。①

陈亮还进一步根据《易传》"三极之道"的说法,认为从洪荒之初开始,天、地、人三极分立,"各有其道"。人道完全仰赖人的智力得以维持,"若谓道之存亡非人所能与,则舍人可以为道,而释氏之言不诬矣"②。

"道"字的本义是"所行道也,从辵从首"③,即人达到价值目标的行为过程。后引申为天地万物运动变化的法则和规律。陈亮紧紧围绕道范畴的字源学本义,强调历史治乱之道并非纯粹的天命或天理,而是受人力干预的控制过程。针对朱熹的道统思想,陈亮指出:

> 高祖、太宗及皇家太祖,盖天地赖以常运而不息,人纪赖以接续而不坠,而谓道之存亡非人之所能预,则过矣。④

尽管陈亮在阐述自己"道之存亡有赖人事"的观点时,反复征引《周易》等儒家经典,但仍然被坚持道统说的朱熹视为偏颇。陈、朱二人有关汉唐社会是否承接三代道统的反复争辩,是其"王霸义利之辨"的导火线,其实质牵涉到二人对道范畴截然不同的学术理解。

陈亮所理解的道主要是指历史性的人道事功,因而王道霸道皆属人道,汉唐历史的发展进程始终有道在发挥作用。而朱熹所理解的道主要是超越性的天理尺度,只有王道才合乎天理,霸道纯属人欲,汉唐历史纯任智力,没有承继三代的王道传统。

朱熹认为,汉高祖和唐太宗的所作所为,都是"出于人欲":"直以其

---

① 《钱叔因墓碣铭》,《陈亮集》卷 36。
② 《又乙巳春书之一》,《陈亮集》卷 28。
③ 《说文解字·辵部》。
④ 《又乙巳春书之一》,《陈亮集》卷 28。

能假仁假义以行其私,而当时与之争者才能知术既出其下,又不知有仁义之可饬,是以彼善于此而得以成其功耳。若以其能建立国家,传世久远,便谓其得天理之正,此正是以成败论是非,但取其获禽之多而不羞其诡遇之不出于正也"①。可见,朱熹评述历史人物的标准是合乎天理的仁义之心,是以动机的邪正论行为的是非。据此分析,汉唐都是"天下为家",凭借武力马上征服天下,运用智力经营把持天下,尽管民富国强,号称盛世,但也只是人欲流行,天理暗昧。不过,朱熹进一步指出,决定历史发展的道是"非人所能预"的"常存不灭之物",汉唐时期虽没有一分气力扶助此道,但"终殄灭他不得"②。

对于朱熹以天理人欲辨析历史,陈亮进行了坚决反驳。他说:

> 自孟荀论义利王霸,汉唐诸儒未能深明其说。本朝伊洛诸公,辨析天理人欲,而王霸义利之说于是大明。然谓三代以道治天下,汉唐以智力把持天下,其说固已不能使人心服,而近世诸儒遂谓三代专以天理行,汉唐专以人欲行,其间有与天理暗合者,是以亦能久长。信斯言也,千五百年之间,天地亦是架漏过时,而人心亦是牵补度日,万物何以阜蕃而道何以常存乎!故亮以为:汉唐之君本领非不洪大开廓,故能以其国与天地并立,而人物赖以生息。③

在陈亮看来,既然道"殄灭不得",那就常行于天地之间,贯通于古今之变,汉唐历史也是合乎人道的。如果认为汉唐"全体只在利欲上",岂不使这"千五百年之间成一大空阙?"④

---

① 《答陈同甫》第 6 书,《朱文公文集》卷 36。
② 《答陈同甫》第 6 书,《朱文公文集》卷 36。
③ 《又甲辰秋书》,《陈亮集》卷 28。
④ 《又乙巳秋书》,《陈亮集》卷 28。

事实上,陈亮与朱熹在汉唐历史是否有道与合理问题上的争辩,是两种价值观的尖锐冲突,很难调和折衷。陈亮立足于功利现实主义,看重的是历史人物立功建业的成就,所讲的"道"是形而下的功用之道;而朱熹立足于道德理想主义,强调的是圣贤人物"惟精惟一功夫"和"彻头彻尾无不尽善"[①] 的品德,所说的"道"是形而上的本体之道。按照现代学术理论讲,陈亮是效果决定论者,而朱熹是动机决定论者。当动机与效果不统一时,两者之间的矛盾冲突是难以化解的。

第二、王道霸道可杂用

对于汉唐君主"在利欲场中头出头没"所建立的成就,陈亮十分赞赏,朱熹不以为然。陈亮讽刺朱熹所谓的"惟精惟一功夫":"一生辛勤于尧舜相传之心法,不能点铁成金而不免以银为铁,使千五百年之间成一大空阙"[②]。朱熹也反唇相讥:"今乃欲追点功利之铁以成道义之金,不惟费却闲心力,无补于既往,正恐碍却正知见,有害于方来也"[③]。随着争辩的深入,两人论战的话题已从对汉唐人物的评价转换到王道与霸道的合理性问题上。

通常,人们根据淳熙十一年(1184 年)朱熹给尚在狱中的陈亮所提建议:"老兄高明刚决,非吝改过者,愿以愚言思之。绌去义利双行、王霸并用之说,而从事于惩忿窒欲、迁善改过之事,粹然以醇儒之道自律,则岂独免于人道之祸,而其所以培壅本根,澄源正本,为异时发挥事业之地者,益光大而高明矣"[④]。就以为陈亮主张"义利双行、王霸并用"。其实,这是对陈亮学术思想不太准确的概括,甚至可以说是一种误解。陈亮的真正主张是"王霸之杂,事功之会",即以霸道裨益王道之阙,以事功救济仁义之病,直上直下,彻头彻尾。换言之,陈亮面对的学术问

---

① 《答陈同甫》第 9 书,《朱文公文集》卷 36。
② 《又乙巳春书之二》,《陈亮集》卷 28。
③ 《答陈同甫》第 9 书,《朱文公文集》卷 36。
④ 《答陈同甫》第 4 书,《朱文公文集》卷 36。

题是历史事实和社会现实本身，提倡"治天下莫贵乎实"①，只有要能有功于天下，有利于民众，义利王霸都属治国平天下的运作策略或操作系统，彼此不相对抗，不存在非此即彼的选择问题。他说：

> 诸儒自处者曰义曰王，汉唐做得成者曰利曰霸，一头自如此说，一头自如彼做；说得虽甚好，做得亦不恶；如此却是义利双行，王霸并用。如亮之说，却是直上直下，只有一个头颅做得成耳。②

有鉴于此，陈亮对北宋以来的"道德性命之说"和"正心诚意之学"，开始了历史性反思与功利性批判。在他看来，当时谈论"正心诚意之学者，皆风痹不知痛痒之人也。举一世安于君父之仇，而方低头拱手以谈性命，此岂人道之所安乎！"③ 宋朝开国伊始，专用儒道治天下，"德泽有余而事功不足"；以致国破家亡，偏寓江表，蒙受大耻，"始之以王道，而卒屈于富强"④。严酷的现实迫使陈亮越出传统儒学义利王霸之辩的道德樊篱，充分肯定汉唐以"霸王之杂"⑤ 治理天下的成功经验。

陈亮有关"王霸可以杂用"的事功论述虽切中时弊，但与当时的主流意识形态却格格不入。两宋是中国古代社会经过汉唐盛世之后逐步走向衰落的转折时期，其"积贫积弱"的病症已入膏肓，不可救药。从宋太祖建国起，北宋社会先天不足，对内积贫不治，对外积弱不振；冗兵耗费于下，冗官虚损于上。尽管中间不乏"富强之说慷慨可观"，但"天下

---

① 《问古今治道治法》，《陈亮集》卷15。
② 《又甲辰秋书》，《陈亮集》卷28。
③ 《上孝宗皇帝第一书》，《陈亮集》卷1。
④ 《问皇帝王霸之道》，《陈亮集》卷15。
⑤ 《问皇帝王霸之道》，《陈亮集》卷15。

皆以为不可行"①。特别是在南宋时期，横征暴敛，取民无艺，"于是民力既竭，国亦随亡。"② 包括朱熹在内的理学家心里都很清楚，从"陈桥兵变"之日起，赵宋王朝从后周孤儿寡母手中抢夺天下，一直是以急功近利为基本国策的。在这种时势下，再提倡"功利之说"，只能是火上浇油，不仅加重民众的负担，而且会加速王朝的覆灭。两宋理学的"道德性命之说"与魏晋玄学的"名教自然之论"有异曲同工之处，都是以清谈或空谈的话语方式体现着时代精神在历史急剧转折过程中的无所适从和痛苦呻吟。这从陈亮对当时儒林学风的指斥里可略见一斑：

> 自道德性命之说一兴，而寻常烂熟无所能解之人自托于其间，以端悫静深为体，以徐行缓语为用，务为不可穷测以盖其所无，一艺一能皆以为不足自通于圣人之道也。于是天下之士始丧其所有，而不知适从矣。为士者耻言文章行义，而曰"尽心知性"；居官者耻言政事书判，而曰"学道爱人"。相蒙相欺以尽废天下之实，则亦终于百事不理而已。③

当主流学术不敢正视实事和问题本身、而采取迂回曲折的方式讲述其思想学说时，罪过就不在于思想家本人，而在于他所生活的时代不允许他说出真相，讲出真理。北宋程颐晚年所遭遇"元祐奸党"之祸，朱熹晚年所蒙受"伪学逆党"之祸，陈亮本人一生两次锒铛入狱的"人道之灾"，这些都说明两宋知识分子除了道德性命与诗词文章外，不可能有大的作为。

总而言之，陈亮终身以"布衣"身分纵论天下，"专言事功"，虽在政

---

① 《问皇帝王霸之道》，《陈亮集》卷 15。
② 《南宋取民无艺》，《廿二史劄记》卷 25，北京中国书店 1987 年版，第 336 页。
③ 《送吴允成运干序》，《陈亮集》卷 24。

论文里反复陈述"富国强兵之道",但毕竟是书生见识,秀才韬略,不可能产生任何实际效果。假若当时的南宋小朝廷真的按照陈亮的建议北伐中兴,报仇雪耻,恢复中原,那就恐怕连半壁江山都保不住。从实际效果论,陈亮所创立的"永康学"之所以仍然属于广义的理学范畴,原因在于他们所谈的内容都是"空底物事"。主流理学家空谈"道德性命之说",而非主流理学家则空谈"富国强兵之道"。相同之处在于,全是纸上空谈,根本无济于事;不同之处仅在于,空谈的核心话题有所区别,凭据的经典文本不尽一致,而且都以为只有自家拥有学术真理,能够有功于天下后世。

2. 永嘉学:功利与义理中和

同属浙东事功学,同提功利学说,同言事功,同斥时弊,但"永嘉学"在学术史上的地位远远高于"永康学",叶适在思想史上的成就大大超过陈亮。全祖望在《水心学案序录》中这样评价叶适和"永嘉学":

> 永嘉功利之说,至水心始一洗之。然水心天资高,放言砭古人多过情,其自曾子、子思而下皆不免,不仅如象山之诋伊川也。要亦有卓然不经人道者,未可以方隅之见弃之。乾、淳诸老既殁,学术之会,总为朱、陆二派,而水心断断其间,遂称鼎足。然水心工文,故弟子多流于辞章。①

就学派自身而言,"永嘉学"比"永康学"根基深厚。"永康学"只是为了适应世变,专就事功论事功,未免激慷慨情有余而理论根据不足;"永嘉学"继承关、洛经世致用学统,"以经制言事功"②,"必兢省以御物

---

① 《水心学案上》,《宋元学案》卷54,第1738页。
② 《龙川学案》,《宋元学案》卷56,第1830页。

欲","必弥纶以通世变"①,其"功利之说"是通过对儒家经典和三代礼制的系统研究阐发出来的。

就人物特色而论,陈亮治史以言事功,所治诸史多为汉唐典籍,津津乐道多是汉高祖和唐太宗的历史功绩;而叶适则治经以明功利,《六经》、《左传》、《国语》、《孟子》等先秦经典,是其《习学记言》的主要解读文本。在经学时代,思想无传承统续,言论无经典依据,其学术不仅难以立足"儒林",更无法跻身"道学"。

作为"永嘉学"的杰出代表,叶适对浙东"功利之学"进行了经学洗礼,扭转了薛季宣、陈傅良等永嘉诸子治史以言事功的学术道路,从而使功利思想根柢于《六经》,折衷于孔孟,成为与心性义理同等重要的"开物成务之伦纪"②。正是由于叶适对浙东事功学诠释文本的这一经学洗礼,才使非主流的"永嘉学"与主流的朱子学、象山学"遂称鼎足"。

在叶适之前,"永嘉学"值得称道的学者有两位:一是开创永嘉事功学统的薛季宣,二是确立永嘉经制学术的陈傅良。

薛季宣(1134—1173年)字士龙,号艮斋,温州永嘉人。父亲薛徽言为胡安国门人,在薛季宣六岁时,因反对绍兴议和暴病而卒。不久,母亲也染病辞世,薛季宣为伯父收养。十七岁到荆湖南路安抚司从事文秘书写,向当地学者袁溉问"义理之辨"。隆兴二年(1164年),薛季宣在家乡开始收徒讲学,"教人就事上理会,步步著实,言之必使可行,足以开物成务"③。后"召为大理寺主簿,除大理正,出知湖州"④。正值官运旺盛,薛季宣突然病故,死时年仅40。"于《诗》、《书》、《春秋》、《中庸》、《大学》、《论语》皆有训义,藏于家。其杂著曰《浪语集》"⑤。薛季

---

① 《温州新修学记》,《水心文集》卷10。
② 《水心学案上》,《宋元学案》卷54,第1794页。
③ 《艮斋学案》,《宋元学案》卷52,第1696页。
④ 《艮斋学案》,《宋元学案》卷52,第1691页。
⑤ 《儒林四·薛季宣传》,《宋史》卷193。

宣"自成一家","其学主礼乐制度,以求见之事功"①。由于去世太早,薛季宣开创的永嘉学术由其弟子陈傅良继续发扬光大。

陈傅良(1137—1203 年)字君举,号止斋,温州瑞安人。少年时在永嘉地区已有名望,"授徒僧舍,士子莫不敬服"②。成年后跟随薛季宣学习,关系介于师友之间:"茅茨一间,聚书千余卷,日考古咨今于其中,盖从游者凡七八年"③。乾道八年(1164 年)登进士第,先授泰州教授,后召为太学录。在太学期间,曾与"金华学"吕祖谦、"湖湘学"张栻交往密切,所得良多。历任桂阳知军、两浙提点刑狱、吏部员外郎、中书舍人等职。死后谥文节。著述有《周礼说》3 卷,《春秋后传》、《左氏章指》共 42 卷,《毛诗解诂》20 卷,《两汉史钞》17 卷和《止斋文集》52 卷等。与薛季宣擅长礼制研究相比,陈傅良经世之学更为"平实",以"治体"为考究对象,侧重从《诗》、《书》、《周礼》中发挥义理,能够在当时学界"占得地步"④。用叶适的话来评价,陈傅良"其操术精而致用远,弥纶之义弘矣"⑤。

叶适(1150—1223 年)字正则,原籍处州龙泉(今浙江丽水地区),后迁居温州瑞安。因居住水心村,自号水心,学者尊称水心先生。出身贫贱,家境贫寒,父亲为乡村教师,收入微薄。早年学无常师,曾向永嘉著名学者郑伯熊、薛季宣、陈傅良等求教,与陈傅良交游时间长达四十余年,深得永嘉学派"弥纶以通世变"的经世致用精神。乾道九年(1173 年),二十四岁的叶适赶京城临安,就学于太学,上书枢密院言事。第二年返回永嘉,继承父业,聚徒教学。淳熙五年(1178 年),赐进士及第甲科第二名,授职平江节度推官。赴任不久,因逢母丧,居家守制,写成

---

① 《艮斋学案》,《宋元学案》卷 52,第 1691 页。
② 《止斋学案》,《宋元学案》卷 53,第 1710 页。
③ 《止斋学案》,《宋元学案》卷 53,第 1710 页。
④ 《止斋学案》,《宋元学案》卷 53,第 1710 页。
⑤ 《宝谟阁待制中书舍人陈公墓志铭》,《水心文集》卷 16。

《制科进卷》9 卷。淳熙七年(1180 年)秋,陈亮来到永嘉。叶适、陈傅良等永嘉学者与陈亮相聚论学。之后,"永康学"与"永嘉学"交流频繁,书信不断。守制三年期满后,叶适历任武昌节度推官、太学博士、太常博士、淮西铁冶司提举、翰林学士等职。在叶适任太常博士时,"会朱熹除兵部郎官,未就职,为侍郎林栗所劾"①。叶适上疏《辩兵部郎官朱元晦状》,据理力争,驳斥林栗等人"创为道学之目",是"小人残害忠良"的卑劣伎俩,而且"以道学之名"诬陷学者,"利害所系,不独朱熹",有可能形成党祸,牵连众多,"自此游辞无实,谗口横生,善良受祸,何所不有"②。

宁宗开禧二年(1206 年),叶适以宝谟阁待制知建康府,兼沿江制置使职务参与了外戚韩侂胄发动的开禧北伐。兵败之后,韩侂胄被杀,宋金"和议",叶适因"附韩侂胄用兵"之罪闲置回家,居住水心村,专门研究学术,直到去世。叶适退居水心村的这十多年,正是经过庆元党禁之后,南宋学术转入低潮时期。与其同时的著名学者相继去世,学术交流几近停滞。叶适的代表著作为《习学记言序目》50 卷,是对历代学术的批判性评论。遗文首先由门人越汝谠以《水心文集》28 卷编次刊行。明正统年间,黎谅搜集各种残本,汇编成《水心先生文集》29 卷。清光绪年间,瑞安人孙衣言对 29 卷本重新校刊,增《补遗》1 卷,形成 30 卷本《水心文集》。此外,还有《水心别集》16 卷传世。

叶适是敢于怀疑、勇于创新和善于独立思考的思想家。其学术思想主要有三个方面:一是挑战圣贤经典和理学道统的批判精神,二是经世致用和重视工商的功利思想,三是功利与义理中和的道德学说。

第一、学术批判精神

《习学记言序目》是叶适晚年的学术作品,是站在永嘉事功学立场上对包括《六经》在内的学术思想史进行批判性总结的评论汇集。其中

---

① 《儒林四·叶适传》,《宋史》卷 193。
② 《辩兵部郎官朱元晦状》,《水心文集》卷 2。

《经》14卷、《诸子》7卷、《史》25卷、《宋文鉴》4卷。"自孔子之外,古今百家,随其浅深,咸有遗论,无得免者"①。因此,贯穿全书的基本精神是敢于挑战往圣经典和时贤言论的学术批判。

本来,怀疑汉唐儒学经典、非议经学师承传统是北宋以来整个理学思潮的一贯学风。如北宋欧阳修的《易童子问》,就率先怀疑《易传》中的《系辞》和《文言》等为孔子所作的汉唐经学定论。二程洛阳讲学时,提倡"学者要先会疑"②。朱熹更进一步,提出了从无疑到有疑、再从有疑到无疑的读书方法:"读书无疑者,须教有疑;有疑者,却要无疑,到这里方是长进"③。但叶适的学术批判精神已超出了理学的怀疑方法,触及到核心范畴和价值理念等深度学术问题。换言之,叶适对儒学经典和理学道统的学术批判具有颠覆性质与解构功能,这对于处在充分展开和系统集成的理学思想体系而言,其威胁是巨大的。对此,朱熹似乎有所预感。他说:"叶正则说话,只是杜撰。看他进卷,可见大略。"又说:"叶正则作文论事,全不知些着实利害,只虚论"④。

叶适对主流理学的学术批判,最"利害"的招数莫过于对《周易》经典和"道统"学说的大胆怀疑与明确否定。

从《汉书·艺文志》起,《周易》号称"六艺之原"。唐代孔颖达奉诏撰写《五经正义》,《周易》雄居"五经之首",成为儒家义理诠释学的不竭源泉。理学思潮兴起之后,"濂学"有《易通》,"关学"有《横渠易说》,"洛学"有《程氏易传》,"湖湘学"有《南轩易说》,"闽学"有《周易本义》。理学的核心范畴和重要命题都与《周易》有关。因此,对《周易》的怀疑和批判,足以动摇整个理学大厦的经典基础。

叶适对《周易》的学术批判,聚焦到以下两点:

---

① 　陈振孙:《直斋书录解题》卷10。
② 　《河南程氏外书》卷11。
③ 　《朱子语类》卷11。
④ 　《朱子语类》卷123。

其一,《易大传》以下"皆非《易》之正"。

叶适认为,《易传》十篇作于孔子的论说没有明确证据。可从修辞艺术上分析,"《彖》、《象》辞意劲厉,截然著明,正与《论语》相出入,然后信其为孔氏作无疑"①。孔子确实有可能著述《彖传》和《象传》,确立中正原则"以明卦爻之指,黜异说之妄,以示道德之归"②。但《易大传》(简称《大传》,即《系辞传》,又称《上下系》)以下诸篇,"文义重复,浅深失中",肯定不是孔子的作品。不仅如此,"且《文言》与《上下系》、《说卦》、《序卦》之说,嘐嘐焉皆非《易》之正也"③。

叶适还指出,《易大传》以下诸篇"浮称泛指",离孔子的"道德之归"越来越远,其原因在于学者迷信神明,夸夸其谈;炫耀文采,徒有其表。他说:

> 自有《易》以来,说者不胜其多,而淫诬怪幻亦不胜其众。孔子之学,无所作也,而于《易》独有成书,盖其忧患之者至矣。不幸而与《大传》以下并行,学者于孔氏无所得,惟《大传》以下之为信。虽非昔之所谓淫诬怪幻者,然而依于神以夸其表,耀于文以遑其流,于《易》之道犹日出入焉而已。④

从哲学解释学角度看,《易大传》是高度凝练的哲理散文,具有极大的解释和发挥空间,而且通过对《周易》象数结构的创造性转换,可以在诸子百家和三教九流中自由出入,游刃有余。宋明理学开创时,周敦颐借助《易大传》的太极阴阳概念融会道教的宇宙生成模式,为理学谈论"性与天道"搭建学术平台,程颐借助《易大传》的形而上下结构系统吸纳佛教

---

① 《习学记言序目》卷3。
② 《习学记言序目》卷49。
③ 《习学记言序目》卷1。
④ 《习学记言序目》卷4。

的体用一源思维。可以这样说,如果没有《易大传》预备的范畴逻辑结构与和合思维方式,那么宋明理学对儒、释、道三教学术思想的全面统合是根本不可能的。叶适对《易大传》的否定和批判,至少在范畴结构和思维方式上动摇了理学的神圣性和正统化。

其二,"易有太极"等说法"文浅而义陋"。

"太极"一辞源出《易大传》的"易有太极"句。在汉唐学术视域内,"太极"只是普通的易学名词,无法与神化的"太乙"相比。唐末五代时期,经过道教的哲学提炼,太极与无极结成对偶范畴,获得了空前的概括度和解释力,成为儒、释、道三教通用的本体论范畴。作为理学开创时期的纲领性文献,周敦颐的《太极图说》就是根据《易大传》的"易有太极"来建构其理学范畴系统的。因此,在南宋理学主流派中,胡宏、张栻、朱熹都有各自的太极学说。按照朱熹的界定:"太极只是个极好至善底道理。人人有一太极,物物有一太极。周子所谓太极,是天地人物万善至好底表德"[1]。叶适对儒学经典《周易》的学术批判,在概念层面击中了理学范畴系统的要害处,认为"太极"比老子的虚无概念更加"茫昧广远",除了"骇异后学"外,文辞浅薄,义蕴固陋,一无是处。他指出:

> "易有太极",近世学者以为宗旨秘义。按卦象惟八物,推八物之义为乾、坤、艮、巽、坎、离、震、兑,孔子以为未足也,又因《象》以明之,其微兆往往卦义未及。故谓《乾》各正性命,谓《复》见天地之心,言神于《观》,言情于《大壮》,言感于《咸》,言久于《恒》,言大义于《归妹》,无所不备矣。独无所谓"太极"者,不知《传》何以称之也? 自老聃为虚无之祖,然犹不敢放言,曰"无名天地之始,有名万物之母"而已。至庄、列始妄为名字,始有"太始"、"太素"、"未始有夫未始有无"茫昧广远之

---

[1] 《朱子语类》卷94。

说。传《易》者将以本原圣人,扶立世教,而亦为"太极"以骇异后学。后学鼓而从之,失其会归,而道日以离矣。又言"太极生两仪,两仪生四象",则文浅而义陋矣。①

平心而论,叶适的批判确有道理。太极始终是中国古代哲学最为玄虚、异常神秘的虚性范畴,具有"无可而无不可"的解释学随意性和价值论充实性。按照现代逻辑学理解,"太极"是一个没有量词限定的任意命题函项,你可以用任何对象代入,也可以放进任何系统内加以说明。太极既可以是气,也可以是理;既可以是心,也可以是性;既可以派生阴阳,也可以涵摄动静。主流理学家将其视为"宗旨秘义",正是看中了它的随意解释性和价值充实性。但是,成也太极,败也太极。朱熹集理学之大成,没有太极这个"万善至好底表德",是根本无法顺利将"洛学"的天理和"关学"的气质和合起来。而叶适、陆九渊以及明代的王廷相、王阳明等人,也正是从"太极"中找到了解构程朱理学的突破口。就此而言,叶适对"易有太极"的学术批判,预示着理学集大成之后,即将出现分化、转换和解构运动。

叶适对"道统"学说的断然否定,主要涉及理学作为儒学正统派的合法性问题。从现代自由学术的立场看,这一问题是无意义的"假问题",没有研讨的理论价值。但在思想"大一统"的经学时代,在儒教伦理纲常化的宗法社会,"道统"说是学术合法性的自我辩护。事实上,尽管有"道统"说的反复论证和极力辩护,两宋理学的合法地位始终存在危机。从程颐的元祐党祸到朱熹的庆元党祸,程朱理学被统治集团当作不利于社稷江山的"伪学"来查禁,其门徒弟子也被视为"奸党"、"逆党"来迫害。到元明时期,随着程朱理学统治地位的确定和巩固,"道统"问题基本上不了了之。以往的学术研究,对理学"道统"说误解多于

① 《习学记言序目》卷4。

理解,恶意的揶揄多于善意的分析,无限上纲的批判多于实事求是的研究。其实,倘若没有"道统"说的合法性辩护,理学作为两宋社会的民间学术思潮,很难存活下来,更不要说最终取代汉唐经学儒术成为中国学术后七百年发展的主流形态了。

叶适对"道统"学说的学术批判和史学否定,从纯粹学理上讲是完全正确的。"道统"说确确实实是唐宋古文运动以来,"近世儒者"编造出来的关于儒教伦理师承关系的历史传说与道德神话,经不住严格的事实考证和仔细的理性推敲。"其意曰:举天下之学皆不足以致其道,独我能之,故云尔。其本少差,其末大弊矣"①。作为惟我独尊的话语霸道策略,"道统"说确实又是一把双刃剑:当理学仅仅是民间学术时,为了与佛教、道教和汉唐儒术争得一席之地,"道统"说既能与佛教禅宗的法统说相抗衡,又能争取到统治集团的同情、理解甚至支持;当理学成为官方学术时,"道统"说必然会蜕变成统治集团以理学杀天下后世的文化专制工具。叶适对"道统"说"本不差"而"末大弊"的批判倒是非常有见地的。但包括叶适在内的"道统"说批判者,未必明白"道统"之意不在"道",在乎理学合法化。

第二、工商价值观念

叶适的功利思想及其事功主张,散见于朝廷对策、往来书信和专题政论文中,具体包括政治改革建议、经济财政方案和军事战略构想等社会生活的各个重大领域。由于内容十分丰富、主题相当离散,因而很难简略地加以概括。但其中最能体现永嘉地域文化的功利思想,是叶适工商经济及其价值观念的重视,这对于长期以农立国、始终重农抑商的传统思想而言,显得尤其难能可贵。

针对南宋政权借口恢复国家版图,惯于横征暴敛,以至"今日之财,

---

① 《答吴明辅书》,《水心文集》卷27。

自一缕以上无不尽取"①,民间工商业发展缺少足够的资本,叶适主张在国家财政管理上除"四患":

> 臣请陈今日财之四患:一曰经总制钱之患,二曰折帛之患,三曰和买之患,四曰茶盐之患。四患不去则财少,财少则有余,有余则逸。有余而逸,以之求治,朝令而夕改矣。②

其中,位于"四患"之首的是所谓的"经总制钱",即中央政府将各种杂税合在一起,层层加码向地方摊派,以钱币形式将地方财富尽可能聚敛到中央。很显然,这是一种竭泽而渔的赋税政策。"故经总制钱不除,则取之虽多,敛之虽急,而国用之乏终不可救也"③。面对这种聚敛无度的所谓"理财",叶适非常气愤,认为是"无耻之至"④。

道德义愤之外,叶适提出了理财与聚敛的原则区别:理财是增益社会财富,并在上下之间合理分配,"上有余而下不困,斯为理财而已矣"⑤。聚敛则是减损创造财富的实力与后劲,设法在常科之外增加苛捐杂税。因此,"理财与聚敛异。今之言理财者,聚敛而已矣"⑥。

以"经总制钱"为首的聚敛财政,使大量钱币堆积在府库,导致钱币交换和流通职能的严重缺失,这对南宋社会商品经济的健康发展是极为不利的,特别是对两浙地区的工商贸易,其打击几乎是毁灭性的。叶适充分认识到钱币对于社会经济的流通作用:"钱之所以上下尊之,其

---

① 《廷对》,《水心别集》卷9。
② 《财总论二》,《水心别集》卷12。
③ 《经总制钱二》,《水心别集》卷11。
④ 《经总制钱一》,《水心别集》卷11。
⑤ 《财计上》,《水心别集》卷2。
⑥ 《财计上》,《水心别集》卷2。

权尽重于百物者,为其能通百物之用也;积而不发,则无异于一物"①。从货币学角度看,"经总制钱"实际上是用货币的贮藏职能取代了货币的流通职能和交换手段作用,使钱仅仅成了财富占有的象征。

从重视钱币与百物流通出发,叶适对传统社会以"崇本抑末"为口号的狭隘重农思想提出质疑和反问:

> 夫四民交致其用,而后治化兴,抑末厚本,非正论也。使其果出于厚本而抑末,虽偏,尚有义。若后世但夺之以自利,则何名为抑?②

在叶适看来,士、农、工、商"四民"是社会经济生活必要的行业分工,只有"四民"借助商品交易互通劳动成果,国家才能兴盛,天下才能大治。因此,重农抑商、崇本抑末不符合社会正义,是一种偏颇的治国策略。特别是在工商经济已成为国家财政重要来源的南宋社会,"抑末厚本"反倒成为贪官污吏聚敛财富的冠冕堂皇之理由。不过,叶适所处的时代毕竟是以农耕为主的农业文明时期。他提出的这点儿重视工商业的学术思想虽然十分可贵,但难以产生实际的社会历史影响。考虑到在叶适逝世750多年后,20世纪的中国发展商品市场经济尚且举步维艰,我们对叶适及其"永嘉学"重视工商经济的先见之明,应倍加珍爱。

第三、中和道德学说

与陈亮坚决反对"道德性命之说"不同的是,叶适并不一概否认道德性命问题,而是以务实的态度和经验的立场,积极地探索功利与义理的道德和合途径。

在道与物的关系上,叶适主张道在器数和事物之中,反对离开器物

---

① 《财计上》,《水心别集》卷2。
② 《习学记言序目》卷19。

而谈论所谓的"形而上者谓之道"。他说:"上古圣人之治天下,至矣。其道在于器数,其通变在于事物"①。可见,叶适所说的"道",主要是指事物变化的经验法则和制造器物的技术原理。这个意义上的"道"确实依存于具体事物,并且没有极好至善的道德特征。因此,叶适提出了一个论道的事功标准:"无验于事者,其言不合;无考于器者,其道不化;论高而实违,是又不可也"②。

根据"物之所在,道则在焉"和道理"终归之于物"③ 的事功标准,叶适对理学思潮中极限性范畴进行了专门剖析。极限性范畴是指"无极"、"太极"、"人极"和"皇极"等理学范畴,它们都与存在的极限状态和价值的终极目标密切相关。理学要谈论"性与天道",要"穷理尽性以至于命",要使"全体大用无不明",都需要巧妙地运用极限性范畴来表述其学术思想。叶适通过对"极"与事物关系的分析,否定了超然物外的"无极"、"太极"、"人极"和"皇极"等本体概念的价值至善性和存在独立性。他认为:

> 夫极非有物,而所以建极者则有物也。君子必将即其所以建者言之,自有适无,而后皇极乃可得而论也。④

"极"只是建构事物时的极限状态或终极目标,"极"本身不是独立的存在物。而且相对于不同的事物,其极限状态和终极目标也是不尽相同的。因此,不能笼统地用一个"太极"或"皇极"来抽象地概括不同事物的极限状态和终极目标。他说:

---

① 《进卷·总义》,《水心别集》卷5。
② 《进卷·总义》,《水心别集》卷5。
③ 《习学记言序目》卷47。
④ 《皇极》,《水心别集》卷7。

> 　　极之于天下,无不有也。耳目聪明,血气和平,饮食嗜好,
> 能壮能老,一身之极也;孝慈友弟,不相疾怨,养老字孤,不饥
> 不寒,一家之极也;刑罚衰止,盗贼不作,时和岁丰,财用不匮,
> 一国之极也;越不瘠秦,夷不谋夏,兵革寝伏,大教不爽,天下
> 之极也;此其大凡也。至于士农工贾,族姓殊异,亦各自以为
> 极而不能相通,其间爱恶相攻,偏党相害,而失其所以为极;是
> 故圣人作焉,执大道以冒之,使之有以为异而不以害异,是之
> 谓皇极。①

叶适所理解的"皇极"是事物多样性与差异化的极限存在及其和合境域,而朱熹等人所理解的"太极"则是天地万物"所以然"与"所当然"的最高原理和至善价值。

　　既然事物的现实存在及其极限状态是多样性和差异化,那么人道参赞天地化育的道德使命,就不是单纯的"建用皇极"或"自无极而太极",而是"致中和",将各种极限和合起来。由于事物的极限状态往往表现为两极化,因而"致中和"也就成了怎样使事物的两极化趋势达到"中庸"。叶适指出:

> 　　道原于一而成于两。古之言道者必以两。凡物之形,阴
> 阳、刚柔、逆顺、向背、奇偶、离合、经纬、经纲,皆两也。②
> 　　然则中庸者,所以济物之两而明道之一者也,为两者之所
> 能依而非两者所能在者也。水至于平而止,道至于中庸而至
> 矣。③

---

　①　《皇极》,《水心别集》卷7。
　②　《中庸》,《水心别集》卷7。
　③　《中庸》,《水心别集》卷7。

用现代系统控制论来分析,"中庸"其实是介于两极之间的均衡状态和稳定结构。道德上的"中庸"和市场上的"均衡"、系统内的"稳定"一样,都属于最佳的理想状态。古人出于对天道的敬畏感情,将理想的"中庸"状态称之为"诚"。达到融突两极的中和状态,就是涵养诚实,不起虚伪。

> 故中和者,所以养其诚也。中和足以养诚,诚足以为中庸,中庸足以济物之两而明道之一,此孔子之所谓至也。①

与朱熹的"中和"说相比,叶适的中和道德学说更符合《国语·郑语》、《论语·子路》和《礼记·中庸》的本义。在《国语》中,史伯第一次提出了"和实生物,同则不继"的和合思想。在《论语》里,孔子有"君子和而不同"的道德主张。《礼记·中庸》更是将中和视为天、地、人三极之道和合一体的最高境界:"致中和,天地位焉,万物育焉。"朱熹等人谈论中和过多地纠缠在已发之体与未发之用等心性思辨上,反而失去了"中和之道"的活泼生机。叶适论中和道德,坚持"性合于中,物至于和"② 的和合原理,强调和合的生成机制,反对"弃和取同"的尚同主义。在《习学记言序目》里,他这样发挥史伯的和合思想:

> 因史伯、晏子所言验天下古今之常理,凡异民力作,百工成事,万物并生,未有不求和者,虽欲同之,不敢同也;非惟不敢,势亦不能同也。惟人心之取舍好恶,求同者皆是,而求和者千百之一二焉;若夫綦而至人主,又万

---

① 《中庸》,《水心别集》卷7。
② 《信州重修学记》,《水心别集》卷11。

一焉。贤否圣狂之不齐，治乱存亡之难常，其机惟在于此，可不畏哉！①

历史的经验告诉人们，求同容易求和难。高度抽象的"同一性"或绝对不二的"大一统"，其实既不是天道的自然法则，也不是人道的自由原理，而仅仅是人心的价值取舍与情感好恶。但是，从先秦墨家提出"尚同"主张之后，原始的和合思想逐渐式微。到西汉董仲舒主张《春秋》"大一统"，建议汉武帝"罢黜百家，独尊儒术"以降，和合思想成了曲高和寡的"高山流水"。

此曲只应天上有，人间难得几回闻。宋明理学从《礼记》中选出《中庸》篇，原始的和合思想借助"中和之道"再度焕发生机。但理学主流派对中和的道德探讨过于抽象，偏离了生命智慧的本真意蕴，尽管实现了对儒、释、道三教学术文化的创新式融合，但并没有给整个中国社会带来全新的转机。与主流派过于看重纲常伦理的和谐性相比，叶适及其"永嘉学"虽然是理学中的非主流派，但对中和之道的探索更能体现中国传统学术文化的和合精髓。

总之，叶适既是永嘉学派的集大成者，又是浙东事功学的杰出代表，也是南宋最后的一位思想大家。因其对理学主流派"洛学"和"闽学"皆有批判，而且"所论喜为新奇，不屑掇拾陈语"②，其学术成就往往受到尊奉程朱理学者的有意贬低。如果超越门户偏见和道统樊篱，就不难发现，叶适确实是承前启后的著名学者。其学术思想不仅能够与朱熹和陆九渊鼎足三立，而且对明清之际理学思潮的历史终结和经世致用学风的再度兴起，也产生了重要的历史影响。

---

① 《习学记言序目》卷 12。
② 《四库全书提要·子部》。

四、象山心学:理学的分化

朱熹继承"伊洛之学",通过理气关系的道德建构,完成了理学系统的集大成,成为"道统"的嫡传和大宗。与此同时,除了"永康学"与"永嘉学"对其"道德性命之说"和"道统"观念提出了事功方面的质疑和批判外,江西陆氏兄弟也对其"为学之方"和"无极太极之说"提出了心学方面的异议和挑战。南宋学术围绕理学的展开和集成,出现了空前的繁荣景象。

陆九渊(1139—1193 年)字子静,号存斋,别号象山翁,学者尊称象山先生,江西抚州金溪(今江西临川)人。与其兄陆九韶(字子美,号梭山)和陆九龄(字子寿,号复斋)并称"江西三陆"。全祖望认为:"三陆之学,梭山启之,复斋昌之,象山成之"①。兄弟三人相为师友,和而不同,共同成就江西学派,这在学术史上确属少见。

据陆九渊自己追述,其先祖是春秋齐国的田敬仲,后别氏姓陆。唐末五代为避中原战乱,其高祖举家迁到江西抚州。定居金溪后,陆氏家族在百余年里,一直保持聚族义居的宗法体制。

陆九渊从小就显露出敏感、怀疑和直觉的个性心理特征。大约 4 岁时,问父亲"天地何所穷际?"未得到明确答复后,"遂深思至忘寝食"②。13 岁时,因读"四方上下曰宇,往古来今曰宙"顿悟出"宇宙便是吾心,吾心即是宇宙"③。乾道八年(1172 年),春试南宫,吕祖谦为考官,中选后赐同进士出身。在临安期间,与临安府富阳县主簿杨简相

---

① 《梭山复斋学案》,《宋元学案》卷 57,第 1862 页。
② 《年谱》,《陆九渊集》卷 36,中华书局 1980 年版,第 481 页。
③ 《年谱》,《陆九渊集》卷 36,第 483 页;又见《杂说》,《陆九渊集》卷 22,第 273 页。

识,结成师友关系。乾道九年(1173年),在家院建立槐堂,授徒讲学,以"义利之辨"发明本心,开创江西心学。淳熙元年(1174年)春天,授迪功郎、隆兴县主簿,开始官宦生涯。因继母去世,未能上任。是年夏天,专程前往衢州拜访吕祖谦,受"金华学"注重史学的影响,陆九渊后来在国子学多次讲授《春秋》大义。淳熙二年(1175年),吕祖谦从浙江东阳抵达福建崇安访问朱熹,共同编辑《近思录》作为理学入门。在吕祖谦启程返回浙东时,朱熹送至江西上饶鹅湖寺。吕祖谦遂向朱熹提议,约请"江西二陆"前来相会。南宋学术史上著名的"鹅湖之会"就此举行。

淳熙六年(1179年),陆九渊服丧期满,改授福建路建宁府崇安县主簿。福建崇安是朱熹读书求学、仕官讲学和著书立说的故乡。淳熙八年(1181年),陆九渊前往江南东路南康军拜访朱熹,应邀在白鹿洞书院所作《论语讲义》。从淳熙九年到十二年,陆九渊赴国学讲解《春秋》,进敕局轮对国策,其心学主张受到当时统治者关注。淳熙十三年(1185年),退离朝政,还乡教学,在贵溪应天山创建象山精舍,"四方学徒大集"①,其心学思想趋于成熟。从淳熙十五年(1188年)起,陆九渊与朱熹围绕太极问题发生争论,彼此书信往来,反复辩驳,象山心学与朱子理学再度交锋。淳熙十六年(1189年),孝宗内禅,光宗即位,诏令陆九渊出知荆湖北路荆门军(今湖北当阳)。绍熙二年(1191年)再次诏令疾速到任。绍熙三年正月上元节,陆九渊设厅集会,为荆门吏民讲演《洪范》皇极,场面相当壮观。是年冬天,病死任所。

陆九渊为学重在德性觉悟,不太喜欢著述,一生只留下少量诗文,部分书信和由弟子整理的讲学语录。宁宗开禧元年(1205年),长子陆持之搜集遗文,编成《象山先生全集》28卷,外集6卷,弟子杨简作序。开禧三年(1207年),学生商高老刊行《陆象山文集》。嘉定五年(1212

---

① 《年谱》,《陆九渊集》卷36,第501页。

年),陆持之再度整理《文集》,合编成 32 卷,江西提举袁燮为序。理宗
嘉熙五年(1237 年),陈埙刊行《陆象山语录》。明正德年间,始将《文
集》与《语录》合并成《象山全集》。正德十六年(1521 年),抚州守李茂
之重刻袁燮本,王守仁作序。1980 年,中华书局出版钟哲点校本《陆九
渊集》。

从师承关系看,陆九渊与北宋理学主流派濂、洛、关都没有直接联
系。他的启蒙教育是在其兄长主办的家塾里,通过读《礼经》、《论语》和
《孟子》完成的。成年之前,始终没离开家乡金溪,更没有拜当时名贤大
儒为师。但从学术渊源看,象山心学远承先秦儒家孟子的心性思想,近
传"洛学"明道先生的心学趋向,并使理学内部的心学思想初步形成,为
明代王守仁集心学之大成奠定了学术基础。尽管与朱子理学存在着严
重分歧,象山心学仍属广义的理学范畴,是主流学派之一。因此,《宋元
学案》充分肯定了"象山之学"对程门理学思想的广泛"宗传",对诋毁象
山心学为理学异端的偏激观点给予了批驳:

> 象山之学,先立乎其大者,本乎孟子,足以砭末欲口耳支
> 离之学。但象山天分高,出语惊人,或失于偏而不自知,是则
> 其病也。程门自谢上蔡以后,王信伯、林竹轩、张无垢至于林
> 艾轩,皆其前茅,及象山而大成,而其宗传亦最广。或因其偏
> 而更甚之,若世之耳食雷同,固自以为能羽翼紫阳者,竟诋象
> 山为异学,则吾未之敢信。[1]

据《年谱》和《行状》记载,陆九渊从小就不太喜欢程颐,认为"伊川之言"
与"孔孟之言"不相类[2],而对程颢表示好感,认为明道先生保持了周敦

---

[1] 《象山学案序录》,《宋元学案》卷 58,第 1884 页。
[2] 《年谱》,《陆九渊集》卷 36,第 481、482 页。

颐"吟风弄月"的自在意境。《象山语录》有三段对程门兄弟的评述，可以说明陆九渊的心学主张与程颢的心学倾向确实有内在的逻辑关联：

> 二程见周茂叔后，吟风弄月而归，有"吾与点也"之意。后来明道此意却存，伊川已失此意。[1]
> 伊川学问，未免占决卜度之失。[2]
> 元晦似伊川，钦夫似明道。伊川蔽固深，明道却通疏。[3]

鉴于心学是明代学术发展的主流，两宋心学思想并未从整个理学体系中彻底解构和完全分化出来。不论是程明道还是陆象山，其心学倾向都是"具体而微"，有待充实和完善，因而不足以与理学思路及其价值取向抗衡。

用形象的话语讲，陆九渊的心学思想具有中介过渡性质，是走向心学之路的探索过程。宋明理学正是通过象山心学以及朱陆之辩的中介过渡，才实现了从朱子理学到阳明心学的逻辑转折，并使整个理学思潮走向自我解构。因此，象山心学的学术意义，不在于提出了相"闽学"相反的心性主张和义理学说，而在于揭示出理学内部的结构张力和思路冲突。用陆九渊的话讲，就是"易简工夫"与"支离事业"的悬殊；按朱熹的意思说，就是"尊德性"和"道问学"之间的差异。

1. 易简工夫：此心此理不容有二

根据朱熹哲学的范畴逻辑结构，在从"物"到"理"的回归过程中，必须通过"正心诚意"、"格物致知"等一系列心性修养工夫"即物穷理"，才

---

[1]　《语录上》，《陆九渊集》卷34，第401页。
[2]　《语录上》，《陆九渊集》卷34，第403页。
[3]　《语录上》，《陆九渊集》卷34，第413页。

能使"众物之表里精粗无不到,而吾心之全体大用无不明"①。在陆九渊看来,既然天地万物之理早已具备于"吾心",那么就根本没有必要"今日格一件,明日格一件",从事"支离"心性义理和合性的渐修事业,而应直截了当地去发明义理化的道德本心,使"此心"与"此理"和合一体,别无二致。因此,发展到陆九渊这里,理学核心话题心性与义理的关系问题极大简化,变换成为"此心"与"此理"在人生此在的和合贯通。

据《年谱》称,陆九渊在十三岁时因"宇宙"二字顿悟到"此心"与"此理"的同构关系,形成了"心即理"心学主张。

> 东海有圣人出焉,此心同也,此理同也。西海有圣人出焉,此心同也,此理同也。南海北海有圣人出焉,此心同也,此理同也。千百世之上至千百世之下,有圣人出焉,此心此理,亦莫不同也。②

东西南北即"宇",千百世上下即"宙"。在无穷的宇宙时空内,"此心此理"本体同一,没有限隔。后来,他在给曾宅之的书信里引经据典,对"此心此理"本体同一,不容存在二分的心学主张作了进一步的发挥:

> 盖心,一心也,理,一理也,至当归一,精义无二,此心此理,实不容有二。故夫子曰:"吾道一以贯之。"孟子曰:"夫道一而已矣。"又曰:"道二,仁与不仁而已矣。"如是则为仁,反是则为不仁。仁即此心也,此理也。求则得之,得此理也;先知者,知此理也;先觉者,觉此理也;爱其亲者,此理也;敬其兄

---

① 《大学章句》,《四书章句集注》,第7页。
② 《年谱》,《陆九渊集》卷36,第483页;又见《杂说》,《陆九渊集》卷22,第273页。

者,此理也;见孺子将入井而有怵惕恻隐之心者,此理也;可羞
之事则羞之,可恶之事则恶之者,此理也;是知其为是,非知其
为非,此理也;宜辞而辞,宜逊而逊者,此理也;敬此理也,义亦
此理也;内此理也,外亦此理也。故曰:"直方大,不习无不
利。"孟子曰:所不虑而知者,其良知也;所不学而能者,其良能
也。此天之所与我者,我固有之,非由外铄我也。故曰:"万物
皆备于我矣,反身而诚,乐莫大焉。"此吾之本心也,所谓安宅、
正路者,此也;所谓广居、正位、大道者,此也。古人自得之,故
有其实。言理则是实理,言事则是实事,德则实德,行则实
行。①

在此,陆九渊借助《论语》、《孟子》和《易传》中的观点来证明自己的心学
主张是"实理"、"实事"、"实德"和"实行",从而与整个理学思潮的求实
精神相一致。从这段论述里,我们可以概括出象山心学的范畴逻辑结
构:"理"→"心"→"理",即通过对"吾之本心"的顿悟式发明,让先验的
伦理价值"仁义",直接转换成主体实践的道德原理。具体分析,陆九渊
对"此心"与"此理"内外和合境域的逻辑建构,是按照以下三个步骤展
开的。

第一、万物皆备于我,义理已具于心

天地万物的正理、定理和公理,其实不外乎仁义道德。而仁义道德
就是人的"本心"。"仁即此心也,此理也"②。吾心与物理处处连通,和
合为仁义大道。在仁道内,吾心是兼有"四端"、皆备万物的仁义"本
心",物理是植根于人心、发用于人伦的仁义之理。"人心至灵,此理至

---

① 《与曾宅之》,《陆九渊集》卷 1,第 4、5 页。
② 《与曾宅之》,《陆九渊集》卷 1,第 5 页。

明,人皆有是心,心皆具是理"①。"本心"灵觉而物理疏明,两者交相辉映,使宇宙万物皆具吾心,吾心义理充塞宇宙。因此,陆九渊指出:"万物森然于方寸之间,满心而发,充塞宇宙,无非此理。孟子就四端上指示人,岂是人心只有这四端而已?又就乍见孺子入井皆有怵惕恻隐之心一端指示人,又得此心昭然,但能充此心足矣"②。

第二、宇宙即吾心,性外无余理

人生天地之间,"此心"所寓形体固然十分渺小,但因其皆备万物义理,故能遍历宇宙,进入无穷的和合意境。一旦充塞宇宙,吾心与宇宙息息相通,义理等价,别无二致。此时,"内此理也,外亦此理也"③。既然吾心与宇宙一理融贯,无间内外,不别大小,那么,"宇宙便是吾心,吾心即是宇宙"④。

吾心与宇宙之所以能够彼此相即,内外无间,是因为心内的性理与心外的物理精义不二,完全对等,均属天命善性,仁义正理。"天下正理不容有二。若明此理,天地不能异此,鬼神不能异此,千古圣贤不能异此"⑤。人只要能够尽现自我的心性之理,也就通彻了天地的物性之理,不是心性之外别有天地万物之理须识知。尽心则知性,知性即穷理;反之亦然。"诚以吾一性之外无余理,能尽其性者,虽欲自异于天地,有不可得也"⑥。

第三、无我亦无物,此心即此理

深入推究,人心、己心之别,心性、物性之异,皆因物我二分,不能忘己任理。"有己则忘理,明理则忘己。'艮其背,不见其身,行其庭不见

---

① 《杂说》,《陆九渊集》卷22,第273页。
② 《语录上》,《陆九渊集》卷34,第423页。
③ 《与曾宅之》,《陆九渊集》卷1,第5页。
④ 《杂说》,《陆九渊集》卷22,第273页。
⑤ 《与陶赞仲二》,《陆九渊集》卷15,第194页。
⑥ 《天地之性人为贵论》,《陆九渊集》卷30,第347页。

其人'，则是任理而不以己与人参也"①。易道的"艮背行庭之旨"，其心学旨意在于忘己忘人，无我无物。"'艮其背，不获其身'，无我；'行其庭，不见其人'，无物。"② 人心若能既无我意之溺又无物欲之蔽，就会悟彻"心，一心也，理，一理也，至当归一，精义无二，此心此理，实不容有二"的道体诚明和合境域。

象山心学的以上论述，始终是以"本心"为立论基础的。因"本心"是仁义心性与天命义理的和合体，所以，围绕"本心"推演出来的"此心"与"此理"，就只能是不别内外，不分物我的和合价值本体。

陆九渊通过"本心"概念将"此心"与"此理"和合成为一体，展示出"心即理"命题的不二精义。但陆九渊的心性价值是"归一无二之学"，他并没有排除心外之理的存在，只是在"至当归一，精义无二"的本体论意义上，"此心"与"此理"不是两个彼此独立的精神实体。这在理论思维上毕竟"粗些"。后来，王阳明多次委婉地批评了象山心学的这一"未精一处"，提出了"心外无理"和"心外无物"的"惟精惟一之学"，才完成了心学对理学的解构和心学自身的集成。

"此心"与"此理"内外和合一体之后，还必须让这一和合本体发用流行起来，才能发挥天命义理和仁义道德的价值准则作用。陆九渊认为，人心虽是身躯的主宰，在五官感知系统里最为尊大，但与宇宙大道相比，毕竟十分渺小。因此，他常常有"小心翼翼，心小而道大"③ 的感慨。不过，人心的形体虽渺小，人道的义理却浩大。人道与天地之道并立为"三极之道"，其仁义法则又是宇宙万象、天地万物的义理之源。就此而言，"天地人之才等尔。人岂可轻，人字又岂可轻！"④ 作为人，只要尽职于人道，只要顺从仁义道德，就能成为顶天立地的大人："夫大人

---

① 《语录下》，《陆九渊集》卷 35，第 473 页。
② 《语录上》，《陆九渊集》卷 34，第 419 页。
③ 《语录下》，《陆九渊集》卷 35，第 449 页。
④ 《语录下》，《陆九渊集》卷 35，第 463 页。

者,与天地合其德,与日月合其明,与四时合其序,与鬼神合其吉凶"①。

在心性修养方面,要尽职于人道,成就大人的和合事业,首先要做到心无贰用。"小心翼翼,昭示上帝;上帝临汝,勿贰尔心。战战兢兢,那有闲管时候"②。若能终日乾乾,诚敬专一,"本心"就像涓涓细流,日增不息,就如小小草木,月茂不止,不断发育流行,直到充塞宇宙。

要使心无贰用,就必须有动静皆正的存养工夫。"若自谓已得静中工夫,又别作动中工夫,恐只增扰扰耳。何适而非此心,心正则静亦正,动亦正;心不正则虽静亦不正矣。若动静异心,是有二心也"③。只要心意专一,念虑端正,就能一心一意,贯彻动静,不失正理。然而,人心意念思虑的萌发,始终存在趋善与趋恶、为公与为私、向义与向利等截然相反的价值取向。"念虑之正不正,在顷刻之间。念虑之不正者,顷刻而知之,即可以正。念虑之正者,顷刻而失之,即是不正。此事皆在其心"④。心性修养的根本目的,就是要使念虑端正,好善好仁。"好善而恶不善,好仁而恶不仁,乃人心之用也"⑤。若能如此修养,道义兼备吾心,义理充满宇宙,"居天下之广居,立天下之正位,行天下之大道,乃吾分内事耳"⑥。

"本心"经修养发育后进入流行过程,此时吾心与宇宙的关系存在两种可能:一是吾心与宇宙相即和合,一是吾心与宇宙限隔分离。在相即关系下,吾心和宇宙义理贯通,"宇宙内事,是己分内事。己分内事,是宇宙内事"⑦。在限隔状态中,气禀蒙蔽,习俗移夺,意见陷溺,"此心

---

① 《语录下》,《陆九渊集》卷35,第449页。
② 《语录下》,《陆九渊集》卷35,第449页。
③ 《与潘文叔》,《陆九渊集》卷4,第57页。
④ 《杂说》,《陆九渊集》卷22,第270页。
⑤ 《与辛幼安》,《陆九渊集》卷5,第71页。
⑥ 《与邵中孚》,《陆九渊集》卷7,第91页。
⑦ 《杂说》,《陆九渊集》卷22,第273页。

为之不灵,此理为之不明"①。相即和合,是"本心"发育的正道,是人心向善的本真状态;限隔分离,是私欲横流的邪道,是人心陷恶的蒙蔽状态。"有善必有恶,真如反复手。然善却自本然,恶却是反了方有"②。

反邪归正,改过迁善,是人道应有的流行机制;邪道反用,使其归正,是人心应具的反馈原理。"人精神千种万般,夫道一而已矣"③。吾心通达宇宙的大道只有一条,即仁义道德。只有顺从仁义道德,依据道义和公理除去私欲和意见,人才能成为名副其实的弘道主体。人心一旦顺从义理而无私欲杂染,日用常行,君臣父子,莫非人道,莫非天道。"道外无事,事外无道"④。在内外、物我、心理等多维和合的道路上,吾心与宇宙已经完全一体化,不容再分辨本末先后、内外大小。"知道则末即是本,枝即是叶"⑤。

陆九渊走向心学之路仅仅在"心即理"和"易简工夫"上迈出艰难的第一步,在格致论和知行观上,象山心学基本上沿袭了程朱理学的逻辑思路,没有创新性的思想突破。

陆九渊认为,"格、至也,与穷字、究字同义,皆研磨考索,以求其至耳"⑥。"格物"的主要任务有三项:一是"研究物理"⑦,二是"研核天下治乱、古今得失底人"⑧,三是"格君心之非,引之于当道"⑨。"格物"的具体方法是"博学、审问、慎思、明辨"⑩。"致知"的基本目的是"明理"。

---

① 《与李宰二》,《陆九渊集》卷10,第149页。
② 《语录上》,《陆九渊集》卷34,第400页。
③ 《语录下》,《陆九渊集》卷35,第451页。
④ 《语录上》,《陆九渊集》卷34,第395页。
⑤ 《语录下》,《陆九渊集》卷35,第435页。
⑥ 《格矫斋说》,《陆九渊集》卷20,第253页。
⑦ 《语录下》,《陆九渊集》卷35,第440页。
⑧ 《与吴仲时》,《陆九渊集》卷6,第88页。
⑨ 《与郑溥之》,《陆九渊集》卷12,第179页。
⑩ 《学说》,《陆九渊集》卷21,第263页。

这些观点都是"相沿得来",与程朱理学的格致学说没有原则分歧。但陆九渊的格致论已有两点明显的心学走向：

首先，"格物"只是减轻负担。

陆九渊认为，科举考试和场屋时文，已经使学术知识变成了学者沉重的精神负担。因此，学者为学尽人道，必须从科举和场屋中解放出来。这样，"大学之道"中的"格物"，就不能再采取填鸭式增益，只能依据启发式减损。他说："学者疲精神于此，是以担子越重。到某这里，只是与他减担，只此便是格物"①。"格物"不再是见闻知识的积累和增益，而是减轻学习负担，放下思想包袱，解放主体精神，弘扬仁义道德。这就是象山心学所倡导的"易简工夫"在"格物"中的体现。

其次，"格物"只在心上理会。

陆九渊虽然也用"穷理"来解释"格物"，但却反对离开"本心"而去外面穷究物理，到文字里面谈论道理，主张先"自作主宰"，涵养德性。他说："既知自立，此心无事时，须要涵养，不可便去理会事"②。他还以自己为例，具体说明"格物"应当在身心上理会根本道理，不应陷入事务中追逐细枝末节："凡事莫如此滞滞泥泥，某平生于此有长，都不去着他事，凡事累自家一毫不得。每理会一事时，血脉骨髓都在自家手中。然我此中却似个闲闲散散全不理会事的人，不陷事中"③。打比方说明："只与理会实处，就心上理会。俗谚云：'痴人面前不得说梦。'又曰：'狮子咬人，狂狗逐块。'以土打狮子，便径来咬人，若打狗，狗狂，只去理会土"④。在他看来，读书讲学都"须是血脉骨髓理会实处始得"。否则，到外面奔波逐流，只管在册子中理会文字，便是"滞滞泥泥"的"支离事业"，便是目中无人而追逐土块的狂狗行为。这表明，象山心学已向"致

① 《语录下》，《陆九渊集》卷35，第441页。
② 《语录下》，《陆九渊集》卷35，第454页。
③ 《语录下》，《陆九渊集》卷35，第459页。
④ 《语录下》，《陆九渊集》卷35，第444、445页。

良知"迈出了艰难的思维步伐。

理学的"格物致知"总体上属于认知范畴,其中的"学问思辨"属于修养论意义上的行为范畴。陆九渊认为:"知先行后"的认知秩序是《大学》、《中庸》和《易传》等儒学经典通行的"实理"、"实学"和"实功"。"自《大学》言之,固先乎讲明矣。自《中庸》言之,学之弗能,问之弗知,思之弗得,辩之弗明,则亦何所行哉?来尝学问思辨,而曰吾惟笃行之而已,是冥行者也"①。自《易传》而言之,"吾知此理即《乾》,行此理即《坤》。知之在先,故曰《乾》知太始。行之在后,故曰《坤》作成物"②。因此,"致知"的优先性和力行的继后性,完全符合"天尊地卑,乾坤定矣"的等级秩序。

知行工夫虽有先后两节,心性本体却无丝毫间断。"涵养讲究,却是本分事"③。作为吾心的本分事,知行条贯统续,不因先后有序而间隔中断。"已知者,则力行以终之;未知者,学问思辨以求之;如此则谁得而御之?"④ 知行先后一贯,形式上具有"知行合一"的逻辑轮廓。特别是象山心学对念虑邪正的关注和在"顷刻之间"端正意念的修养思想,已走近了王阳明"致良知"说的门槛。

陆九渊将知行分为先后两节的做法,表明其心学思想尚未摆脱程朱理学知行观的影响,其先致知而后力行的主张,仍然是"析心与理为二"的理学风格。直到王阳明提出"知行合一"和"致良知"后,陆王心学才从认知论上与程朱理学划清了学术界限。但这要等四百年以后,程朱理学变为僵化教条,对其范畴逻辑结构的革命性解构才能真正完成。

---

① 《与赵泳道二》,《陆九渊集》卷12,第160页。
② 《语录上》,《陆九渊集》卷34,第401页。
③ 《与包敏道六》,《陆九渊集》卷6,第84页。
④ 《与傅圣漠三》,《陆九渊集》卷6,第79页。

2. 鹅湖之会:朱陆同异之辩

朱陆同异之辩,是宋明理学内部的一桩学术公案。单从思想自身的历史发展看,朱陆之辩实质上是先秦儒学孟荀之辩合乎逻辑的继续。

孔子首创儒学时,就设置了一条仁爱与理智"中庸"的"夫子之道"。这条"仁且智"的"夫子之道",将内在的人类心性和外在的天命义理在"克己复礼为仁"的道德实践中"一以贯之"。其后,孟子侧重从内在的心性出发,沿着尽心→知性→知天的外向超越之路,弘扬了孔子的仁学思想,并使"仁义礼智根于心",使"万物皆备于我",形成了以性善学说与天人合一为标志的"孔孟之道"。荀子则侧重从外在的义理入手,顺从"制天命而用之","化性起伪"和"礼义法度"的内向超越之路,发挥了孔子的礼学主张和正名思想,强调"明于天人之分"和"制名之枢要",形成以性恶学说和天人相分为特征的"孔荀之道"。就范畴逻辑结构看,"孔孟之道"与"孔荀之道"是儒学历史发展的"两翼"和"双轮",缺一不可。

宋明理学虽在名分上将荀子排斥在"道统"以外,但是在建构理学思想体系时,却悄悄地将荀子的性恶思想和天人相分观点吸纳到范畴系统中。特别是程朱理学的天理范畴,在形式上接受了荀子"天行有常,不为尧存,不为桀亡"[①] 的思想,而其"存天理灭人欲"的著名命题,客观上用理欲尺度将天人分裂为二,这正是荀子"明于天人之分"在理学内部的逻辑复制。相比之下,陆王心学更接近孟子的心性主张,陆九渊的"本心"概念和王阳明的"良知"学说,都是直截了当地沿着孟子的思路建构出来的。可以这样说,在宋明理学思潮中,程朱理学与陆王心学的对待互补关系,正是先秦儒学中"孔孟之道"与"孔荀之道"对偶互补关系的在学术历史长河内逻辑折射。

---

① 《天论篇第十七》,《荀子集解》卷11。

但是,由于元明清三代崇尚程朱理学,陆王心学反倒成了"异端邪说",受到官方学术的排挤和攻讦。特别是到了明代中叶,王阳明在集心学大成时,不得不撰写《朱子晚年定论》,借用程朱理学的学术权威来为陆王心学的合理性与全法性进行学术辩护。中国传统儒学以两宋为界,由汉唐时期的"孔孟之道"转换为宋明时期的程朱理学,其政治实质是由独尊"儒术"转换成为专任"道统"。撕去政治制度给学术思潮贴上意识形态标签,就理学思潮自身的范畴逻辑结构和理论思维分析,朱陆同异之辩只不过是儒学内部"同归而殊途,一致而百虑"的争鸣现象罢了。

第一、支离事业与易简工夫

孝宗淳熙二年(1175 年),吕祖谦为调和朱熹与陆氏兄弟间的思想分歧,于江西信州鹅湖寺举行"鹅湖之会"。在会上,陆九龄首先做诗以表白其心学主张:

> 孩提知爱长知钦,古圣相传只此心。
>
> 大抵有基方筑室,未闻无址忽成岑。
>
> 留情传注翻蓁塞,着意精微转陆沉。
>
> 珍重友朋相切琢,须知至乐在于今。①

诗朗诵到一半,朱熹就对吕祖谦说:"子寿早已上了子静舡了也"②。诗罢,进行了学术辩论。陆九渊也和诗一首:

> 墟墓兴哀宗庙钦,斯人千古不磨心。
>
> 涓流滴到沧溟水,拳石崇成泰华岑。

---

① 《语录上》,《陆九渊集》卷 34,第 427 页。
② 《语录上》,《陆九渊集》卷 34,第 427 页。

> 易简工夫终久大，支离事业竟浮沉。
>
> 欲知自下升高处，真伪先须辨只今。①

诗吟诵到第六句"支离事业竟浮沉"时，朱熹脸上顿然失色。诗罢，朱熹极不高兴，因气氛过于紧张，吕祖谦宣布暂时休会，不再辩论，以免伤了雅致与和气。"鹅湖之会"三年后，朱熹也和了陆氏兄弟诗一首：

> 德业流风夙所钦，别离三载更关心。
>
> 偶携藜杖出寒谷，又枉篮舆度远岑。
>
> 旧学商量加邃密，新知培养转深沉。
>
> 只愁说到无言处，不信人间有古今。②

在"鹅湖之会"，朱陆之辩的中心议题是"为学之方"，即通过什么样的方法和途径来体认与践履儒家的仁义道德。

> 鹅湖之会，论及教人。元晦之意，欲令人泛观博览，而后归之约。二陆之意，欲先发明人之本心，而后使之博览。朱以陆之教人为太简，陆以朱之教人为支离，此颇不合。先生更欲与元晦辩，以为尧舜之前何书可读？复斋止之。③

陆九渊认为，与宇宙共存、千古不灭的道德主体是"此心"、"本心"。为学的大本和达道，应当首先"发明本心"，使人成为"自作主宰"的实践

---

①　《语录上》，《陆九渊集》卷34，第427、428页。

②　《年谱》，《陆九渊集》卷36，第490页。

③　《年谱》，《陆九渊集》卷36，第491页。

主体,然后才能忠实而自然地履行仁义道德。否则,主体不明,没有主宰,徒劳地有博览群书方面用功,这是无源之水、无本之木,必至于支离烦琐,茫然无得。

朱熹则认为,"天理"是宇宙万象、天地万物惟一的价值本体。只有确立"天理"本体对心智活动的统帅地位和主宰作用,才能完成"存理灭欲"的道德修养使命。因此,为学之要在"即物而穷其理"。通过不间断的"格物"工夫,积习既久,"一旦豁然贯通",才能使"吾心之全体大用无不明"。"即物穷理"是"发明本心"的先决条件,而"本心"的发明只不过是穷理达到极限境界、内外豁然贯通以后的心性觉悟状态。因此,朱熹主张由博返约的学问方法。

朱陆在"为学之方"上的分歧,实际上反映了理学与心学在范畴逻辑结构中思维路向的相反相成关系。理学思潮要解决的根本问题,是人类心性与天命义理、道德主体与价值本体以及内在意义尺度与外在事实尺度三者之间的和合关系。

朱熹沿着"理一分殊"之路走出神秘的未发气象后,在回归价值本体时面临两种不兼容的理性选择:要么沿着内化超越之路,依据价值本体的绝对权威统帅道德主体的能动力量;要么沿着外化超越之路,根据道德主体的能动力量来履行价值本体的天赋使命。虽然这两条思路最后都能达到内外尺度在意义和事实双重维度上的和合境域,但在同一范畴系统内,它们却彼此对立,无法逻辑自洽。朱熹建构其理学大厦之时,前期主要运用第一条逻辑思路,完成了从天命义理到人类心性的内化类推,使"万理具于一心"。既然心性已具备了天地万物"极好至善的道理",那就根本没有必要再去"即物穷理"了,只要依照心中的德性原理踏踏实实地去践履就完事大吉了。但朱熹缺乏理论思维上的逻辑自觉和话语自律,在其理学大厦的后期工程中,不顾内化思路的逻辑约束,过度使用"一分为二"的原则支离心性主体,将心体肢解为"道心"与"人心",将性体分裂为"天命之性"

与"气质之性"，并为《大学》"格物致知"补传，制造经典证据。这种求大全的精神虽然十分可贵，但殊不知，理论体系的完备性与一致性是不可兼得的。朱熹集理学大成时，过分追求体系的完备性而牺牲了逻辑的一致性。

陆九渊对朱子理学"支离事业"的揭露，正好击中了理学范畴系统在逻辑上的不一致性这一致命要害。而他倡导的"易简工夫"，体现出来的学术精神正是对范畴体系一致性和思维经济原则的苦苦追寻。同样，陆九渊本人也没有达到真正的逻辑思维自觉，尤其是他的格致学说和知行观点，与其心学范畴系统所应遵循的外化超越思路是不相称的，也是一种"支离事业"。因此，朱陆关于"为学之方"的争辩，反唇相讥多于真诚探讨，而且以诗对答，诉诸形象，更增加了彼此之间的学理误解和逻辑隔阂。站在当代学术高度反观朱子理学和象山心学的思想差异，就可越出门户偏见，看到其逻辑结构真相。打个比方，朱熹与陆九渊如同两个参赛运动员，在环形跑道上分别沿着顺时针方向和逆时针方向行进，以期达到共同的终点。中途二人对面相遇，彼此为谁走的是正道而展开了争辩，相持不下。后来裁判出来，裁定朱熹所选的理学方向为"正道"，陆九渊的心学走向便自然是"邪道"了。其实，他们所遵循的学术思路，都属于"内外合一之道"。

第二、无极而太极

尽管朱陆在逻辑结构上相反相成，但在学术文化"大一统"的经学时代，二者却如同水火，是难以相容的。作为"鹅湖之会"学术争辩的继续和深化，淳熙十三至十五年（1186—1188 年），朱陆之间又展开了一场更为复杂的"无极而太极"之辩。

这场学术争论是由陆九韶首先发起的。他根据《通书》只字未提"无极"，进而怀疑《太极图说》的真实性，认为此书或不出于周敦颐之手，或是周子学说未成熟时的习作，不足为凭。朱熹不同意这种推测，主张"无极而太极"是"濂学"对道体的真知灼见，是"无形而有理"的意思。经过两度通信辩论，陆九韶因"晦翁好胜，不肯与辩"①。陆九渊主动出场，接替陆九韶继续与朱熹展开更为深入的论辩。

淳熙十五年(1188年)四月十五日，陆九渊给朱熹写信，阐述了他对"梭山之说"的赞同立场，集中反驳了朱熹《与梭山书》中的辩解理由。十一月八日，朱熹来信继续回护其理学观点，系统阐述了他的太极本体学说。十二月十四日，陆九渊再次写信，针对朱熹关于"昧于道器之分"的指责，简要说明了他的"阴阳即道"与"事外无道"的道器和合观。淳熙十六年(1189年)正月，朱熹再度来信，分十四条反驳陆九渊的看法和主张，对其太极本体说与道器差分观作了最后的学术申辩。在书信末尾，朱熹特别附写了一张纸条，无可奈何地表示，陆九渊在辩论中早已"先立一说，务要突过有若、子贡以上，更不数近世周程诸公"，在对"道学"的理解上，两人很难达到一致。为了不伤和气，不碍交情，应"各尊所闻，各行所知，亦可矣，无复可望于必同也"②。陆九渊对朱熹这一和而不同的诚恳建议，以沉默的方式表示同意，不再论辩。

朱陆有关"无极而太极"的争辩，主要分歧有以下三点：

其一，关于"极"字训释的争辩。

陆九渊训"太极"的"极"为"中"，反对使用"无极"这一提法。他说："盖极者，中也，言无极则是犹言无中也，是奚可哉？若惧学者泥于形器而申释之，则宜如《诗》言'上天之载'，而于下赞之曰'无声无臭'可也，岂宜以无极字加于太极之上？"③"无极"意味着"无中"，与孔孟以来儒家的"中庸之道"不相符合。

朱熹训"极"为"究竟至极"。他说："且夫《大传》之太极者何也？即两仪、四象、八卦之理，具于三者之先，而缊于三者之内者也。圣人之

---

① 《与陶赞仲》，《陆九渊集》卷15，第192页。
② 《朱熹答陆九渊书》，《陆九渊集》附录2，第560页。
③ 《与朱元晦》，《陆九渊集》卷2，第23、24页。

意,正以其究竟至极,无名可名,故特谓之太极。犹曰'举天下之至极,无以加此'云尔,初不以其中而命之也"①。在朱熹看来,只有用"究竟至极"来理解"极"字,才能表达天理相对于有形存在的至上性和超越性。倘若以"极"为"中",囿于有形物体的时空存在,那将无法体现"天理"对时空存在的本体超越。

透过字义争辩,朱陆的分歧在于如何恰当地表述"此理"之实在性。陆九渊侧重于"此理"的惟一性及其对时空存在的兼容性,而朱熹则强调"此理"的无限性及其对时空形式的超越性。

其二,关于无极与太极关系的争辩。

陆九渊认为:"大抵言无极而太极是老氏之学,与周子《通书》不类。《通书》言太极不言无极,《易大传》亦只言太极不言无极。若太极上加无极二字,乃是蔽于老氏之学"②。他形象地嘲讽朱熹说:"某窃谓尊兄未曾实见太极,若实见太极,上面必不更加'无极'字,下面必不更着'真体'字。上面加'无极'字,正是叠床上之床;下面着'真体'字,正是架屋下之屋"③。

朱熹反驳说:"若论无极二字,乃是周子灼见道体,迥出常情,不顾旁人是非,不计自己得失,勇往直前,说出人不敢说底道理,令后之学者晓然见得太极之妙,不属有无,不落方体。若于此看得破,方见得此老真得千圣以来不传之秘,非但架屋下之屋,叠床上之床而已也"④。并反复强调指出:"不言无极,则太极同于一物,而不足为万化根本;不言太极,则无极沦于空寂,而不能为万化根本"⑤。

其三,关于道器关系的争辩。

---

① 《朱熹答陆九渊书(五)》,《陆九渊集》附录2,第552页。
② 《与陶赞仲》,《陆九渊集》卷15,第192页。
③ 《与朱元晦(二)》,《陆九渊集》卷2,第27页。
④ 《朱熹答陆九渊书(五)》,《陆九渊集》附录2,第553页。
⑤ 《朱熹答陆九渊书(五)》,《陆九渊集》附录2,第553页。

陆九渊主张"道器之合",反对将道器、理气、太极阴阳上下截然分开。他说:"《易》之《大传》曰'形而上者谓之道',又曰'一阴一阳之谓道',一阴一阳,已是形而上者,况太极乎?"[①]

朱熹主张"道器之分",反对将形而上者与形而下者、一阴一阳与所以一阴一阳者混为一谈。他说:"至于《大传》既曰'形而上者谓之道'矣,而又曰'一阴一阳之谓道',此岂真以阴阳为形而上者哉? 正所以见一阴一阳虽属形器,然其所以一阴一阳者,是乃道体之所为也。"[②] 他明确地批评陆九渊"直以阴阳为形而上者,则又昧于道器之分矣"[③]。

朱陆的无极太极之争,已触及到理学与心学的实质性分歧,即对价值本体与道德主体相互关系的学术理解。在朱子理学系统,价值本体在义理上高于道德主体,主体能动作用必须无条件地服从本体支配,本体具有至高无上的绝对权威。其突出的代价是,削弱了主体的能动作用,使仁义道德成了僵化的教条。在象山心学体系,道德主体在逻辑上先于价值本体,本体的绝对权威只有通过主体的能动作用才能行之有效。本体只是主体"自作主宰"的内在尺度。其潜在的危机是,淡化了本体的绝对权威,使仁义道德染上了主观随意性。

朱陆在世时,彼此之间虽有相当激烈的辩驳,甚至相互指斥对方是禅学,但二人在义利之辨、三纲五常和仁义道德等根本观点上仍能达成共识。诚如黄宗羲所言:"……二先生之虚怀从善,始虽有意见之参差,终归于一致而无间,更何烦有余论之纷纷乎?"[④] 但是,两家门人弟子及其崇拜者,未能以探索学术真理为宗旨,将朱陆同异之辩保持在平等自由的争鸣范围内,而是推波助澜,兴风作浪,各呈偏激,以至达到势不两立境地:"于是宗朱者诋陆为狂禅,宗陆者以朱为俗学,两家之学各成

① 《与朱元晦》,《陆九渊集》卷2,第23页。

② 《朱熹答陆九渊书(五)》,《陆九渊集》附录2,第553页。

③ 《朱熹答陆九渊书(五)》,《陆九渊集》附录2,第553页。

④ 《象山学案》案语,《宋元学案》卷58,第1887页。

门户,几如冰炭矣!"①

象山心学在南宋时期的传承主要有两系:一是以《宋元学案》卷77所收录的"槐堂诸儒"为代表的江西学系,一是以"甬上四先生"为代表的浙东学系。前者多是陆九渊在金溪槐堂和贵溪象山精舍培养出来的本乡弟子,他们虽在学术上无所建树,但地域门户观念十分强烈,对心学宗派的建立与传承起过重要作用。嘉定十年(1217年),经槐堂弟子的多方努力,陆九渊在死后25年,荣获"文安"谥号,在正史"儒林"中赢得了合法席位。"甬上四先生"为杨简(1141—1226年),袁燮(1144—1224年,字叔和),舒璘(1136—1199年,字元质)和沈焕(1139—1191年,字叔晦)。他们的学术活动集中在四明山麓和甬江流域一带,对陆九渊的心学主张多有发挥。其中,杨简是"甬上四先生"中最为优秀的学者,也是陆门传承象山心学最有力的弟子。

杨简字敬仲,慈溪(今属浙江省)人。因筑室于慈湖居住,世称慈湖先生。主要著作有《杨氏易传》,《慈湖诗传》以及后人编纂的《慈湖遗书》。其心学思想集中体现为两点:一是以"虚明无体"之心范围天地万物,二是认为人心本自灵明,倡导"毋意之旨"。

在心学路上,杨简比陆九渊走得更远。他认为,人心是无思无虑、寂然不动的"虚明无体"。天地万物、宇宙万化,都是吾心的显象:"心何思何虑,虚明无体,广大无际,天地范围于其中,四时运行于其中,风霆雨露霜雪散于其中,万物发育其中,辞生于其中,事生于其中"②。既然天地万物尽在吾"虚明无体"的心中,那么,"天地,我之天地;变化,我之变化,非他物也。"③ 在杨简的心学思维里,宇宙不过是一己之"心",天地不过是大写的"我":"天者,吾性中之象;地者,吾性中之形,故曰'在

① 《象山学案》案语,《宋元学案》卷58,第1886页。
② 《著庭记》,《慈湖遗书》卷2。
③ 《慈湖学案·慈湖己易》,《宋元学案》卷74,第2467页。

天成象,在地成形',皆我之所为也,混融无内外,贯通无异殊,观一画,其指昭昭矣"①。这些观点,无疑是对陆九渊"宇宙便是吾心"的极限推论。

杨简"虚明无体"的心,是主体灵觉意境无限膨胀后的思辨产物。这点儿弥漫宇宙、充塞天地的"虚明",是后来王守仁"灵明"思想的先导。杨简反对任何起意动念的心理行为。他说:"人心自明,人心自灵,意起我立,必固碍塞,始丧其明,始失其灵"②。在他看来,一切意识活动,都会给"虚明无体"的心灵增添阴影。道德修养的目的,就在于永远使心灵保持寂然不动、感而遂通的直觉状态:"一则为心,二则为意;直则为心,支则为意;通则为心,阻则为意。直心直用,不识不知,变化云为,岂支岂离? 感通无穷,匪思匪为,孟子明心,孔子毋意,意毋则此心明矣"③。将心灵本体与意念活动截然对立,杨简所说的"心"完全成了枯寂之禅心。

与象山心学相比,朱子理学因受"庆元党祸"的沉重打击,一时处于低迷状态。南宋后期,经真德秀(1178—1235 年,字景元,世称西山先生)和魏了翁(1178—1237 年,字华父,世称鹤山先生)等人的广泛传播、竭力推崇和积极提倡,程朱理学逐渐取得了统治地位,成为学术正统。南宋理宗宝庆三年(1227 年),诏尊朱熹为"太师",追封"信国公",褒扬《四书集注》。到元代,朱子理学北上传播,成为官方学术。在元人编修的《宋史》里,程朱已从普通的《儒林列传》晋升到《道学列传》,正式成为孔孟"道统"的宗传者。

朱陆同异之辨先后历时约四百年。其间,既有"学统"上的宗派之争,又有"政统"上的正邪之分,更有"道统"上的嫡庶之别,三者彼此缠

---

① 《慈湖学案·慈湖己易》,《宋元学案》卷 74,第 2468 页。
② 《慈湖学案·绝四记》,《宋元学案》卷 74,第 2475 页。
③ 《慈湖学案·绝四记》,《宋元学案》卷 74,第 2476 页。

绕,便人如堕五里之雾,难明真相。然而,透过历史长河的重重雾障,朱陆在学术思想上仅是同中有异、大同小异而已。明清之际,黄宗羲在《宋元学案·象山学案》里写下长篇案语,对朱陆同异有独到的学术评论。兹引其中一段作为本章结语:

> 二先生同植纲常,同扶名教,同宗孔孟。即使意见终于不合,亦不过仁者见仁,智者见智,所谓"学焉而得其性之所近"。原无有悖于圣人,矧夫晚年又志同道合乎![①]

---

① 《象山学案》,《宋元学案》卷58,第1887页。

第九章　理学的转折和解构

　　元朝南北统一，理学逐渐北传。许衡、吴澄等元代理学家，为朱子学在北方的传播和取得官学地位，做出了不懈的个人努力。从仁宗延祐年间(1314—1320年)开始，科举取士，非朱子学说者一概不用，《四书集注》成为国家考试的标准答案。就学术自身发展而言，元代学者继续南宋的朱陆之辩，或宗朱子而兼取象山，或宗象山而兼采朱子，或自由往来于朱陆之间。"和会朱陆"成为这一时期的主要特征。与两宋相比，元代理学具有过渡特征，是宋明理学发展的重要转折点：两宋理学原有的批判性和创造性逐渐丧失，程朱理学变成了死背硬记的伦理教条和猎取功名的知识阶梯。

　　发展到明代，由于统治集团的大力提倡和科举制度的逐步强化，朱子理学作为官方学术的正统地位完全确立。此时，一切与朱子理学相左的思想观点，均被视为异端邪说，学术争鸣的自由风气受到了严格限制。朱子理学自身出现了严重的思想僵化，内在的学术生命接近窒息状态。"有明学术，白沙开其端，至姚江而始大明"①。以陈献章为首的江门心学，崇尚性情的自然流露，率先冲破程朱理学的章句教条和科举考试的功名樊篱，为明代理学的进一步发展提供了一线生机。紧随其后，王守仁编撰《朱子晚年定论》，"范围朱陆而进退之"②，通过"极力表

---

① 《姚江学案》，《明儒学案》卷10。
② 《师说·王阳明守仁》，《明儒学案》卷首。

章"陆象山的心学宗旨,以"知行合一"和"致良知"等独创性思想学说,实现了对程朱理学的心学解构。

阳明心学直指道德"良知",将至高无上的"天理"还原到内心世界,使其成为知善知恶的是非准则。随着伦理精神和道德理想向心灵的价值回归,程朱理学有关"理气"、"道器"和"太极阴阳"等一系列道德形上思辨,逐渐失去了神秘的天命色彩和高明的至善权威。受阳明心学的引发,罗钦顺和王廷相明确强调"理"对"气"的依存关系,断然否定气质之上、元气之先和心性之外存在"悬空独立之理",程朱理学的理气关系学说受到冲击,理学的解构程序全面启动。

王守仁去世后,阳明后学出现地域分化。王畿越出"师门宗旨","竟入于禅"①;王艮独创泰州学派,将"圣人之道"消解到"百姓日用"中去。"阳明先生之学,有泰州、龙溪而风行天下,亦因泰州、龙溪而渐失其传"②。心学的地域分化,进一步加速了整个理学思潮的解构进程。到明代末期,刘宗周"以慎独为宗",将气范畴引入"人心",通过"一气之流行"说明心性本体"原自周流"③,以求复原道德情感的自然性质与诚明境界,但毕竟回天无力,无法挽救理学的解构大势。以顾宪成和高攀龙为代表的"东林党人",不满阳明后学的禅悟取向,力求发扬濂、洛、关、闽的清议传统。但终因讽议朝政、褒贬人物而遭到血腥镇压。无情而残酷的政治现实业已表明,作为官方意识形态的宋明理学,已不再是可以自由探讨的民间学术,而沦落成为维护纲常名教和专制政体的绝对真理体系。对理学教条的任何的修正和发挥,都是统治集团不能容忍的离经叛道和严惩不贷的异端邪说。理学思潮已经走到了山重水复、走投无路的终望境地,只能等待"天崩地解"之后,为其做"学案"式

---

① 《浙中王门学案》,《明儒学案》卷11。
② 《泰州学案》,《明儒学案》卷32。
③ 《蕺山学案》,《明儒学案》卷62。

的理论思维清算和学术思想总结。

一、许衡、吴澄与元代理学

"有元一代,以理学后先倡和,为海内师资者,南有吴澄,北有许衡"①。元朝统一南北之后,理学思潮开始北传。最早北上传播程朱理学的南方名儒是赵复。但赵复不愿出仕,对蒙古贵族采取若即若离的不合作态度,因而元朝官方思想影响不大。当时在朝中任职的姚枢、窦默和郝经等北方儒士,多热衷事功,对"汉法"和"经术"缺少足够研究。通过姚枢间接受学于赵复的许衡,对理学思想在北方的普及,特别是对程朱理学的教条化和官学化,作出了极大的努力。比许衡晚生40年的吴澄,是朱熹的四传弟子。他对儒学经典有浑厚的功底,成为继许衡之后传播理学思想最得力的南方名儒。经他校释的五经读本,成为元代官学教科书。元代理学是介于宋代朱子学和明代阳明学两大高峰之间的转折低谷,在学术思想上虽并没有重大发展,但却是必不可少的承上启下环节。

1. 许衡:北传理学

许衡(1209—1282年)字仲平,世人尊称为鲁斋先生,金朝河东南路覃怀河内(今河南沁阳)人。世代为农,父亲许通为避战乱寓居河南路新郑县(今河南新郑)。许出生于新郑,8岁入乡塾,10余岁跟随当县吏的舅父习吏事。不久亲眼看见民生困苦,不愿为吏督办差役,决意求学,依从父母之命从占卜术士学习占候之术,在占候者家中发现散乱残缺的《尚书》疏义,抄录而归,发愤研习。

---

① 蒋超:《吴澄从礼奏疏》,《吴文正公集》卷首。

金开兴元年(1232年),蒙古兵攻略河南诸州县,许衡被掳。后在蒙古兵南征中得脱,隐居徂徕山(今山东泰安东南)一带,得王弼《周易注》,昼诵夜思,身体力行,学识大进。后迁居泰安东馆镇,再迁大名寓居,开始以教学为生。1238年,蒙古太宗下令考试诸路儒士,许衡应试合格,得入儒籍,渐有声名。1242年,姚枢弃官隐居辉州(今河南辉县)苏门,许衡闻知姚枢得到南宋儒士赵复传授的伊洛之学,前往求教,遂得以阅读《伊川易传》、《论孟集注》、《中庸大学章句》、《四书或问》和《小学》等理学经典,深为信服,抄录而还,从此以程朱理学作为自己进修和教导学生的基本课程。许衡因此成为程朱理学在北方最虔诚的信仰者和最有力的推行者。

1254年,忽必烈就任秦王,在京兆设立宣抚司劝农兴教,遣使征诏许衡为京兆教授。第二年升为京兆提学。中统元年(1260年)忽必烈即位,许衡应诏至开平朝见,留居燕京。第二年,忽必烈诏窦默至开平,授窦默为翰林侍讲学士,姚枢为大司农,许衡为国子祭酒。当时尚未置国子学,祭酒只是虚职,许衡不久称病辞去,改命怀孟路教官,还乡执教。

至元三年(1266年),忽必烈召见许衡,面谕入省议事,辅异丞相安童。随后,许衡上《时务五事》疏,为元朝建国提出了比较系统的指导思想。至元五年(1268年),复授许衡为国子祭酒,编纂《历代帝王嘉言善政录》。至元七年(1269年),任命为中书左丞。至元八年(1270年),改授集贤大学士兼国子祭酒。在此之前,忽必烈已选蒙古贵族子弟数人命许衡教授,许衡举荐门生王梓等12人为伴读。国子学建成后,增置司业、博士、助教各一员,选随朝蒙汉百官、近侍子弟充生徒。许衡亲执教事,以门生分任各斋斋长。用通俗易懂的汉文和儒学教育蒙古学生,使其了解中原的儒家文化和治国方法,为元朝培养了一大批统治人才,后来成为宰辅大臣者近十人,各部及地方长官者数十人。

至元十年(1272年),元军攻取襄阳后,忽必烈欲乘胜大举进攻南宋,诸臣纷纷献攻取之策,许衡则主张修德以致宾服,反对武力强攻。此时,朝中蒙古权贵诋毁汉法,国学生员膳食津贴常被断绝,许衡的教育事业难以继续。他遂以年老多病、先人未葬为理由请求还乡,获准回到怀州,过着隐居生活。

至元十三年(1276年),元朝灭掉南宋,南北重新统一。忽必烈诏命许衡至京,授以集贤大学士兼国子祭酒,教领太史院事。许衡与王恂、郭守敬共同制定《授时历》,共著《授时历经》。至元十七年(1280年),因病获准还乡。第二年三月病死家中。

许衡一生五进五退,官职累至宰辅大臣,但他最大的贡献并不在仕途和政绩,而在国子学教育,在于让蒙古、色目子弟接受儒家文化、了解中原文物制度。他为元朝教育和培养了第一批熟练掌握"汉法"的行政管理人才,其学生仕任丞相、御史等朝廷重臣者比比皆是。在学术方面,许衡最重要的成就是在北方传播理学思想,为程朱理学取得官学统治地位铺平了道路。后来,元仁宗恢复科举制度,规定蒙古、色目、汉人、南人参加经术考试,均从《四书》中出题,并用朱子的章句集注作为教科书和标准答案,程朱理学正式成为元朝的官方学术。元成宗大德元年(1297年),赠司徒,谥文正。至大二年(1309年),加赠太傅,追封魏国公。其主要著述有《读易私言》、《小学大义》、《大学要略》、《大学直解》、《中庸直解》以及其他诗文和门人所编《语录》等,均收集在《鲁斋遗书》中。

许衡的理学思想是对程朱理学的直接承继。在理气关系上,根据"天即理也"[①] 的"洛学"宗旨,他将理、道、太极、心、性、天命等看作是"一以贯之"的本体范畴,在本质涵义不加区别。他说:

　　天生人物,即与之气以成形,必赋之理以为性,便是天命

①　《鲁斋遗书》卷1。

令他一般,所以说天命之谓性。①

太极之前,此道独立;道生太极,函三为一;一气既分,天地定位。万物之灵,惟人为贵。②

只一个理,到中间却散为万事,如达道、达德、九经、三重之类,无所不备,及到末章推到上天之载,无声无臭,又只是一个理。③

与朱熹天理范畴的细微差异在于,许衡开始强调心对天地万物之理的蕴藏功能:"故曰立天下之大本,于天地之化育,阴阳屈伸,形色变化,皆默契于心,浑融而无间,故曰知天地之化育。这经纶大经、立大本,知化育三件事,都从圣人心上发出来"④。与朱熹理气关系的不同之处在于,许衡将"理一分殊"解释成为"理一气殊","性者即形而上者,谓之道,理一是也。气者即形而下者,谓之气,分殊是也"⑤。

在格物致知上,许衡对朱熹的《格物致知补传》持完全赞同态度,也强调通过积习达到"豁然贯通"。他解释说:"从物之表里精粗无不到,这便叫做格物;吾心之全体大用无不明,这叫做致知"⑥。与朱熹的不同点在于,许衡将"格物"和"诚意"联系起来,按照知行关系和修养方法加以理解。他说:"格物是知的头,诚意是行的头"⑦。他认为,要做到诚意,在精神境界上必须"推极本心之知识"⑧,使其行到十分善处;在修养功夫上,必须主一持敬,使内心如同明镜:"圣人之心如明镜止水,

① 《鲁斋遗书》卷5。
② 《鲁斋遗书》卷10。
③ 《鲁斋遗书》卷5。
④ 《鲁斋遗书》卷5。
⑤ 《鲁斋遗书》卷2。
⑥ 《鲁斋遗书》卷4。
⑦ 《鲁斋遗书》卷2。
⑧ 《鲁斋遗书》卷4。

物来不乱，物去不留，用功夫主一也。主一是持敬也"①。

在心性学说上，许衡在继承朱熹天命之性和气质之性、道心和人心、天理和人欲等的心性二分法的前提下，采纳了张载"合虚与气，有性之名"的和合思路。他解释说："合虚与气，有性之名。虚是本然之性，气是气禀之性"②。但在心性善恶问题上，许衡有过于简单、甚至自相矛盾的说法："为恶者气，为善者是性"③。这种"气恶性善"的说法，在理论思维上将"气禀之性"与"气"完全等同起来，无法说明禀气"全清全美"的人为什么一定是"大智大贤"？其实，气的清浊、美恶是气质的感性特征，本身没有善恶价值可言。将恶的根源归结为气，实际上是将社会伦理价值还原成自然物理事实。理学解决心性善恶问题的逻辑方略在许衡这里已经捉襟见肘，无法自圆其说。

总之，许衡并不擅长对"道德性命之学"进行本体论意义上的形上思辨。他对程朱理学的接受、笃信和传播，主要是为了从思想观念上教化和驯服蒙古族王公大人及其弟子，为元代谋求长治久安的治国策略。换言之，在许衡的心目中，程朱理学只不过是一种"极高明而道中庸"、"致广大而尽精微"的"汉法"，而不是无聊文人、落魄学者的清谈话题。他在给元朝蒙古族统治集团的上奏中说道："国朝土宇旷远，诸民相杂，俗既不同，论难遽定。考之前代，北方奄有中夏，必行汉法可以长久。故魏、辽、金能用汉法，历年最多。其他不用汉法，皆乱亡相继。史册俱载，昭昭可见也。国乾仍处远漠，无事论此；必若今日形势，非用汉法不可"④。以忽必烈为首的蒙古开明贵族，正是按照许衡所说的"汉法"来接受理学思想，鼓励理学北传，笼络理学名家，并最终以科举制度的方式确立了程朱理学在官方学术中的统治地位。从这个意义上讲，以许

① 《鲁斋遗书》卷1。
② 《鲁斋遗书》卷2。
③ 《鲁斋遗书》卷2。
④ 《鲁斋遗书》卷7。

衡、吴澄为代表的元代理学家虽然算不上一流的哲学思想家,但却是当时的识时务者,有资格成为一流的学术活动家。正是因为有他们的忍辱负重和不懈努力,传统儒家狭隘的"华夷之辨"才不断被超越,中国古代学术文化才能不断从"天下大乱"和"天下无道"的绝境中转生,不断焕发出新的和合生命。比起那些为旧王朝殉葬的所谓"忠臣"和"贞烈"来,为新王朝运筹的所谓"贰臣"或"奸贼",或许具有更加积极的历史意义。

2. 吴澄:和会朱陆

吴澄(1249—1333 年)字幼清,晚年又字伯清,抚州崇仁(今江西崇仁县)人。出生在经济宽裕的普通家庭。祖父吴铎追求举业,喜好天文星历。吴澄的启蒙教育是在祖父指导下完成的。16 岁随祖父到抚州,从当时在抚州临汝书院讲学的理学家程绍开那里第一次接触到程朱理学。在此之前, 他一直从事词赋、章句之学。此行之后, 开始系统地阅读理学家著述, 并先后拜程若庸、程绍开为师, 孜孜于性命、义理之学。程若庸是朱熹三传弟子, 历任安定、临汝、武彝三书院山长,著有《性理字训讲义》、《太极洪范图说》等书。程绍开咸淳四年(1268 年) 进士, 任差临汝教授, 曾自创道一书院, 主讲象山书院,提倡 "和会朱陆"。

咸淳六年(1270 年),吴澄参加乡试中选,翌年赴省试不利,遂放弃科举业,修建简陋"草庐"专心学术。从此,学者称其为草庐先生。元世祖至元十二年(1275 年),元兵攻陷江西抚州。吴澄应乐安县丞黄西卿邀请到山中避乱,授徒讲学,潜心著述。至元十四年(1277 年),与进士郑松一道隐居布水谷,结草庐栖居,注释《孝经》,校订《周易》、《尚书》、《诗经》和《春秋》,修正《仪礼》、《小戴礼记》和《大戴礼记》,对儒学经典进行了系统的校释和整理。

至元二十三年(1286 年),程钜夫奉元世祖忽必烈诏命到江南寻访名贤，劝吴澄北游中原。第二年抵达大都。程钜夫劝其入仕，吴澄以母老推辞。年底又回到抚州，继续授徒讲学。至元二十五年（1288 年），朝廷采纳程钜夫建议，将吴澄所考订的《周易》、《尚书》、《诗经》、《春秋》、《仪礼》、《大戴礼记》和《小戴礼记》置国子监，让诸生经习，传播天下。大德五年（1301 年），朝廷诏授吴澄为奉翰林文字、登仕郎、同知制诰兼国史院编修。第二年春天朝廷督促吴澄启行，十月至大都。但所授官职已被吏部以不赴任闲置处理。吴澄抵京后一无所获，后又回到江西家中，潜心校释邵雍《皇极经世》等著述以及郭璞《葬书》，订定《老子》、《庄子》和扬雄《太玄》等书。

元武宗至大元年（1308 年），诏授吴澄为从侍郎、国子监丞，移命江西行省敦促赴任。次年六月，吴澄到任，成为北方名儒许衡之后，统领国子监的又一位大儒。元仁宗至大四年（1311 年），吴澄被改授文林郎，升国子监司业。他借鉴宋代程颢《学校奏疏》、胡安国《大学教法》以及朱熹《贡举私议》，制订了经学、行实、文艺和治事等四项教法。皇庆元年（1312 年），吴澄告病辞归。晚年穷究"五经"，撰写《五经纂言》。延祐三年（1316 年），吴澄修成《易纂言》。五年（1318 年），除集贤直学士，特升奉议大夫，朝廷委派集贤修撰虞集奉诏前往江西迎致。吴澄应召启程，途上疾病发作，滞留淮南。后寓居建康，修成《书纂言》，并在江州濂溪书院讲学。

元英宗至治三年（1323 年），朝中元老举荐吴澄为当代天下儒士之冠，授翰林学士、知制诰同修国史，进阶太中大夫。吴澄抵京师，入翰林院就职。泰定元年（1324 年），吴澄担任经学讲官，奉诏纂修《英宗实录》。纂修事毕，告病还乡，闲居故里，陆续修成了《诗纂言》、《春秋纂言》、《礼记纂言》、《易纂言外翼》等书。死后加赠资德大夫、江西等处行中书省左丞上护军，追封临川郡公，谥曰文正。一生著作有《吴文正集》100 卷、《五经纂言》70 卷、《仪礼逸经传》2 卷、《孝经定本》1 卷、《道德真经注》4 卷等。

吴澄与许衡虽同为元初名儒,但学术特征有所不同。许衡主要是继承和传播程朱理学,而吴澄则主要是折衷与和会朱陆之间的学术分歧。《宋元学案》认为,吴澄既是朱熹四传弟子,又是象山私淑弟子。全祖望说:"草庐出于双峰,固朱学也,其后亦兼主陆学。盖草庐又师程氏绍开,程氏尝筑道一学院,思和会两家。然草庐之著书,则终近乎朱"[1]。从其师承关系和传授脉络言,吴澄显然属于朱子理学范畴。他所著《五经纂言》,基本观点接近朱熹的经学主张。但从其学术思想倾向看,吴澄对朱子理学的偏离最大,不少地方已经超出了程朱理学的门户,带有象山心学发明本心的易简特征。因此,吴澄是元代"和会朱陆"的代表人物,这多少决定了他的理学思想是折衷朱陆的中介产物,缺少自己的独立品格。

吴澄对理学家编造的"道统论"深信不疑。他在 19 岁时就作过《道统图》,并以"道统"继承人自居。据《元史》记载,吴澄对"道统"传承有过这样一段论述:

> 道之大原出于天,神圣继之。尧舜而上,道之元也;尧舜而下,其亨也;洙泗邹鲁,其利也;濂洛关闽,其贞也。分而言之,上古则羲皇其元,尧舜其亨,禹汤其利,文武周公其贞乎!中古之统,仲尼其元,颜曾其亨,子思其利,孟子其贞乎!近古之统,周子其元,程张其亨也,朱子其利也。孰为今日之贞乎?未之有也,然则可以终无所归哉?[2]

从这段文字可以看出吴澄"道统论"的三个特点:其一,以天为"道统"本原,将"道统"上推到羲皇,下延到朱熹。其二,将"道统"

---

① 《草庐学案》,《宋元学案》卷 92,第 3036 页。

② 《吴澄传》,《元史》卷 171。

从时间上分为三段，即上古、中古和近古，并进一步将每段分为元、亨、利、贞四节；其三，以设问的方式暗示，"今日之贞"非我莫属。很显然，吴澄作《道统图》的意图在于表明自己对程朱理学的笃信和对儒教"道统"的传承。

在理气关系上，吴澄继承汉唐天文学上的浑天假说，认为天地形成之初，只有混沌一气。他说："天地之初，混沌洪濛，清浊未判，莽莽荡荡，但一气尔。及其久也，其运转于外者，渐渐轻清；其凝聚于中者，渐渐重浊；轻清者积气成象而为天，重浊者积块成形而为地。天之成象者，日月星辰也；地之成形者，水火土石也。天包地外，旋绕不停，则地处天内，安静不动。天之旋绕，其气急劲，故地浮载其中，不陷不堕"①。根据朱熹的太极学说和天理范畴，他认为能将混沌之气、天地万物以及日月星辰、水火土石等统摄起来的道德原理是"太极"或"理"。在他看来，"极"和"道"都是无形无象、不可执着的本体存在，是宇宙造化的逻辑枢纽。他说："所谓极也，道也者，无形无象，无可执着。虽称曰极，而无所谓极也；虽无所谓极，而实为天地万物之极"②。对于理范畴的理解，吴澄完全恪守朱熹的基本界说，认为"理"是气质运动的"主宰"，是事物变化的"所以然之故"。对于理气关系的说明，吴澄强调朱熹理气学说中的相依不离方面。他认为，阴阳五行之所以能变化不测，是因为有理作为其主宰。因此他说："理者非别有一物在气中，只是为气之主宰者即是。无理外之气，亦无气外之理"③。

受易学思维方式的消极影响，吴澄的理气关系始终弥漫着浓重而神秘的象数色彩。他认为天地万物之理尽在蓍数的作用中："蓍数之用，其烛物情无不通，其前民用无不溥，故虽万物之众，天地之广，皆囿

① 《原理》，《吴文正公全集》卷1。
② 《无极太极说》，《吴文正公全集》卷4。
③ 《答人问性理》，《吴文正公全集》卷2。

其中,无或有踰越而出外者"①。按照象数思维的广谱对应法则和线性推理模式,吴澄还把"太极"或"理"等同于"天"、"帝"、"神"、"命"、"性"、"德"和"仁"等范畴。依据他的特殊解释,"太极"就其"全体自然"境域而言叫做"天",就其"主宰造化"功能而言叫做"帝",就其"妙用不测"机制而言叫做"神",就其"赋予万物"权威而言叫做"命",就"物受以生"归宿而言叫做"性",人获得"此性"叫做"德",心具备"此德"叫做"仁"。这完全是一种想当然的字义式演绎,没有多少学术思想价值。

在心性学说上,吴澄力求将朱熹的"性理之学"和陆九渊的"心理之说"统一起来,将格物穷理与发明本心融为一体,因而他的心性思想是在张载气质之性的基础上"和会朱陆"的混合产物,缺少独立的学术思考。

首先,吴澄根据张载的"变化气质"思想,主张人性有善恶之分。性善与性恶在本原上都与人所禀受的气质清浊有关。在人得天地之气成形的过程中,由于气质"或清或浊,或美或恶,分数多寡,有万不同",因而人性也就随之出现善恶差异。与朱熹一样,吴澄也主张这种具有善恶差异的人性只是人的气质之性,人性所禀赋的"天地之理"却是始终至善无恶的。

其次,在如何完善人的气质之性、通过学问和修养"止于至善"问题上,吴澄明确表示应以陆九渊的发明本心、即"尊德性"为主,而以朱熹的格物穷理、即"道问学"为辅。他认为,"本心之发见"是最重要的心性修养功夫。因为天地万物、古今万事的道理都是我所固有,根本没有必要向外追求。发明本心的工夫主要有两个字:一个是"敬"字,"夫敬者,人心之宰,圣学之基"②。另一个是"诚"字,"夫诚也者,与生俱生,无时

①《易纂言·系辞上传·第三章》。
②《主敬堂说》,《吴文正公全集》卷4。

不然,其弗能有者,弗思焉尔。"① 作为发明本心的工夫,敬与诚在日常伦理交往中的总体要求是"主于一心",即让本心自作主宰:"凡所应接,皆当主于一心,主于一,则此心有主,而暗室屋漏之处自无非僻,使所行皆由乎天理。"②

吴澄的理学思想,是在基本遵从程朱理学的前提下,尽可能融合象山心学的合理因素,特别是他的心性学说,主张格物致知工夫应以发明本心为主,不假外求,体现出力求使本心与天理"内外合一"的和合趋势,已经从朱子理学大厦中发现了向心学转折的突破口。但吴澄并没有能力从整体上超越程朱理学的范畴逻辑结构,从中开拓出一条走向心学的理论思路,他的心性学说只能充当理学从宋代朱子理学向明代阳明心学转折的过渡环节。

二、江门心学、阳明心学及阳明后学

明太祖洪武三年(1370年),钦定科举考试在"四书五经"内命题,用程朱传注作评定标准,并统一采用八股文体答卷,以此禁锢思想自由。明成祖永乐十三年(1415年),官方修成《五经大全》、《四书大全》和《性理大全》共260卷,颁行全国,以此垄断天下学术。明代初期的这两件大事,标志着程朱理学已从宋代"伪学"变成了明代"官学"。此时,理学思潮原有的生机和活力严重窒息。面对这种"以学术杀天下后世"的文化专制政策,为复兴往圣绝学,拯救天命义理,有识之士凭着学术良心继续艰辛摸索,以期找到真正安身立命的精神家园。陈献章首先倡导"学贵自得",开创江门心学;其弟子湛若水主张"随处体认天理",

---

① 《陈幼实思诚字说》,《吴文正公全集》卷6。
② 《答王参政仪伯问》,《吴文正公全集》卷2。

心学全面激活。王阳明提出"知行合一之教",实现了心学思想的集大成。阳明后学按地域分成不同派系,彼此各执一端。或墨守师说,无所创新;或有所发明,玩弄光景;或赤手搏龙,掀翻天地,阳明心学最终完全失却了"穷理尽性以至于命"的儒学宗旨,成为整个理学事业的掘墓者。

1. 江门心学:明代自由学术的开端

程朱理学的教条化和工具化,使其失去了原有的生机和活力,成为庸俗不堪的"利禄之学"。理学思潮要继续发展,就必须冲决僵化的理学格局和庸俗的利禄罗网,从本真的道德心田开拓出全新的自由学术。以陈献章为代表的江门心学派首先异军突起,努力从僵化的程朱理学系统中解救个人的心性独立和思想自由,成为理学思潮从程朱理学向陆王心学转换的关键环节。

第一、陈献章:静中养出端倪

陈献章(1428—1500 年)字公甫,号石斋,新会(今广东)白沙里人。学者尊称白沙先生。早年有志于功名,后因科举屡试不第,对八股取士制度产生不满情绪,听闻著名理学家吴与弼在江西临川讲授"伊洛之学",遂放弃科举仕途,投奔到吴与弼门下游学,发愤研读"古圣贤垂训之书"。

景帝景泰六年(1455 年),陈献章从江西回到广东,专心静坐,体悟"此心"与"此理"的"凑泊脗合处"①。据弟子张诩为其所作的《行状》记载,陈献章"闭户读书,尽穷天下古今典籍,旁及释老、稗官、小说。彻夜不寝,少困则以水沃其足。久之,乃叹曰:'夫学贵乎自得也。自得之然后博之以典籍,则典籍之言我之言也。否则,典籍自典籍,而我自我

---

① 《陈献章集》卷 2,中华书局 1987 年版,第 145 页。

也。'遂筑一台名曰'阳春',日静坐其中,足不出阃外者数年"①。在禅定式的静坐中,陈献章终于悟出了"枢纽在方寸,操舍决存亡"②的江门心学宗旨。在潜心悟道的同时,陈献章一直在家乡教书。后又到北京游历太学,一时名震京师。回到广东后,四方学者前来求学,门庭若市。成化十八年(1482年),陈献章应诏入京,虽然只得到翰林检讨官职,但返乡后声名更大,江门学派逐渐形成。陈献章虽是明代心学的开创者,但并没有写作过专门的心学篇章。他的心学主张散见在诗文中。死后不久,由广东新会县令罗侨将其一生著述搜集汇编成《白沙子全集》。

有关陈献章学术思想的内容、性质、地位和影响,《明儒学案·白沙学案》、《明史·儒林传》和《四库全书总目提要》都有过比较准确的概括和评述。黄宗羲认为:"有明之学,至白沙始入精微。其吃紧工夫,全在涵养,喜怒未发而非空,万感交集而不动。至阳明而后大,两先生之学最为相近。不知阳明后来从不说起,其故何也?"③与南宋象山心学的易简工夫相似,陈献章的心学思想主要体现在涵养工夫中。支持其涵养工夫的基本思想主张有以下两点:

其一,君子一心,万理完具。在心性和义理关系问题上,陈献章主张以心智统摄义理,由自我主宰事物,以求达到心与理吻合不二的精神境界。他说:"君子一心,万理完具。事物虽多,莫非在我。此心一到,精神俱随"④。在此,主体性的自我囊括了对象性的事物,能动性的心智具备了超越性的义理,这是典型的心学逻辑思路。与陆九渊的心学思想一样,陈献章也把自我的理性精神无限放大,使其成为顶天立地、充塞宇宙的本体存在。他说:"此理干涉至大,无内外,无终始,无一处

① 《年谱及传记资料》,《陈献章集》附录2,第879页。
② 《陈献章集》卷2,第133页。
③ 《白沙学案》,《明儒学案》卷5。
④ 《论前辈言铢视轩冕尘视金玉》,《陈献章集》卷1,第55页。

不到,无一息不运,此则天地我立,万化我出,而宇宙在我矣。得此霸柄入手,更有何事? 往古来今,四方上下,都一齐穿纽,一齐收拾,随时随处,无不是这个充塞"①。在陈献章的学术视野里,自我与事物,心性与义理,主体与本体,都是"一贯而不可离"的和合关系。对于君子而言,条理虽有千变万化,枢纽只在方寸;事物虽然多种多样,主宰不出自我。不过陈献章的"此心"和"此理"仍然是"凑泊吻合"到一起的,价值本体与心智主体尚未达到"惟精惟一"的最佳和合境域,"此心"仍有主观知觉的痕迹存在,还没有提炼出相对独立的范畴逻辑结构。因此,跟王阳明的良知本体相比,陈献章的"此心"还不能成为"纯乎天理而无人欲之杂"的圣人之心。他甚至还认为:"人争一个觉,才觉便我大而物小,物尽而我无尽。夫无尽者,微尘六合,瞬息千古"②。在物我之间分别大小和有尽无尽,这个主体性的"我"仍是有知觉的形体存在,尚未达到本体没有内外、超越大小的本体水平。

其二,优游自足,浩然自得。要使有形体的"我"充塞宇宙,首要的涵养工夫在于让心灵"虚明静一"。他说:"为学当求诸心必得。所谓虚明静一者为之主,徐取古人紧要文字读之,庶能有所契合,不为影响依附,以陷于徇外自欺之弊,此心学法门也"③。只有"虚明静一"的心灵世界,才是超越躯体的限隔,达到虚怀若谷、忘却形骸的"优游自足"境域:"优游自足无外慕,嗒乎若忘。在身忘身,在事忘事,在家忘家,在天下忘天下"④。忘掉了所要修齐治平的身家天下,不在为伦理教条和道德戒律耿耿于怀,心灵才能与道体同在,才能理会"道法自然"的玄妙天机。陈献章的这一"心学法门",也是一种减轻精神负担的涵养工夫。他所说的"以自然为宗",具有恢复人心自然乐趣的思想解放功能。他

---

① 《与林郡博》,《陈献章集》卷 3,第 217 页。
② 《与林时矩》,《陈献章集》卷 3,第 243 页。
③ 《书自题大塘书屋诗后》,《陈献章集》卷 1,第 68 页。
④ 《送李世卿还嘉鱼序》,《陈献章集》卷 1,第 16 页。

在给学生式光的书信中强调指出,真正的自然或自得,是心胸自然开阔、心体自然流露、没有半点芥蒂的浩然精神气象:"诗、文章、末习、著述等路头,一齐塞断,一齐扫去,毋令半点芥蒂于我胸中,夫然后善端可养,静可能也。终始一意,不厌不倦,优游厌饫,勿助勿忘,气象将日进,造诣将日深,所谓至近而神、百姓日用而不知者,始自此进出体面来也"①。很显然,陈献章以自然为宗旨的"自得之学"是对孟子养气思想的心学发挥,是对大丈夫精神的学问培养。他说:"士从事于学,功深力到,华落实存,乃浩然自得,则不知天地之为大,死生之为变,而况于富贵贫贱、功利得丧、屈信予夺之间哉!"② 不过,陈献章在孟子养气和养心思想的基础上,融入了禅宗的静定工夫。他认为,静坐式的修炼是进入"心学法门"惟一途径:"为学须从静坐中养出个端倪来,方有商量处"③。靠静坐方法发明心之本体,这在修养工夫上是对程朱格物致知学说的理论反叛和逻辑颠倒。从理学修养工夫的演进过程看,陈献章的"静坐"与李延平的"默坐"有原则区别。江门心学的静坐方法是理学修养工夫由博返约的过渡环节,是从程朱理学的"支离事业"向象山心学的"易简工夫"的再度回归。

第二、湛若水:随处体认天理

湛若水是江门心学最杰出的弟子,是明代心学发展的关键人物。湛若水直承陈献章的心学主张,并与王阳明相互论辩,共同促进了心学思想的繁荣和集成。黄宗羲在《明儒学案》里为湛若水立《甘泉学案》6卷,详细介绍了甘泉心学的思想主张和甘泉学派中的其他10位重要学者。在按语中,黄宗羲将阳明心学和甘泉心学并称"两家"。他说:"王湛两家,各立宗旨。湛氏门人虽不及王氏之盛,然当时学于湛者,或卒

----

① 《陈献章诗文续补遗》,《陈献章集》附录,第975页。
② 《李文溪文集序》,《陈献章集》卷1,第8页。
③ 《与贺克恭黄门》,《陈献章集》卷2,第133页。

业于王;学于王者,或卒业于湛,亦犹朱陆之门下递相出入也。其后源远流长,王氏之外,名湛氏学者至今不绝,即未必仍其宗旨,而渊源不可没也"①。尽管甘泉心学的"随处体认天理"没有阳明心学的"致良知"说得透彻,更能体现心学宗旨,但正是在王守仁和湛若水的同志友情和坦诚论辩中,心学对理学的逻辑解构和自身的思想集成得以圆满完成。

湛若水(1466—1560 年)字元明,广东增城县人。初名露,字民泽,因避祖讳,改名湛雨,又名若水。因家居增城县甘泉都,故学者尊称甘泉先生。弘治六年(1493 年)乡试落第,次年前往江门拜陈献章为师。因独自悟出"随处体认天理"的心学宗旨,深得陈献章器重,成为江门心学的直接传人。湛若水视陈献章为"道义之师",陈去世后,按照丧父礼制守孝三年。在随后的官宦生涯中,每到一处,必筹建书院以祭祀白沙先生。

弘治十八年(1505 年),湛若水年过不惑才中进士,选为庶吉士,授翰林院编修,并开始与王守仁结识,彼此志同道合,交往密切。正德七年(1512 年)出使安南,册封国王。从正德十年(1515 年)到十六年(1521年)为母亲服丧,居家讲学。嘉靖元年(1522 年)复补编修,升侍读,后历任南京车子监祭酒、南京吏部右侍郎、礼部左侍郎和南京礼部、吏部、兵部尚书。嘉靖十九年(1540 年)致仕,在家著述讲学,直到 95 岁高龄去世。

湛若水一生著述极多,不少著作已经散佚。现存著作主要有《圣学格物通》100 卷和《甘泉先生文集》32 卷等。其中,比较集中反映其心学主张的重要篇章有《心性图说》、《新论》、《樵语》、《雍语》、《新泉问辩录》和《甘泉语录》等。

与陈献章只重视静坐涵养相比,湛若水更加强调对天理本体的切

---

① 《甘泉学案》,《明儒学案》卷 37。

身体认,这在一定意义上矫正了江门心学早期对纲常伦理的某些遗忘。他的"随处体认天理"既是修养工夫,又是心性学说。

作为心性学说,"随处体认天理"强调只有天理才是心性的中正本体。他说:"天理者,即吾心本体之自然者也"①。又说:"天理者,吾心中正之本体而贯万物者也"②。湛若水在此所说的"天理",其伦理原型仍然是儒教的道德仁义。但他借助"关学"的气化流行,将其渗透到心性内外,弥漫到天地之间,扩充到整个宇宙:"天理浑然在宇宙内,又浑然在性分内,无圣无愚,无古无今,都是这个充塞流行"③。在天理浑然流行中,"心也,性也,天也,一体而无二者也"④。与天理一体无二之心性,实际上已经是本体论意义上的心体或性体了。心性本体虽是天理,但又不能离开认知论意义上的知觉和思虑:"知觉者,心之体也;思虑者,心之用也"⑤。将心性本体奠基在知觉思虑之上,天理也因此具有了生理和心理的涵义:"天理只是心之生理,如彼谷种,仁则其生之性,仁即是天理也,心与理何尝有二?"⑥

与程朱理学相比,湛若水的天理概念不是超越范畴,而是具有时空存在特征的和合范畴,天理具有生理、心理、伦理、事理和物理等多重内涵。强调心性与天理的和合性,是甘泉心学"随处体认天理"的立论前提。在此基础上,他进一步提出了"万事万物莫非心"的心学主张。他说:"何谓心学? 万事万物莫非心也"⑦。这可以从两方面加以理解:一方面,从空间上看,"心体物而不遗,何往非心"⑧。上下四方,六合内

---

① 《进德业》,《圣学格物通》卷 27。
② 《复洪峻之侍御》,《甘泉文集》卷 7。
③ 《韶州明经馆讲章》,《甘泉文集》卷 20。
④ 《天泉书堂讲章》,《甘泉文集》卷 20。
⑤ 《樵语》,《甘泉文集》卷 1。
⑥ 《问疑续录》,《甘泉文集》卷 11。
⑦ 《泗州两学讲章》,《甘泉文集》卷 20。
⑧ 《答太常博士陈惟浚》,《甘泉文集》卷 7。

外,天地万物,一切现实的存在形态都是吾心体认的意向对象。另一方面,从时间上看,"一人之心,即千万人之心;一时之心,即千万世之心"①。千万世之上,千万世之下,古往今来,一切可能的变化方式都是吾心固有的流行节目。湛若水还以"上下四方之宇"和"古往今来之宙"为时空标架,以《孟子》的仁义礼智四端和《中庸》的未发之中、已发之和为道德内涵,设计出一个始之敬、终之敬、无所不贯、无所不包、融摄天地万事万物的《心性图》。在《心性图说》中,他提出了"心性非二"的心学观点,作为其修养工夫的行动指南。他说:"性者,天地万物一体者也。浑然宇宙,其气同也。心也者,体天地万物而不遗者也。性也者,心之生理也。心性非二也"②。

　　作为修养工夫,"随处体认天理"是圣学"至切至要,至简至易"的下手处。贯彻到日用工夫中,其最为切要的修养程序包括三个环节:"立志、煎销习心、体认天理"。这三个修养环节并非三件事情,而是贯通终身的"一大事"。湛若水对其学生这样解释说:

　　　　此只是一事。天理是一大头脑,千圣千贤共此头脑,终日终身只此一大事,更无别事。立志者,志乎此而已。体认是工夫,以求得乎此者。煎销习心,以去其害此者。心只是一个好心,本来天理完完全全,不待外求,顾人立志与否耳。孔子十五志于学,即志乎此也。此志一立,三十、四十、五十、六十、七十直至不踰矩,皆是此志变化贯通。只是一志,志如草木之根,具生意也。体认天理如培灌此根,煎销习心如去苦以护此根,贯通只是一事。③

①　《正心》,《圣学格物通》卷19。
②　《甘泉学案一·湛甘泉心性图说》,《明儒学案》卷37。
③　《甘泉学案一·语录》,《明儒学案》卷37。

在具体用功过程中,"随处体认天理"的修养方法有两项:一是"敬以直内",即以诚敬作为心性的修养要领、通过戒慎恐惧工夫体认天理真知。他说:"敬立而良知在矣。修己以敬,敬以直内,此圣门不易之法"①。又说:"敬者,圣学之要。自古千圣千贤,皆在此处用功,体认天理皆是这个大头脑,更无别个头脑。"② 诚敬只是始终如一的心性存在方式,保持诚敬的具体工夫是"戒慎恐惧"。湛若水指出:"戒慎恐惧是工夫,所不睹不闻是天理。工夫所以体认此天理也。无此工夫,焉见天理"③。二是"勿忘勿助",即随顺心性本体的自然呈现,不去刻意揣摸想像。他说:"天理在心,求则得之。夫子曰:'我欲仁,斯仁至矣。'但求之自有方,勿忘勿助是也。千古惟有孟子发挥出来,须不费丝毫人力。欠一毫,已便不是。添一毫,亦不是。此语最是。只不忘助时,便添减不得。天理自然见,非有难易也。何用硬格尺量耶? 孟子曰:'物皆然,心为甚。'吾心中规,何用权度!"④

湛若水"随处体认天理"的心性学说和修养工夫,其实是程朱理学天理范畴的心性内化和修养贯彻:"吾所谓天理者,体认于心,即心学也。有事无事,原是此心。无事时万物一体,有事时物各付物,皆是天理充塞流行,其实无一事"⑤。因此,湛若水的心学只是工夫意义上的心学,本体意义上的理学。他的"敬以直内"工夫是对二程主敬说的具体落实,他的"勿忘勿助"是对陈献章"学宗自然"的深入贯彻,他的心中规矩则是对王阳明良知准则的积极吸取。正是由于甘泉心学的综合有余而独创不足,缺少独具特色的心性本体,因此无法与阳明心学及其良知范畴抗衡。

---

① 《天关语录》,《甘泉文集》卷23。
② 《经筵讲章》,《甘泉文集》卷20。
③ 《甘泉学案一·语录》,《明儒学案》卷37。
④ 《甘泉学案一·语录》,《明儒学案》卷37。
⑤ 《甘泉学案一·语录》,《明儒学案》卷37。

2. 阳明心学:圣门知行合一之教

王阳明(1472—1529 年①)名守仁,字伯安,浙江余姚人。出身于世代为官的书香门第。曾筑室会稽阳明洞,又创办阳明书院,学者尊称阳明先生。据《年谱》称,王阳明 5 岁时还不会讲话,但已能默记祖父所读过的书。11 岁随祖父到京师(北京)就读,以"读书学圣贤"为人生"第一等事"②。15 岁出游居庸关,慨然有经略四方之志。17 岁到江西娶亲,"合卺之日"因闻道士"养生之说",彻夜不归。在婚后返回余姚的途中,拜谒理学家娄谅,听讲"宋儒格物之学"③。21 岁乡试中举,开始遍求朱熹遗书阅读,并按照"即物穷理"方法尝试从竹子中"格"出圣贤道理,失败后从"格物之学"转向"辞章之学",随后又转向佛老。弘治十二年(1499 年)中举进士,入工部观政,后授刑部云南清吏司主事。弘治十七年(1504 年)与江门心学陈献章学生湛若水一见如故,"遂相与定交讲学,一宗程氏'仁者浑然与天地万物同体'之指",共同昌明"圣人之学"。据湛若水后来追述,王阳明在此期间历经转折:"初溺于任侠之习;再溺于骑射之习;三溺于辞章之习;四溺于神仙之习;五溺于佛氏之习。正德丙寅,始归正于圣贤之学"④。

正德元年(1506 年)是王阳明仕途和学术的重大转折点。王阳明因上疏反对宦官刘瑾擅权,被下大狱,廷杖四十,由兵部主事贬谪为贵州龙场驿丞。经过长途跋涉,于正德三年(1508 年)到达龙场驿。一日深夜,恍然大悟"格物致知之旨":"始知圣人之道,吾性自足,向之求理

---

① 根据钱德洪《阳明先生年谱》记述,王阳明卒于嘉靖七年农历十一月二十九日,依公历计算应为 1529 年 1 月 9 日。各书均作 1528 年,应予更正。
② 《年谱一》,《王阳明全集》卷 33,上海古籍出版社 1992 年版,第 1221 页。
③ 《年谱一》,《王阳明全集》卷 33,第 1223 页。
④ 《世德纪·阳明先生墓志铭》,《王阳明全集》卷 38,第 1401 页。

于事物者误也。乃以默记《五经》之言证之,莫不吻合,因著《五经臆说》"①。刘瑾伏诛后,王阳明调回京师任吏部主事。第二年升南京太仆寺少卿,其后任南京鸿胪寺卿和都察院左佥都御史等职。平定江西、福建农民暴动和宁王朱宸濠内乱之后,官至南京兵部尚书,封新建伯。嘉靖六年(1527年),奉命出征广西思恩、田州,平定当地少数民族之乱。嘉靖七年十一月在返回原籍途中病死在船上。逝世后,其学术因"非朱熹格物致知之论",以"邪说"和"伪学"的罪名受到严禁:"其学术令都察院通禁约,不许踵袭邪说,以坏人心"②。一直到隆庆元年(1567年),朱明王朝对阳明学的禁令方才解除,诏赠新建侯,谥文成。

正德三年(1508年)贵州龙场悟道后,王阳明主"知行合一之训",阐明"心学"理论。正德十六年(1521年)平藩功成后闲居江西南昌,"始揭致良知之教",自称"我此良知二字,实千古圣圣相传一点滴骨血也"③。嘉靖六年出征前夕,在绍兴天泉桥确立"四句宗旨":"无善无恶是心之体,有善有恶是意之动,知善知恶是良知,为善去恶是格物。"向弟子钱德洪、王畿指出:"此是彻上彻下语,自初学以至圣人,只此功夫。初学用此,循循有人,虽至圣人,穷究无尽。尧、舜精一功夫,亦只如此"④。这就是黄宗羲在《明儒学案》里所说的"学成之后,又有此三变"。

> 先生之学,始泛滥于词章,继而遍读考亭之书,循序格物。顾物理吾心终判为二,无所得入,于是出入于佛老者久之。及至居夷处困,动心忍性,因念圣人处此更有何道,忽悟格物致知之旨,圣人之道,吾性自足,不假外求。其学凡三变而始得

① 《年谱一》,《王阳明全集》卷33,第1228页。
② 《世宗实录》卷98。
③ 《年谱二》,《王阳明全集》卷34,第1279页。
④ 《年谱三》,《王阳明全集》卷35,第1307页。

其门。自此之后,尽去枝叶,一意本原。以默坐澄心为学的,
有未发之中,始能有发而中节之和。视听言动,大率以收敛为
主,发散是不得已。江右以后,专提"致良知"三字,默不假坐,
心不待澄,不习不虑,出之自有天则。盖良知即是未发之中,
此知之前更无未发;良知即是中节之和,此知之后更无已发。
此知自能收敛,不须更主于收敛;此知自能发散,不须更期于
发散。收敛者感之体,静而动也;发散者寂之用,动而静也。
知之真切笃实处即是行,行之明觉精察处即是知,无有二也。
居越以后,所操益熟,所得益化,时时知是知非,时时无是无
非,开口即得本心,更无假借凑泊,如赤日当空而万象毕照,是
学成之后又有此三变也。①

王阳明在世时,其著作最早有门人薛侃在赣州刻录《传习录》3 卷
(1518 年),门人邹宁益在广德刻录《文录》4 册(1527 年)。去世后,弟子
钱德洪、王畿编辑《文录》(1535 年)和《文录续编》。隆庆六年(1572
年),浙江巡抚谢廷杰汇集刊行《王文成公全集》38 卷(《传习录》3 卷,
《文录》、《别录》、《外集》和《续集》合 28 卷,《年谱》和《世德纪》合 7 卷)。
近年来,隆庆本《全集》未刊行的王阳明语录和诗文时有发现。1992
年,上海古籍出版社出版《王阳明全集》41 卷,新增的 3 卷是,卷 32《补
录旧本未刊语录诗文汇辑》,卷 40《诰命·祭文·传记》和卷 41《序说·序
跋》。

在王阳明众多的诗文里,有两篇序文具有特别重要的意义。一是
正德十年(1515 年)所作的《朱子晚年定论序》,标志着心学已从理学内
部分化出来,实现了对理学体系的学术解构;二是正德十五年(1520
年)所作的《象山文集序》,标志着心学已完全独立,有了不同于理学的

---

① 《姚江学案》,《明儒学案》卷 10。

传承道统和划界标准。

在《朱子晚年定论序》里，王阳明将朱熹的理学思想分彼此对立的两半截，即"中年未定之说"与"晚年既悟之论"。前者包括"世之所传《集注》、《或问》之类"以及"《语类》之属"①，后者多是朱熹晚岁书信中的个别段落。为了说明朱熹晚年的心学定论，王阳明从《朱文公文集》中精选出34封书信，将其中有关"收拾身心"、"闲中静坐"和"操存舍亡"等修养心性的论述辑录出来，单独刊行。王阳明认为：朱子"晚岁固已大悟旧说之非，痛悔极艾，至以为自诳诳人之罪，不可胜赎"②。王阳明对朱子理学的这种二分法，其实是醉翁之意不在酒。其真正用意首先是力求使心学从理学樊篱中解放出来，走上独立的发展之路；其次是向疲于科举、溺于章句的世俗诸儒严正声明：阳明心学"不谬于朱子"，圣人之学绝非辞章。

在《象山文集序》里，王阳明开宗明义，直截了当地宣布："圣人之学，学也。"在程朱理学占据统治地位的明代中叶，这无异于振聋发聩的呐喊。紧接着，他又对儒家"道统"说进行了心学改造。王阳明认为，尧、舜、禹递相传授的"十六字心传"是"心学之源"。"孔孟之学，惟务求仁，盖精一之传也"③。孟子在世时，"王道息而伯术行，功利之徒外假天理之近似以济其私，而以欺于人"，因而"心学大坏"。"自是而后，析心与理而为二，而精一之学亡"④。直到北宋"濂学"和"洛学"兴起后，"始复追寻孔孟之宗"。周敦颐有"定之以中正仁义而主静"之说，程明道有"动亦定，静亦定，无内外，无将迎"之论，都比较接近心学的"精一之旨"。周程二子之后，"有象山陆氏，虽其纯粹和平若不逮于二子，而

---

① 《语录二·传习录下·朱子晚年定论序》，《王阳明全集》卷3，第128页。
② 《语录二·传习录下·朱子晚年定论序》，《王阳明全集》卷3，第128页。
③ 《文录四·象山文集序》，《王阳明全集》卷7，第245页。
④ 《文录四·象山文集序》，《王阳明全集》卷7，第245页。

简易直截,真有以接孟子之传"①。"陆氏之学"正是理学思潮中的"孟氏之学"。如此说来,道统的传承关系应是:尧舜禹→孔孟→周程→陆王。在此,不仅首倡"道统"说的韩愈没有资格进入,连程颐和朱熹也被拒之于外。在这篇短序里,王阳明第一次明确给出了两条甄别心学"精一之旨"的划界标准。第一条,是否"析心与理而为二",这是划分理学与心学的逻辑尺度;第二条,是否"弃人伦,遗物理",是否"为天下国家",这是区分心学与禅学的价值标准。

第一、物理吾心不相外

针对程朱理学"外吾心以求物理"和"析心与理而为二"的支离弊病,王阳明力求将"物理"与"吾心"和合起来。为此,他提出了两大著名的"立言宗旨"——"心即理"与"知行合一",作为"对病的药"拯救每况愈下的学术文化。

在王阳明看来,学风江河日下、天理不能昌明的根本原因,在于人心充满了羡慕富贵、忧戚贫贱、计较得失和权衡利害之类的"私意小智"。他说:"故凡慕富贵,忧贫贱,欣戚得丧,爱憎取舍之类,皆足以蔽吾聪明睿知之体,而窒吾渊泉时出之用。若此者,如明目之中而翳之以尘沙,聪耳之中而塞之以木楔也"②。本来,天命之性粹然至善,吾心良知灵昭不昧,"至善之发见,是而是焉,非而非焉,固吾心天然自有之则,而不容有所拟议加损于其间也。有所拟议加损于其间,则是私意小智,而非至善之谓矣。人惟不知至善之在吾心,而用其私智以求之于外,是以昧其是非之则,至于横鹜决裂,人欲肆而天理亡,明德亲民之学大乱于天下"③。总之,导致心与理不一致、知与行分两件的罪魁祸首,是潜伏在人的意识中的"私心"和"不善的念"。只有在心地上做"克治之

---

① 《文录四·象山文集序》,《王阳明全集》卷7,第245页。
② 《文录三·答南元善》,《王阳明全集》卷6,第211页。
③ 《文录四·亲民堂记》,《王阳明全集》卷7,第251页。

功",才有可能拯救学问,克服"分心与理为二"和"知行分作两件"的支离弊病。

> 门人问曰:"知行如何得合一?……"…… 又问:"心即理之说,程子云'在物为理',如何谓心即理?"……先生因谓之曰:"诸君要识得我立言宗旨。我如今说个心即理是如何,只为世人分心与理为二故,便有许多病痛。如五伯攘夷狄,尊周室,都是一个私心,便不当理。人却说他做得当理,只心有未纯,往往悦慕其所为,要来外面做得好看,却与心全不相干。分心与理为二,其流至于伯道之伪而不自知。故我说个心即理,要使知心理是一个,便来心上做工夫,不去袭义于义,便是王道之真。此我立言宗旨。"①

> 问"知行合一"。先生曰:"此须识我立言宗旨。今人学问,只因知行分作两件,故有一念发动,虽是不善,然却未曾行,便不去禁止。我今说个知行合一,正要人晓得一念发动处,便即是行了。发动处有不善,就将这不善的念克倒了。须要彻根彻底,不使那一念不善潜伏在胸中。此是我立言宗旨。"②

王阳明的这两大立言宗旨,是直接针对程朱理学及其在政治生活和社会文化中所产生的种种流弊提出来的。特别是针对朱熹《大学章句》及其"格物致知"补传而开出的对症药方。因为在他看来,朱子理学的严重缺陷是支离虚妄,其致命弱点是"求物理于吾心之外"。他说:"是故不务于诚意而徒以格物者,谓之支;不事格物而徒以诚意者,谓之虚;不

---

① 《语录三·传习录下》,《王阳明全集》卷 3,第 121 页。
② 《语录三·传习录下》,《王阳明全集》卷 3,第 96 页。

本于致知而徒以格物诚意者,谓之妄。支与虚与妄,其于至善也远矣。合之以敬而益缀,补之以传而益离"①。

为了避免支离虚妄,王阳明首先从吾心与物理的内外关系入手,通过物理与吾心不相外在的双向否定思维,为其良知本体的逻辑建构作理论铺垫。他在《答顾东桥书》中这样写道:

> 夫物理不外于吾心,外吾心而求物理,无物理矣;遗物理而求吾心,吾心又何物耶?心之体,性也;性即理也。故有孝亲之心,即有孝之理,无孝亲之心,即无孝之理矣。有忠君之心,即有忠之理;无忠君之心,即无忠之理矣。理岂外于吾心邪?晦庵谓:"人之所以为学者,心与理而已。"心虽主乎一身,而实管乎天下之理,理虽散在万事,而实不外乎一人之心。是其一分一合之间,而未免已启学者心理为二之弊。此后世所以有专求本心,遂遗物理之患,正由不知心即理耳。夫外心以求物理,是以有暗而不达之处;此告子"义外"之说,孟子所以谓之不知义也。心,一而已。以其全体恻怛而言谓之仁,以其得宜而言谓之义,以其条理而言谓之理;不可外心以求仁,不可外心以求义,独可外心以求理乎?外心以求理,此知行之所以二也。求理于吾心,此圣门知行合一之教,吾子又何疑乎?②

在此,王阳明所说的"吾心"是价值本体意义上的"心之体",即"良知本体"。其逻辑推演程序是:吾心→人性→物理。从理学发展过程看,"性即理也"是"洛学"最早提出的基本命题,"心即理也"是象山心学的基本

① 《文录四·大学古本序》,《王阳明全集》卷7,第243页。
② 《语录二·传习录中·答顾东桥书》,《王阳明全集》卷2,第42页。

主张。王阳明将"性即理"融会到"心即理"中，使吾心、人性、物理三大理学基本范畴贯通起来，成为互不外在的和合本体，从而消除了程朱理学系统内部心体与性体、心理与物理之间的内外张力和矛盾冲突。

不过，王阳明所说的"物理"决不是古希腊亚里士多德《物理学》意义上的事物原理，而是道德本心固有的孝、忠、信等伦理规范及其秩序，即"心之条理"。他给理的定义式解释是："理也者，心之条理也。是理也，发之于亲则为孝，发之于君则为忠，发之于朋友则为信。千变万化，至不可穷竭，而莫非发于吾之一心"①。将"物理"视为"吾心"的天然条理之后，事物也就不再是心灵之外的自在存在，而成了吾心发用的意向事件。这样，王阳明的"心之体"就成了没有内外空间特征的超越本体。这种"吾心"廓然大公，并与"物理"浑然一体的"精一之旨"，虽然难以理解，但确实能够救治"析心与理为二"的支离弊病。所以，王阳明非常肯定地说："世儒之支离，外索于刑名器数之末，以求明其所谓物理者。而不知吾心即物理，初无假于外也。佛、老之空虚，遗弃其人伦事物之常，以求明其所谓吾心者。而不知物理即吾心，不可得而遗也"②。

从比较哲学的角度看，王阳明对"人伦事物"及其"物理"的心学解释，确实具有现象学的意向性特征。他说："身之主宰便是心；心之所发便是意；意之本体便是知；意之所在便是物。如意在于事亲，即事亲便是一物；意在于事君，即事君便是一物；意在于仁民爱物，即仁民爱物便是一物；意在于视听言动，即视听言动便是一物。所以某说无心外之理，无心外之物。"③ 不管我们将心体所发的"意"解释成意识、意念，或者意象、意境，"意之所在"的物都是意向性对象，即先验性的观念存在物。由于"事亲"、"事君"、"仁民爱物"等伦理行为都伴随着道德观念，

---

① 《文录五·书诸阳伯卷》，《王阳明全集》卷8，第277页。
② 《文录四·象山文集序》，《王阳明全集》卷7，第245页。
③ 《语录一·传习录上》，《王阳明全集》卷1，第6页。

因此,将它们视为意向性的观念存在物,是符合现象学的先验逻辑的。

王阳明的心范畴是超越性极高、涵摄力极强的和合范畴。心体、道体、天理是同一层面的价值本体,彼此只有话语形式上的称谓区别,没有实质蕴涵上的存在差异。他指出:"道无方体,不可执着。却拘滞于文义上求道,远矣。如今人只说天,其实何尝见天?谓日月风雷即天,不可;谓人物草木不是天,亦不可。道即是天,若识得时,何莫而非道?人但各以其一隅之见认定,以为道止如此,所以不同。若解向里寻求,见得自己心体,即无时无处不是此道。亘古亘今,无终无始,更有甚同异?心即道,道即天,知心则知道、知天。"① 至此,王阳明的心体(或良知本体)已具备了道德形上学的所有品格,成为"语大天下莫能载,语小天下莫能破"的和合超越范畴,完全可以与程朱理学的天理、太极等和合范畴相媲美。

需要特别指出的是,王阳明心学的众多本体范畴,都是超越时空结构和生成过程的观念存在,都不能用内外、大小、有无等辩证语辞进行肯定性描述。不仅心无内外,与心体等价的理、性均无内外。这是因为,内外、大小、有无等对偶关系都是空间性或空间化的辩证逻辑概念,在范畴分类学上均属"形而下者"。而心、性、理、道和良知等概念都是高度抽象的先验逻辑概念,在范畴分类系统皆为"形而上者"。用内外等辩证关系描述道德心性与天命义理,实际上是一种比拟性和名物化的修辞表达方法,除了给人以生动的形象外,并不能揭示出价值本体的存在真谛。他在答复罗钦顺有关《大学》格物工夫的质疑时,反复重申自己"无内外"的"精一之学":

> 夫理无内外,性无内外,故学无内外;讲习讨论,未尝非内也;反观内省,未尝遗外也。夫谓学必资于外求,是以己性为

---

① 《语录一·传习录上》,《王阳明全集》卷1,第21页。

有外也,是义外也,用智者也;谓反观内省为求之于内,是以己性为有内也,是有我也,自私者也:是皆不知性之无内外也。故曰:精义入神,以致用也;利用安身,以崇德也;性之德也,合内外之道也。①

王阳明提出的这种"精一之学",是内外贯通、大小圆融、有无相须、彻上彻下的和合思维。程朱理学的"理一分殊"法则,在阳明心学的范畴逻辑系统已不再发挥建构作用。

第二、心之本体便是知

根据现代认知心理学原理,知觉活动是人类最基本的心理反应特征。王阳明的心体及其良知准则,基本上是建立在知觉特征基础上的道德价值范畴。但是,作为心体的"知",在根源上是比心理知觉活动更深层次的良性智能。由于在古汉语系统,"知"与"智"通假兼用,因而王阳明在逻辑语形学上也就不加严格区分。可在逻辑语义学上,二者不可混为一谈。良性智能是一切心理活动的价值之源,知觉活动只是智能发挥作用的现象之流。王阳明的心知本体论要解决的关键问题是,如何将仁义礼智等道德规范贯彻到智能系统,使其发挥"知善知恶"的监察作用和"为善去恶"的控制功能。在建构心体的发用机制时,王阳明最大限度地运用了"洛学"程颐提出的"体用一源"法则。在《全集》里,王阳明曾五次提及程颐的"体用一源",并做了心学诠释。以下三段论述对于理解阳明心学本体论非常重要。

盖体用一源,有是体即有是用,有未发之中,即有发而皆中节之和。今人未能有发而皆中节之和,须知是他未发之中

---

① 《语录二·传习录中·答罗整庵少宰书》,《王阳明全集》卷2,第76页。

亦未能全得。①

　　心不可以动静为体用。动静时也，即体而言用在体，即用而言体在用，是谓体用一源。若说静可以见其体，动可以见其用，却不妨。②

　　心统性情。性，心体也；情，心用也。程子云"心，一也。有指体而言者，寂然不动是也；有指用而言者，感而遂通是也。"斯言既无以加矣，执事姑求之体用之说。夫体用一源也，知体之所以为用，则知用之所以为体者矣。虽然，体微而难知也，用显而易见也。③

　　按照"体用一源"的建构法则，阳明心学的良知本体有依次递进的三个逻辑结构层次：首先，在生存世界，良知是"无善无恶"的智能本体；其次，在意义世界，良知是以"是非之心"为原型的明德本体；最后，在可能世界，良知是"乐的本体"。

　　在生存世界，天地万物及其生态环境是心体的意向对象，本身没有善恶之分。"天地生意，花草一般，何曾有善恶之分？子欲观花，则以花为善，以草为恶；如欲用草时，复以草为善矣。此等善恶，皆由汝心好恶所生，故知是错"④。好恶属于心体发用后的情绪或情感表现。心体未发之前，寂然不动，既无善恶。善恶的区分往往与气质因素有关，是心理气质运动的结果。"无善无恶者理之静，有善有恶者气之动。不动于气，即无善恶，是谓至善"⑤。因此，作为超越善恶二分的"心之本体"，良知首先是静定不动的生命智慧及其创造潜能。"定者心之本体，天理

———————

① 《语录一·传习录上》，《王阳明全集》卷 1，第 17 页。
② 《语录一·传习录上》，《王阳明全集》卷 1，第 31 页。
③ 《文录一·答汪石潭内翰》，《王阳明全集》卷 4，第 146、147 页。
④ 《语录一·传习录上》，《王阳明全集》卷 1，第 29 页。
⑤ 《语录一·传习录上》，《王阳明全集》卷 1，第 29 页。

也,动静所遇之时也"①。在此,动静概念也是辩证性的,所表述的意思是时遇化的有形存在。动静概念不能描述寂然不动的"心之本体"。"心之本体原自不动。心之本体即是性,性即是理,性元不动,理元不动"②。

在意义世界,人是天地万物的道德主体,心是天地万物的性命主宰。"人者,天地万物之心也;心者,天地万物之主也。心即天,言心则天地万物皆举之矣,而又亲切简易"③。不过,在王阳明看来,能够充分体现人心在天地万物中的主体地位和主宰权威的道德人格是他所说的"大人":

> 大人者,以天地万物为一体者也,其视天下犹一家,中国犹一人焉。若夫间形骸而分尔我者,小人矣。大人之能以天地万物为一体也,非意之也,其心之仁本若是,其与天地万物而为一也。岂惟大人,虽小人之心亦莫不然,彼顾自小之耳。是故见孺子之入井,而必有怵惕恻隐之心焉,是其仁之与孺子而为一体也;孺子犹同类者也,见鸟兽之哀鸣觳觫,而必有不忍之心焉,是其仁之与鸟兽而为一体也;鸟兽犹有知觉者也,见草木之摧折而必有悯恤之心焉,是其仁之与草木而为一体也;草木犹有生意者也,见瓦石之毁坏而必有顾惜之心焉,是其仁之与瓦石而为一体也;是其一体之仁也,虽小人之心亦必有之。是乃根于天命之性,而自然灵昭不昧者也,是故谓之'明德'。小人之心既已分隔隘陋矣,而其一体之仁犹能不昧若此者,是其未动于欲,而未蔽于私之时也。及其动于欲,蔽

---

① 《语录一·传习录上》,《王阳明全集》卷1,第16页。
② 《语录一·传习录上》,《王阳明全集》卷1,第24页。
③ 《文录三·答季明德》,《王阳明全集》卷6,第214页。

于私,而利害相攻,愤怒相激,则将戕物圮类,无所不为,其甚至有骨肉相残者,而一体之仁亡矣。是故苟无私欲之蔽,则虽小人之心,而其一体之仁犹大人也;一有私欲之蔽,则虽大人之心,而其分隔隘陋犹小人矣。故夫为大人之学者,亦惟去其私欲之蔽,以自明其明德,复其天地万物一体之本然而已耳;非能于本体之外而有所增益之也。①

据学生钱德洪记述:"《大学问》者,师门之教典也。学者初及门,必先以此意授,使人闻言之下,即得此心之知,无出于民彝物则之中,致知之功,不外乎修齐治平之内。学者果能实地用功,一番听受,一番亲切"②。王阳明在《大学问》里所塑造的大人人格,是对先秦儒家孟子"仁民爱物"主张的系统发挥。这种以天地万物为一体、天下一家、中国一人的和合道德境域,也是对"洛学"程颢"仁者浑然与物同体"思想的全面承继。在由"一体之仁"统摄的和合意义世界里,良知是纯粹至善的明德本体。"天命之性,纯粹至善,其灵昭不昧者,此其至善之发见,是乃明德之本体,而所谓良知也"③。

王阳明的良知本体,是以孟子的"是非之心"为概念原型的。"良知者,孟子所谓'是非之心,人皆有之'者也。是非之心,不待虑而知,不待学而能,是故谓之良知。是乃天命之性,吾心之本体,自然灵昭明觉者也。凡意念之发,吾心之良知无有不自知者。其善欤,惟吾心之良知自知之;其不善欤,亦惟吾心之良知自知之;是皆无所与于他人者也"④。王阳明将孟子的"良知"与"良能"和合成"心之本体",其目的在于使孟子的"是非之心"成为判别意念善恶的"大规矩",并将"知善知恶"的道

---

① 《续编一·大学问》,《王阳明全集》卷26,第968页。
② 《续编一·大学问》,《王阳明全集》卷26,第973页。
③ 《续编一·大学问》,《王阳明全集》卷26,第969页。
④ 《续编一·大学问》,《王阳明全集》卷26,第971页。

德判断力和"为善去恶"的至善意志力统统赋予良知本体。

意义世界的良知本体最富有和合特征，是阳明心学范畴逻辑结构的价值枢纽。它与天理范畴前后呼应，是标志宋明理学两次发展高潮的学术里程碑。就其对儒教伦理的贡献而言，良知比天理更具有人道气息和人文精神，更符合道德实践的主体自觉和个人自律。由于特定历史时代学术语境的限制，王阳明良知本体所强调的重点，主要是人类心智系统的自然同一与道义和谐，对于其中的个体差异与利益冲突，没有给予足够的重视和恰当的分析。因此，良知实际上仍然是一颗高度超越和极其抽象的仁义道德之心。在这个"心之本体"中，诸如杂念、私智和利欲等有可能干扰道德理性是非判断力的非理性因素，都在克制之列。这种过分突出心灵主宰功能而又想根除利欲冲动的心性本体建构，给心学大厦埋藏下了巨大的坍塌隐患。一旦从理论上承认私心与利欲存在的自然性与合理性时，良知本体将难以立足。

在可能世界，良知本体是道德心灵的超越意境，是主体精神的终极家园，具有无限的审美情趣与无穷的和乐体验，因此王阳明说："乐是心之本体。仁人之心，以天地万物为一体，欣合和畅，原无间隔"[1]。

根源于良知自身的本体性快乐，是圣贤心灵的本然真乐。它与通常的情感快乐，"体用一源"，韵味有别。"乐是心之本体，虽不同于七情之乐，而亦不外于七情之乐。虽则圣贤别有真乐，而亦常人之所同有。但常人有之而不自知，反自求许多忧苦，自加迷弃。虽在忧苦迷弃之中，而此乐又未尝不存。但一念开明，反身而诚，则即此而在矣"[2]。常人的"七情之乐"是相对于痛苦而言的对象性快乐，因而总是有限的、暂时的和受时遇左右的。本体性快乐则是绝对的、无限的和永恒的，是基于生命智慧本身及其流行旋律的超越之乐。王阳明嘲讽那些放弃心灵

---

① 《文录二·与黄勉之二》，《王阳明全集》卷5，第194页。

② 《语录二·传习录中·答陆原静书》，《王阳明全集》卷2，第70页。

永恒的"本体之乐",而盲目追求暂时的"七情之乐"是"骑驴觅驴",着实好笑。

用诗化的语言讲,在和合可能世界,良知本体犹如一轮永远清莹明澈的中秋圆月,本体快乐恰似中秋赏月时的怡然乐趣。王阳明有题名《中秋》的律诗,其意境就是欣赏吾心光明月的快乐体悟:

> 去年中秋阴复晴,今年中秋阴复阴。
> 百年好景不多遇,况乃白发相侵寻!
> 吾心自有光明月,千古团圆永无缺。
> 山河大地拥清辉,赏心何必中秋节!①

然而,人生在世,苦多乐少,难得潇洒落拓。要体证这一清净的"本体之乐",就必须"犹道家所谓结圣胎"一样,做"念念要存天理"的心性修养工夫,使心体"驯至于美大圣神"。这就是知行合一致良知的心体流行工夫。

第三、知行合一致良知

王阳明心学要解决的焦点问题,是心性的道德完善问题。因此,他的"知行合一之训"和"致良知之教",都是有关修养"心之本体"的工夫理论。从学术思想渊源看,它们又都是对《大学》"格物致知之旨"的心学化诠释和创新性发挥。

在诠释文本方面,阳明心学与朱子理学的学术冲突聚焦在对《大学》"格物致知"的解释上。龙场悟道后,王阳明深刻地总结了青年时期格朱子失败的思维教训,通过对"格物致知"的全新解释,相继提出了"知行合一"和"致良知"两大工夫学说。为了给这套心学工夫寻找经典依据,王阳明恢复被程朱理学改易过的《大学》古本,并作《大学问》系统

---

① 《外集二·居越诗三十四首·中秋》,《王阳明全集》卷20,第793页。

阐释其"大人之学"及其"一体之仁"。

王阳明虽然没有改易《礼记·大学》篇的字辞和排序,在形式上尊重文本的古老原貌,但他对"格物致知"的释义比程朱走得更远,几近随意发挥。

> 盖身、心、意、知、物者,是其工夫所用之条理,虽亦各有其所,而其实只是一物。格、致、诚、正、修者,是其条理所用之工夫,虽亦皆有其名,而其实只是一事。
>
> 致者,至也,如云丧致乎哀之致。《易》言'知至至之','知至'者,知也;'至之'者,致也。'致知'云者,非若后儒所谓充广其知识之谓也,致吾心之良知焉耳。
>
> 物者,事也,凡意之所发必有其事,意所在之事谓之物。格者,正也,正其不正以归于正之谓也。正其不正者,去恶之谓也。归于正者,为善之谓也。夫是之谓格。《书》言'格于上下','格于文祖','格其非心',格物之格实兼其义也。①

在王阳明的心学解释学视域,古本《大学》"八条目"里的前五个条目,都是心体发用流行的工夫和条理。其中,作动词用的"格、致、诚、正、修"是依照条理程序所做的修养工夫,作名词用的"身、心、意、知、物"是做工夫的条理程序,它们都可归结成意向作用所在的事物。"致知"就是推致良知本体,使其流行于万事万物,即将吾心良知所固有的是非准则和价值尺度贯彻到一切事物中去,使事事物物都合乎仁义道德要求。"格物"就是用良知规矩校正吾心的意念知觉活动,在心灵深处做"知善知恶"和"为善去恶"的道德实践功夫。由此可见,在王阳明的解释学系统,"格物"中的"物"不是外在的客观事物,而是意念知觉的主观事物;

---

① 《续编一·大学问》,《王阳明全集》卷 26,第 971、972 页。

"致知"中的"知"也不是一般意义上的经验知识或感性认知,而是主体的良性智能及其道德觉悟。

从良知本体出发,"知行合一"是"致良知"的展开过程。"……要皆知行合一之功,正所以致其本心之良知;而非若世之徒事口耳谈说以为知者,分知行为两事,而果有节目先后之可言也"①。因此,王阳明对"知行合一之功"的论述,是围绕良知本体的作用机制进行的,可分成两个逻辑层次加以理解。

其一,在本体发用上,知行都是良知的道德流行,彼此浑然贯通,没有截然分明的阶段性特征。在《传习录》中,王阳明与弟子徐爱有一席对话,足以说明他提出"知行合一"主张的真实意图:

> 爱曰:"古人说知行做两个,亦是要人见个分晓,一行做知的功夫,一行做行的功夫,即功夫始有下落。"
>
> 先生曰:"此却失了古人宗旨也。某尝说知是行的主意,行是知的功夫;知是行之始,行是知之成。若会得时,只说一个知已自有行在,只说一个行已自有知在。古人所以既说一个知又说一个行者,只为世间有一种人,懵懵懂懂的任意去做,全不解思维省察,也只是个冥行妄作,所以必说个知,方才行得是;又有一种人,茫茫荡荡悬空去思索,全不肯着实躬行,也只是个揣摸影响,所以必说一个行,方才知得真。此是古人不得已补偏救弊的说话,若见得这个意时,即一言而足,今人却就将知行分作两件去做,以为必先知了然后能行,我如今且去讲习讨论做知的工夫,待知得真了方去做行的工夫,故遂终身不行,亦遂终身不知。此不是小病痛,其来已非一日矣。某今说个知行合一,正是对病的药。又不是某凿空杜撰,知行本

---

① 《语录二·传习录中·答顾东桥书》,《王阳明全集》卷2,第52页。

体原是如此。今若知得宗旨时，即说两个亦不妨，亦只是一个；若不会宗旨，便说一个，亦济得甚事？只是闲说话。①

其二，在话语陈述上，"知行"二字描述的心性工夫是一个完整的至善过程，其功效相互渗透，没有本末先后的排序化特征。"知之真切笃实处，即是行；行之明觉精察处，即是知，知行工夫本不可离。只为后世学者分作两截用功，失却知行本体，故有合一并进之说"②。其实，在南宋时期，"东南三贤"都有知行工夫相须并进的和合思想。朱熹说过："知与行，工夫须著并到。知之愈明，则行之愈笃；行之愈笃，则知之益明。二者皆不可偏废"③。张栻写道："知之进则行愈有所施，行之力则知愈有所进。……盖致知力行，此两者工夫互相发也"④。吕祖谦也说："致知力行，本交相发。学者若有实心，则诘贯玩索，固为进德之要"⑤。王阳明的"知行合一并进之说"，是在朱熹等人"知行相须互发"基础上的逻辑推进。其原则区别在于，"东南三贤"的知行工夫都有先后次序，井井有条；而王阳明的知行工夫没有先后次序，浑然一体。

王阳明对他提出的"知行合一之功"非常自信，认为这才是原本如此的"知行本体"，而不是他本人的"凿空杜撰"。对于"致良知之功"更是津津乐道，认为这才是"学问大头脑"，是"圣人教人第一义"⑥，是"千古圣学之秘"⑦，是"孔门正法眼藏"⑧ 等等，竭尽自我赞美之能事！

---

① 《语录一·传习录上》，《王阳明全集》卷1，第4、5页。
② 《语录二·传习录中·答顾东桥书》，《王阳明全集》卷2，第42页。
③ 《朱子语类》卷14。
④ 《寄周子充尚书》，《南轩文集》卷1。
⑤ 《东莱遗集·与朱侍讲》。
⑥ 《语录二·传习录中·答欧阳崇一》，《王阳明全集》卷2，第71页。
⑦ 《文录二·寄薛尚谦》，《王阳明全集》卷5，第199页。
⑧ 《文录二·与杨仕鸣》，《王阳明全集》卷5，第185页。

3. 阳明后学:心学系统的自我解构

理论系统的综合集成之日,也是其分化解体之时。因为只有这样,学术思想才能不断自我否定、自我超越,不断自我发展、自我完善。阳明之后,王门后学按地域分为浙中、江右、南中、楚中、北方、粤闽和泰州等七个派系。他们都围绕良知本体加以阐发,或主其为无,或执其为有,或向理学倒退,或向禅学流变,总体上无法再现姚江学派所特定的有无和合境域。当泰州学派李贽从良知本体中发现私欲的自然性和功利的合理性时,陆王心学也遭遇解构命运,达到了自身的逻辑终结。

阳明后学的分化和心学系统的解构,其原因虽然是多方面的,但从学术思想自身的历史发展看,根本原因在于阳明心学的良知本体是捉摸不定、变幻莫测的道德精神境界,经不起功名利禄的严峻考验。首先,良知本体只是吾心的一点灵明,“如明镜然,全体莹彻,略无纤尘染着”①;又是纯粹的道德理性,如同足赤精金,不许有任何杂质。“圣人之所以为圣,只是其心纯乎天理,而无人欲之杂。犹精金之所以为精,但以其成色足而无铜铅之杂也”②。将良知本体纯化到“惟精惟一”的超越高度,那就很难使其再落实到日用生活中发挥规矩和指针作用。其次,良知本体仅是自家体认的天植灵根和个体自得的圣人气象。“人孰无根? 良知即是天植灵根,自生生不息;但著了私累,把此根戕贼蔽塞,不得发生耳”③。虽说是天植灵根,却经不住私意的遮蔽和阻塞。即使心地廓然大公,绝无半点私意,灵根发育生长,也仅仅是自家体会的圣人气象,无法与他人共享,恰似“哑子吃苦爪,与你说不得。尔要知此苦,还须你自吃”④。宗法社会极其重要的纲常伦理经良知本体转换

---

① 《传习录上》,《王阳明全集》卷1,第23页。
② 《传习录上》,《王阳明全集》卷1,第27页。
③ 《传习录下》,《王阳明全集》卷3,第101页。
④ 《外集二·滁州诗三十六首·别易仲》,《王阳明全集》卷20,第727页。

后,竟成了"如人饮水,冷暖自知"的个人心性体悟。这与其说是实理实学,不如说是铤而走险。最后,良知本体是形而上的虚无之境:"良知之虚,便是天之太虚;良知之无,便是太虚之无形。日月风雷、山川民物,凡有貌相形色,皆在太虚无形中发用流行,未尝做得天的障碍。圣人只是顺其良知之发用,天地万物,俱在我良知的发用流行中,何尝又有一物超于良知之外,能作得障碍?"[①] 对于这种虚无缥缈的良知本体,只有上根利器之人才有可能参透其玄机,把握其奥妙。对多数下根钝器之人来说,只能是揣摸影响和子虚乌有。良知本体介于有无之际,夹在虚实之间,完全是和合可能世界的逻辑虚拟。"有心俱是实,无心俱是幻;无心俱是实,有心俱是幻"[②]。王阳明这段近似于禅诗的颠倒话语,与其说是学术命题,不如说是直觉机锋。

王阳明反复申明,他的"致良知"是"究竟话头",良知本体是圣贤学问的"正法眼藏"。除非自己"从百死千难中得来",否则,只能是捕风捉影,玩弄直觉,与良知全不相干。阳明本人出生入死,事功卓越,有过龙场悟道的切身经历和对生命智慧的彻底体贴,因而良知"一语之下,洞见全体,真是痛快,不觉手舞足蹈"[③]。但对于为数众多的王门弟子而言,无一人有过类似的传奇式经历和创造性思维,因而只能倒果为因,落入言筌,将阳明的体悟当做光景来玩味。天泉证道的发生和"四句教"的提出,已暴露了阳明心学难以为继的窘迫境况和王门后学分化解体的潜在危机。本来,阳明心学是经过程朱理学洗礼之后的心性学说,是"圣门"内部的"禅宗",是"道统"里面的"参同契"。其言语文字都是针对心病开出的药方,其不二法门在于"随人指点",引导个人做"彻上彻下功夫"。除非有百年一遇的上智者:"利根之人一悟本体,即是功

---

① 《传习录下》,《王阳明全集》卷3,第106页。
② 《传习录下》,《王阳明全集》卷3,第124页。
③ 《传习录拾遗》,《王阳明全集》卷32,第1170页。

夫,人己内外,一齐俱透了"①。所有的中智下愚之人,必须老老实实地沿着程朱理学的渐修之路,才有可能闯进陆王心学的顿悟之境。不然,"只去悬空想个本体,一切事为俱不着实,不过养成一个虚寂。此个病痛不是小小,不可不早说破"②。为了预防病痛于未患之先,王阳明将"四句教"作为其心学的不二法门:"以后与朋友讲学,切不可失了我的宗旨:无善无恶是心之体,有善有恶是意之动,知善知恶的是良知,为善去恶是格物,只依我这话头随人指点,自没病痛"③。这四句教谕,融合有无,兼容善恶,即本体即功夫,即功夫即本体,确实是无偏无弊的圆融话语。如果说王阳明是因病立方,对症下药,那么,阳明后学则是因药生病,按方得症。其中最典型的代表人物,就是天泉证道中的两位高足——钱德洪和王畿。

钱德洪(1496—1574年)字洪甫,号绪山,浙江余姚人。与王阳明同乡,早年师事王守仁,在王门中地位极高,与王畿同称"教授师",协助王阳明主持书院、助理教学。为了弘扬王学,曾两度放弃廷试。王阳明去世,仿效子贡为孔子守墓三年之礼,"筑室于场,以终心制"④。嘉靖十一年(1532年)廷试中举,授刑部陕西司郎。后因得罪世宗,被下监狱,贬斥为民。穆宗时,特诏进阶朝列大夫。著述有《阳明夫子年谱》三卷和《濠园记》一卷,另有《明儒学案》所录《会语》和《论学书》。

王畿(1498—1583年)字汝中,别号龙谿,浙江山阴(今浙江绍兴)人。与王阳明为同郡宗人,嘉靖二年(1523年)受业于王阳明,深得器重。嘉靖五年(1526年)与钱德洪同考进士,放弃廷试和仕途,专心就学王门。王阳明去世,王畿为其守丧三年。后第三次赴京廷试,中进士,授南京职方主事,很快因病告归。一生致力于王学传播,讲舍遍及

---

① 《传习录下》,《王阳明全集》卷3,第117页。
② 《传习录下》,《王阳明全集》卷3,第118页。
③ 《传习录下》,《王阳明全集》卷3,第117、118页。
④ 《浙中王门学案一》,《明儒学案》卷11。

吴楚、闽越、江浙地区，多次参与或主持成百上千人的"讲会"。黄宗羲将王龙谿比作王门中的杨慈湖："象山之后，不能无慈湖；文成之后，不能无龙谿，以为学术之盛衰因之。慈湖决象山之澜，而先生疏河导源，于文成之学固多所发明也"①。著作有《龙谿先生全集》20卷传世。

钱德洪和王畿的主要分歧是围绕怎样理解"四句教"发生的。钱德洪所走的心学道路是中人以下间接从功夫中悟入的渐修之路，强调"人有习心，意念上见有善恶在，格致诚正，修此正是复那性体功夫"②。而王畿所走的心学道路却是中人以上直接从本源上悟入的顿悟之路，强调"心体是无善无恶，意亦是无善无恶的意，知亦是无善无恶的知，物是无善无恶的物"③。换言之，钱德洪执定意念有善恶，主张从"格物之功"渐进到良知本体。他说："格物之学，实良知见在功夫，先儒所谓过去未来，徒放心耳。见在功夫，时行时止，时默时语，念念精明，毫厘不放，此即行着习察，实地格物之功也。于此体当切实，著衣吃饭，即是尽心至命之功"④。如果穿衣吃饭都是尽心至命的格物功夫，那么百姓日用岂不都成了圣人之道？可见，钱德洪将致良知的标准降到下愚水平。王畿力主意念无善恶，提倡从"当下一念"悟入良知本体，将修养工夫日减到"无工夫"。他说："良知不学不虑。终日学只是复他不学之体，终日虑只是复他不虑之体。无工夫中真工夫，非有所加也。工夫只求日减，不求日增。减得尽便是圣人。后世学术，正是添的勾当，所以终日勤劳，更益其病。果能一念惺惺，冷然自善，穷其用处，了不可得，此便是究竟话"⑤。这是老子"为道日损"和惠能"于念而不念"等修养方法的心学翻版。

---

① 《浙中王门学案二》，《明儒学案》卷12。
② 《传习录下》，《王阳明全集》卷3，第117页。
③ 《传习录下》，《王阳明全集》卷3，第117页。
④ 《浙中王门学案一·论学书》，《明儒学案》卷11。
⑤ 《浙中王门学案二·语录》，《明儒学案》卷12。

钱德洪与王畿都是王门高足,心学嫡传。其思想主张尚且从"致良知"的理论顶峰上跌落下来,或陷入"世儒之支离",或遁入"佛老之空虚"。剩下的门人弟子,其所患病痛自不待言说。有关钱德洪和王龙溪的思想得失和学术异同,黄宗羲有过一段相当中肯的评析。他在钱德洪传记中这样说:

> 先生与龙溪亲炙阳明最久,习闻其过重之言。龙溪谓寂者心之本体,寂以照为用,守其空知而遗照,是乖其用也。先生谓未发竟从何处觅,离已发而求未发必不可得。是两先生之良知俱以见在知觉而言,于圣贤凝聚处尽与扫除,在师门之旨不能无毫厘之差。龙溪从见在悟其变动不居之体,先生只于事物上实心磨炼。故先生之彻悟,不如龙溪;龙溪之修持,不如先生。乃龙溪竟入于禅,而先生不失儒者之矩矱。何也?龙溪悬崖撒手,非师门宗旨所可系缚;先生则把缆放船,虽无大得,亦无大失耳。①

钱德洪"把缆放船",顺流而下,不出阳明门槛;王龙溪"悬崖撒手",掉入深渊,仍属心学范畴。可是,依傍于王门的泰州学派,则干脆"赤手以搏龙蛇","掀翻天地",沿着相反的方向继续推演,终于冲决名教樊篱,以"前不见有古人,后不见有来者"的放肆话语,充分肯定了个人私心的价值地位和功利欲望的实践功能,使心性与义理的和合性问题,从道德的理想王国回落到经济的现实丛林,理学思潮的终极关怀逐步被此生关注所取代。

王艮(1483—1541 年)字汝止,号心斋,泰州安丰场(今江苏东台)人,泰州学派创始者。出身盐户,"7 岁受书乡塾,贫不能竟学",跟随父

---

① 《浙中王门学案一》,《明儒学案》卷 11。

兄劳动谋生。19岁开始经商,家境逐渐好转,随发愤自学。在商游过程中,王艮到处请教,遂成为一代平民学者。29岁前后授徒讲学。正德十五年(1520年),王艮乘船前往江西南昌求见王阳明。经过多次论辩,对阳明"致良知"学说心悦诚服,甘愿执弟子礼,成为王门学生。王阳明去世后,王艮另立门户,创立泰州学派。他的学生既有官僚士大夫,也有田夫、樵夫、商人、佣人等底层平民。王艮虽认同阳明心学,但其思想并未囿于师说。"王氏弟子遍天下,率都爵位有气势。艮以布衣抗其间,声名反出诸弟子上。然艮本狂士,往往驾师说上之,持论益高远,出入于二氏"①。王艮一生不喜著述,不守经传,信口解说,其学术主张多反映在《复初论》、《明哲保身论》、《乐学歌》、《天理良知说》、《格物要旨》、《勉仁方》和《王道论》等篇章中。身后遗著由子孙和门人编成《心斋王先生全集》。

王艮的重要学术思想有三:一是"淮南格物说",二是"明哲保身论",三是"百姓日用之学"。

与"姚江格物说"以良知为规矩不同,"淮南格物说"最显著特点是以身体为规矩。他说:"格,絜度也。絜度于本末之间,而知本乱而末治者否矣。此格物也"②。又说:"格如格式之格,即后絜矩之谓,吾身是个矩,天下国家是个方。絜矩,则知方之不正,由矩之不正也。是以只去正矩,却不在方上求。矩正则方正矣,方正则成格矣,故曰物格"③。格物首先是确立吾身对天地万物、天下国家的本体地位,并以此为规矩和格式,解决社会贫富与国家治乱问题。格物实质上就是校正规矩、核准尺度的立身保命问题。

王艮的格物说第一次将身体的生存需要提升到道德修养首位。在

---

①　《儒林二·王艮传》,《明史》卷283。

②　《答问补遗》,《王心斋全集》卷3。

③　《答问补遗》,《王心斋全集》卷3。

王艮看来,立身保命才是"明明德"、"亲民"和"止于至善"的落脚点。为学之道,格物之方,都在于安身、保身和爱身。如果连自己的身体都不能安保,又何以安保天下国家? 因此,他在格物基础上进一步提出了"明哲保身论",把尊身、爱身和保身看成是首要的人伦物理。他说:"学之如何? 明哲保身而已。知保身不知爱人,必至于适己自便,利己害人,人将报我,则吾身不能保矣。吾身不能保,又何以保天下国家哉? 此自私之辈不知本末一贯者也。若夫爱人而不爱身,必至于烹身割股,舍身杀身,则吾身不能保矣。吾身不能保,又何以保君父哉?"①

以身为本,谋划生计;明哲保身,志仕干禄,这些都属于百姓日用的功利之学和营生之道。王艮的"百姓日用之学",将百姓日用视为道体,提出了"百姓日用即道"的著名观点,成为明清之际经世致用的学术先声。从逻辑结构看,王艮以末为本,以事为道,理学思潮的超越层面和形上维度全被削平。他说:"圣人之道,无异于百姓日用。凡有异者,皆谓之异端"②。圣人之道虽不异于百姓日用,但百姓日用却不同于圣人之道。这一既不异又不同的微妙关系,蕴涵着心体与身体、事体与道体的形上学分野,牵涉到圣人心学与百姓身学的价值论区别。王艮将圣人之道归结为百姓日用,将圣贤心学还原成百姓身学,从而使心学宗旨从道体的至善意境向身体的功利处境急转直下,理学思潮辛辛苦苦营造出来的道德理想国和价值乌托邦,竟然完全消解在百姓日用和穿衣吃饭中。

如果说王艮的"百姓日用之学"仍然反对自私心理和自利行为,仍以道义原则作为百姓日用的基本准则,仍旧承诺良知的至善特征,那么李贽的"童心说"、"是非无定论"和"穿衣吃饭即是人伦物理",则沿着个体功利之途走向了名教的对立面,开始大胆肯定私心的自然合理性和

---

① 《明哲保身论》,《王心斋全集》卷3。
② 《语录》,《王心斋全集》卷3。

利欲的现实普遍性。对于泰州学派的解构功能和破坏作用,黄宗羲有着非常清楚的认识。他说:

> 阳明先生之学,有泰州、龙溪而风行天下,亦因泰州、龙溪而失其传。泰州、龙溪时时不满其师说,益启瞿昙之秘而归之师。盖跻阳明而为禅矣。然龙溪之后,力量无过于龙溪者,又得江右为之救正,故不至于十分决裂。泰州之后,其人多能赤手以搏龙蛇,传至颜山农、何心隐一派,遂复非名教之所能羁络矣。①

除创始人王艮外,泰州学派的代表人物还有王艮次子王襞、族弟王栋、樵夫朱恕、陶匠韩乐吾、田夫夏叟和云南左布政使徐樾等。《明儒学案》列《泰州学案》共五卷,涉及人物二十多名。但上述引文中所说的颜山农和何心隐,却不见于目录中,或许是因为这两位泰州学人思想有些离经叛道、不能登入儒林的缘故吧。

颜山农(1504—1596 年)名钧,字子和,江西吉安府永丰县人。智力发育较晚,被人称为"痴儿"。嘉靖十一年(1536 年)前后北上游学,在北京遇到徐樾,拜师求学。后又到泰州王艮门下受教。王艮死后,颜山农长期在大江南北宣扬王艮的"大成仁道"。嘉靖四十五年(1566 年)在南京被捕入狱,后经罗汝芳营救出狱,遣戍福建。隆庆五年(1571 年)返回故乡,从事讲学和著述。其学术思想"率性所行,纯任自然,便谓之道"②。著名弟子有主张"赤子良心"的罗汝芳和提倡"师友之道"的何心隐。

何心隐(1517—1579 年)字柱乾,号夫山,江西吉州人。出身富有家

---

① 《泰州学案》,《明儒学案》卷 32。
② 《泰州学案》,《明儒学案》卷 32。

庭,因不满朝政腐败,遂放弃科举仕途,随从颜山农学习王艮的"立本之旨"。嘉靖三十二年(1553年)至嘉靖三十八年(1559年),捐献家产,购置义田,在家乡本族创办"聚和堂",进行道德理想国和价值乌托邦试验。后因永丰县居民反抗横征暴敛,何心隐被卷入,逮捕入狱,先判绞刑,后减罪为充军贵州,经友人营救出狱。嘉靖三十九年(1560年)到北京,与方士蓝道行设计铲除奸相严嵩。严嵩被处死后,为躲避严党迫害,隐姓埋名,逃离北京。严党被肃清后,何心隐在福建、浙江、湖北、四川等地讲学。隆庆六年(1572年),张居正为相,开始毁书院、禁私人讲学。何心隐撰文反对,被张居正列入逆学,诏令各地捉拿。万历七年(1579年),何心隐被捕,惨遭酷刑毒打后,死在武昌狱中。何心隐一生思想激进,蔑视权贵,参与朝廷权力斗争,其思想和行动都已经超出了名教所许可的范围。其著作有文集《何心隐集》传世。

李贽(1527－1602年)字宏甫,号卓吾,别号温陵居士,福建泉州晋江人。出身商人世家,幼年丧母,跟随父亲读书。26岁中举人,步入仕途。嘉靖三十九年(1560年),调到南京任国子监博士。后为父守孝回乡。嘉靖四十三年(1564年)任北京国子监博士。从嘉靖四十五年(1566年)开始,李贽系统接受阳明心学,与王门弟子王畿、泰州学派罗汝芳结识,拜王艮之子王襞为师。隆庆五年(1571年)任南京刑部员外郎。万历五年(1577年)出任云南姚安府知府,官秩四品。万历九年(1581年),任满后归隐湖北黄安,潜心著述。万历十三年(1585年)到湖北麻城,剃发留须,自称和尚,开始向宋明理学和儒教经典发难。后辗转于山西大同、北京西山极乐寺、南京永庆寺和山东济宁等地。万历三十年(1602年)被捕入狱,后用剃刀自杀身亡。死后著作虽多次遭到禁毁和焚烧,但多数仍然保留下来。主要著作有《藏书》、《续藏书》、《焚书》、《续焚书》等。

李贽的学术思想主要有三大命题:一是"是非无定",二是"童心即真",三是"人必有私"。

其一，"是非无定"。李贽认为："人之是非初无定质，人之是非人也亦无定论。无定质，则此是彼非，并育而不相害；无定论，则是此非彼亦并行而不相悖矣"①。是非准则没有本质规定，是非判断也没有统一格式。这样，传统儒学的是非之心和阳明心学的良知准则就很难成立。是非既然无定，圣贤的言论也就不足为凭。据此，李贽反对"咸以孔子之是非为是非"的经学教条主义。在他看来，《六经》、《论语》、《孟子》之类儒家经典，或者是"过为褒崇之词"、"极为赞美之语"；或者是"有头无尾，得后遗前"的追述，"其大半非圣人之言"。纵然"出自圣人，要亦有为而发，不过因病发药，随时处方"而已。"药医假病，方难定执，是岂可遽以为万世之至论乎！"总而言之，"《六经》、《语》、《孟》，乃道学之口实，假人之渊薮也，断断乎其不可以语于童心之言明矣"②。这些大胆的说法，已经触动了整个纲常伦理的文化基础。

其二，"童心即真"。是非虽无定质和定论，但真理还须有争论。李贽认为：真理的标准不是道德化的天理良知，而是自然化的本真童心。他说："夫童心者，真心也。若以童心为不可，是以真心为不可也。夫童心者，绝假纯真，最初一念之本心也。若失却童心，便失却真心；失却真心，失却真人；人而非真，全不复有初矣"③。李贽的童心说，第一次击中了理学心性论的致命弱点：过分夸大心性的伦理意义、道德价值及其至善标准，过度忽视智能的逻辑意义、事实真假及其真理标准。其实，没有意念的真理性作逻辑前提，就没有天理良知的至善性可言。心智活动的真实性，是人性完善的自然基础。童心说的提出，第一次把认识论上的真实问题摆到了心智哲学的首要地位。这一以真易善的话题转换，具有划时代的学术意义。它标志着中国古代学术开始由道德本体

---

① 《世纪列传总目前论》，《藏书》卷1。
② 《童心说》，《焚书》卷3。
③ 《童心说》，《焚书》卷3。

论向主体认识论的近代转向。

其三,"人必有私"。李贽以童心作为真心,在逻辑上必然肯定私欲存在的合理性。他说:"夫私者,人之心也。人必有私,而后其心乃见。若无私,则无心矣。"① 私心人人皆有,这是"自然之理,必至之符"。相反,"为无私之说者,皆画饼之谈,观场之见,但令隔壁好听,不管脚跟虚实,无益于事,只乱聪耳,不足采也"②。有私之心,就是势利之心。而势利之心,也是人禀赋于自然的本真之心。即使是圣人,也不能没有势利之心。私心的自然合理性与势利的普遍存在性,是对人欲的积极肯定。这与宋明理学的"无欲主静"、"廓然大公"、"灭尽人欲"等说法,形成了巨大的学术反差。

李贽的学术思想,不仅是理学思潮中的异端,而且也是整个传统儒学的异端。他是"天崩地解"前夕的第一位思想启蒙者,也是被迫为理学终结殉葬的第一位自由学者。"学者之死"是学术之死的文化信号。明末三位著名学者(李贽、高攀龙和刘宗周)的相继自杀,标志着此时的程朱理学和传统儒学,已经蜕变成为"忍而残杀之具",完全丧失了自由探讨的可能。

三、罗钦顺、王廷相的气学思想

程朱理学成为官方学术之后,逐渐失去了原有的创新性和生命力,开始了教条化和工具化的理论蜕变。元明时期的统治集团之所以利用程朱理学进行文化专制,其实只是看中了"天理"的绝对性和至上性及其对思想自由的巨大威慑力量。而对于其中难以教条化的心性灵感和

① 《德业儒臣后论》,《藏书》卷 32。
② 《德业儒臣后论》,《藏书》卷 32。

气质变化,统治集团并不十分感兴趣。因此,南宋以后理学体系的分化和解体,正是沿着统治集团不感兴趣的心性和气质两个方向开始的。江门心学和阳明心学首先针对程朱理学"析心与理为二",使心灵良知从业已僵化的心性学说中独立出来,心学思想的极盛成为明代理学思潮的重要特征。罗钦顺和王廷相则针对程朱理学"认理气为二物",使气质变化从牵强附会的理气关系中独立出来,气学思想的复苏成为明代理学思潮的显著特点。

1. 罗钦顺:理气关系的修正

罗钦顺(1465—1547年)字允升,号整庵,江西泰和人。出身官宦世家,父亲罗用俊曾任南京国子助教等职,赠翰林院编修文林郎等封号。罗钦顺于弘治六年(1493年)中进士,授翰林院编修,后升南京国子监司业。正德三年(1508年)宦官刘瑾擅权,被削职为民。刘瑾被诛后,官复原职,后升至吏部右侍郎、吏部尚书。嘉靖六年(1527年),告老还乡,专心读书写作。罗钦顺在官场先后30余年,没有值得称道的建树;生活比较顺利,没有多大磨难。这与王阳明形成鲜明对比。一生治学非常刻苦,中年迷恋禅学,晚年深喜读《易》,终生以儒教道统卫士自居,对"周程张朱之说"崇信不疑。在江门心学和阳明心学相继盛行的正德(1506—1521年)、嘉靖(1522—1565年)时期,罗钦顺笃信程朱理学,与王阳明展开了激烈的学术辩论。主要著作有,《困知记》正文6卷、附录1卷,《整庵存稿》20卷,《整庵续稿》13卷。

罗钦顺的学术思想围绕两个方面展开:一是从维护程朱理学角度明确反对阳明心学,二是运用张载气学思想修正朱子理气关系学说。

罗钦顺和王阳明都曾在南京做过官,彼此在个人感情上算是好友,但在学术思想却是论敌。两人的学术分歧集中在"格物"之上。此外,对于《朱子晚年定论》和象山心学也有不同的看法。

其一,关于"格物"。王阳明对《大学》"格物"的解释是完全心学化的:"物者,事也。凡意之所发必有其事,意之所在之事谓之物。格者,正也,正其不正以归于正之谓也。正其不正者,去恶之谓也;归于正者,为善之谓也,夫是之谓格"①。罗钦顺却认为,这样解释"格物"是"局于内而遗其外"②,具有禅学特征。他从工夫角度重新发挥了程朱理学的格物说:"格物之格,正是'通彻无间'之意,盖工夫至到,则通彻无间,物即我,我即物,浑然一致,虽合字亦不必用矣"③。对于罗钦顺"局于内而遗其外"的批评,王阳明运用"无内外"的超越境界进行了反驳:"夫理无内外,性无内外,故学无内外;讲习讨论,未尝非内也;反观内省,未尝遗外也。夫谓学必资于外求,是以己性为有外也,是义外也,用智者也;谓反观内省为求之内,是以己性为有内也,是有我也,自私者也;是皆不知性之无内外也"④。在王阳明看来,内外是有形事物的空间特征,心性及其学问不是有形事物,因而没有内外限隔。对王阳明的反驳,罗钦顺又进行了回复。他认为,如果格物只是"格其心之物"、"格其意之物"、"格其知之物",那么早就偏离了《大学》旨意。"自有《大学》以来,无此议论,此高明独得之妙,夫岂浅陋之所能窥也邪。"⑤ 罗钦顺的复信写好后,王阳明已经去世,两人关于"格物"的辩论突然中止。从二人往来书信中可以看出,他们的分歧不是什么唯物论与唯心论的斗争,而是物理学解释与伦理学解释的分歧。罗钦顺对《大学》"格物"的解释是物理学的,首先承诺外物的客观存在,然后去穷尽事物道理。但这与心性的道德修养没有必然联系,这种物理学式的"格物"只能认识事物,不能成为圣贤。王阳明对"格物"的解释是伦理学的,首先承诺心灵的意向能力,然后履行道德规范。但这与客观事物的认识没有直接关联,这

---

① 《大学问》,《王阳明全集》卷 26,第 972 页。

② 《与王阳明书》,《困知记》附录,中华书局 1990 年版,第 109 页。

③ 《困知记》卷上,第 4 页。

④ 《传习录中·答罗整庵少宰书》,《王阳明全集》卷 2,第 76 页。

⑤ 《与王阳明书·又》,《困知记》附录,第 112 页。

种伦理学式的"格物"只能使意念至善，不能获得真理。

其二，关于《朱子晚年定论》。王阳明修订《大学古本》和编成《朱子晚年定论》后，将两书赠送给罗钦顺，于是引起了一场争论。对于《大学古本》，罗钦顺认为，应尊重朱子所整理的版本和所作的传注，而不应"遂去朱子之分章，而削其所补之《传》，直以支离目之，曾无所用"①。王阳明则认为，《大学古本》是孔门相传的旧本，本来就没有什么脱误。"且旧本之传数千载矣，今读其文词，既明白而可通；论其工夫，又易用简而可入，亦何所按据而断其此段之必在彼，彼段之必在此，与此之如何而缺，彼之如何而补？而遂改正补辑之，无乃重于背朱而轻于叛孔已乎？"② 对于《朱子晚年定论》，罗钦顺认为，王阳明完全根据自己的意见来剪裁朱子的学说和论著。他提出这样三条理由来质疑王阳明的《定论》：一是朱子论学之书有三十多卷，只从中选择出区区三十条，显然有断章取义的嫌疑；二是所说的晚年当以何年为断，按理《论孟集注》、《学庸章句》与《四书或问》都是朱子晚年思想成熟时的"定论"，为何一条都不选取；三是《朱子文集》第三十二卷答张栻的书信，连朱熹自己都声明是成熟之作，为什么不视之为"定论"。对于罗钦顺的质疑，王阳明说明其中的难言之隐，并用"天下之公道"和"天下之公学"来为自己辩护。他说：

　　呜呼！若某者其尤不量其力，果见其身之危，莫之救以死也矣。夫众方嘻嘻之中，而独出涕嗟，若举世恬然以趋，而独疾首蹙额以为忧，此其非病狂丧心，殆必诚有大苦者隐于其中，而非天下之至仁，其孰能察之？其为《朱子晚年定论》，盖亦不得已而然。中间年岁早晚诚有所未考，虽不必尽出于晚

① 《与王阳明书》，《困知记》附录，第108页。
② 《传习录中·答罗整庵少宰书》，《王阳明全集》卷2，第76页。

年,固多出于晚年者矣。然大意在委曲调停以明此学为重,平生于朱子之说如神明蓍龟,一旦与之背驰,心诚有所未忍,故不得已而为此。"知我者,谓我心忧;不知我者,谓我何求",盖不忍牴牾朱子者,其本心也;不得已而与之牴牾者,道固如是,不直则道不见也。执事所谓决与朱子异者,仆敢自欺其心哉?夫道,天下之公道也;学,天下之公学也,非朱子可得而私也,非孔子可得而私也。天下之公也,公言之而已矣。故言之而是,虽异于己,乃益于己也;言之而非,虽同于己,适损于己也。益于己者,己必喜之;损于己者,己必恶之。然则某今日之论,虽或于朱子异,未必非其所喜也。君子之过,如日月之食,其更也,人皆仰之,而小人之过也必文,某虽不肖,固不敢以小人之心事朱子也。①

罗钦顺和王阳明之间的这场争论虽表面上只涉及文本问题,实际上体现了二人对程朱理学的不同看法。从学术思想倾向看,罗钦顺是明代理学思潮中的保守派,对官学化的程朱理学笃信不疑,甚至顶礼膜拜,因此不能容忍王阳明"泰然自处于程朱之上"②,动辄对朱子说三道四。而王阳明是明代理学思潮的创新派,只有冲决程朱理学的桎梏,阳明心学作为民间学术才能真正得到流传。

其三,关于象山心学与禅学的关系。罗钦顺认定,陆九渊书中所讲的道理,"大抵皆明心之说。……凡其当如此自如此者,虽或有出于灵觉之妙,而轻重长短,类皆无所取中,非过焉斯不及矣。遂乃执灵觉以为至道,谓非禅学而何!"③ 罗钦顺对陆九渊的"六经皆我注脚",更是

---

① 《传习录中·答罗整庵少宰书》,《王阳明全集》卷2,第78页。
② 《困知记》卷上,第6页。
③ 《困知记》卷下,第35页。

不遗余力地加以攻击:"自陆象山有'六经皆我注脚'之言,流及近世,士之好高欲速者,将圣贤经书都作没紧要看了。以为道理但当求之于心,书可不必读,读亦不必记,亦不必苦苦求解。看来若非要作应举用,相将坐禅入定去,无复以读书为矣。一言而贻后学无穷之祸,象山其罪首哉!"① 针对于罗钦顺等人指责象山心学为禅学的看法,王阳明首先提出了一个著名命题:"圣人之学,心学也。"心学不仅不是禅学。而且是名副其实的圣人之学。接着他给出的判别禅学的价值标准:"夫禅之说,弃人伦,遗物理,而要其归极,不可以为天下国家。苟陆氏之学而果若是也,乃所以为禅也。今禅之说与陆氏之说,其书具存,学者苟取而观之,其是非同异,当有不待于辩说者。"② 确实,从人伦物理上看,心学与禅学有原则区别。王阳明还进一步指出,攻击"象山之学"为禅学的其实是一种狭隘的门户偏见。人们为了推崇"晦翁之学",非要将心学打成禅学,人为制造学术藩篱,这无异于学术界自相残杀,并进而"以学术杀天下后世"③。罗钦顺很大程度是出于尊奉朱子学的门户考虑,对陆九渊、杨简、陈献章等人都指责为禅学。事实上,在整个理学思潮中,有关"禅学"的争论是"道统"说的逻辑延续,没有多大的学术意义。从现代学术角度看,禅学并非万恶之源,儒学也非至善之地。学术的交流和融合本来就是学术繁荣的必由之路,为何一定要将某一学术流派置于死地而后快呢? 单独从对待佛教学术和道教学术的态度上看,宋明理学思潮不是一种诚实、健全和开放的学术话语,而是一个相当封闭的绝对真理体系。理学的解构和终结具有逻辑的必然性。

罗钦顺在基本恪守程朱理学教条的前提下,对其中的理气关系和"理一分殊"提出了基于气学思想的某些修正。

---

① 《困知记》续卷上,第 72 页。

② 《文录四·象山文集序》,《王阳明全集》卷 7,第 245 页。

③ 《传习录中·答罗整庵少宰书》,《王阳明全集》卷 2,第 77 页。

在理气关系上，罗钦顺首先强调"气本一"，气是宇宙时空和天地万物的惟一本原，理只是气质变化的所以然。他说：

> 理果何物也哉？盖通天地，亘古今，无非一气而已。气本一也，而一动一静，一往一来，一阖一辟，一升一降，循环无已。积微而著，由著复微，为四时之温凉寒暑，为万物之生长收藏，为斯民之日用彝伦，为人事之成败得失。千条万绪，纷纭胶轕而卒不可乱，有莫知其所以然而然，是即所谓理也。初非别有一物，依于气而立，附于气而行也。①

针对朱熹"平日将理气作二物看"②，甚至"终身认理气为二物"③，罗钦顺明确提出"理只是气之理"和"理须就气上认取"等理气关系命题。他指出：

> 理只是气之理，当于气之转折处观之。往而来，来而往，便是转折处也。夫往而不能不来，来而不能不往，有莫知其所以然而然，若有一物主宰乎其间而使之然者，此理之所以名也。"易有太极"，此之谓也。若于转折处看得分明，自然头头皆合。……愚故尝曰："理须就气上认取，然认气为理便不是。"此言殆不可易哉！④

按照现代逻辑学讲，"理"是陈述气质变化内在根据的函项和谓词。理本身不是客观存在的某种事物，而是表述客观事物的逻辑符号。朱子

---

① 《困知记》卷上，第4、5页。
② 《答林次崖第二书》，《困知记》附录，第159页。
③ 《困知记》卷下，第29页。
④ 《困知记》续卷上，第68页。

理学受辩证思维的消极影响,套用形而上与形而下的易学概念模式,使理与气都成为象数化的实体范畴。"理"从函项和谓词变成实体范畴后,就具有许多先验的逻辑特征,甚至成为在天地之先的独立存在。从罗钦顺的上述两段论述中可以看出,他力求纠正朱子理学的"理本气具"、"理先气后"、"气强理弱"和"理生气"等一系列糊涂的逻辑错误。上面两段论述的共同之处,就在于明确指出"理"作为名称,具有与"气"截然不同的逻辑内涵,"理"字所表述的内容只是气质往来、动静、升降等循环运动的根据或规律。理与气不存在相对的辩证关系,它们只有对象与谓词的逻辑约束关系,即"理"作为谓词可以谓述气质的变化根据和运动规律,而气不能说明理的逻辑存在性。气是实质性的客观存在,理只是谓词化的逻辑存在,理气之间根本不存在所谓既对立又统一的辩证关系。鉴于中国古代学术缺少高度的逻辑自觉,尽管罗钦顺想将理气关系说清楚,讲明白,但也只能笼统地肯定"理气为一物"。当进一步追问这一"物"是什么样的物事,他也出现了表述上的难言和语义上的神通:"夫理精深微妙,至为难言,苟毫发失真,虽欲免于窒碍而不可得,故吾夫子有'精义入神'之训,至于入神,则无往而不通矣"①。

在肯定"理气为一物"的前提下,罗钦顺对程朱理学的"理一分殊"原则也进行了气学式改造。他首先从气化过程来解释"理一分殊":

> 窃以性命之妙,无出理一分殊四字,简而约,约而无所不通,初不假于牵合安排,自确乎其不可易也。盖人物之生,受气之初,其理惟一;成形之后,其分则殊。其分之殊,莫非自然之理,其理之一,常在分殊之中。此所以为性命之妙也。语其一,故人皆可以为尧舜,语其殊,故上智与下愚不移。圣人复

① 《困知记》卷下,第38页。

起,其必有取于吾言矣。①

其次,他从人物的相同性和差异性来说明"理一分殊":

> 盈天地之间者惟万物,人固万物中一物尔。"乾道变化,
> 各正性命",人犹物也;我犹人也,其理容有二哉?然形质既
> 具,则其分不能不殊。分殊,故各私其身;理一,故皆备于我。
> 夫人心虚灵之体,本无不该,惟其蔽于有我之私,是以明于近
> 而暗于远,见其小而遗其大。凡其所遗所暗,皆不诚之本
> 也。②

再次,他从性命之理的统一性和性命全体的多样性来说明"理一分殊":

> 命之理,一而已矣,举阴阳二字,便是分殊,推之至为万
> 象。性之理,一而已矣,举仁义二字,便是分殊,推之至为万
> 事。万象虽众,即一象而命之全体存焉。万事虽多,即一事而
> 性之全体存焉。③

最后,他从由博返约的认识论和修养学角度谈"理一分殊":

> 盖通天地人物,其理本一,而其分则殊。必有以察乎其分
> 之殊,然后理之一者可见,既有见矣,必从而固守之,然后应酬
> 之际,无或差谬。此博约所以为吾儒之实学也。④

---

① 《困知记》卷上,第7页。
② 《困知记》卷上,第3页。
③ 《困知记》卷上,第23页。
④ 《困知记》续卷下,第84页。

　　综上所述,罗钦顺论述"理一分殊"的最大特点是强调从"分殊"中把握"理一",即从差异性中把握相同性,从多样性中理解统一性。他说:"所谓理一者,须就分殊上见得来,方是真切"①。不过,罗钦顺对"理一分殊"四字确实有点迷狂,甚至将这四字看成了理学的"文字禅",赋予其"头头皆合"的参悟功能:"一旦于理一分殊四字有个悟处,反而验之身心,推而验之人人,又验之阴阳五行,又验之鸟兽草木,头头皆合"②。

　　本来,程颐最初提出"理一分殊",旨在借助范畴逻辑结构来解决儒教的终极关怀问题。其中的"理一"是绝对的、终极的、至善的伦理法则,其中的"分殊"则是伦理法则相对于不同生活境域的逻辑展开或特殊表现。从学术思想渊源上看,程颐的"理一分殊"其实是华严宗理事无碍法界的理学翻版,与佛家的"万法归一"具有逻辑同构关系。从范畴逻辑结构看,程朱理学大厦正是运用理事无碍法界和事事无碍法界建构出来的"一片虚空旷荡境界"③ 或"净洁空阔底世界"④。在这一"冲漠无朕,万象森然已具"的终极价值境域,"未应不是先,已应不是后"⑤,时间概念已经失去了意义,人们仿佛进入了永恒的道德理想王国。罗钦顺对"理一分殊"迷狂式的推崇,将其视为"性命之妙",很大程度是因为"理一分殊"在理学家的心目中具有终极关怀的准宗教功能。从现代逻辑学角度看,"理一分殊"只不过是运用分析和综合两种思维方法的循环演绎推理,没有任何神奇特征。这从程颢对《中庸》的评述

---

① 《困知记》卷下,第41页。
② 《困知记》续卷上,第67页。
③ 《困知记》续卷下,第84页。
④ 《朱子语类》卷1。
⑤ 《河南程氏遗书》卷15。

中可以看出:"《中庸》始言一理,中散为万事,末复合为一理"①。从"一理"到"万事"是演绎分析过程,从"万事"到"一理"是演绎综合过程。这两个过程都是纯思维的逻辑运演,跟世界的演变和事物的发展没有必然联系。由于理学家缺少对理论思维的逻辑自觉,将这一分析—综合式的循环演绎推理模型视为神奇的"性命之妙"或"太极之妙"。

在理学发展史上,罗钦顺对理气关系的修正和对"理一分殊"的解释,并没有走出程朱理学的范畴系统。尽管黄宗羲在《明儒学案》中称赞其"论理气最为精确",但是,罗钦顺"论心性,颇与其论理气自相矛盾",因此,罗钦顺的理学思想不能自成体系:"先生之言理气,不同于朱子;而言心性则于朱子同,故不能自一其说耳"②。如果说罗钦顺的气学思想仍然是出于对程朱理学体系的义理完善,那么比他晚生九年的王廷相则基本走出了程朱理学的范畴系统,重新复活了张载气学精神的独立品格。

2. 王廷相:气学思想的复苏

王廷相(1474—1544 年)字子衡,号浚川、平厓,别号河滨丈人,河南仪封(今河南兰考)人。祖籍山西潞州(今山西长治),从父亲王增开始迁居河南仪封。孝宗弘治十五年(1502 年),考中进士,选翰林院庶吉士,步入仕途。后历任兵科给事中、亳州判官、高淳知县、监察御史、四川按察司提学佥事、山东提学副使、湖广按察使、兵部侍郎、都察院左都察使、太子少保等职。嘉靖二十年(1541 年)被劾奏,革职为民。三年后病死在家乡。穆宗隆庆初年(1567 年),诏复原官,赠少保,谥肃敏。

王廷相的学术活动与从政生涯是联系在一起的,其气学思想既是对朱熹理气关系和太极学说的逻辑解构,又是对张载气学精神的历史

---

① 《河南程氏遗书》卷 14。
② 《诸儒学案中一》,《明儒学案》卷 47。

复活。其主要学术著作有:成书于嘉靖六年(1527年)的《慎言》和成书于嘉靖十七年(1538年)的《雅述》。此外,还有《性辩》、《太极辩》、《五行辩》、《横渠理气辩》和《汉儒河图洛书辩》等重要学术论文。传世文集有三种:王廷相自己编定的《王氏家藏书》41卷,后人所编的《王浚川所著书》42卷,中华书局1989年出版的《王廷相集》全4册。

　　王廷相具有丰富的气学思想。他对太极、阴阳、五行和虚实等概念,都做出了比较彻底的气学解释。王廷相认为,作为造化的本源,太极其实是天地未判前的混沌元气,而不像朱熹所说的那样是极好至善的道理。他说:

　　　　推极造化之源,不可名言,故曰太极。求其实,即天地未判之前,太始浑沌清虚之气是也。①

　　　　太极者,道化至极之名,无象无数,而天地万物莫不由之以生,实混沌未判之气也,故曰元气。②

　　　　天地未判,元气混涵,清虚无间,造化之元机也。有虚即有气,虚不离气,气不离虚,无所始无所终之妙也。不可知其所至,故曰太极;不可以为象,故曰太虚,非曰阴阳之外有极有虚也。③

在王廷相看来,太极和太虚都是对元气混沌特征的概念描述。太极概念描述元气无始无终的无限特征,太虚概念描述元气无形无象的虚空特征。这样,太极和太虚一样都不是本体范畴,唯一的本体是元气。他说:"天地未生,只有元气,元气具,则造化人物之道理即此而在,故元气

---

①　《太极辩》,《王氏家藏书》卷33。
②　《雅述》上篇。
③　《慎言·道体篇》。

之上无物、无道、无理"①。

基于太极只是元气的无限特征,王廷相对朱熹的太极学说进行了学术批判。他认为,从南宋朱熹以来,学者"以理言太极而恶涉于气",甚至主张"未有天地,毕竟是有此理"。这些离开元气谈理的说法,是一种"支离颠倒"。其认识根源在于,不知"万理皆出于气,无悬空独立之理"②。尤其是针对朱熹在《太极图说解》里所讲的太极之理"能动静生阴阳",王廷相认为这更是"不通之论"。在他看来,理只是"虚而无着"的观念性范畴,"理无机发,何以动静? 理虚无象,阴阳何由从理中出?"没有元气这一道体作立论的逻辑基础,太极学说纯属"窒碍不通,率易无当"的玄虚说法,是"舍形而取影"的虚假学术。王廷相对朱熹太极学说的批判切中了程朱理学的要害:将理从元气的存在特征中抽离出来,使其成为绝对至善的形上本体,从而为纲常伦理法则进行超越论证。

王廷相是比较彻底的元气实体论者。他断然否认有元气之外、之先和之上的本体存在。他说:"天地之先,元气而已矣。元气之上无物,故元气为道之本"③。又说:"元气即道体。有虚即有气,有气即有道。气有变化,是道有变化。气即道,道即气,不得以离合论者"④。确立了元气是惟一的造化实体和变化本体之后,王廷相对阴阳和五行概念也进行了气学解释。他认为,阴阳就是元气。作为实体性存在,阴阳和元气在最初相互浑沦,不可离析⑤。相比较而言,元气所描述的实体是天地万物未成之前的浑沦冲虚状态,阴阳所描述的实体是天地万物既成之后的屈伸往来形象。太极、元气和阴阳是对同一道体的不同描述:"以元气之上,不可意象求,故曰太极。以天地万物未形,浑沦冲虚,不

① 《雅述》上篇。
② 《太极辩》,《王氏家藏书》卷33。
③ 《雅述》上篇。
④ 《雅述》上篇。
⑤ 《答何柏斋造化论》,《内台集》卷4。

可以名义别,故曰元气。以天地万物既形,有清浊、牝牡、屈伸、往来之象,故曰阴阳。三者一物也,亦一道也"①。王廷相在阴阳气化的基础上,将五行看做是气质因素的生成序列。他说:"且夫天地之初,惟有阴阳二气而已。阳则化火,阴则化水,水之渣滓便结成地。渣滓成地即土也,金木乃土中所生。五行本然先后之序如此"②。王廷相还认为,五行都是由元气变化而来的,它们虽有精粗的悬殊和先后的分别,但都出自"元气之种"。在此引入元气种子假说,旨在解释天地万物差异性的起源问题。王廷相指出:

> 夫天地之间,无非气之所为者,其性其种,已各具于太始之先矣。金有金之种,木有木之种,人有人之种,物有物之种,各各完具,不相假借。③

从发生学上看,元气种子说属于预成论,假设决定万物性质的种子是先天潜在的造化基因。从解释学上看,这是用物种遗传法则解释一切现象。从思想渊源上看,元气种子说是对佛教法相唯识宗阿赖耶识种子说的借鉴和吸取。作为一种猜测性的假说,元气种子说揭示出元气实体论系统存在的逻辑矛盾:在元气统一性的前提下,事物的多样性起源是无法用元气实体本身加以解决的。其实,在一切思辨哲学体系中,统一性和多样性这两大综合特征之间的逻辑矛盾关系,是无法用思辨方法加以澄清的。事实上,这与哥德尔不完全定理有关。如果一个范畴逻辑结构系统要包容一切对象,具有多样性特征,那么它肯定是不一致的,不可能具备逻辑上的统一性;相反,如果一个范畴逻辑结构系统要

---

① 《太极辩》,《王氏家藏书》卷33。
② 《五行辩》,《王氏家藏书》卷33。
③ 《五行辩》,《王氏家藏书》卷33。

始终一致,具有统一性,那么它就不可能包容一切对象,肯定单调的,不具备多样性。宋明理学的三大范畴逻辑结构系统,即程朱理学、陆王心学和张王气学,都想将统一性和多样性纳入同一范畴系统,结果都使范畴逻辑结构出现致命弱点和明显硬伤,为其解构留下逻辑隐患。

王廷相对理气关系的气学思辨,对程朱理学具有强烈的解构作用,甚至完全颠倒了朱子学对理气关系的一系列逻辑规定。在王廷相看来,朱熹所说的"理先气后"、"理本气具"和"理生气"等命题思想以及"理一分殊"的推演法则,都是没有着落的虚玄理论。以下三段引文,代表了王廷相对理气关系的基本看法。

> 夫万物之生,气为理之本,理乃气之载,所谓有元气则有动静,有天地则有化育,有父子则有慈孝,有耳目则有聪明是也。非大观造化、默契道体者,恶足以识之?①

> 气,物之原也。理,气之具也。器,气之成也。《易》曰:"形而上者为道,形而下者为器。"然谓之形,以气言之矣。故曰"神与性乃气所固有者",此也。②

> 气,游于虚者也;理,生于气者也。气虽有散,仍在两间,不能灭也。故曰:"万物不能不散而为太虚。"理根于气,不能独存也。故曰:"神与性皆气所固有。"若曰"气根于理而生",不知理是何物,有何种子便能生气?③

理"根于气"、"生于气",是"气之具"、"气之载",这是王廷相对理气关系的基本界说。"根于气"和"生于气"讲的是理相对于元气的派生性,理

---

① 《太极辩》,《王氏家藏书》卷33。
② 《慎言·道体篇》。
③ 《横渠理气辩》,《王氏家藏书》卷33。

只是元气实体的本质特征，不具有绝对独立的存在性。"气之具"和"气之载"说的是理相对于气质的形式化，理只是气质变化的抽象模具和义理承载，不具有超越形体的至上性。可以看出，朱熹赋予理范畴的所有本体特征，在此全都被剥落下来。理不再是一个"净洁空阔底世界"和"极好至善底道理"，而成为描述元气实体及其造化运动的普通术语。

理气关系被颠倒之后，"理一分殊"的建构功能和神妙意蕴也随之荡然无存。王廷相根据天地万物之理各有差别，提出了"气一则理一，气万则理万"的气学命题，"理一分殊"问题实际上已经被消解掉。他说："天地之间，一气生生，而常而变，万有不齐，故气一则理一，气万则理万。世儒专言理一而遗万，偏矣。天有天之理，地有地之理，人有人之理，物有物之理，幽有幽之理，明有明之理，各各差别。统而言之，皆气之化，大德敦化，本始一源；分而言之，气有百昌，小德川流，各正性命也"①。

在心性论上，王廷相也想贯彻其元气实体论主张。他继承了程颢"性即气，气即性，生之谓也"②的气质禀赋思想，侧重从气质角度解释人性的善恶问题。他认为，圣人之性纯善无恶，是因为"其气之所禀清明淳粹"；众人之性善恶相杂，是因为"气有清浊粹驳"③。人性的善恶完全取决于气禀的清浊和粹驳。这种气禀决定的人性，事实上是"气之生理"，即人的先天生理属性。除此而外，人还有后天生活习性。生性有善恶之辨，习性也有善恶之分。习于善，可以将先天的恶劣气质改变成善；习于恶，可以将先天的善良气质改变成恶。因此，不管先天生性是善还是恶，关键在于后天的习惯养成。"凡人之性成于习，圣人教以率之，法以治之，天下古今之风以善为归，以恶为禁"④。

①　《雅述》上篇。
②　《河南程氏遗书》卷1。
③　《答薛君采论性书》，《王氏家藏书》卷28。
④　《答薛君采论性书》，《王氏家藏书》卷28。

从现代学术角度看,宋明理学对心性善恶问题的哲学思辨,都犯有弄假成真、将行为的道德特征归结为心性的道德本质等逻辑错误。人性善恶本来是一种社会文化假说。为了完善人性,需要对人性进行基本的道德估价。性善假说与性恶假说虽然出发点完全不同,对人性的基本估价截然相反,完善人性的文化措施也不一致,但它们的最终目标都是谋求人性的完善,使人具有某种至善的道德人格。但中国古代思想家缺少对假说逻辑功能的高度自觉,以为人性本身就具有善恶本质,结果使人性的善恶之辩充满了逻辑混乱和门派争吵。

在心性善恶问题上,现代学术比传统学术进步之处表现为,明确承认关于人性善恶的一切说法都是管理假说,其本身不具有真理性和论证性。但不同的人性善恶假说,对于选择管理模式具有前提作用。真正具有善恶特征的不是人的心性,而是人的行为。行为的善恶特征又是根据特写文化系统的行为规范体系决定的。换言之,善恶问题是文化系统的行为规范问题,而不是自然系统的生理属性问题。就此而言,王廷相对心性善恶问题的气禀解释,实质上是将文化哲学问题还原成自然哲学问题来加以解决,是从程朱理学"天命之性"基础上的思想退步。黄宗羲对王廷相理气观和心性论的学术批评,切中了王廷相气学思想的严重不足。他说:

> 先生主张横渠之论理气,以为气外无性,此定论也。但因此而遂言性有善有不善,并不信孟子之性善,则先生仍未知性也。盖天地之气,有过有不及,而有愆阳伏阴,岂可遂疑天地之气有不善乎?夫其一时虽有过不及,而万古之中气自如也,此即理之不易者。人之气禀虽有清浊强弱之不齐,而满腔恻隐之心触之发露者,则人人所同也,此所谓性。即在清浊强弱之中,岂可谓不善乎?若执清浊强弱,遂谓性有善有不善,是但见一时之愆阳伏阴,不识万古常存之中气也。先生受病之

原,在理字不甚分明,但知无气外之理,以为气一则理一,气万则理万,气聚则理聚,气散则理散,毕竟视理若一物,与气相附为有无;不知天地之间,只有气,更无理。所谓理者,以气自有条理,故立此名耳。亦以人之气本善,故加以性之名耳。如人有恻隐之心,亦只是气。因其善也,而谓之性。人死则其气散,更何性之可言?然天下之人,各有恻隐,气虽不同,而理则一也。故气有万气,理只一理,以理本无物也。宋儒言理能生气,亦只误认理为一物。先生非之,乃仍蹈其失耳。①

按照黄宗羲的评价,王廷相气学思想中确定不疑的论断是"气外无理"和"气外无性"。但是,气外无理并不等于气即是理,气外无性也不能推出气就是性。

王廷相气学思想的最大不足在于,重蹈宋代理学以"理"为实、以"性"为实的实体化覆辙。在他的话语系统,"理"和"性"二字仍然具有严重的实体化倾向。王廷相的"理"虽然是"气之理",但仍然具有一和万的数字特征,具有随气的聚散而聚散的变化情状,仿佛是依附于气质的某种存在者。王廷相的"性"虽然是气质之性,但具有善恶特征,同时又与气质的清浊粹驳密切相关,也像是某种依附于气质的存在者。黄宗羲强调指出,天地之间的一切存在形态都是气,人的心理活动也是气质变化,根本没有一种叫做"理"或"性"的东西存在着。"理"与"性"只是描述气化条理、气质变化的逻辑谓词,是一种观念性的逻辑存在。"理"描述的对象是气的条理,"性"描述的对象是人之气相对物之气的完善性。既然"理"与"性"都是赋有特定涵义的逻辑谓词,那就根本不存在一与万的辩证关系、善与恶的价值特征。正如我们不能说"白"字是白色、"圆"字是圆形的一样,我们也不能讲"理"字具有统一性或多样

① 《诸儒学案中四》,《明儒学案》卷50。

性,"性"字具有善恶特征。由于缺少对谓词逻辑和关系逻辑的高度自觉和严格恪守,宋明理学中的许多问题其实都是没有学术意义的"伪问题"。理气关系和心性善恶,是理学思潮中最大的伪哲学问题。理学家对这两个问题的讨论与争辩,充满了逻辑上的自相矛盾和语法上的混乱不堪,其理论思维教训是深刻的,其恶劣影响是深远的。从严格的意义上讲,没有语法和逻辑的学术探讨只能是盲人摸象式的猜测,不遵守逻辑规律和语法规则的学术论辩,只能是党同伐式的争吵。宋明理学的解构和终结,在一定意义上标志着整个中国传统学术的衰败和失落。

四、刘宗周的心性会通

刘宗周(1578—1645 年)字启东,浙江山阴(今浙江绍兴)人。母亲怀孕 5 月,父亲因痢疾病逝,从小寄居在外祖父家中。成年后,为纪念父亲,别号念台,学者称其念台先生、念台子。后迁居到山阴县城北蕺山下讲学,自称蕺山长者,弟子尊称蕺山先生,后世学者尊称为蕺山刘子,称其学派为蕺山学派。

据考证,刘宗周的先祖为汉代长沙王刘发的后代。高祖刘济不善生计,家道衰落。刘宗周自幼性格内向,耿介清狷,严毅端肃。万历三十一年(1603 年)师事湖州德清许孚远。许氏属于江门心学陈白沙、湛甘泉一系,为学以克己为要,注重主敬功夫。第二年,刘宗周抵达京师,进入太学。同年进士及第,授官职行人司行人。后历任礼部主事、光禄寺丞、尚宝司少卿、通政司右通政、顺天府尹、工部左侍郎、吏部左侍郎和左都察史等职。因犯颜直谏,三次罢官。清兵入关后,明王室南渡,刘宗周恢复官职。清顺治二年(1645 年),清兵攻陷南京、杭州。浙江杭州失守后,刘宗周绝食 20 日身亡,自觉充当朱明王朝的殉葬大臣。

刘宗周身后,其著作由弟子董玚、黄宗羲编辑成《刘子全书》40 卷。

此外,还有弟子恽日初所编的《刘子节要》、弟子张履祥所辑的《刘子粹言》和清人沈复粲补编的《刘子全书遗编》等3种。

有关刘宗周的学术主张及其思想倾向,其儿子刘汋和弟子黄宗羲都曾做过简要概括,虽然多数是溢美之辞,但比较贴近刘宗周的心性学说。刘汋在其为父亲所作的《子刘子行状》中指出:

> 先君子学圣人之诚者也,始致力于主敬,中操功于慎独,而晚归本于诚意。诚由敬入,诚者人之道也。意也者,至善栖真之地,物在此,知亦在此。意诚则止于至善,物格而后知至矣。意诚而后心定其心焉,而后人定其人焉。是故可以扶皇纲,植人纪,参天地而为三才也。①

黄宗羲在《蕺山学案·忠端刘念台先生宗周》一文中总结说:

> 先生之学,以慎独为宗。儒者人人言慎独,惟先生始得其真。盈天地间皆气也,其在人心,一气流行,诚通诚复,自然分为喜怒哀乐、仁义礼智之名。因此而起者也,不待安排品节,自能不过其则,即中和也。此生而有之,人人如是,所以谓之性善,即不无过不及之差,而性体原自周流,不害其为中和之德。学者但证明得性体分明,而以时保之,即是慎矣。慎之工夫,只在主宰上。觉有主,是曰意。离意根一步,便是妄,便非独矣。故愈收敛,是愈推致,然主宰亦非有一处停顿,即在此流行中。故曰:"逝者如斯夫,不舍昼夜。"盖离气无所为理,离心无所为性。佛者之言曰:"有物先天地,无形本寂寥;能为万象主,不遂四时凋。"此是他真赃实犯,奈何儒者亦曰理生气,

---

① 《子刘子行状》,《刘子全书》卷39。

所谓毫厘之辨，竟亦安在？而徒以自私自利，不可以治天下国家。弃而君臣父子，强生分别。其不为佛者之所笑乎！先生如此指出，真是南辕北辙，界限清楚。有宋以来，所未有也。识者谓五星聚奎，濂洛关闽出焉；五星聚室，阳明子之说昌；五星聚张，子刘子之道通。岂非天哉！岂非天哉！[1]

在此，黄宗羲借用金、木、水、火、土五星会聚二十八宿[2] 的天文现象，概括了理学思潮发展的三个历史阶段。当五星会聚到西方七宿中的奎宿，正值理学的开创、奠基和集成时期，"濂学"、"洛学"、"关学"和"闽学"四大主流学派相继涌出。当五星会聚到北方七宿中的室宿，正值理学的转折和解构时期，王阳明心学极为昌盛。当五星会聚到南方七宿中的张宿，正值理学的会通和终结时期。很显然，这是为了抬高刘宗周及其蕺山学派的学术地位，使其与朱子理学和阳明心学并列为三。事实上，刘宗周的主敬宗旨语焉不详，基本上"洛学"主敬功夫的重新提倡，其慎独学说努力从伦理秩序中找到了孤独的个人心灵，其诚意境域则强调本体与工夫的浑然不分。刘宗周的整个学术思想，体现出气学、理学和心学的会通趋势与融突张力，反映出理学思潮此时已到无所创造和无所发明的穷途末路。

1. 主敬宗旨

刘宗周的心性学说"从主敬入门"。他的主敬宗旨，试想通过重提

---

① 《蕺山学案》，《明儒学案》卷62。

② 二十八宿是中国古代天文学对天球黄、赤道带附近恒星所进行的区域划分，春秋时期已经完全确立。它们分别为：东方七宿是角、亢、氐、房、心、尾、箕；北方七宿是斗、牛、女、虚、危、室、壁；西方七宿是奎、娄、胃、昴、毕、觜、参；南方七宿是井、鬼、柳、星、张、翼、轸。

"洛学"的主敬功夫,体现"此心之精神"①,从而纠正良知学说流于狂禅的弊病。他说:"为学之要,一诚尽之矣,而主敬其功也。敬则诚,诚则天。若良知之说,鲜有不流于禅者"②。与"洛学"主敬功夫的最大差别是,刘宗周从气机流行角度阐述心体,其主敬工夫实际上是心体的自我主宰:"学以为己,己以内又有己焉。只此方寸之中,做得主者是,此所谓真己也。必也敬乎"③。

在刘宗周看来,真正的自己是在"方寸之中"自作主宰的气质化精神。因此,刘宗周所说的"心体",既是气质性的形而下者,又是道德性的形而上者。"心一也,形而下者谓之人,形而上者谓之道。人心易溺,故惟危;道心难著,故惟微。道器原不相离,危者合于微而危,微者合于危而微,两物一体"④。因为不严格区分形而上者与形而下者,所以刘宗周的"心体"既可以是理,也可以是气:"心体浑然至善,以其气而言,谓之虚;以其理而言,谓之无。至虚,故能含万象;至无,故能造万有"⑤。

将理与气浑然为一的"心体"说成是"至虚"、"至无"的无形存在,却又不是形而上者,刘宗周对心性的这种混合理解,其用意在于在人心内部消除理与气的对峙,将义理之性和气质之性融合在心体之中,使其成为人心"一气流行之机"。他说:

> 性者,心之理也。心以气言,而性其条理也。离心无性,离气无理,虽谓气即性,性即气,犹二之也。恻隐、羞恶、辞让、是非皆指一气流行之机,呈于有知有觉之顷,其理有如此,而

① 《辛复元先生集序》,《刘子全书》卷21。
② 《蕺山学案·易箦语》,《明儒学案》卷62。
③ 《圣学吃紧三关》,《明儒学案》卷62。
④ 《论语学案·尧曰第二十》,《刘子全书》卷31。
⑤ 《学言》中,《刘子全书》卷11。

非于所知觉之外,另有四端名色也,即谓知此理,觉此理,犹二之也。①

以气言心、摄气入心的结果,使刘宗周得出三个语形相似的命题,即"盈天地间皆气也"、"盈天地间皆心也"和"盈天地间皆道也"。而气、心、道三者之间的关系如何,刘宗周并没有明确界说。他只说过道与心的关系:"盈天地间皆道也,而统之者不外乎人心"②。

从总体上看,刘宗周力求将心性论的基础奠定在气质之上,他的主敬宗旨只是其慎独学说和诚意学说的门槛,并未形成相对独立的思想体系。

> 人心一气而已矣,而枢纽至微,才入粗一二,则枢纽之地霍然散矣,散则浮。有浮气,因有浮质;有浮质,因有浮性;有浮性,因有浮想。为此四浮合成妄根,为此一妄种成万恶。嗟呼! 其所由来者渐矣。③
>
> 总之,一心耳,以其存主而言,谓之意;以其存主之精明而言,谓之知;以其精明之地有善无恶,归之至善谓之物。识得此方见心学一原之妙。④

2. 慎独学说

刘宗周大约在48岁创立了自成体系的慎独学说,这不仅是其学术思想的核心所在,而且也是对"致良知"说的具体发挥。据《年谱》天启五年(1625年)条记载:

---

① 《复沈石臣进士》,《刘子全书》卷17。
② 《中庸首章说》,《刘子全书》卷8。
③ 《学言》下,《刘子全书》卷12。
④ 《书上·答史子复》,《刘子全书》卷19。

　　每会令学者收敛身心，使根砥凝定，为入道之基。尝曰：
"此心绝无凑泊处，从前是过去，向后是未来。逐外是人分，搜
里是鬼窟。四路把截，就其中间不容发处，恰是此心真凑泊
处。此处理会得分明，则大本达道，皆从此出。"于是有慎独之
说焉。①

从思想渊源上看，刘宗周的"慎独之说"属于修养工夫范畴，是对王阳明
的诗句"良知即是独知时，此知之外更无知"② 的引申和阐发。不过，
刘宗周最初提出"慎独"工夫，并没有清楚地意识到他的"慎独"学说只
不过是王阳明"致良知"说的注脚。直到重新阅读《王阳明文集》时才发
现，他的慎独学说并没有超越"致良知"说。"慎独一著即致良知"③。
"慎独"工夫只不过是达到良知本体的稳健道路而已。

　　天启七年(1627 年)，刘宗周进入知命之年。仔细阅读《王阳明文
集》之后，他完全认同了"致良知"说，称赞阳明"致良知"说是孔孟以来
最为深切著明的心性学说。据《年谱》天启七年条记载：

　　先生读阳明文集，始信之不疑。为论次曰：先生承绝学于
辞章、训诂之后，一反求诸心而得其所性之觉，曰良知；因示人
以求端用力之要，曰致良知。良知为知，见知不囿于闻见；致
良知为行，见行不滞于方隅。即知即行，即心即物，即静即动，
即体即用，即工夫即本体，即上即下，无之不一，以救学者支离
眩骛之病，可谓震庭启寐，烈耀破迷，自孔孟以来，未有若此之

---

① 《年谱》，《刘子全书》卷 40。
② 《外集二·居越诗三十四首·答人问良知二首》，《王阳明全集》卷 20 第 791
页。
③ 《证人会约·书后》，《刘子全书》卷 13。

深切著明者也。①

王阳明在世时,就曾反复强调"致良知"是"学者究竟话头",并预感到后世学者很可能倒果为因,将他"从百死千难中得来"的话题当做"一种光景玩弄",而不从自家身心上做工夫。他说:"某于良知之说,从百死千难中得来,非是容易见得到此。此本是学者究竟话头,可惜此体沦埋已久。学者苦于闻见障蔽,无入头处。不得已与人一口说尽。但恐学者得之容易,只把作一种光景玩弄,孤负此知耳!"② 刘宗周的慎独学说,正是出于拯救学者玩弄良知光景的心性病痛,特别强调指出:"圣学之要,只在慎独"③。

但是,对于所慎的"独"究竟何所指,刘宗周的回答却既十分晦涩又相当混乱,有时简直让人不知所云。他说:"独者,静之神、动之机也。动而无妄曰静,慎之至也,是谓主静立人极。"④ 又说:"隐微之地,是名曰独。其为何物乎? 本无一物之中而物物具焉,此至善之所统会也。"⑤ 说得简单明白一些,刘宗周所慎的"独",其实就是个人意识行为的心理动机。因为在行为尚未发生时,心理动机只有个人知道,别人是无法猜测出来的。因此,"慎独"工夫,就是要求个人在意念发动之际、在情感未发之前,踏踏实实地做"天理"所要求的无妄工夫:"喜怒哀乐之未发谓之中,先儒教人看此气象,正要人在慎独上做工夫,非想像恍惚而已"⑥。这与王阳明要求的在"一念发动处"做"知行合一"的工夫,是完全一致的。

---

① 《年谱》,《刘子全书》卷40。
② 《传习录拾遗》,《王阳明全集》卷32,第1170页。
③ 《学言》上,《刘子全书》卷10。
④ 《学言》上,《刘子全书》卷10。
⑤ 《大学古记约义·慎独》,《刘子全书》卷38。
⑥ 《学言》上,《刘子全书》卷10。

在刘宗周对"慎独"的进一步论述中,"独"被虚位化、本体化,成了介于心体和性体之间的"独体"。他说:"独是虚位,从性体看来,则曰莫见莫显,是思虑未起,鬼神莫知时也;从心体看来,则曰十目十手,是思虑既起,吾心独知时也。然性体即在心体中看出"①。这种既非心体、又非性体,既是心体、又是性体的"独体",其实是心理动机的孤立化和单子化。"独体"概念的出现,标志着理学思潮的发展已到了穷途末路,体用范畴被滥用到极点。这从刘宗周的一段话中就可以看出:"心无体,以意为体;意无体,以知为体;知无体,以物为体。物无用,以知为用;知无用,以意为用;意无用,以心为用。此之谓体用一源,此之谓显微无间"②。正是由于理学发展到明末,体用范畴已被完全抽空,成为没有任何质的规定性的"虚位",什么东西都可以是"体",也可以不是"体",都可以是"用",也可以不是"用"。学术探索失去了最基本的游戏规则,成为不可捉摸的神秘体验,理学思潮的创新力业已枯萎。

与王阳明的"致良知"说一样,刘宗周的慎独学说也是补偏救弊的说话,其目的在于匡正心学末流镜花水月式的狂禅绝悟,恢复《中庸》"致中和"的和合宗旨。刘宗周在一封书信里这样写道:

> 学者大要,只是慎独。慎独即是致中和。致中和而天地位,万物育,此是仁者以天地万物为一体实落处,不是悬空识想也。近世一辈学者肯用心于内,亦多犯悬空识想,将道理镜花水月看,以为绝悟,其弊与支离向外者等。③

不过,刘宗周的慎独学说比王阳明"致良知"说更接近禅悟之道。他甚

---

① 《学言》上,《刘子全书》卷 10。
② 《学言》下,《刘子全书》卷 12。
③ 《书上·答履思五》,《刘子全书》卷 19。

至直接用"意根"这样的佛家术语来表述慎独工夫。他说:"古人慎独之学,固向意根上讨分晓"①。"独体"也罢,"意根"也好,其实都是故弄玄虚。归根结底,刘宗周的慎独学说要讲的道理不过孟子的"独善其身",或者说是《大学》的"诚意"与《中庸》的"思诚"而已。

3. 诚意境域

崇祯九年(1636年),59岁的刘宗周在京师讲学,开始诠释《大学》的"诚意"和《中庸》的"思诚",专举"立诚之旨",达到了本体与工夫浑然不分的诚意境域。

> 是时,先生工夫只在略绰提撕间,每爱举天下何思何虑,诚无为无欲,故静;有所向便是欲等语。曰:本体只是这些子,工夫只是这些子,并这些子仍不得分此为本体,彼为工夫,即无本体工夫可分,则并无这些子可指。故曰上天之载,无声无臭至矣。自此专举立诚之旨,即慎独姑置第二义矣。②

刘宗周的诚意境域是在慎独基础上确立的,因此提出诚意之后,慎独就成了第二义。作为第一义的诚意,是"意根"与"诚体"在至善价值目标上的融合。

与朱熹和王阳明的最大不同在于,刘宗周的"意"不再是意念活动或意识运动,而是"意根",即心灵能够意识的智能存在或精神本体。所以他说:"意者,心之所存,非所发也"③。心之所存也就是心之所以为心的本体根据,是心能够意识的活动能力。"意者,心之所以为心也。

①　《证学杂解·六》,《刘子全书》卷6。
②　《年谱》,《刘子全书》卷40。
③　《学言》上,《刘子全书》卷10。

止言心,则心只是径寸虚体耳。著个意字,方见下了定盘针,有子午可指。然定盘针与盘子终是两物。意之于心,只是虚体中一点精神"①。

在刘宗周看来,"大学之道"的格物致知工夫,都必须落实到"意根"之上,即在主宰心灵的意欲本体中进行诚意的工夫。否则,不在意识深处澄清意欲,清净意根,那么,格物致知和正心诚意都是空谈。他指出:"天下国家之本在身,身之本在心,心之本在意。意者,至善之所止也,而工夫则从格致始。……格致者,诚意之功,功夫结在主意中方为真功夫。如离却意根一步,亦无格致可言,故格致与诚意,二而一、一而二也"②。

为了达到至善的目的,同时又不陷入朱子学的支离和阳明学的空疏,刘宗周独创了许多不成熟的本体概念,诸如"意体"、"诚体"、"独体"。这些概念究竟指什么,有时连刘宗周本人也不很清楚。不过有一点是始终明确的,那就是所有这些不成熟的本体概念,都是为了达到"至善归宿之地"。他说:"《大学》之道,诚意而已矣。诚意之功,慎独而已矣。意也者,至善归宿之地。其为物不二,故曰独;其为物不二而生物也不测,所谓物有本末也。……意外无善,独外无善也"③。在此,至善纯粹是自家准则,跟人伦关系没有直接联系。这其实已经走出了宋明理学的至善约定。朱子的"天理",阳明的"良知",其至善的根据不在于个人的"意根"或"独体",而在于符合纲常伦理的道德要求。

在迷茫之中,刘宗周的本体建构最终也落到了将人伦物理当做镜花水月看的悬空识想境域。他所说的最微妙的诚意境域,其实也是心体的一点灵明,性体的一丝灵光,与阳明后学的狂禅绝悟并没有实质性区别。下面这段话如果放在《景德传灯录》里,读者肯定会以为是那位

① 《问答·答董生心意十问》,《刘子全书》卷9。
② 《学言》上,《刘子全书》卷10。
③ 《杂著·读大学》,《刘子全书》卷25。

大德禅师的堂上说法：

> 意根最微，诚体本天。本天者，至善者也。以其至善还其
> 至微，乃见真止。定静安虑，次第俱到，以归之得；得无所得，
> 乃为真得。此处圆满，无处不圆满；此处亏欠，无处不亏欠。
> 故君子起戒于微，以克完其天心焉。欺之为言欠也，所自者欠
> 也。自处一动便有夹杂，因无夹杂故无亏欠，而端倪在好恶之
> 地，性光呈露，善必好，恶必恶，彼此两关乃呈至善，故谓之如
> 好好色，如恶恶臭。此时浑然天体用事，不著人力丝毫，于此
> 寻个下手工夫，惟有慎之一法，乃得还他本位曰独，仍不许动
> 手脚一毫，所谓诚之者也。此是尧舜以来相传心法，学者勿得
> 草草放过。①

依靠所谓的"十六字心传"，宋明理学借助道教自然哲学实现对儒教天
道观的改进，借助佛教心性哲学实现对儒教心性论的提升，形成了天理
和良知两大范畴系统，理学思潮为往圣继绝学的神圣使命业已完成。
百尺竿头，更进一步。明代末期，理学纷纷落入禅学樊篱，其深层原因
在于，天理和良知都是价值规范，是绝对命令，没有讨论和商量的余地。
在价值本体上只能做道德修养工夫，不能做学术研究文章。包括刘宗
周在内的理学末流，认识不到意识形态化的理学早已不是学术，而是教
条。整个儒学已经到了山穷水尽境地，除了揣摩气象、空谈心性等禅悟
之妙，没有任何有意义的学术话题。"诸儒之学，行到山穷水尽，回归一
路，自有不言而契之妙"②。

综上所述，刘宗周力求调和气学、理学和心学的关系，体现出明末

---

① 《学言》下，《刘子全书》卷12。
② 《圣学宗旨》，《刘子全书》卷5。

理学的会通趋势。但他的思想学说仍以心学为主，并呈现出斑驳混杂、有时甚至是混乱的不成熟特色。刘宗周在学术上的重要影响并不在于他所提出的慎独、诚意等学说，而在于他所创立的蕺山学派，以及他为明清之际的学术转型培养了以黄宗羲、陈确为代表的一批走出理学樊篱的儒家学者。从时间发展上看，蕺山学派约形成于天启五年（1625年），以慎独学说的提出为标志。在此之前，刘宗周曾在无锡东林书院与东林学者高攀龙等进行过密切的学术交往，在京师首善书院与陕西学者冯从吾、江西学者邹元标也有过短暂的思想接触。崇祯四年（1631年），刘宗周成立证人社和证人书院，开始独立讲学，蕺山学派完全成熟。刘宗周去世后，黄宗羲、陈确等仍然继续在浙东讲学。直到乾隆十三年（1748年）全祖望还在浙江绍兴主持蕺山书院。由刘宗周创立的蕺山学派先后延续100多年，对明清之际江南学术产生过重要的历史影响。

五、东林学派与理学终结

明代中后期，一方面，农业生产水平不断提高，民间手工业迅速发展，商业经济空前繁荣。"富商大贾甲天下，非数十万不称富"[①]。另一方面，政治管理日趋腐败，朝廷对社会财富的掠夺和挥霍有增无减，专制政权的镇压职能进一步强化。明神宗迷恋酒色财气，"每晚必饮，每饮必醉，每醉必怒"[②]。阁辅权臣明哲保身，结党营私。阉党趁机干预朝政，制造党祸。不同利益集团利用不同学术在朝野展开激烈角逐，整个社会急剧动荡，危机重重。

---

① 沈思孝：《晋录》。
② 冯从吾：《请修朝政疏》，《明经世文编》卷494。

万历三十二年(1604年)，顾宪成、顾允成兄弟二人因直谏罢官，回到家乡无锡泾里，发起倡议修复东林书院，偕同高攀龙、钱一本、史孟麟、于孔兼等学者聚众讲学，"讲习之余，往往讽议朝政，裁量人物。朝士慕其风者，多遥相应和。由是东林名大著，而忌者亦多"①。以顾宪成、高攀龙为首的东林学派，从危难中应急诞生。

顾宪成(1550—1612年)字叔时，号泾阳，世称泾阳、东林先生，南直隶无锡(今江苏无锡市)人。出身耕读世家，自父亲顾学开始从事手工业和商业活动，以"义声"著称乡里。顾宪成在20岁时，曾向王阳明的二传弟子薛应旂问学，得到《考亭渊源录》24卷。万历八年(1580年)进士及第，授户部广东司主事，后改为吏部考功司主事、文选司郎中等职。万历二十二年(1594年)，顾宪成因推举阁臣被神宗革职为民，回家后设帐讲学，金陵、无锡等地学子闻讯前来，云集泾里。"风声雨声读书声声声入耳，家事国事天下事事事关心。"后来，顾宪成为东林书院亲拟的这副对联，反映了当时讲学读书的热闹气氛和动人情景。东林书院修复后，顾宪成亲自制定院规、会规和学规，主持执讲和聚会，倡导经世致用，探讨国计民生，一时成为影响当时朝廷议论、左右社会舆论的学术中心。顾宪成还不时地到常州经正堂、常熟虞山书院等地讲学，并邀请"关学"后学冯从吾、江右王学邹元标、泰州学派方本庵等外地学者前来东林书院演讲，共同研讨学术，商议国家大事。万历三十八年(1610年)，顾宪成将自己以往著作汇编成《泾皋八书》、《以俟录》和《小心斋札记》。第二年，又将书信传志等文稿删订成《泾稿藏稿》22卷。万历四十二年(1612年)五月，病逝在故居泾里。熹宗天启二年(1622年)，赠太常卿。天启五年(1625年)，诏毁东林书院，镇压"东林党人"，追夺顾宪成官诰。崇祯初年，为"东林党案"平反，恢复诰命，加赠吏部右侍郎，谥"端文"。

---

① 《顾宪成传》，《明史》卷231。

　　高攀龙(1562—1626年)初字云从,后字存之,别号景逸,南直隶无锡人,与顾宪成同乡。先祖世代务农,从祖父高材开始从学、经商和做官,家道渐富。高攀龙28岁进京考试得中,赐同进士出身,授职观政大理寺,后改任吏部同人司行人等职。曾向神宗皇帝上《崇正学辟异说疏》,维护"程朱正学"崇尚地位,试想借助皇帝的权威反对阳明后学的所谓"异说"。万历二十二年(1594年),高攀龙被贬谪广东揭阳县,编纂《朱子语要》,撰写《阳明说辨》,宗朱子贬阳明的立场更加坚定。不久,返回故乡,参加顾宪成主持的学术论辩,并参与重修东林书院和创建东林学派等一系列重大活动。顾宪成去世后,全面接管东林书院,任书院山长,一直到熹宗天启元年(1621年)重返政坛,先后达9年时间。这期间,东林书院已不完全是学术机构,而具有了议政、谋政和参政等政治决策与咨询功能。

　　"东林党人"因扶立熹宗继位有功,高攀龙得到重用,先后任光禄寺丞、刑部右侍郎、都察院左都御史等职。但好景不长,"东林党人"很快与魏忠贤阉党势力发生正面冲突。天启四年(1624年),高攀龙与左副都御史杨涟、吏部尚书赵南星上疏弹劾阉党。魏忠贤假传圣旨,制造冤狱,挑起党祸。高攀龙辞职回乡。天启五年(1625年),杨涟、左光斗、袁化中、魏大中、周朝瑞、顾大章等东林"六君子"惨死狱中。魏忠贤借"东林党案"趁机诛杀朝臣,编造东林党名单凡309人,公告全国;取缔一切形式的讲学活动,下诏毁坏全国所有书院。天启六年(1626年),下诏以贪赃罪逮捕高攀龙、周顺昌、缪昌期、李应升、周宗建、黄宗素、周起元等东林"七君子"。高攀龙闻讯后投湖自尽,遗表自称:"臣虽削夺,旧为大臣,大臣受辱则辱国。谨北向叩头,从屈平之遗则"①。周顺昌等六人全都被捕,备受酷刑后惨死狱中。崇祯年初,追赠太子少保、兵部尚书官诰,谥"忠宪"。著作有《东林讲义札记》、《周易孔义》、《毛诗集

----

① 《高攀龙传》,《明史》卷343。

注》、《春秋集注》、《四子要书》、《古本大学》和《困学记》等 20 余种。高
攀龙死后，由门人陈龙正汇编为《高子遗书》。

东林学派因东林书院命名，并依托东林书院进行学术论辩和政治
清议活动。东林书院的前身是宋代的龟山书院。北宋政和年间
(1111—1117 年)，"洛学"程门大弟子杨时从洛阳南下无锡侨居，在城东
门内建造书院，宣讲"洛学"先后 18 年，是道南学派的重要活动场所。
元代改书院为寺庙，到明代倾废荒芜。顾宪成和高攀龙在龟山书院遗
址上发起重修东林书院，具有学术和政治双重考虑。在学术上，他们力
求继承和发扬道南学派杨时学以致用、注重践履、讲究气节的务实精
神，以矫正王学末流空谈心性的狂禅学风。在政治上，他们希望通过以
文会友的学术聚会方式联络江南学者，对朝政形成舆论压力，以便达到
议政、济民和救世的功利目标。将学术上的"学脉"和政教上的"道脉"
结合起来，这既是东林学派一时名声大振的依据，同时也是其蒙受残酷
迫害和血腥镇压的诱因。

1. 以性善为宗，反对无善无恶

从学术主张看，东林学派"以性善为宗"[①]，强调心性本体的道德至
善性，对阳明后学的"无善无恶"说提出了系统的价值批判。万历年间，
以顾宪成、顾允成、高攀龙、钱一本和史孟麟为主的东林学派，以及许孚
远、方学渐、冯从吾和李材等学者，与以周汝登、管志道、周望龄为代表
的王学末流，围绕心性本体的善恶特征展开了两次大规模的争辩。首
次发生于万历二十年(1592 年)前后，在金陵学术集会上，周汝登根据
王阳明天泉证道所提"四句教"说明心性"无善无恶"，许孚远提出一系
列质疑，周汝登进行了答辩。第二次发生在万历二十五年(1597 年)以
后，争辩仍然在金陵学术聚会上进行，管志道继续主张心体"无善无

---

① 《东林书院志》卷 2。

恶",顾宪成等人进行质疑,彼此往来问辩。

心性本体究竟是"至善",还是"无善无恶",这纯粹的道德形上学问题,是对价值判断大前提的本体论承诺。周汝登根据王阳明"无善无恶心之体"的本体设定,"以性为无善无恶",即心性本体既没有至善特征,也没有邪恶特征,没有任何价值染着,所以才是"天下之大本"。许孚远却认为,"善"才是天下之大本,天下不能没有"善",因此只能以心性为"至善"。在这一轮争辩中,周汝登承阳明心学的本体余绪,在论辩力量上比许孚远更有逻辑性。

在第二轮争辩中,管志道自作聪明,以周敦颐的"太极本无极"说明心体"无善无恶",以太极生阴阳描述心体生成善恶的意念活动。结果被顾宪成等人抓住把柄,一路穷追猛打,无限上纲,将心性本体的善恶问题引向儒教与佛教的"正统"地位上,学术争辩演化成为门户偏见,失去了原有意义和价值。顾宪成认为,太极不动,阴阳未分并不等于无阴无阳,以此不能证明"性之无善无恶"①。编写《关学编》的陕西学者冯从吾也认为,儒家学术的最高宗旨只在一个"善"字上,"无善无恶"说的错误在于,"不知吾儒之所谓善,就指太虚本体而言"②。高攀龙更是直言不讳地说:

> 道性善者,以无声无臭为善之体,阳明以无善无恶为心之体。一以善即性也,一以善为意也,故曰"有善有恶意之动"。佛氏亦曰:"不思善、不思恶,以善为善事、恶为恶事也。"以善为意、以善为事者,不可曰明善。③

---

① 《证性编·质疑下》。
② 《小心斋札记》卷16。
③ 《高子遗书》卷9。

阳明心学"无善无恶心之体"的高明之处,就在于还心性本体以道德清白,将沉重的善恶话题从本体论高度降下来,使其成为意向事件的行为特征和价值取向。高攀龙所说的"以善为意、以善为事",正是阳明学心体无善恶特征的立言宗旨。因为只有将"善"视为意念活动和行为事件的道德特征,"知善知恶"的道德意识、"为善去恶"的道德实践才有逻辑的可能性和现实的必要性。如果心体本身就是"性善",不仅"恶"的根源无从谈起,"为善去恶"的工夫也没有落脚点。

从学术自身的逻辑发展看,东林学派对阳明后学"无善无恶"说的价值批判是理论思维水平的大倒退。顾宪成也好,高攀龙也罢,他们都缺少一流学者所具有的理论创新能力,不能在王阳明心体"无善无恶"的基础上重新确立儒家"止于至善"的价值目标,而是倒退回去,重新强调朱子学"天命之性"意义上的"道性善"。至于顾宪成、高攀龙指责阳明心学的"无善无恶"说是"大乱之道","足以乱教",则已经超出了学术论辩范围,变成了党同伐异的学术攻击。顾宪成对"无善无恶"说的攻击几乎接近谩骂:

> "无善无恶"四字最险、最巧。君子一生兢兢业业,择善固执,只著此四字,便枉了为君子。小人一生猖狂放肆,纵意妄行,只著此四字,便乐得做小人。语云"埋藏君子,出脱小人",此八字乃"无善无恶"四字膏肓之病也。①

总之,明代末期的这场心性善恶争辩,东林学派和阳明后学一样,都是理学思潮的末流,在学术观点上没有什么新意和创见。从文献记载来看,东林学派在论辩中的党派意识非常强烈,对儒教纲常伦理的维护和对佛教学术思想的攻击,始终不遗余力。就此而言,历史上的东林

---

① 《还经录》。

学派,确实具有 以"道统"自居、并自觉担当"救世"使命的党派性,因而他们与皇帝本人、朝臣内阁和宦官阉党的冲突就在所难免。东林学派的历史悲剧,在于他们将已成为官方意识形态的朱子学当做民间学术自由论辩,以及过度"亟亟于救世"的政治参与意识。

2. 以朱学为宗,提倡经世致用

从学术立场看,东林学派"以朱学为宗",基本遵循洛、闽二学的"格物"思路,更加强调学术的经世致用功能。顾宪成认为,朱子学重"格物",阳明学重"致知",两家都有功于伦理教化,但都容易出现流弊。他说:"朱子揭格物,不善用者,流而拘矣;阳明以良知破之,所以虚其实也。阳明揭致知,不善用者,流而荡焉"①。根据"与其荡也,宁拘"的选择原则,顾宪成立足程朱理学,用朱子"格物"说救治阳明"致知"说的流弊。高攀龙也认为,明末学术的所有问题,都出在"致良知"的"知"字上。他说:

> 古今学术于此分歧,便分两路去了:一者在人伦、庶物、实知、实践去;一者在灵明、知觉、默识、默成去。此两者之分,孟子于夫子微见征兆,陆子于朱子遂成异同。本朝文清与王文成便是两样。宇内之学,百年前是前一路,百年后是后一路,两者递传之后,各有所异。毕竟实病易消,虚病难补。今日虚病见矣,吾辈当相与稽弊而反之于实。②

如果说王阳明"知善知恶"的"良知"工夫还有是非准则,还要求人们按照天理"为善去恶",只是做工夫由外物转向内心;那么,阳明后学

---

① 《泾皋藏稿》卷 11。
② 《知及之章》,《高子遗书》卷 4。

"无善无恶"的"良知"本体就完全变成了虚灵不昧的知觉和不可思议的禅悟。为了矫治阳明后学的"虚病"和"空言之弊"，东林学派重新提倡朱子"格物"说，反对阳明"致良知"说。高攀龙指出："何谓格物？曰：程朱之言至矣。所谓穷至事物至理者，穷究到极处，即本之所在也，即至善之所在也"①。与程朱的"格物"说相比，高攀龙的"格物"主张没有多少新意，不过他强调了两个重点：其一，"格物"是实修的工夫；其二，"至善"是格物的主意。

根据"格物"只是"止于至善"的实修工夫，高攀龙批判了阳明心学的"致良知"说。在他看来，王阳明的"格物"只是"诚意正心事"，其"致良知"不过是"明明德"，都是《大学》篇中的至善主意，而不是格物的工夫。他说：

> 至于说格物，曰"极力致其良知于事事物物之间，使事物各得其正"，又曰"为善去恶是格物"。夫事物各得其正，乃物格而非格物也。为善去恶乃诚意而非格物也。又以诚意为主意，格致为工夫。《大学》固以三纲为主意，八目为工夫矣。试举王先生古本一绎之，其于文义合耶？否耶？②

事实上，王阳明在贵州龙场悟道前所遵循的格物程序，正是高攀龙所强调的"圣学须从格物入"，即从天地万事万物下手，格出圣人的至善道理来。但事物本身根本没有蕴藏忠孝仁义之类的"天理"，要从一草一木中格出"至善之理"确实是不可能的。在这一点上，顾宪成和高攀龙之间发生了认识分歧。

顾宪成基于王阳明"意之所在便是物"的心学主张，认为"鸢飞鱼

---

① 《经解》,《高子遗书》卷3。
② 《经解》,《高子遗书》卷3。

跃,傍花随柳乃是自家一团生机,活泼泼地,随其所见,无非是物"①。在意向对象鸢鱼、花柳、草木等上面格物,不仅不是当务之急,而且"于此格之,何以便正得心? 诚得意? 于此不格,何以便于正心诚意有妨?"② 他对高攀龙"一草一木是格物事,鸢飞鱼跃是格物事"提出了质疑。高攀龙依据道德情感的相关性予以回答。他说:"此一草一木与先生有关否? 若不相关,便是漠然与物各体,何以为仁? 不仁何以心说得正,意说得诚? '乐意相关禽对语,生香不断树交花。'所以为善形容浩然之气,所以不可不理会也"③。在此,高攀龙引用北宋诗人石曼卿《题章氏园亭》中的诗句"乐意相关禽对语,生香不断树交花",说明必须格"一草一木之理"。但是,这已经超出了程朱理学旨在"止于至善"的格物范畴,而进入到情景交融的审美范畴。按照钱钟书先生在《谈艺录》中的说法,从"禽对语"里悟出"乐意相关",从"树交花"里悟出"生香不断",这是结合景物说明情趣。强调的重点恰恰是阳明心学的顿悟,而不是朱子理学的渐修。由此可见,在王阳明"姚江格物"说之后,要想重新提倡程朱"格物穷理"说,并以此为基础来落实经世致用的务实精神,在学理上是很难自圆其说的。

　　东林学派的经世致用思想,主要内容包括政治和经济两个方面。在政治上,朱明王朝不设宰相,政事由六部处理,最后由皇帝裁决。朱元璋当初设立这一制度的本意,在于让皇帝独揽大权。但随着朱家后代不断颓废,裁决大权旁落他人。神宗万历年间,先是张居正专权,后为内阁专权。熹宗天启年间,开始由宦官专权,有时甚至是内阁与宦官同流合污,狼狈为奸。针对朱明王朝的吏治腐败和政治黑暗,顾宪成和高攀龙等人提出了皇帝勤政、改革科举、整肃吏治、破格用人、加强法治

---

① 《答顾泾阳先生论格物》,《高子遗书》卷8。
② 《答顾泾阳先生论格物》,《高子遗书》卷8。
③ 《答顾泾阳先生论格物》,《高子遗书》卷8。

等清议。在经济上，明代中后期，江南和沿海一带经济发展迅速，工商业相当繁荣。针对神宗设税使和矿监进行横征暴敛，东林学者提出了减免商税、严惩税棍、改革苛役、兴修水利、开垦荒地等主张。

3. 亟亟于救世，卷入党争旋涡

以顾宪成、高攀龙为首的东林学者，按照儒家"以天下为己任"的经世传统，不甘心只是教书讲学而已，奋不顾身地投入到"救世"行动中。顾宪成说：

> 士之号为有志者，未有不亟亟于救世者也。夫苟亟亟于救世，则其所为必与世殊。是故世之所有余，矫之以不足；世之所不足，矫之以有余。矫，非中也，待夫有余不足者也。是故其矫之者，乃其所以救之者也。①

可是在宗法社会和专制时代，要拯救苦难的人世间，要矫正有余或不足的世道偏弊，只有两种可能的选择途径：要么进谏君主，痛陈情势危重，恳求天子"止于义理"，以民生为重；要么取而代之，推翻旧王朝，建立新王朝。东林学者主要选择了第一种途径，他们在各类奏疏中，反复恳求神宗革新朝政，整顿吏治，体恤民情。但是，当所有谏议无法匡正时弊，而只能换来被贬黜的结果时，东林学者的救世激情开始变味，成为愤世嫉俗的冷嘲热讽。这从高攀龙记述顾宪成和顾允成兄弟之间的一段对话里，可以窥见东林学者心态的转变轨迹：

> 一日喟然发叹，泾阳先生曰："弟何叹也？"
> 曰："吾叹夫今人之讲学者。"

---

① 《赠风云杨君令峡江序》，《泾皋藏稿》卷8。

先生曰:"何也?"

曰:"恁是天崩地陷,他也不管,只管讲学快活过日。"

先生曰:"然所讲何事?"

曰:"在缙绅则明哲保身一句,在布衣只传食诸侯一句。"①

既然朱明王朝已经到了"天崩地陷"的崩溃边缘,那就不是普通学者能够力挽狂澜、加以拯救的时局。只有叱咤风云的草莽英雄,才有可能扭转乾坤,做出封侯建国的"无限事业"。顾宪成在给高攀龙的书柬中,确实流露出一定程度的反叛心理:

《乾》《坤》之后,继之以《屯》。混辟之交,必有一番大险阻,然后震动竦然,猛起精神,交磨互淬,做出无限事业。夏、商以来,凡有国者,莫不如此,此意甚深长可味。东林之兴于时,正当草昧。借此无良,为我师保,未必非天之有意于吾侪也。如何!如何!②

过于急迫的"救世"激情,过度频繁的"讽议朝政",以及过分具体的"裁量人物",不仅使东林学派具有了政治结社和学术聚会的双重性质,而且也使他们卷入了无法脱身的党争旋涡之中。顾宪成和高攀龙等人在朝做官或在野讲学,程度不同地干预了封立太子、考察官吏和派出矿监税使等重大国政决策,从而成为皇帝、阉党和守旧朝臣的眼中钉。尽管"东林党人"大多为官清廉,为人正直,并始终以"正人君子"自居,但他们并没有意识到政治斗争的非理性和残酷性,以至触犯了"议论喧

① 《顾季时行状》,《高子遗书》卷 11。
② 《柬高景逸》,《泾皋藏稿》卷 5。

器,门户角立"① 的朋党之禁,遭遇了继北宋"元祐党祸"、南宋"庆元党祸"之后理学思潮中最为惨烈的"东林党祸"。

"东林党祸"的出现,标志着理学思潮的历史终结。此时的理学已不再是民间的学术思潮,而是官方的统治工具。民间学术可以自由论辩,统治工具不能随便清议。明末清初,黄宗羲在撰写《明儒学案》时,对"东林党祸"既竭力辩白,又有所不解。一方面,他认为,东林现象只是"学案",而不是"党祸"。理由是:"东林讲学者,不过数人耳。其为讲院,亦不过一郡之内耳"②。换言之,东林学派只不过几位学者在东林书院讲学清议,其影响力不出一郡之内,因而构不成影响国运的所谓"党祸"。更何况清议是孔子以来,君子关注天下民生、关心国家大事的参政议政方式。他说:"君子之道,譬则坊与。清议者,天下之坊也。夫子之议臧氏之窃位,议季氏之旅泰山,独非清议乎? 清议息,而后有美新之上言,媚阉之红本。故小人之恶清议,犹黄河之碍砥柱也"③。另一方面,对东林学者的忠义气节及其历史影响,黄宗羲又赞口不绝。他说:

> 数十年来,勇者燔妻子,弱者埋土室,忠义之盛,度越前代,犹是东林之流风余韵也。一堂师友,冷风热血,洗涤乾坤。无智之徒,窃窃然从而议之,可悲也夫!④

其实,可悲的不是"无智之徒",而是有志之士。因为"无智之徒"既不会舍命去管什么"天崩地陷",更不会不自量力,"亟亟于救世",而只管苟且偷安,得过且过,快快活活过小日子。相反,有志之士力求"洗涤乾

---

① 《与伍容庵》,《泾皋藏稿》卷5。
② 《东林学案一》,《明儒学案》卷58。
③ 《东林学案一》,《明儒学案》卷58。
④ 《东林学案一》,《明儒学案》卷58。

坤",拯救民众于水深火热之中,成为名副其实的"救世主"。然而,在政教合一的宗法社会,皇帝是最高的政治权威,是惟一的道德表率和精神领袖,是受命于天的"救世主"。除此而外,任何意义上的"救世"行为,都是对天子的蔑视,是对皇权的挑战。理学思潮发展到明代末期,"为往圣继绝学"的学术使命业已完成。可绝大多数有志之士,并不甘心在书斋里空谈心性,一定要履行"为万世开太平"的政治使命。如此,学者所拥有的话语权力,势必与朝廷所拥有的政治权力发生正面冲突。学术与政治对抗的结局,只能是学术自身的终结:学术思想完全充当政治统治的精神工具,无条件地为维护皇权服务。

第十章 佛教的新发展

经过唐末五代的百年战乱和两次"法难"①，经典散佚，寺院毁坏，僧侣受迫，中国佛教的发展几乎到了衰萎凋零的境地。不过，从北宋开始，佛教又崭露出复苏迹象，呈现出新的发展态势。在从宋初到明末的近 700 年里，佛教绵延不绝，虽然总体上远不如隋唐弘盛，但为了适应后期宗法社会的信仰需要，佛教一改传统形态，逐渐走向在日常生活中参禅修行的人间化道路，从弥陀信仰的结社念佛到禅林农耕的寺院经济，从贯通释、儒、道三教到禅、净、教、戒合流，佛教信仰完全融入到中国传统文化中，成为中华民族精神的内在特质。大体上讲，北宋时期（960—1126 年），佛教从复兴转入兴盛；南宋至明世宗时期（1127—1566 年），比较平淡晦暗；明穆宗至明末清初（1567—1644 年），再度趋于兴盛，但由于积弱过久，兴盛程度远不及北宋。

北宋王朝历经九代皇帝，除宋徽宗崇道贬佛、宋钦宗国破身亡外，其余七代对佛教都采取了扶植、保护和利用政策。宋太祖建国不久，便废止了后周世宗的毁佛令，修订出家考试制度，派遣 157 位僧人游历西域求法。开宝四年(971 年)，太祖敕令张从信等到成都雕刻大藏经，史

---

① 指唐武宗会昌二年(842 年)和后周世宗显德二年(955 年)所发生的两次大规模灭佛运动。

称《开宝藏》①。这是中国佛教史上首次全藏刻版印刷，也是其后一切官刻藏经、私刻藏经以及高丽刻藏经的原始版本。随后，又陆续完成了《崇宁藏》、《毗卢藏》、《圆觉藏》和《资福藏》等藏经的刻版，这为宋代以后佛教的发展提供了系统的文献资料，影响甚巨。太宗时期，诏立太平兴国寺为先皇帝寺，仿效唐太宗设立了规模宏大、组织完备的译经院，使中断了200多年的官方译经再度复兴。真宗时期，设立戒坛72所，推行登坛受戒制度②。由于皇帝的着意护持，寺院所属的田园山林享有免税权，寺院经济也有了较大发展。寺院还从事长生库、碾场等公益活动，在民间社会具有很大影响。

北宋佛教的复兴，主要表现为天台、华严、净土、律宗等四宗的重新振作。禅宗因坚持"不立文字、教外别传"的特殊教法，故在唐末五代战乱中不仅幸免于难，而且禅法风靡天下，形成"五家七宗"③ 的发展态势。北宋禅宗继续晚唐的发展余绪，记载祖师言行的各种"灯录"、"语录"著作特别多。禅宗的盛行，是宋代佛教的最大特色。理学思潮兴起时，虽打着"排佛"旗号，但其思维方式和教学方法都深受禅宗影响。与此相应，禅宗也从"不立文字"走向"评唱公案"、"参究话头"，不断集结禅宗经典，具有了明显的义理化倾向。

天台宗因得到从高丽传回的天台典籍而弘扬一时，形成山家与山外之争，两派互宣宗义，各传其学。天台教义虽然博深玄奥，但此时辅之以律行、礼忏和念佛等方便法门，故能广流普及。华严宗也因华严典

---

① 《开宝藏》又称《北宋敕版大藏经》（蜀版），共十三万版，以《开元录》为底本，历时12年完成，在太平兴国寺译经院西所设立的印经院印制。此版大藏经影响较大，当时国内官立大寺及名山古刹，乃至日本、高丽、女真、西夏、交趾等国，皆获颁赠此藏。高丽成宗至显宗（991—1011年）所雕刻的高丽版大藏经，即依《开宝藏》刻印。

② 《佛祖历代通载》卷18，《大正藏》卷49。

③ 指中唐以后中国禅宗南宗各派的总称，即沩仰宗、临济宗、曹洞宗、云门宗和法眼宗等五家，加上由临济宗分出的黄龙派和杨岐派，合称为七宗。

籍从高丽传回有所依托，更因其教义和禅宗同属真常唯心系统，故随着禅宗的继续发展而得以兴盛，呈现出"教禅一致"的综合风潮。在长水子璿(生年不详，卒于1038年)和晋水净源(1011—1088年)师徒二人的接力式弘扬下，出现了"贤首中兴"态势。律宗因宋代从严受戒制度，以及天台宗师多弘扬戒法而中兴。律师智圆允堪(生年不详，卒于1061年)和再传弟子大智元照(1048—1116年)，都致力于律学撰著。净土宗因法门简易，在宋代持续兴盛，念佛结社之风深入朝野，净土信仰深植民间，与禅宗不相上下。天台、贤首、禅宗和律宗各代祖师，此时均严以律行，兼容净土，因而出现了台净融和、禅净双修的融合趋势。宋徽宗时期，崇信道教而贬抑佛教，出现了诸如烧毁经像、诏令寺院置孔子及老子像、并将道士位次列于僧尼之上等反佛现象。佛教一时严重受挫，除禅、净二宗尚能流行外，其余各宗渐次湮没。

元朝与佛教的关系极为密切，蒙古族能够统治华夏达100余年，很大程度上得益于以佛教为主的宗教政治。元太祖忽必烈建国初期，重用禅宗行者耶律楚材制定国家典章制度，让强悍好战的蒙古贵族顺化于慈悲为怀的佛教。其后，元室诸帝承袭祖风，始终倚重僧侣协助国政。从元世祖迎请西藏萨迦派八思巴①入京，受命创制蒙古文，译述藏传佛经，赐号"帝师、大宝法王"②，封赏全西藏为其俸爵，权位之高仅次于皇帝。此后，萨迦派僧侣世代为国师，西藏佛教(喇嘛教)成为元代国教。藏教虽受元室崇信，但只在宫廷和贵族中流行，中原地区的广大民间，仍以禅净二宗最为盛行。北方曹洞宗万松行秀(1166—1246年)所著的《万松老人评唱天童觉和尚颂古从容庵录》(简称《从容庵录》)6

---

① 西藏萨迦派第五代祖师。15岁即为元世祖忽必烈授戒，任职宗教顾问。19岁时以佛教观点批判《老子化胡经》，论破道士。其后入蒙，忽必烈崇为国师，统领总制院事，管理全国佛教及藏族地区事务，赐号"大宝法王"。至元十三年(1276年)返藏，自任萨迦寺第一代法王，积极促进内地与西藏的文化交流。

② 《帝师行状》。

卷,是继圆悟克勤(1063—1135年)《碧岩录》之后,评唱禅宗公案形式最完备的文学作品。南方临济宗则以雪岩祖钦(1216—1287年)、高峰原妙(1238—1295年)和中峰明本(1263—1323年)为代表,远离官场上的功利角逐,重新回到朴实的禅林中边耕作,边修行。在这一时期,禅僧多兼修净土,延续宋代禅净双修风气。

明太祖朱元璋曾为皇觉寺僧,宰相宋濂也出身于寺院,故明朝既对佛教特别崇敬,又力图整顿佛教。朱元璋登皇位之后,就颁布了一系列新的佛教政策,诸如立僧官、定考试、制度牒、刻藏经、整理僧籍、分寺院僧为禅、讲、教三类①。明成祖永乐皇帝曾以临济僧斯道道衍(1335—1418年)为太子少师,刻藏经,并作《金刚经解》。明中叶以后,朝廷为救饥荒而有卖牒之举,僧团迅速膨胀,因而弊端丛生,加上明世宗信奉道教,导致毁佛事件。然而,日趋没落的佛教也因此觉醒,力图复兴。到明代末期,莲池袾宏、紫柏真可、憨山德清、蕅益智旭等四大名僧相继涌出,不仅于禅教各宗派都大力弘扬,更提倡禅、净、教、戒为一体,主张儒、释、道三教合流,于是融合发展成为明代以后佛教发展主流。与此同时,儒家士大夫念佛参禅者也日益增多,居士佛教开始显示力量。

一、智圆与契嵩:儒释会通

北宋时期,与理学家在"排佛"旗帜下偷偷汲取佛教心性学说截然不同,佛教僧侣则公开主张儒释会通。他们立论的前提是,佛教与儒教皆属"中庸之道",劝人迁善远恶,均有益于专制统治及其伦理教化。中国佛教以超然出世的姿态全面介入世俗生活,这一转换标志着印度佛

---

① 所谓"禅者",是以见性为宗,即禅宗的僧侣;"讲者",是阐明诸经旨义,指华严宗、天台宗的僧侣;"教者",是开演佛教利济之法的僧侣。

教已经彻底中国化,成为传统宗法社会的重要意识形态之一。然而,儒释会通是双向互动的文化和合过程。它既有佛教的儒学化,也有儒教的佛学化。如果说理学思潮代表着儒教的佛学化,旨在为先秦儒学增设终极关怀的超越维度;那么,契嵩和智圆对儒教经典的佛学诠释,则意味着佛教的儒学化,意在为中国佛教奠定纲常伦理的道德根基。智圆首倡于先,主张"以宗儒为本",提出了"儒释言异而理贯"的重要命题。契嵩应和于后,主张"孝为戒先",论述了"明儒释之道一贯"的辅教学说。尽管智圆属天台宗山外派,契嵩属禅宗云门系,但他们都没有狭隘的门户偏见,能以坦诚心态融会儒、释、道三教伦理思想,积极回应时代精神和民族文化的和合挑战。

1. 孤山智圆:儒释言异而理贯

智圆(976—1022 年)字无外,或名潜夫,俗姓徐,钱唐人。"尝砥砺言行,以庶乎中庸,虑造次颠沛忽忘之,因以中庸自号"①。幼时出家,8岁受具足戒,21岁从奉先源清学天台三观教义。3 年后,源清病故,遂独居西湖孤山,"离群索居,衣或弹,粮或罄,因之以疾病,而孳孳然研考经论,探索义观"②,专心著述。"尝叹天台宗教,自荆溪师没,其微言奥旨坠地而不振"③,有意弘扬天台教义。其后,因与智礼(960—1028 年)等人意见不合,遂被摈斥于天台正统之外 ,列入"山外派"。智圆自幼体质不好,性格内向,"居孤山之墟,闭户养疾,耻于自白,而弗与时俗交"④。智圆曾仿刘禹锡作《陋室铭》,自称"中庸子屋室既卑且陋",然"容膝有余"⑤ 便心满意足,因而获得名僧称誉。智圆一生疾病缠身,

①　《中庸子传》中,《闲居编》卷 19,《卍续藏》第 101 册。

②　《中庸子传》中,《闲居编》卷 19,《卍续藏》第 101 册。

③　《中庸子传》中,《闲居编》卷 19,《卍续藏》第 101 册。

④　《宁海军真觉界相序》,《闲居编》卷 13,《卍续藏》第 101 册。

⑤　《陋室铭并序》,《闲居编》卷 32,《卍续藏》第 101 册。

但讲道不厌，诲人不倦，著述不停。其学识"以宗儒为本，而申明释氏加其数倍焉，往往旁涉老庄，以助其说"①，体现了宗主周孔、旁涉老庄和归终释氏的三教和合旨趣。智圆47岁寂灭，赐谥法慧大师。因隐居孤山，后人称其为孤山法师。

智圆一生著述甚多，自称有经疏记抄凡30种，71卷。《佛祖统纪》卷18记载其著述共24部，129卷。此外，有诗文集《闲居编》51卷传世。

孤山智圆是北宋天台宗"山外派"义学名僧，其主要佛学思想是阐述天台教义中的理事关系，提出了"理总事别"的教理思想。他认为，心或理是能造、能具的总体；色或事为所造、所具的别相，所以心具三千，而色不具三千；理具三千，而事不具三千。在坚持天台教理的前提下，圆融净土法门为用，更以会通儒、释为鹄的。在他看来，儒、释其言虽异，其理相通，主张"修身以儒，治心以释"，具有明显的儒学化倾向。诚如他在《挽歌词》中所说："平生宗释复宗儒，竭虑研精四体枯；莫待归全寂无语，始知诸法本来无"②。

智圆博览三教经典，深契三家义理，其思想源自儒、释、道三家学说，尤得儒门奥旨。他自述其对儒教经典的"研几极深"时说：

　　读《易》也，乃知本乎太极，辟设两仪，而五常之性韫乎其中矣。故曰："立天之道，曰阴曰阳；立地之道，曰柔曰刚；立人之道，曰仁曰义。"是故文王海，列四海以演之；圣师岳，配五常以翼之，乃以乾坤首之也。繇是知五常者，其周孔之化源乎！读《书》也，乃知三皇以降，洪荒朴略，非百世常行之道，其言不可训。故圣师以二帝三王作范于后代，尊揖让，鄙干戈，故以二典首之也。虽汤武有救弊之德，而非仲尼之本志也。故

---

① 《谢吴寺丞撰闲居编序书》，《闲居编》卷22，《卍续藏》第101册。
② 《智圆法师》，《佛祖统纪》卷10，《大正藏》卷49。

《语》曰:"《武》尽美矣,未尽善也。"读《诗》也,乃知有天地然后有夫妇,有夫妇然后有父子,有父子然后有君臣。夫妇其本二仪而首三纲乎? 故以《关雎》首之也。读《春秋》也,乃知周室衰,狄人猾夏,平王东迁,号令不行,礼乐征伐不出乎天子,而出乎诸侯也。是故仲尼约鲁史而修《春秋》,以赏罚贬诸侯,讨大夫,以正其王道者也。故《语》曰:"礼乐征伐自诸侯出。自诸侯出,盖十世希不失矣。"①

在这段论述中,智圆对《易》、《书》、《诗》和《春秋》等四部儒教经典,逐一进行了义理发挥,认为它们都是对圣人之旨的忠实记载,是"三纲"伦理和"五常"道德的根本依据。只有《礼经》是圣门弟子所记,中间杂糅了汉儒的意思,因此少谈义理,多说人情,远离圣人的道德宗旨。他自己做学问的理想追求是:"准的《五经》,发明圣旨,树教立言"②。

从北宋开始,受儒释会通潮流的影响,出现了一种比较特殊的学术文化现象。一方面,儒门淡泊,学者喜欢谈论"道德性命",津津乐道时贤"语录",对禅悟风尚积极仿效。另一方面,佛门式微,僧侣热衷研读"五经",对周孔之道顶礼膜拜,对中庸之道大加称赞。钱穆先生曾指出:"盖自唐李翱以来,宋人尊《中庸》,似无先于智圆"③。智圆正是从《中庸》切入,将佛教的中道观、报应说和性情论贯彻到儒教伦理中去。

智圆从中庸之道出发,首先对儒释关系进行了系统阐述,提出了"儒释言异而理贯"的重要命题;对儒、释二教化民迁善的侧重点和互补性,进行了简明概括,提出了"修身以儒,治心以释"的鲜明主张;并对世人有关儒释关系的两种偏见进行了尖锐批评,指出"执儒释以相诬"是

---

① 《谢吴寺丞撰闲居编序书》,《闲居编》卷22,《卍续藏》第101册。
② 《谢吴寺丞撰闲居编序书》,《闲居编》卷22,《卍续藏》第101册。
③ 钱穆:《读智圆闲居编》,《中国学术思想史论丛》,台湾东大图书公司1984年版。

一种不健康的病态学术。他说：

> 夫儒释者,言异而理贯也,莫不化民,俾迁善远恶也。儒
> 者,饰身之教,故谓之外典也;释者,修心之教,故谓之内典也。
> 惟身与心,则内外别矣。蚩蚩生民,岂越于身心哉? 非吾二
> 教,何以化之乎? 嘻! 儒乎,释乎,其共为表里乎! 故夷狄之
> 邦,周孔之道不行者,亦不闻行释氏之道也。世有限于域内
> 者,见世籍之不书,以人情之不测,故厚诬于吾教,谓弃之可
> 也;世有滞于释氏者,自张大于己学,往往以儒为戏。岂知夫
> 非仲尼之教,则国无以治,家无以宁,身无以安。国不治,家不
> 宁,身不安,释氏之道何由而行哉! 故吾修身以儒,治心以释,
> 拳拳服膺,罔敢懈慢,犹恐不至于道也,况弃之乎? 呜呼! 好
> 儒以恶释,贵释以贱儒,岂能庶中庸乎? ……呜呼! 世之大病
> 者,岂越乎执儒释以相诬,限有无以相非! 故吾以中庸自号以
> 自正,俾无咎也。[①]

要矫治病态学术,拯救纲常伦理,必须确立儒、释、道三教的鼎立平衡关
系,避免对三教的狭隘理解和片面抉择。他根据自己一生与疾病抗争
所获得的生命体验,作《病夫传》一文,以小喻大,具体说明儒、释、道三
教都是救世之药,不可或缺。智圆指出：

> 或议一事,著一文,必宗于道,本于仕,惩乎恶,劝乎善。
> 尝谓三教之大,其不可遗也。行五常、正三纲,得人伦之大体,
> 儒有焉。绝圣弃智,守雌保弱,道有焉。自因克果,反妄归真,
> 俾千变万态,复乎心性,释有焉。吾心其病乎,三教其药乎?

---

① 《中庸子传》上,《闲居编》卷19,《卍续藏》第101册。

矧病之有三,药可废邪? 吾道其鼎乎,三教其足乎? 欲鼎之不
覆,足可折邪? 为儒者或以多爱见罪,攻异端,为谤病夫,且不
易乎? 世不变其说也。①

正如医院必须分科看病一样,人的心灵病变也必须通过儒、释、道三教
的分工合作来救治。佛教从东汉传入中国,其训导民众的基本主张与
儒教共为表里,不仅不是异端邪说,而且也是圣人之道:"导之以慈悲,
所以广其好生恶杀也;敦之以善舍,所以申乎博施济众也;指神明不灭,
所以知乎能事鬼神之非妄也;谈三世报应,所以证福善祸淫之无差也。
使夫黎元迁善而远罪,拨情而返性。核其理也,则明逾指掌;从其化也,
则速若置邮。噫! 虽域外之真诠,实有毗于治本矣"②。倘若因为佛教
来自域外,就否认其真理性及其对伦理教化的显赫功德,很显然是不明
智的愚蠢之举。

智圆进一步从本体论高度,说明儒教的"中庸之道"与大乘佛教的
"中道义"是完全等价的道德理念。他自问自答道:

或者避席曰:儒之明中庸也,吾闻之于《中庸》篇矣,释之
明中庸,未之闻也,子姑为我说之。

中庸子曰:居,吾语汝。释之言中庸者,龙树所谓中道义
也。

曰:其义何邪?

曰:夫诸法云云,一心所变,心无状也,法岂有哉? 亡之弥
存,性本具也;存之弥亡,体非有也;非亡非存,中义著也。此
三者,派之而不可分,混之而不可同,充十方而非广,亘三世而

---

① 《病夫传》,《闲居编》卷34,《卍续藏》第101册。
② 《翻经通纪序》,《闲居编》卷10,《卍续藏》第101册。

非深,浑浑尔,灏灏尔。众生者,迷斯者也;诸佛者,悟斯者
也。①

智圆还用孔子"过犹不及"的中庸原理,深入解释龙树的中道义。他认为:"过犹不及也,惟中道为良"②。然而,智圆的"过犹不及"是本体意义上的"有不离无"、"无不离有",即有无之间的中道观:"适言其有也,泯乎无得,谁云有乎? 适言其无也,焕乎有象,谁云无乎? 由是,有不离无,其得也,怨亲等焉,物我齐焉,近教通焉,远理至焉;其得也,因果明焉,善恶分焉,戒律用焉,礼义修焉。大矣哉! 中道也。妙万法之名乎! 称本性之谓乎! 苟达之矣,空有其无著,于中其有著乎?"③ 在智圆看来,只有遵循儒教的中庸原理,才能真正落实佛教的中道教义,既不"荡于空",又不"胶于有"。"荡空也过,胶有也不及",只有过犹不及的中道才是第一义谛。

在性情论上,智圆以"复性说"会通儒释。所谓"复性",就是强调以智制情,回复心性的本真状态,达到近善远恶的道德目标。在与天台宗山家派智礼(960—1028 年)的义学争论中,智圆主张"真心观",即心性是最高的存在本体,除观心外,别无观法之道。能观之心与所观之境都是真心、真如的呈现方式,真如之心是天台三观的主体。智礼则主张"妄心观",即除妄心(第六识)外,别无真心可求,能观之心与所观之境都是妄心所作,观妄心就是天台三观的本义。尽管以智礼为代表的山家派属于天台三观说的正统主张,并盛行于南宋时期,但智圆所持的"真心观"和"复性说",使其找到了沟通儒、释二教性情论的逻辑桥梁。

根据"释者,修心之教"和"儒者,饰身之教"的内外分工,智圆力求

---

① 《中庸子传》上,《闲居编》卷 19,《卍续藏》第 101 册。
② 《中庸子传》上,《闲居编》卷 19,《卍续藏》第 101 册。
③ 《中庸子传》上,《闲居编》卷 19,《卍续藏》第 101 册。

将儒教心性论奠基在佛教心性论的基础上,从而赋予儒教性善论以价值本体的超越品格。他按照儒教的君子小人之辨和仁智山水之喻,说明人性本善和复性至善的道理。他说:

> 山也,水也,君子好之甚矣,小人好之亦甚矣。好之则同也,所以好之则异乎。夫君子之好也,俾复其性;小人之好也,务悦其情。君子知人之性也本善,由七情而汩之,由五常而复之,五常所以制其情也。由是观山之静似仁,察水之动似知。故好之,则心不忘于仁与知也。①

值得强调指出的是,智圆的"复性说"不同于李翱的"复性说"。李翱的复性主张,是基于性善情恶假说。情是邪恶之源,因此只有灭情才能复性。而智圆的复性主张,则是基于天台宗的性具善恶假说。邪恶虽是随缘生起的现象,但在心性之中仍有其存在根据。他说:"佛果有性恶,故名不断;无修恶,故名不常。若修性俱尽,则全是断,不得为不断不常也。是则阐提性善不断,还生善根;如来性恶不断,还能生恶,虽起于恶而是解心。是故如来达而不染,阐提染而不达"②。

　　智圆依据天台宗湛然的"无情有性说",并不一概否认情感和欲望,这反倒比理学家的"无情"、"灭欲"等主张更合乎人性。在他看来,情感和欲望的存在是基于心性本体,邪恶源生于心性本体与外缘的染习作用,与情感和欲望本身并没有必然关联。换言之,情欲既可以是善的,也可以是恶的。既然善恶的本体根据是心性而不是情欲,那么对情欲的感应机制就没有必要灭绝。他在《佛说阿弥陀经疏》序中指出:

---

① 《山水之好辨》,《闲居编》卷25,《卍续藏》第101册。
② 《金刚錍显性录》卷4,《卍续藏》第100册。

　　夫心性之为体也,明乎,静乎,一而已矣。无凡圣焉,无依正焉,无延促焉,无净秽焉。及其感物而动,随缘而变,则为六凡焉,为三圣焉,有依焉,有正焉。依正既作,则身寿有延促矣,国土有净秽矣。吾佛大圣人,得明静之一者也,乃假道于慈,托宿于悲,将欲驱群迷使复其本。于是乎,无身而示身,无土而示土。延其寿,净其土,俾其欣;促其寿,秽其土,俾其厌。既欣且厌,则渐诱之策行矣。是故释迦现有量而取秽土,非欲其厌耶。弥陀现无量而取净土,非欲其欣乎。此则折之,彼则摄之,使其复本而达性耳。①

由此可见,情欲既是佛主"诱之策行"的落脚点,也是"驱群迷使复其本"的激励机制。如果人没有情欲,既不向往"净土",也不厌离"秽土",更不希望"延寿",那么一切伦理道德都无法实施其教化功能。正是由于"感物而动,随缘而变"的情感和欲望,人才有可能越凡入圣,不断走向至善之境。智圆的"复本而达性"主张,比理学家的"存理灭欲"更具有积极的建设性意义。

　　佛教的因果报应说,与儒家的"积善余庆"和"积恶余殃"一样,都是引诱人向善的道德策略。作为方便法门,善恶的因果报应只能承诺,无法论证。这种报应机制,实际上是一种人文预设,类似于康德所说的"绝对命令",体现出一种强烈的道德权力意志。因为如果一生行善总不能获得幸福,作恶多端总不能得到惩罚,那么,一切有关近善远恶的道德说教,必将显得苍白无力,无法起到令人向善的教化目的。诚如释迦矣尼在《金刚经》中所说:"当知是经义不可思议,果报亦不可思议"②。智圆在《福善祸淫论》中,对佛教这种不可思议的果报,进行了

---

① 《佛说阿弥陀经疏》序,《大正藏》卷37。
② 《金刚般若波罗密经》,《大正藏》卷8。

系统的儒学阐明。他说：

> 《传》曰：福善祸淫。或者谓验之于事，则为善而召祸，为
> 恶而致福亦多矣。其鬼神之无灵耶，格言之近诬耶？故论以
> 辩之，以昧示者。夫世所谓祸福者，以富贵崇高、安康寿考之
> 谓福也，贫贱侧陋、刑戮短折之谓祸也。苟恶人之享富贵，善
> 人之处贫贱，则反复而怀疑，必谓鬼神之无灵，格言之近诬矣，
> 盖庸人之情也。夫君子之谓祸福者，异乎哉！为仁者有大顺
> 之显名，垂于亿载之下，虽童子妇人犹知，贵而好之，非福如
> 何……为不仁者，有至恶之显名，垂于亿载之下，虽童子妇人
> 犹知，贱而恶之，非祸如何？①

从声名立论，在超越维度上谈祸福，这是意义世界和可能世界中的应然法则。无论如何，善人应该得到幸福的回报，恶人应该得到灾祸的惩罚。文明历史的评价体系，其实就是基于善恶报应法则的制度建构。尽管从物理学角度看，这不是必定如此的自然法则，但是从伦理学角度看，这又是势在必行的自由原理。否则，一切伦理秩序，所有道德规范，都将无法起到遏恶扬善的目的。

综上所述，智圆旨在用佛法解释儒教伦理，以便达到会通儒释的目的。智圆在理学思潮开始之际，在儒者排佛甚炽之时，首倡儒释言异理贯，据理为佛教辩护。他一再强调："浮图教曷乖背于儒耶？善恶报应者，福善祸淫之深者也；慈悲喜舍者，博施济众之极者也。折摄与礼刑一贯，五戒与五常同归"②。这对于视佛教为洪水猛兽的狭隘民族文化中心论者讲，无疑是最为有力的反驳。智圆曾作过一首《三笑图赞》，称

---

① 《福善祸淫论》，《闲居编》卷18，《卍续藏》第101册。
② 《驳嗣禹说》，《闲居编》卷28，《卍续藏》第101册。

颂南北朝僧人慧远、道士陆修静和儒者陶渊明三人之间的莫逆之交,及其所体现的儒、释、道三教同宗旨、本相融的和合之乐,值得回味。诗云:

> 释道儒宗,其旨本融,守株则塞,忘筌乃通。
>
> 莫逆之交,其惟三公,厥服虽异,厥心惟同。
>
> 见大忘小,过溪有踪,相顾而笑,乐在其中。①

2. 明教契嵩:明儒释之道一贯

契嵩(1007—1072年)字仲灵,自号潜子,俗姓李,藤州镡津(今广西藤县)人。7岁出家,13岁落发,14岁受具足戒,19岁游历四方。过湘江,访衡庐,遍参名师,以求开悟。"首常戴观音之像,而诵其号,日十万声,于是世间经书章句,不学而能"②。后在筠州(今江西高安)洞山晓聪禅师门下得法。后到钱塘(今浙江杭州)居灵隐寺永安精舍,"闭户著书"③。

当时,佛教外部仍有"排佛"之说。宋仁宗明道年间(1032—1033年),古文运动领袖欧阳修、理学思潮奠基者二程和张载等人,继韩愈之后,再度提出激烈的辟佛主张。契嵩根据"儒释一贯"的和合道理,写成《原教》、《劝书》、《广原教》和《孝论》等多篇文章(合称《辅教编》),力主佛教的"五戒"与儒家的"五常"义理贯通,并提出"孝为戒先"的重要命题,以驳斥韩愈以来儒家的排佛议论。他还著有《中庸解》,用佛法阐述儒教的"中庸之道"。

佛教内部又有教禅之争,有关禅门的传法世系也众说纷纭。契嵩

---

① 《三笑图赞》,《闲居编》卷16,《卍续藏》第101册。

② 《镡津明教大师行业》,《镡津文集》序,《大正藏》卷52。

③ 《沙门契嵩》,《佛祖统纪》卷45,《大正藏》卷49。

著《禅宗定祖图》、《传法正宗记》等,对禅宗史有较大影响。他发扬宗密"教禅合一"的主张,博览典籍,考订《坛经》版本,根据《宝林传》等资料将禅宗在印度的世系厘定为二十八祖。契嵩的"西天二十八祖说"①,后来遂成为禅宗祖系的定论。他于皇佑年间(1049—1054 年)著《传法正宗定祖图》1 卷、《传法正宗记》9 卷和《传法正宗论》2 卷(合称《嘉祐集》),经王素(1007—1073 年)上奏,仁宗皇帝读后大为赞赏,敕传法院编次入藏,并赐予紫方袍和"明教大师"法号,在朝野名振一时。

契嵩多次上书仁宗皇帝,强调佛道与王道吻合,都属皇极大中之道,儒、释道理相互贯通,"有益于帝王之道德"②。他随缘在朝中说法,与当时的宰相韩琦、富弼和吕公著、以及大儒欧阳修等人,都曾有过面见或书信往来。契嵩擅长诗文,一生著作极多,"凡百余卷,总六十有余万言"③,死后由门人编辑成《镡津文集》19 卷。

从法嗣传承看,契嵩属于禅宗云门一系。晚唐云门文偃(864—949年)初参黄檗弟子睦州道明,后又承接雪峰义存,其禅法能将道明的峻严和义存的温密调和在一起,独创出云门宗风。经德山缘密、文殊应真和洞山晓聪,四传至明教契嵩。因此,契嵩系云门嫡传,他对从摩诃迦叶到菩提达磨"西天二十八祖"④ 的精心考证,正是为禅宗"正宗"和"定祖"等合法性进行论证。这是宗法社会的血缘法则对中国佛教的感

---

① 关于禅宗在西天印度所传 28 位祖师的学说,即摩诃迦叶、阿难尊者、商那和修、优婆鞠多、提多迦、弥遮迦、婆须蜜、佛陀难提、伏驮蜜多、胁尊者、富那耶舍、马鸣大士、迦毗摩罗、龙树大士、迦那提婆、罗侯罗多、僧伽难提、伽耶舍多、鸠摩罗多、阇夜多、婆修盘多、摩拏罗、鹤勒那、师子尊者、婆舍斯多、不如蜜多、般若多罗、菩提达摩(兼东土初祖)。见于契嵩所著《传法正宗记》。

② 《上仁宗皇帝书》,《镡津文集》卷 8,《大正藏》卷 52。

③ 《镡津明教大师行业》,《镡津文集》序,《大正藏》卷 52。

④ 契嵩主倡"西天二十八祖"说,旨在批评天台的"西天二十四祖"说。其实,这是两家不同的祖师宗谱,完全可以并行不悖,本来没有必要长期聚讼不息。但在佛祖法统惟一的前提下,这种争论却又是不可避免的。

染与薰习,与理学思潮中的"道统"说异曲同工。北宋初期,佛教界特重
祖师的传承谱系,或许这也是佛教彻底中国化的民族特色之一。

　　契嵩并不是单纯修习禅法的普通禅僧,而是精通儒典、能文善诗、
熟谙应酬的一代文僧,具有宗教活动家的行为风范。受唐宋古文运动
影响,他潜心学习古文,以文会友,所交不是文坛俊彦(如欧阳修、曾
巩),便是政界名流(如韩琦、富弼、吕公著)。据说,韩琦曾将契嵩文章
送给欧阳修,欧阳修读后对韩琦说:"不意僧中有此郎,黎明当一识
之"①。次日,韩琦偕欧阳修往见契嵩,"文忠(欧阳修)与语终日,遂大
喜。自韩丞相而下,莫不延见,尊重之,由是名振海内"②。可见,契嵩
深受当时朝廷权贵与文坛名流的推崇和钦羡。他向仁宗上《传法正宗
记》以及《辅教编》之前,就先致函韩琦、富弼等显贵权臣,希望通过他们
对佛法有所同情和理解,并加以广布流传。例如,上韩琦书云:

　　　　幸阁下论道经邦之暇,略赐览之,苟不甚谬,可以资阁下
　　留神于吾圣人之道,则某平生之志,不为忝也。如阁下之大贤
　　至公,拒而委之,则佛氏之法,漠然无复有所赖也已。③

上富弼书云:

　　　　故窃尝著书曰《辅教编》,以发明扶持其道,凡三万余言。
　　始欲奏之天子,而微诚不能上达。又欲进之阁下,又不克通
　　之。已而乃因人姑布之京国,亦意其欲传闻于阁下听览。又
　　逾年而浮沈不决其所忧之心,若在水火忽欲其援,以成就其生

　　①　《明教嵩禅师》,《人天宝鉴》,《卍续藏》第 148 册。
　　②　《明教嵩禅师》,《人天宝鉴》,《卍续藏》第 148 册。
　　③　《书启·上韩相公书》,《镡津文集》卷 9,《大正藏》卷 52。

平之志,乃不避其忝冒之诛,辄以其书尘浼大丞相尊严。万一
幸阁下悯其勤劳为教与道,非敢如常流者屑屑苟荣其身与名
而已。①

上欧阳修书云:

> 适乃得践阁下之门,辱阁下雅问,顾平生惭愧何以副阁下
> 之见待耶!然其自山林来,辄欲以山林之说投下执事者,愿资
> 阁下大政之余,游思于清闲之域。又其山林无事,得治夫性命
> 之说;复并以其性之书,进其山林之说。有曰《新撰武林山志》
> 一卷,其性命之书有曰《辅教编》印者一部三册,谨随赍献尘黩
> 高明。②

正是由于有在朝权贵的鼎力举荐,有在野名流和高僧的大力炫耀,契嵩
才能在一片排外辟佛声中,既弘扬佛教禅法,又阐明儒释会通,在当时
的学术思想界从容自如,游刃有余。

　　宋代的排佛议论,与唐代的排佛学说有着实质性区别。唐代国力
强大,周边夷狄都来归顺,韩愈的排佛主张纯粹出于政治和经济考虑,
所表达的意图是专制王朝对过度膨胀的宗教势力的控制需要。而宋代
社会积贫积弱,契丹、女真等北方少数民族大肆入侵,边境险象环生。
此时,佛教已完全中国化,势力又相当衰弱,对专制王朝不仅构不成任
何威胁,反倒有助于教化民众,驯服蛮夷,维护宗法伦理秩序。因此,宋
儒重提唐代的排佛主张,基本上是基于民族心理和文化观念的排外情
绪,间接地表达了文人学者"先天下而忧"的忧患意识。北宋初期,排佛

---

① 《书启·上韩相公书》,《镡津文集》卷 9,《大正藏》卷 52。
② 《书启·上欧阳侍郎书》,《镡津文集》卷 9,《大正藏》卷 52。

最力的儒者主要有孙复、石介、欧阳修、李觏、张载、程颢和程颐等人，他们的排佛思想，或者以佛教为"夷狄之法"，不是华夏之法，"绝灭仁义以塞天下之耳，屏弃礼乐以涂天下之人"①；或者以佛法为"释氏之说"，不是圣人之说，"佛氏只以生死恐动人，可怪二千年来，无一人觉此，是被他恐动也"②。诸如此类激烈而迂腐的辟佛言论，都回避或忽视这样一个历史事实：佛教从东汉传入中国，经过近千年的适应性变异，早已成为中国社会的文化基因。此时再排斥佛教，只能是一种言行不一、党同伐异的窝里斗现象。"天下学者反不能自信其心之然，遂毅然相与排佛之说，以务其名"③。实际上，宋儒仅仅是"以文排佛"，他们大多数都研习禅法，不断地从佛教文化中汲取精神营养和思维方法。例如，李觏因反佛而皈依佛教，欧阳修一边排佛，一边留心禅学，自号"六一居士"，诵持《华严经》，直到终老。

　　时代精神和学术思想中这种装腔作势、表里不一的虚伪现象，正是契嵩乘虚而入、明确提出儒释会通主张的有利条件。沙门怀悟曾说："以师所著之文，志在通会儒释以诱士夫，镜本识心，穷理见性。而寂其谤是非之声也"④。因此，从其思想倾向看，契嵩是在坚持佛教观念的前提下，会通儒释二教，力求使佛教思想更具儒化特征。诚如他自己所言："既治吾道，复探儒术，两有所得，则窃用文词发之"⑤。又说："如贫道始之甚愚，因以佛之圣道治之，而其识虑仅正，逮探儒之所以为，盖务通二教圣人之心"⑥。

---

①　《孙明复小集·儒辱》。

②　《河南程氏遗书》卷1。

③　《辅教编上·劝书第一》，《镡津文集》卷1，《大正藏》卷52。

④　《附录:诸师著述·御溪东郊草堂释怀悟序》，《镡津文集》卷19，《大正藏》卷52。

⑤　《书启状·答茹秘校书》，《镡津文集》卷10，《大正藏》卷52。

⑥　《书启状·与章潘二秘书书》，《镡津文集》卷10，《大正藏》卷52。

契嵩的儒释会通思想,主要有以下六个方面:

其一,"五戒"与"五常"等同。

契嵩曾说:"余昔以五戒十善,通儒之五常"①。他认为,佛教的"五戒"和"十善",如果按照儒教术语讲,其实就是"五常仁义",二者是"异号而一体"②的关系,并不存在本质差别。其具体理由是:"儒所谓仁、义、礼、智、信者,与吾佛曰慈悲、曰布施、曰恭敬、曰无我慢、曰智慧、曰不妄言绮语,其为目虽不同,而其所以立诚修行,善世教人,岂异乎哉?"③在契嵩看来,儒教伦理和佛教戒律虽然名目不同,但在劝善去恶的修养宗旨上并无差异。彼此间的对应关系是:"五戒,始一曰不杀,次二曰不盗,次三曰不邪淫,次四曰不妄言,次五曰不饮酒。夫不杀,仁也;不盗,义也;不邪淫,礼也;不饮酒,智也;不妄言,信也"④。

契嵩将儒教的"五常"与佛家的"五戒"等同起来,以求儒佛会通。就世间法而言,成圣就是成佛,儒教道德学说与佛教伦理思想确有共通性。仁、义、礼、智、信"五常"本是从先秦开始中国固有的道德规范,契嵩以"五戒"会通"五常",使佛门戒律更富有宗法伦理意蕴,更能体现佛法入世劝导的教化功能。他说:"圣人以五戒之导世俗也,教人修人以种人,修之则在其身,种之则有其神,一为而两得,故感人心而天下化之,与人顺理之谓善,从善无迹之谓化。善之,故人慕而劝,化之,故在人而不显"⑤。在"止于至善"的价值尺度上,佛法是出世取向的儒教,儒教是入世取向的佛法。只要佛法将价值重心从出世转向入世,儒释一贯、佛孔一如,彼此融会贯通,乃是显而易见的朴实道理。

其二,以善恶论性情。

---

① 《辅教编中·广原教》,《镡津文集》卷2,《大正藏》卷52。
② 《辅教编上·原教》,《镡津文集》卷1,《大正藏》卷52。
③ 《杂著·寂子解》,《镡津文集》卷8,《大正藏》卷52。
④ 《辅教编下·孝论·戒孝章第七》,《镡津文集》卷2,《大正藏》卷52。
⑤ 《辅教编中·广原教》,《镡津文集》卷2,《大正藏》卷52。

　　众生之所以要通过"五戒"或"五常"来化导,根本原因在于人们的行为有善恶之分。但善恶又是抽象的价值观念,必须将其落实到具体行为上才有意义。而人的行为又源出于性情和习染,因此,行为的善恶问题就转换成性情与习染的善恶问题。契嵩认为:"情也者,发于性皆情也,苟情习有善恶,方其化也,则冥然与其类相感而成"①。与程朱理学一样,契嵩也从"性善"假说出发,按照性静而情动的动静法则,解决行为善恶特征的起源问题。

　　性情的和合体是心灵,契嵩的心性学说与理学心性论一样,也是从心体的动静顺逆和已发未发等辩证关系,系统阐述善恶的发生过程。他说:

　　　　心动曰业,会业曰感。感也者,通内外之谓也。天下之心孰不动? 万物之业孰不感? 业之为理也幽,感之为势也远,故民不睹而不惧。圣人之教谨乎业,欲其人之必警也,欲其心之慎动也。内感之谓召,外感之谓应。召谓其因,应谓其果,因果形象者皆预也。夫心动有逆顺,故善恶之情生焉。善恶之情已发,故祸福之应至焉。情之有浅深,报之有轻重。轻乎可以迁,重乎不可却。善恶有先后,祸福有迟速。虽十世万世而相感者不逸,岂一世而已乎! 夫善恶不验乎一世而疑之,是亦昧乎因果者也。报施不以夫因果正,则天下何以劝善人! 树不见其长而日茂,砺不见其销而日无,业之在人也如此,可不慎乎。②

借助佛教的因果报应论说明性情的善恶关系,这对于普通民众而言,比

---

① 《辅教编上·原教》,《镡津文集》卷1,《大正藏》卷52。
② 《辅教编中·广原教》,《镡津文集》卷2,《大正藏》卷52。

理学的性情体用思辨更有说服力。

契嵩根据"心即理"的心学原则，从理气关系上说明"穷理尽性"的必要性。他说："夫心即理也，物感乃纷，不治则汩理而役物，物胜理则人其殆哉！理至也，心至也，气次也。气乘心，心乘气，故心动而气以之趋"①。心气相乘、感物而动的情，虽然根源于理，但却又能让理隐而不现，从而导致爱欲、善恶和生死。他说：

> 情出乎性，性隐乎情。性隐，则至实之道息矣。是故圣人以性为教而教人。天下之动生于性，万物之惑正于性。情性之善恶，天下可不审乎。知善恶而不知夫善恶之终始，其至知乎？知其终而不知其始，其至知乎？惟圣人之至知，知始知终，知微知亡，见其贯死生、幽明而成象，成形天地至远而起于情，宇宙至大而内于性，故万物莫盛乎情性者也。情也者，有之初也。有情则有爱，有爱则有嗜欲，有嗜欲则男女万物生死焉。死生之感，则善恶以类变。始之终之，循死生而未始休。性也者，无之至也。至无则未始无。出乎生，入乎死，而非死非生。圣人之道所以寂焉明然，唯感所适。夫情也，为伪为识。得之，则为爱、为惠，为亲亲、为疏疏，为或善、为或恶。失之，则为欺、为狡，为凶、为不逊，为贪、为溺嗜欲，为丧心、为灭性。夫性也，为真、为如，为至、为无邪，为清、为静。近之，则为贤、为正人；远之，则为圣神、为大圣人。圣人以性为教，教人而不以性，此其蕴也。情性之在物，常然宛然，探之不得，决之不绝。天地有穷，性灵不竭；五趣迭改，情累不释；是故情性之谓天下不可不柬也。夫以情教人，其在生死之间乎。以性

---

① 《论原·治心》，《镡津文集》卷7，《大正藏》卷52。

教人，其出夫死生之外乎。情教其近也，性教其远也。①

这是运用佛教的"十二因缘"法，说明性情在教化中截然不同的地位和功用，与宋明理学所论性情善恶基调完全一致，堪称不谋而合。由此可见，契嵩致力于儒释会通，深受理学思潮的义理影响。

其三，盛称"中庸之道"。

契嵩有五篇《中庸解》，均盛称儒教的"中庸之道"。他说："夫中庸者，盖礼之极而仁义之原也。礼乐刑政、仁义智信其八者，一于中庸者也"②。中庸既是礼乐文化的最高境界，也是仁义道德的价值根源。他还说："夫中庸者，立人之道也。是故君子将有为也，将有行也，必修中庸然后举也"③。作为立人的根本道德，中庸要求君子的一切言行均能合乎道德规矩，表现出合度和适宜。

此外，契嵩还极大地夸张中庸的重要性："饮食可绝也，富贵崇高之势可让也，而中庸不可去也。其诚其心者，其修其身者，其正其家者，其治其国者，其明德于天下者，舍中庸其何以为也！亡国灭身之人，其必忘中庸故也"④。在他看来，中庸是正心诚心、修身齐家、治国平天下的法宝，比饮食男女、富贵崇高重要得多。人可以绝食，也可鄙视富贵，但不可须臾离开中庸。中庸比身家性命更有价值。契嵩对"中庸之道"的称赞，比宋儒有过之而无不及，比坚信"道统"的理学家更能体现孔孟贵和尚中的道德精神。

其四，赞颂儒教"五经"。

对儒教的经典文本"五经"，契嵩也是赞口不绝："五经皆至也。夫

---

① 《辅教编上·原教》，《镡津文集》卷1，《大正藏》卷52。
② 《辅教编下·中庸解第一》，《镡津文集》卷4，《大正藏》卷52。
③ 《辅教编下·中庸解第一》，《镡津文集》卷4，《大正藏》卷52。
④ 《辅教编下·中庸解第一》，《镡津文集》卷4，《大正藏》卷52。

五经之治,犹五行之成阴阳也。苟一失,则乾坤之道缪矣"①。在他看来,"五经"体现了天地的最高原理,对于治理天下而言,犹如金、木、水、火、土等五行一样,是不可缺少的文化元素。更进一步,"五经"犹如阴阳二气的大化流行,一旦失去了"五经"所说的原理,乾坤也将失去原有的自然秩序。契嵩还分别论述了"五经"的重要性:

> 《礼》者,皇极之形容也。《诗》者,教化之效也。《书》者,事业之存也。《易》者,天人之极也。《春秋》者,赏罚之衡也。故善言《春秋》者必根乎赏罚,善言《易》者必本乎天人,善言《书》者必稽乎事业,善言《诗》者必推于教化,善言《礼》者必宗其皇极。夫知皇极可与举帝王之制度也,知教化可与语移风易俗,知事业可与议圣贤之所为,知天人可与毕万物之始终,知赏罚可与辨善恶之故也。是故君子舍《礼》则偏,舍《诗》则淫,舍《书》则妄,舍《易》则惑,舍《春秋》则乱,五者之于君子之如此也。《诗》《书》《礼》其可遗乎?②

契嵩虽然栖身佛门禅林,但深通儒家经典的教化奥秘,可谓一代儒僧。特别是他对礼乐的论述,比名士硕儒的礼乐论述,更能深契儒家礼乐文化的政教本质与和合特征:

> 礼,王道之始也。乐,王道之终也。非礼无以举行,非乐无以著成。故礼乐者,王道所以倚而生成者也。礼者,因人情而制中。王者,因礼而为政,政乃因礼乐而明效。人情莫不厚生,而礼乐之养。人情莫不弃死,而礼正之丧;人情莫不有男

---

① 《论原·问经》,《镡津文集》卷7,《大正藏》卷52。
② 《论原·问经》,《镡津文集》卷7,《大正藏》卷52。

女,而礼宜之匹;人情莫不有亲疏,而礼适之义;人情莫不用喜怒,而礼理之当;人情莫不怀货利,而礼以之节。夫礼举,则情称物也。物得理,则王政行也。王政行,则其人乐而其气和也。

乐者,所以接人心而达和气也。宫商角徵羽五者,乐之音也。金石丝竹匏土革木八者,乐之器也。音与器,一主于乐也。音虽合变,非得于乐,则音而已矣。是故王者待乐,而纪其成政也;圣人待乐,以形其盛德也。然则何代无乐与?何代无礼与?礼愈烦,而政愈骧;乐愈举,而时愈乱。盖其所制者,礼之仪也,非得其实也;所作者,乐之声也,非得其本也。夫乐之本者,在乎人和也;礼之实者,在乎物当也。[①]

其五,以孝道为戒律。

孝既是宗法伦理的核心范畴,也是儒家道德的根本概念。《孝经》称:"夫孝,德之本也,教之所由生也。"道德教化必须从孝敬说起,人伦物理必须从孝忠做起。本来,佛教为解脱烦恼,出家修行,成为佛子僧人,虽然随顺风俗,可以礼拜父母,但佛教伦理并不特别看重孝道。然而,契嵩却认为,佛子僧人也不可遗弃父母双亲,"其为僧为人,亦可谓志在原教,而行在孝论"[②]。所以,他特地著《孝论》十二章,模拟儒教经典《孝经》,发明佛教以孝为大戒的意蕴。契嵩说:"孝名为戒,盖以孝而为戒之端也。"[③] 儒教所说的孝,在佛家看来,不仅是一种戒律,而且是最大的戒律,是一切戒律的始端和先导。换言之,只有从孝做起,才能守持戒律。如若不孝,则无法达成戒律的目的。因此,契嵩提出了"孝

---

① 《论原·礼乐》,《镡津文集》卷5,《大正藏》卷52。
② 《书启状·与石门月禅师》,《镡津文集》卷10,《大正藏》卷52。
③ 《辅教编下·孝论·明孝章第一》,《镡津文集》卷3,《大正藏》卷52。

为戒先"的重要命题。他说："夫孝也者,大戒之所先也。戒也者,众善之所以生也。"①

契嵩从三个层次论证了孝在戒律体系中的首要地位。首先,他认为,父母是个人形体生命的根本,与道德、君师并列为"天下之本",是一刻都不可忘怀的。他说："夫道也者,神用之本也;师也者,教诰之本也;父母也者,形生之本也。是三本者,天下之本也。白刃可冒也,饮食可无也,此不可忘也。"② 道德是形上的价值本体,君师是政教的制度本体,父母是生养的血缘本体,这三者都是天下最为重要的根本法则。尤其是为人子者,从小受父母的哺育照顾,纵然头断身死,也不可遗忘双亲的恩情。其次,孝道与天地同理,与鬼神同灵。他说："天地与孝同理也,鬼神与孝同灵也。故天地之神,不可以不孝求,不可以诈孝欺。佛曰:孝顺,至道之法。儒曰:夫孝置之而塞乎天地,溥之而横乎四海,施之后世而无朝夕。故曰:夫孝,天之经也,地之义也,民之行也。至哉大矣! 孝之为道也夫。"③ 最后,孝是至善之道的真正开端。只有从孝做起,恪尽孝道,扩充孝心,才能止于至善。契嵩指出:"圣人之善,以孝为端;为善而不先其端,无善也"④。百善孝为先。孝是最先在、最根本的伦理行为,是一切道德情感的实践基础。中国传统伦理之所以重视孝道,主要原因在于强调孝在道德体系中的本源性。

针对人们通常以为儒教重孝、而佛教不重孝的见识,契嵩提出了反驳。他说:

> 天下以儒为孝,而不以佛为孝,曰:"既孝矣! 又何以加焉?"嘻! 是见儒而未见佛也。佛也,极焉。以儒守之,以佛广

---

① 《辅教编下·孝论·明孝章第一》,《镡津文集》卷3,《大正藏》卷52。
② 《辅教编下·孝论·孝本章第二》,《镡津文集》卷3,《大正藏》卷52。
③ 《辅教编下·孝论·原孝章第三》,《镡津文集》卷3,《大正藏》卷52。
④ 《辅教编下·孝论·必孝章第五》,《镡津文集》卷3,《大正藏》卷52。

之;以儒人之,以佛神之,孝其至且大矣。①

在契嵩看来,孝道有大小、深浅之别。儒教的孝道出于自然为善,仅仅止于父母,是小孝,其义理比较浅显;而佛教的孝道出于自觉为善,力求普度众生,是大孝,是孝道精神的极限境域。据此,明代莲池袾宏就有"出家即大孝"的推论。契嵩认为,佛教的所有戒律都能体现出孝道精神,然而世人不察,甚至熟视无睹,不知要得到福报,必须守持孝戒:"夫五戒有孝之蕴,而世俗不睹忽之,而未始谅也。故天下福不臻,而孝不劝也。大戒曰:孝名为戒,盖存乎此也。今夫天下欲福不若笃孝,笃孝不若修戒。戒也者,大圣人之正胜法也"②。

综上所述,契嵩认为,孝道是儒、释、道三教都遵循的伦理准则,而佛教最讲孝道:"虽然其说不甚著明于天下,盖亦吾徒不能张之,而吾尝慨然甚愧"③。虽然佛家最重孝道,但僧伽倡导不力,履行不笃,所以才使世人形成了"不以佛为孝"的偏见。契嵩著《孝论》,仿儒教经典《孝经》逐一发明佛家的大孝本意,力求在纲常伦理的血缘基础上实现会通儒释,其用心是十分良苦的。

其六,会通佛法与儒术。

最让契嵩痛心疾首的是,儒教始终以佛、道二教为异端,殊不知儒术和佛法本可以相互发明。他通过解释儒经和佛经的道德意蕴,有意识地弥合儒释之间的义理鸿沟。他在《上仁宗皇帝书》中,将《中庸》的"自诚明谓之性,自明诚谓之教",看做是与对佛教"实性一相"的通俗说明;将《中庸》的"惟天下至诚能尽其性,能尽其性则能尽人之性,尽人之性则尽物之性,以至与天地参耳",视为佛教"万物同一真性"的充分展

---

① 《辅教编下·孝论·广孝章第六》,《镡津文集》卷3,《大正藏》卷52。
② 《辅教编下·孝论·戒孝章第七》,《镡津文集》卷3,《大正藏》卷52。
③ 《辅教编下·孝论·叙》,《镡津文集》卷3,《大正藏》卷52。

开①。《中庸》以"诚明"为最高范畴,诚既是天地之道,也是圣人的精神境界。《中庸》的这一套"天人合一"观,其宗旨是以道德规范来说明天地自然。契嵩选择《中庸》作为其会通儒释的经典桥梁,他认为《中庸》所说的"诚明"与佛家的"神识"或"精明"有相似之处,其苦心造诣确实相当高明。他说:

> 若《系辞》曰:"原始要终,故有死生之说。精气为物,游魂为变,是故知鬼神之情状。"是岂不与佛氏所谓生死者,皆以神识出没诸趣者似乎? 孔子略言,盖其发端耳。及佛氏所明夫生死变化者,非谓天地造化自然耳。盖生死者,各以其业感为人、为鬼神、为异类,而其生死变化之所以然者,于此不亦益明乎?《诗》曰:神之格思,不可度思,矧可射思。《书》曰:"兹致多生,先哲王在天。"是不惟圣人但欲致敬于鬼神耳,亦意谓人之精明不灭,不可不治之也。此与佛教人人为德为善,资神以清升者何以异乎? 孔子但不显说耳,及佛氏则推而心之矣。②

在终极意义上,儒教和佛教让人"为德为善"的所有学说,都是立足于人的意义世界及其对生存世界的价值本体地位。两家所说的道理名目相异,而实质相贯。契嵩以佛教"自性"、"实性"、"真性"、"法界"、"神识"和"精明"等概念来会通儒教经典《中庸》、《诗》、《书》和《易》中的道德思想,其诠释原则是以儒教学说为经、以佛教思想为纬,会通二教,使佛教更加儒教化。

契嵩认为,儒教、佛教和诸子百家,都是圣人"欲人为善之方"。它们是一致而百虑、同归而殊途的和合关系,天下不能只有儒术,而无佛

---

① 《万言书·上仁宗皇帝》,《镡津文集》卷8,《大正藏》卷52。
② 《万言书·上仁宗皇帝》,《镡津文集》卷8,《大正藏》卷52。

法,无百家学说。否则,不管独尊儒术,还是独尊佛法,都不利于至善之道。他说:

> 古之有圣人焉,曰佛,曰儒,曰百家。心则一,其迹则异。夫一焉者,其皆欲人为善者也。异焉者,分家而各为其教者也。圣人各为其教,故其教人为善之方,有浅有奥、有近有远,及乎绝恶而人不相扰,则其德同焉。中古之后,其世大漓。佛者其教,相望而出,相资以广。天下之为善,其天意乎,其圣人之为乎,不测也。方天下不可无儒,无百家者,不可无佛。亏一教,则损天下之一善道;损一善道,则天下之恶加多矣。夫教也者,圣人之迹也。为之者,圣人之心也。见其心,则天下无有不是;循其迹,则天下无有不非。是故贤者贵知夫圣人之心。文中子曰:观皇极谠议,知佛教可以一矣。王氏殆见圣人之心也。①

在中国学术思想史上,隋末唐初的文中子王通,是最早主张"三教合一"的思想家。契嵩在此称赞王氏深得"圣人之心",反映出他会通儒释的强烈愿望。不过,契嵩并不完全明白,儒释之间、佛老之间长达千年的争辩,并非出于增益天下之善的"天意",而是由两种非理性情结导致的"攻乎异端"现象:一种是"大一统"的专制意识形态,既不允许学术自由,也不容忍思想多元。二是狭隘的民族中心主义,对外来文化或者盲目排斥,或者完全同化。这两种情结既是佛教蒙受"三武一宗"法难的真正原因,也是儒教卫道士和理学思想家不问青红皂白,一概排佛的根本动机。

契嵩会通儒释的立足点在于,儒教和佛教都有助于道德教化,在价

---

① 《辅教编中·广原教》,《镡津文集》卷2,《大正藏》卷52。

值本体上是一种同源关系。既然儒、释二教都以教化众生为宗旨，那么需要思辨的实质性问题，就不再是形迹上的僧儒之辩，或宾主关系上的彼此之辩，而应当是价值本体上的善恶之辩，心性本根上的邪正之辩。他指出："夫圣人之教，善而已矣！夫圣人之道，正而已矣！其人正，人之；其事善，事之。不必僧，不必儒；不必彼，不必此。彼此者，情也；僧儒者，迹也。圣人垂迹，所以存本也；圣人行情，所以顺性也。存本而不滞迹，可以语夫权也；顺性而不溺情，可以语夫实也"①。如果过分拘泥于教化的名称和形迹，强行分辩儒释高下，甚至妄自尊大，自以为是，那就完全违背了圣人立教为善的本意。因此，不必分辩儒佛，不须分别彼此，孔释一体，儒佛一家：

> 儒佛者，圣人之教也。其所出虽不同，而同归乎治。儒者，圣人之大有为者也；佛者，圣人之大无为者也。有为者以治世，无为者以治心。治心者，不接于事；不接于事，则善善恶恶之志不可得而用也。治世者，宜接于事；宜接于事，则赏善罚恶之礼不可不举也。其心既治，谓之情性真正；情性真正，则与夫礼义所导而至之者不亦会乎？儒者，欲人因教以正其生；佛者，欲人由教以正其心。心也者，彻乎神明；神明也者，世不得闻见。故语神明者，必谕以出世。今牵于世而议其出世也，是亦不思之甚也。故治世者，非儒不可也；治出世，非佛亦不可也。②

儒教以治世见长，佛教以治心为本；前者属于有为法门，后者属于无为法门；一以"正生"为基点，一以"正心"为功夫，二者缺一不可。契嵩在

---

① 《辅教编中·广原教》，《镡津文集》卷2，《大正藏》卷52。
② 《杂著·寂子解》，《镡津文集》卷8，《大正藏》卷52。

其《上仁宗皇帝书》中,提出了"使儒者儒之,佛者佛之,各以其法,赞陛下之化治"[1] 的多元化意识形态方略,这确实要比理学思潮排斥佛教的狭隘主张高明得多。

契嵩在宋初儒学复兴、佛教式微之际,提出"明儒释之道一贯"的会通宗旨,用佛教思想诠释儒家学说,以其卓然睿智发明儒家学说的精义,深契佛教哲学的本质,用雄辩的议论回应了各种排佛主张,这对于中国学术思想的后期发展,影响甚大。他以"辅教"立论,紧紧抓住了儒、释二教的道德教化本质,为会通儒释开拓了健康的发展道路。因此,契嵩受到了皇帝、名臣、高僧和硕儒的大力推崇,在中国佛教学术思想史上具有重要地位。

二、德宝与慧经:禅林革新

随着朱明王朝对佛教种种管理措施的强化和落实,禅宗进一步走向衰落和腐败。不甘心沉寂的禅僧,或者移花接木,兼修其他宗派法门;或者隐居山林,手把镢头辛勤耕作;继续艰难地维持着惨淡的宗门事业。因此,绝处逢生、回光返照的革新局面一再涌出。临济宗的笑岩德宝,将净土宗的念佛法门融入"看话禅",使话头起死回生,再度有了参究的味道,并革除了禅林的颓废之风,使临济宗门呈现中兴气象。曹洞宗的无明慧经,恢复了百丈怀海的丛林耕作制度,寓禅于农,使默照禅风转生出新颖的生机和古朴的作风,禅林古刹对世俗政权的依赖性大大降低,独立性和纯洁性得以保持,从而使曹洞门庭兴盛一时。

---

① 《万言书·上仁宗皇帝》,《镡津文集》卷 8,《大正藏》卷 52。

1. 笑岩德宝：从看话禅到念佛禅

德宝(1512—1581 年)字月心，号笑岩，俗姓吴，金台人。早年丧父，生活孤苦，没有机会读书。20 岁时因听讲《华严经》，恍然若悟。22 岁，拜广慧寺大寂为师，剃发受具足戒。出家以后，长年往来于南北各地，曾在 30 多位禅师门下参学。其中，龙泉寺无闻明聪(生年不详，卒于1543 年)禅师对其影响最大。德宝善于讲话，随机问答，采取"随缘开化，靡定所居"的方式弘法传教，"自是名震海内"①。万历五年(1577年)后，隐居燕京柳巷精舍，不少知名僧人曾向其请教。据传，明末四高僧中有三位(即云栖袾宏、紫柏真可和憨山德清)曾前来问禅。一生言行由弟子编辑为《笑岩集》(全称《月心笑岩宝祖南北集》四卷传世。分《南集》和《北集》，各上、下两卷，卷首有归源、惟中等人序文，《南集》下有德宝自述的《行实》一篇。

德宝是明代临济宗的有名高僧，在明中叶影响较大。按照禅宗传承谱系，他是六祖惠能之后的第 32 代禅师，是唐代义玄之后临济宗第28 世祖师。在中国禅宗史上，德宝的地位和影响，主要不在于他创立了什么新奇的禅学理论，而在于他对宋代以来的"看话禅"进行了较大的修正和补充，因而在当时佛教界独树一帜。本来，唐代义玄初创临济宗时，用"四宾主"、"四料简"、"四照用"作为本宗的传教方法，以单刀直入、机锋峭峻的宗风著称于世。义玄善用"棒喝"，以迅速的手段或突兀的警句使学人猛省顿悟。发展到北宋时，大慧宗杲开始提倡"看话禅"，即参究公案中的"话头"，与曹洞宗的"默照禅"迥异，颇受世俗推崇，成为南宋以后禅宗发展的主流风格。但是，经过近 500 年的参究实践，几乎所有值得参究的公案话头都成了老生常谈的平庸话题，失去了能够引发疑问、导向觉悟的禅悟玄机。"看话禅"与先前的"文字禅"一样，也

① 《习禅篇·月心宝公传》，《补续高僧传》卷 16。

出现了负面影响和发展危机。

为了更好地理解德宝对"看话禅"的修补方案，我们有必要先对宗杲提出"看话禅"的背景和意图稍加一番考察。

宗杲（1089—1163年）字昙晦，号妙喜、云门，俗姓奚，宣州（今安徽）宁国人。12岁出家，16岁剃度，17岁受具足戒，遍阅诸家语录，曾参访当时不少名僧。30岁后，随圆悟克勤（1063—1135年）住开封天宁寺。大悟之后，承嗣圆悟法脉，圆悟以所著《临济正宗记》付嘱。靖康元年（1126年），丞相吕舜徒奏赐紫衣，并得"佛日大师"赐号。绍兴十一年（1141年），侍郎张九成从其习禅，偶议朝政。其时秦桧当道，力谋与金人议和，张九成是朝中主战派。秦桧大权在握，铲除异己，株连宗杲，被褫夺衣牒，充军流放到衡州（今湖南衡阳）。在此期间，他集录禅宗语录和公案，辑成《正法眼藏》6卷。绍兴二十年（1150年），再贬迁到梅州（广东梅县）。绍兴二十五年（1155年）获赦，第二年恢复僧服。晚年住在径山，孝宗皇帝赐号"大慧禅师"，圆寂后谥号"普觉禅师"。

南宋初期，禅林出现了两位开创新风的宗师：一为临济宗杨岐派的大慧宗杲，力倡"看话禅"；一为曹洞宗的宏智正觉（1091—1157年），力倡"默照禅"。"看话禅"重在产生疑团，决疑大悟，在形式上接近惠能南宗的顿悟禅风。"默照禅"则重视观心、看心、凝神壁观，达到觉悟，具有向达摩禅回归的趋势，在形式上接近神秀北宗的渐修禅风。

在禅宗发展史上，"看话禅"是对"文字禅"的革新，是对"公案"的一种独特解读方式。"看话禅"也称"看话头"。"看"是指参究。"话"是话头的简称。而"话头"又指"公案"中的焦点性语句或疑团性命题。所谓"看话禅"，就是从"公案"中选出一则话语，让人专心参究，直到开悟。

"看话禅"一般有三个操作步骤，即"断"、"疑"、"悟"。所谓"断"，就是将原有的一切知识和观念统统放下，类似于现象学的"悬搁"或"加括号"，以空荡荡的心灵直面话头本身。所谓"疑"，就是生起疑问，出现疑情。这是"看话禅"的关键环节，疑团的大小决定了悟境的大小。大疑大悟,小疑小悟,不疑不悟。所谓"悟",就是疑到山穷水尽,无处可疑了,疑团豁然解开,生命智慧朗然迸发,心性本来面目顿然呈现。

宗杲竭力推荐学禅者参究赵州从谂的"狗子无佛性"这一话头。他说:

> 赵州狗子无佛性话,喜怒静闹处,亦须提撕,第一不得用意等悟。若用意等悟,则自谓我即今迷。执迷待悟,纵经尘劫,亦不能得悟。但举话头时,略抖擞精神,看是个什么道理。①

> 常以生不知来处,死不知去处,二事贴在鼻孔尖上,茶里饭里,静处闹处,念念孜孜,常似欠却人百万贯钱债,无所从出,心胸烦闷,回避无门,求生不得,求死不得,当恁么时,善恶路头,相次绝也。觉得如此时正好着力,只就这里看个话头。僧问赵州:狗子还有佛性也无? 州云:无。看时不用抟量,不用注解,不用要得分晓,不用向开口处承当,不用向举起处作道理,不用堕在空寂处,不用将心等悟,不用向宗师说处领略,不用掉在无事甲里。但行住坐卧,时时提撕:狗子还有佛性也无? 无! 提撕得熟,口议心思不及,方寸里七上八下,如咬生铁橛,没滋味时,切莫退志,得如此时,却是个好底消息。②

从这两段话里可以看出,参究话头实际上是做收摄意念的禅定功夫,在行住坐卧等日常行事中,时时刻刻将整个意识活动都定在话头上,努力做到醒梦如一。"看话禅"常常参究的话头有"赵州无"、"云门顾"、"柏树子"、"麻三斤"、"须弥山"、"平常心是道"、"佛祖西来意"等等公案。

---

① 《大慧普觉禅师语录》卷19,《大正藏》卷47。
② 《大慧普觉禅师语录》卷21,《大正藏》卷47。

由此可见,宗杲创立"看话头"的意图是补救"文字禅"的偏弊,防止参禅者滞于公案的故事情节,而疏忽了自家的心性功夫,不利于精神的彻底解脱。但是,到了明代,"公案"和"语录"早已失去了原有的禅机和活力,沦为论证是非、争辩高低的死话题,成了猜谜语式的口头禅。一句合头话,千古系驴桩。因此,德宝尖锐地批评那些想通过参究"公案"和"语录"中的话头而觉悟的禅僧:

> 两两三三,聚伙成队,专抱执卷册子,东刺头西插耳,采拾将来,摸寻前人义路葛藤,聚头相斗,朝三暮四,妄诤瞋喜,何异按图索骥,画饼充饥? 全不审思于诸己躬,有甚交涉。①

根据他的觉悟经验和禅学理解,真正的心性觉悟,是不可能通过分案和语录之类的词句获得的。相反,只有觉悟之后,才能真正理解这些公案和语录的全部意蕴。在他看来,参公案和看话头,其实都是倒果为因,本末颠倒,将"善知识"觉悟后的经验之谈,当成了绝对真理,把别人走向觉悟的心路轨迹当成自己的入门向导和修行指南。他说:"自世尊拈花以降,诸善知识但有词句,皆出言意之外。不可泥于言句,以意识卜度,或深或浅,悉随力量。如要真知诸善知识阃奥,必须自己大悟后,方尽见得也"②。

然而,德宝虽然诊断出了导致禅宗不断衰落的根本原因,但他却不能提出更好的禅悟之道,将"审思于诸己躬"的原则贯彻到禅宗实践中去。他只是借鉴了净土宗的念佛法门,对宗杲的"看话禅"进行了不少修正,从而对明代临济宗风的中兴开拓了新的发展空间。

笑岩德宝对大慧宗杲的"参话头"主要进行了以下三个方面的修正

---

① 《笑岩集·北集上》。
② 《笑岩集·北集上》。

和充实:

其一,将"参话头"变为"念话头",以念代参,从念生疑,由疑达悟。他说:

> 直下举个"不起一念处,哪个是我本来面目?"或云"一念未生时,哪个是我本来面目?"初用心,必须出声,或三回,或五回,或至数回,默默审定。次或惟提一句云"不起一念处",或云"一念未生时"。疑句、用心不定,顺意则可。只要第五个"处"字、"时"字上,宜疑声永长,沉沉痛切。此正疑中,当驻意著眼。或杜口默切,或出声追审,只要字字分明,不缓不急,如耳亲闻,如目亲睹。即心即念,即念即疑,即疑即心,心疑莫辨,黑白不分。①

从德宝的这段讲述中看,"念话头"与"参话头"的最大不同在于,"参"是一种无声无息的纯粹直觉,属于大乘顿悟法门,一般人很难使心灵始终保持在不计较、不卜度、无意识的直觉状态,因此"参话头"最容易走样,变成有意识的摸索和理智化的追寻;而"念"则是一种有声有色的话语行为,所有人都能做到出声或默声地念念不忘"一句",因而是用"一念"平息"万念"的小乘渐修法门。德宝以"念话头"替换"参话头",实质上是将南宗的顿悟法门奠基在北宗的渐修法门之上,因而更稳健,更有希望达到明心见性的觉悟境界。

其二,将净土宗的念佛法门直接渗透到"参话头"中,"阿弥陀佛"既是念佛的法号,又是参禅的"话头"。德宝在出家参禅过程中,经历了从念佛号到看话头、再从参话头到念佛号的反复波折,最后根据自己的切身体验,得知念佛和参禅完全可以统一起来。他说:

---

① 《笑岩集·北集下》。

　　　　只把从前一切未了未办的、未能割舍的诸杂事业,扑塌尽
情一刀两断都放下,向无依无着干净心中,惟提一个"阿弥陀
佛",或出声数念,或心中默念,只要字字朗然。如默念举不
熟,则勤出声数,或十声,或三、五十声,一切切定,仍旧牙齿相
着,鼻息调定,两眼微开,如坐禅式,不缓不紧,……如此用心,
不消半年一载,话头自成,欲罢而莫能也。①

这是由念入参的过程,念佛也不必像净土宗那样,每日十万次,一直念
下去,直到定在"一念"中,而是由声念到默念、再到无念。无念之后,自
心有了直觉,然后由直觉来参自家的话头。在德宝的这段论述中,话头
不一定是别人既成的"公案"和语录中的"话头",而是随自己的根器和
机缘生成的活话头。这样,"念佛"、"念道"和"念自心",在本质上都是
自净其意,完全一致:"当净心一志念道,念道即是念佛,念佛即是念自
心,自心能成自己佛。所以,一切诸佛,皆成自心之佛,未曾有一佛能于
自心外别有个佛可成者"②。
　　其三,将理性的知解能力运用到"参话头"中,从知识理解飞跃到心
性觉悟。他曾为一位参"万法公案"的士人破解"万法归一,一归何处"
时说:

　　　　"万法归一,一归何处?"昔人从此悟入,不为不多。欲知
　　万法,便是而今所见虚空、山河、大地、人畜等物,乃至自己身
　　心,总名"万法"也。欲知其一,便是如今人人本具,不生不灭,

---

① 《笑岩集·北集下》。
② 《笑岩集·北集上》。

妙寂明心是也。亦名真心,虽有多名,皆此一心也。①

既然人心具有理性知解能力,欲求心性觉悟,不一定非要拒绝理性知解不可。否则,只能落入非理性的蒙昧之中,永劫不得觉悟。真正的大彻大悟,是超越理智的精神自由境界,不是排斥理智的非理性盲目境域。对此,德宝有明确的开示:

> 是心也,大悟彻证,获大受用,名之为佛;若得深信、深解,未能彻悟,名之为贤;若全体迷背,名为凡夫,名为众生。②

中国禅宗自惠能以后,悟者愈来愈少,狂者越来越多,根本的原因在于,追求心性觉悟的超越之路,不是后理性的真正超越,而是前理性的虚假超越。换言之,既不是在小乘渐修基础上的"行入",也不是在大乘瑜伽功夫之后的"理入",更不是在密宗山穷水尽之后的"闯入",而是瞎猫逮住个死耗子——碰巧落入。五代以后,中国禅宗的不断衰落,其根本原因在于缺少净土宗和律宗等小乘佛教的扎实工夫。因此,明代中叶以后,禅宗的所谓中兴,恰恰得益于对教理和讲经的重视,特别是对念佛、数息、禅定、持戒等"童蒙止观"的补课。

笑岩德宝出身贫贱,既没有经过启蒙教育,也没有机会阅读大量经典,他凭借"冒寒暑于十余年间,涉南北于数千里之外,方始心猿罢跳,意马休驰"③,方才切实体悟到此心之外别无玄妙可得。可见,如果没有几十年如一日的苦修勤炼,单纯参参"公案",看看"话头",就想得到"无上正等正觉",让生命智慧迸发出"普照之光",那无异于痴人说梦,

---

① 《笑岩集·北集上》。
② 《笑岩集·北集上》。
③ 《笑岩集·南集下》。

"尽是缘木求鱼,刻舟求剑,蓦地撞着个猛浪善知识前请益,如此颠颠颓颓,囫囵吞枣"①。

德宝传法于幻有正传(1549—1614年),正传门下出了密云圆悟(1566—1642年)、天隐圆修(1576—1635年)、雪峤圆信(1571—1647年)等三位高僧,各传道一方,时称临济中兴。圆悟门下又涌出汉月法藏(1573—1635年),曾著《五宗原》1卷,总结唐末五代禅宗的"五家宗旨",却引起了圆悟的极大不满,遂爆发了一场绵延到清初的宗派争论。最后由雍正皇帝出面干预,袒护显赫一时的圆悟,下令焚毁法藏及其弟子潭吉弘忍的语录和著述,并炮制《御选语录》19卷作为禅宗经典,严禁呵佛骂祖,钦定宗教合一,临济宗风渐趋静寂。

2. 无明慧经:从默照禅到农禅制

慧经(1548—1618年)号无明,俗姓裴,抚州崇仁(今江西崇仁县)人。9岁入乡校,接受儒家教育。21岁出家,到江西黎川廪山,师从曹洞宗蕴空常忠(1514—1588年)修法3年。因身体虚弱,时常边耕作、边诵读,27岁始受具足戒。其后,隐居峨峰山24年未出。万历二十六年(1598年),应乡邑之请,出山住持宝方寺。后南游参访云栖袾宏,又北上中原礼谒嵩山少林寺达摩塔,前往京师拜谒达观真可,入五台山参礼瑞峰广通(笑岩德宝之弟子)。回到宝方寺后,以博山元来为首座,开堂说法,大弘曹洞宗风。万历三十六年(1608年),应邀移居建昌府新昌(今江西黎川县)寿昌寺,一直到圆寂。法嗣有博山元来(1575—1630年)和永觉元贤(1578—1657年)两系繁衍最盛,使曹洞宗在江西、福建、广东三省与临济宗天童法藏一系形成对峙之势。元贤编有《无明慧经禅师语录》4卷,并撰《无明和尚行业记》。憨山德清撰有《新城寿昌无明经禅师塔铭》。

---

① 《笑岩集·北集上》。

慧经是明中叶曹洞宗寿昌系的重要人物。他在江西振兴禅风,最重要的做法是借助农禅制度扩大丛林规模,矫治"看话禅"和"默照禅"流弊。要理解慧经的良苦用心,首先需要对曹洞宗宏智正觉的"默照禅"做一番简要的历史回顾。

正觉(1091—1157年)俗姓李,北宋隰州(今山西隰县)人。7岁即能日诵数千言,通《五经》。11岁到净明寺剃度,14岁在晋州慈云寺受具足戒,后到汝州香山寺拜谒曹洞宗枯木法成(1071—1128年)。23岁前往邓州拜见丹霞子淳(1064—1117年)。宣和二年(1120年),随子淳迁居随州大洪寺,先掌记室,后升首座。建炎元年(1127年),历住舒州太平寺、江州庐山圆通寺等古刹。建炎三年(1129年),到明州天童寺任住持,开始倡导"默照禅"。在天童寺前后达30年,寺观焕然一新,学徒盛集,世称天童中兴。时值北宋末年,禅林流弊丛生,正觉有意匡正时弊,重新提倡坐禅,以"默照"禅法开导僧人。圆寂后谥号"宏智禅师",有《宏智觉和尚语要》1卷、《宏智觉禅师语录》4卷、《宏智广录》9卷和《天童百则颂古》等书传世。

宏智正觉提倡"默照禅",是直接针对临济宗大慧宗杲的"看话禅"滞于公案、不利于觉悟解脱而特设的。"默"指沉默坐禅,"照"指观照心性。"默照禅"是守默与观照相结合的止观禅法,修习时基本上以打坐为主。宏智正觉本人一生昼夜不眠,坚持宴坐入道的修持方法。关于守默与观照的关系,他在《默照铭》中说:

> 妙存默处。功忘照中。妙存何存。惺惺破昏。默照之道。离微之根。彻见离微。金梭玉机。正偏宛转。明暗因依。依无能所。底时回互。饮善见药。榍涂毒鼓。回互底时。杀活在我。门里出身。枝头结果。默唯至言。照唯普应。
>
> 照中失默。便见侵凌。证明问答。相应恰恰。默中失

照。浑成剩法。默照理圆。'莲开梦觉。百川赴海。千峰向
岳。如鹅择乳。如蜂采花。默照至得。输我宗家。宗家默
照。透顶透底。①

这也就是说，默中有照，照体现默，默照相即；照中含默，默中呈照，默照
回互；二者相辅相成，理圆无碍，功熟到家，彻头彻尾，透顶透底，完全觉
悟，最终解脱。

从禅学渊源上看，宏智正觉的"默照禅"本于菩提达摩的壁观安心
法门，以及北宗神秀的长坐不卧禅法，是对早期渐修坐禅的回归。但是
"默照禅"也有潜在危机，有可能出现身心彻底空寂的枯禅境况。当时，
"看话禅"的提倡者大慧宗杲，就曾相当激烈地批评宏智正觉的"默照
禅"。他说："近年以来，有一种邪师说默照禅，教人十二时中是事莫管，
休去歇去，不得做声，恐落今时，往往士大夫为聪明利根所使者，多是厌
恶闹处，乍被邪师辈指令静坐，却见省力，便以为是，更不求妙语，只以
默然为极则。"② 确实，这种"黑漆漆地紧闭却双眼"③ 的"默照禅"，虽
能达到"外息诸缘"和"内心无喘"的禅定状态，但不一定能够实现心性
的彻底觉悟。曹洞宗的"默照禅"虽受到了大慧宗杲的批评，在流传上
没有临济宗的"看话禅"那么盛行，但也一时成为风尚。在宏智正觉住
浙江天童寺的前后30年中，四方闻风而至者多达1200人，使该寺成为
当时的习禅中心。

但是，发展到明代，禅风日益衰败，宗门相继式微。不仅"看话禅"
变成了纯粹的讲习评唱，类似戏剧表演，虽热闹非凡，但与心性觉悟无
关；而"默照禅"也成了简单的默默静坐，如同枯槁死灰，虽异常清静，但

① 《宏智禅师广录》卷8，《大正藏》卷48。
② 《大慧普觉禅师语录》卷26，《大正藏》卷47。
③ 《大慧普觉禅师语录》卷27，《大正藏》卷47。

并非禅定究竟。因此，无明慧经既反对讲习评唱、钻研公案的看话禅风，又反对外缘全息、诸事不作的默照禅风，更反对为了香火灯油而频繁应酬作法事的弘教方式。他拒绝布施，不做法事，不唱公案，不坐禅伽，而是舞弄镢头，住山垦田，自给自足，寓禅于农，努力恢复晚唐百丈怀海（720—814 年）"一日不作，一日不食"的禅林耕作制度。

在慧经看来，禅林是特殊的社区，成百上千的僧人聚集在一起，首要的问题不是个人学识的深浅，觉悟的高低以及对生死的了断，而是僧众的衣食问题。众人的生计问题，这才是最大的公案话头，是参禅入定的戒律基础。因此，无明慧经出家 40 余年，除几年行脚云游外，始终住山开田，以身作则，带领僧众共同劳动，在牵犁耕地中开示佛法，扩大了丛林规模，振兴了曹洞宗风。慧经弟子博山元来曾慕名前来求学，可是他所见的高僧却貌似农夫，遂失望离去。可后来，元来还是心甘情愿地回到慧经身边，甘拜下风，尊其为师，并称赞说："入山躬自作务，力田饭僧。凡鼎建梵刹大小十余所，皆吾师一镢之功也"①。慧经在住持宝方寺期间，"虽临广众，不以师道自居，日率众开田。斋甫毕，已荷镢先之矣。时有志于禅者日集"。住持寿昌寺期间，"居败屋，日中率众开田，一如宝方，未尝少倦。数载之间，重建一新庄，庄严伟丽，甲于江右丛林"②。经过慧经的辛勤努力，不仅殿宇禅坊焕然鼎新，别建兰若 20 余所，而且还使他所住持的寺院"不发化主，不板外缘"③，真正做到了"不臣天子，不友诸侯"，依靠独立的寺院经济保持了禅林的纯洁性。憨山德清对慧经以开田垦荒、牵犁耕地的古朴方式昭示佛法，曾给予了很高评价："生平佛法，未离镢头边也"④。

无明慧经的农禅制度只是寓禅于农，并非以农代禅。因此，在坚持

① 《卍续藏》第 125 册，《无异元来禅师广录》卷 33。
② 《无明和尚行业记》，《鼓山永觉和尚广录》卷 15，《卍续藏》第 125 册。
③ 《无明和尚行业记》，《鼓山永觉和尚广录》卷 15，《卍续藏》第 125 册。
④ 《新城寿昌无明经禅师塔铭》。

劳作的基础上,慧经也主张参禅,也提倡看话头。他说:"参禅者须得禅源的要妙,方有话语分。此语无来由,没格式,但应机便用,实无有铺排、着量之言。"强调参禅要追根究底,所有的话头都是随机应变的方便法门,话头本身不是禅。在他看来,只有明白话头不是禅,更不是明心见性,才能把话头看得鲜活透彻,达到禅悟之境:"如是最是省力,不须念经,不须拜佛,不须坐禅,不须行脚,不须学文字,不须求讲解,不须评公案,不须受归依戒,不须苦行,不须安闲,于一切处,只见有话头明白,不见于一切处"①。

博山元来师承无明慧经,在坚持农禅劳作外,更加注重以戒律严格治理丛林,积极提倡净土念佛法门,讲究"当求一门深入",对当时禅门自诩为"大乘顿教"、贬斥念佛为"小乘"的偏见,进行了批判:"慨末法我相自高,边见分执,贬净土为小乘,指念佛为权行,甚至向人诞唾下。觅尖新语句,蕴在八识田中,以为究竟极则。及至到头,一毫无用,是之谓弃楚璧而宝燕石,反鉴而索照也"②。他明确提出了"禅净无二"的和合宗旨,要求初学者在不能会通禅净时,随机选择其中一个法门,深入修持下去。元来作过 108 首《净土偈》,高度称颂"净心即是西方土",体现出明末禅净融通、宗派合流的发展趋势。其中前三首如是说:

> 净心即是西方土,行通西方步不移。无影树头非色相,瞥然起念便支离。
>
> 净心即是西方土,念佛声消我是谁。彻底掀翻"谁"字窟,三家村里活阿弥。
>
> 净心即是西方土,何必瞿昙万卷书。霹雳一声聋两耳,全

---

① 《寿昌无明和尚语录》卷上。
② 《无异元来禅师广录》卷 32,《卍续藏》第 125 册。

身拶入赵州"无"。①

他还主张禅教并行,鼓励学徒通读佛典。他说:"夫为学者,凡经、律、论三藏文字,大小偏圆,靡不遍涉"②。这在当时的文人学者中具有很大号召力,进一步扩大了曹洞宗在江西、福建和江苏一带的影响。

三、德清与智旭:宗派合流

明代神宗万历年间,佛教义学有了相当进展,其中学识广博、影响较大、并在促进居士佛教兴起中发挥过重要作用的有云栖袾宏、紫柏真可、憨山德清和蕅益智旭,后世称"明末四大名僧"。四大名僧同时涌出,使中国佛教的和合发展达到了终场前的最高潮。四位大师的共同特点是,都主张会通儒、释二教,融会性、相,使禅、净、教、律等宗派合流。其中,云栖袾宏(1535—1615 年)又称莲池大师,倡导禅净合一,竭力调和儒释,以念佛为宗,强调戒律寺规,被尊为净土莲宗第八祖。紫柏真可(1543—1603 年)一生为振兴佛教奔波,立志恢复禅宗,后受诬被捕,死在狱中,以身殉教。如果说袾宏和真可的社会影响主要在弘教方面,那么德清和智旭的学术思想则主要在理论著述方面,力求建构儒、释、道三教同源一理,禅、教、律三学归极一致的思想体系。

1. 憨山德清:三教一理,妙极一心

憨山德清(1546—1623 年)自号澄印,别号憨山,俗姓蔡,安徽全椒人。12 岁投南京报恩寺,意欲出家,住持西林命人教他读《法华经》,4

① 《无异元来禅师广录》卷 20,《卍续藏》第 125 册。
② 《无异元来禅师广录》卷 26,《卍续藏》第 125 册。

个月后即能背诵，遂为其延师教读《四书》、《易经》及古文诗赋。因此，德清一生擅长写诗作文。

嘉靖四十三年（1564 年），德清前往摄山栖霞寺拜谒云谷法会（1500—1575 年），获读《中峰广录》，大为感动，决意学禅。同年冬，从无极明信听讲《华严玄谈》，并受具足戒。因仰慕唐代华严宗四祖清凉澄观（738—839 年），自号"澄印"。隆庆五年（1571 年），德清北游参学，先到北京听讲法华和唯识，并参偏融真圆和笑岩德宝，请示禅要。后往游五台山，见北台憨山风景奇秀，别取"憨山"号。不久，回北京西山，结识了一批当时名士，以诗文相与唱酬。

万历二年（1574 年）德清离京行脚，先后游历嵩山、洛阳，再到山西蒲州会见妙峰，同上五台山，居北台龙门专事参禅。万历四年（1576 年），株宏行游五台山，德清特意拜访，叙谈五日而别，深受禅净兼修影响。万历九年（1581 年），神宗慈圣太后派人至五台山设"祈储道场"，修造舍利塔，他和妙峰共同主持无遮会道场。

万历十一年（1583 年），赴东海牢山（今山东崂山）那罗延窟结庐安居。皇太后遣使送三千金为他建庵居住。时值山东遭受灾荒，德清建议将赐金悉数施舍给孤苦灾民。万历十四年（1586 年），神宗印刷大藏经 15 部，分送全国名山，皇太后特送一部与东海牢山。因无处安置，又施财修建海印寺。万历二十三年（1595 年），神宗因不满皇太后为佛事耗费巨资，恰好太后又派使者送经牢山，因此迁罪于德清，被捕下狱，以私创寺院罪名充军到广东雷州。德清携侍者福善南行，入曹溪南华寺礼拜六祖惠能法身。到达雷州时适逢旱灾，饥民死亡载道，德清发动民众掩埋并建道场济度亡灵，并以罪犯服装登座为众人说法，开创岭南的佛教义学风气。

万历二十八年（1600 年）再入曹溪南华寺，开辟祖庭，选僧受戒，设立僧学，订立清规，振兴禅学。万历三十一年（1603 年），紫柏真可在京被捕下狱，累及德清，再遣还雷州。这期间，他曾渡海到海南岛，访苏东坡故居,作《琼海探奇记》。万历三十四年(1606年),朝廷大赦天下,德清恢复僧装,住持曹溪南华寺。为修复寺中大殿,德清亲自前往端州采运树木,被寺中僧人诬陷私用财产,讼于按察院。他船居芙蓉江上两年等待问讯,大病几死。后来真相大白,却坚决辞去曹溪南华寺住持,到广州长春庵为众讲经。

万历四十一年(1613年),从广州至衡阳,居灵湖万圣寺,写成了《楞严通议》、《法华通议》和《起信论略疏》等著作,亲自开讲经义。万历四十四年(1616年),离开湖南,到九江,登庐山。万历四十五年(1617年),去杭州云栖寺为袾宏作《莲池大师塔铭》。一时间,各地僧徒领袖集会西湖,盛况空前。同年五月再回庐山,在五乳峰下建法云寺,为众人开讲《法华经》、《楞严经》、《金刚经》和《起信论》、《唯识论》,效仿慧远结社念佛,专心净土修炼。天启二年(1622年),受请回曹溪祖庭,为僧众说戒讲经,第二年十月十一日在南华寺圆寂。

憨山德清出家传教40年,其中有20年是在戴罪充军和流放岭南中度过的。这反倒使他与禅宗祖庭曹溪结下了不解之缘。曹溪南华寺在明末久已荒废,经过德清的锐意经营,恢复旧观,一度出现中兴气象。德清一生弘法,所度弟子众多,既有出家僧人,又有在家居士。德清诗文和书法都很知名,他以禅比诗,以诗为真禅,称颂陶渊明和李太白的诗境玄妙,虽不知禅而有禅味。他博通儒教内典和佛教外典,兼善老庄玄理,著作甚多。主要有:《观楞伽经记》8卷、《楞伽补遗》1卷、《华严经纲要》80卷、《法华击节》1卷、《金刚经决疑》1卷、《圆觉经直解》2卷、《般若心经直说》1卷、《大乘起信论疏略》4卷、《大乘起信论直解》2卷、《性相通说》2卷、《肇论略注》6卷、《道德经解》2卷、《观老庄影响说》1卷、《庄子内篇注》4卷、《大学中庸直解指》1卷、《春秋左氏心法》1卷、《梦游诗集》3卷、《曹溪通志》4卷、《八十八祖道影传赞》1卷、《憨山老人自叙年谱实录》2卷等。后由门人福善、通炯、刘起相编辑刊行为《憨山老人梦游集》55卷。这些著作,均收入明代《续藏经》中。

憨山德清一生学无常师,思想比较开放,思维相当活跃,虽以禅宗为主,但并不拘泥一宗一派。早年深受摄山云谷禅师影响,他坚持禅净兼修,对法华、华严和唯识等宗派教义也勤加钻研。谪居广东雷州后,他聚集信徒结"念佛社",授以念佛三昧,教以专心净业,月会以期,极有规制。晚年在庐山法云寺,他效法慧远修六时净业,力主禅净双修,认为"念佛参禅兼修之行,极为稳当法门"①。除在佛教内部主张禅净双修外,他还积极主张儒释道三教一理,妙极于一心。他说:

> 尝言为学有三要,所谓不知《春秋》,不能涉世;不精老庄,不能忘世;不参禅,不能出世。此三者,经世、出世之学备矣。缺一则偏,缺二则隘,三者无一而称人者,则肖之而已。虽然,不可以不知要。要者,宗也。故曰:"言有宗,事有君。"言而无宗,则蔓衍无统;事而无君,则支离日纷;学而无要,则涣散寡成。是故学者断不可以不务要矣。然是三者之要在一心,务心之要在参禅,参禅之要在忘世,忘世之要在适时,适时之要在达变,达变之要在见理,见理之要在定志,定志之要在安分,安分之要在寡欲,寡欲之要在自知,自知之要在重生,重生之要在务内,务内之要在颛一,一得而天下之理得矣。称理而涉世,则无不忘也,无不有也。不忘不有,则物无不忘,物无不有。物无不忘,物无不有,则无入而不自得矣。故曰:"天地与我并生,万物与我为一。"会万物而为己者,其惟圣人乎?噫!至矣尽矣,妙极于一心,而无遗事矣。是故学者固不可以不知要。②

---

①　《示刘存赤》,《憨山老人梦游集》卷5。
②　《学要》,《憨山老人梦游集》卷39。

这篇《学要》,是憨山德清会通儒、释、道三教的和合宗旨。

据憨山德清 77 岁时所作《憨山老人自序年谱实录》记述,他从小诵习儒业,14 岁开始读《四书》。16 岁就能将《四书》从头至尾背诵下来,不漏一字。17 岁开始为人讲解《四书》,并开始研读《周易》。45 岁作《观老庄影响论》(又名《三教源流异同论》),47 岁因俗家弟子之请注解《老子》,以佛法参究老学,先后用功 15 年,才完成《老子道德经解》。52 岁著《中庸直指》,根据儒教"中庸之道"发明佛学"三乘之道"。59 岁著《春秋左氏心法》,用佛教因果观解释儒教"春秋法"。66 岁著述《大学纲目决疑》,发明"大学之道"的心法要义。他对明代阳明心学也有所接触,非常推崇理学鼻祖周濂溪。在"明末四大师"中,憨山德清在会通儒、释、道三教方面,表现得最为突出,最具有代表性。

憨山德清一生致力于会通儒、释、道,使三教归为一理,他对自己会通的理由也有所交代。他说:"若夫贫道者,自知习气所钟,钟于忠义。居常私念,丈夫处世既不能振纲常、尽人伦,所幸身托袈裟,即当为法王忠臣,慈父孝子"①。由此可见,他会通三教的出发点是基于对孝忠义理的钟情和对纲常人伦的振兴。

憨山德清对儒释道三教关系比较完整而系统的论述,始见于他所著的《观老庄影响论》。在此论的开篇《叙意》中,憨山德清谈及撰述动机。他首先列举出西方祖师造论以破外道,以及中国佛教历来经论诸师弘法传教,都坚持"善自他宗"的和合汲取原则。但是,禅宗末学安于现状,孤陋寡闻,视儒、道为异物,既"不能融通教观,难于利俗";也"不能深穷教典,苦于名相支离,难于理会"②。由此可知,憨山德清会通三教的原初动机,只是为了正确引导佛教学者的宗派观念,使他们能够了解自家宗派和他门教理本来只是一理。针对佛教学者一阅佛典,见经

① 《与管东溟金宪》,《憨山老人梦游集》卷 15。
② 《观老庄影响论·叙意》,《憨山老人梦游集》卷 45。

疏引用子史之言,常生惊怖,甚至以为是外道之言;一论老庄,见注解深引佛经,一言有当,便以为佛藏皆从此出,憨山德清遂力主会通三教,认为只有这样,才能救治诸种偏弊,对天下的各种学术都有益处。他说:

> 学佛而不通百氏,不但不知是法,而亦不知佛法;解庄而谓尽佛经,不但不知佛意,而亦不知庄意。此其所以难明也。故曰:自大视细者不尽;自细视大者不明。[1]
>
> 孔圣若不知老子,决不快活;若不知佛,决不奈烦。老子若不知孔,决不说无为而治;若不知佛,决不能以慈悲为宝。佛若不经世,决不在世间教化众生。……后世学佛之徒,若不知老,则直管往虚空里看将去,目前法法都是障碍,事事不得解脱。若不知孔子,单单将佛法去涉世,决不知世道人情,逢人便说玄妙,如卖死猫头,一毫没用处。……是知三教圣人所同者心,所异者迹也。以迹求心,则如蠡测海;以心融迹,则芥含空。心迹相忘,则万派朝宗,百川一味。[2]

至于用什么原理来会通三教,憨山德清认为,只有坚持"唯心识观",即佛教法相唯识宗的"三界唯心,万法唯识"[3],才能统摄一切言教,达到三教会通。他说:"盖古之圣人无他,特悟心之妙者。一切言教皆从妙悟心中流出,应机而示浅深者也。故曰无不从此法界流,无不还归此法界"[4]。他还根据他"妙悟心"进而批评三教去此取彼的片面性弊病。他指出:

---

① 《观老庄影响论·论学问》,《憨山老人梦游集》卷45。
② 《道德经解发题·发明归趣》,《憨山老人梦游集》卷45。
③ 《观老庄影响论·论心法》,《憨山老人梦游集》卷45。
④ 《观老庄影响论·论教源》,《憨山老人梦游集》卷45。

孔子体用未尝不大，但局于时势耳。正是随机之法，故切近人情，此体用之辩也。惜乎后世学者，各束于教：习儒者拘，习老者狂，学佛者隘。此学者之弊，皆执我之害也。果能力破我执，则剖破藩篱，即大家矣。①

憨山德清采用传统佛教的"判教"方法，以求达到其会通三教的学术宗旨，在《论教乘》一节中，他根据"三教本来一理"的会通原则，提出了"五教五乘"假说，即将宗教说法分为"小、始、终、顿、圆"五种，将教化境界分为"人、天、声闻、缘觉、菩萨"五乘。孔子创立的儒教属于"人乘"，"故奉天以治人"；崇奉老子的道教属于"天乘"，"故清净无欲，离人而入天"；声闻、缘觉和菩萨三乘都属于超越天人之上的大乘宗教，只佛教为"最上一乘"，不在"五乘"之列，最为圆融而无偏弊。他进一步认为，"五教五乘"的说法只是理论上为修炼者所设的工夫阶梯，不是实际上的究竟道理。"据实而观，则一切无非佛法，三教无非圣人。若人若法，统属一心；若事若理，无障无碍，是名为佛"②。

憨山德清从心法入手建构"五乘教"假说之后，接着又从历史演进角度加以论证。他认为，用"五乘教"能够很好地说明宗教在中国由浅入深的发展次第："三教之学，皆防学者之心，缘浅以及深；由近以至远"③。孔子希望人类有别于虎狼禽兽之行，故以仁义礼智教化世俗，制定人伦礼节，让人舍恶从善。但在人欲横流之际，仁义礼智却常常沦为功利手段，足以让盗贼窃国肇祸以满足其贪欲。老子有见于贪欲所造成的祸害，故以离欲清净、澹泊无为教化世人。老子之言深沉难懂，庄子加以发扬，可惜又走向另一个极端，"粃糠尘世，幻化死生，解脱物

①　《道德经解发题·发明体用》，《憨山老人梦游集》卷45。
②　《观老庄影响论·论教乘》，《憨山老人梦游集》卷45。
③　《观老庄影响论·论教乘》，《憨山老人梦游集》卷45。

累,逍遥自在"。以至后人读《庄子》,茫然不知归趣,惊怖不能入道。佛教传入中国,成全了孔孟之道和老庄之道,使它们之间的矛盾冲突在佛法中得以化解。虽然三教在中国依次出现,教法有别,但"三教无非圣人",在让人至善和觉悟上并无二致。

憨山德清又从修养工夫上落实"五乘三教"的会通原理。他说:"吾教五乘进修工夫,虽各事行不同,然其修心,皆以止观为本。故吾教止观,有大乘,有小乘,有人天乘,四禅八定,九通明禅。"①他认为,儒教的修心工夫属于"人乘止观",如《大学》的"知止而后有定"和《中庸》的"自诚明"。道教的修心工夫属于"天乘止观",如《老子》的"常无欲以观其妙;常有欲以观其徼"和"万物并作,吾以观其复",以及《庄子》的"莫若以明"和"人莫鉴于流水,而鉴于止水。惟止,能止众止也"等。

在论述修心次第时,憨山德清认为,各种以修心为宗旨的修行工夫,都必须依人乘而立,从人道做起,舍"人乘"别无"最上一乘",舍人道无以确立佛法。所以,人道是佛法的基础。因此,憨山德清非常重视君臣、父子、夫妇之间的纲常伦理。他指出,佛主自己也是出生在人世间的王子,也有君臣、父子、夫妇之伦。为了让人解脱无量痛苦,佛主出家修行,证得无上正等正觉。佛主成道以后,为其母亲说法,佛道不离孝道。佛主在人世间宣法度人45年,始终围绕人间而方便说法。所有这些都足以证明,佛法不离人乘,佛道不离人道。憨山德清在《论行本》一节中,以自己为例畅言此义:"以余生人道,不越人乘,故师孔子;以知人欲为诸苦本,志离欲行,故少师老庄;以观三界唯心,万法唯识,知十界唯心之影响也,故皈命佛。"②

在憨山德清的三教关系中,儒教是基础和出发点,道教是中介和转折点,佛教是归宿和终结点。但从终极关怀角度,他指出,儒教伦理的

---

① 《观老庄影响论·论工夫》,《憨山老人梦游集》卷45。
② 《观老庄影响论·论行本》,《憨山老人梦游集》卷45。

不足在于:孔孟之道立足于亲疏贵贱,存在等级分别,缺少平等智慧,儒教修心的静定工夫也只能断前六识的邪欲妄想,仍以第七识为指归,视其为生机之源,所以崇尚生生不息的生命意志。道教伦理的不足在于:老庄虽能破前六识的分别和迷执,但却认取第八识为精明之体,以为是"天地之根,众妙之门",并没有证入真如的"无生"境域,尚未冲破生死樊篱。尽管如此,儒教和道教对于人间教化是不可缺少的,它们正好与佛教"相须而为用":

> 古德尝言:孔助于戒,以其严于治身;老助于定,以其精于忘我。二圣之学,与佛相须而为用,岂徒然哉!据实而论,执孔者涉因缘,执老者堕自然,要皆未离识性,不能究竟一心故也。佛则离心意识,故曰本非因缘,非自然性,方彻一心之原耳。①

尽管会通儒、释、道三教,是隋唐以来中国古代学术思想发展的大势所趋,各宗各派无一例外。所存在的差别,只是会通的纲领和方式不同罢了。儒教理学思潮作为学术主流,高举"道统"旗帜,奉行"唯我独尊"的绝对真理信条,在大量汲取佛、道二教积极因素的同时,将释老视为异端邪说,反映出强烈的专制意志和严重的话语霸权,因而成为元明清三朝的官方意识形态,沦为"以理杀人"的政治工具。与此相反,佛教和道教虽然不再是学术主流,也无法再像隋唐那样与儒教分庭抗礼,三足鼎立,但它们仍力求中兴,并为此实行"兼容并蓄"的相对真理原则,或者将儒教纲常伦理作为自己超越价值的基础建构,或者将仁义礼智、忠孝廉耻等儒家道德规范作为自己修炼丹道的行为准则,体现出顽强的生存意志与清醒的和合意识,在重新回归人间和世俗的衰落过程中赢得

---

① 《观老庄影响论·论宗趣》,《憨山老人梦游集》卷45。

了广大民众的虔诚信仰。

鉴于会通三教的重点是会通儒释,憨山德清对理学新经典《中庸》和《大学》的精心诠释,充分体现了他对儒释关系的特别关注。

通常认为,佛教出家,不重人伦,不行忠孝。憨山德清对世儒这种似是而非的肤浅结论,给予了明确的反驳:"世儒概以吾佛氏之教,去人伦、舍忠孝,以为背驰。殊不知所背者迹,所向者心也"①。他认为,真正的大孝在于有孝亲之心,让尊亲得到永恒的精神快乐,并非赡养亲人的形体,因为形体及其快乐不是永恒的存在。如果能使亲人归心净土,那么其心灵永乐,精神永住,这才是终极意义上的大孝。与智圆一样,憨山德清也将儒教伦理中的"五常"等同于佛教的"五戒"。他说:"佛制五戒,即儒之五常。不杀,仁也;不盗,义也;不邪淫,礼也;不饮酒,智也;不妄语,信也。但从佛口所说,言别而义同"②。

憨山德清认为,儒教和佛教的立教基础都在于心性。从心性本源说,儒教以生灭为根基,佛教以不生不灭为本体;儒教落在言说,以心性至善为实在法则;佛教则向上一路,超乎言筌,不以心性善恶为实相法门。从心性工夫说,儒学从近处立教,追求功名,觉悟较难,所以适合渐修;佛教脱离爱欲,明心较易,所以能够顿悟。儒、释二教的差异,只是立教所处的境域不同,并非矛盾冲突。儒教伦理的一切世俗规范,本质上都不会妨碍佛教的如实修行和心性觉悟:"即世谛语言、资生业等,皆顺正法。所谓实际理地,不受一尘;今事门头,不舍一法"③。

在这种儒、释虽相异而不冲突的观点下,憨山德清着手诠释儒家经典,通过对《四书》里最重要的《中庸》加以"直指",对纲目化的《大学》加以"决疑",试图开拓出一条儒释会通的和合道路。他的《中庸直指》推

① 《法语·示容玉居士》,《憨山老人梦游集》卷4。
② 《法语·示袁大涂》,《憨山老人梦游集》卷5。
③ 《丽江木六公奉佛记》,《憨山老人梦游集》卷24。

论过多,难免牵强附会;其《大学纲目决疑》自设问答以释疑,更能体现对儒、释二教的会通意图。

憨山德清十分看重对《四书》中《大学》的佛学诠释,他曾作过《正心铭》、《诚意铭》、《修身铭》和《齐家铭》等四篇铭文,作为"直指心法"的座右铭。他在《大学纲目决疑题辞》中深有体会、满有信心地说:

> 谛思自幼读孔子书,求直指心法,独授颜子以真传的诀,余则引而不发。向不知圣人心印,尽揭露于二百五言之间,微矣微矣,岂无目耶? 嗟嗟! 余年六十四矣,而今乃知,可谓晚矣。恐其死也,终于泯泯,故急以告诸子。诸子年或过余半、未半者,幸而闻此,可谓早矣。①

在对《大学》"三纲领"的解释中,憨山德清遵从朱熹的《大学章句》,以"大学"为"大人之学"。但对"大人"的理解却是禅化的心性觉悟者:"若肯反求自己本有心性,一旦悟了,当下便是大人"②。他还进一步指出,"大学之道"在修养方法上不是用"今日格一件,明日格一件"的增益方法,而是"不用多知多见"的守恒方法,这与程朱理学所强调的"即物穷理"方法明显不一,大略接近于阳明心学的"致良知"方法。

憨山德清认为,要成为心性觉悟的大人,只需要做好三件事就行了:

> 第一,要悟得自己心体,故曰"在明明德";
> 其次,要使天下人,个个都悟得与我一般,大家都不是旧时知见,斩(嶄)新作一番事业,无人无我,共享太平,故曰"在

---

① 《大学纲目决疑题辞》,《憨山老人梦游集》卷44。
② 《大学纲目决疑》,《憨山老人梦游集》卷44。

亲民";

　　其次,为己为民,不可草草半途而止,大家都要做到彻底处,方才罢手,故曰"在止于至善"。①

我们不妨与朱熹的解释做一番比较,看看憨山德清的解释有何特点和新意。朱熹的《大学章句》对"三纲领"的注解是:

　　程子曰:"亲,当作新。"大学者,大人之学也。明,明之也。明德者,人之所得乎天,而虚灵不昧,以具众理而应万事者也。但为气禀所拘,人欲所蔽,则有时而昏;然其本体之明,则有未尝息者。故学者当因其所发而遂明之,以复其初也。新者,革其旧之谓也,言既自明其明德,又当推以及人,使之亦有以去其旧染之污也。止者,必至于是而不迁之意。至善,则事理当然之极也。言明明德、新民,皆当至于至善之地而不迁。盖必其有以尽夫天理之极,而无一毫人欲之私也。此三者,大学之纲领也。②

相比之下,憨山德清的解释通俗易懂,更胜一筹,既没有引经据典的改字嫌疑,也没有咬文嚼字的章句训诂,更没有剑拔弩张的理欲之辩。

　　关于"格物致知",憨山德清的解释是:"物即外物,一向与我作对者,乃见闻知觉、视听言动所取之境。知即真知,乃自体本明之智光。此一知字,是迷悟之源。以迷则内变真知为妄想,故意不诚,不诚故不明。外取真境为可欲,故物不化,不化故为碍。是则此一知字,为内外

---

① 《大学纲目决疑》,《憨山老人梦游集》卷44。
② 《大学章句》,《四书章句集注》,中华书局1983年版,第3页。

心境。真妄迷悟之根宗"①。根据知有真妄迷悟的不同境域,"格"有两种截然不同的含义:一是"感格"或"来格","以真知用至诚,故物与我相感通";二是"扞格","以妄知用妄想,故物与我相扞格"② 这种解释确有新意,不过是佛教的义理,未必符合《大学》的本义。

憨山德清曾自称《大学纲目决疑》是他童心犹在的"游戏笔墨",并非专门讲述佛教义理。可是,从这篇文章的总体格调来看,他正是借助儒教经典以发挥佛教义理,接引熟习儒教经典的经生、举子和士大夫顺利进入佛学殿堂,其会通儒释、调和三教的意味相当浓郁。

憨山德清会通儒释的目的,大体说有两个方面。一方面是希望透过会通儒释,指出二教的共通之处,以便接引儒者学习和了解佛法;另一方面又想透过儒释会通进行"判教",指出二教的相异之处,以示学者从儒入佛的升迁之道,使儒、释、道三教最终归结为佛乘。所以,憨山德清会通儒释,始终是以佛教为宗而融摄儒、道两家。特别是他以大乘佛教的"唯心识观"来印证各宗各教的异同,并以此笼络儒、道两家。

与宋明时期所有的三教会通方案一样,憨山德清的会通理论所面临的基本难题是,三教和合后的价值本体或存在实体,究竟该怎样命名才能让三家完全接受。显而易见,憨山德清以"妙极一心"为最高本体,只是站在佛教立场上的一厢情愿。从一定意义上讲,价值本体或存在实体究竟是什么,这不是一个可以应言说命名或思议论证的哲学问题,而是一个必须由信仰来承诺的宗教问题。宗教的会通或和合永远是融突性的氤氲激荡,不可能形成一个"大一统"的宗教理论模型,让所有的价值本体都能在其中平稳立足,所有的信仰理念都能在其中圆融无碍。

憨山德清立足佛教义理,诠释儒、道两家经典,既有个人心得,又富于学术创意。作为"一家之言",确实别开生面,有重要的思想史价值和

---

① 《大学纲目决疑》,《憨山老人梦游集》卷 44。
② 《大学纲目决疑》,《憨山老人梦游集》卷 44。

文献学意义。他志在弘扬佛法,接续禅宗慧命,本无意于学术创新。因而就不能对其求全责备,从一致而百虑、同归而殊途的和合角度看,憨山德清毕竟是有思想的佛教禅师。

2. 蕅益智旭:融会宗派,归极净土

智旭(1599—1655年)号蕅益,别号八不道人,俗姓钟,江苏省吴县木渎镇人。12岁读儒书,以继千古圣学为己任,誓灭释老,作数篇文章加以辟斥。17岁阅袾宏《自知录》和《竹窗随笔》,始不谤佛。20岁诠解《论语》,自称大悟孔颜心法。22岁开始一心念佛。23岁听讲《大佛顶经》,怀疑何故"空生大觉",决意出家体究此等大事。他十分仰慕憨山德清,多次梦中见到。当时德清住在曹溪,路远不能前往,便从德清弟子雪岭剃度,命名智旭。24岁在云栖寺听讲《成唯识论》,闻性相二宗不许和会,甚为怀疑,因往径山坐禅参究。第二年夏,自觉性相二宗义理一齐透彻。25岁在袾宏塔前受四分戒,后又在袾宏塔前受菩萨戒。27岁起遍阅律藏,见当时禅宗不守戒律,决意弘扬律宗。32岁注《梵纲经》,开始研究天台教义,但不肯入天台教派。33岁到灵峰(今浙江孝丰县东南十五里),建造西湖寺,开始形成教、观、律为一体的净土灵峰派,后人称其为净土第九祖。此后,历游江、浙、闽、皖诸省,不断从事阅藏、讲述和著作。晚年圆寂于灵峰。蕅益智旭的著述极多,经门人弟子编次为《灵峰宗论》和《灵峰释论》两大类。《灵峰宗论》共10卷,包括他的法语、序文和杂说等;《灵峰释论》包括他解释经论的著作共40种约200卷。

蕅益智旭自称天台私淑弟子,不过他研究天台教观的主要目的不是为了复兴天台,而是为了拯救禅宗。他说:"予二十三岁即苦志参禅,今辄自称私淑天台者,深痛我禅门之病,非台宗不能救耳"[①]。通过对

---

① 《法语·示如母》,《灵峰宗论》卷2。

天台教观的再诠释,智旭力求建立融通性相、调和禅教的真正圆教。他在《教观纲宗》卷首指出:"佛祖之要,教观而已矣。观非教不正,教非观不传;有教无观则罔,有观无教则殆"①。在禅教两家中,智旭更加重视言教在禅悟中的重要作用,对于那种只想超越言教而追求顿悟的禅僧提出了批评。他说:

> 问曰:但依圆教,直指人心,见性成佛,岂不痛快直捷,何用此葛藤为?
> 答曰:六祖大师不云乎:法法皆通,法法皆备,而无一法可得,名最上乘。倘有一法未通,即被此法所缚;倘有一法未备,即被此法所牵。既被缚被牵,故于不可得之妙法,误认为葛藤耳。临济云:识取纲宗,本无实法,汝乃欲舍葛藤而别求实法耶?永明大师云:得鸟者网之一目。不可以一目而废众目。收功者,棋之一着,不可以一着而废众着。法喻昭然。胡弗思也。②

智旭认为,视言教为葛藤是未通佛法的表现。根据"法法皆通,法法皆备"的圆教宗旨,顿悟并不是不需要言教,而是不迷执于言教。他认为,顿悟有教部和教相二义:

> 顿有二义。一顿教部,谓初成道为大根人之所顿说,唯局《华严》(凡一代中。直说界外大法,不与三乘共者,如《梵纲》、《圆觉》等经,并宜收入此部。是谓以别定通、摄通入别也)。二顿教相,谓初发心时,便成正觉。及性修不二,生佛体同等

---

① 《教观纲宗》,《大正藏》卷46。
② 《教观纲宗》,《大正藏》卷46。

义,则《方等》、《般若》诸经,悉皆有之。①

所谓"顿教部",是指释迦牟尼证道之初说与大根弟子的言教,以《华严》类佛经为代表。所谓"顿教相",是指发心之初就已包含了正觉,与佛主的觉悟境界本体相同,以《方等》和《般若》类佛经为代表。智旭进一步认为,不管是顿悟,还是渐修,都需要经过修行次第,甚至是累世历劫的修行功夫。禅宗末流既不读佛经,又不持戒律,幻想通过参究话头达到大彻大悟,实在是一种投机取巧的世俗行为,根本就与佛法无缘。

智旭认为,圆教和其他佛教说法一样,都是佛主根据众生的病情不同所设的教化法门,体现出来的是因病设药、开权显实的教化精神。他说:

> 法尚无一,云何有四。乃如来利他妙智,因众生病而设药也。是思病重,为说三藏教;见思病轻,为说通教;无明病重,为说别教;无明病轻,为说圆教。②

在这一理解下,智旭对天台性具说和唯识法相学进行了义理调和:"性相二宗,犹波之与水,不可分隔。其流弊也,至分河饮水。此岂文殊、弥勒之过,亦岂马鸣、护法之旨哉?……故知得其语,合则两美;失其宗,离则两伤。《大佛顶》云:虚空,体非群相,不拒诸相发挥。只此一言,两疑冰释"③。经过对禅宗、天台宗和唯识宗等分析之后,智旭以净土念佛法门作为统摄各宗的"真工夫",从而实现了他融会各个宗派、归极净土一宗的和合目的。他在《示法源》中指出:

---

①　《教观纲宗》,《大正藏》卷46。

②　《教观纲宗》,《大正藏》卷46。

③　《重刻大佛顶经玄文自序》,《灵峰宗论》卷6。

　　　　念佛工夫,只贵真实、信心。第一要信我是未成之佛,弥
　　　陀是已成之佛,其体无二。次信娑婆的是苦,安养的可归,炽
　　　然欣厌。次信现前一举一动,皆可回向西方。若不回向,虽上
　　　品善,亦不往生。若知回往,虽误作恶行,速断相继心,起殷重
　　　忏悔。忏悔之力,亦能往生;况持戒修福,种种胜业,岂不足庄
　　　严净土,只为信力不深,胜业沦于有漏。又欲舍此别商,误之
　　　误矣。但加真信,一切行履,更不须改也。①

　　智旭综合禅、教、律而归宗于净土,其净土思想经过了几个演变时期。
他22岁丧父,闻地藏菩萨本愿而发心念佛。这是结合儒家思想为报父
母恩而念佛,只是单纯的持名。28岁丧母闭关,以参禅工夫求往生净
土,偏重于理持。30岁至40岁,他疏释律部,结坛忏愿。后10年中,他
疏释经论,融通性相二宗教理,于49岁著《佛说阿弥陀经要解》,最后形
成的净土思想体系。
　　蕅益智旭在净土三经② 中所宗的是《佛说阿弥陀经》。他关于净
土教理的主要著作,是《佛说阿弥陀经要解》。此书先依据天台宗五重
玄义,说明《佛说阿弥陀经》以能说所说人为名,实相为体,信愿持名为
宗,往生不退为用,大乘菩萨藏无问自说为教相。又以《佛说阿弥陀经》
总摄一切佛教,以信、愿、行总摄《佛说阿弥陀经》一经宗旨。在蕅益智
旭以前,宋代遵式(964—1032年)作《往生净土决疑行愿二门》,已包含
了信、愿、行。传灯的《生无生论》更正式提出"一念之道有三,曰信、曰
行、曰愿"。蕅益智旭所立信、愿、行,便是继承他们的主张而加以深细
阐发。《佛说阿弥陀经要解》将信的内容分为信自、信他、信因、信果、信
事、信理,愿的内容是"厌离娑婆,欣求极乐",行的要求是"执持名号,一

---

① 《法语·示法源》,《灵峰宗论》卷2。
② 净土三经指《佛说阿弥陀经》、《无量寿经》和《观无量寿经》。

心不乱"。对信、愿、行的具体内涵，蕅益智旭又作了详细解释：

> 信则信自、信他、信因、信果、信事、信理。愿则厌离娑婆，欣求极乐。行则执持名号，一心不乱。
>
> 信自者，信我现前一念之心本非肉团，亦非缘影。竖无初后，横绝边涯，终日随缘，终日不变。十方虚空微尘国土，元我一念心中所现之物。我今虽复昏迷倒惑，苟能一念回心，决定得生自己心中本具极乐，更无疑虑，是名信自。
>
> 信他者，信彼释迦如来决无诳语，弥陀世尊决无虚愿，六方诸佛广长舌决无二言。随顺诸佛真实教诲，决志求生更无疑惑，是名信他。
>
> 信因者，深信散乱称名，犹为成佛种子，何况一心不乱，安得不非生净土因，是名信因。
>
> 信果者，深信净土上善聚会，皆从念佛三昧得生。譬如种瓜得瓜，种豆得豆，亦如影必随形，响必应声，决无虚弃，是名信果。
>
> 信事者，深信只今现前一念不可尽故，所以依心所现一切十方世界亦不可尽，实有极乐国土，在十万亿土之外，最极清净庄严，不同庄生寓言，是名信事。
>
> 信理者，深信极乐国土虽在十万亿土之远，而实不出我只今现前介尔一念心外，以吾现前一念心性实无外故。又复，深信西方依若正、若主伴，皆吾现前一念妙明真心中所现影，全事即理，全妄即真；全修即性，全他即自。我心遍，故佛心亦遍。佛心遍，故一切众生心性亦遍。譬一室千灯，光光互遍，重重交摄，不相妨碍，是名信理。
>
> 如此信已，则娑婆即自心所感之秽，而自心秽理应厌离。极乐即自心所感之净，而自心之净理应欣求。厌秽须舍，至究

竟方无可舍;欣净须取,至究竟方无可取。……言执持名号,一心不乱者,名以召德,德既不可思议,故名号亦功德,亦复不可思议。名号功德不可思议故,使散乱称名为佛种,况执持至一心不乱,安有不径登不退者乎? 然诸经所示净土,要行万别千差,如观像观想、礼拜供养、五悔六念等,一一行成,皆生净土。而惟此持名一法,收机最广,下手最易。故释迦慈尊于此经中无问自说,特向大智舍利弗拈出,可谓方便中之第一方便,了义中无上了义,圆顿中最极圆顿。[①]

总之,蕅益智旭的净土思想,是先将禅宗参究归纳到天台教观,又将天台教观应用于净土念佛。他作《念佛即禅观论》说:"究此现前一念心性名为参禅,达此现前一念心性名为止观,思维忆持现前一念心性名为念佛。"[②] 天台既圆摄一切佛教,念佛也就圆摄一切佛教,持名一法就能统摄一切宗、教、事、理。

蕅益智旭调和儒、释、道三教的思想主张与憨山德清基本一致,也是用佛教思想解释儒教经典。他47岁前后著有《周易禅解》和49岁时完成《四书蕅益解》,都是用佛教的真常唯心观说明儒教的伦理道德观念,力求将儒教的"德业学问"和佛教的"命脉骨髓"统一起来。他说:"儒之德业学问,实佛之命脉骨髓! 故在世为真儒者,出世仍为真佛"[③]。此外,他还写过一些单篇札记,从佛教立场出发,裁决儒教内部的义理争论。例如,《性学开蒙答问》专门讨论朱陆同异之辩:"象山虽重尊德性,非弃问学;紫阳虽重道问学,非遗德性。得其旨,似顿悟渐修两门;失其意,则为狂罔愚劣二病,可谓是则俱是,非则俱非"[④]。《致知

① 《佛说阿弥陀经要解》,《大正藏》卷37。
② 《念佛即禅观论》,《灵峰宗论》卷5。
③ 《法语·示石耕》,《灵峰宗论》卷2。
④ 《性学开蒙答问》,《灵峰宗论》卷3。

格物解》以佛法的三谛三观解释儒家的心性学说,特别是宋明理学以致知格物为修养功夫:"一心三观名格物,一境三谛不令隐晦名致知,不可以致知为空观,格物为假观也"①。《孝闻说》提出"世、出世法,皆以孝顺为宗"的命题,并将"发无上菩提心,观一切众生无始以来皆我父母,必欲度之令成佛道"② 作为出世法中的最大孝道。《儒释宗传窃议》综论三教异同,"特以真俗之迹,姑妄拟焉,则儒与老,皆乘真以御俗,令俗不逆真者也;释乃即俗以明真,真不混俗者也。故儒与老主治世,而密为出世阶;释主出世,而明为世间佑"③。

---

①　《致知格物解》,《灵峰宗论》卷4。
②　《孝闻说》,《灵峰宗论》卷4。
③　《儒释宗传窃议》,《灵峰宗论》卷5。

第十一章 道教的中兴和世俗化

经过五代十国的低落之后,道教上承唐代鼎盛发展之余绪,在宋元明(960—1644年)三代,出现了再度繁荣的中兴景象和回归民间的世俗化趋势。促成道教这一全新发展态势的原因,主要有三个方面:首先得益于统治集团的崇奉、扶持和利用;其次得益于民间宗教生活的迫切需要,特别是生命终极关怀问题的和合化解;最后得益于道教内部的融突创新,以及对儒、释二教的兼容和汲取。

在国家宗教制度方面,赵宋王朝从太祖、太祖兄弟开始,就确立了崇奉和保护道教的"祖宗之法"。特别是北宋真宗赵恒(998—1023年在位)和徽宗赵佶(1101—1126年在位),为了粉饰太平,教化戎狄,先后以神道设教的怪诞方式,制造神话,演义奇迹。真宗谎称神灵托梦,多次炮制"天书",封禅泰山,祭祀汾阴。徽宗自称神人降临,大兴符箓,并使自己成为神霄派宗师。南宋高宗(1127—1162年在位)和理宗(1225—1265年在位)虽没有真宗和徽宗那样痴迷,但对道教仍然十分虔诚,并侧重从管理体制和财政政策方面推动道教的世俗化进程。在两宋时期,北方的辽国、西夏和金朝,对境内道教也采取了推崇和保护政策。元代虽以密教为国教,但由于全真道领袖丘处机与成吉思汗的特殊关系,道教继续受到尊奉,全真道士受到特别礼遇。明代从太祖朱元璋开始,奉行三教并用的宗教政策,在加强对道教管理的同时,充分发挥道教宣扬纲常伦理的教化功能,王室、朝廷和民间社会对道教的尊奉并不亚于两宋。

宋元明三代都建立了高度集权、分级管理、分派统领的宗教制度。中央政府设立专门的道教管理机构(宋代称"道录院",明代称"道录司"),地方州府也有相应的道教事务管理部门(宋代有"道正司",明代府有"道纪司"、州有"道正司"、县有"道会司")。在道宫、道观和道庵内部,也设立不同等级的道官、道阶和道职制度,对于道士道姑的度牒与受戒、冠戴与道号,以及宫观所属土地和赋税,都有明文规定。皇帝和朝廷还积极支持道经的收集整理和《道藏》的编修工程。两宋曾六次编修《道藏》,金元时期也都编修和刊印过《道藏》。现存的《道藏》和《续道藏》都是明代刻本。国家政权对道教的严密管理和有效控制,旨在使道教无条件地为王朝统治服务。宋元明时期,道教的中兴和世俗化,首要原因是皇帝的积极提倡和国家政权的有力保障。

在民间宗教生活方面,随着宗法社会和专制政体逐步走向腐败、黑暗和危机的深渊,民间社会对宗教信仰的需要也日趋狂热。道教本来起源于民间,一直与神仙方术、占卜祈禳等神秘风俗结伴而行。历代高道始终擅长医药法术、气功养生和符箓咒语,确实能够在一定程度上减轻民众身体上的疾病和心灵中的痛苦。因此,在民间信仰中,道教始终比佛教和儒教具有更大的活动市场。宋元明三代,统治集团有意识地加强道教的世俗化进程,力求通过道教有效控制民间社会,消解人们对专制统治的不满情绪。这一时期,道教回归民间的世俗化运动主要表现为:广建道宫道观,广行斋醮科仪,广祀各路神仙,广设道教节日。特别是在明代的都市社会,各种道教斋醮科仪已与民间节日融为一体,成为百姓日用中司空见惯的人文景象,并通俗地反映在当时的小说创作和戏曲表演中。

在教理和合创新方面,两宋时期,以张伯端和白玉蟾为代表的金丹派南宗,沿着融合禅道的和合思路,彻底改造了东汉魏伯阳以来的道教内丹理论,在修命的基础上追求心性彻悟和道德至善,将道教的"性命之旨"和丹道学说推向集大成高度。金元时期,以王重阳及其弟子丘处机为代表的全真道从北方崛起,以道、释、儒三教鼎立圆融思想为指导,对汉唐道教的教义体系进行了全面改革,突出心性觉悟在内丹理论中的核心地位,强调孝忠道德在道教伦理中的统帅作用,打破了出世无为与入世有为截然分离的价值观念,高度重视教理和教义在民间社会的广泛传播和在世俗文化的教育普及。全真道的创立和发展,标志着道教的中兴和世俗化走向全面鼎盛。然而,盛极必衰,全真道在北方过多的信众和过大的势力,对蒙古族统治集团构成了潜在威胁。从元世祖忽必烈开始,元室开始有意抑制全真道,刻意支持正一、太一等南方符箓派。与此同时,全真道渐次南传,并与金丹派南宗合并,形成全真道与正一道此起彼伏的二元对峙格局。

一、金丹派

道教修炼始终以长寿为宗旨,追求"长生不死"、甚至"羽化成仙"的超越生死境界。魏晋以来,道教追求长生和成仙的修炼途径,逐渐分为以吐纳导引、存想坐忘、无欲清静为主的内丹和以铅汞丹砂、鼎炉火候、阴阳坎离为主的外丹等两大法门。晋代葛洪曾力主外丹修炼。从汉魏到隋唐,外丹说极为盛行。然而自唐代以后,由于有不少皇帝、大臣、富商和名流因服食外丹丧生,炼丹术遂受指责,从此一蹶不振。

内丹学说是代之而起的新式修炼法门。所谓"内丹",是相对于外丹而言的,特指借助炼丹术语表述的性命修炼学说及其操作技术。内丹以人体自身的精、气、神为"三品上药",用严密的功法进行修炼,经过若干身心变化,凝结成所谓的"丹"。这种内丹具有延年益寿的养生功效。道教的内丹学说,最早由东汉魏伯阳揭开端绪,随后由唐末钟离权和吕洞宾等人进行艰难探索。北宋以降,内丹道法蔚为大观,成为道教修炼的基本学说和主流功法。

金丹派是最早形成的道教内丹派系。它与北方的全真道相对,活动于南宋江南一带,故称"南宗"。该派祖述唐末道士钟离权和吕洞宾,称其丹法传自钟吕一系,以北宋张伯端为开派宗师,以《悟真篇》为内丹修炼指南,提出了张伯端——石泰——薛道光——陈楠——白玉蟾等南宗五祖的传法谱系。从金丹派南宗的内丹学说和性命双修思想看,渊源于钟吕一系的说法是完全可信的,不过张伯端未必得到吕洞宾的亲授嫡传。在上述传法谱系中,白玉蟾以前的四传皆为丹诀单传,既无教团组织,也无职业道士,更无固定宫观,其性质更类似于方术流派,尚未形成道教派系。传到白玉蟾时,才有了众多弟子,有了自己的教团和仪轨,成为名副其实的道教派系。

1. 张伯端及其《悟真篇》

张伯端(987—1082年)字平叔,后改名用成,号紫阳,浙江天台人。少业进士,后为府史。因玩味佛书有感,顿悟无生宗旨。又因火烧官府文书,被遣戍岭南充军。治平年间(1064—1067年),龙图阁学士陆诜镇守桂林,从岭南取张伯端在帐下充任典机事。陆诜后移镇成都等地,张伯端一直随行。他在《悟真篇》序中自称:

> 仆幼亲善道,涉猎三教经书,以至刑法书算、医卜战阵、天文地理、吉凶生死之术,靡不留心详究。惟金丹一法,阅尽群经及诸家歌诗论契,皆云日魂月魄、庚虎甲龙、水银朱砂、白金黑锡、坎男离女能成金液还丹,终不言真铅真汞是何物色。又不说火候法度、温养指归。加以后世迷徒,恣其臆说,将先圣典教忘行笺注,乖讹万状,不惟紊乱仙经,抑亦惑误后学。仆以至人未遇,口诀难逢,遂至寝食不安,精神疲劳,虽询求遍于海岳,请益尽于贤愚,皆莫能通晓真宗,开照心腑。后至熙宁己酉岁,因随龙图陆公入成都,以夙志不回,初诚愈恪,遂感真

人授金丹药物火候之诀。其言甚简，其要不繁，可谓指流知源，语一悟百，雾开日莹，尘尽鉴明，校之仙经，若合符契。因念世之学仙者十有八九，而达其真要者未闻一二。仆既遇真诠，安敢隐默？馨其所得，成诗九九八十一首，号曰《悟真篇》。①

从这段序中可以看出，张伯端于北宋神宗熙宁二年（1069 年），在成都客居时得到内丹秘诀，并开始著述《悟真篇》。不久陆诜去世，张伯端失去了依托，遂从成都回归故乡天台，筑室于青山绿水之间，专门修炼金丹大道。后来，张伯端遵从陆诜遗嘱，从荆南转运使马默那里获得资助，到秦陇汉阴山中（今陕西紫阳县紫阳洞）修炼。元丰五年（1082年），张伯端在浙江临海坐化。因此，有关张伯端的籍贯，学术界一直存在天台与临海之争。

《悟真篇》作于北宋熙宁八年（1075 年），是用诗词方式论述道教内丹修炼功法的重要经典，在中国道教史上具有承先启后的学术地位。张伯端在《悟真篇》中，用诗词近百篇演说道教炼丹的原理和方法。书中力主内丹性命修炼，斥责外丹鼎炉为旁门邪术。他认为，草木金石只是气化的渣滓，用它们不可能修炼成金丹，只有根据人本有的长生药，即精气神，按照万物化生的和合法则，反其道而修之，才能顿悟性命，结成金丹，达到长生久视、成仙不死的终极目标。《悟真篇》远接《周易参同契》的炼丹原理，上承钟吕派的内丹思想，系统吸取了佛教禅宗的心性理论，深化和发展了道教的内丹学说。他的《悟真篇》同魏伯阳的《参同契》一起，共同构成内丹学派的主要丹经，对北宋以后整个道教的发展起过巨大的历史影响。《四库全书总目提要》这样评价说："是专明金丹之要，与魏伯阳《参同契》，道家并推为正宗"。

---

① 《悟真篇序》。

张伯端写成《悟真篇》后，又相继编撰《玉清金笥青华秘文金宝内炼丹诀》（简称《青华秘文》）三卷和《金丹四百字》一卷。他在陕西凤州（今陕西凤县）传道时，因得罪凤州太守再度被判流放。在流放途中，遇到石泰（1022—1158年），经过交涉，免于流放。张伯端获释以后，遂将《悟真篇》及金丹心要传授给石泰。

在《悟真篇》内，张伯端以内丹作为修仙正道，其金丹思想有相互关联的两个方面：

其一，提倡三教归一，将"性命"作为内丹修炼的基础。

张伯端认为，释、道、儒三教都有各自的心性修养学说。佛教追求不生不死的空寂境域，禅宗更是以"顿悟圆通"直造彼岸世界；但在习气未除尽时，仍然不免贪恋有生。道家老子通过炼气养生追求生命本真，倘若得其枢机秘要，立即跻身圣贤；但对于不明本性者，只能是捕风捉影，以幻想为真实。儒教强调"穷理尽性以至于命"，提出了克制"意必固我"的心性修养原则；但过分执着于人伦教化，对于无为之道缺少透彻把握。三教的性命修养各有所长，各有所短，只有将它们和合起来，才能真正做到"洞晓阴阳，深达造化"，最终结成金丹，超越生死。他说：

> 释氏以空寂为宗，若顿悟圆通，则直超彼岸，如其习漏未尽，则尚徇于有生。老氏以炼养为真，若得其枢要，则立跻圣位，如其未明本性，则犹滞于幻形。其次《周易》有穷理尽性至命之辞，《鲁语》有毋意必固我之说，此又仲尼极臻于性命之奥也。然其言之常略而不至于详者何也？盖欲序正人伦，施仁义礼乐之教，故于无为之道未尝显言，但以命术寓诸易象、性法混诸微言耳。至于庄子推穷物累逍遥之性，孟子善养浩然之气，皆切几之。迨夫汉魏伯阳引易道交媾之体作《参同契》，以明大丹之作用，唐忠国师于《语录》首序老庄言，以显至道之本来如此，岂非教虽分三，道乃归一？奈何没世黄缁之流，各

自专门，互相非是，致使三家宗要迭没邪歧，不得混一而同归矣。且今人以道门尚于修命，而不知修命之法理出两端：有易遇而难成者，有难遇而易成者。如炼五芽之气，服七耀之光；注想按摩，纳清吐浊；念经持咒，噀水叱符；叩齿集神，休妻绝粮；存神闭息，运眉间之思；补脑还精，习房中之术，以至炼金石草木之类，皆易遇而难成。以上诸法，于修身之道率多灭裂，故施力虽多，而求效莫验。若勤心苦志，日夕修持，止可以辟病，免其非横。一旦不行，则前功渐弃，此乃迁延岁月，事必难成。欲望一得永得，还婴返老，而变化飞升，不亦难乎？……其中惟闭息一法，如能忘机绝虑，即与二乘坐禅颇同。若勤而行之，可以入定出神。奈何精神属阴，宅舍难固不免常用迁徙之法。既未得金汞返还之道，又岂能回阳换骨、白日而升天哉？夫炼金液还丹者，则难遇而易成，要须洞晓阴阳，深达造化，方能追二气于黄道，会三性于元宫，攒簇五行，和合四象，龙吟虎啸，夫唱妇随，玉鼎汤煎，金炉火炽，始得玄珠有象、太乙归真，都来片晌工夫，永葆无穷逸乐。至若防危虑险，慎于运用抽添，养正持盈，要在守雌抱一，自然复阳生之气，剥阴杀之形。节气既周，脱胎神化，名题仙籍，位号真人，此乃大丈夫名成功遂之时也。今之学者，有取铅汞为二气，指脏腑为五行，分心肾为坎离，以肝肺为龙虎，用神气为子母，执津液为铅汞，不识浮沉，宁分主宾？何异认他财为己物，呼别姓为亲儿？又岂知金木相克之幽微，阴阳互用之奥妙？是皆日月失道，铅汞异炉，欲望结成还丹，不亦远乎？①

在这段序言里，张伯端对北宋以前的道教修炼理论和炼丹实践进行了

---

① 《悟真篇》前序。

批判性总结,可以看做是"金丹之道"的创立宣言。在他看来,以往各种丹道修炼方法都是缘木求鱼,根本达不到预期目的。要成就圣贤,跻身仙籍,只有炼"金丹之道"才有可能。"金丹之道"不仅是性命兼修的上乘法门,而且也是三教归一的和合结晶:"性命本不相离,道释实无二致,彼释迦生于西土,亦得金丹之道,性命兼修,是为最上乘法,故号曰金仙"①。

其二,在修炼精、气、神的基础上,系统引入禅宗心性学说,确立了先修命、后修性的金丹修炼程序。

《悟真篇》又名《通玄秘要悟真篇》、《金液还丹悟真篇》。为了不泄漏金丹"天机",《悟真篇》用相当隐晦曲折的诗词话语,表达作者对金丹修炼的理论见解和方法总结。但从思想内容看,张伯端继承钟吕一系的基本观点,认为"道"从虚无中创生阴阳万物的过程是顺向生化直至死亡,金丹修炼要反其道而行之,逆向返根复命,回归到虚无以求长存。他在《悟真篇》卷中的前四首七言绝句里这样写道:

　　道自虚无生一气,便从一气产阴阳。阴阳再合成三体,三体重生万物昌。

　　万物芸芸各返根;返根复命即长存。知常返本人难会,妄作招凶众所闻。

　　但将死户为生户,莫按生门号死门。若会杀机明反复,始知害里却生恩。

　　祸福由来互倚伏,还如影响相随逐。若能转此生杀机,反掌之间灾变福。②

---

① 《历世真仙体道通鉴》卷 49 引张伯端语。
② 《七言绝句六十四首》,《悟真篇》卷中。

要颠倒阴阳,扭转乾坤,逆向运用自然生化法则,就必须将杀机转换成生机。转换的秘密在于找到真正的丹药,即真精。"要得谷神长不死,须凭玄牝立根基。真精既返黄金室,一颗明珠永不离。"① 一般认为,"真精"起源于下丹田,与肾脏功能和性激素分泌有关,代表人体生理机能。金丹修炼从下丹田筑基起步,先强化生理功能,抑制性激素分泌,防止其外泄。在"真精"逆向返回脑垂体(丹经称"黄金屋")的过程中,炼精化气是最关键的功夫。而炼精化气的过程,又是和合阴阳的交媾过程:

> 牛女情缘道合,龟蛇类禀天然。蟾乌遇朔合婵娟,二气相资运转。总是乾坤妙用,谁人达此真诠。阴阳否隔即成愆,怎得天长地远。②

《悟真篇》非常强调"阴阳"二字,比如在《悟真篇序》内,张伯端就提出了"洞晓阴阳"和把握"阴阳互用之奥妙",律诗第七首讲过"调停火候托阴阳",第八首说"阴阳得类归交感",第十二首说"报言学道诸君子,不识阴阳莫乱为",等等。后世的男女阴阳双修,其实是对"牛女情缘"的误解和假诠。按照现代生理学术语讲,这一步其实是疏通气血脉络,激活植物神经系统,让全身气血阴阳和合,达到随心所欲的自主运行状态。炼气功夫主要集中在中丹田,即心脏和肺部,相对于现代医学所说的心血管系统和呼吸系统。气血运行通畅之后,第三步功夫是炼气化神。有关这一步,张伯端描写得非常神秘:

> 不识玄中颠倒颠,争知火里好栽莲。牵将白虎归家养,产

---

① 《七言绝句六十四首》,《悟真篇》卷中。
② 《西江月十三首》,《悟真篇》卷下。

个明珠似月圆。谩守药炉看火候,但安神息任天然。群阴剥
尽丹成熟,跳出樊笼寿万年。①

　　七返朱砂返本,九还金液还真。休将寅子数坤申,但看五
行成准。本是水银一味,周流历遍诸辰。阴阳数足自通神,出
入不离玄牝。②

按照现代人本主义心理学的高峰体验假说,炼气化神其实是开拓心理
潜能,达到自我实现。化神功夫主要在上丹田内进行,是对脑垂体和整
个中枢神经系统进行的自组织协同,使生理—心理系统达到高度有序
的和谐状态。尽管张伯端并没有将金丹修炼简化成真精筑基、炼精化
气、炼气化神的教条,但其基本思路确定是遵循自下而上、从修命(协调
生理功能)到修性(协调心理功能)的内丹程序,与钟吕的丹道程序、陈
抟的太极程序是相互吻合的。这从一个侧面反映出道教内丹理论在北
宋初期已经完全成熟。
　　张伯端对道家内丹功法的最大改造,就是全面融入禅宗"明心见
性"的修养学说,使禅道趋于和合。他认为,由于世间凡夫"恶死悦生",
所以必须"先以修命之术顺其所欲,渐次导之以道"。而且单修金丹,并
不能"顿超究竟"。所以,《悟真篇》采取了先以神仙命脉诱导人们修炼,
然后用佛教心智妙用广其神通,最后用真如觉性遣其幻妄,直到顿然超
越,达到"究竟圆通之彼岸"。张伯端在《悟真篇》之后,作了《禅宗诗偈》
(又名《悟真篇拾遗》),充分体现出他以禅宗心性学说为归宿的立言宗
旨。他在《悟真篇》后序(即《禅宗诗偈》序言)中说:

① 《七言四韵一十六首》,《悟真篇》卷上。
② 《西江月十二首》,《悟真篇》卷下。

窃以人之生也，皆缘妄情而有其身，有其身则有患。若无其身，患从何有？夫欲免夫患者，莫若体夫至道。欲体夫至道，莫若明夫本心。故心者道之体也，道者心之用也。人能察心观性，则圆明之体自现，无为之用自成，不假施功，顿超彼岸，此非心境朗然，神珠廓明，则何以使诸相顿离，纤尘不染，心源自在，决定无生者哉？然其明心体道之士，身不能累其性，境不能乱其真，则刀兵乌能伤？虎兕乌能害？巨焚大浸乌能为虞？达人心若明镜，鉴而不纳，随机应物，故能胜物而无伤也，此所谓至上至真之妙道也。原其道本无名，圣人强名；道本无言，圣人强言耳。然则名言若寂，则时流无以识其体而归其真，是以圣人设教立言以显其道，故道因言而后显，言因道而反忘。奈何此道至妙至微，世人根性迷钝，执其有身，而恶死悦生，故卒难了悟。黄老悲其贪着，乃以修生之术顺其所欲，渐次导之。以修生之要在金丹，金丹之要在神水华池，故《道德》、《阴符》之教，得以盛行于世矣，盖人悦其生也。然其言隐而理奥，学者虽讽诵其文，皆莫晓其义。若不得至人授之口诀，纵揣量百种，终莫能助其功而成其事，岂非学者纷如牛毛，而达者乃如麟角耶？[1]

由这段文字可以看出，金丹属于有为法，仅仅是延长寿命的修命法术，还不是"察心观性"的至道本性。至道属于无为法，是悟真归本的修性之道，"不假施功，顿超彼岸"。《悟真篇》虽兼论性命，正文全言修命，篇末专言见性，但以见性为最高目的。张伯端名义上属于道士，并且是金丹派南宗的创始人，但实质上他更推崇佛家禅宗，自称获得了达摩的真传。他在《悟真篇》后序中写道："此后若有根性猛利之士，见闻此篇，则

---

[1] 《悟真篇》后序。

知伯端得达摩、六祖最上一乘之妙旨,可因一言而悟万法也。"

　　《悟真篇》一书在《宋史·艺文志》、马端临的《文献通考》、《古今图书集成》和《四库全书·子部》中皆有目录。现存的《悟真篇》有多种版本,收录在涵芬楼影印本明刊《正统道藏》的有:《紫阳真人悟真篇注疏》8卷、《悟真篇三注》5卷、《紫阳真人悟真直指详说三乘秘要》、《紫阳真人悟真篇拾遗》各1卷、《悟真篇注释》3卷、《悟真篇讲义》7卷等。此外,尚有明代陆西星的《方壶外史丛编·悟真篇注》,清代朱元育《悟真篇阐幽》、刘一明《悟真篇直指》、董德宁《悟真篇正义》以及傅金铨所辑的《悟真篇四注》等。其后,肖廷芝的《金丹大成》、陈致虚的《金丹大要》、李道纯的《中和集》等多种金丹著述,都是对《悟真篇》的诠释与发挥。

2. 白玉蟾和金丹派南宗

　　张伯端虽然提出了系统的金丹理论,但他并没有创建真正的道教宗派。金丹派南宗的实际创立者是南宋后期的白玉蟾。

　　白玉蟾(1194—1229年)字如晦,号海琼子、海南道人、琼山老人、武夷散人,出生于海南琼州。本姓葛,名长庚。少年时因行侠杀人,亡命于福建武夷山。自称幼年师从陈楠学习丹法,并随从陈楠云游各地。嘉定五年(1212)八月,在罗浮山得陈楠亲授金丹火候秘诀和五雷大法。第二年,陈楠去世,他披发佯狂,云游南方名山大川,寻师访友,学道修炼,经历过食不果腹、衣不蔽体的艰辛岁月。在云游途中,他先后收彭耜、留元长、陈守默、詹继瑞等多人为门徒。据称,当时"四方学者,来如牛毛",影响日益扩大,并打破了从张伯端到陈楠南宗单传的弘道方式,开始在武夷山建庵授法,正式创立金丹派南宗。白玉蟾著有《玉隆集》、《上清集》和《武夷集》(后由弟子彭耜编为《海琼玉蟾先生文集》)。此外,还有谢显道所编的《海琼真人语录》、《道德宝章》和《海琼词》,以及彭耜所编的《海琼问道集》等。

白玉蟾通达道、释、儒三教,善于融摄佛家禅宗与儒教理学的心性思想,并用易学术语阐述金丹大法,其内丹学说仍以精、气、神为基本修炼范畴,掺揉禅学止观法门。他也主张性命双修,但与张伯端的先命后性不同,修炼顺序改为先性后命,更加突出明心见性在丹道修炼中的首要地位。

白玉蟾主张独身清修。他自己身体力行,终身没有娶亲。其丹法风格,也与前辈张伯端有所不同。张伯端以顿悟圆通解释内丹的还虚原理,白玉蟾则以"至道在心,即心是道"为修炼指针,纯粹用禅悟修道。他主张以内丹修炼为基础,将符箓派的神霄雷法和斋醮科仪等摄于内丹功法中,使南宗的修持具有"内炼成丹,外用成法"的综合特征。神霄雷法又称五雷大法,指修炼者气机发动,阴阳交媾冲和,出现面赤、耳热、汗出、眼黑等生理效应,如同雷电爆发一般,据说还能感动天地之气,形成打雷降雨现象。白玉蟾认为,在雷法及符咒的应用上,灵验与否并不取决符箓和法术本身,而主要随施法者内丹功夫的高下而定。

白玉蟾创立南宗时,以张伯端为本宗初祖,以石泰为二祖、薛道光为三祖、陈楠为四祖,自称五祖,并将其丹法上溯到钟离权和吕洞宾,追封钟吕为宗祖。

石泰(1022—1158年)字得之,号杏林翠玄子,江苏常州人。初以缝纫为业,后师从张伯端得到金丹秘诀。得诀之后,苦志修炼,终于有成。后又传道于薛道光。据说石泰常行医救人,不图报答,只要求受治者种植杏树一棵,乃至成为杏林。著有《还源篇》,以五言绝句歌咏内丹修炼法术。

薛道光(1078—1191年)名式、又名道原、字太源,阆州(今四川阆中)人,或说为陕西人。先出家为僧,法号紫贤,又号毗陵禅师。后云游长安,在开福寺修习禅法,顿悟无上法要。宋徽宗崇宁五年(1106年),遇见石泰,弃僧为道,获得金丹口诀和秘修真要,以金丹导养术著称于世,有《丹髓歌》、《还丹复命篇》和《悟真篇注》传世。

陈楠(生年不详,1213年卒)字南木,号翠虚子,惠州博罗(今广东惠阳东)人。曾以箍桶为业,传说曾在黎姆山中遇仙人传景霄雷法,后从薛道光学习金丹法术。宋徽宗政和年间(1111—1117年)擢举道录院事,后归隐罗浮山。不久又定居长沙,开创南宗"清修派"。陈楠善于运用法术,常以泥土掺合符水,捏成小泥丸为人治病,时人称其为"陈泥丸";又常以雷法符箓驱鬼降魔,堪称神奇。平日衣衫褴褛,尘垢遍身,终日烂醉,吟诗歌咏,出口成章,皆成文理。与宋代和尚济癫有些相似。金丹派南宗从陈楠开始,将丹道与雷法等符箓结合在一起。从此,南宗内丹与雷法并传,为最终拥有广大信徒奠定了基础。著作有《翠虚篇》、《翠虚妙悟全集》和《罗浮翠虚吟》等传世。

金丹派南宗从张伯端《悟真篇》开始,主张"混俗和光",在世修炼,不提倡出家。陈楠从市井中招收徒弟,往往醉酒饱肉,并无戒律约束。白玉蟾是一位云游道士,时儿蓬头赤足,浪迹于江湖;时儿青巾野服,游玩于宫观。他们大都是居家或云游道士,无意仕途,因而始终没有得到朝廷扶持。进入元朝以后,随着全真道南下弘法,金丹派南宗与全真道逐渐混合起来,最后在陈致虚等人的推动下,实现了南北二宗的合并。

元代以后的金丹派南宗变成了全真道南宗,失去了独立存在的意义。作为独立的道教宗派,金丹派南宗的存活时间并不很长,但影响较大。它的内丹理论对全真道产生极大影响。全真道的内丹理论,是在吸收南宗内丹功法之后不断充实和完善起来的。金丹派南宗还促进了符箓派的改革,使符箓各派将内丹修炼引入斋醮科仪中,改变了以往符箓派只画符念咒的科仪传统。新出现的神霄、清微、净明等符箓道派,也都以"内炼成丹,外用成法"为其传道宗旨。南宗为后人留下了大批内丹著作,成为中国传统文化的优秀遗产,对现代气功、医学以及人体科学的研究有重要的文献价值。

二、全真道

全真道又名全真教,是金朝初期在中国北方兴起的道教派系,也是在宋明时期道教中兴和世俗化过程中成就最高、影响最大和传教体制最为完善的新型宗教。

全真道的兴起,有着广泛的时代背景和深刻的思想渊源。从时代精神的变迁看,北宋后期,中国北方再度陷入战乱和分裂。以女真贵族为代表的北方蛮族,凭借强大的军事实力和野蛮的作战方式,先后对中原地区发动了一系列旨在掠夺财富和占领土地的侵略战争。南宋时期,北方地区完全沦陷。金朝对广大汉族实行民族歧视和高压统治,动辄处以极刑,禁止身着汉装,强行削发顺从女真风俗。士大夫和民众痛不欲生,迫切需要植根汉文化的新宗教慰藉巨大的身心痛苦。出身士大夫的王重阳,以道教内丹修炼为基础,融合佛教禅宗的心性觉悟和儒教伦理的孝敬道德,创立了圆融三教的全真道,在一定程度上满足了广大民众对宗教信仰的渴望。从学术思想的演进看,两宋的理学思潮本来就是三教合一的精神产物,但出于"道统"观念的狭隘偏见,理学家们暗地里出入佛道,谈禅炼丹;表面上却攻击异端,辟斥释老。这种阴奉阳违的文化策略,具有令人讨厌的虚伪面孔,很难得到广大民众的认同。王重阳创建全真道,公开打出了"三教同源"和"三教平等"的旗帜,以"全真之旨"会通三教,用佛教的心性学说和儒教的伦理道德彻底改革传统道教的丹道修炼,创造出一种更加符合民众宗教心理和终极关怀的全新道教。

宋明时期,全真道的发展大致经历了三个阶段。从金初到金末为第一阶段,王重阳的创教活动是这一阶段最重要的内容。从金元之交到元代中叶为第二阶段,丘处机的弘道实践使全真道一度达到贵盛。

从元末到明初为第三阶段,全真道与金丹派南宗合并,进入平稳发展
时期。

1. 王重阳的创教活动

王重阳(1112—1170年)原名中孚,字允卿;后易名德威,字世雄;入
道后改名嚞,字知明,号重阳子,金朝京兆(今陕西)咸阳人。出身富豪
之家,早年为儒士。阜昌四年(1133年),应伪齐政权科举未中。金熙
宗天眷初年(1138年)弃文习武,改试武举,遂中甲科,做酒税小吏。后
因感怀才不遇,辞官归家,行为疯狂放浪。金海陵王正隆四年(1159
年),王重阳在甘河镇(今陕西终南县内)酒肆上遇到二位仙人,传授金
丹秘诀,遂弃妻子入道,在终南山南时村做墓穴居住修炼,名为"活死人
墓"。金世宗大定七年(1167年),王重阳焚烧穴居,东出潼关,持铁罐
沿途乞化,只身到山东文登、宁海、福山、登州(今蓬莱)、莱州(今掖县)
等地传教。在宁海,马钰、孙不二夫妇筑庵事奉王重阳,庵名"全真",全
真道因此得名。数年后,全真教大行于山东半岛,受教弟子日益增多。
王重阳先后建立了三教七宝会(在文登)、三教金莲会(在宁海)、三教三
光会(在福山)、三教玉华会(在登州)和三教平等会(在莱州),最后均以
全真道命名各教会。在众多受教弟子中,最著名的有七人,即马钰
(1123—1183年,号丹阳子)、谭处端(1123—1185年,号长真子)、刘处玄
(1147—1203年,号长生子)、丘处机(1148—1227年,号长春子)、王处一
(1142—1217年,号玉阳子)、郝大通(1140—1212年,号恬然子)、孙不二
(1119—1182年,号清静散人),后世称为"北七真"。大定九年(1169年)
秋,王重阳留王处一和郝大通在昆嵛山修炼,自己携带马钰、谭处端、刘
处玄和丘处机四人西还陕西,行至开封时病危。第二年正月去世,由四
大弟子将灵柩运回关中,安葬在终南刘蒋村(全真门人尊称"祖庭")。
元世祖忽必烈于至元元年(1269年),封王重阳为"重阳全真开化真
君"。元武宗时,加封为"重阳全真开化辅极帝君"。著作有论文《立教

五十论》、《金关玉锁诀》、《授丹阳二十四诀》以及文集《重阳全真集》、《重阳教化集》和《重阳分梨十化集》等。

王重阳去世后，全真道由大弟子马钰执掌门户，其余六大弟子分别在陕西、河北、山东、河南等地一边修炼，一边传教。马钰所在的陕西关中一带，为全真道的活动基地和传播中心。马钰执教期间，遵行以"无为"为主的立教宗旨，注重个人内丹真功的如实修炼，不太注重发展教徒，很少营造宫观。这一时期，全真道士多过着清修苦炼、云游乞食的苦行生活。但也因此吸引了不少信徒，赢得了金朝中下层官吏的信奉和保护。不过，此时与金廷上层统治集团并无直接关系，全真道的组织规模和信徒力量也比较小。

马钰之后，刘处玄于金世宗大定二十六年（1186 年）、丘处机于金章宗泰和四年（1204 年）相继执掌教门，全真道开始逐渐重视创立宫观和接收信徒，进入鼎盛发展时期。刘处玄和丘处机遵行以"有为"为主的传教宗旨，将主要精力用于创建宫观和接收信徒方面。这一时期，全真道的活动中心也从关中地区转移到山东半岛。随着信徒数量的不断增加和宫观的不断修建和扩充，全真道引起了金廷的高度重视。大定二十七年（1187 年），王处一被召至京兆，金世宗向其询问全真养生之道。第 2 年，又诏令丘处机进住京兆，并为其在万宁宫西侧修建道庵，以便皇帝随时召见问道，特别授权主持万春节斋醮事宜。接着，又召王处一到京师。王处一抵京后，适逢金世宗驾崩，金章宗即位，随即为金世宗斋醮，祈求冥福，转生仙道。

金朝皇帝的一再征召问道，无意之中抬高了全真道士的身价和地位，促进了全真道向鼎盛方向的发展。元好问在《紫微观记》里，形象地描述了当时全真道的传播盛况："南际淮，北至朔漠，西向秦，东向海，山林城市，庐舍相望，什佰为偶，甲乙授受；牢不可破。"① 金章宗明昌元

---

① 《紫微观记》。

年(1190年),金廷担心会出现"张角斗米之变",曾一度以惑众乱民为由,下令禁止全真道活动,但未能遏制其发展。全真道组织已具相当规模,在北方地区已有了相当深厚的群众基础。

全真道能够在金初的北方兴起并逐步走向鼎盛,这与王重阳独创的道教思想有着密切的关系。全真道与汉唐道教宗派相比,具有显著的时代特征。这主要表现在以下三个方面:

其一,三教归一的圆融主张

南北六朝以后,三教归一主张逐渐成为学术发展的主流思潮。儒、释、道三家不时有重要人物出来,推行这一主张。王重阳在创立全真道时,也以三教归一作为其创建新教的指导原则。他在山东文登等地所建的五个教会,即三教七宝会、三教金莲会、三教三光会、三教玉华会和三教平等会皆冠以"三教"二字。传教时期,他劝人诵读佛教《般若心经》,道教《道德经》和《清静经》,以及儒教的《孝经》。在他的言论和著作中,三教归一更是俯拾皆是。例如,在他所著有《金关玉锁诀》中,王重阳这样比喻三教的和立关系:

> 问曰:何者是三乘之法? 诀曰:下乘者,如新生孩儿。中乘者,如小儿坐地。上乘者,如小儿行走。若通此三乘,便超三界:欲界,色界,无色界。是心性意,显具三身:清静法身,圆满报身,三昧化身。三者,各有显迹之神。第一会:太上炼甲乙木,是虚坦会。老君着青衣,度三千青衣道士者,转青神黄卷三十六部《灵宝尊经》,留下九转丹,黄芽穿膝之法。绝国第二会:释迦佛留下,炼南方丙丁火,身被烈火袈裟,三千赤子,比丘僧人,留下十二部《大乘尊经》,射九重铁鼓之法,芦芽穿膝之法。龙华三会:夫子在鲁国之习学堂,炼西方庚辛金,三千白衣居士,留下十卷《论语》,并穿九曲明珠,芦芽穿膝之法。三教者,如鼎三足,身同归一,无二无三。三教者,不离真道

也。喻曰：似一根树生三枝也。①

在王重阳看来，道、佛、儒三教关系有两个层面：在修炼功法上，三教"如鼎三足"：道教太上老君修炼东方甲乙木，用九转还丹法追求长生久视；佛教释迦牟尼修炼南方丙丁火，用涅槃清净法追求不生不死；儒教孔夫子修炼西方庚辛金，用刚健进取法追求永垂不朽。道、释、儒三教虽然提出了三种不同的修炼功法，但其最高目的都是解决超越性的终极关怀问题。在"全真之道"上，三教"身同归一"：既不存在二元对峙，也不再是三足鼎立，而是从一棵生命树的根基上滋生出来的三条树枝，荣则共荣，枯则同枯。

与以往的道教派别相比，全真道在教义、教制、教规以及内丹修炼等方面，都贯彻了三教归一的和合思想。全真道的教义集中体现在"全真"二字上。后人对此二字有过多种解释，或谓使"真性"保全，或谓使"精气神"三全，或谓个人内修"真功"与济世利人"真行"两全其真。真功与真行的结合，才是全真道十分强调的"全真之旨"。

全真道士以自觉忍辱含垢的方式内修"真功"。人为何要忍辱含垢呢？他们引进佛教因果报应思想加以解释。全真道认为，凡是无缘无故地遭受欺罔困辱，甚或被杀害，都是偿还宿债。郝大通的弟子王志谨就曾说过："乃至大小喜怒、毁谤、打骂、是非，见面相嫌，皆是前因所结旧冤，现世要还。须当欢喜承受，不敢辩证。承当忍耐，便是还讫。但有争竞，便同抵债不还，积累更深，冤冤重结，永无了期"②。全真道士以自愿苦己利人的方式外炼"真行"。所谓"苦己"，就是实行严格的禁欲主义，把生活欲求降到最低限度，实行苦行生活。他们往往将修炼

---

①　《金关玉锁诀》第16诀。

②　《道藏》第23册，文物出版社、上海书店、天津古籍出版社1988年联合出版，第721页。

"真功"、"真行"功夫贯彻到纲常伦理中。王重阳教育在家修道者要恪尽伦常之道，"与六亲和睦，朋友圆方，宗祖灵祠祭飨频，行孝以序思量"①。即使是单纯个人修炼内丹，也必须以"忠君王，孝顺父母、师资"② 为首要义务。马钰入道时所作的《立誓状文》，明确提出要以"遵依国法为先"。总之，在教制、教规和内丹修炼等方面，无不贯彻三教归一的全真立教宗旨，从而使全真道比其他旧派道教更能够适应时代发展及其对宗教信仰的和合要求。

不过，全真道毕竟属于道教范畴。尽管王重阳及其弟子都反复强调三教平等，只是一家，三教归一后，不要攀谈道、释、儒谁比谁高，但在这一家子里，"儒门释户道相通，三教从来一祖风"③。太上老君辈分最高，用道家的清静贯通儒、释，更合乎"道法自然"的先后排序法则。因此，王重阳才有"太上为祖，释迦为宗，夫子为科牌"④ 的方便说法。

其二，成仙证真的内丹信仰

长生久视、得道成仙是道教最基本的信仰理念，也是它区别于其他宗教的根本标志。全真道的基本信仰也是如此。但是，它与旧的道教派别又有很大不同。汉唐旧道派多数认为，经过丹道修炼之后，形体和精神皆可不死，并且深信：一旦得道，肉体与精神将一起长存，即所谓的"白日飞升"、"羽化成仙"。全真道则不然，它在得道成仙信仰上，彻底放弃了肉体不死的外丹梦幻，只追求个人心性的彻底觉悟和个体精神的根本解脱。他们认为，人的肉体一定会死灭，而人的"真性"或"阳神"却可以长存。王重阳在一首诗中说："修行须借色身修，莫滞凡躯做本求。假合四般终是坏，真灵一性要开收"⑤。他根据佛教四大和合而成

①　《重阳全真集》卷 5。
②　《重阳全真集》卷 5。
③　《诗·学道示人》，《重阳全真集》卷 1。
④　《金关玉锁诀》第 19 诀。
⑤　《道藏》第 25 册，第 741 页。

肉体的因缘假说，认为只有心灵才是真性，肉身只是假托。他还批评传统道教对肉体"永不死而离凡世"的虚幻追求，认为这是大痴大愚、不达道理的蒙昧表现。其弟子刘处玄在《至真语录》也指出，人身死形散之后，其真性并没有死去。从根本上讲，养生之道只是养性而不是养身。全真道放弃肉体不死信念，只追求"真性"的觉悟和"阳神"的解脱，这显然是对佛教涅槃清静思想的全面吸收。事实上，全真道的"真性"、"真心"、"真我"等概念，都源出于佛教的心性学说。

　　既然肉体注定死亡，只有"真性"和"阳神"才有可能解脱，长存升天，达到仙境，因此，全真道视人的肉体为桎梏，设法使其幻灭，以便让"真性"、"阳神"早日出窍。在王重阳及其弟子的诗文集中，到处都能见到破斥肉体、否定人生的言论。丘处机将肉体视为"臭皮囊"、"一团臭肉"。他说："一点如至性，扑入臭皮囊，游魂失道，随波逐浪，万年千载不还乡。"又说："一团臭肉，千古迷人看不足，万种狂心，六道奔波浮更沉"①。谭处端认为，人体"本是一团腥秽物，涂搭模样巧成魔"②。据说，王重阳曾画骷髅警示大弟子马钰，又作《叹骷髅》诗。全真道常常用佛家术语贬斥人生为"苦海"、"火宅"，并援引禅宗的见性成佛说，宣称只要做好内丹功夫，便能顿悟真性，超出生死，得到解脱。

　　受佛教禅宗心性学说的深刻影响，全真道在继承钟离权和吕洞宾"性命双修"内丹思想的前提下，对金丹派南宗的修炼程序进行了彻底颠倒，提出了先性后命的全真内丹理论。与南宗相同之处在于，全真道也以修习内丹作为成仙证真的根本法门，认为传统道教的其他修炼法术皆是延年益寿的区区小术，只有内丹法术才是修炼心性的全真大道。但与金丹派南宗先筑基修命、后觉悟修性的修持路线截然相反，全真道不是先命后性、修命为主，而是先性后命、修性为主。王重阳用宾主关

---

①　《道藏》第 25 册，第 838 页。
②　《道藏》第 25 册，第 849 页。

系说明命与性在大丹修炼中的不同地位:"宾者是命,主者是性"①。

全真道主张先性后命,并始终以见性为大丹修炼的根本宗旨。丘处机甚至将全真大丹功法总结为"三分命术,七分性学"②。所谓"先性后命",是指先收敛心思,降伏意念,做明心见性的觉悟功夫,使心定念寂;然后静坐调息,按照钟吕派的内丹程序,依次炼精化气、炼气化神、炼神还虚。全真道从见性为主的修炼程序出发,有时还主张以性兼命的速成丹法:只要修性到位,直接炼神还虚,就可自然兼容命功。《丹阳真人语录》声称,只要做到清净心地,"屏绝万缘,表里清净,久久精专神凝气充,三年不漏下丹结,六年不漏中丹结,九年不漏上丹结,是名三丹圆备,九转功成。"后来,李道纯在南北二宗融合之后所作的《中和集》里,将所有内丹功法分为三乘九品,其中以直接修性而兼容命功的大丹之法称为"最上一乘"的顿法。很显然,全真道的这种先性后命、以性为主、性可兼命的大丹功法,只适合上根利器之人进行修炼,并不适合所有的人,特别是根器迟钝的下愚之人。因此,丘处机后来又回到性命双修的基础上,强调"一性一命",不可偏废。他在《大丹直指》里指出:

> 金丹之秘,在于一性一命而已。性者天也,常潜于顶;命者地也,常潜于脐。顶者,性根也;脐者,命蒂也。一根一蒂,天地之元也,祖也,脐下黄庭也。庭常守乎顶及脐,是谓三叠。《黄庭》曰:"琴心三叠舞胎仙"是也。琴取其和。且人之生,其胞胎结于我之脐,缀接在母之心宫,自脐剪落,所谓之蒂也。蒂者,命蒂也;根者,性根也。但恐泄漏,是所千千名,万万状,多方此论。顶中之性者,铅也,虎也,水也,金也,日也,意也,坎也,坤也,戊也,姹女也,玉关也。脐中之命者,汞也,龙也,

---

① 《道藏》第 25 册,第 807 页。
② 《长春祖师语录》。

火也,根也,月也,魄也,离也,干也,己也,婴儿也,金台也。顶为戊土,脐为己土,二土为"圭"字,所以吕仙翁号刀圭也。只是性命二物,千经万论只此是也。①

内丹派南北二宗的融合,正是建立在性命双修基础上的。究竟是先性后命,还是先命后性,则完全根据修炼者的根器来决定。这只是程序性的修炼技术问题,并不是实质性的丹道本体问题。

其三,严格的教制和灵活的传教

全真道提倡道士必须出家,住在宫观内潜心修炼。为了贯彻成仙证真的内丹信仰,全真道士曾大力破斥人们对家庭的留恋。他们称家庭为"牢狱"、"火宅",称夫妻爱情为"金枷玉锁",教人捐妻舍子,"跳出樊笼",出家修炼,证成真道。王重阳说:"儿非儿,女非女,妻室恩情安可取!"② 王重阳在创教之初,令修道者出家住庵修行,居住条件力求俭朴。他在《重阳立教十五论》中说:

> 茅庵草舍,须要遮形,露宿野眠,触犯日月。苟或雕梁峻宇,亦非上士之作为;大殿高堂,岂是道人之活计。斫伐树木,断地脉之津液;化道货财,取人家之血脉。只修外功,不修内行,如画饼充饥,积雪为粮,虚劳众力,到了成空。有志之人,早当觅身中宝殿,体外朱楼。不解修完,看看倒塌。聪明君子,细细察详。③

这一时期,王重阳要求全真道士仿效佛教苦修僧的修行方法。王重阳

---

① 《大丹直指·金丹之秘》。
② 《道藏》第 25 册,第 838 页。
③ 《重阳立教十五论·第五论盖造》。

的七大弟子皆以能行头陀之法著称。例如，大弟子马钰出家修道时，散尽所有家产，每日仅乞食一钵，并誓死赤足，夏不饮水，冬不取火。王处一曾在沙石中长跪不起，以至膝肉磨烂，露出白骨。山上多砺石荆棘，他赤脚往来其中，如履平地，号称"铁脚云"①。丘处机到磻溪穴居，日乞一食，昼夜不寐，长达六年。后来功成名就，隐居龙门山，与当初在磻溪时完全一样②。郝大通在河北赵州桥下趺坐六年，持不语戒，儿童戏触亦不动不语，寒暑风雨，安坐不动③。

全真道初期奉行禁欲信条，基于王重阳对"入圣之道"某种过分偏激的理解。他说：

> 入圣之道，须是苦志多年，积功累行。高明之士，贤达之流，方可入圣之道也。身居一室之中，性满乾坤。普天圣众，默默护持；无极仙君，冥冥围绕。名集紫府，位列仙阶。形且寄于尘中，心已明于物外矣。④

似乎只有不断折磨肉体，才能达到出神入化的神仙境域。不过，这种自讨苦吃的修炼方法，具有一箭双雕的妙用：对全真道士而言，能够有效地防止其贪恋财色，从而避免道门内部滋生腐败现象；对普通民众而言，能够起到震撼心灵的传教效应，加深信徒对高道顶礼膜拜的信服感情。

随着全真道组织的不断扩大，特别是在元代初期进入鼎盛之后，原来简朴的草庵变成雕梁画栋的宫观，同时又拥有数量可观的田产。这时再实行乞食苦行的头陀式生活，已经非常困难。但是，全真道的宫观

---

① 《道藏》第33册，第172页。
② 《道藏》第19册，第734页。
③ 《道藏》第25册，第866页。
④ 《重阳立教十五论·第十二论圣道》。

管理制度和清规戒律也随之逐步完善,对出家道士的言行规范更加严密。尽管全真道的教制和戒律,绝大多数是仿效佛教建立起来的,但其制度的完整性和实行的严格性,在道教诸派中首屈一指。

全真道的传教方式也相当独特,极其灵活。在传教内容上,王重阳将世俗社会的人伦秩序,传统儒教的道德规范,都作为全真教徒必须严格遵守的行为准则。特别是孝亲忠君,是修炼性命的基本外功。不孝、不敬和不善之人,是不准加入全真道的。道徒入教时,《孝经》是必读经典之一。此外,王重阳还将佛教的慈悲观念纳入全真伦理中,要求作徒从清静心地中生起智慧,以智慧之光行施慈悲。这样,王重阳所创建的全真伦理,是儒教孝忠、佛教慈悲和道教清静三大道德规范的和合结晶。这种和合伦理道德,对于广大民众来说,确实具有极大的说服力;对于统治集团而言,也是建设性的教化行为。在传教方式上,全真道一改汉唐时期以大宫观为基地的集中传道,以草庵为据点,以会、社为组织形式,借鉴了传统社祭风俗和民间演艺集会的随机方式,就地组织,就地修炼,不受场地限制,具有极强的灵活性和渗透性,充分体现了道教的世俗化发展趋势。

2. 丘处机的弘道实践

丘处机(1148—1227年)字通密,道号长春子,世称长春真人,山东登州栖霞县人。出身农民家庭,幼年丧母,由继母抚育。金大定六年(1166年),19岁的丘处机弃家出走,潜居到昆嵛山石门峪学道。第二年,得知王重阳在宁海(今山东牟平)传道,创立全真庵,道行甚高,前往拜师,被留在庵中执掌文翰。其名字和道号,皆由王重阳亲赐。王重阳去世时,遗命马钰执掌教门,令丘处机师事。安葬王重阳后,马钰留守"祖庭",丘处机西行至磻溪(今陕西宝鸡东南),凿洞穴居住,潜心修炼。后移居陇州龙门山娄景洞,率门徒数人继续苦修,自称此时道业已成。居磻溪以来,丘处机道名渐著,秦陇士人颇愿与之结交。大定二十二年

(1182年),马钰回归山东,关中教门事务托付丘处机掌管,不久主持终南"祖庭"。此时,全真道在陕西、河南、河北和山东等地已拥有大量信徒,声名卓著。大定二十八年(1188年)初,金世宗派遣使者访求王重阳门人,丘处机应召至中都,主持万春节醮事,敕建官庵定居京城。亲王、公主及官民前来问道者络绎不绝,金世宗也曾两次召见,询问"养生之术"及"天人之理"。同年八月辞还,途中在河南、河北等地传道数月,沿途创立道观数所,于第二年春季回到"祖庭"。金章宗明昌二年(1191年),东还栖霞故里,在门人先行建造的长春庵里修炼传教。

全真道以柔弱为本,提倡"除情去欲,忍耻含垢",对压迫和统治永不抗争。这套逆来顺受的宗教人生哲学,不仅对现存统治秩序没有丝毫威胁,而且有利教化民众安分守己,因此受到皇帝的赏识和整个统治集团的扶植。但是,由于全真道势力发展过快,教团组织严密,信徒又勇于为教门牺牲,因而又引起统治者的疑忌和恐慌。金章宗即位(1190年)不久,便以全真道"惑众乱民"的借口下令禁罢。明昌六年(1195),又将终南"祖庭"收入官府。直到承安二年(1197年),经丘处机倾资纳粟,金廷才允许全真道在登州、莱州和陕西三地重建宫观九所,并由皇帝亲赐匾额。泰和三年(1203年),刘处玄去世,丘处机成为全真道中威望最高的掌教首领。他非常注意与金朝统治集团处理好关系,诱使达官贵人加入道门,并与莱州定海军节度使刘师鲁等高官结为挚友。卫绍王大安三年(1211年),他再次奉召赶赴京都,后因蒙古兵攻金,未能成行。第二年,山东红袄军起义,两年之内发展到数十万人,夺取了许多州县。贞祐二年(1214年),金宣宗向蒙古求和之后,旋即派官军镇压红袄军起义。当时,登州、宁海已被起义军占领。朝廷敦请丘处机出面"抚谕",起义军被说教,放弃占领的州府,丘处机也因此得到金朝封号。

金宣宗迁都汴京后,黄河以北成为蒙古和金朝两家的激烈争战之地,连年不断的战乱使民众陷入极度困苦境地。一时间,全真道教徒大增,成为北方最有影响的宗教派别。金朝、南宋和蒙古三方,都想争取和利用全真道来控制北方地区。贞祐四年(1216年),丘处机居登州长春观,金宣宗命东平监军王庭玉前来请行,公主也差官来请,皆辞不赴。兴定二年(1218年),丘处机移居莱州昊天观。不久,南宋派人邀请丘处机南行,也被推却。兴定三年(1218年)五月,成吉思汗在西征途中,侍臣刘仲禄举荐丘处机的"长生之术",侍臣耶律楚材也认为全真道能帮助蒙古大汗安定天下。于是,成吉思汗特遣刘仲禄等20人传达旨意,邀请丘处机前来面见。刘仲禄等人经半年多艰辛跋涉,先到山东潍州,寻访到丘处机门人尹志平同行劝驾,十二月抵达莱州。年过古稀的丘处机决意应召北上,扶植蒙古大汗。

　　1220年正月,丘处机与同行的18名弟子从山东出发,二月抵达燕京。得知成吉思汗尚在西域,担心年老不堪远行,欲留在燕京等待班师后觐见。刘仲禄派使者去西域报告,丘处机亦上表恳请。十月,使者带回成吉思汗诏书,敦请西行,命刘仲禄护送。经过长途跋涉,于1222年四月五日至大雪山(兴都库什山)行营,见到了成吉思汗。成吉思汗问:"真人远来,有何长生之药以资朕?"丘处机回答道:"有卫生之道,无长生之药。"成吉思汗嘉其诚实,命以"神仙"称呼。八月七日奉旨再赴行营朝见。二十七日,丘处机随成吉思汗回师北行,沿途论道,多次讲解"长生之术"和"治国之方",劝诫敬天爱民、选择良吏治理汉地。成吉思汗多次召集太子、诸王和大臣,以丘处机先后奏对的治国方略告知众人。第二年,丘处机获准东还,成吉思汗命特使护送,并赐旨准许汉地神仙门人及其道观悉免劳役差遣。丘处机沿途传道,并派弟子尹志平持教谕前往山东各地,动员民众降元。1224年二月,丘处机居燕京天长观。

　　丘处机应召西行,使成吉思汗十分满意。尽管他并没有长生不死之药进奉,仍得到了极高礼遇。在东还途中,成吉思汗一再遣使传旨问候。入居燕京天长观后,使者再度传旨,特许丘处机在汉地以清净道教化众人,选择好田地建宫观居住。后由行省拨出金朝北宫园池及其附近数十顷土地,为全真道建立道院,重修和扩建天长观。1227年五月,成吉思汗从秦州(今甘肃天水)遣道人王志明前来传旨,改北宫为万安宫,天长观为长春宫,诏命天下出家之人皆隶属全真道,交赐金虎牌,道教事务听任丘处机裁决。

成吉思汗之所以如此优待丘处机,主要目的是利用他在汉地民众中的广泛影响,使汉人降服和归顺蒙古统治。燕京等地官员秉承圣旨,对丘处机倍加尊重;士人也竞相逢迎,拜谒求名者络绎不绝。丘处机及其弟子也趁机利用蒙古大汗给予的政治特权,扩大全真道的势力范围,恃有圣旨和金牌,通管天下僧尼。更有甚者,迫僧为道,改寺为观,为后来佛教与全真道的矛盾冲突埋下了隐患。在当时蒙古和金朝激烈争战之际,丘处机大行"全真之道",派遣门人弟子招降于战火之中,以其宗教领袖特有的精神感召力,使众多生灵免于涂炭,这对于保全人民的生命财产,减轻战乱对社会生产力的破坏程度,确实起到了积极的历史作用。

1227年七月,丘处机病死在燕京,享年80岁。遗命门人宋道安统领教门事务,尹志平辅佐。其著作有《磻溪集》、《鸣道集》和《大丹直指》等传世。门人李志常的《长春真人西游记》,详细记载了丘处机的西行旅程,以及他自奉召启程至去世期间的诗词和讲论。弟子尹志平的《北游语录》,也记载了他的一系列重要言论,《玄风庆会录》记载了他对成吉思汗"论道"的所有言论。

与王重阳初创时期相比,丘处机时期的全真道已发生了重大变化。按照弟子尹志平的总结,这是从"无为"的内丹修炼到"有为"的积累功行的演变过程①,也是全真道从民间走向官方的重大转折。在蒙、金、宋三方争逐鹿中原之际,丘处机及时抓住各方都想笼络和利用自己的

_____

① 《北游语录》。

大好机会,选择实力最强大的蒙古为依托,利用成吉思汗急于吞并中原和怀柔汉人的政治野心,完全改变了王重阳和马钰等人消极无为的内功修炼主张,提倡在外功上积极有为,广泛招集徒众,扩大传教地域,积累道观财产,使全真道的发展很快达到极盛。

全真道大建宫观、广收门徒的传道活动从丘处机1224年住长春宫开始,中间历经尹志平(1169—1251年)、李志常(1193—1256年)两任掌门,一直持续到1256年李志常病逝。在这30多年里,全真道究竟建了多少宫观,收了多少门徒,现在已经难于详考。仅从《顺天府志》所引《析津志》和《元一统志》所记的宫观作粗略统计,燕京及其附近地区有宫观百余所。在丘处机"立观度人"的号召下,经过这30多年的积极经营,全真道宫观和弟子遍布河北、河南、山东、山西、陕西、甘肃等北方广大地区。《清虚宫重显子返真碑铭》称:"东尽海,南薄汉淮,西北历广漠,虽十庐之聚,必有香火一席之奉"①。1228年安葬丘处机,1241年会葬王重阳,从这两次盛大典礼中,隐约能够看到当时全真道的力量和影响。据载,安葬丘处机时,"四方来会之道俗逾万人,至有司卫之以甲兵"②。会葬王重阳时,"时陕右虽甫定,犹为边鄙重地,经理及会葬者,四方道俗云集,常数万人"③。

据《尹宗师碑铭》记载,当尹志平在1236年去陕西营建"祖庭"时,"时陕右甫定,遗民犹有保栅未下者,闻师至,相先归附,师为抚慰,皆按堵如故"。尽管尹志平利用全真道特有的宗教感召力,全心全意地为元朝统治集团奔波效劳,但终因其势力和影响过大,加上天下逐渐平定,元朝皇帝和蒙古贵族既要加强对宗教势力的严格限制,又要重新选择更稳健的教派作为国家政治宗教。因此,在元宪宗时期(1251—1259

---

①　陈垣:《道家金石略》,文物出版社1988年版,第476页。
②　《道藏》第19册,第796页。
③　《道藏》第19册,第743页。

年),出现了佛教徒和全真道之间围绕《化胡经》真伪的激烈争辩,元朝开始采取袒护密教的政治立场,有意限制全真道的继续发展。全真道在辩论中败北,参加主辩的全真道士被迫削发为僧,涉嫌的所有伪经被焚毁,全真道从贵盛地位一落千丈,跌入发展低谷,重新以内修丹道的本来面目回归民间社会,并酝酿着与金丹南宗的历史合并。

3. 全真道与金丹派合宗

从元宪宗八年(1258年)在《化胡经》争辩中败北开始,全真道逐渐失去了元室的尊宠,生存处境相当困难,教徒活动受到限制,斋醮也被迫中断。经过张志敬(1220—1270年)、王志坦(1200—1272年)、祁志诚(1219—1293年)、张志仙(生平不详)四人相继掌教,一直处于发展低谷。元世祖忽必烈在位期间(1260—1294年),对全真道既限制,又利用。一方面,忽必烈多次下诏增封"真人",允许全真道在长春宫进行斋醮科仪。另一方面,再次操纵佛道辩论,焚毁《道藏》中的大量道经。特别是与佛道关系相关的道书和传记等,悉数焚毁。直到元成宗元贞元年(1295年),才宣布全面解除禁令,罢免有意与全真道作对的权臣,归还被密教和其他佛教僧人侵占的宫观,全真道终于走出艰难处境,进入平稳发展时期。

元朝实现南北大一统,为全真道南传提供了历史机遇。与此同时,也为金丹派南宗创造了北上传教的有利条件。据有关文献记载,最早进入黄河以南地区传道的全真道士是吉志通,曾师从马钰弟子乔潜道学习,"后居武当山,十年不火食"①。吉志通于元世祖至元甲子年(1264年)逝世,据此推断,其居武当山的时间当在元宪宗时期。比吉志通稍晚,武当山又有鲁大宥和汪真常相继成为全真道士。此后,南下传道的全真弟子日益增多,武当山成为全真道南传的重要据点。从武

---

① 《续文献通考》。

当山继续南下,全真道不断传至江苏、浙江、福建和山西等地。金丹派南宗道士开始加入全真道,如居江苏仪征的李道纯,居浙江杭州的徐弘道、丁野鹤、黄公望,居浙江黄岩的赵与庆,活动于江西、福建一带的金志扬和桂心渊,以及活动于江西、浙江和福建一带的陈致虚等人,大多以南宗道士身分直接加入全真道。

全真道的南传,使一度隔绝的南北二宗增加了接触机会。经过频繁接触,彼此认识到两宗同源于钟吕内丹派,逐渐产生了合为一宗的迫切要求。特别是组织松散、势力弱小的金丹派南宗,更有归顺全真道的强烈愿望。为了使南北二宗顺利合并,必须对二宗原有的祖师系统作出必要调整,形成一个双方都能接受的祖师谱系,以便合宗以后共同崇祀。

在南宗阴阳双修派陈致虚(1289—1343年)的竭力推动下,形成了南北二宗共同认可的祖师传承系统。陈致虚在其所著的《金丹大要》、《金丹大要仙派》和《金丹大要列仙志》中,提出了"五祖"下传南北"七真"的祖师系统。南北二宗共同的"五祖"是,王玄甫、钟离权、吕洞宾、刘海蟾、王重阳。王重阳下设"北七真",即马钰、谭处端、刘处玄、丘处机、王处一、郝大通、孙不二。刘海蟾下设"南七真",即张伯端、石泰、薛道光、陈楠、白玉蟾、刘永年、彭耜。

尽管这种精心安排,事实上抬高北宗、降低南宗,但在当时元室已册封王玄甫、钟离权、吕洞宾、刘海蟾、王重阳等为"真君"、"帝君"的前提下,这是最佳方案。在此基础上,南北二宗大约在元惠帝期间(1333—1370年在位)完成了宗派合并,形成了统一的全真道。原来流行于北方的全真道成为全真道北宗,流行于南方的金丹派成为全真道南宗。全真道除合并金丹派南宗外,在元代中后期又相继兼并了真大道、楼观道和部分净明道,成为当时全国统一的内丹大宗,与符箓大宗正一道二分天下,平行发展。

自从元成宗解除对全真道禁令后,苗道一(生平不详)、常志清(生平不详)、孙德彧(1243—1321年)、兰道元(生平不详)、孙履道(生平不详)和完颜德明(生平不详)等相继执掌全真教门。从苗道一开始,每任掌教皆被授封为真人,知集贤院道教事。全真道再度获得宠遇,原来的清修道士一下子变为道士官僚。他们所居的修炼之地,早已不再是王重阳所设计的茅庵,而是置身京城帝都的豪华宫观。平时除了为皇室斋醮祈福外,多忙于交通富豪权贵。陈垣先生称全真道上层的这种变化为"末流之贵盛"。上层贵盛后,传教事务却随之退步。前期人才济济的景象不复存在,逐渐显露出人才凋零的衰落迹象。

进入明代以后,全真道开始全面衰落。这一方面是由于全真道自身丧失了初期所具有的创新活力,另一方面也是由于朱明王朝对道教严加管制的政策所致。明太祖在为《大明玄教立成斋醮仪》所作的御制序文里指出:"禅与全真务以修身养性,独为自己而已。教与正一专以超脱,特为孝子慈亲之设,益人伦,厚风俗,其功大矣哉!"这表明,朱元璋支持玄教和正一道,不支持禅宗和全真道。后来,朱元璋及其继位者所召见的道士,大多是正一道天师及其门徒,道录司所辖各级道官也大都由正一道士充任。全真道首领不能居住北京白云观,一时呈现群龙无首的分裂局面,形成了各自独自活动的"七真派",即宗丘处机的龙门派,宗刘处玄的随山派,宗谭处端的南无派,宗马钰的遇仙派,宗王处一的嵛山派,宗郝大通的华山派和宗孙不二的清静派。其中以龙门派势力最大,其余六派比较弱小。除了全真嫡系七派外,明初张三丰(生卒年不详)所传的各个支派,万历年间陆西星(1520—1606年)所传的内丹东派,皆属全真道旁系。四分五裂的派系,标志着全真道进入了多元化的平稳发展时期。

三、符箓派

符箓派又称符水道教,是对道教中以符咒等法术治病驱鬼道派的通称。汉魏时期的五斗米道和太平道,唐代的灵宝派和上清派,以及元代以后的正一道,都属于符箓派。汉魏以来,符箓派一直是道教发展的主流。宋元时期,内丹派一度勃兴,在势力上超过了符箓派。因此,从北宋开始,符箓派顺应时代注重义理的发展要求,对原有的教理教义进行了革新,产生出神霄、清微和净明等符箓新派,使符箓法术有了全新发展。元代以降,符箓各派合流于正一道。该道派是由古代的巫鬼道发展来的,用符箓行施祈禳,以达到消灾祛祸、治病除瘟、济生度死等为宗教目的,与民间文化风俗和鬼神信仰联系密切。宋明时期,符箓派的再度繁荣昌盛,体现了道教始终植根民间风俗的文化特色。

1. 神霄、清微和净明等符箓新派

宋明时期,活跃于朝野的符箓道教非常庞杂。除传统的正一道、上清道和灵宝道,以及由它们派生出来的天心道、太一道和东华道等支流外,神霄道、清微道和净明道都是在这一时期独立创生出来的新道派。与传统的符箓道派相比,这些符箓新派确实创造出新的法术,具有新的传道特征。一般说来,这一时期的符箓新派具有三大特征:一是将内丹功法与符箓秘咒结合起来,创造了以"雷法"为代表的新符箓法术;二是顺应三教和合思潮,将佛教禅宗的心性觉悟、儒教伦理的纲常道德和道教修炼的丹道学说融为一炉,因而具有更高的理论水准和更大的适应能力;三是严格恪守以忠孝为核心的宗法伦理,符箓道士不管在家出家,都要模范遵守忠孝道德规范,为维护纲常伦理秩序而效劳,为专制王朝提供各种所需的宗教服务。

神霄派是内丹与符箓融合产生的符箓新派,约形成于北宋末年,流传于南宋至元明时期。"神霄"一词出自《灵宝无量度人上品妙经》。该经根据古代天有"九霄"、"九重"的说法,认为其中最高一重为"神霄",是道教神仙所居的最高境域。

神霄派的创始人是江西南丰道士王文卿(1093—1153年)。他自称

得到唐代道士汪君(714—789年)的秘传,以神霄雷法著称,并受到宋徽宗召见,先拜为太素大夫、凝神殿校籍,后又拜为金门羽客,升凝神殿侍宸,赐道号"冲虚通妙先生"。王文卿声称其符法出自元始天王之子——高上神霄玉清真王,又号南极长生大帝、扶桑日宫大帝,为万雷总司。由于神霄雷法迎合了宋徽宗借崇道神化自身的政治需要,很快流传起来,风靡全国。宋徽宗自称是"教主道君皇帝"。神霄派以融合内丹与符箓为基本特征,其内丹功法源于张伯端创立的金丹派南宗,强调内炼与外用都要以本性元神为主,内丹为体,符箓为用。神霄道士认为,神霄雷法中所召摄的雷神,实际上就是自身的精气神。

在神霄派的创建过程中,除江西道士王文卿外,永嘉道士林灵素也有所建树。据称,他曾从一位道人的遗囊中获得《神霄天坛玉书》(或称《五雷玉书》),很快豁然神悟,既能察见鬼神,又能以符咒策使雷电,追摄邪魔,治病立见功验。政和六年(1116年),林灵素被宋徽宗召见,他谎称徽宗是神霄玉清王降世,是上帝的长子、长生大帝。徽宗大喜过望,下诏将福宁殿东所建的玉清和阳宫改为玉清神霄宫,将各州的天宁观改名神霄玉清万寿宫,宫中祭祀长生大帝君。张陵第三十代孙张继先,对创建神霄派也有所贡献。张继先撰有《明真破妄章颂》,阐发神霄雷法。

神霄派以传习雷法为主,声称行施此法可役使鬼神,招致雷雨,除害免灾。这是神霄派区别于其他道派的重要特点。神霄雷法的理论基础是天人感应说、内外合一说。神霄派认为,天地与我同体,人之精气神与阴阳五行一脉相通,可以彼此感应摄动。这种符法要求行法者平时进行内丹修炼,只要施法者内功深厚,风云雷雨招之即来。因此,神霄派道士非常重视内丹修炼,以此作为行施雷法的内功基础。

发展到南宋时期,神霄派在江南地区仍十分流行,但已开始分化,有称传自王文卿者,有称传自林灵素者,有称传自张继先者。此时,金丹派南宗从陈楠开始,也传习神霄雷法。可见,南宋时期传习神霄雷法的道教支派不止神霄一派。进入元代以后，传承林灵素、张继先的派系逐渐衰落，而传承王文卿的仍然比较兴盛。

元代神霄派的主要传人是莫月鼎，约生于南宋理宗宝庆年间（1225—1227年），卒于元世祖至元末年（1290—1294年），吴兴（今浙江湖州）人。先从四川眉山丈人观徐无极处学习雷法，后从邹铁壁处得到王文卿雷书。元世祖忽必烈曾召见，试验其法术，旨令其执掌道教事，因年老告辞。南归后佯狂避世，浪迹江湖。莫月鼎弟子虽然众多，但其所得王文卿雷法秘籍并不轻易授人，最终得其真传者只有王继华与潘无涯二人。

进入明朝以后，虽然不乏神霄道士的活动踪迹，但此时全真道和正一道平分天下，神霄派及其神霄雷法已为两大道派所吸纳，无法独立存在和自主传承。事实上，发展到元代，神霄派开始深受儒教伦理的感染和全真道法的影响，不再以行施雷法为主，而非常强调炼金丹，守忠孝，积功德。在教理教义上，已与全真道没有什么差别。只有极个别精通神霄雷法的高道，还能制造一些神效或奇迹，其余弟子只是凑凑热闹而已，与其他道派没有本质不同。

和神霄派一样，清微派也是以雷法为主的符箓新派，主张内丹修炼和行施符箓相结合。清微派因声称其符法出自清微天元始天尊而得名。清微派是南宋时期形成的符箓道派，在宋元之际达到鼎盛，到明代逐渐被全真道和正一道融摄。据本派编撰的《清微仙谱》追述，该派的渊源可追溯到唐代末期，始祖为唐末广西零陵人祖舒，第九代祖师为南宋四川眉山人南毕道（生于1196年，卒年不详），尊称为"混隐真人南公"。南毕道将雷法授予黄舜申（生于1224年，卒年不详）。黄舜申以擅长雷法名闻京师，受到宋理宗召见，赐号"雷渊真人"。到元代，又被册封为"雷渊广福普化真人"。黄舜申是清微派第十代宗师，经过他的阐扬，清微派趋于大成，门徒弟子近百人，影响较大。

黄舜申也是清微派符章、经道、斋法和雷法等理论的集大成者。

《正统道藏》中所存的清微道法著作,如《清微元降大法》、《清微神烈秘法》、《清微斋法》、《清微丹法》和《清微玄枢奏告仪》等,皆出于黄舜申及其门人之手。清微派以行施雷法为能事,其雷法理论也与神霄派类似,主张天人感应合一,内丹修炼与外施法术结合,并以内炼为行法基础。在内丹修炼中,将儒教《中庸》的思诚主张和《大学》的正心诚意作为主要内容,认为只有心正意诚,才能感物通神,产生神奇的雷霆风雨效应。

清微派在南宋形成以后,到元代有了很大发展,清微雷法名目逾百。元代清微派仍以黄舜申一系所传最盛,其弟子分为南北两支。一支以福建建宁为中心,传法于南方;一支以武当山为中心,传行于北方。一时间,清微道法传播于大江南北。其中,南传一系在元代的发展情况不详。北传一系的主要传人是弟子张道贵,其特点是以全真道士身分兼传清微雷法。

张道贵于至元年间(1264—1294年)入武当山,拜全真道士汪真常学习全真丹法。后随叶云莱、刘道明一道拜黄舜申修习清微符法。叶云莱、刘道明也是兼传全真丹法和清微符法的道士,得到清微道法后,再入武当山修炼全真道法。张道贵、叶云莱、刘道明等人下传张守清。至此,清微派达到兴盛。张守清曾于元仁宗皇庆元年(1312年)春在京都用雷法祈雨,有所应验。第二代又两度祈雨,赐号"体玄妙应太和真人"。延祐元年(1314年)春,奉旨还山致祭,管领教门公事。鉴于张守清在朝野上下的巨大名望,其所传弟子非常众多,因而被后世清微派北系道士尊称为祖师。

明代初期,除张守清弟子继续传清微道法外,其他武当道士也传承清微雷法。与此同时,黄舜申南传一系到元末明初传至赵宜真。赵宜真早年业儒,后来入道。起初师清微派道士曾贵宽,得到清微道法;继而学习金丹南宗和全真道法,得到南北两宗的内丹学;后来又师徐异,得到净明派的忠孝之道。赵宜真师承多派,所传驳杂,对上述各派多有所阐发。曾作《玉宸登斋内旨》和《玉宸经法炼度内旨》等篇,强调丹道为体,符法为用,丹道与符法皆备于我心。只要心地诚明,就能通天感神。由于赵宜真对清微道法多有阐发,后世清微派南系道士奉之为祖师。

在赵宜真所传弟子中,刘渊然最为著名。刘渊然又是净明道的第六代祖师,明代有名的高道,精通符箓法术。在永乐年间(1403—1424年)受命任职道录司,明仁宗时被封为"冲虚至道玄妙无为光范演教长春真人"。宣德初年(1426年),进为大真人,统领天下道教事。在赵宜真之后,清微派南系的传承又难于稽考。总之,明代中后期,随着道教各派的兼容合并和总体衰落,清微派已与全真道龙门派以及其他内丹派、符箓派混杂在一起,很难再厘清其传承谱系。

净明道是宋元间在南昌西山兴起的道教符箓新派,全称"净明忠孝道"。该派尊奉许逊为祖师,称其符箓出自许逊秘传。据传说,许逊于西晋太康年间(280—289年)曾任旌阳县令,后弃官返乡,以南昌西山为中心传道,其主要弟子有吴猛、时荷、甘战、周广、陈勋、曾亨、盱烈、施岑、彭抗、黄仁览和钟离嘉等11人,后世称许逊及其弟子为"十二真君"。唐代开始盛传许逊事迹,并将其神仙化。唐高宗和武则天时期,道士胡慧超修复许逊纪念地,建立西山游帷观,又著书宣传许逊的孝道主张,为南宋净明道的形成做了思想准备。

北宋时期,统治集团大力提倡以孝治天下。宋徽宗大中祥符三年(1010年),将西山游帷观升格为玉隆宫,禁止入山樵采,免除玉隆宫一切租赋徭役。政和二年(1112年),封许逊为"神功妙济真君",加赠玉隆宫为玉隆万寿宫。许逊在神仙谱系中的地位仅次于正一道祖师张陵。随着许逊形象的日益高大,民间对其偶像崇拜也与日俱增,从而为南宋创立以其为祖师的净明道奠定了群众基础。南宋何守证在绍兴元年(1131年)所撰的《灵宝净明新修九老神印伏魔秘法序》中声称,许逊真君在建炎元年(1127年)降神于西山,用"灵宝净明秘法"教化民众,倡导"忠孝廉谨慎之教"。何守证是周真公的弟子,而周真公于建炎三年（1129年）在南昌玉隆万寿宫祈祷许逊,建立"翼真坛",传度弟子500多人,明确打出了标榜"忠孝"的净明道旗号。

周真公生平事迹不详,其所建净明道不仅湮没无闻。宋末元初,西山道士刘玉（1257—1308年）又重新进行创教活动。据《西山隐士玉真刘先生传》记载:元世祖至元二十年（1283年）,刘玉自称遇西山道士,告知他净明大教将再度兴起,当选出800名弟子,命其自立为师。刘玉遂再创净明道宗,以忠孝善道劝化世人。在从元世祖至元二十年（1283年）到大德元年（1297年）的14年时间里,刘玉自称先后得到许逊降授的《玉真灵宝坛记》、《中黄大道》和《八极真诠》,得到郭璞降授《玉真立坛疏》,得到胡惠超降授道法和"三五飞步正一斩邪之旨",净明道的经典和符法得到进一步充实。

刘玉所开创的净明道,以许逊为第一代祖师,刘玉自己为第二代传人。元武宗至大三年（1310年）,刘玉去世,传法于黄元吉（1271—1325年）,为净明宗第三代传人。黄元吉在西山造玉真、隐真、洞真三坛,大量传授弟子。元英宗至治三年（1323年）,黄元吉到京师大都游历,"公卿士大夫多礼问之,莫不叹异"①。黄元吉之后,徐异（1291—1350年）为四传,赵宜真（生年不详,卒于1382年）为五传、刘渊然（1352—1432年）为六传。刘渊然以下的传承谱系不详。黄元吉、徐异、赵宜真和刘渊然等四人开始集结净明道经典,编撰成《净明忠孝全书》6卷。

明末清初,全真道龙门派丘处机第八代嗣法弟子徐守诚（1632—1692年）,于顺治九年（1652年）入南昌西山研修净明忠孝道时,感叹玉隆万寿宫荒废多时,曾致力于宫观的修复。康熙三十一年（1692年）,徐守诚去世后,净明道逐渐从历史中消失。

净明道自己对"净明"二字的解释是:"何谓净?不染物。何谓明?

---

① 《中黄先生碑铭》,《道园学古录》卷50。

不触物。不染不触,忠孝自得"①。刘玉认为:"净明只是正心诚意,忠孝只是扶植纲常";"本心以净明为要,行制贵在忠孝"②。净明道将纲常伦理"忠孝"观念提升到"开度之门"和"升真之路",提出了"以孝悌为之准式,修炼为之方术,行持为之必要"的净明宗旨。这充分体现了儒教伦理向道教金丹修炼和符箓法术的全面渗透。"净明"二字,还能兼容佛教心性本净本明的意蕴。净明道认为,内丹修炼首先要达到内心一尘不染,然后才能忠贞不渝地履行忠孝准则。由此可见,净明道是儒、释、道三教伦理融合的宗教产物,旨在教人清心寡欲,明心见性,使一言一行都符合纲常伦理的道德规范,一心一意地做宗法家族的孝子贤孙,甘心情愿地成为专制王朝的忠臣良民。

净明道的宗教伦理,其核心宗旨是"以忠孝为本,敬天崇道、济生度死为事"③。既然修炼丹道只是履行忠孝义务,那么道士就不一定出家隐居,在家入仕反倒更能修炼忠孝功德。不过,净明道毕竟是道教符箓派,刘玉虽对西山道的教法体系进行了革新,改革了原来的符咒和斋醮等修炼法术,提倡忠孝道德,不重视祈祷科仪等表演形式,还制定了"日知录"和"功过格",作为教徒日常生活的道德指南,但净明道仍然运用画符、祈禳、驱鬼、斩邪、祛病、请神等道教符箓法术。

元明时期,净明道在社会上颇有影响。元朝士大夫对其教义极为赞赏,有不少文人学士为净明道经典《净明忠孝全书》作序,盛称其为"大道至德之要"。阳明后学中的王畿、罗汝芳和高攀龙等人,与净明道士过从甚密,对其学说评价甚高。高攀龙认为:"仙家惟有许旌阳最正,其传只净明忠孝四字"④。净明道的忠孝教义,与宋明理学彼此呼应,都是为纲常伦理做宣传和论证的,因此势必受到元明统治集团的重视。

---

① 《玉真刘先生语录》,《净明忠孝全书》卷3。
② 《玉真刘先生语录》,《净明忠孝全书》卷3。
③ 《净明大道说》,《净明忠孝全书》卷2。
④ 《高子遗书》卷5。

黄元吉在至治三年(1323年)赴京师讲学时,就深得公卿赞誉。徐异游学京师,大行祈禳,获得"净明配道格神昭效法师"的赐号。洪武二十六年(1393年),刘渊然曾被明太祖尊称为"高道",并在永乐(1403—1424年)年间任职道录司。总而言之,净明道与其说是宗教修炼,不如说是道德宣扬。净明道对纲常伦理的过度推崇,其实是急功近利的世俗化行为,这使其完全失去宗教特有的超越维度,再无法关注终极问题,因而只能昙花一现,无法长期传承。

　　除上述三个具有独创性的符箓新派外,宋明时期还有不少从旧的符箓道派演变过来的新派,如创始于北宋、流传至元代的天心派,是从龙虎宗正一派衍生出来的符箓派系,传授"天心正法";金初在北方兴起、流传至元代的太一道,也是从龙虎宗正一派中分化出来的符箓派系,传授"太一三元法箓";形成于南宋初、流传至元代的东华派,是从灵宝宗分化出来的符箓派系,传授"上清灵宝大法"。正一道形成后,这三个衍生的符箓派系完全并入"三山符箓"系统,不再独立传授自家的法箓。

2. 正一道的改革与复兴

　　如同全真道在宋末元初的贵盛一样,正一道在元末明初的贵盛标志道教中兴的又一个发展高潮。两度中兴的原因也基本相同:一是由于宗教自身的改革和创新激发出前所未有的活力,赢得了统治集团和民间社会的尊奉;二是统治集团的大力扶植和普通民众的虔诚信仰,为其传教提供了广阔空间。中国道教后期发展中的这两大派系,在各领风骚数十年之后,到明末清初,随同宗法社会和专制政治一同走向全面衰落。

　　正一道是在天师道长期发展的基础上,以龙虎宗为核心,融合各种符箓道派组成的符箓大宗。大约在元代中后期形成,一直绵延至今。正一道形成的标志是:元成宗大德八年(1304年),敕封张陵第三十八代孙张与材(1264—1316 年)为"正一教主",并授权统管江南诸路道教,"主领三山符箓"。

正一道之所以能够在此时形成,概括地讲,其历史原因约有三个方面:

其一,领导核心业已形成。龙虎宗大约产生唐代后期。两宋时期,与茅山、阁皂二宗并称"三山符箓"。宋室对三宗首领的礼遇和支持不相上下,三宗势力也基本持平,茅山宗的发展时常略胜一筹。三宗彼此平等,没有隶属关系。从张陵开始,其子孙后代虽被尊称为"天师",但只是教徒尊敬,或民间沿袭,官方从未正式认可,就连极度崇道的宋真宗和宋徽宗,也仅仅赐张陵子孙为"先生",并不承认其拥有教主地位。但到了元代,蒙古贵族入主中原后,为了笼络汉族民心和奴化反抗意志,不得不利用汉族本土宗教。除利用佛教各宗、特别是藏传密教外,对儒教理学和道教各宗也大力扶植。全真道的势力范围主要在北方,因而最早受到礼遇,贵盛一时。占据江南之后,元室扶持的重点便转南方张陵后嗣主领的龙虎宗,反而对全真道采取了逐步限制的策略。由于张陵子孙世居江南,天师道信仰根深蒂固,龙虎宗传承源远流长,在江南地区影响最大。蒙古族一直奉行萨满教,比较容易接受道教符箓崇拜。因此,元世祖忽必烈统一江南后,对张陵后嗣及其龙虎宗特别荣宠,世代被封为天师、真人或大真人,受命掌领江南道教,逐渐形成了对江南各符箓派领导权威,龙虎宗也随之成为符箓各派的核心力量。

其二,组织体制逐步建立。基于历代天师在道教中的显要地位,龙虎宗不断发展壮大。元代的龙虎宗是势力最大、实力最强的符箓派别。除在祖山龙虎山空前繁盛外,其宫观遍布江南各省及燕京一带,大批弟子担任江南各路及州县道教官职,其行为规范和管理体制都井然有序,为统一符箓各派准备了组织条件。

其三,派系融合趋于成熟。符箓各派虽然五花八门,名目繁多,但基本教义和法术渊源却相当接近。到了元代,在天师掌领下,江南各路道教宗派接触频繁,相互借鉴对方的教义和法术。内丹功法、神霄雷法、清微雷法以及其他各种符箓和斋醮科仪,是各宗各派都学习、运用和传授的通行道法,道书、丹经和符咒也相互通用。这就为形成正一道奠定了思想基础。教义、丹道和法术的互相渗透,使原有的众多门派渐渐失去自己的宗派特色和传承谱系。随着以修炼内丹为主的各派向全真道的合并,以行施符箓为主的各宗也开始向正一道集结。这些变化表明,元代中后期是中国道教由分到合的融会时期。

与全真道相比,正一道有自己的宗派特点:一是以张陵后嗣为宗教领袖。元代正一道首领从第 38 代天师张与材到第 41 代天师张正言,先后经历四代,统领江南道教 60 余年。从明代初期开始,虽然不再采用天师封号,教主地位也不复存在,但是在正一道内部,仍然将张陵子孙视为当然的宗派领袖。二是以天师道龙虎宗为组织中枢。在正一道中,原有的各新旧符箓派,仍然可以保留自己相对独立的祖师谱系、尊奉经典和看家法术,正一道组织相对松散,不强求一律。正一道中既有龙虎宗、茅山宗、阁皂宗、太一道和净明道等大宗,也有神霄派、清微派、东华派、天心派等小派。大小宗派之间,祖师和弟子常常重叠兼容。所以,许多小派因后继乏人而彻底并入大宗,而大宗往往又滋生出不同的小派。明代以后的正一道如同丛林,具有某种多样性的生态特征,不完全是清一色的龙虎宗。三是以《正一经》为共同信奉的道教经典,主要法术包括画符念咒、祈禳斋醮等,其目的是为人驱鬼降妖、祈福禳灾。四是正一道士可以不住宫观修炼,还可以娶妻生子,置办产业。因此,正一道的宫观规模要比全真道的小,戒律也不甚严格,世俗化味道更足。

明代初期,朱元璋及其继位者极大地加强了对所有宗教派别的政治管理。正一道的发展开始受到了限制。但到明代中期,皇帝又开始带头尊崇道教,特别是对以符箓见长的正一道更是似乎迷信。正一道在限制中获得了一定程度的发展。张陵后嗣仍然受到王室尊宠。从朱元璋登基开始,张陵后代的天师称号虽被取消,但仍封为"正一嗣教大真人",爵位视二品,而且大真人称号前的字数常常比皇帝庙号还要多。张陵后代触犯王法,乱杀无辜,该凌迟处死时,往往能够得到宽大处理,减刑甚至赦免。张陵后嗣还不时与朱家联姻,与权贵结亲,形成盘根错节的裙带关系和血缘联盟。许多正一高道还被特邀主持皇宾的祀祠事宜,大兴斋醮科仪。正一道士在朝廷的鼎力支持下,还两次编纂《道藏》,即《正统道藏》和《万历续道藏》,为保存道教文化典籍做出了贡献。

　　明中叶以后,随着资本主义的萌芽和市民社会的觉醒,宗法制度和专制政体摇摇欲坠。正一道和整个传统宗教已无法挽救专制王朝衰败和危亡的历史命运,统治集团也不再像原来那样寄希望于道教的符箓法术。正一道从此步入衰落时期。特别是到了清代,正一道地位每况愈下。从乾隆皇帝开始,严禁张陵后嗣及各宗真人委派门人弟子到各省开坛传度,受箓传徒。一经发觉,严加治罪,真人一并议处[①]。正一真人的爵位也从明代的视二品降为五品,着意加恩视三品秩。到嘉庆皇帝时,正一真人已经不得与朝臣同列,朝觐、筵燕一概停止。在道光皇帝时期,正一真人已不准来京[②]。至此,道教从北宋开始的世俗化运动仿佛又回到汉魏草创时期,完全落难成地地道道的民间宗教,在专制王朝的政治舞台上再也没有任何立足之地。

①　《清朝续文献通考》卷89。
②　《清朝续文献通考》卷89。

第十二章　文学的演变

　　宋元明三代是中国古典文学出现深刻革新的演变时期。受唐宋古文运动和宋明理学思潮的复杂影响，一方面，随着"文以载道"文学原理在诗文创作中的全面贯彻，儒家诗学的伦理教化功能得到了恢复和加强，从而使这一时期的诗文创作出现了以说理为主的概念化倾向，言事致用的政论文成为宋明散文的主流；另一方面，随着理学"灭欲"主张的制度化落实，以抒情和娱乐为宗旨的词曲、小说和戏剧受到了极大的抵制和有意的贬斥。然而，文学的演变并不完全服从人为的理学法则，文学艺术的抒情特征和娱乐功能逐渐撇开传统的诗文领域，沿着从诗之余到词之余的词曲创作、从话本体到章回体的小说创作、从宋杂剧到明传奇的戏剧创作等三个边缘区域，先后掀起了三次空前的发展高潮。两宋的词体、元代的杂剧和散曲（合称元曲）、明代的小说和传奇，相继成为中国古代文学发展的三大里程碑。

一、文论："文以载道"的贯彻

　　伴随着理学思潮的盛行和集成，宋代文学理论也出现了"崇性理、卑艺文"[①] 的义理化偏向。特别是以"濂学"周敦颐、"洛学"二程和"闽

[①] 《浩然斋雅谈》。

学"朱熹为代表的理学主流派,有意歪曲唐代古文运动"文以贯道"、"文以明道"的文学原理,将"道"抽象解释成为"仁义中正"的"太极","冲漠无朕"、"极好至善"的"天理",不容有一丝情感冲动和半点私意欲望夹杂在其间。因此,宋代理学家对纯粹抒情的诗词和散文,基本上持否定态度,甚至将"作文害道"与"玩物丧志"相提并论,将"为文"和"玩物"看做是一回事①。诚如南宋思想家叶适的一句名言所说,"洛学兴而文字坏"。

然而,在两宋时期,理学只是一种基于儒教经典新诠释的民间学术思潮,尚未取得官方学术和意识形态的统治地位。理学家本人大多不擅长文学艺术,只是空谈道德心性而已,因而他们的褊狭主张和空疏议论并没有得到具体贯彻和真正落实。尽管受"道德性命之学"的消极影响,宋代诗歌和散文具有严重的概念化、说教化倾向,但是两宋文学的发展主流并不是诗文,艺术创作的高潮是抒情词与小说话本。"文以载道"的文学原理,主要通过抒情和幻想的艺术方式,本真地贯彻到文学创作实践中去;而不以空洞抽象的说理方式和清谈思辨的体悟方式得到证明。伟大的文学家苏轼,以其杰出的诗词和散文作品,以及独到的文学理论主张,驳斥了主流理学对"文以载道"原理的教条化诠释和片面性注解,捍卫了文学自身的独立特征,守护了艺术创作的自由本性。

元明时期,一方面,程朱理学在意识形态领域取得了官学地位,文学艺术的道德教化功能得到了空前强化与畸形发展,出现了以八股文、宫廷杂剧为代表的应试之卷和应制之作,文学成了获取功名的知识阶梯,艺术沦为奴役思想的政治工具。但另一方面,大批厌烦科举和官场失意的文人学者,又不断地从理学教条和纲常伦理中解放出来,重新回到现实生活,积极描写市民阶层的喜怒哀乐,深刻揭露宗法制度的黑暗和专制体制的腐败,文学艺术相继取得了元杂剧、元散曲和明小说、明

---

① 《河南程氏遗书》卷18。

传奇等伟大成就。以袁宏道为代表的"公安派",率先冲决理学的"载道"樊篱,主张文学独抒"性灵",艺术描写真情,倡导文学革新,重新恢复了艺术创作的自由品格、审美意趣和抒情典范。

1."文以载道"的盲区与死结

尽管唐代韩愈、柳宗元所倡导的古文运动旨在革新文体,改变文风,并且在文学理论和艺术创作上都取得了相当可观的重要成就,但随着古文运动的进一步展开,"文以贯道"、"文以明道"或"文以载道"原理的盲区越来越大,死结愈来愈紧。

发展到两宋时期,"文以载道"逐渐由古文运动的口号与旗帜,蜕变成为文学创作的咒语和桎梏。导致这种事与愿违结果的原因有两种:一是"文以载道"中的"道"只是狭义的孔孟之道,即儒教伦理的仁义礼智等道德规范。为了弘扬仁义道德,将一切与仁义道德不一致的其他道德精神都视之为异端邪说,不遗余力地进行攻击。"道"完全变成了党同伐异的思想武器,不再是指导文学创作的艺术哲学原理。二是对载道之"文"的理解完全是复古主义的,片面认为只有"六经之文"和先秦儒家的哲理散文才能承载"圣人之道",而通俗的白话口语是不屑一顾的"俚语",华丽的抒情骈文是务必除去的"陈言"。"道"嬗变成宰割文体的利刃,筛选语言的罗网。北宋再度兴起的古文运动虽然也打着"文以载道"的旗帜,但已是强弩之末,不仅没有带来"载道"文学的繁荣,反而影响了诗文艺术的健康成长。

北宋初年,首先继承韩愈"道统"说、试图将天下文章一网打尽的文人是柳开(947—1000 年)。他从少年开始就以韩愈、柳宗元的文章作为典范,刻苦模仿钻研,曾一度改名肩愈,改字绍元,力求开拓上古"圣人之道",并以"此道"教化天下万民。他借用《庄子》书中得鱼忘筌的成语典故,提出了"文章为道之筌"的文道观。他说:

> 文章为道之筌也。筌可忘作乎？筌之不良，获斯失矣。
> 女恶容之厚于德，不恶德之厚于容也。文恶辞之华于理，不恶
> 理之华于辞也。①

用鱼筌关系比喻文道关系，文学词章纯粹成了宣扬伦理道德的文字工具。在《应责》一文中，柳开又用了另一个类似的比喻，说明文章对道德的依存关系。他把道德比做大海，而文章只是游历大海的一叶扁舟。在他看来，用唐末五代华丽妖艳的文章宣扬仁义道德，就如同乘骐骥出游大海，必遭灭顶之灾。用形象的比喻说明复杂的文道关系，从表面上看头头是道，其实是理论思维极度贫乏的表现。柳开的两个比喻都不能揭示文章与道德关系的本质特征，只能误导文学创作走向为道德理念做平庸注脚的死胡同。

与柳开同时的王禹偁(954—1001年)，对柳开过于简单的文道观进行了补充。结合自己坎坷的生活经历和显著的文学成就，王禹偁认为，文章不仅要"传道"，更要"明心"。他说："夫文，传道而明心也，古圣人不得已而为之也"②。本来，"明心见性"是唐代禅宗的笼统说法，将儒教的"传道"与佛教的"明心"并列，反映了佛教禅宗文学观对宋代文论的深刻影响。果然不假，以融合儒释著称的孤山法师智圆(967—1022年)，也积极提倡以"古道而立言"，主张文章的主要功能在于教化民众，使其"迁善远恶"，文章阐述的道理不能超越"仁义五常"。他以作诗为例，说明诗文之道不过"善善、恶恶"：

> 或问诗之道。曰：善善、恶恶。请益。曰：善善，颂焉；恶
> 恶，刺焉。……风雅道息，雕篆丛起，变其声，偶其字，逮于今

---

① 《河东集·上王学士第三书》。
② 《小畜集·答张扶书》。

亦已极矣。而皆写山容水态,述游仙洞房。浸以成风,竞相夸饰。及夫一言涉于教化,一句落于谲谏,则伟呼族噪,攘臂眦睚,且曰:"此诟病之辞也,讥我矣,詈我矣,非诗之谓矣。"①

固然,诗文完全不讲道德善恶是不正常的病态现象。但是,天下文章只讲道德善恶,更是不正常的病态文学。问题的核心并不在于文章要不要"教化",能不能"谲谏",而在于除了"教化"和"谲谏"外,诗歌能不能描写"山容水态",散文要不要叙述"游仙洞房"?纯粹审美的山水诗歌,纯粹娱乐的抒情散文,还有没有存在的艺术价值?

　　欧阳修(1007—1072 年)是北宋古文运动的领袖,"唐宋八大家"之一。他在诗文创作和文学理论研究方面取得了很高成就。与柳开等人的重道轻文倾向不同,他根据自己的诗文创作经验和生活苦难感受,从关心民生疾苦的角度理解"文以载道"的文学原理,承认文章有相对独立的存在价值,不一定都要表现道体功德。他认为,对于单个人来说,道德功业与诗词文章常常不可兼得。写诗作文也是人间正道,不应视为细枝末节。他说:

> 君子之学,或施于事业,或见于文章,而常患于难兼也。盖遭时之士,功烈显于朝廷,名誉光于竹帛,故常视文章为末事,而又有不暇与不能者焉。至于失志之人,穷居隐约,苦心危虑,而极于精思,与其有所感激发愤,惟无所施于事者,皆一寓于文辞。②

欧阳修无意之中透露出了一个天大的秘密,在中国古代社会,官本位至

---

① 《钱塘闻聪师诗集序》。
② 《欧阳文忠公文集·薛简肃公文集序》。

高无上,从事文学艺术被公认是下等行当,作家多属于科场失意者或官场失败者。他们迫不得已,处心积虑,殚精竭思,最后将生命智慧和生活经验全部倾注到文辞中。与此相反,那些显赫于朝廷的帝王将相,留名于竹帛的功勋烈士,根本没有时间或没有能力从事文学创作。以道德为本体、以文章为末节的看法,完全是官僚价值本位在文学理论中的折射,没有多少道理可以追问。"文以载道"的实质意蕴,其实是官本位的话语霸权。言外之意,文学艺术必须无条件地为政治权力服务,作家必须心甘情愿地为帝王驱使。

但是,欧阳修自己并没有意识到唐宋古文运动所谓的文道关系问题,只是一个伪装起来的话语霸权方案,根本没有任何值得讨论的逻辑意义和理论价值。"文以载道"口号根本没有触及到文道关系问题本身。文章既然是人道中的人文现象,是因"立言"而不朽的伟大业绩,那么文章本身也有"道"存在,为何一定要都去承载儒教伦理的"仁义道德"呢? 更何况文章本身既是精神生活的作品,又是文化生活的消费品,根本就不是听任道德理念乘坐的符号车船。一定要让文章承载某种道德观念也未尝不可,为何道学家、理学家自己不去创作超一流的文学佳作和艺术精品呢? 反而一定要对文学家、艺术家指手画脚,发号施令,非要围绕他们所说的"仁义道德"来做千篇一律的应制文章呢? 由此可见,"文以载道"的文学原理如果不能直接贯彻到文学家的艺术创作活动中,而只是由理学家们思辨,由道学家们清谈,其实是"载道"之意不在"道",在于奴役文学家!

文道关系问题本身,并不是文章承载道德的内外关系或本末关系,而是文学创作、艺术鉴赏及其历史演变的内在机制和发展规律问题。"文以载道"的文学原理,虽然是唐宋古文运动的口号、旗帜和指南,但却是一个极不成熟的文学理论命题。它存在着理论视域上的盲区和逻辑结构上的死结。

从理论视域上看,"文以载道"的最大盲区在于没有看到文学自身也属于道范畴,有自己相对于伦理道德的独立存在意义和独特发展规律。文学艺术决不仅仅是承载伦理道德的形式范畴,而是人类精神生活实践的重要领域,是生命智慧的符号结晶,有自己独特的内容、形象、意境和法则。文学艺术也是本体性的价值存在,它的审美维度和愉悦意蕴是无法完全归结或还原成为至善维度和教化功能的。

"文以载道"无法解开的死结在于,这一命题在逻辑结构上是一个不可解的思辨连环:一方面,如果文章仅仅是"载道"或"得道"的工具系统,那么它就没有任何存在的价值和必要。因为"道"既是永恒存在的,又是变动不居的,无处不在,无时不有,根本不需要通过文章来搬迁,而且也无法通过文章来传输。按照理学家自己的说法,尧舜禹汤文武之道,周公孔孟之道,也是通过"以心传心"的方式单线传递的天机、秘而不宣的法宝。另一方面,如果"道"必须通过文章承载传递,那必然会出现"道"被文人学者垄断的霸道现象,"道"的普遍性、绝对性和超越性将荡然无存。因为能够撰写和阅读文章的人,在国民教育不普及的古代社会,毕竟是极少数,那些看不到、读不懂和听不到文章的乡野百姓,岂不成了"无道"之人? 百姓日用即道。伦理道德也是社会生活的独立领域,有着不同文学艺术创作的独特规律,根本用不着文章去承载。在没有文字发明的史前社会,脑体劳动尚未分工,文章尚未形成,伦理道德以不成文法的方式协调着整个社会生活。将文章和道德强行捆绑在一起,制造所谓的文道本末辩证法,这是理学思潮在文学理论中人为制造的最朦胧、最混沌的思维盲区,故意编织的剪不断、理还乱的价值死结。

2. 理学家的褊狭与空疏

在北宋庆历、熙宁期间,理学思潮全面兴起。发展到南宋淳熙年间,程朱理学系统集成。以周敦颐、程颐和朱熹为代表的理学主流派,提出了相当褊狭与空疏的理学文道观,将"文以载道"的文学原理完全理学教条化,对当时和后世文学艺术的创作和发展,产生了深远而消极的历史影响。

周敦颐是首次明确提出"文以载道"口号的理学家。尽管从话语形式上看，周敦颐的"文以载道"与韩愈的"文以贯道"、柳宗元的"文以明道"只是一字之差，但是从思想内容和理论解释上看，从"文以贯道"到"文以载道"的命题演变，体现了文学理论从古文运动到理学思潮的实质蜕变。在《通书》里，周敦颐按照文辞与道德的关系，阐述他的"文以载道"学说。他说：

> 文所以载道也。轮辕饰而人弗庸，徒饰也；况虚车乎！文辞，艺也；道德，实也。笃其实而艺者书之，美则爱，爱则传焉。贤者得以学而至之，是为教。故曰："言之无文，行之不远。"然不贤者，虽父兄临之，师保勉之，不学也；强之，不从也。不知务道德而第以文辞为能者，艺焉而已。噫！弊也久矣！①

理学思潮视域内的"文以载道"，明确以"虚车"为喻体，是一种随意性很强的比喻说法。在周敦颐看来，文辞纯粹是一种文饰技艺，如同没有装载货物的虚车一样，没有实质意蕴和独立意义。而道德则是实实在在的事实，只有首先笃实道德，然后借助文辞书写成文章，才有审美意义，才能为人喜爱并得以传颂，实现道德教化的根本目的。相反，如果不以道德为当务之急，只以文辞为技能，那就是华而不实的文艺，是文学艺术长期无法克服的弊病。他在《通书》第34节里，进一步强调只有"圣人之道"才是德行和事实，不讲"圣人之道"的纯粹文辞，简直是一种鄙陋："圣人之道，入乎耳，存乎心，蕴之为德行，行之为事业。彼以文辞而已者，陋矣！"② 一个"艺"字，一个"弊"字，再加上一个"陋"字，足以看

---

① 《通书·文辞第二十八》，《周敦颐集》卷2。
② 《通书·陋第三十四》，《周敦颐集》卷2。

出周敦颐对文学艺术不屑一顾的鄙视之情。

抹杀文学的内在特质,贬低艺术的存在价值,迫使文学艺术沦为宣扬儒教伦理及其仁义道德的文辞手段,这是整个理学思潮"文以载道"观的实质意图。它已完全偏离了唐宋古文运动要求文学艺术反映百姓生活、抒发真情实感的"贯道"使命和"明道"宗旨。从表述形式上看,在"文以贯道"中,"文"是主动贯通"道"的关键和中枢。没有文辞的准确表达,任何高明的道理言说都不可能流传很远。它完全忠实于先秦儒学"言之无文,行之不远"的重文思想。而在"文以载道"中,"文"是被动承载"道"的工具和中介。没有文辞,道德也可以存在;而没有道德,文辞就成了弊病和鄙陋,因此必须加以革除。

程颐在周敦颐鄙视文辞技艺的基础上,进一步将作文学诗与明道养性置于水火不相容的对立位置上,甚至连"文以载道"的理学原则都不再认可:

问:"作文害道否?"曰:"害也。凡为文,不专意则不工,若专意则志局于此,又安能与天地同其大也?书曰'玩物丧志',为文亦玩物也。吕与叔有诗云:'学如元凯方成辩,文似相如始类俳;独立孔门无一事,惟传颜氏得心斋。'此诗甚好。古之学者,惟务养情性,其佗则不学。今为文者,专务章句,悦人耳目。既务悦人,非俳优而何?"

曰:"古者学为文否?"曰:"人见六经,便以谓圣人亦作文,不知圣人亦摅发胸中所蕴,自成文耳。所谓'有德者必有言'也。"

曰:"游、夏称文学,何也?"曰:"游、夏亦何尝秉笔学为词章也?且如'观乎天文以察时变,观乎人文以化成天下',此岂词章之文也?"

或问:"诗可学否?"曰:"既学时,须是用功,方合诗人格。

既用功,甚妙事。古人诗云'吟成五个字,用破一生心';又谓'可惜一生心,用在五字上'。此言甚当。"

　　先生尝说:"王子真曾寄药来,某无以答他,某素不作诗,亦非是禁止不作,但不欲为此闲言语。且如今言能诗无如杜甫,如云'穿花蛱蝶深深见,点水蜻蜓款款飞',如此闲言语,道出做甚? 某所以不常作诗。今寄谢王子真诗云:'至诚通化药通神,远寄衰翁济病身。我亦有丹君信否? 用时还解寿斯民。'子真所学,只是独善,虽至诚洁行,然大抵只是为长生久视之术,此济一身,因有是句。"①

在这一组对话中,程颐的核心观点有三个,一是"作文害道",只有不思量、不辩论的"心斋",才是圣门颐养性情的真学问,作文只是愉悦耳目的俳优之举;二是圣人不曾作文,《六经》之言是圣人意蕴从胸中自然流出,"有德者必有其言",孔门教育中的文学科目也不是秉笔作文;三是"学诗妨事",做诗是"闲言语",是在字句上虚耗一生,枉费心机。就连诗圣杜甫,也在"闲言语",唐诗所有的名篇佳句都不该道出的闲话。

　　按照程颐的"作文害道"和"学诗妨事"观点来分析,不仅整个唐诗都是不该道出的"闲言语",除《六经》以外的全部诗词文章,都是"害道"之作。他专以名家杜甫《曲江二首》中的名句为例,具体说明作文写诗是如何妨碍事业、危害道德。我们不妨回顾一下杜诗名句所出的全篇,看看究竟是怎么一回事:

　　　　一片花飞减却春,风飘万点正愁人。
　　　　且看欲尽花经眼,莫厌伤多酒入唇。
　　　　江上小堂巢翡翠,花边高冢卧麒麟。

────────

① 《河南程氏遗书》卷 18。

细推物理须行乐,何用浮名绊此身。

朝回日日典春衣,每日江头尽醉归。

酒债寻常行处有,人生七十古来稀。

穿花蛱蝶深深见,点水蜻蜓款款飞。

传语风光共流转,暂时相赏莫相违。①

原来,杜工部诗中只字不提"仁义道德",没有讲兼善天下的"至诚通化",虽说过"细推物理",却又不是"洛学"所说的人伦物理,而是花飞风飘、蛱蝶蜻蜓等让人赏心悦目、流连忘返的自然风光。这正是引起程颐极度不满,非要诽谤天下所有名家诗文的缘由。如此褊狭的心胸和空疏的议论,在中国学术史上确实是空前绝后的。一方面大讲特讲"作文害道"和"学诗妨事",另一方面又向学生炫耀他自己的诗歌戏作,自以为只有自己的作品才是"明道"之作,于事无妨。而他的那首《寄谢王子真诗》,全部堆砌概念范畴,既无形象,又无意境,与北宋初期的西昆体,其实是一丘之貉。用理学家程颐所倡导的诗文来"载道",确实既"害道",又"妨事"。

作为理学集大成者,朱熹具有很高的文学修养,他深入研究过《诗经》和《楚辞》,有《诗集传》和《楚辞集注》传世。他还校刊过韩愈的文集,自己也能作一手好诗,写一手好文章,对前代诗文也有过不少精到的点评。但出于维护儒教"道统"的特殊需要,朱熹也心口不一,公开撒谎,认诗文完全可以从道德或道理中流出,不必费心思去学习作文。他也主张做文章有害于学问,说过"才要做文章,便是枝叶,害着学问"这样没头脑的糊涂话语。朱熹的文学理论虽然没有程颐那样褊狭,但更加荒诞空疏。他提出"文从道中流出"的文道合一观,完全走向以"道"兼容和替代"文"的极端道德本体论。他说:

---

① 《曲江二首》,《全唐诗》卷 225。

才卿问:"韩文李汉序头一句甚好。"曰:"公道好,某看来有病。"陈曰:"'文者,贯道之器。'且如六经是文,其中所道皆是这道理,如何有病?"曰:"不然。这文皆是从道中流出,岂有文反能贯道之理? 文是文,道是道,文只如吃饭时下饭耳。若以文贯道,却是把本为末。以末为本,可乎? 其后作文者皆是如此。"因说:"苏文害正道,甚于老佛,且如易所谓'利者义之和',却解为义无利则不和,故必以利济义,然后合于人情。若如此,非惟失圣言之本指,又且陷溺其心。"先生正色曰:"某在当时,必与他辩。"却笑曰:"必被他无礼。"①

道者,文之根本;文者,道之枝叶。惟其根本乎道,所以发之于文,皆道也。三代圣贤文章,皆从此心写出,文便是道。今东坡之言曰"吾所谓文,必与道俱",则是文自文而道自道,待作文时,旋去讨个道来入放里面,此是它大病处。只是它每常文字华妙,包笼将去,到此不觉漏逗。说出他本根病痛所以然处,缘他都是因作文,却渐渐说上道理来;不是先理会得道理了,方作文,所以大本都差。欧公之文则稍近于道,不为空言。如唐《礼乐志》云:"三代而上,治出于一;三代而下,治出于二。"此等议论极好,盖犹知得只是一本。如东坡之说,则是二本,非一本矣。②

朱熹的"文根于道",不仅是对韩愈"文贯于道"的全面否定,也是对周敦颐"文以载道"的根本修正。他明确否定了文章能贯通道理的说法,认为这是本末颠倒,是以文为本,不是以道为本。在他看来,"文以载道"

---

① 《朱子语类》卷 139。
② 《朱子语类》卷 139。

说的最大弊病是将文与道分成两橛子,文自文,道自道,不先理会道理,作文时讨个道理放到文章里,用文章装载道理。最令他耿耿于怀的是北宋文豪苏轼的杰出诗文,也是依据"文与道俱"的二元本体创作出来的。朱熹常常指名道姓地诬陷苏轼诗文有害"正道",甚至比佛教和道教对儒教伦理的危害还要大。试想,如果苏轼不是生活在朱熹尚未出生的北宋,而是生活在与朱熹同时代的南宋淳熙、庆元之际,那么苏轼的个人遭遇可能比贬谪雷州更加悲惨。

如上所述,唐宋古文运动和宋明理学思潮中的文道关系思辨,本来就是一个伪问题,"文以贯道"、"文以载道"和"文根于道"都是基于"道统"说的批判武器和战斗口号。只有话语霸权方案,没有多少道理可讲。朱熹的文道合一说也没有讲出什么实在的文学理论,而只不过是改变了比喻,将柳开的筌鱼之喻和周敦颐的车载之喻,改变成为根叶之喻、源流之喻。他认为,道理是根本,是源泉,文章是枝叶,是末流。有道理做根本,自然能够生长出文章枝叶;有道德做源泉,自然能够涌淌出诗歌末流。这其实都属于似是而非的空疏戏论,根本就不是富有哲理意义的文学理论。因为文学艺术创作既不是植树造林,也不是水利工程,而是高度复杂的精神生产活动,是生命智慧的艰辛凝结。用理学家所倡导的文道观,始终没有培养出一位像样的文学家,也没有产生出一部传世的理学戏曲或理学小说。中国文学艺术发展史早已用不可辩驳的史实证明:文道合一,此路不通。只有彻底解构文道合一观,才能迎来文学艺术的繁荣和鼎盛。元曲和明清小说的出现,都是对理学文论的冲决结果。

3. 文学家的冒险与求索

宋明文学家对文学创作过程、艺术审美机制和文艺社会功能的冒险尝试和艰难探索,与理学家的心胸褊狭和议论空疏形成鲜明对比。宋明时期是中国古代文学理论最繁荣的发展时期。诗学、词学、散文理论、戏曲理论和小说理论,都达到了相当高的思维水平。相形之下,理学的文道观只是其中最不和谐的奏鸣曲,对整个文学的繁荣和发展虽产生过一定的干扰效应,但并不能左右文学艺术相对于伦理道德而言的独立品格和自由本性,以及独特的演变轨迹和具体的发展规律。用本体论话语说,文学艺术有着不同于道德至善本体的审美愉悦本体。价值本体的多样性、多元化和融突现象,这才是"文以载道"所牵涉到的实事和问题本身。伦理有伦理的本体,道德有道德的本体,散文有散文的本体,诗歌有诗歌的本体,戏曲有戏曲的本体,小说有小说的本体。人文世界的价值本体就是高度离散的多维度意义空间,不可能用一个"极好至善底道理"统合起来。道不同不相为谋。价值本体上的一元论,是专制主义价值观在意义世界的曲折反射。不仅将伦理道德本体贯彻到文学艺术中会败坏文学事业,而且将诗歌本体贯彻到戏曲和小说中去,也同样会败坏戏曲和小说事业。

宋明时期,在包括诗学在内的文学理论上,最值得介绍的文学思想家是北宋的苏轼、南宋的严羽和明代的袁宏道。

第一,苏轼:创作自由的文学思想

苏轼(1037—1101年)是宋代最伟大的文学家,是北宋古文运动的真正领袖。他在散文、诗词、书法和绘画等创作上都取得了极高的成就,对中国古代文学史的发展做出了不朽的贡献。由于他对儒教伦理具有明显的离经叛道倾向,而且敢于指斥时弊,讽刺新法,疏远庸人,因而受到王安石、司马光和程颐等人的排挤,一生历经坎坷,饱受人间悲欢离合,这反而更使他的文学作品具有浑厚的思想底蕴和长久的艺术魅力。

苏轼提倡艺术创作自由,反对以一家之学规范天下。他针对朝廷强制天下接受王安石的"新学",提出了强烈的抗议。他在《送人序》一文中写道:

士之不能自成,其患在于俗学。俗学之患,枉人之才,窒人之耳目。诵其师传造字之语、从俗之文,才数万言,其为士之业尽此矣。夫学以明理,文以述志,思以通其学,气以达其文。古之人,道其聪明,广其闻见,所以学也;正志完气,所以言也。王氏之学,正如脱槧,宁其形模而出之,不待修饰而成器耳,求为桓璧彝器其可得乎?①

在《答张文潜书》中,他进一步指出,王安石的诗文本身确实很好,但让天下所有的文章都按照王安石的模式来写作,势必导致文章千篇一律,使整个文学衰落。多样性和多元化是文学的生命力,即使是绝妙好词,把它搞成样板,定成标准,也会窒息艺术创作的生机。他说:

文字之衰,未有如今日者也。其源实出于王氏。王氏之文未必不善也,而患在于好使人同己。自孔子不能使人同。颜渊之仁,子路之勇,不能以相移,而王氏欲以其学同天下。地之美者同于生物而不同于所生,惟荒瘠斥卤之地,弥望皆黄茅白苇,此则王氏之同也。②

在此,苏轼揭示了一种重要的生态现象,在土肥水美的地方,生物具有丰富的多样性,比如热带和亚热带雨林生态系统,物种类型千差万别,万物生长千姿百态;相反,在土壤贫瘠的荒漠和戈壁生态系统,物种类别贫乏,形态单一。同样,在人文生态系统,时代精神越充实,民族精神越健康,文学艺术也就越丰富多彩。文学艺术是精神生活健康水平的晴雨表。只有创作的自由,才能繁荣文学艺术。而只有文学艺术的繁

---

① 《苏轼文集·送人序》。
② 《苏轼文集·答张文潜书》。

荣,才能使时代精神和民族精神更加健康。

　　结合自己的艺术创作,苏轼既反对在内容上宣扬道德观念,又反对在形式上拘泥陈法。他在《文说》中这样讲述他自己的创作体会:

> 吾文如万斛泉源,不择地而出。在平地滔滔汩汩,虽一日千里无难;及其与山石曲折,随物赋形,而不自知也。所可知者,常行于所当行,常止于所当止,如是而已矣。其他,虽吾亦不能知也。①

苏轼的这段经验之谈,道出了艺术创作的全部秘密。文学艺术创作本来就是生命智慧的探险历程,事先不可能有那么多的清规戒律和道德准则。全新的文学体裁和独特的艺术风格,决不能通过思辨演绎出来,而只能在艰辛的艺术探索中不断总结出来。典范的模仿和道理的敷衍,是文学艺术的死结和绝症。按照苏轼的讲法,不是文章从道理的源泉中流出,诗词从道德的本根上长出。情形正好相反,文学理论及其规范恰恰是从文学艺术实践中总结出来的。总是先在诗文创作,然后才有诗学和文论;先有戏曲演出实践,然后才有戏曲理论;先有小说作品创作,然后才有小说理论。道理先行、主题先行的"文根于道",肯定不会引导出什么像样的文学作品。

　　第二,严羽:不涉理路的诗歌宗旨

　　严羽(生卒年代不详)字仪卿,又字丹邱,号沧浪浦客,南宋邵武(今福建邵武)人。约活动于理宗时期(1225—1265 年),终生隐居不仕,喜欢做诗论诗,著作有诗集《沧浪集》和诗话《沧浪诗话》。

　　《沧浪诗话》是宋代系统论述的诗歌创作和欣赏的文学理论著作。全书分《诗辨》、《诗体》、《诗法》、《诗评》和《考证》五个部分,比较全面地

---

①　《苏轼文集·文说》。

总结了汉魏以来中国古典诗歌的发展经验,力求揭示诗的本真宗旨,以盛唐诗歌为榜样,尖锐地批评了以黄庭坚为代表的江西诗派,试图矫正宋代以理入诗对诗歌发展所造成的消极影响,是对理学文道观在诗文领域的一次清算。严羽在《诗辨》篇内,明确提出了诗歌创作应具有不同于六经论题的特殊题材,即"别材";不同于伦理道德的独特趣味,即"别趣"。

> 夫诗有别材,非关书也;诗有别趣,非关理也。而古人未尝不读书、不穷理,然非多读书、多穷理,则不能极其至。所谓不涉理路、不落言筌者,上也。诗者,吟咏情性也。盛唐诸人惟在兴趣,羚羊挂角,无迹可求。故其妙处,莹彻玲珑,不可凑泊,如空中之音,相中之色,水中之月,镜中之像,言有尽而意无穷。近代诸公,乃作奇特解会,遂以文字为诗,以议论为诗,以才学为诗。以是为诗,夫岂不工,终非古人之诗也。盖于一唱三叹之音,有所歉焉。且其作多务使事,不问兴致;用字必有来历,押韵必有出处,读之反复终篇,不知着到何在。其末流甚者,叫噪怒张,殊乖忠厚之风,殆以骂詈为诗。诗而至此,可谓一厄也。①

从严羽的论述中可以看出,诗歌的特殊题材应当是"吟咏情性",即抒发生活中的真实情感和对生命的真切体悟,诸如征战、迁谪、行旅、离别和欢聚等能够感动激发人的生活事件。严羽反对宋代以文字、议论和才学为诗,将诗作成了议论文,使诗歌特有的"别趣"荡然无存。在他看来,盛唐诗人创作诗歌并不是向别人说道德,讲道理,而是"惟在兴趣",即只追求艺术兴致和审美情趣。"诗有别趣,非关理也",用现代话语

---

① 《沧浪诗话·诗辨》。

说,这句话的本意是讲,诗歌创作与理论思维没有直接关联,用诗歌宣扬伦理道德,会破坏做诗的兴致和读诗的情趣。

严羽的认为,诗歌的创作和欣赏有三个要素,一是词藻,即吟咏情性的语词;二是情理,即情性内在的条理;三是意境和兴致,即诗歌所建构的艺术境域。他说:

> 诗有词、理、意兴。南朝人尚词而病于理,本朝人尚理而病于意兴,唐人尚意兴而理在其中。汉魏之诗,词、理、意兴无迹可求。①

唐末五代的诗歌创作过分讲究词藻的华丽,反而有害于情理的表达;而宋代的诗歌创作过度追求情理的精细,反倒有损于意境和兴致的烘托;只有盛唐诗歌才是完美的艺术典范,在崇尚意境和兴致中达到情理交融;汉魏时期,诗歌中的词藻、情理、意境和兴致处于浑然不分天然姿态,因此没有痕迹可寻。

从话语形式上看,严羽一方面强调"诗有别趣","不关理路",另一方面又指出诗须有理,"理在其中",这好像是一种自相矛盾的说法。其实不然,关键在于这两种话语中的"理"不是同一含义。"不关理路"中的"理"是指作诗之前就先在的伦理教条和道德规范,是准备通过诗歌来宣扬的价值理念,是诗歌创作中的主题先行现象。而"理在其中"的"理"则是诗歌自身体现出来的情理或理趣,或者通过诗歌体悟出来的人生道理。因此,严羽特别强调诗歌创作和欣赏的基本法则在于"妙悟"。诗歌中情理交融的道理,不是事先准备好的伦理教条等待诗歌来承载,而是通过诗歌意境透彻体悟到的生活哲理。如同禅宗明心见性的妙悟,诗歌的妙悟才是诗理的本来面目,才是诗歌理论的第一义谛:

---

① 《沧浪诗话·诗评》。

大抵禅道惟在妙悟,诗道亦在妙悟。且孟襄阳学力下韩
退之远甚,而其诗独出退之之上者,一味妙悟而已。惟悟乃为
当行,乃为本色。然悟有浅深,有分限,有透彻之悟,有但得一
知半解之悟。汉、魏尚矣,不假悟也。谢灵运至盛唐诸公,透
彻之悟也。他虽有悟者,皆非第一义也。①

严羽的《沧浪诗话》是宋元时期诗歌理论的压轴之作。他的诗论既
不是介绍自己的创作经验,也不是对诗歌体裁、格律等问题的泛泛而
谈,而是直接针对宋代讲坛"尚理而病于意兴"所作的诗歌批评。受理
学"文以载道"的消极影响,宋代诗歌创作总体成就不高,既无法与盛唐
诗歌相比,也无法与同时代的词曲创作相比。宋诗的最大毛病是概念
化,做诗只是演绎理念和表现哲理。即使是宋诗中的佳作名句,也多是
以理为诗的哲理推演,意境和兴致非常平淡。例如,苏轼的那句"不识
庐山真面目,只缘身在此山中"和朱熹的"问渠那得清如许,为有源头活
水来",都具有"尚理而病于意兴"的非抒情特征。严羽的"诗有别材"、
"诗有别趣"、"诗有词理意兴"和"诗道亦在妙悟"等说法,对传统儒学的
诗歌教化理论和宋代理学的"文以载道"主张提出了冲击和挑战。因
此,《沧浪诗话》的真正意义在于,极大地突出了中国古代诗歌的审美特
征和意兴本质,对诗歌理论乃至整个文学理论超越儒学樊篱、走出理学
桎梏,起到了积极的历史作用。

第三,袁宏道:独抒性灵的创作准则

在晚明文学理论领域,以袁宗道、袁宏道和袁中道三兄弟为代表的
"公安派"声势最为浩大。特别是袁宏道,声誉最著,是"公安派"的精神
领袖。因为他们兄弟三人都是湖广公安(今湖北公安)人,史称"公

---

① 《沧浪诗话·诗辨》。

安派"。

袁宏道(1568—1610年)字中郎,号石公,万历二十年(1592年)进士。他不喜做官,动辄请假、辞职,一生大多数时间在游历山水、诗酒聚会中度过。著作有《袁中郎全集》。在文学艺术创作上,"公安派"强调自由抒发真实情感,既反对矫揉造作,又反对复古模仿。袁宏道在《叙小修诗》中说道:

> 大都独抒性灵,不拘格套,非从自己胸臆中流出,不肯下笔。有时性与境会,顷刻千言,如水东至,令人夺魄。其间有佳处,亦有疵处;佳处自不必言,即疵处亦多本色独造语。然予则极喜其疵处,而所谓佳者,尚不能不以粉饰蹈袭为恨,以为未能尽脱近代文人气习故也。①

在袁宏道看来,诗文的创作旨在抒发"性灵",让自己胸中的真情实感,通过语言文字流淌出来。只要是真情实感的自然流淌,即便有修辞和格律上的瑕疵,也能体现"性灵"的本色,具有独特的创造性。他从"性灵说"出发,高度赞赏民间歌谣感情淳朴、语言清新的艺术特色。他说:"今之诗文不传矣。其万一传者,功今间闾妇人孺子所唱《擘破玉》、《打枣竿》之类,犹是无闻无识,真人所作,故多真声,不效颦于汉魏,不学步于盛唐,任性而发,尚能宣于人之喜怒哀乐、嗜好情欲,是可喜也"②。

受李贽"童心说"的启发,袁宏道特别强调诗文的艺术真实性,将真人、真心、真情、真声和真趣视为艺术的生命。他虽指出"诗以趣为主",但强调的重点不是趣味本身,而是趣味的艺术真实:"世人所难得者趣。

---

① 《袁中郎全集·叙小修诗》。
② 《袁中郎全集·叙小修诗》。

趣如山上之色,水中之味,花中之光,女中之态,虽善说者不能下一语,唯会心者知之"①。正是鉴于对艺术真实维度的认识,袁宏道对明代小说的创作给予了充分的肯定。他较早地收录了长篇世俗色情小说《金瓶梅》的早期传抄情况,并积极评价了这部作品对世俗真情的反映和对现实黑暗的揭露。袁宏道重"性灵"的文学理论,在中国古代文学史上具有重要意义。他在李贽"童心即真"的启蒙思想上,进一步提倡文学艺术的时代性、个体性、真实性和自由性,强调表现内在情感与欲望是文学艺术的重要使命,对于传统儒学寡欲学说和宋明理学灭欲主张无疑是严正的抗议和公开的颠覆。

二、词曲:从诗之余到词之余

宋词和元明散曲,都属于配合管弦丝竹演唱的音乐文学,体制多样,格调复杂,长于抒情。两宋是词体文学繁荣发展的兴盛时期,出现了一大批著名词人和优秀作品。词体文学的兴盛,标志着中国古代艺术继唐诗之后,进到了一个全新的发展阶段。随着词体的繁盛,词学研究也勃然而生,成为继诗学之后中国古典文学批评理论的又一专题研究。元明散曲是继宋词之后首先在北方发展起来的新体诗歌,它比诗词更富有音乐性,具有戏曲化的表现能力,是介于诗歌和戏曲之间的音乐文学形式。从文学体裁和艺术风格的演变看,词在唐代俗称"长短句",被后世词学家看做是"诗之余";散曲在元代被称为"北乐府",又称"词余"。宋明词曲从"诗之余"到"词之余"的历史演变,表明音乐文学的发展始终处于不断创新之中。

---

① 《袁中郎全集·叙陈正甫会心集》。

1. 两宋词人

词是首先从民间兴起、然后进入文人创作的音乐文学。作为文学体裁,词与诗的区别在于:诗虽然也可以配乐演唱,但没有固定曲谱,而词却按照固定乐曲配辞演唱。所以,词按乐曲分成不同的"词牌",作词又称"填词"。唐代初期,词在民间兴起时称"曲子词",是直接用于演唱的。从中晚唐历经五代直到北宋,越来越多的文人参加到长短句的创作行列,按词牌填词。他们仍以乐谱为参照标准,作品也是供歌唱艺人或民间歌妓演唱的。发展到后来,出现了歌词与乐曲分离现象,词逐渐成为一种相对乐曲而独立的抒情体韵文。在两宋词人及其大量词作中,词作为配乐歌词的附庸意义逐渐淡化,而作为抒情韵文的文体意义逐渐占了上风,最终成为广泛普及的独立文学体裁。经过大量文人的艺术创作,词体的抒情境域日渐拓宽,情感含量日益增大,并形成了豪放和婉约两种不同的词作风格。《全宋词》共收录词人 1300 余家,完整词作 19900 余首,残篇 530 余首,由此可见宋词在当时的兴盛状况。

第一,北宋词人及其词作

北宋前期的词作仍然沿袭唐末五代绮丽婉弱的词风,抒发的情感多是离愁别恨,描写的景致多属歌舞升平。这一时期的代表人物是晏殊、欧阳修和柳永。

晏殊(991—1055 年)字同叔,抚州临川(今江西抚州)人。13 岁应试,赐同进士出身,官秘书省正字,后历任集贤殿大学士、枢密使进同中书门下平章事(宰相)。词风婉约,擅长小令,多表现诗酒生活和悠闲情致,颇受南唐冯延巳影响,语辞浓丽,造句工巧,音韵和谐,温润秀洁。现存有《珠玉词》共 130 多首。其代表词作有:

> 一曲新词酒一杯,去年天气旧亭台。夕阳西下几时回?
> 无可奈何花落去,似曾相识燕归来。小园香径独徘徊。

——〖浣溪沙〗

时光只解催人老,不信多情。长恨离亭,滴泪春衫酒易
醒。

梧桐昨夜西风急,淡月胧明。好梦频惊,何处高楼雁一
声。

——〖采桑子〗

燕子来时新社,梨花落后清明。池上碧苔三四点,叶底黄
鹂一两声,日长飞絮轻。

巧笑东邻女伴,采桑径里逢迎。疑怪昨宵春梦好,元是今
朝斗草赢,笑从双脸生。

——〖破阵子〗

欧阳修(1007—1072年)字永叔,号醉翁、六一居士,吉州吉水(今江西吉
安)人。天圣八年(1030年)进士,累官至知制诰、翰林学士、枢密副使、
参知政事。北宋古文运动的领袖。诗文说理畅达,抒情委婉,语言流畅
自然,为"唐宋八大家"之一。受南唐冯延巳影响,词风委婉清丽,在抒
情深度上超过晏殊,景物描写异常清新。词集有《六一词》、《近体乐府》
及《醉翁琴趣外编》,多为小令。其代表词作有:

候馆梅残,溪桥柳细,草薰风暖摇征辔。离愁渐远渐无
穷,迢迢不断如春水。

寸寸柔肠,盈盈粉泪,楼高莫近危栏倚。平芜尽处是春
山,行人更在春山外。

——〖踏莎行〗

把酒祝东风,且共从容,垂杨紫陌洛城东,总是当时携手
处,游遍芳丛。

聚散苦匆匆,此恨无穷,今年花胜去年红,可惜明年花更

好,知与谁同。

——〖浪淘沙〗

轻舟短棹西湖好,绿水逶迤,芳草长堤,隐隐笙歌处处随。
无风水面琉璃滑,不觉船移,微动涟漪,惊起沙禽掠岸飞。

——〖采桑子〗

柳永(约 987—1053 年)字耆卿,原名三变、字景庄,后改名永,排名
第七,故名柳七,崇安(今福建崇安)人。景祐元年(1034 年)进士,官至
屯田员外郎。为人放荡不羁,终身贫困潦倒。死时靠歌妓捐钱安葬。
其词作多描绘城市风光和歌妓生活,尤长于抒发羁旅、行役之情,能反
映下层市民的喜怒哀乐,在当时流传极广:"凡有井水处,即能歌柳
词"①。有《乐章集》传世,共收集词作 200 多首,多为慢词。其代表作
品有:

寒蝉凄切。对长亭晚,骤雨初歇。都门帐饮无绪,留恋
处、兰舟催发。执手相看泪眼,竟无语凝噎。念去去、千里烟
波,暮霭沉沉楚天阔。
多情自古伤离别。更那堪、冷落清秋节! 今宵酒醒何处?
杨柳岸、晓风残月。此去经年,应是良辰、好景虚设。便纵有、
千种风情,更与何人说!

——〖雨霖铃〗

对潇潇暮雨洒江天,一番洗清秋。渐霜风凄惨,关河冷
落,残照当楼。是处红衰翠减,苒苒物华休。惟有长江水,无
语东流。
不忍登高临远,望故乡渺邈,归思难收。叹年来踪迹,何

---

① ［宋］叶梦得:《避暑录话》。

事苦淹留。想佳人、妆楼颙望,误几回、天际识归舟。争知我、
倚阑干处,正恁凝愁!

——〖八声甘州〗

东南形胜,三吴都会,钱塘自古繁华。烟柳画桥,风帘翠
幕,参差十万人家。云树绕堤沙。怒涛卷霜雪,天堑无涯。市
列珠玑,户盈罗绮竞豪奢。

重湖叠巘清嘉。有三秋桂子,十里荷花。羌管弄晴,菱歌
泛夜,嬉嬉钓叟莲娃。千骑拥高牙。乘醉听箫鼓,吟赏烟霞。
异日图将好景,归去凤池夸。

——〖望海潮〗

与上述晏殊、欧阳修、柳永等人婉弱纤细的词风不同,范仲淹和王
安石表现出一种豪放的英雄气概和广阔的历史时空。

范仲淹(989—1052年)字希文,吴县(今江苏苏州)人。大中祥符八
年(1015年)进士,官至资政殿学士、枢密副使、参知政事。他既是北宋
著名政治家,"庆历新政"主持者,又是有名的文学家,著作有《范文正公
集》。现存词作只有5首,最早将重大题材纳入词的创作,对词风婉约
到豪放的演变具有重要意义。其代表作是:

塞下秋来风景异,衡阳雁去无留意。四面边声连角起,千
嶂里,长烟落日孤城闭。

浊酒一杯家万里,燕然未勒归无计。羌管悠悠霜满地,人
不寐,将军白发征夫泪。

——〖渔家傲·秋思〗

王安石的词作也不多,《全宋词》里共收录27首,但他一改晚唐五
代和北宋初年的婉约词风,通过抒发作者对历史兴亡成败的感叹,在清

旷的历史时空中营造意境。其传颂最广的词作是：

> 登临送目。正故国晚秋，天气初肃。千里澄江似练，翠峰
> 如簇。归帆去棹残阳里，背西风、酒旗斜矗。彩舟云淡，星河
> 鹭起，画图难足。
>
> 念往昔，繁华竞逐。叹门外楼头，悲恨相续。千古凭高，
> 对此谩嗟荣辱。六朝旧事随流水，但寒烟、芳草凝绿。至今商
> 女，时时犹唱，后庭遗曲。
>
> ——〖桂枝香〗

苏轼在词的创作上兼容了婉约和豪放两种风格，将北宋以来的词体创作推向到新的发展境界。苏词在题材上几乎达到了"无言不可入，无事不可言"的广阔境域，在艺术形式、语言运用和意境营造等方面都达到了极高成就，对后世影响极大。苏轼的词作现收集在《东坡乐府》中，约有350多首，多作佳句极多。其中，属于豪放风格的佳作有：

> 老夫聊发少年狂。左牵黄，右擎苍，锦帽貂裘，千骑卷平
> 冈。为报倾城随太守，亲射虎，看孙郎。
>
> 酒酣胸胆尚开张。鬓微霜。又何妨。持节云中，何日遣
> 冯唐。会挽雕弓如满月，西北望，射天狼。
>
> ——〖江城子·猎词〗

> 大江东去，浪淘尽，千古风流人物。故垒西边，人道是，三
> 国周郎赤壁。乱石穿空，惊涛拍岸，卷起千堆雪。江山如画，
> 一时多少豪杰。
>
> 遥想公瑾当年，小乔初嫁了，雄姿英发。羽扇纶巾谈笑
> 间，樯橹灰飞烟灭。故国神游，多情应笑我，早生华发。人生
> 如梦，一尊还酹江月。

——〖念奴娇·赤壁怀古〗

明月几时有,把酒问青天。不知天上宫阙,今夕是何年。我欲乘风归去,又恐琼楼玉宇,高处不胜寒。起舞弄清影,何似在人间。

转朱阁,低绮户,照无眠。不应有恨,何事长向别时圆。人有悲欢离合,月有阴晴圆缺,此事古难全。但愿人长久,千里共婵娟。

——〖水调歌头〗

属于婉约风格的名篇有:

十年生死两茫茫,不思量,自难忘。千里孤坟,无处话凄凉。纵使相逢应不识,尘满面,鬓如霜。

夜来幽梦忽还乡,小轩窗,正梳妆。相顾无言,惟有泪千行。料得年年断肠处,明月夜,短松冈。

——〖江城子·乙卯正月二十日夜记梦〗

似花还似非花,也无人惜从教坠。抛家傍路,思量却是,无情有思。萦损柔肠,困酣娇眼,欲开还闭。梦随风万里,寻郎去处,又还被、莺呼起。

不恨此花飞尽,恨西园、落红难缀。晓来雨过,遗踪何在,一池萍碎。春色三分,二分尘土,一分流水。细看来,不是杨花点点,是离人泪。

——〖水龙吟·次韵章质夫杨花词〗

花褪残红青杏小。燕子飞时,绿水人家绕。枝上柳绵吹又少。天涯何处无芳草。

墙里秋千墙外道。墙外行人,墙里佳人笑。笑渐不闻声渐悄。多情却被无情恼。

——〖蝶恋花·春景〗

受苏轼婉约词的积极影响,秦观和周邦彦继续沿着婉约派的创作思路前进,将柳永开拓的婉约风格推向新的艺术高峰,达到了集大成水平。

秦观(1049—1100 年)字少游,又字太虚,号淮海居士,扬州商邮(今江苏高邮)人。元丰八年(1085 年)进士,历任太学博士、秘书省正字,国史院编修等职。入元祐党籍。绍圣初年,累遭贬谪,直到徙雷州,最后在放还途中逝世。秦观是"苏门四学士"之一。工于诗词,多写男女情爱、伤感身世之作,是婉约词人中的大家。词作传世有《淮海居士长短句》3 卷,共有词作品 70 多首。其抒情佳作有:

西城杨柳弄春柔,动离忧,泪难收。犹记多情,曾为系归舟。碧野朱桥当日事,人不见,水空流。

韶华不为少年留,恨悠悠,几时休。飞絮落花时候、一登楼,便作春江都是泪,流不尽,许多愁。

——〖江城子〗

山抹微云,天粘衰草,画角声断谯门。暂停征棹,聊共引离尊。多少蓬莱旧事,空回首、烟霭纷纷。斜阳外,寒鸦万点,流水绕孤村。

销魂,当此际,香囊暗解,罗带轻分,谩赢得青楼、薄幸名存。此去何时见也?襟袖上、空惹啼痕。伤情处,高城望断,灯火已黄昏。

——〖满庭芳〗

周邦彦(1056—1121 年)字美成,号清真居士,钱塘(今浙江杭州)人。历任太学正、庐州教授、知溧水县等。精通音律,创作过不少新的词调。作品多写闺情、羁旅、悲怨等题材,也有咏物、怀古之作。词作格律谨严,语言曲丽精雅,长调善于铺陈,为后来的格律派词人所推崇,被后世词论家称为"词家之冠"。有词集《清真居士集》,后人将其改名为《片玉集》,共收词180多首。其代表作品有:

> 燎沉香,消溽暑。鸟雀呼晴,侵晓窥檐语。叶上初阳干宿雨、水面清圆,一一风荷举。
> 故乡遥,何日去。家住吴门,久作长安旅。五月渔郎相忆否。小楫轻舟,梦入芙蓉浦。
>
> ——《苏幕遮》

> 佳丽地。南朝盛事谁记。山围故国绕清江,髻鬟对起。怒涛寂寞打孤城,风樯遥度天际。
> 断崖树,犹倒倚。莫愁艇子曾系。空余旧迹郁苍苍,雾沈半垒。夜深月过女墙来,伤心东望淮水。
> 酒旗戏鼓甚处市。想依稀、王谢邻里。燕子不知何世。入寻常巷陌人家,相对如说兴亡,斜阳里。
>
> ——《西河·金陵怀古》

第二,南宋词人及其词作

南宋初期,词坛以婉约派女词人李清照为主流,语言浅显,意蕴清新。随后,辛弃疾崛起于词坛,词作风格豪放,慷慨陈辞,意境宏大。中期以后,姜夔等词人追求格律典雅,词风再趋婉丽。

李清照(1084—约1155年)号易安居士,齐州章丘(今山东济南)人。父亲李格非为当时著名学者,官至礼部员外郎;丈夫赵明诚为金石考据家。早期生活美满,与赵明诚共同致力于书画金石的搜集整理。金兵占据中原后,流寓南方。南渡不久,赵明诚病故,李清照改嫁张汝舟。后发现张汝舟是无赖小人,遂告离异。从此境遇孤苦,流落江南。

前期词作多反映悠闲生活、少女情怀和夫妇离情别恨;后期词作多悲叹身世,感时怀旧,情调哀伤。在艺术形式上善于用白描手法,语言清丽,意境深远,情景交融,成就很高。词集《漱玉集》早已散失,今传的《漱玉集》或《李清照集》均属后人辑佚而成,约有词作 50 首。其代表词作有:

昨夜雨疏风骤。浓睡不消残酒。试问卷帘人,却道海棠依旧。知否。知否。应是绿肥红瘦。

——〖如梦令〗

红藕香残玉簟秋。轻解罗裳,独上兰舟。云中谁寄锦书来,雁字回时,月满西楼。

花自飘零水自流。一种相思,两处闲愁。此情无计可消除,才下眉头,却上心头。

——〖一剪梅〗

湖上风来波浩渺。秋已暮、红稀香少。水光山色与人亲,说不尽、无穷好。

莲子已成荷叶老。青露洗、蘋花汀草。眠沙鸥鹭不回头,似也恨、人归早。

——〖怨王孙〗

风住尘香花已尽,日晚倦梳头。物是人非事事休。欲语泪先流。

闻说双溪春尚好,也拟泛轻舟。只恐双溪舴艋舟。载不动、许多愁。

——〖武陵春·春晚〗

辛弃疾(1104—1207 年)字幼安,号稼轩,济南历城人。绍兴三十一年(1161 年)金兵南侵,辛弃疾在济南以南山区聚众起义,反抗女真族统治。后率部归属耿京,任掌书记。绍兴三十二年(1162 年)耿京派其奉表到建康,准备南归。高宗亲自召见,授承务郎。南归后历任浙东安抚使,加龙图阁待制,进枢密都承旨。曾寓居江西上饶、铅山达十余年。其词作洋溢着爱国热情,慷慨悲壮,笔力雄厚,艺术风格多样,而以豪放为主。有《稼轩词》传世,现存词作600多首,在两宋词人中存词最多。其中佳句杰作非常多,以下三首最为人传颂:

> 千古江山,英雄无觅,孙仲谋处。舞榭歌台,风流总被,雨打风吹去。斜阳草树,寻常巷陌,人道寄奴曾住。想当年,金戈铁马,气吞万里如虎。
>
> 元嘉草草,封狼居胥,赢得仓皇北顾。四十三年,望中犹记,烽火扬州路。可堪回首,佛狸祠下,一片神鸦社鼓。凭谁问,廉颇老矣,尚能饭否。
>
> ——〖永遇乐·京口北固亭怀古〗

> 何处望神州。满眼风光北固楼。千古兴亡多少事,悠悠。不尽长江滚滚流。
>
> 年少万兜鍪。坐断东南战未休。天下英雄谁敌手,曹刘。生子当如孙仲谋。
>
> ——〖南乡子·登京口北固亭有怀〗

> 郁孤台下清江水,中间多少行人泪。东北是长安,可怜无数山。
>
> 青山遮不住,毕竟东流去。江晚正愁余,山深闻鹧鸪。
>
> ——〖菩萨蛮·书江西造口壁〗

陈亮是"永康学"的杰出代表,提倡事功,反对空谈性理。其词多反映现实生活,并将政治议论入词,表达经世策略,雄辩自如,独具特色,风格豪放,与辛弃疾接近,而更为痛快淋漓。陈亮的词,但有时忽视文采,艺术工力稍嫌不足。词集有《龙川词》4卷,现存70余首。其代表作为：

> 不见南师久，谩说北群空。当场只手，毕竟还我万夫雄。自笑堂堂汉使，得似洋洋河水，依旧只流东。且复穹庐拜，曾向藁街逢。

> 尧之都，舜之壤，禹之封。于中应有，一个半个耻臣戎。万里腥膻如许，千古英灵安在，磅礴几时通。胡运何须问，赫日自当中。

> ——〖水调歌头·送章德茂大卿使虏〗

> 危楼还望，叹此意，今古几人曾会？鬼设神施，浑认作，无限南疆北界。一水横陈，连岗三面，做出争雄势。六朝何事，只成门户私计。

> 因笑王谢诸人，登高怀远，也学英雄涕。凭却江山管不到，河洛腥膻无际。正好长驱，不须反顾，寻取中流誓。小儿破贼，势成宁问强对。

> ——〖念奴娇·登多景楼〗

姜夔(约1155—约1121年)字尧章，号白石道人，饶州鄱阳(今江西波阳县)人。庆元三年(1198年)曾上书朝廷，建议整理国乐，未受到重视。终身布衣不仕，靠出卖文字、倚富豪朋友的周济为生。姜夔多才多艺，精通音律，尤善自度新腔，其词格律严密，作品素以空灵含蓄、精深华妙著称，意境清幽深邃，对于南宋后期词坛的格律化产生过巨大影响。姜夔词的内容多是对往昔繁华的感叹和对相思恋情的追慕。歌词集有《白石道人歌曲》，现存词作80多首。其代表作品为：

> 淳熙丙申至日，予过维扬。夜雪初霁，荠麦弥望。入其城，则四顾萧条，寒水自碧，暮色渐起，戍角悲吟。予怀怆然，

感慨今昔,因自度此曲。千岩老人以为有《黍离》之悲也。

淮左名都,竹西佳处,解鞍少驻初程。过春风十里,尽荠麦青青。自胡马窥江去后,废池乔木,犹厌言兵。渐黄昏,清角吹寒,都在空城。

杜郎俊赏,算而今、重到须惊。纵豆蔻词工,青楼梦好,难赋深情。二十四桥仍在,波心荡、冷月无声。念桥边红药,年年知为谁生。

——〔扬州慢(中吕宫)并序〕

予颇喜自制曲,初率意为长短句,然后协以律,故前后阕多不同。桓大司马云:"昔年种柳,依依汉南。今看摇落,凄怆江潭。树犹如此,人何以堪。"此语予深爱之。

渐吹尽、枝头香絮。是处人家,绿深门户。远浦萦回,暮帆零乱向何许?阅人多矣,谁得似、长亭树。树若有情时,不会得青青如此。

日暮。望高城不见,只见乱山无数。韦郎去也,怎忘得、玉环分付?第一是、早早归来,怕红萼无人为主。算空有并刀,难剪离愁千缕。

——〔长亭怨慢(中吕宫)并序〕

2. 宋明词学

北宋初期,文人填词唱曲,主要目的是抒情自娱,词体尚未成为一种正式的文学体裁。直到苏轼自成一家的词作出现,才引起了整个文坛、特别是文学评论界的高度重视。两宋之际,女词人李清照的《词论》是第一部系统的词体评论著述。她提出了词"别是一家"的新观点,对词学从诗学体系中独立出来,成为文学的独特创作领域打开了缺口。在宋元之际,词的创作逐渐式微,对词的学术研究和理论总结不断深入,中国古典词学体系初步建立。明代中叶以后,随着程朱理学僵化和阳明心学的兴起,文学艺术界开始出现重情求真的研究趋向。杨慎《词品》的刊行,打破了宋元时期词话式的词论局限,词学开始由衰转盛,为清代词学的复兴和近代的极盛创造了学术条件。

第一、宋元词学

宋元是词学创建时期,是从零散的词话、词评、词论以及词集序跋到词学理论、词体研究的演变过程。从唐代的曲子词到北宋的长短句,词作为独立文学体裁的词体观念是逐渐形成的。北宋的词体观念基本上沿袭五代欧阳炯《花间集序》中的传统词体概念,即"诗客曲子词",以长短差参的句式歌颂爱情,风格艳丽,纯为娱乐而作。宋人对词的称谓甚多,有歌词、歌曲、曲子、乐章、乐府、小词、诗余等。尽管在高雅文化圈内,词被认为是下贱的文学品种,但上到帝王将相、下到平民百姓,都喜欢听唱歌词,消遣娱乐。特别是在都市的歌楼酒馆以及街头巷尾,演唱歌词成为最受欢迎的文艺活动,甚至出现了"凡有井水饮处,即能歌柳词"的流行盛况。宋代词体文学的极大兴盛和广泛流行,也与当时的歌妓制度有关。北宋婉约派大家柳永的词,主要是为歌妓演唱所作。

北宋的词学研究严重滞后的原因,很大程度上又与理学思潮重道德理性、轻生活感情的褊狭价值观念相关。理学高举"文以载道"的旗帜,以卫道士的身分故意贬低抒情文学的娱乐功能,过分强调说理散文的教化意义,填词作曲被认为是违道伐性,是以笔墨劝淫。因此,这一时期的词学只有关于词体起源的理论和歌词创作的评论,成就不大。

北宋灭亡之后,人们明确认识到,空谈"道德性命"并不能实现"修齐治平"的儒学价值目标。在爱国激情的驱动下,南宋词体抒情文学的创作出现了新的高潮,"言志"和"缘情"的音乐文学再度受到文人学者的重视,但道德教化标准和审美娱乐功能之间的情理冲突,仍然困扰着当时的词学。诚如明代学者陈子龙所说,宋人强调儒家的诗教宗旨,"其为诗也,言理而不言情,终宋之世无诗。然宋人亦不免于有情也,故凡其欢愉愁怨之致,动于中而不能抑者,类发于诗余,故其所造独工,非后世所及"①。宋代文人对词体的认识,始终囿于艳丽性质和娱乐功能上,看不到词体文学的其他审美特质和社会功能。南宋词学只有李清照的《词论》和王灼的《碧鸡漫志》值得一提。

宋元之际,词体创作走向衰落,词学体系开始建立。一方面,宋元之际,词坛在歌词创作上再度出现繁荣景象,词体与民歌相互渗透,逐渐向散曲转换。另一方面,词体文学积累了丰富的创作经验,婉约和豪放两派词学风格已经完全成熟,对其进行文学理论总结和艺术审美评价的历史条件完全成熟。加上元朝学术思想比较两宋更富有抒情色彩,对情感和欲望的态度也比宋代更现实,更朴实。正是在这种大文化氛围内,出现了以沈义父的《乐府指迷》、张炎的《词源》和陆辅之的《词旨》为代表的词学专著,中国古典词学才真正建立起来。

其一,宋人词话

宋代词人往往用"长短句"概括词的形式特征,当时刊行的大量词集多以"长短句"题名,如北宋著名词人秦观的词集称《淮海居士长短句》,南宋杰出词人辛弃疾的词集称《稼轩长短句》,等等。当时多数学者对词体的认识都很模糊,没有明确意识到词主要是受佛教说经唱偈文学和西域民族音乐的影响而产生的。比如,北宋大文豪苏轼虽然意识到古代的雅音早已失传,当时演唱歌词所用的丝竹管弦都是"夷声夷器",而抱残守缺者还要复兴所谓的"雅音",让人"坐睡窃笑"②。与苏轼同时代的沈括也指出,"唐人填词多咏其曲名"③,音乐和歌词相合不分,而宋代歌词与曲词已经分离。王安石也发现,古代歌曲是先在歌词后有声腔,而曲子词则是依据固定的声腔来填词歌咏。王灼在《碧鸡漫志》中明确指出,词和诗不是同一类型的文学体裁,诗虽可咏可歌,但是

①　《安雅堂稿》卷3,《王介人诗稿序》。
②　《东坡集》卷23,《书鲜于子骏楚词后》。
③　《梦溪笔谈》卷5,《乐律一》。

就诗本身进行歌咏,没有固定的乐律和声调;而词则是"先定音节,乃制词从之"①。这种"以词就音"的音乐文学,与古代的乐府诗歌在体裁上有本质差别。总之,宋代基本上解决了词体的起源问题,词是律诗的"变体",是一种不整齐的"长短句",在音韵、声腔和曲调上与古代诗歌、汉代乐府和唐代律诗有本质不同,词的调式和声腔多源于民间音乐("俗乐")、西域音乐("夷乐")和佛教音乐("胡乐")。

诗话和词话,都是宋代文人创造的文学评论形式。北宋欧阳修的《六一诗话》是第一部诗话作品。从现有文献看,最早的词话应是北宋杨绘所作的《时贤本事曲子集》。其后,南宋时期杨湜的《古今词话》直接以词话题名。宋人大量的词话,往往附录或夹杂在诗话作品中,单独刊行的词话集子反而很少。

宋代词话还不是完全意义上的词学著述,但为后世的词学研究提供了比较原始的学术资料。这些资料包括:记述词人生平事迹,记载作品本事,记述对词作和词人评论,有关作品词作鉴赏和创作技巧,有关词体演变的讨论,对部分作品的考证,记述词坛轶闻趣事,收录佚词和散句,等等。在宋人词话中,李清照的《词论》和王灼的《碧鸡漫志》最为重要。

其二,李清照的《词论》和王灼的《碧鸡漫志》

李清照是南宋词坛最伟大的女词人。她的《词论》作于南渡之前,是最早系统论述词体艺术特征的词话作品。《词论》现收存在《苕溪渔隐丛话》和《诗人玉屑》中。在文中,李清照简略地回顾了乐府诗歌及其声律的历史演变,对北宋的著名词人进行了简要评论,提出了词"别是一家,知之者少"的重要命题。从总体上看,李清照论词有很大的局限性,一是她仍然坚持传统儒家诗学"温柔敦厚"的教化标准,对柳永的婉约词和苏轼的豪放词都有批评。二是她过分注重词协和音律的音乐特

---

① 《碧鸡漫志》卷1。

性,虽对部分词牌曲调的押韵规律进行了探讨,但没有看到词体文学相对诗歌和音韵的独立特征。

王灼(1081—1160年)字晦叔,号颐堂,四川遂宁人。出身贫寒,科场失利,长期充当幕士,寄人篱下。《碧鸡漫志》初稿作于绍兴十五年(1145年),当时王灼寄居在成都碧鸡坊妙胜院内。绍兴十九年(1149年),王灼在故乡遂宁最后完成全书。《碧鸡漫志》共五卷,以随笔漫记的方式记述了宋代以前音乐文学的演变过程,对北宋以来各家词作进行了零散的评论,详细考证了唐宋时期近30首词调的历史渊源。王灼根据传统诗学的"诗言志"主张,提出论词的雅郑标准。他力主雅音,反对矫揉造作和庸俗轻浮。由此可见,王灼的词学思想并没有超越儒家诗教范畴,对于词的通俗性质和娱乐功能缺少足够的认识,有意贬低柳永和李清照等婉约词人和词作的文学艺术价值。

其三,《乐府指迷》和《词源》、《词旨》

宋元之际,词学领域出现了三部重要的论词专著,即沈义父的《乐府指迷》、张炎的《词源》和陆辅之的《词旨》。

沈义父(具体生卒年代不详)字伯时,江苏吴江人。淳祐三年(1243年)认识南宋词人吴文英,学习填词方法。曾任白鹿洞书院山长,讲授程朱理学。其《乐府指迷》是中国词学史上第一部讲述作词方法的专著。在序言里,作者提到"词之作难于诗"的经验之谈。根据作者随后所做的解释,作词之难。难于不用"淫艳之语"而达到抒情目的。他说:

> 作词与诗不同,纵是花卉之类,亦须略用情意,或要入闺房之意。然多流淫艳之语,当自斟酌。如只直咏花卉,而不着些艳语,又不似词家体例,所以为难。

作者还提出了作词和论词的四条标准,即协律、典雅、含蓄和柔婉。其中,应以协律清真为主,不带一点市井习气。他说:

凡作词,当以清真为主。盖清真最为知音,且无一点市井气。下字运意,皆有法度,往往自唐宋诸贤诗句中来,而不用经史中生硬字面,此所以为冠绝也。学者看词,当以《周词集解》为冠。

《乐府指迷》反对用经史中的生硬词语作词,主张诗句入词,反映了作者以诗论词的倾向;而对"市井气"的拒绝,又体现了作者对词体通俗性、娱乐性和口语化的轻视。

张炎(1248—约1321年)字叔夏,号玉田、乐笑翁,祖籍西秦(今陕西凤翔),出生于杭州。南宋名将张俊的后代,曾以祖荫入官。南宋灭亡时被抄家,从此飘零无依。曾北游大都,参加《金字藏经》的书写。至元二十八年(1291年)回到江南,过着遗民生活。《词源》上下卷约于元代延祐初年完成。在词学上主张雅正和清空的审美理念,反对过分追求质实。他说:"词要清空,不要质实。清空则古雅峭拔,质实则凝涩晦昧。"即要求词体创作要清新空灵,如行云流水,去留无迹;不可过分用典,堆砌事实,凝涩滞重。

陆辅之(1275—约1349年)字季道,号壶天、湖天居士,江苏人。元大德年间(1297—1307年)曾为湖北学士,入翰林典籍。主要词学著作有《词旨》一卷,继续论述张炎的制词度曲方法,可以看做是《词源》的余绪。

第二、明代词学

明代是词学的转折时期。从元代中叶到明代末期,词体创作更加萧条,几乎没有出现著名的词人和优秀的作品。作为一种文学体裁,词似乎已经退出了文坛。明代文学发展的主流是小说和戏曲,大量有才华的作者都从事小说和剧本的创作,因而词学出现总体衰落状况。但萧条之中也有清新之作,王士贞的《艺苑卮言》附词话、杨慎的《词品》和张綖的《词余图谱》等著述，在词学上均有独到见解。

王世贞（1526—1590年）字元美，号凤洲，自称弇州山人，江苏太仓人。嘉靖二十六年（1547年）进士，除刑部主事，后历任刑部郎中、青州兵备副使和刑部尚书。《艺苑卮言》八卷是他评论言诗文的专著。其中论词共30则，第一次将"正宗"和"变体"概念引入词学。他认为："词者，乐府之变也。"对词体的演变有过相当概括的论述：

> 《花间》以小语致巧，世说靡也。《草堂》以丽字取妍，六朝俞也。即词号称诗余，然而诗人不为也。何者？其婉娈而近情也，足以移情而夺嗜；其柔靡而近俗也，诗啴缓而就之，而不知其下也。之诗而词，非词也。之词而诗，非诗也。言其业，李氏、晏氏父子、耆卿、子野、美成、少游、易安至矣，词之正宗也。温、韦艳而促，黄九精而险，长公丽而壮，幼安辨而奇，又其次也，词之变体也。词兴而乐府亡矣，曲兴而词亡矣，非乐府与词之亡，其调亡也。

王世贞用"近情"和"近俗"说明词不同于诗和乐府歌曲的抒情性和通俗化，并将李璟、李煜、晏殊、晏几道、柳永、张先、周邦彦、秦观和李清照等婉约词人看做是"词之正宗"，而将黄庭坚、苏轼和辛弃疾等豪放词人视为"词之变体"，这确实抓住了词体的音乐文学特征。

杨慎（1488—1559年）字用修，号升庵，四川新都人。正德六年（1511年）考取状元，授翰林院编修。嘉靖三年（1524年）因上疏被廷杖，谪戍云南永昌承卫，后死于戍所。嘉靖三十年（1551年）完成《词品》六卷。在《词品序》中，杨慎提出了"诗词同工而异曲，共源而分派"的主张，并发现诗韵宽于诗韵，这对后来词学家编定词谱和词韵有一定的启发意义。

杨慎《词品》的核心内容是词学评论。他仿效六朝钟嵘的《诗品》，

将古今词作分为三品:神品,妙品,能品。他说:

> 大较词人之体,多属揣摩不置,思致神遇。然率于人情之
> 所必不免者以敷言,又必有妙才巧思以将之,然后足以尽属辞
> 之蕴。故夫词成而读之,使人恍若身遇其事,怵然兴感者,神
> 品也。意思流通无所乖逆者,妙品也。能品不与焉,婉丽成章
> 非辞也。是故山林之词清以激,感遇之词凄以哀,闺阁之词悦
> 以解,登览之词悲以壮,讽喻之词婉以切。之数者,人之情也。
> 属辞者比当体之。夫然后足以得人之性情,而起人咏叹。

可见,杨慎论述词品立足于"人之性情",看重词作的抒情特征。由于
《词品》是杨慎的戍所撰成,书中所引许多文献全凭记忆,没有条件核
实,因而错误不少。但他以性情论词,强调词体的抒情功能,在评论词
作时注意挖掘作品中的真实性情,因而对后代词学产生了积极的影响。

和杨慎同时代的张綖,在《词余图谱》首次明确将词体分为婉约与
豪放两种风格。他说:"按词体大略有二:一体婉约,一体豪放。婉约者
欲其词情蕴藉,豪放者欲其气象恢弘。盖亦存乎其人。如秦少游之作,
多是婉约;苏子瞻之作,多是豪放。大抵词体以婉约为正,故东坡称少
游今之词手;后山评东坡词虽极天下之工,要非本色。"后世词学有关婉
约与豪放之争,皆源出于此。

3. 元明散曲

与宋词一样,元明散曲最初也是源起于民间的音乐文学。自金朝
灭北宋后,民间小曲融合了南北民歌和曲艺说唱,以清新活泼的艺术风
格与贴近生活的思想内容使人耳目一新。发展到元代,这种民间小曲
通过弦乐宫调得到规范化,形成了元散曲。元明两代文人都喜欢倚声
填词,创作散曲小令或大型套数,一时涌现出大量散曲作品。在语言

上，元明散曲采用白话口语和俗语方言，更能体现民间生活的自在情趣。在内容表达上直截明快，意到言随，更能满足抒情适欲的心理需要，从而再度实现了文学体裁的演变和革新。元明散曲也是一种思想解放、抒怀自娱的新体诗词，具有与唐诗宋词不尽相同的艺术特质和审美情趣，在格调和韵味上都可自成一家。

散曲虽称"词余"，都是与律诗有别的"长短句"，但散曲又有自己显著的艺术特征。在押韵上，散曲中的小令用韵加密，几乎句句用韵，但平、上、去三个声调之间可能自由通押；小令和套数都不讲究平仄对应法则，允许重韵；词则严格规定平仄对应法则，忌讳重韵。在曲调上，小令绝大多数是单调，很少有双调，绝无三叠、四叠的曲子。在衬字运用上，散曲在正格之外可以加入更多的衬字，加入的衬字多是生动活泼的口语，从而大大地增强了曲子的艺术表现力。与诗词的典雅婉约相比，散曲更加直爽泼辣，激情奔放，嬉笑怒骂，无所不可。这些艺术特征，使元明散曲成为继唐诗、宋词之后，中国古代韵文发展中的一座丰碑。

第一、元代散曲

元代散曲的发展与元代杂剧同步，大致以成宗大德四年（1300年）为界，可分为前后两个时期。前期作品刚刚从民间音乐演唱文学中脱胎出来，风格纯正质朴，语言通俗生动，表现方式灵活多样。前期散曲的代表作家是关汉卿、白朴和马致远。

关汉卿既是元杂剧大家，又是著名的元散曲作家。现存小令57首，套数13套。内容多描写都市生活风貌、感叹世道沧桑和抒发爱恋激情。最著名的散曲作品是套数《南吕·一枝花·不伏老》中的尾曲：

> 我是个蒸不烂、煮不熟、捶不扁、炒不爆、响珰珰一粒铜豌豆，怎子弟每谁教你钻入他锄不断、斫不下、解不开、顿不脱、慢腾腾千层锦套头？我玩的是梁园月，饮的是东京酒，赏的是洛阳花，攀的是章台柳。我也会围棋、会蹴踘、会打围、会插

科、会歌舞、会吹弹、会咽作、会吟诗、会双陆。你便是落了我牙、歪了我嘴、瘸了我腿、折了我手,天赐与我这几般儿歹徒症候。尚兀自不肯休。则除是阎王亲自唤,神鬼自来勾,三魂归地府,七魂丧冥幽。天哪,那其间才不向烟花路儿上走。

从这首散曲可以看出,关汉卿是位热爱现实生活、热爱戏曲杂剧、精通诗歌音律、擅长喜笑怒骂、风流倜傥、坚强不屈的天才艺术家。此外,套数《南宫·一枝花·杭州景》也相当有名:

> 普天下锦绣乡,环海内风流地。大元朝新附国,亡宋家旧华夷。水秀山奇,一到处堪游戏,这答儿忒富贵。满城中绣幕风帘,一哄地人烟凑集。
>
> 百十里街衢整齐,万余家楼阁参差,并无半答儿闲田地。松轩竹径,药圃花蹊,茶园稻陌,竹坞梅溪。一陀儿一句诗题,一步儿一扇屏帏。西盐场便似一带琼瑶,吴山色千叠翡翠。兀良,望钱塘江万顷玻璃。更有清溪绿水,画船儿来往闲游戏。浙江亭紧相对,相对着险岭高峰长怪石,堪羡堪题。
>
> 家家掩映渠流水,楼阁峥嵘出翠微,遥望西湖暮山势。看了这壁,觑了那壁,纵有丹青下不得笔。

白朴也是既能创作杂剧,又善谱写散曲。现存套数4套,小令37首。内容多为儿女情长,世态炎凉,自然风光和历史感伤。如描写春夏秋冬四季景观的《越调·天净沙》,就极富诗情画意:

> 春山暖日和风,阑干楼阁帘栊,杨柳秋千院中。啼莺舞燕,小桥流水飞红。
>
> 云收雨过波添,楼高水冷瓜甜,绿树阴垂画檐。纱厨藤

簟，玉人罗扇轻缣。

　　孤村落日残霞，轻烟老树寒鸦，一点飞鸿影下。青山绿
水，白草红叶黄花。

　　一声画角谯门，半庭新月黄昏，雪里山前水滨。竹篱茅
舍，淡烟衰草孤村。

马致远是元代散曲大家，著有《东篱乐府》，现存小令 115 首，套数 16
套。马致远一生怀才不遇，散曲作品多抒发生活牢骚，歌咏山林，但形
象生动，韵律和谐，语言精炼，意境绝妙。著名的小令有《天净沙·秋思》
和《寿阳春·远浦帆归》：

　　枯藤老树昏鸦，小桥流水人家，古道西风瘦马。夕阳西
下，断肠人在天涯。

　　夕阳下，酒旆闲，两三航未曾著岸。落花水香茅舍晚，断
桥头卖鱼人散。

著名的套数为《越调·夜行船·秋思》：

　　百岁光阴一梦蝶，重回首往事堪嗟。今日春来，明朝花
谢。急罚盏夜阑灯灭。

　　〖乔木查〗想秦宫汉阙，都做了衰草牛羊野。不恁么渔樵
没话说。纵荒坟横断碑，不辨龙蛇。

　　〖庆宣和〗投至狐踪与兔穴，多少豪杰。鼎足虽坚半腰折。
魏耶晋耶？

　　〖落梅风〗天教你富，莫太奢。没多时好天良夜。富家儿
更做道你心似铁，争辜负了锦堂风月。

　　〖风入松〗眼前红日又西斜，疾似下坡车。不争镜里添白

雪,上床与鞋履相别。莫笑巢鸠计拙,葫芦提一向装呆。

〖拔不断〗利名竭,是非绝。红尘不向门前惹,绿树偏宜屋角遮,青山正补墙头缺。更那堪竹篱茅舍。

〖离亭宴煞〗蛩吟罢一觉才宁贴,鸡鸣时万事无休歇。争名利何年是彻? 看密匝匝蚁排兵,乱纷纷蜂酿蜜,急攘攘蝇争血。裴公绿野堂,陶令白莲社,爱秋来时那些:和露摘黄花,带霜分紫蟹,煮酒烧红叶。想人生有限杯,浑几个重阳节? 人问我顽童记者:便北海探吾来,道东篱醉了也。

后期作品多讲究声律工整,崇尚风格典雅,遣词造句清丽,较少接触现实生活,逐渐失去了前期清新自然的民间风味和淳朴泼辣的批判精神。这一时期的重要作家是张养浩。

张养浩(1270—1329 年)字希孟,号云庄,山东济南人。历任监察御史和礼部尚书等职,敢于犯颜直谏,主张整顿吏治,在官场三起三落。散曲著作有《云庄休居自适小乐府》。代表作品有《山坡羊·潼关怀古》:

峰峦如聚,波涛如怒,山河表里潼关路。望西都,意踟蹰。伤心秦汉经行处,宫阙万里都做了土。兴,百姓苦;亡,百姓苦。

这是作者天历二年(1329 年)赴陕西关中赈济旱灾途中所作,集中体现了作者忧国忧民的深沉情怀。其中,结尾两句堪称警策,道出了频繁的改朝换代给百姓带来的苦难,对历史变迁具有高度的概括性和深刻的揭露力。

第二、明代散曲

明代初期,文人的创作散曲继续沿着元代后期的典雅方向演变,散典更加案头文学化,成为清闲文人的业余游戏,思想内容贫乏,没有多大的艺术价值。明代中叶以后,随着小说的勃兴,散曲创作出现转机。各种散曲集子不断刊行,总量超过元代。与元代相比,明代散曲创作的最大特点是吸收了戏曲艺术的特点,并与戏剧创作相结合,因而具有很高的鉴赏价值。从风格上看,明代散曲基本上可分为豪放和清丽两种流派。

北方散曲作家师承关汉卿、马致远的遗风,体现了北曲气势奔放、激情豪爽的艺术特色,代表人物是康海。

康海(1475—1541年)字德涵,号对山、沜西山人、沜东渔父,陕西武功人。弘治十五年(1502年)中状元,授官翰林院修撰。与李梦阳等人文坛唱和,颇有影响。除诗文和戏剧外,尤其擅长小令写作。有散曲集《沜东乐府》3卷,现存小令200多首,套曲30多首。代表作品有《落梅风·有感》和《朝天子·遣兴》,充满了愤世嫉俗之情:

张良智,范蠡谋,都不如贾生词赋。响当当美传千万古,有奸谀怎生斯妒?

杖藜,步畦,不作功名计。青山绿水绕柴扉,日与儿曹戏。问柳寻花,谈天说地,无一事萦胸臆。丑妻,布衣,自有天然味。

南方散曲作家继承元代后期的清丽曲风,与南方民间歌谣和昆曲戏剧结合,具有浓郁的地方特色和诙谐的生活气息。代表人物是王磐和梁辰鱼。

梁辰鱼精通昆曲,除为昆曲创作第一个传奇剧本,还有大量散曲作品。他的散曲文辞优美,典雅工致,多对照词谱创作散曲,其风格介于词与曲之间,词意比曲味更浓。比如他的《白练序·咏帘栊》和《夜行船·拟金陵怀古》,就写得颇有意蕴和气魄:

东风软,见曲曲回廊暮蔼收。凝妆映几簇禁烟新柳。春昼翠羽稠,任满院阳花不自由。空相叩,芳容阻隔,似无还有。

万里涛回,看滔滔不绝,古今流水。千年恨都化英雄血泪。徙倚,故国秋余,远树云中,归舟天际,山势,依旧枕寒流,阅尽几度兴废。

王磐(约 1470—1530 年)字鸿渐,号西楼,江苏高邮人。一生为人官场,寄情于山水诗画,尤其擅长音律散曲。每到名胜之地,丝竹觞咏,流连忘返。曾一度被推崇为"词人之冠"。著有《西楼乐府》一卷,现存小令 65 首,套曲 9 套。曲作内容比较广泛,用字精雕细琢,曲调工雅放逸,不乏讽喻之作。例如作品《朝天子·咏喇叭》,富有嘲讽意味:

喇叭,唢呐,曲儿小腔儿大。官船来往乱子如麻,全仗你抬声价,军听了军愁,民听了民怕,哪里去辨什么真共假,眼见的吹翻了这家,吹狪了那家,只吹的水尽鹅飞罢。

元明两代是散曲发展的鼎盛时期。随着戏曲的发展和完善,散曲逐渐纳入到戏曲这一综合艺术形式中,失去了独立存在的历史地位。到清代,散曲突然衰落,戏曲则南方有洪昇及其《长生殿》,北方有孔尚任及其《桃花扇》,出现繁荣再度的发展气象。

三、小说:从话本体到章回体

宋明小说是在唐代传奇基础上形成的文学形式,其体裁经历了从宋元小说话本到明代章回小说的历史演变。以《三国演义》、《水浒传》、《西游记》和《金瓶梅》为代表的白话长篇小说相继出现,标志着中国古代小说艺术进入了全面繁盛的发展时期。

1. 宋元小说话本

宋元时期(960—1368 年),中国古代小说的艺术创作出现了新的体裁变革。一种称做"话本"的白话小说取代唐人传奇,一跃成为小说发展的主要形式。伴随着造纸和印刷技术的全面普及,宋元话本小说对当时社会文化和精神生活产生了巨大影响,并为明代长篇章回体小说的诞生铺平了艺术道路。

"话本"一词,最初指说话艺人讲唱故事的底本。作为小说体裁,话本是随着说话艺术的兴盛而不断繁荣起来的。唐代已有了一些不太成熟的话本作品,诸如《庐山远公话》、《韩擒虎话本》、《叶净能话》和《李陵变文》等。随着宋元社会工商经济发达、都市文化繁荣和市民对娱乐的热切要求,说话成为最受欢迎的通俗艺术。

从北宋开始,专业说话艺人不仅人数众多,而且分工细密。到南宋时期,根据说话的内容和演唱的形式,专业说话艺人分成四家:一是小说家,说话题材有烟粉、灵怪、传奇、公案和战争等;二是说经家,演说佛经故事和参禅悟道;三是讲史家,讲述历代兴衰故事;四是合生家,类似于现代对口相声,有时伴有歌舞。其中,又以编故事的小说家为最:"最畏小说人,盖小说者能以一朝一代故事,顷刻间提破"[①]。

最初的话本只是说话人讲唱的脚本。只提纲式记录故事梗概,说话人讲唱时还要临场发挥,增饰细节。随着说话艺术的迅速发展,说话艺人和文学才子开始有意识加工底本,使其在故事情节上不断充实,成为具有独立欣赏价值的短篇小说。现存的话本主要有两类三种,第一类是长篇话本,包括讲史话本和说经话本两种;第二类是短篇话本,主要为小说话本。

---

① 《都城记胜·瓦舍众伎》。

宋元话本大多散失,流传到今的宋元话本为数不多。其中讲史话本有《新编五代史平话》、《大宋宣和遗事》、《薛仁贵征辽事略》和《全相平话五种》(《武王伐纣平话》、《七国春秋平话》后集、《秦并六国平话》、《前汉书平话》续集和《三国志平话》),说经话本有《大唐三藏取经诗话》。小说话本有《碾玉观音》、《志诚张主管》、《错斩崔宁》、《快嘴李翠莲记》和《董永遇仙传》等40余篇,分别收集在《京本通俗小说》残本、《清平山堂话本》辑本和冯梦龙的《三言》中。

小说话本在三种话本中文学成就最高。特别是其中描写爱情婚姻故事的"烟粉"和断狱判案的"公案"这两类题材,直接反映现实生活,故事情节或委婉曲折,或离奇复杂,往往扣人心弦,催人泪下,十分符合市民的欣赏口味,不乏脍炙人口的优秀作品。比如话本《碾玉观音》,生动地描写了女奴璩秀秀和工匠崔宁的爱情悲剧。秀秀本是裱褙画匠的女儿,卖与咸安郡王做了刺绣养娘,爱上了王府内碾玉工崔宁。在一场火灾中,秀秀趁乱与崔宁先做夫妻,然后逃出王府,跑到千里之外的潭州开碾玉铺为生。后因郭排军的告密,双双被抓回王府。秀秀被活活打死,其父母也投水自尽。崔宁受酷刑后,被发派到建康府。秀秀的鬼魂一直追随崔宁到建康,在人鬼之间建立了家庭。不久又被郭排军发现破绽,秀秀拉着崔宁一块做了鬼夫妻。情节诡怪,描写细腻;善于运用多样艺术手法烘托气氛,表现人物的性格和心理,这些都是小说话本最富有传奇性的艺术特色。

小说话本的体制除标题外,有入话、正话和结诗三个部分。入话又叫得胜回头、笑耍头回。通常以序诗开始,稍加解说,引入正话,是后来章回体小说开篇诗词的滥觞。正话是故事正文,采取散文和韵文相互错杂的结构形式,散文用于讲说,韵文用于诵唱。此外还穿插着打诨、套话和插话等作料,增强说话的感染力。结诗是在篇尾缀以简短的诗词,起画龙点睛的结题作用。一次说不完的话本,往往分成几回,上回与下回之间往往留下悬念,在体裁上非常接近章回体长篇小说。

宋元小说话本在中国古代小说史上有着巨大的意义和深远的影响。它形象地反映和描绘了市民的生活理想和审美情趣,极大地充实和丰富了小说的创作题材和描写手法,为明代小说的繁盛准备了思想条件,奠定了艺术基础。其中,有不少话本是后来长篇小说和著名戏剧的雏形。例如,《三国志平话》对《三国演义》,《大宋宣和遗事》对《水浒传》,《武王伐纣平话》对《封神演义》,《大唐三藏取经诗话》对《西游记》,《错斩崔宁》对《十五贯》,其间的影响都是非常直接的。

2. 明代章回小说

明代章回小说是在宋元话本基础上发展起来的文学形式。它既是对宋元话本的体裁突破和艺术提炼,又是中国古典长篇小说走向成熟的重要标志。与讲史话本相比,章回小说打破了单纯讲述历史故事的说话体裁,开始转向对人物性格的语言刻画、对典型形象的艺术塑造和对个人命运的哲理揭示。《三国演义》、《水浒传》、《西游记》和《金瓶梅》等"四大奇书",是明代成就最高、影响最大的章回小说。

第一、历史演义小说《三国演义》

产生于元末明初的《三国演义》,是章回小说的开山之作,也是众多历史演义小说中的杰作和精品。

《三国演义》全名《三国志通俗演义》,又名《三国志演义》,作者罗贯中(约 1310—1385 年)。全书取材于东汉末年大乱以及随后魏、蜀、吴三国彼此征战的兴衰史,即从东汉灵帝中平元年(184 年)黄巾起义至西晋武帝太康元年(280 年)全国统一近 100 年的动荡史。有关作者罗贯中的生平经历,目前所知甚少。只知他名本,别号湖海散人,山西太原人,约生活在 1330 年至 1400 年之间,正值元明之际。一生从事小说创作,除《三国演义》外,还有《隋唐志传》、《残唐五代史演义》和《三遂平妖传》等小说。有关《三国演义》的最初版本目前无法知道。现存的最早版本是明朝弘治七年(1494 年)作序、嘉靖元年(1522 年)刊印的 24 卷本《三国志通俗演义》,分为 240 则,共 75 万字。现在通行的 120 回本,是由明朝李贽评批、清朝毛伦和毛宗岗父子评点的清刊本。

《三国演义》是罗贯中在《全相三国志平话》基础上,根据民间传说、戏曲故事和陈寿编著、裴松之作注的《三国志》创作出来的长篇小说。它通过汉末动乱、军阀混战、三国鼎立的历史,反映了社会政治的腐朽与黑暗、统治集团的残暴与丑恶以及人民生活的灾难与痛苦。在思想内容上,小说深刻地揭露了统治集团阴险虚伪、尔虞我诈和唯利是图的丑恶本质,逼真地描写了战乱中人民生活的颠沛流离和生命财产所蒙受的惨重损失,如实地体现了人民群众反对分裂、渴求统一的政治愿望以及对仁政德治和圣贤统治的道德期待。在思想倾向上,作者拥刘反曹的正统观念非常强烈,这一方面反映了儒家正统史观对历史小说创作的消极影响,同时也流露出对东汉王朝覆灭的惋惜和对刘汉宗室命运的同情。

在人物塑造上,《三国演义》描写了 400 多个历史人物,主要人物都是形象突出、性格鲜明、栩栩如生的艺术典型,其中最成功的艺术形象是曹操。作品从"雄"和"奸"两个侧面塑造了这位"乱世之奸雄"。在描写曹操雄才大略方面,作者通过"青梅煮酒论英雄"的故事情节和对话场景,十分简练地表达了对英雄胆略、气魄、胸怀和志向的看法:

> 随至小亭,已设樽俎:盘置青梅,一樽煮酒。二人对坐,开怀畅饮。酒至半酣,忽阴云漠漠,聚雨将至。从人遥指天外龙挂,操与玄德凭栏观之。操曰:"使君知龙之变化否?"玄德曰:"未知其详。"操曰:"龙能大能小,能升能隐;大则兴云吐雾,小则隐介藏形;升则飞腾于宇宙之间,隐则潜伏于波涛之内。方今春深,龙乘时变化,犹人得志而纵横四海。龙之为物,可比世之英雄。玄德久历四方,必知当世英雄。请试指言之。"玄德曰:"备肉眼安识英雄?"操曰:"休得过谦。"玄德曰:"备叨恩

庇,得仕于朝。天下英雄,实有未知。"操曰:"既不识其面,亦闻其名。"玄德曰:"淮南袁术,兵粮足备,可为英雄?"操笑曰:"冢中枯骨,吾早晚必擒之!"玄德曰:"河北袁绍,四世三公,门多故吏;今虎踞冀州之地,部下能事者极多,可为英雄?"操笑曰:"袁绍色厉胆薄,好谋无断,干大事而惜身,见小利而忘命,非英雄也。"玄德曰:"有一人名称八俊,威镇九州,刘景升可为英雄?"操曰:"刘表虚名无实,非英雄也。"玄德曰:"有一人血气方刚,江东领袖——孙伯符乃英雄也?"操曰:"孙策借父之名,非英雄也。"玄德曰:"益州刘季玉,可为英雄乎?"操曰:"刘璋虽系宗室,乃守户之犬耳,何足为英雄!"玄德曰:"如张绣、张鲁、韩遂等辈皆何如?"操鼓掌大笑曰:"此等碌碌小人,何足挂齿!"玄德曰:"舍此之外,备实不知。"操曰:"夫英雄者,胸怀大志,腹有良谋,有包藏宇宙之机,吞吐天地之志者也。"玄德曰:"谁能当之?"操以手指玄德,后自指,曰:"今天下英雄,惟使君与操耳!"玄德闻言,吃了一惊,手中所执匙箸,不觉落于地下。时正值天雨将至,雷声大作。玄德乃从容俯首拾箸曰:"一震之威,乃至于此。"操笑曰:"丈夫亦畏雷乎?"玄德曰:"圣人迅雷风烈必变,安得不畏?"将闻言失箸缘故,轻轻掩饰过了。操遂不疑玄德。[①]

在刻画曹操奸诈残忍方面,作者通过一系列怵目惊心的故事情节,淋漓尽致地描写了曹操所信奉的"宁教我负天下人,休教天下人负我"的极端利己哲学。例如,在与袁术的一次作战中,曹操玩弄权诈,嫁祸于人,借头示众,以稳定军心:

---

① 《曹操煮酒论英雄 关公赚城斩车胄》,《三国演义》第21回。

却说曹兵十七万,日费粮食浩大,诸郡又荒旱,接济不及。操催军速战,李丰等闭门不出。操军相拒月余,粮食将尽,致书于孙策,借得粮米十万斛,不敷支散。管粮官任峻部下仓官王垕入禀操曰:"兵多粮少,当如之何?"操曰:"可将小斛散之,权且救一时之急。"垕曰:"兵士倘怨,如何?"操曰:"吾自有策。"垕依命,以小斛分散。操暗使人各寨探听,无不嗟怨,皆言丞相欺众。操乃密召王垕入曰:"吾欲问汝借一物,以压众心,汝必勿吝。"垕曰:"丞相欲用何物?"操曰:"欲借汝头以示众耳。"垕大惊曰:"某实无罪!"操曰:"吾亦知汝无罪,但不杀汝,军必变矣。汝死后,汝妻子吾自养之,汝勿虑也。"垕再欲言时,操早呼刀斧手推出门外,一刀斩讫,悬头高竿,出榜晓示曰:"王垕故行小斛,盗窃官粮,谨按军法。"于是众怨始解。①

罗贯中笔下的曹操是血肉丰满的艺术典型,而不是脸谱化的历史人物。《三国演义》塑造曹操的最成功之处,在于使"雄"和"奸"两种相反的性格特征奇妙地统一起来。"煮酒论英雄","雄"中藏"奸",所谈话题充满诡计,意在试探刘备;"借头以示众","奸"中含"雄",旨在稳定军心。按照传统社会的伦理道德,曹操的奸雄属于邪恶的德行;可在艺术欣赏中,曹操又是深受民众喜爱的艺术形象。《三国演义》在人物塑造中打破了儒家尽善尽美的人物图谱,使道德至善与艺术审美相对分离,从而为小说的虚拟创作开拓了艺术审美空间。

在《三国演义》所塑造的人物长廊中,刘备是与曹操性格截然相反的艺术典型。作为中山靖王之后,他的政治理想是儒家的"王道"和"仁政"。他对庞统说:"今与吾水火相敌者,曹操也。操以急,吾以宽;操以暴,吾以仁;操以谲,吾以忠。每与操相反,事乃可成。若以小利而失信

---

① 《袁公路大起七军　曹孟德会合三将》,《三国演义》第17回。

义于天下,吾不忍也"①。不过,从整个三国争霸态势来看,刘备的宽厚仁爱和开明坦诚,只是争夺天下的政治旗号,其道德理想已具有了表演化和工具性。诸葛亮也是《三国演义》塑造得比较成功的艺术典型。与曹操、刘备的帝王形象不同,诸葛亮是一位既足谋多智、又忠心耿耿的辅佐之材。诚如他在《出师表》中所言:"臣鞠躬尽瘁,死而后已;至于成败利钝,非臣之明所能逆睹也"②。从初出茅庐到病逝五丈原,诸葛亮用忠心、智慧和生命实践了自己的承诺。小说对诸葛亮临终前的一段描写,令人潸然泪下:

> 孔明强支病体,令左右扶上小车,出寨遍观各营;自觉秋风吹面,彻骨生寒,乃长叹曰:"再不能临阵讨贼矣! 悠悠苍天,曷此其极!"叹息良久。③

关羽和张飞也是作者竭力美化和颂扬的英雄人物。关羽以神勇、儒雅、义重如山和骄傲自负著称,张飞因粗犷、直率、爱憎分明和急躁刚暴而闻名。此外,才高心狭的周瑜、老成持重的鲁肃、胆大心细的赵云、远见卓识的郭嘉、老当益壮的黄忠和忍辱负重的黄盖等等三国人物,都给人留下了鲜明、生动和深刻的艺术印象。

在语言艺术上,《三国演义》独创了一种雅俗共赏的通俗体文学语言。这种"文不甚深,言不甚俗"的通俗文体,既保留了文言文的简洁和精炼,又汲取了白话文的生动与浅显;既具有极强的艺术表现力,又适合各个阶层的审美接受力。正是由于语言艺术上的突破,《三国演义》战争场面描写和人物肖像刻画等方面,比小说话本取得了重大发展。

---

① 《张永年反难杨修 庞士元议取西蜀》,《三国演义》第60回。
② 《讨魏国武侯再上表 破曹兵姜维诈献书》,《三国演义》第97回。
③ 《陨大星汉丞相归天 见木像魏都督丧胆》,《三国演义》第104回。

例如对赤壁之战的叙述,既有妙趣横生的斗智和斗谋,又波澜壮阔的交锋与激战,既突出了孙刘联合对抗曹操,又穿插着吴蜀之间的貌合神离。其中,诸葛亮的"舌战群儒"、"草船借箭"和"三气周瑜",都是至今传颂不断的精彩篇章。

《三国演义》的历史影响是非常深远的。在它诞生的500多年中,历史演义成为一种盛行不衰的小说创作模式。从盘古开辟到东周列国,从秦汉统一到民国纷争,各个朝代的历史都被编写成了演义小说。从传统的戏剧曲艺到现代的电影电视以及网络游戏,通过移植和改编"三国"的各类作品都深受观众和读者的喜爱。《三国演义》中的道德观念和政治理想,生存智慧与权变谋略,具有历史教科书和文学启示录的教谕功能,人们可以不断地从中汲取哲学启迪,感受艺术熏陶。在国际文坛上,《三国演义》也有广泛影响,已被译成多种文字,收藏在世界各大图书馆中,受到海外文学界的高度评价。特别是对于儒教文化圈内的东亚社会,三国故事几乎是家喻户晓,并对企业管理和市场竞争产生间接影响。

第二、英雄传奇小说《水浒传》

《水浒传》是元末明初与《三国演义》同时出现的英雄传奇小说,是《说唐》、《杨家将》和《说岳》等长篇传奇小说中成就最高、影响最大的不朽作品。它也经历了从民间传说到讲史话本再到章回小说的演变过程,是在民间艺人集体创作基础上,由艺术家最后提炼完成的文学巨著。

《水浒传》全称《忠义水浒传》,简称《水浒》,不同版本署名不一。流传至今的70回本署名为施耐庵集撰,100回本和120回本署名均为施耐庵集撰、罗贯中纂修。通常认为,《水浒传》的作者是钱塘人施耐庵(约1295—1370年),其生平事迹缺少可靠史料,人们对其经历知之甚少。

《水浒传》以北宋末年的宋江起义为故事原型,塑造了一大批富有反叛精神的英雄人物。全书的中心思想旨在宣扬"忠义",主人公宋江是"忠义"的艺术化身,形象地体现了传统儒教"忠君孝亲"的伦理观念和道德准则。不过,在作者笔下,宋江首先是具有领袖才能和非凡品质的英雄,他仗义疏财、周急济贫,招贤纳士、网罗人才,多谋善断、集思广益,表现出高超的组织能力和杰出的军事才干。宋江同时又是性格复杂、颇具争议的悲剧人物。他既有"替天行道"的造反精神,敢于聚众梁山,反叛官方;又有"忠义报国"的赤诚之心,念念不忘招安,热衷功名。宋江既敢反叛又想招安的复杂心理,以及招安后又被御赐药酒毒死的悲剧结局,从其在浔阳楼上所做的《西江月》词和反诗,以及临终前在楚州对李逵的一席话语里,可以看出作者对英雄造反、接受招安"忠义"道路持怀疑和否定的批判态度:

> 自幼曾攻经史,长成亦有权谋。恰如猛虎卧荒丘,潜伏爪牙忍受。不幸刺文双颊,那堪配在江州!他年若得报雠,血染浔阳江口!
>
> 心在山东身在吴,飘蓬江海漫嗟吁。他时若遂凌云志,敢笑黄巢不丈夫![1]
>
> 李逵道:"哥哥几时起义兵,我那里也起军来接应。"
>
> 宋江道:"兄弟,你休怪我!前日朝廷差天使,赐药酒与我服了,死在旦夕。我为人一世,只主张'忠义'二字,不肯半点欺心。今日朝廷赐死无辜,宁可朝廷负我,我忠心不负朝廷。我死之后,恐怕你造反,坏了我梁山泊替天行道忠义之名。因此,请将你来,相见一面。昨日酒中,已与了你慢药服了,回至润州必死。你死之后,可来此处楚州南门外,有个蓼儿,风景尽与梁山泊无异,和你阴魂相聚。我死之后,尸首定葬于此

---

① 《浔阳楼宋江吟反诗 梁山泊戴宗传假信》,《水浒传》第 38 回。

处,我已看定了也!"①

宋江死在旦夕之际,耿耿于怀的是"忠义"二字,放心不下的是李逵再聚山林,把他的"一世清名忠义之事坏了"。因此,对无辜赐死的朝廷,宋江采取了"宁可朝廷负我,我忠心不负朝廷"的屈从策略;而对一同造反的兄弟,宋江却采取了"宁可我负兄弟,不可让兄弟负我"的主动计谋。在忠义不能双全的条件下,宋江抛弃江湖义气,选择愚忠清名。这表明,宗法君主所需要的"忠"和江湖朋友所推崇的"义",其实是水火不容的两种道德法则。

《水浒传》的文学艺术成就集中表现在两个方面,一是鲜活而生动的人物塑造,二是精彩而传神的语言描写。

在人物形象塑造方面,《水浒传》取得了古今一致公认的艺术成就。对此,清人金圣叹有非常到位的评点:"《水浒》所叙,叙一百八人,人有其性情,人有其气质,人有其形状,人有其声口"②。据统计,《水浒传》全书共有 685 人出场,其中有名有姓的 577 人,主要人物 100 多位,鲜明形象 30—40 个③。《水浒传》塑造英雄人物的表现方法也相当丰富。既有现实主义的精雕细琢(如"杨志卖刀"、"宋公明三打祝家庄"),又有浪漫主义的艺术夸张(如"武松打虎"、"花和尚倒拔垂杨柳"),同时还间杂神秘主义的怪异想像(如"九天玄女"、"徽宗帝梦游梁山泊")。《水浒传》善于通过言语行为和生活环境来刻画人物肖像,揭示内心世界,塑造出一群有血有肉、武艺高强、气度不凡的梁山英雄。其中,莽撞而机智的鲁达,粗豪而淳朴的李逵,勇敢而精细的武松,正直而多难的林冲,多智而懦弱的吴用等等,都具有典型化的艺术价值。《水浒传》的人物

① 《宋公明神聚蓼儿 徽宗帝梦游梁山泊》,《水浒传》第 120 回。
② 《第五才子书·序三》。
③ 杨子坚:《新编中国古代小说史》,南京大学出版社 1990 年版,第 128 页。

描写成就,标志着中国古典小说已成功地摆脱了戏剧化的人物描写程式,开始按照实际生活刻画人物的复杂性格及其发展变化,实现了从塑造人物类型到塑造人物性格的艺术转换。

在文学语言描写方面,《水浒传》与《三国演义》的最大不同在于,它以北方白话为基础,大量吸取民间口语和多种方言,基本上超越了文言文的局限,形成了一种准确生动、通俗易懂、精彩传神的文学语言。例如,作者在描写李逵鲁莽而憨直的性格时,多用生动的白描和粗野的口语:

> 先锋李逵脱得赤条条的,挥两把夹钢板斧,火拉拉地杀向前来。到得庄前看时,已把吊桥高高地拽起了,庄门里不见一点火。李逵便要下水过去。杨雄扯住,道:"使不得。关闭庄门,必有计策。待哥哥来,别有商议。"李逵那里忍耐得住,拍着双斧,隔岸大骂道:"那鸟祝太公老贼! 你出来! 黑旋风爷爷在这里!"①

> 话说当下朱仝对众人说道:"若要我上山时,你只杀了黑旋风,与我出了这口气,我便罢!"李逵听了大怒道:"教你咬我鸟! 晁、宋二位哥哥将令,干我屁事!"朱仝怒发,又要和李逵厮拼。②

再如,作者描写潘金莲向武松献媚,表达爱慕之意被拒绝之后,将满腔痛恨倾盆大雨般地泼到丈夫武大郎身上时,就用了一段极富表现力的骂人话语:

---

① 《扑天雕两修生死书 宋公明一打祝家庄》,《水浒传》第46回。
② 《李逵打死殷天赐 柴进失陷高唐州》,《水浒传》第51回。

那妇人被武松说了这一篇,一点红从耳朵边起,紫涨了面皮,指着武大,便骂道:"你这个腌臜混沌!有甚么言语在外人处说来,欺负老娘!我是一个不戴头巾男子汉,叮叮当当响的婆娘!拳头上立得人,胳膊上走得马,人面上行得人!不是那等搠不出的鳖老婆!自从嫁了武大,真个蝼蚁也不敢入屋里来!有甚么篱笆不牢,犬儿钻得入来!你胡言乱语,一句句都要下落!丢下砖头瓦儿,一个个要着地!"武松笑道:"若得嫂嫂这般做主,最好;只要心口相应,却不要'心头不似口头'。既然如此,武二都记得嫂嫂说的话了,请饮过此杯。"①

潘金莲善于辞令,巧于辩白,对俚语、熟语、谚语了如指掌,运用自如,从她骂人的口吻中可以看出其大户使女的身分和对丈夫武大的积怨,以及对大丈夫、男子汉的无限向往,这一通怒骂,使潘金莲淫荡的性情和不幸的婚姻跃然呈现于纸上,并为其后她与西门庆偷情私通、合谋毒害武大、被武松剜胸割头等悲剧性情节埋下了伏笔。

《水浒传》对后世的影响是相当巨大的。作为最成功的英雄传奇小说,《水浒传》首先影响到明代以后的农民起义,成为造反派的启示录。他们往往仿效梁山英雄,打出"替天行道"和"忠义"旗号,并从中汲取攻略战术。因此,在明清时期,《水浒传》多次被列为禁书。其次,《水浒传》之后又出现了一系列续仿水浒的英雄传奇小说,如《后水浒传》和《水浒后传》等,根据《水浒传》改编的戏剧和曲艺节目也相当多。随着国际文化交流,《水浒传》已被译成英、德、法、日、拉丁和西班牙等多国文字,在世界传奇作品中享有很高的文学地位。

第三、神魔怪异小说《西游记》

《西游记》是明代嘉靖、万历年间出现的长篇神魔怪异小说,是中国

---

① 《王婆贪贿说风情 郓哥不忿闹茶肆》,《水浒传》第23回。

古典浪漫主义的艺术杰作。它主要叙述了孙悟空保护唐僧西天取经，途中历经九九八十一难的故事，是作者吴承恩在民间传说和宋元话本基础上综合加工而成的。

《西游记》的故事原型是唐太宗时代，三藏法师玄奘越天竺国(今印度)取经的经过。在其弟子辩机所著的《大唐西域记》和门徒慧立所著的《大唐慈恩寺三藏法师传》里，记述了西域各国的风土人情、奇闻轶事和宗教神通。但这两部作品基本上是纪实性的。后来，经过佛教徒的有意渲染和民间艺人的不断编造，最终成为神魔怪异小说。在南宋说经话本《大唐三藏取经诗话》里，西行的主角已由唐僧变为孙行者，沙和尚的前身深沙神也已出现。在元杂剧《唐三藏西天取经》里，唐僧、孙行者、猪八戒和沙僧师徒四人已经齐备。在元末明初，社会上曾流传过一种平话《西游记》，孙悟空的来历和大闹天宫的故事情节已相当成熟，蜘蛛精、狮子怪和红孩儿等魔怪形象已经形成，火焰山、无底洞和女人国等魔幻世界已现雏形。吴承恩所著《西游记》，是对西游故事的艺术集成，其综合创造的文学价值是不朽的。

吴承恩作为《西游记》的作者，是近代学者胡适、鲁迅等人经过严格考证并被社会广泛接受的结论。明代最初版本署名华阳洞天主人，清代刻本多署名长春真人(元代道士丘处机)。清代学者纪昀、钱大昕和焦循等人曾怀疑《西游记》的作者为道士丘处机，他们推测可能是淮安人吴承恩。胡适、鲁迅等人根据明熹宗天启六年(1626年)刊印的《淮安府志》等地方史志，考定《西游记》的作者确实是吴氏。

吴承恩(1510—1582年)字汝忠，号射阳山人，淮安府山阳县(今江苏淮安)人。曾祖和祖父都是学官，父亲为不善经营的小商人。吴承恩早年谋求科举，有意宦游，但场屋不利，仕途坎坷，只做过长兴县丞和王府纪善等小官吏。晚年放浪形骸，喜好诗酒，爱写神怪故事，《西游记》大概是作者晚年的艺术创作。

就思想内容言，《西游记》通过神怪故事，曲折地反映了激烈的生存斗争和强烈的反抗意识,体现了作者对邪恶的愤恨和对至善的向往。孙悟空和猪八戒是《西游记》精心塑造的艺术形象,最能体现作者的道德理想和艺术追求。作为神话英雄,孙悟空具有疾恶如仇、无所畏惧、机智勇敢、争强好胜等非凡能力和鲜明性格;而他的伙伴猪八戒却具有好吃懒做、贪图玩乐、爱占便宜、憨直笨拙等世俗情态和显著品质。这一对神怪形象,从相反相成的互补维度,深刻地刻画了人性的不同侧面,体现了人生对道德至善和审美愉悦的双重需要。《西游记》通过神怪形象曲折描绘人生画卷的意义在于,成功地实现了兽性、人性和神性三者的艺术和合,为人们虚拟出一个诙谐风趣、神奇美妙、魅力无穷的魔幻世界。

就艺术风格论,《西游记》充满了滑稽戏谑的故事情节,弥漫着幽默讽刺的喜剧格调,往往令人开怀大笑。同时,《西游记》又交织着扣人心弦的打斗、险象环生的境遇和虚实难分的神变,令人应接不暇,具有极高的娱乐价值。在语言的运用上,《西游记》的描写既通俗生动,又明快流畅,随处都有精彩传神之笔。比如,第23回描绘猪八戒好色的情态和举动,生动逼真,惟妙惟肖:

> 　那呆子顶裹停当,道:"娘,请姐姐们出来么。"他丈母叫:"真真、爱爱、怜怜,都来撞天婚,配与你女婿。"只听得环佩响亮,兰麝馨香,似有仙子来往,那呆子真个伸手去捞人。两边乱扑,左也撞不着,右也撞不着。来来往往,不知有多少女子行动,只是莫想捞着一个。东扑抱着柱科,西扑摸着板壁,两头跑晕了,立站不稳,只是打跌。前来蹭着门扇,后去汤着砖墙,磕磕撞撞,跌得嘴肿头青,坐在地下,喘气呼呼的道:"娘啊,你女儿这等乖滑得紧,捞不着一个,奈何!奈何!"那妇人与他揭了盖头道:"女婿,不是我女儿乖滑,他们大家谦让,不肯招你。"八戒道:"娘啊,既是他们不肯招我啊,你招了我罢。"

那妇人道:"好女婿呀! 这等没大没小的,连丈母也都要了! 我这三个女儿,心性最巧,他一人结了一个珍珠篏锦汗衫儿。你若穿得那个的,就教那个招你罢。"八戒道:"好! 好! 好! 把三件儿都拿来我穿了看。若都穿得,就教都招了罢。"那妇人转进房里,只取出一件来,递与八戒。那呆子脱下青锦布直裰,取过衫儿,就穿在身上,还未曾系上带子,扑的一跤,跌倒在地,原来是几条绳紧紧绷住。那呆子疼痛难禁,这些人早已不见了。①

作者以戏谑的艺术笔调,将猪八戒被南海观音等四位菩萨作弄的憨相和丑态,描绘得淋漓尽致,令人忍俊不禁。

《西游记》具有通俗性、民族性和大众化的艺术特点,对后世的文学创作产生了很大影响。自其诞生以来,《西游记》早已成为妇孺皆知的文学故事。明清两代,又有大量续补西游和模仿西游的文学作品出现,即《西游补》、《续西游记》、《后西游记》和《封神榜》(又名《封神演义》)、《东游记》(又名《上洞八仙传》)、《南游记》(又名《五显灵官大帝华光天王传》)、《北游记》(又名《北方真武玄天上帝出身志传》)和《西洋记》(又名《三宝太监西洋记通俗演义》)等。改编西游的传统剧目和现代影视,更是一直活跃在舞台上,令观众百看不厌,让听众百闻不烦。《西游记》先后被译成十多种外文版本,受到了世界文坛的普遍关注。

第四、世俗色情小说《金瓶梅》

《金瓶梅》是中国文学史上第一部由文人独立创作的长篇白话小说。它的出现,标志着中国古典小说的发展彻底摆脱了改编加工和综合创作的纂修范式,进入到直接面对生活和人性本身的全新时期。

《金瓶梅》约成书于嘉靖、万历年间,起初以手抄本方式流传于文人

---

① 《三藏不忘本 四圣试禅心》,《西游记》第 23 回。

学士之间,万历三十八年(1610年)始有刻本出现。现存最早的《金瓶梅》刻本是明万历词话本,全称《新刻金瓶梅词话》。除此之外,著名的刻本还有两种:一是明天启崇祯绣像本,全称为《新刻绣像批评原本金瓶梅》、《新刻绣像批评金瓶梅》,一是清康熙张竹坡批评本,名称为《皋鹤堂批评第一奇书金瓶梅》。

有关《金瓶梅》的作者,猜测性的说法约有30种,迄今尚无定论,仍然是一个有待揭开的文学之谜。

《金瓶梅》全书共有100回,书名中的三字取自西门庆的三位宠妾,即潘金莲的"金"、李瓶儿的"瓶"和春梅的"梅"。故事从《水浒传》里西门庆和潘金莲的奸情说起,逐步拓展成为完整独立的世情故事。作品通过对一个商人家庭色情恩怨和兴衰过程的细腻描写,深刻地揭露了宗法制度的腐朽与传统伦理的黑暗,真实地再现了晚明社会的世俗风情。由于书中有大量的性描写,这不仅使《金瓶梅》获得天下"第一奇书"的称誉,而且也使其成为一直遭到官方严禁的天下"第一淫书"。

如果将色情描写只看做是一种艺术表现手法,那么《金瓶梅》无论是在思想内容方面,还是在艺术形式方面,都是具有很高价值和重要地位的经典作品。它是从《水浒传》到《红楼梦》的过渡环节,在中国古典长篇小说的发展史上具有里程碑意义。

从思想内容看,《金瓶梅》表面上是写北宋王朝的历史故事,实际上表现的却是晚明社会和市井生活。它以相当奇特的笔法,描绘了宗法制度的道德堕落、儒教伦理的虚伪说教和专制政体的腐败黑暗。在《金瓶梅》所描写的小说世界里,既没有理想主义的绚丽色彩,也没有圣贤期待的正义渴望,更没有天理流行、良知灵明的精神家园,只有贪赃枉法的专制积弊、卖官鬻爵的权钱交易、浪荡淫欲的兽性发作和苦海无边的因果报应。

从艺术形式看,《金瓶梅》对反面人物的性格塑造和日常生活的细节描写,取得了突破性的文学成就。特别是对妇女复杂心理和悲惨命运的刻画,远远超过了《三国演义》、《水浒传》和《西游记》所达到的艺术水平。《金瓶梅》所塑造的潘金莲比《水浒传》里更富有典型意义。正是经过《金瓶梅》的着意刻画,潘金莲成了淫荡、嫉妒、凶悍、尖酸的艺术典型,具有很强的道德警示作用。淫荡成习,嫉妒成性,擅长骂人,也使潘金莲成为古代小说世界里首屈一指的刻薄人物。例如,《金瓶梅》第60回写李瓶儿失去孩子之后,极度伤心,痛不欲生,逢人便哭,眼泪不干;而潘金莲却暗自庆喜,幸灾乐祸,趁机投井下石,非要逼死李瓶儿不可。这一回开题词完毕,作者紧接着这样描写潘金莲指桑骂槐的邪恶伎俩:

> 话说潘金莲见孩子没了,每日抖擞精神,百般称快,指着丫头骂道:"贼淫妇! 我只说你日头常晌午,却怎的今日也有错了的时节? 你斑鸠跌了蛋也——嘴答谷了。春凳折了靠背儿——没的椅。王婆子卖了磨——推不的了。老鸨子死了粉头—没指望了。却怎的也和我一般!"李瓶儿这边屋里分明听见,不敢声言,背地里只是掉泪。着了这暗气暗恼,又加之烦恼忧戚,渐渐精神恍乱,梦魂颠倒,每日茶饭都减少了。①

一连用了四条歇后语,活灵活现地描绘了言辞刻薄、心肠狠毒的嫉妒性格。

在《金瓶梅》中,基本上没有《三国演义》的宏大叙事,作者善于通过琐碎的细节描写,真实地再现了当时社会政治、经济和文化的细胞结构——一个商人家庭的生活全貌。鲁迅先生在《中国小说史略》中对《金瓶梅》的细节描写,给予了高度的评价:"作者之于世情,盖诚极洞达,凡所形容,或条畅,或曲折,或刻露而尽相,或幽伏而含讥,或一时并写两

---

① 《李瓶儿病缠死孽 西门庆官作生涯》,《新刻绣像批评金瓶梅》(崇祯本)第60回。

面,使之相形,变幻之情,随在显见,同时说部,无以上之"。《金瓶梅》的细节描写能够取得极高的艺术成就,很大程度上得益于作者对口语、谚语、歇后语等民间生活语言的娴熟掌握,以及对土话、笑话、骂人话等直接来自下层社会粗俗语汇的大胆运用。

对于《金瓶梅》中过于直接、相当秽亵的色情描写,一方面反映了作者对饮食男女不加丝毫掩饰的自然主义立场,同时也体现出明末士人对人性好色、好利、好功名等世俗习性的充分肯定。作为对病态社会和变态性情的艺术描写,《金瓶梅》作者对男女主人公放荡性生活的艺术描写本身并不意味着封建糟粕。因为中国古代封建社会的纲常伦理法则和儒教道德精神,对人的色情需求始终是按照"寡欲"、"无欲"、甚至"灭人欲"禁令来严格对待的。至于能否让普通读者阅读这些淫荡的色情写实,则牵涉到社会大众对性描写的接受能力,以及性生活的文明水平和开化程度。

《金瓶梅》是中国古代第一部以现实生活和世俗色情为题材的长篇小说。它的积极意义在于,第一次以夸张和变态的艺术方式,将"食色"等人性自然需求摆到了文学创作和艺术鉴赏的视域内,并使其成为艺术作品不可回避的生活内容。受《金瓶梅》的影响,明末清初曾一度出现仿效的创作热,出现了《玉娇李》、《续金瓶梅》和《醒世姻缘传》等世俗色情小说。与前三部长篇小说一样,《金瓶梅》也走出了儒教文化圈,进入世界文坛,以中国古典通俗写实小说进入各国的"大百科全书"。

3. 明代话本小说

明代的文学主流是小说。除了以"四大奇书"为代表的众多章回体长篇小说,话本体白话短篇小说的收集、创作和编撰也取得了相当可观的成就。与宋元话本的显著区别是,明代的话本小说是模仿话本体裁而创作的,它已逐渐脱离了讲唱文学的口头表演形式,成为专供案头阅读的书面文学作品。

话本小说最初以单篇方式流传,到明代中叶以后,出现了合刊的话本小说集。现能见到的最早话本小说刻本,是明嘉靖年间(1522—1566年)钱塘人洪楩辑印的《清平山堂话本》。万历年间(1573—1566年),熊龙峰刊行《小说四种》。天启年间(1621—1627年),冯梦龙整理加工和编撰创作了《喻世明言》、《警世通言》和《醒世恒言》(简称"三言")三部短篇话本小说集。崇祯年间(1628—1644年),凌濛初编写了《初刻拍案惊奇》和《二刻拍案惊奇》(简称"二拍")两部话本小说集。这期间,还有天然智叟著的《石点头》、东鲁古狂生编辑的《醉醒石》、周楫编撰的《西湖二集》等大量短篇小说集问世。其中以冯梦龙的"三言"和凌濛初的"二拍"艺术成就较为突出,影响较大。

第一、冯梦龙及其"三言"

冯梦龙(1574—1646年)字犹龙,又字耳犹、子犹,别号龙子犹、姑苏奴客、顾曲散人、平平阁主人、墨憨斋主人等,长洲(今江苏苏州)人。生平记述较少,只知道他"才情跌宕,诗文丽藻,尤明经学"[1]。早年热衷功名,多次科举不第,直到57岁才考取贡生,61岁做福建寿宁县知县。李自成攻陷北京,紧接着清兵入关,他参加了唐王朱聿键在福建成立的南明政权,编印《甲申纪事》和《中兴伟略》等反清史书。

冯梦龙是明代卓有成就的通俗小说家和民间文学家。他非常重视通俗小说的创作和民间文学的整理,主张人物、故事和情理在创作中的有机统一。他认为,宋元话本比唐代传奇的成功之处在于通俗:"大抵唐人选言,入于文心;宋人通俗,谐于里耳。天下之文心少而里耳多,则小说之资于选言者少,而资于通俗者多"[2]。冯梦龙一生所收集整理和编撰创作的各种著作有50多种。其中文学类作品除了话本小说集"三言",还有长篇历史演义《新列国志》、《平妖传》、《盘古至唐虞传》、《有夏

---

① 《苏州府志》卷80,《人物·冯梦龙》。

② 《喻世明言》自序。

志传》、《有商志传》、《两汉志传》和《古今列女演义》等，笔记小品《古今谭概》、《笑府》、《广笑府》、《智囊》和《智囊补》等。

冯梦龙的"三言"总称《古今小说》。初刻本《喻世明言》又名《古今小说一刻》，具有劝喻世人的意思。二刻本《警世通言》和三刻本《醒世恒言》分别取警戒世人、唤醒世人的寓意。"三言"每集各 40 篇，共有120 篇，基本上汇集了宋、元、明三代短篇话本小说中的优秀作品。其中，属于明代的作品有 70 余篇，《沈小霞相会出师表》、《杜十娘怒沉百宝箱》和《卖油郎独占花魁》等 20 余篇是由冯梦龙自己创作的。

从文学体裁上看，"三言"继承了宋元小说话本情节曲折感人、语言通俗简洁和故事线索清晰等叙述特点，同时在思想内容、故事情节、人物塑造、细节描绘和心理描写等方面，将短篇小说的创作推进了一大步。

从思想内容上看，"三言"主要以市民生活为题材，真实地描写了明代商业发达和市场繁荣的兴旺景象，全面反映了市民阶层的伦理道德和价值观念，热情讴歌了普通市民的爱情理想和幸福追求，深刻揭露了宗法社会的腐朽黑暗和封建官僚的丑陋邪恶。爱情婚姻题材的作品在"三言"中约占三分之一，是最为精彩、最为成功的艺术篇章。这类作品中的主人公既不是王侯将相，也不是草莽英雄，而是充满生活气息的小商贩、手艺人和歌妓女等普普通通的市民。尽管他们没有尽善尽美的圣贤气象，有时不乏自私自利、贪图便宜、迷恋钱财等庸俗习气，但他们对爱情理想的大胆追求、对现实生活的全身投入和对经济财富的辛勤创造，恰恰体现了日常生活世界的本真面目和终极目标。"三言"中最优秀的爱情篇章，如《杜十娘怒沉百宝箱》、《卖油郎独占花魁》、《蒋兴哥重会珍珠衫》、《白娘子永镇雷峰塔》和《众名姬春风吊柳七》等，都是爱情题材中脍炙人口的名篇佳作。

从艺术形式上看，"三言"保留了宋元话本的基本套路，开篇"得胜回头"，有一段小故事做引子，很快进入本题；结尾有一段韵文，概括全篇主题,讲明道德寓意。中间的故事叙述采用散文和韵文相结合的表现手法,既能娓娓动听地叙述故事发展,又能栩栩如生地刻画重要场景、人物性格和内心世界,"极摹人情世态之歧,备写悲欢离合之致"①。"三言"通过矛盾冲突展示人物性格,在心理描写和细节描写方面取得了相当成功的艺术突破。比如,《卖油郎独占花魁》中对卖油郎秦重初见花魁娘子莘瑶琴之后的一段心理描写,准确细致地展现出小本生意人在现实与梦想、理智和欲望之间的心灵波动:

> 秦重道:"方才看见有个小娘子上轿,是什么人?"酒保道:"这是有名的粉头,叫做王美娘,人都称为花魁娘子。他原是汴京人,流落在此。吹弹歌舞,琴棋书画,件件皆精。来往的都是大头儿,要十两放光,才宿一夜哩,可知小可的也近他不得。当初住在涌金门外,因楼房狭窄,齐舍人与他相厚,半载之前,把这花园借与他住。"秦重听得说是汴京人,触了个乡里之念,心中更有一倍光景。吃了数杯,还了酒钱,挑了担子,一路走,一路的肚中打稿道:"世间有这样美貌的女子,落于娼家,岂不可惜!"又自家暗笑道:"若不落于娼家,我卖油的怎生得见!"又想一回,越发痴起来了,道:"人生一世,草生一秋。若得这等美人搂抱了睡一夜,死也甘心。"又想一回道:"呸!我终日挑这油担子,不过日进分文,怎么想这等非分之事!正是癞蛤蟆想着天鹅肉吃,如何到口!"又想一回道:"他相交的,都是公子王孙,我卖油的,纵有了银子,料他也不肯接我。"又想一回道:"我闻得做老鸨的,专要钱钞。就是个乞儿,有了银子,他也就肯接了,何况我做生意的,清清白白之人?若有了银子,怕他不接!只是哪里来这几两银子?"一路上胡思乱想,

---

① 《今古奇观》序。

自言自语。你道天地间有这等痴人,一个小经纪的,本钱只有三两,却要把十两银子去嫖那名妓,可不是个春梦!自古道:"有志者事竟成。"被他千思万想,想出一个计策来。他道:"从明日为始,逐日将本钱扣出,余下的积攒上去。一日积得一分,一年也有三两六钱之数,只消三年,这事便成了;若一日积得二分,只消得年半;若再多得些,一年也差不多了。"想来想去,不觉走到家里,开锁进门。只因一路上想着许多闲事,回来看了自家的睡铺,惨然无欢,连夜饭也不要吃,便上了床。这一夜翻来覆去,牵挂着美人,哪里睡得着。①

这样细致入微的大段心理描写,在章回体长篇小说中也是极少见到的。作者用了七百多字,详尽地展现了卖油郎对王美娘既怀爱慕感情又生占有欲望的混杂心理,对他一路上反反复复的胡思乱想和自言自语作了相当丰富生动的艺术描写,读起来既真实又具体,没有半点虚伪的掩饰和故意的做作。在语言的运用上,准确地再现了小经纪人精于计算的商业智能和善于忍耐的心理素质。先用歇后语"正是癞蛤蟆想着吃天鹅肉,如何到口!"进行反诘,画龙点睛地揭示了梦想和现实之间几乎不可逾越的心理距离;后用格言"有志者事竟成"进行再度反诘,体现出谋在人为、心想事成的奋斗意志。

第二、凌濛初及其"二拍"

凌濛初(1580—1644年)又名凌波,字玄房,号初成,别号即空观主人,浙江乌程(今浙江吴兴人)。出身官宦之家,科场失意,55岁才以副贡生授上海县丞,63岁升任徐州通判。曾到南京、苏州等地游历,一生以浪荡文人、风流才士的身分从事小说创作。与"三言"的显著区别是,"三言"多是"宋元旧种",冯梦龙和个人创作只占极少数;而"二拍"则几

---

① 《卖油郎独占花魁》,《醒世恒言》卷3。

乎全都是经过作者个人创作或再创作的短篇小说。《初刻拍案惊奇》成书于天启七年(1627年),《二刻拍案惊奇》刊行于崇祯五年(1632年)。两书各为40篇,除去重复收录的《大姊魂游完宿愿小妹病起续前缘》和元杂剧《宋公明闹元宵》,实在78篇。

　　凌濛初编写"二拍"明显受到冯梦龙"三言"的影响。他在序言中说:"近世承平日久,民佚志淫,一二轻薄恶少,初学拈笔,便思污蔑世界,广摭诬造,非荒诞不足信,则亵秽不忍闻,得罪名教,各业来生,莫此为甚。……独龙子犹氏所辑《喻世》等书,颇存雅道,时著良规,一破今时陋习"①。鉴于宋元小说话本已被"搜括殆尽",凌濛初"戏取古今所闻一二奇局可纪者,演而成说,聊舒胸中磊块,非曰行之可远,殆以游戏为快意耳"②。在思想内容和艺术手法上,"二拍"与"三言"有相近之处,都以商业市井为描写重点,市民意识和商人气息非常浓郁,都注重歌颂青年男女的恋爱和婚姻,都深刻地揭露了吏治腐败和专制黑暗,善于用白描的艺术方法刻画人物性格。值得注意的是,《拍案惊奇》对程朱理学中一些僵化的伦理教条提出质疑。作者在叙述满少卿违背自己与市户焦大郎女儿焦文姬"恩深义重"的私情盟约,一举登第后便与朱家宦室之女成亲,追求所谓"门当户对,年貌相当,你敬我爱,如胶似漆"的故事之前,在开题中就讲了这样一段发人深省的警世话语:

　　　　却又一件,天下事有好些不平的所在!假如男人死了,女人再嫁,便道是失了节,玷了名,污了身子,是个行不得的事,万口訾议。及到男人家丧了妻子,却又凭他续弦再娶,置妾买婢,做出若干的勾当,把死的丢在脑后不提起了,并没人道他薄幸负心,做一场说话。就是生前房室之中,女人少有外情,

①　《初刻拍案惊奇》自序。
②　《二刻拍案惊奇》小引。

便是老大的丑事,人世羞言。及到男人家撇了妻子,贪淫好
色、宿娼养妓,无所不为,总有议论不是的,不为十分大害。所
以女子愈加可怜,男人愈加放肆,这些也是伏不得姑娘们心里
的所在。不知冥冥之中,原有分晓。若是男子风月场中略行
着脚,此是寻常勾当,难道就比了女人失节一般? 但是果然负
心之极,忘了旧时恩义,失了初时信行,以至误人终身。害人
性命的,也没一个不到底报应的事。从来说王魁负桂英,毕竟
桂英索了王魁命去,此便是一个男负女的榜样。不止女负男
知所说的陆氏,方有报应也。①

从这段话里也可以看出,凌濛初"二拍"存在的最大不足,就是处处宣扬
佛教的因果报应观念,以至"诰诫连篇,喧宾夺主"②,极大地削弱了作
品的思想内容,冲淡了小说的艺术魅力,有时简直成了说经话本和布道
变文。

四、戏剧:从宋杂剧到明传奇

宋元明是中国古典戏剧不断成长并最终成熟的重要发展时期。其
具体演变轨迹是:从唐代歌舞戏、参军戏到宋辽杂剧为成长时期,戏剧
艺术在人物角色、舞台表演和剧本创作等领域已具雏形;从宋元南戏、
元杂剧到明传奇为成熟时期,在故事情节、戏剧冲突、歌舞表演和声腔
艺术等方面有了鲜明的民族特色和独特的地方风格,产生了一大批不
朽的戏剧作品,涌现出以关汉卿和汤显祖为代表的众多杰出戏剧家。

①　《满少卿饥附饱飏　焦文姬生仇死报》,《二刻拍案惊奇》卷 11。
②　鲁迅:《中国小说史略》。

1. 宋辽杂剧

两宋和辽金的戏剧统称杂剧。它渊源于隋唐五代的歌舞戏和参军戏,是演说对白、诗词诵唱、音乐演奏、歌舞表演、滑稽杂耍和皮影法术等多种艺术的杂合形式。杂剧名称最早确立于唐文宗大和三年(829年)。隋唐五代的杂剧艺人多为官府教坊所养,直接为宫廷文化生活服务。北宋太祖和太宗平定荆南、西川和江南等地时,将"四方执艺之精者"① 汇集到东京汴梁教坊,为两宋杂剧的进一步发展奠定了人才基础。

两宋杂剧的不断发展,特别是在民间的不断兴盛,是与工商经济发展、市民社会出现和文艺创作自由分不开的。当时,在宫廷里有御用化的歌舞百戏,在民间有营业性的瓦肆勾栏,各种娱乐场所相当热闹。逢年过节,张灯结彩,有大型戏曲歌舞演出,官民同乐;平常素日,临场搭棚,有小型杂剧即席表演,雅俗共赏。杂剧作为专门的表演艺术,已开始逐渐从歌舞百戏中分离出来,开始形成自己相对独立的演出体制。到北宋末年,杂剧已位于教坊13部伎艺之首。靖康年间(1126—1127年),金人向北宋索要150余家艺人,杂剧、说话、弄影戏和小说位列前四种。南宋初年,大量北方艺人南渡,首都临安成了全国的文化中心。宫廷教坊歌舞升平,瓦肆勾栏遍布城内外,昼夜不息地演出各种题材的杂剧节目。与北宋相比,南宋杂剧的发展有两个特点:一是剧目和段数增多,二是更加戏曲化,歌舞表演和说唱艺术融为一体。南宋杂剧对宋元南戏的形成准备了条件。

辽代杂剧是契丹民族艺术和中原汉地艺术密切交流的和合产物。从产生年代看,辽杂剧要早于宋杂剧,它们都是对隋唐五代歌舞戏、参军戏和滑稽戏的继承和发展。金朝兼并辽国和北宋领土后,北方杂剧

————————

① 《乐志》17,《志》第95,《宋史》卷142。

继续发展。金朝杂剧又称院本,剧目有近七百个。在艺术形式和演出体制上,辽金杂剧与两宋杂剧基本相同,只是受北方方言和民族习俗的影响,体现出一定的民族传统和地方特色。辽金杂剧为元代杂剧的繁荣奠定了基础。

宋辽杂剧都没有留下演出剧本,详细内容很难考证。从相关的历史文献看,其主题思想约有四类。一是针砭时弊、讽刺权贵。据南宋岳珂《程史》和洪迈《夷坚志》的记载,当时的伶人敢于在舞台上,当着大庭广众的面,揭露秦桧误国和科场作弊。二是才子佳人,风流韵事。例如,官本杂剧有《莺莺六幺》和《相如文君》,院本剧目有《鸳鸯简》和《月夜闻筝》。三是市民情趣,市井生活。如《闹浴堂》、《闹酒店》、《闹巡铺》和《卖花容》等。四是神话故事,怪异传奇。如《张生煮海》。

在演出体制上,宋辽杂剧尚未完全定型,往往将音乐演奏、咏歌踏舞、傀儡滑稽和说唱文学等不同艺术种类简单地混杂在一起。杂剧演员扮演的戏剧角色,承担的剧务工作,已有了初步分工。一般有末泥(男角色,兼任剧组领班)、戏头(担任剧情以外的表演,相当于现代戏剧中的报幕员)、副净(扮演滑稽相)、副末(帮衬副净做滑稽表演)、装孤(装扮官员)、装旦(女角色)。其中末、副末、副净和旦四种角色为元杂剧和明传奇继承。每场演出分为两段或三段。两段为艳段和正杂剧,三段为艳段、正杂剧和散段。其中艳段相当于序幕,散段相当于尾声,多数是尽人皆知的滑稽节目。

2. 宋元南戏

南戏又称南曲戏文,或简称戏文。大约在南宋早期产生于浙江永嘉地区,因此又叫温州杂剧,或永嘉杂剧。最早的南戏剧目有《张协状元》、《王魁负桂英》和《赵贞女蔡二郎》等。由于剧目中有对统治集团强烈的不满情绪和反抗意识,因而其中不少剧目曾一度被明令禁演。

南戏最初只是一种民间小戏曲,在当地民间歌谣的基础上,结合宋词的曲调演唱，不受宫调限制，灵活自如，美妙动听，深受欢迎。产生后不久，就开始从温州向四周传播。到度宗咸淳年间（1265—1274年），南戏已风行临安，出现了专门创作南戏剧本的文人学士。进入元代之后，南戏汲取了北杂剧的艺术营养，更加繁荣。特别是在元末明初，北杂剧相对衰落，而南戏出现了空前的发展高潮，出现了一大批以《拜月亭》为代表的一批优秀作品。进入明代以后，南戏正式称为明传奇。

在剧本创作上，早期南戏剧本多由不知名的民间艺人创作，在戏班里相互传抄，流传下来的很少。在全本流传至今的17个南戏剧本中，属于南宋的作品只有《张协状元》等六种。南戏剧本一般由唱词、念白和动作三部分组成。每一剧本由数目不同的出构成。剧本大多取材于现实生活、民间传说和历史故事。思想内容多为爱情婚姻和家庭纠葛，也有对黑暗社会的揭露和对邪恶势力的控诉，还有因果轮回、善恶报应和得道成仙、神通变异等。

元代著名南戏剧本有高明（1305—1359年）的《琵琶记》，根据早期南戏剧本《赵贞女蔡二郎》改编而成。剧中描写了蔡伯喈和赵五娘结婚后赴京赶考，中状元后被迫娶宰相女儿为妻。原配赵五娘在家奉养公婆，遭遇灾荒之年，父母不幸双亡。五娘埋葬双亲后，弹琵琶沿路卖唱乞讨，到达京城寻找丈夫，最后夫妻团聚，双双返乡为父母扫祭，受到皇帝嘉奖。剧本成功地塑造了赵五娘这一勤劳善良、贤惠孝敬和逆来顺受的妇女形象。在情节描写、人物塑造、剧情展开和语言艺术等方面都取得了显著成就。明太祖朱元璋甚至认为，高明《琵琶记》如山珍海味，富贵人家不可不读。除此之外，元明之际还有被称为南戏"四大传奇"或"四大本"的《荆钗记》、《刘知远白兔记》、《拜月亭》和《杀狗记》。它们的共同特点是，通过婚姻和家庭中的矛盾冲突及其化解，宣扬市民阶层的处世哲学和传统儒教的道德理念。

在舞台艺术上，南戏始终是民间戏剧，不曾进入宫廷和教坊，一般由书会业余戏班和家族职业戏班组织演出。演出场地和舞台布景与元杂剧相似,惟开场白比杂剧精彩。往往由副末首先出场,颂词一两曲,介绍剧情梗概,通报剧名。有时还制造一些悬念,引起观众兴趣。南戏的音乐简称南曲,是在南方民间歌谣基础上,吸收宋词、古曲和北方杂剧曲调而形成的南腔南调。一般由多重曲牌联合而成,结构自由,旋律委婉,舞蹈伴奏以笛为主,歌唱时多无伴奏。南戏的角色有生、旦、净、末、丑、外、贴七种,通常以生、旦为主。在表演程式和舞美化装等方面,也与北方杂剧一样,具有综合性特点。最明显的不同是,南戏道具比较少,服饰比较简单,动作带有虚拟性,演唱和念白都比较风趣,民歌乡音味道十足。

3. 元代杂剧

元代杂剧简称元杂剧,是元代盛行于北方地区的新型戏剧,比南戏的出现约晚半个世纪。元杂剧的兴盛,标志着中国古代戏曲的发展进入黄金时代。元曲与唐诗、宋词、明清小说并列,在中国古典文学史中具有里程碑意义。

元杂剧产生于金末元初,很快就在北方流行起来。到元世祖至元、成宗大德年间(1264—1307年)达到鼎盛。在这一时期,重要的元杂剧作家有关汉卿、王实甫、白朴、马致远、杨显之、康进之、高文秀、纪君祥和石君宝等,著名的元杂剧作品有《窦娥冤》、《西厢记》、《墙头马上》、《汉宫秋》、《潇湘夜雨》、《李逵负荆》、《双献功》、《赵氏孤儿》和《秋胡戏妻》等。

促使元杂剧在短期内达到鼎盛的原因是多方面的。在经济上,元代继南宋之后,农业、手工业、商业、城镇集市和国际贸易都相当发达、极其繁华。特别是京城大都(今北京)和大名(今真定)、太原、河中(今平阳)三府,更是一派欣欣向荣景象,成为全国的商业繁盛之地和南北物资交流中心。据意大利商人马可·波罗对当时大都的记叙:"凡卖笑妇女,不居城内,皆居附郭。因附郭之中,外国人甚多,所以此辈娼妓为数亦多,计有二万有余,皆能以缠头自给,可以想见居民之众。外国巨价异物及百物之输入此城者,世界诸城无能与比。"① 经济贸易的发达和城市生活的繁华,必然促进文艺娱乐业的发展和兴盛。元杂剧首先是从这些经济富庶的地方兴盛起来的。

在政治上,元朝蒙古族统治集团实行种族歧视性的世袭统治,对汉人和南人限制较严,但对蒙古人和色目人却相当放纵。这种游牧式的政治统治产生了双重效应:一方面汉人和南人知识分子进入仕途的道路基本上被阻断,他们不得不以创作所谓的"声歌之末"聊以自慰,甘心与名伎演员为伍;另一方面蒙古人和色目人有世袭制做保障,也用不着为谋求官爵而受十年寒窗之苦,完全可以在歌舞升平中坐享大元江山。这两个方面都间接地刺激了元杂剧创作和演出的空前兴盛。

在文化上,元朝是中国历史上又一次多民族融合时期,多元文化融突和合,酝酿着全新的艺术创造。儒教伦理的道德观念相对淡漠,戏剧作家的艺术创作相当自由。关汉卿的《窦娥冤》充满反抗精神,王实甫的《西厢记》接近色情淫荡,但作家本人并未遭遇迫害,作品本身也未受到禁毁。开放的社会生活和自由的思想言论,为元杂剧的兴盛提供了良好的精神氛围。在艺术上,极度兴旺的戏剧演出不仅需要大量的从业艺术表演者,而且还需要一流的戏剧作家和杰出的戏曲剧本,这样才能够满足贵族、达官、富翁、外籍商家和普通市民对戏剧艺术的观赏需求。元代有姓名可考的杂剧作家有 200 多人,《元代杂剧全目》收录戏曲作品 737 件。如此众多的文人从事民间戏曲创作,涌现出数量和质量如此可观的戏曲作品,这在世界戏曲史上也是少见的奇异景观。

元杂剧不仅在思想境界和剧本创作上达到了全面兴盛水平,而且在演出体制和舞台艺术上也都达到了相当成熟的发展水平,成为古典戏曲艺术的成功典范。

---

① 《马可·波罗行纪》第 94 章。

在演出体制上,元杂剧通常一本四折,可根据剧情增加楔子。楔子兼有开场白和过场戏的双重功能。对于情节复杂的剧目,可以增加本数和折数,如《西厢记》共有五本二十一折。元杂剧的每一折既是一个独立的情节单元,又是一套完整的宫调曲子。每套曲子一韵到底,采用词体,遵守一定的曲牌格调,可以口语化的语气词或关联词做衬字,增强演唱的灵活性。

元杂剧以演唱为主,念白起辅助演唱的穿插作用,分独白、对口白、定场白、冲场白、背白和带白等多种类别。元杂剧的基本角色为旦和末。每本杂剧只有一个主角,男主角称正末,女主角称正旦。除末、旦主角外,还有净、丑和杂三类角色。净扮演反面人物,丑表演滑稽节目,杂充当跑龙套行当。各种角色都有相应的面部造型和服饰化装。面部造型又分为涂面和面具两种。涂面有素面、花面、重彩、勾脸和变脸等多种,后来京剧的脸谱艺术就是在元杂剧涂面基础上发展出来的民族戏曲艺术。

元杂剧的身段动作和舞台表达统称科范,简称科,具有程式化和虚拟性特征,一般包括基本做功、舞蹈表演和武功打斗等全部舞台活动科目。元杂剧的舞台处理,常常通过写意方式来表达剧情发展的时空变换。同一台面既可表示森林旷野,也可表示闺房密室。究竟表示什么,完全取决于角色的唱词与念白,以及演员的科范。

元杂剧演员一般称倡优、优伶或乐人,在户籍管理中有专门的乐籍和乐户。除了零散的流浪艺人,演出组织有四种:一是宫廷教坊,称官伎,演员多达上千人,专门为从事宫廷宴庆演出,为皇家服务;二是属于地方官府管辖的官伎,为地方典礼活动进行演出;三是贵族、达官和富商私家蓄养的戏班,称家乐;四是民间职业剧团,称散乐,通常是以一家一户为核心的家庭戏班,在各地巡回流动演出。尽管从事杂剧演出的戏曲艺人社会地位极其低下,倍受其他阶层歧视,但他们的敬业精神十分可贵,多数演员能够兢兢业业地钻研演技,从小苦练功底。演出场地一般为都市勾栏,城乡露天舞台和广场。其中,勾栏是固定的专业剧场。戏剧演出之前,往往张贴海报,称"招子"或"花招子"。演出开始,剧团全体演员要出来"参场",站在舞台上向全场观众参拜致意。正戏演出结束,附加小节目送客,俗称"打散"。由此可见,元杂剧的演出体制,已经具有现代戏曲表演的全部要件。

跟南戏相比,元杂剧属于典型的北方戏曲,因此又称北曲杂剧,或简称北曲。它与南戏的主要区别,集中在戏剧音乐和声腔艺术两个方面。南戏主要来源于民间歌谣和南方音乐,而北曲则有四个艺术源泉:一是两宋的歌舞音乐,即"大曲";二是唐末五代和两宋的词调,元代约有70多个北曲词调;三是宋金说唱艺术的伴奏音乐,主要有宫调和鼓子词;四是北方各民族的民间音乐和民歌俚曲。

通常说的元曲有两层含义,一是指元代散曲,是宋词的继续,不属于戏剧范畴;二是指元代剧曲,属于戏剧音乐范畴。元杂剧的剧曲是多曲联套的组合音乐,综合了当时北方各种音乐曲调的优点,具有极强的表现能力和很高的欣赏价值。

从近代王国维《宋元戏曲考》以来,元杂剧的分期一直没有定论。目前,学术界一般以元成宗元贞、大德(1295—1307年)为界,分成前后两个时期。前期为日趋鼎盛的黄金时期,后期为日渐衰微的颓废时期。元杂剧的鼎盛发展,最集中的表现在于剧本创作的空前繁荣:名家辈出,精品众多,体裁齐备,风格尽现。

第一、关汉卿及其《窦娥冤》

关汉卿是元代杂剧艺术最伟大的剧作家,是中国古典戏剧文学的奠基者。可惜的是,这位梨园领袖、编剧大师和杂剧明星,既没有在"正史"中留下"列传",也没有在"野史"里保存"轶闻",以至我们今天无法准确知道他的生平经历。据《录鬼薄》、《析津志》和《青楼集序》等资料追述,关汉卿约生于金末(13世纪20年代),死于元成宗大德年间(1297—1307年),号已斋叟,大都(今北京)人,曾担任过太医院尹,毕生精力主要用于杂剧创作和表演,共创作剧本60多种,在元杂剧作家中年辈较长、作品最多、水平最高和影响最大,与白朴、马致远和郑光祖并称"元曲四大家"。

关汉卿的戏剧作品现在仅存18种①,从题材上大致可分为三大类。第一类是公案剧或悲剧,有《感天动地窦娥冤》(简称《窦娥冤》)、《包待制三勘蝴蝶梦》(简称《蝴蝶梦》)、《包待制智斩鲁斋郎》(简称《鲁斋郎》)和《钱大尹智勘绯衣梦》(简称《绯衣梦》)等;第二类是历史剧或传奇剧,有《关大王独赴单刀会》(简称《单刀会》)、《关张双赴西蜀梦》(简称《西蜀梦》)和《邓夫人苦痛哭存孝》(简称《哭存孝》)等;第三类是爱情剧或喜剧,有《赵盼儿风月救风尘》(简称《救风尘》)、《望江亭中秋切鲙旦》(简称《望江亭》)、《闺怨佳人拜月亭》(简称《拜月亭》)、《诈妮子调风月》(简称《调风月》)、《杜蕊娘知赏金线池》(简称《金线池》)、《钱大尹智宠谢天香》(简称《谢天香》)和《温太真玉镜台》(简称《玉镜台》)等。

《窦娥冤》是关汉卿成就最高的代表作,堪称中国戏曲的悲剧典范,无愧于世界戏曲的伟大悲剧。刻剧一本四折,是作者晚年的集大成作品,写于元世祖至元二十八年(1291年)以后。作品通过描写一位普通妇女窦娥的不幸遭遇,广泛而深刻地反映了元代社会险恶黑暗的现实状况,热情讴歌了不畏强暴、敢于反抗的斗争精神。

故事发生在楚州。窦娥本是长安京兆秀才窦天章的女儿端云,3岁上亡了母亲,家里一贫如洗。13年前,窦天章流落楚州居住,曾向蔡婆借了20两高利贷银子,一年后索要40两。无奈之际,只得将7岁女孩儿送给蔡婆做儿媳妇,改名窦娥。13年后,蔡婆搬到山阳县居住,窦娥丈夫病逝,守寡在家。一次,蔡婆向赛卢医讨债,被骗到野外差点被

---

① 其中《包待制智斩鲁斋郎》、《刘夫人庆赏五侯宴》、《状元堂陈母教子》、《山神庙裴度还带》和《尉迟恭单鞭夺槊》五种是否关汉卿所作,学术界存有争议。确定无疑的是13种。

勒死,恰好张驴儿父子路过,惊跑赛卢医,救起蔡婆。得知蔡婆家中只有两位寡妇后,就以勒死胁迫蔡婆答应嫁给他们父子。蔡婆无奈答应,窦娥誓死不从。张驴儿遂起歹意,趁蔡婆害病之际,找赛卢医讨了毒药,暗地放在窦娥为蔡婆烹好的羊肚汤里,结果张驴儿父亲先喝,毒死身亡。张驴儿恶人先告状,诬陷窦娥毒死公公。太守草菅人命,审理案件一任酷刑逼供。窦娥被打得昏死过三次,拒不屈招。当太守要对其婆婆使用酷刑时,窦娥为救蔡婆,情愿屈招赴死。在押往刑场的路上,窦娥一面愤怒地控诉无道的官府和造孽的衙门,一面又怕婆婆看见她披枷带锁赴法场而气杀。遇见蔡婆以后,窦娥讲了张驴儿想毒死婆婆、霸占她为妻的真相,以及自己屈招救婆的缘故。临刑前发下三桩誓愿以证明自己冤枉:一腔热血飞白练,六月下三尺瑞雪,楚州亢旱三年。结果一一应验。死后冤魂又向已做官的父亲申诉,终于得以报仇雪恨,凌迟处死张驴儿,发派赛卢医充军到烟瘴地面。

《窦娥冤》的悲剧性质在于,窦娥所遵奉的儒教伦理精神和传统道德原则,诸如夫死守寡的贞节观念、服从父命和孝敬公婆的孝顺观念等等,恰恰是导致她蒙难毁灭的根本原因。《窦娥冤》的伟大意义在于,作为一名弱小妇女,窦娥对自己的苦难遭遇和悲剧命运并不甘心忍气吞声,而是死不瞑目,进行了感天地、泣鬼神的强烈反抗。从剧本的情节、唱词和人物的性格、遭遇以及剧情的冲突、化解,都能看出关汉卿激进的思想、高超的技艺和娴熟的章法。关汉卿善于运用口语化、诗意化和性格化的戏曲语言,使剧本在语言艺术上达到了极高的造诣和出神入化的审美境界。例如,在第三折里,作者用悲愤而有力的语言,刻画了窦娥对世道不公、天理不灵的痛恨情绪:

> 【滚绣球】有日月朝暮悬,有鬼神掌著生死权。天地也只合把清浊分辨,可怎生糊涂了盗跖颜渊:为善的受贫穷更命短,造恶的享富贵又寿延。天地也,做得个怕硬欺软,却原来

也这般顺水推船。地也,你不分好歹何为地。天也,你错勘贤愚枉做天! 哎,只落得两泪涟涟。

再如,在第二折里,作者用凄怆而无奈的语言,体现了窦娥为救婆婆而甘愿屈招、并受斩首之刑的牺牲精神:

【黄钟尾】我做了个衔冤负屈没头鬼,怎肯便放了你好色荒淫漏面贼! 想人心不可欺,冤枉事天地知,争到头,竞到底,到如今待怎的? 情愿认药杀公公,与了招罪。婆婆也,我怕把你来便打的,打的来恁的。我若是不死呵,如何救得你?

关汉卿是中国古典戏曲走向成熟时的伟大剧作家。他所创作的优秀剧本,在戏曲舞台上历经七百多年演出而不衰,具有永恒的艺术价值。名著《窦娥冤》在19世纪初被翻译成英、法、日等文字,传播到海外,受到国际戏曲的关注和敬重。

第二、王实甫及其《西厢记》

王实甫,名德信,大都人,生卒年代和生平事迹不详。据零星资料推测,他与关汉卿、马致远属于同一时期的剧作家,谙熟勾栏生活,剧作存目14种,保存至今的有《西厢记》、《破窑记》和《丽春堂》3种。其中,《西厢记》最为著名,使王实甫"天下夺魁"。

《西厢记》叙述了大家闺秀崔莺莺与张生的爱情故事。最早见于唐代诗人元稹的传奇小说《莺莺传》(又名《会真记》)。宋金时期,崔莺莺的爱情故事成了说唱文学的重要题材。宋官本杂剧有《莺莺六么》,金院本有《红娘子》,南戏有《崔莺莺西厢记》。金代文人董解元创作的《西厢记诸宫调》(简称《董西厢》)塑造了莺莺、张生和红娘三个艺术形象,将原来的悲剧收场改为喜剧结局。王实甫的《西厢记》是在《董西厢》的基础上进一步加工完善而创作出来的大型元杂剧。全剧五本二十一折，突破了原来的一本四折体例。作品围绕莺莺和张生的爱情故事展开，深化了原有的主题，表达了愿天下有情人都成眷属的婚姻理想和争取婚姻自主的进步主张。剧情冲突的主线是莺莺、张生、红娘与老夫人之间的礼俗斗争，副线是莺莺、张生、红娘三人之间的性格冲突。两种戏剧冲突彼此交织，将单纯的爱情故事演绎成为波澜跌宕的戏剧情节，使《西厢记》成为中国古典喜剧中最杰出的作品。

《西厢记》的成功之处，除了上述的戏剧形式创新、主题思想深刻和戏剧冲突复杂，性格鲜明、情感丰富的人物形象是其伟大成就和非凡艺术的重要体现。《西厢记》所塑造的莺莺、张生、红娘和老夫人，都是性格丰满、有血有肉的艺术典型，丝毫没有概念化、简单化的做作痕迹。莺莺虽是相国的千金小姐，但对父亲生前指腹为婚、许配给尚书之子郁闷不乐，唆使红娘牵线，自主决定婚姻，表示出对纯真爱情的大胆向往和誓死追求。张生虽是一介书生，性格软弱，但才华横溢，对功名不太热衷，对爱情却十分痴迷，有时又过分自信，胆大妄为。红娘虽是侍女奴婢，地位低下，但聪明机智，胆识过人，有一副出于正义感的热心肠，为莺莺和张生的爱情奔波不息，与老夫人巧妙周旋。老夫人虽是儒教伦理和传统道德的戏剧化身，有其虚伪、狡诈和顽固的一面，但她又是一家之长，考虑最多的是女儿莺莺的终身大事和婚姻幸福，以及相国家府的社会尊严和说话信誉。《西厢记》中的戏剧冲突之所以是喜剧型的，根本原因在于冲突双方的价值理念都是至善的，不存在谁是邪恶和丑陋的问题。因而冲突结果最终必然是融突和合式的大团圆。

《西厢记》具有韵律典雅、格调优美、词藻清新的戏剧语言，是一部杰出的抒情诗剧。明初朱权在《太和正音谱》中认为，王实甫词句"铺陈委婉，深得骚人之趣；极有佳句，若玉环之出浴华清，绿珠之采莲洛甫"。作者善于将感情抒发、性格刻画和场景描绘融为一体，极大地增强剧本的戏剧气氛和文学色彩，让人百看不腻，百读不厌。例如，历来被称道不已和推崇备至的"长亭送别"一段：

【正官·端正好】碧云天,黄花地,西风紧,北雁南飞。晓来谁染霜林醉? 总是离人泪。

【滚绣球】恨相见得迟,怨归去得疾。柳丝长玉骢难系,恨不倩疏林挂住斜晖。马儿迍迍的行,车儿快快的随,却告了相思回避,破题儿又早别离。听得道一声去也,松了金钏;遥望见十里长亭,减了玉肌:此恨谁知?

【叨叨令】见安排着车儿、马儿,不由人熬熬煎煎的气;有甚么心情花儿、靥儿,打扮得娇娇滴滴的媚;准备着被儿、枕儿,则索昏昏沉沉的睡;从今后衫儿、袖儿,都揾帮重重叠叠的泪。兀的不闷杀人也么哥! 兀的不闷杀人也么哥! 久已后书儿、信儿,索与我凄凄惶惶的寄。①

《西厢记》的成功是巨大的,影响是深远的。王实甫因此与关汉卿齐名,成为伟大的剧作家,在中国古典戏曲史上占有重要地位。就在元代,著名杂剧作家白朴和郑光祖学习和模仿《西厢记》,分别创作了《董秀英花月东墙记》(简称《东墙记》)和《㑇梅香翰林风月》(简称《㑇梅香》),后者被称为"小西厢"。明代作家徐渭、李日华和汤显祖等二十余人对《西厢记》进行评点。李世华等人还将《西厢记》改编为《南西厢》。王世贞认为,《西厢记》是北曲的压轴之卷。清代学者金圣叹将《西厢记》与《庄子》、《离骚》、《史记》、《杜诗》、《水浒传》并列,称为"第六才子书"。《西厢记》不仅为世人所喜爱,仅明清两代的刊行版本就不下百余种;而且也为后世作品中的艺术人物所迷恋,成为戏中之戏。汤显祖《牡丹亭》里的杜丽娘,曹雪芹《红楼梦》里的贾宝玉和林黛玉,读《西厢记》都达到了废寝忘食的迷狂状态。但这部伟大的戏剧著作,在清代却

---

① 《西厢记》第4本第3折。

遭到禁毁,被认为是邪书之最,淫书之尤。

第三、马致远及其《汉宫秋》

马致远(约 1250—约 1321 年)号东篱,大都人。早年有意功名,郁郁不得志,后与杂剧艺人李时中、红字李二、花李郎等合作写戏。中年做过江浙行省务官,是管理商业贸易的小官吏。晚年隐居乡村。一生写作散曲小令 104 首,套数 17 套,合辑为《东篱乐府》一卷。创作杂剧 15 种,现存 7 种。

《汉宫秋》全名《破幽梦孤汉宫秋》,是马致远最优秀的戏剧作品,也是元杂剧中著名的爱情悲剧。剧作以西汉元帝时宫女王昭君和亲出塞、嫁给呼韩邪单于的历史事实为原型,进行了彻底改编和再创作。《汉宫秋》以王昭君和汉元帝的爱情为主线,讲述奸臣毛延寿怂恿元帝挑选天下美女充实后宫,农家女子王昭君虽被选中,但因家贫无法满足毛延寿索要黄金的无理要求,被在画像上做了手脚,打入冷宫十年,后被元帝发现,倍受宠爱,封为明妃。元帝下令捕杀毛延寿,毛延寿投降匈奴,献昭君图,唆使呼韩邪单于强娶昭君。匈奴派特使索要昭君,并以大兵压境威胁,元帝无奈,只得割爱。昭君以国家为重,情愿出塞。元帝灞桥送别,昭君行至番汉交界处,投黑河自尽。

《汉宫秋》通过对王昭君形象的艺术塑造,表现出强烈的爱国激情和高尚的民族气节。全剧结构严密,情节紧凑,充满悲剧气氛,对人物的性格刻画和心理描写都能做到曲尽其妙,淋漓尽致。戏曲语言的运用也独具一格,具有意境美和音乐感。比如,在第三折里,描写汉元帝灞桥送别王昭君的两支名曲:

> 【梅花酒】呀!俺向着这迥野悲凉。草已添黄,兔早迎霜。犬褪得毛苍,人擞起缨枪,马负着行装,车运着糇粮,打猎起围场。他、他、他,伤心辞汉主;我、我、我,携手上河梁。他部从入穷荒;我銮舆返咸阳。返咸阳,过宫墙;过宫墙,绕回廊;绕

回廊,近椒房;近椒房,月昏黄;月昏黄,夜生凉;夜生凉,泣寒
螀;泣寒螀,绿纱窗;绿纱窗,不思量!

【收江南】呀! 不思量,除是铁心肠;铁心肠,也愁泪滴千
行。美人图今夜挂昭阳,我那里供养,便是我高烧银烛照红
妆。

其中的《梅花酒》,先用人称代词"他"与"我"三重叠唱,后从"返咸阳"到
"不思量"用首尾相接、回环递进的九重叠句,抒发了元帝对别后孤独情
景的想像,节奏急促,情调悲沉,意境凄凉。唱到《收江南》时,索性放
开,听任愁泪滴千行,日夜思念弗思量,意境回转,神情流畅。

王国维在《宋元戏曲考》中称马致远"写情则沁人心脾,写景则在
人耳目,述事则如出其口",非常贴切地概括了《汉宫秋》的深沉细腻的
笔触和哀怨感伤的情调。《汉宫秋》对后世的影响也很大。明代陈与郊
的《昭君出塞》、无名氏的《和戎记》和清代尤侗的《吊琵琶》,都受到《汉
宫秋》的影响和启发。现代京剧和地方戏曲舞台上的昭君戏,都能看出
受《汉宫秋》影响的艺术痕迹。

第四、白朴及其《墙头马上》

白朴(1226—约 1306 年)字仁甫、太素,号兰谷,陕州(今山西河曲
附近)人。父亲白华曾任金哀帝枢密院判官。蒙古兵灭金朝时,父亲随
哀帝出逃,母亲被掳遇难。八岁的白朴由父亲好友、著名诗人元好问带
往山东,受到元好问的抚养和教育。后来父子团聚,居住有潴阳真定
(今河北正定)。元朝统一天下后,白朴不愿出仕,漫游四海,放浪形骸。
一生创作元杂剧 16 种,现存《裴少俊墙头马上》(简称《墙头马上》)和
《唐明皇秋夜梧桐雨》(简称《梧桐雨》),此外还有词集《天籁集》和散曲
若干。

《墙头马上》是白朴最出色的杂剧作品,与关汉卿的《拜月亭》、王实
甫的《西厢记》和郑光祖的《倩女离魂》并称元杂剧"四大爱情剧"。剧本

根据白居易新乐府诗《井底引银瓶》、宋杂剧《裴少俊伊州》和金院本《墙头马》再创作而成，描写了唐代洛阳总管之女李千金在花园墙头与在马上的尚书之子裴少俊一见倾心，相约在花园幽会，被人发现后，李千金私奔到长安裴家，与裴少俊在后花园里秘密同居十载，并生下一对儿女。后被裴尚书发现，强迫裴少俊将李千金送回洛阳，留下一对儿女。裴少俊考取状元后，出任洛阳县尹，想接回李千金，被断然拒绝。后裴尚书亲自携带她的一对儿女来赔礼道歉，仍然不肯。直到一对儿女准备撞死时，才最终相认。

《墙头马上》把主人公李千金塑造成一个勇敢坚定、性格泼辣的妇女形象，比《西厢记》的崔莺莺更胆大倔强，因而剧情冲突更加充分，曲调节奏更为明快，具有很高的艺术鉴赏价值，在传统戏曲舞台上长演不衰。

第五、其他元杂剧作家及其作品

除了以上四位大师级剧作家及其伟大作品，元杂剧还有一大批著名作家和知名作品。若按前后分期，前期的作家和作品有，纪君祥的《赵氏孤儿》，故事源出于《左传》和《史记》，属于元杂剧中的历史悲剧，具有很高的思想意境和艺术价值，不仅对后世戏曲创作和表演产生了极大影响，而且最早传入西欧，被法国文豪伏尔泰改编成法语剧本《中国孤儿》（1755 年），被德国大诗人歌德改编成德语剧本《埃尔佩诺》（1783 年）。康进之的《李逵负荆》是元杂剧中优秀的水浒戏，具有较强的喜剧风格。高文秀的《渑池会》属于改编历史剧，是后世《将相和》的滥觞。高文秀的杂剧作品在数量上仅次于关汉卿，因此俗称"小汉卿"，喜欢写水浒人物黑旋风李逵，《双献功》是其现仅存的一种。杨显之是关汉卿的莫逆之交，《潇湘夜雨》是他的代表作，是谴责男子负心的爱情剧。石君宝《秋胡戏妻》的故事源于汉代学者刘向的《列女传》，成功地塑造了罗梅英这一刚强的女子形象，剧本富有传奇色彩。尚仲贤的《柳毅传书》属于神话剧，描写洞庭湖龙女三娘与落第秀才柳毅的离奇爱情故事。李好古的《张生煮海》，也是神话剧，写张生入海向龙女琼莲求婚的曲折经历。李直夫是女真族杂剧作家，他的《虎头牌》是公案戏。张国宾的《薛仁贵》属于民间艺人独创的剧本，生活气息浓厚。郑廷玉的《看钱奴》是讽刺喜剧，成功地塑造了暴发户贾仁的守财奴形象。

　　后期的作家和作品有，郑光祖的《倩女离魂》是根据唐代传奇小说《离魂记》创作的爱情喜剧，对明代传奇剧的创作有直接影响。郑光祖是后期作家里成就最高、名气最大的元杂剧作家，虽被《中原音韵》列为"元曲四大家"，但其艺术成就无法与关汉卿、白朴、马致远相提并论。无名氏的《陈州粜米》是现存30多种无名氏元杂剧中成就较高的一种，属于公案戏，剧中的包拯是典型的清官形象。

　　随着元杂剧创作和演出的兴盛，对元杂剧的戏曲理论研究和艺术创作总结也逐步开始。元代出现了四部较有价值的戏曲理论著作。它们分别是，燕南芝安的《唱论》，周德清的《中原音韵》，钟嗣成的《录鬼簿》和夏庭芝的《青楼集》。其中，《唱论》是最早探讨北曲声乐的论文，全文共有两千字，讨论了歌唱在声乐中的重要地位和歌唱的格调、声韵、节奏及常见的歌唱问题。《中原音韵》是对元曲进行声韵总结的音韵学专著，共总结出19个韵部，对北方戏曲语音的标准化起到过积极的作用。《录鬼簿》是第一部戏曲剧目专著，记录了元代152名戏曲作家的生平简介和457种元杂剧剧目，并对戏曲作家进行了简短的评论，实开戏曲评论之先河。《青楼集》是记述元杂剧演员演出活动的专著，记录了元代120青楼女子的艺术生涯。以上四部戏曲理论专著都研究元杂剧的原始材料，十分珍贵。

4. 明代戏剧

　　进入明代以后，中国古代戏曲的演变出现两种相反的发展趋势：一方面，北方元杂剧继续衰落，逐渐从民间艺术蜕变成为宫廷艺术，主题也由揭露现实、反抗黑暗和追求理想转换成为伦理教化、道德说教和歌舞升平,明初的宫廷杂剧虽然产生了大批作家和大量作品,但总体价值不高;另一方面,宋元南戏继承了元杂剧的进步思想和艺术成就,在南曲基础上发展成为传奇剧,涌现了以汤显祖为杰出代表的数百位著名剧作家,创作出以《牡丹亭》为精品的近千种剧本,将中国古典戏曲的发展再次推向高度繁荣的鼎盛时期。与此同时,以昆曲为代表的方言唱腔和地方戏曲也开始兴起。

第一、宫廷杂剧

与元代杂剧相比,明代宫廷杂剧发生了许多变化。在戏曲音乐上,不再只用北曲,开始出现南腔北调兼用的合曲和套数。在演唱形式上,更加灵活多样,不拘一格,独唱、对唱和合唱混合进行。在剧本体例上,除四折一楔的旧式外,一折、二折的短剧和五折、六折以上的长剧都有。在剧本创作上,主要由士大夫和王公贵族进行应制写作,思想内容越来越脱离现实生活。在演出体制上,主要在宫廷教坊或藩王府内为皇帝朝官、皇亲国戚提供娱乐服务,日趋脱离广大民众,不断受到市民的冷落。元杂剧的这一嬗变,主要受朱明王朝文化专制统治的影响,特别是已取得官方学术地位的程朱理学对自由思想的禁锢。明代还大兴文字狱,对杂剧的表演角色和能演出的剧目剧本都有明文规定。不允许乐人扮演历代帝王后妃,忠臣烈士和先圣先贤,违者杖责一百,并勒令全国各地缴毁所有禁演剧本,违抗者对全家处以极刑。

宫廷杂剧的作家和作品主要有:朱权(1378—1448年,朱元璋第十七子)的《卓文君私奔相如》和《冲漠子独步大罗天》等12种;朱有燉(1379—1439年,朱元璋第五子朱橚的长子)的"庆寿剧"《八仙庆寿》和《牡丹品》等10种,"神仙剧"《小桃红》和《辰钩月》等10种,"节义剧"《烟花梦》和《团圆梦》等9种,"水浒戏"《仗义疏财》和《豹子和尚》,"三国戏"《义勇辞金》;王九思(1468—1551年,翰林院检讨)的《沽酒游春》和《中山狼》;康海(1475—1541年,翰林院修撰)的《中山狼》和《玉兰卿》。

明中叶以后,宫廷杂剧统治剧坛的局面有所改观,出现了一批民间文人创作的杂剧作品。杂剧创作一度出现复兴现象,涌现出以徐渭为代表的著名作家。

徐渭(1521—1593年)字文长,号天池山人、青藤道士,浙江山阴(今浙江绍兴)人。早年八次应试不第,曾为浙闽总督胡宗宪幕僚。中年两次下狱,多次自杀未遂。晚年穷困潦倒,以卖字画为生。徐渭才艺卓越,精通诗文戏曲。为人不拘礼法,蔑视权贵,一生坎坷。死后有诗文集《徐文长三集》、《徐文长遗稿》和《徐文长佚草》传世。杂剧作品有总名为《四声猿》的四个短剧:《狂鼓史渔阳三弄》(一折,北曲)写祢衡在阴间地府击鼓骂曹操;《玉禅师翠乡一梦》(二折,北曲)写临安府尹柳宣教派官妓红莲勾引玉通和尚破色戒,而玉通坐化转生为柳宣教的女儿柳翠后沦为妓女,以示报复;《雌木兰替父从军》(二折,北曲)写花木兰女扮男装替父从军,立功后封尚书郎;《女状元辞凰得凤》(五折,南曲)写五代时期黄崇嘏女扮男装考中状元,被丞相招为女婿,得知其为女流后又聘为儿媳。《四声猿》无论思想内容还是艺术创作,都是对宫廷杂剧的反叛,对汤显祖的传奇剧创作产生过直接的影响。此外,徐渭还著有专门论述南戏的理论著作《南词叙录》,记述宋元南戏60种和明初戏文47种的详细目录,保存有对南戏的源起、声律、作家和作品的评论等重要史料,是宋元明清专论南戏的惟一著作。

第二、汤显祖与明传奇

明传奇是明代各种南曲戏曲的总称,是宋元南戏在明代的进一步发展和完善。传奇剧本一般为四、五十出,有的甚至多达百余出。如此宏篇巨制,比杂剧更能反映复杂的现实生活,塑造更多的人物形象,表达更深远、更广阔的思想意境。明代以后,传奇剧成为中国戏曲发展的主流,形成了更加完备的体制。

明传奇的发展以嘉靖初年(1522年)为界,分为前后两个时期。前期受宫廷杂剧的消极影响,发展相当缓慢,名家名作极少。后期随着长篇小说和话本小说的发展走向繁荣,名家辈出,名作不断。这一时期有知名作家 200 多人,作品多达 700 多部。汤显祖是明传奇里最著名的剧作家,《牡丹亭》是这一时期最杰出的浪漫主义戏曲作品。

汤显祖(1550—1616 年)字义仍,号若士、海若、清远道人,江西临川人。出身书香世家,早年享有文名,26 岁时已有两部诗集刊行。28 岁赴京赶考,断然拒绝与张居正之子结交。34 岁考取进士,第二年到南京任太常博士闲职。后又任礼部祠祭司主事、雷州徐闻县典史和浙江遂昌知县。49 岁离职还乡,从此潜心创作,直到去世。一生创作传奇戏剧 4 种,即《紫钗记》、《牡丹亭》、《邯郸梦》和《南柯梦》,合称《临川四梦》或《玉茗堂四梦》。其他著作有诗集《红泉逸草》、《问棘邮草》,诗文集《玉茗堂全集》,书信集《玉茗堂尺牍》等。

《牡丹亭》全名《牡丹亭还魂记》,又简称《还魂记》,是汤显祖最杰出的传奇剧本,也是作者倾注心血最多、最为满意的文学作品。剧本取材于明代话本小说《杜丽娘慕色还魂》,故事讲述明代南安太守杜宝之女杜丽娘私自游园,在牡丹亭梦中与书生柳梦梅欢会,醒后寻找梦境,感伤而死,葬于花园,并建造梅花观。三年后,柳梦梅路过此地,借宿梅花观,得丽娘生前画像,遂与丽娘鬼魂幽会,并按照鬼魂指示掘墓,丽娘复活,两人结为夫妻。杜宝拒不承认这桩婚事,将柳梦梅视为盗墓贼。后梦梅考中状元,经皇帝调解,合家团圆。

从故事情节看,这是一个非常离奇的爱情梦幻。如果说与鬼魂幽会在精神世界里还是有可能的,那么死后三年复活即使在宗教传奇中也是不可思议的。但汤显祖有自己的情感逻辑。他在《牡丹亭》自序中这样写道:

> 天下女子有情,宁有如杜丽娘者乎!梦其人即病,病即弥连,至手画形容,传于世而后死。死三年矣,复能溟溟莫中其所梦者而生。如丽娘者,乃可谓之有情人耳。情不知所起,一

往而深。生而不可与死，死可以生。生而不可与死，死而不可
复生者，皆非情之至也。梦中之情，何必非真？天下岂少梦中
之人耶？必因落枕而成亲，待挂冠而为密者，皆形骸之论也。
传杜太守事者，仿佛晋武都守李仲文、广州守冯孝将儿女事。
予稍为更而演之。至于杜守收拷柳生，亦如汉睢阳王收拷谭
生也。嗟夫！人世之事，非人世所可书。自非通人，恒以理相
格耳！第云理之所必无，安知情之所必有邪！

在汤显祖看来，至真、至纯、至深的爱情，必定是能让生者死、能让死者
生的最奇异的精神力量。相反，既不能让生者死、也无法让死者生的感
情，都不是纯真的而深湛的爱情。在汤显祖的这一至情逻辑里，情与理
矛盾首先尖锐起来：道理上必然不存在的东西，并不意味着感情上绝对
没有。在精神的虚拟世界里，一切能够幻想出来的情形，都具有情感的
必然存在性。《牡丹亭》的自序，其实是一篇传奇戏曲的创作宣言。它
向占统治地位的儒教伦理和理学教条发出了思想挑战，也向一切世俗
陈规提出了严正抗议。其后，曹雪芹创作《红楼梦》，让顽石为人世间补
情，正是汤显祖使生者死、让死者生的情感至上逻辑的继续。

　　《牡丹亭》成功地塑造了杜丽娘这一女子形象，极其生动地描绘了
她为爱而生、为爱而复活的传奇经历，热情歌颂了青年男女对爱情的大
胆追求和为爱情而勇敢牺牲的婚姻自由精神，深刻揭露了儒教伦理与
天理教条对人性的摧残和对感情的扼杀，充分体现了明代末期要求个
性解放和思想自由的启蒙主义梦想。《牡丹亭》的戏剧情节具有典型的
传奇剧特征，对明清梦幻文学的发展和浪漫主义风格的完善起到了典
范作用。作者以幻想的故事情节表达真切的生活理想，全剧语言生动
优美，景物描写、气氛渲染和性格刻画熔为一炉，建构出即梦即醒、即幻
即真、即情即理的超越意境，回荡着永不消退的艺术魅力。剧本中的精
彩唱段和念白比比皆是，令人应接不暇。例如，第10出《惊梦》，描写杜

丽娘感触春天景色,悲叹青春虚度,对爱情产生无限遐想和渴望时的一段独白、一曲独唱,相当耐人寻味:

> (低道沉吟介)天呵,春色恼人,信有之乎! 常观诗词乐府,古之女子,因春感情,遇秋成恨,诚不谬误矣。吾今年已二八,未逢折桂之夫;忽慕春情,怎得蟾宫之客? 昔韩夫人得遇于郎,张生偶逢崔氏,曾有《题红记》、《崔徽传》二书。此佳人才子,前以密约偷期,后皆得成秦晋。(长叹介)吾生于宦族,长在名门。年已及笄,不得早成佳配,诚为虚度青春,光阴如过隙耳。(泪介)可惜妾身颜色如花,岂料命如一叶乎!
>
> 【山坡羊】没乱里春情难遣,蓦地里怀人幽怨。则为俺生小婵娟,拣名门一例、一例里神仙眷。甚良缘,把青春抛的远! 俺的睡情谁见? 则索因循腼腆。想幽梦谁边,和春光暗流转? 迟延,这衷怀那处言! 淹煎,泼残生,除问天!

如此富有诗情画意的典雅语言,将丽娘这位大家闺秀的情感世界和内心思念和盘托出,体现出作者高超的描述技艺。

明代传奇戏剧的其他知名作家和重要作品有:李开先(1502—1568年)的《宝剑记》,写林冲逼上梁山的水浒故事;沈璟(1553—1610年)的《义侠记》,是明传奇中的水浒戏,写武松从打虎到招安的整个经历;高濂(生卒年代不详,约活动于1573—1619年)的《玉簪记》,是继《西厢记》和《牡丹亭》之后的又一部浪漫主义爱情戏剧;吴炳(1595—1648年)的《绿牡丹》,是仿《牡丹亭》的爱情喜剧;孟称舜(约1600—1655年)的《娇红记》,是晚明传奇中的现实主义爱情悲剧,等等。

第三、昆曲的兴起

明中叶以后,随着传奇戏剧创作的蓬勃发展,各种声腔艺术也开始因地制宜,戏曲的方言化和地方化特征日益明显。明代传奇戏剧逐渐形成了三个不同的艺术流派,即以汤显祖为代表的江西临川派、以沈璟为领袖的江苏吴江派和以梁辰鱼为首的江苏昆山派。其中,临川派注重作品的思想内容,主张描写人物的才情意趣,追求曲调典雅和辞藻华丽,不受音律限制,但唱腔拗滞艰涩;吴江派重视格律协调,用韵方面一丝不苟,但不讲究语句修辞,剧本内容往往陈旧,思想比较保守。昆山派最讲究声腔艺术,声调流丽悠扬,唱腔婉转细腻,有字清、腔纯、板正的所谓"三绝"。从中国戏曲声腔艺术的后期发展看,三大传奇流派中影响最卓著的是昆山派及其昆曲。从明代末期到近代前夕,昆曲占据中国戏坛长达 300 年,成为最富有民族特色和地方风格的戏曲音乐。昆曲的兴起是中国戏曲发展史上的重大事件。

昆山腔是昆曲的前身,最初只是一种流行于吴中的民间曲调,后来逐渐受到著名歌唱家的关注,开始对昆山腔进行戏曲化的加工和完善。第一位系统革新昆山腔的歌唱家是江西豫章(今江西南昌)的魏良辅(生卒年代不详)。他是嘉靖时期最杰出的歌唱艺术家,世人尊称其为"曲圣"。他在流寓江苏太仓期间,在原昆山腔的基础上,广泛吸取了其他声腔的长处,积极融合了北曲成熟的演唱艺术,创造出一种非常适合大型戏剧演唱的全新声腔,即昆曲,因此被后人尊奉为"昆腔之祖"。

第一个根据昆曲格调创作剧本的作家是梁辰鱼。他的《浣沙记》是第一个昆曲历史传奇剧本。梁辰鱼(约 1519—约 1591 年)字伯龙,号少白、仇池外史,江苏昆山人。出身官僚家庭,青年时代喜欢任侠,对八股文不屑一顾。他得到昆腔鼻祖魏良辅的新声传承,擅长演奏丝竹之音,歌唱金石之声。约在嘉靖年间,梁辰鱼在昆山腔基础上创制了"水磨调",创作了昆剧传奇《浣沙记》(又名《吴越春秋》)。全剧共 45 出,以范蠡和西施的爱情及其悲欢离合为主要情节,艺术地描写了吴王夫差和越王勾践争霸的历史故事。剧中的西施是写得相当成功和十分丰满的艺术形象。《浣沙记》以传奇方式演义历史故事,结局时让范蠡功成弃官、携情人西施泛舟隐居,完全打破了历史戏剧大团圆的俗套,加上有新声腔昆曲的艺术升华,一时风靡剧坛。昆剧《浣沙记》不仅对清代戏剧创作产生了直接影响,洪昇的《长生殿》和孔尚任的《桃花扇》都是仿《浣沙记》的历史传奇剧作,而且其中的《拜施》、《分纱》、《进美》和《采莲》等著名折子戏,一直在昆曲舞台上长演不衰。流传至今的西施戏,多源出于《浣沙记》。此外,李开先的《宝剑记》和无名氏的《鸣凤记》也是明代昆曲兴起时较好的昆剧传奇。

第十三章　史学的兴盛

两宋是中国古代史学发展最为兴盛的黄金时期。它不仅集汉唐史学之大成,而且也是明清史学无法整体超越的学术高峰。两宋官方修史,从原始材料的实录、收集到整部史籍的编纂、修订,都有相应的机构和完善的制度,史官组织空前完备。史学名家、大家辈出,史书数量多、品位高,体裁不断充实、不断创新,涌现出以司马光编年体通史《资治通鉴》为代表的一大批史学名著。与此同时,民间的史籍编撰也有显著进步,史学研究相当繁荣。方志、族谱、年谱、野史、笔记、金石等历史文献学的积累、传承和研究,一时蔚然成风。以吕氏史学为代表的"中原文献之传",在南宋以后的民间史学中独树一帜。

两宋史学的空前兴盛,除了史官组织的健全和编修制度的完善外,还有三个重要表现。

首先表现为人才辈出。据不完全统计,这一时期有著作传世的史学家不下130人①。诸如欧阳修、司马光、郑樵、李焘、朱熹、袁枢等人,都是卓有建树的重要史家。

其次表现为体裁创新。纪传体断代史继续完善,"二十四史"中的《新唐书》、《旧五代史》和《新五代史》,都是北宋初期官方编修的正史。汉唐时期一度沉寂的编年体,此时又被重新激活。《资治通鉴》和《续资治通鉴长编》相继修成,在通史和当代史领域结出硕果。随后,在"通鉴

①　宋衍申:《中国史学史纲要》,东北师范大学出版社1992年版,第150页。

学"的促动下,袁枢的《通鉴纪事本末》和朱熹的《通鉴纲目》,分别开创了纪事本末体和纲目体两种新的史学体裁。朱熹为主流理学所编的《伊洛渊源录》,开启了学案体学术思想史的编纂先河。

最后表现为理论探索。欧阳修主编《新五代史》时,虽刻意学习"《春秋》笔法",但始终坚持义理和史实的有机统一。司马光编纂《资治通鉴》时,已从褒贬古人转向劝戒来者,历史的纪实功能和阅读价值得以凸显。袁枢的"纪事本末",突出事件本身的演进脉络。朱熹的"纲目",则强化天理与时势的道德会归,理学思想及其价值观念,开始逐步向史籍的编纂和史学的研究中渗透。

宋代史学兴盛的原因是多方面的。略举其要,约有四点:

一是经过刘汉、李唐王朝之后,中国古代宗法社会和专制体制开始由盛转衰。为了解决赵宋政权"积贫积弱"的管理困境,迫切需要认真总结"千五百年"的历史经验。

二是宋代崇文抑武,对历代的治乱兴亡及其礼乐制度、道德教化非常关注。经史致用是最基本的文化国策,朝廷对地方编志和个人修史给予积极鼓励。例如,《资治通鉴》由司马光及其助手奉诏私家编修,宫廷和官方在文献资料和资金用度等方面大力支持。

三是唐宋古文运动,以及从北宋初年兴起的理学思潮,极大地促进了学者对经典文本的义理诠释和对历史文献的哲理探究,从而使这一时期的史学普遍具有"通变"的理性精神。

四是宋代文化历史教育非常发达,图书印刷刊行体制已具雏形。特别是雕版印刷工艺的普及和活字印刷技术的发明,对卷帙浩繁史籍的编纂、刊行、流通和收藏,都起到了巨大的推动作用。与前世相比,宋代编修史籍动辄几百卷、几百万言。私人藏书成千上万卷。如果没有发达的印刷技术和通畅的图书刊行,那是不可想像的。

元明时期,尽管在史籍编修体例和史学理论研究等方面都无法与宋代相比,没有值得称道的创新和别具一格的突破,但元明史学在正史编修和其他典籍的撰述上,仍有较大发展,在数量和卷帙上毫不逊色。元顺帝至正三年(1343年),右丞相脱脱冲破单一的正统观念,从而使不同民族所建立的宋、辽、金政权都获得了正史地位。这不仅为最终完成了《宋史》496卷、《辽史》116卷和《金史》135卷等官修工作疏通了观念障碍,而且在浩繁的历史画卷中,充分展示了中华各民族大冲突、大融合的宏大历史场面和悲壮历史进程。元代官修《宋史》是"二十四史"中篇幅最为庞大的史书,总字数接近500万。除3部正史外,元代的官修典籍还有《皇朝经世大典》880卷,《大元圣政国朝典章》60卷。尽管元朝从世祖忽必烈定大都(今北京)为国都算起,享国只有百余年,但从太祖成吉思汗开始,大元帝国曾拥有空前的行政辖域。1300卷的《大元大一统志》,堪称篇幅最为浩繁的地理志巨著。民间个人的史学编著有宋元之际马端临的《文献通考》348卷,此外还有大量私修史书和野史笔记传世。

明代开国时取消宰相职位,大兴文字狱,其后编著《性理大全》和《四书大全》,实行八股取士,史学的生存和发展受到严重损害。但是,在前期,仍然有不少官修著作问世;在后期,出现了众多私人史学撰述。其中官修著作有《元史》210卷,《大明会典》228卷,《永乐大典》2万多卷、1万余册、近4亿字。私人撰述有王世贞的《明野史汇》、《弇山堂别集》和《弇州史料》,李贽的《藏书》和《续藏书》,陈邦瞻的《宋史纪事本末》和《元史纪事本末》,王圻的《续文献通考》,谈迁的《国榷》,陈子龙等人的《皇明经世文编》,等等。

一、司马光与"通鉴学"

宋仁宗嘉祐年间(1056—1063年),司马光编写《历年图》7卷,上自周威烈王二十三年,下至后周世宗显德六年,以大事年表的方式,对宋代以前的治乱兴衰作了简明扼要的陈述，并于治平元年（1064年）进呈英宗。紧接着，仿《左传》编年体写成《通志》8卷，上起三家分晋，下止秦二世三年，简略记述了战国七雄的兴亡事迹。进呈英宗后，深得称赞。治平三年（1066年）四月，司马光奉诏续编《通志》，汇集历代君臣事迹，并获得在崇文院特设书局、自主选择助修人员、随时翻阅秘书阁官府藏书和龙图阁、天章阁宫廷藏书等特权。

治平四年（1067年），神宗即位，司马光进殿侍读《通志》。神宗因其"鉴于往事，有资于治道"，特赐名《资治通鉴》。熙宁三年（1070年），因与王安石政见不合，司马光出知永安军（今陕西西安）。第二年，改判西京御史台，从此以冗官身分闲居洛阳15年，专心编纂《资治通鉴》。元丰七年（1084年），编成《资治通鉴》正文294卷，《资治通鉴目录》30卷，《资治通鉴考异》30卷，一道奏进。中国历史上第一部规模空前的编年体通史巨著，先后历时19年，经司马光及其三位助手刘恕、刘攽和范祖禹的艰辛努力，终于问世。

司马光及其三大助手能在如此短的时间内，完成如此体大思精的史学巨著，除了优越的编纂条件、严密的编修体例和有效的编写程序外，主要取决于司马光进步的史学主张。

1. 司马光的史学主张

作为"涑学"的思想领袖和《通鉴》的全权主编，司马光对以往史学的正统观念、神怪志异和《春秋》笔法，进行了不同程度的批判和胆大心细的突破，体现出尊重历史事实、高扬人道精神和强化劝戒功能等进步史学主张。

第一、尊重历史事实

司马光治史，继承并弘扬了中国古代史官依据事实、秉笔直书的优良传统，勇敢地反对流行于汉唐史学的正统观念。

所谓"正统"，是相对于"僭伪"而言的价值判断。它主要涉及改朝换代的合理性,以及政权转移的合法性等"天下为家"时代特有的历史观念。比如,在汉魏之际,刘备是刘汉王室的后代,拥有帝王血统,因此由他建立在西北边陲的蜀汉政权就属于"正统",合乎伦理秩序和宗法原则。曹操挟天子以令诸侯,篡夺刘家天下;孙权凭借长江天险,自立为王,因此曹魏和孙吴政权虽在中原,却都是"僭伪",不合伦理,败坏宗法。但唐末藩镇割据,天下大乱,北方有五代,南方有十国,究竟谁是正统,很难鉴别清楚。司马光认为,史学中的正统与僭伪之分,完全不符合历史事实,纯粹是"私己之偏辞,非大公之通论"。他在《魏纪》中写道:

　　臣愚诚不足以识前代之正闰,窃以为苟不能使九州合为一统,皆有天子之名,而无其实者也。虽华夷仁暴,大小强弱,或时不同,要皆与古之列国无异,岂得独尊奖一国谓之正统,而其余皆为僭伪哉!若以自上相授受者为正邪,则陈氏何所授?拓跋氏何所受?若以居中夏者为正邪,则刘、石、慕容、苻、姚、赫连所得之土,皆五帝、三王之旧都也。若有以道德者为正邪,则蕞尔之国,必有令主,三代之季,岂无僻王!是以正闰之论,自古及今,未有能通其义,确然使人不可移夺者也。臣今所述,止欲叙国家之兴衰,著生民之休戚,使观者自择其善恶得失,以为劝戒,非若《春秋》立褒贬之法,拨乱世反诸正也。正闰之际,非所敢知,但据其功业之实而言之。周、秦、汉、晋、隋、唐,皆尝混壹九州,传祚于后,子孙虽微弱播迁,犹承祖宗之业,有绍复之望,四方与之争衡者,皆其故臣也,故全用天子之制以临之。其余地丑德齐,莫能相壹,名号不异,本非君臣者,皆以列国之制处之,彼此钧敌,无所抑扬,庶几不诬事实,近于至公。然天下离析之际,不可无岁、时、月、日以识事之先后。据汉传于魏而晋受之,晋传于宋以至于陈而隋取之,唐传于梁以至于周而大宋承之,故不得不取魏、宋、齐、梁、陈、后梁、后唐、后晋、后汉、后周年号,以纪诸国之事,非尊此而卑彼,有正闰之辨也。昭烈之汉,虽云中山靖王之后,而族属疏远,不能纪其世数名位,亦犹宋高祖称楚元王后,南唐烈祖称吴王恪后,是非难辨,故不敢以光武及晋元帝为比,使得绍汉氏之遗统也。①

在司马光看来,在"不诬事实,近于至公"的前提下,任何一种识别正统与僭伪的方法,诸如天命授受、华夷之辨和道德品性等,在义理上都是不能自圆其说的。为了标识事实的时间先后,在没有实行纪年法的古代,编纂历史必须首先选择一种编纪年代的习惯方法。因此,《资治通鉴》采用周、秦、汉、魏、晋、宋、齐、梁、陈、隋、唐、后梁、后唐、后晋、后汉、后周等16个朝代的年号纪事,这纯粹是编纂史料的时间序列,丝毫不牵涉尊此卑彼、褒正贬邪的"正闰之辨"。作为一流的史学家,司马光的过人之处在于,他已经明确地意识到:国家通史具有地缘政治特征,没有宗法血缘色彩。只要"能使九州合为一统",保持国家主权和领土的完整性,其政权就具有合法性和合理性。相反,即使是帝王后裔,如刘备所建的"昭烈之汉",虽自称是"中山靖王之后",但不能使国家统一,其政权的合法性和合理性也值得怀疑。史学的意义并不在于"立褒贬之法,拨乱世反诸正"。因为,史学毕竟是时间性的学术,它本身没有那么大的势能来拨乱反正,更不可能左右历史的命运。史学的知识价值和教化功能仅仅在于,"叙国家之兴衰,著生民之休戚,使观者自择其善恶得失,以为劝戒"。

正是基于对历史事实的尊重和对史学价值的自觉,司马光从国家兴衰、生民休戚等"天下为公"角度出发,对被"正统"史学家贬为"治世

---

① 《魏纪一》,《资治通鉴》卷69。

奸臣"、"乱世枭雄"和"汉室国贼"的魏武帝曹操及其谋臣荀彧,给予了比较中肯的评述。对荀彧因谏曹操"秉忠贞之诚"、不宜另立国朝而引起曹操不悦,最后"饮药而卒"表示痛惜。对所谓的"死节"和"留名"问题,也提出委婉的质疑。他说:

> 孔子之言仁也重矣,自子路、冉求、公西赤门人之高第,令尹子文、陈文子诸侯之贤大夫,皆不足以当之,而独称管仲之仁,岂非以其辅佐齐桓,大济生民乎!齐桓之行若狗彘,管仲不羞而相之,其志盖以非桓公则生民不可得而济也,汉末大乱,群生涂炭,自非高世之才不能济也。然则荀彧舍魏武将谁事哉!齐桓之时,周室虽衰,未若建安之初也。建安之初,四海荡覆,尺土一民,皆非汉有。荀彧佐魏武而兴之,举贤用能,训卒厉兵,决机发策,征伐四克,遂能以弱为强,化乱为治,十分天下而有其八,其功岂在管仲之后乎!管仲不死子纠而荀彧死汉室,其仁复居管仲之先矣!而杜牧乃以为"彧之劝魏武取兖州则比之高、光,官渡不令还许则比之楚、汉,及事就功毕,乃欲邀名于汉代,譬之教盗穴墙发匮而不与同挈,得不为盗乎?"臣以为孔子称"文胜质则史",凡为史者记人之言,必有以文之。然则比魏武于高、光、楚、汉者,史氏之文也,岂皆彧口所言邪!用是贬彧,非其罪矣。且使魏武为帝,则彧为佐命元功,与萧何同赏矣;彧不利此而利于杀身以邀名,岂人情乎![1]

第二、高扬人道精神

针对弥漫于汉唐史界的天人感应气息,针对以《史记·天官书》和

---

[1]　《汉纪五十八》,《资治通鉴》卷66。

《汉书·五行志》为代表的神怪志异等正史记载,司马光进行了大胆的怀疑和精细的甄别,体现出重人事、轻鬼神的古典人道精神。在具体编修过程中,除了个别特殊的天象变异(如彗星、新星)和有警戒意义的神话传说外,对于其他有关符瑞、图谶、卜筮、星占、神仙等充斥正史和野史中的神怪故事,司马光及其助手一律不予记述。惟一例外的是,对《史记》和《汉书》都曾记载过的汉高祖刘邦为赤帝之子的"符瑞",司马光在《资治通鉴》里却有所保留,未作删削。我们不妨对比三部史籍的记述文字,看作者对中国历史上第一位从亭长一跃成为皇帝的汉高祖,究竟采取了何种评价态度。

对于这则"符瑞"传说,司马迁的《史记》记述最为详细:

> 高祖以亭长为县送徒骊山,徒多道亡。自度比至皆亡之,到丰西泽中,止饮,夜乃解纵所送徒。曰:"公等皆去,吾亦从此逝矣!"徒中壮士愿从者十余人。高祖被酒,夜径泽中,令一人行前。行前者还报曰:"前有大蛇当径,愿还。"高祖醉曰:"壮士行,何畏!"乃前,拔剑击斩蛇。蛇遂分为两,径开。行数里,醉因卧。后人来至蛇所,有一老妪夜哭。人问何哭,妪曰:"人杀吾子,故哭之。"人曰:"妪子何为见杀?"妪曰:"吾子,白帝子也,化为蛇当道,今为赤帝子斩之,故哭。"人乃以妪为不诚,欲笞之,妪因忽不见。后人至,高祖觉。后人告高祖,高祖乃心独喜,自负。诸从者日益畏之。①

班固的《汉书》除少数文字有所改易外,几乎原文照抄《史记》:

> 高祖以亭长为县送徒骊山,徒多道亡。自度比至皆亡之,

---

① 《高祖本纪第八》,《史记》卷8。

到丰西泽中亭,止饮,夜皆解纵所送徒。曰:"公等皆去,吾亦从此逝矣!"徒中壮士愿从者十余人。高祖被酒,夜径泽中,令一人行前。行前者还报曰:"前有大蛇当径,愿还。"高祖醉曰:"壮士行,何畏!"乃前,拔剑斩蛇。蛇分为两,道开。行数里,醉因卧。后人来至蛇所,有一老妪夜哭。人问妪何哭,妪曰:"人杀吾子。"人曰:"妪子何为见杀?"妪曰:"吾子,白帝子也,化为蛇当道,今者赤帝子斩之,故哭。"人乃以妪为不诚,欲笞之,妪因忽不见。告高祖,高祖乃心独喜,自负。诸从者日益畏之。①

司马光的《资治通鉴》依据尊重史实和简化传说的双重标准,对《史记》和《汉书》的记述做了如下转述:

　　既而季以亭长为县送徒骊山,徒多道亡。自度比至皆亡之,到丰西泽中亭,止饮,夜乃解纵所送徒曰:"公等皆去,吾亦从此逝矣!"徒中壮士愿从者十余人。刘季被酒,夜径泽中,有大蛇当径,季拔剑斩蛇。有老妪哭曰:"吾子,白帝子也,化为蛇,当道。今赤帝子杀之!"因忽不见。刘季亡匿于芒、砀山泽岩石之间,数有奇怪;沛中子弟闻之,多欲附者。②

对比行文可以发现,对刘邦"送徒骊山"的历史事实,除称谓从"高祖"变成"刘季"外,完全一致,没有出入;但对"拔剑斩蛇"的奇怪传说,则进行了最大限度的删节和画龙点睛的补记。《史记》用了153字描写整个故事情节,读起来像志怪小说;《汉书》减至141字,保留所有情节;《资治

---

① 《高帝纪第一上》,《汉书》卷1上。
② 《秦纪二》,《资治通鉴》卷7。

通鉴》锐减到44字,并随后用"数有奇怪"四字点明,这些仅是沛中子弟传闻,不足为凭。

对于《资治通鉴》不书符瑞、不语怪异的人道精神,宋代学者胡应麟和胡三省非常清楚。但对司马光惟独不删除汉高祖刘邦的斩蛇传说,他们有过不同的看法。胡应麟认为,这纯属司马光的失误:"《通鉴》不书符瑞,高帝赤帝子之事,失于删削"①。胡三省则认为,这体现了司马光对人命关天的劝戒:"《通鉴》不语怪,而独书此事者,以明人不可妄杀,而天聪明为不可欺也"②。

历史的细微之处体现着人道精神。从更深层次分析,布衣之士要成为九五至尊,除了马上南征北战外,还必须编织一套帝子、龙种之类的神话故事,即所谓的"符瑞",为新王朝制造舆论,对其诞生的合法性和执政的合理性,进行超越经验之上的神圣论证。这在成者王侯败者贼的宗法社会,是故伎不断重演的政治闹剧。从刘邦开始,"符瑞"本身已演变成普遍的文化历史现象,属于象征性的历史实情。司马光删繁就简,只对这类现象的始作俑者加以记述,按照历史传说处理"符瑞",并指出其荒诞不经、稀奇古怪的传闻性质。这比彻底删削不录,更胜一筹,更能反映尊重历史的求实态度,更能体现关注国家兴衰、关心生民休戚、让读者自己选择善恶得失的人道自主精神。

第三、强化劝戒功能

通过独特的句法,运用曲折的修辞,将史学家对历史人物的褒贬态度以及对历史事件的臧否取向,含藏于史书的字里行间,让读者从中发现"微言大义",这是孔子首创的"《春秋》笔法",即司马光所说的"《春秋》立褒贬之法"。这种意在拨乱反正的褒贬法,其最大的弊端在于,让历史事实无条件地为史学家本人的价值判断服务,有时甚至有意肢解

---

① 《考史》,《困学纪闻》卷12。
② 《资治通鉴注》卷30。

史实,玩弄含沙射影、指桑骂槐等阴谋伎俩,以便在青史中发泄个人的不满情绪。对于这种非纪实性的史学书法,司马光也进行了价值观念上的超越尝试,将以往史家运用正统观念对历史人物的善恶褒贬,转换成通过历史纪实对当代读者、特别是人主的善恶劝戒。在《进资治通鉴表》里,司马光讲得非常明白。他说:

> 先奉敕编集历代君臣事迹,又奉圣旨赐名《资治通鉴》,今已了毕者。伏念臣性识愚鲁,学术荒疏,凡百事为,皆出人下。独于前史,粗尝尽心,自幼至老,嗜之不厌。每患迁、固以来,文字繁多,自布衣之士,读之不遍,况于人主,日有万机,何暇周览!臣常不自揆,欲删削冗长,举撮机要,专取关国家兴衰,系生民休戚,善可为法,恶可为戒者,为编年一书。使先后有伦,精粗不杂,私家力薄,无由可成。伏遇英宗皇帝,资睿智之性,敷文明之治,思历览古事,用恢张大猷,爰诏下臣,俾之编集。臣夙昔所愿,一朝获伸,踊跃奉承,惟惧不称。先帝乃命自选辟官属,于崇文院置局,许借龙图、天章阁、三馆、秘阁书籍,赐以御府笔墨缯帛及御前钱以供果饵,以内臣为承受,眷遇之荣,近臣莫及。……①

在《资治通鉴》里,司马光“专取关国家兴衰,系生民休戚,善可为法,恶可为戒者”,充分体现了他对史学劝戒功能的准确理解和强化运用。具体而言,对劝戒功能的强化主要表现为两个方面:

一是在内容分布上详近略远,体现历史借鉴的切近性或当代性,即《诗经·大雅·文王》中的“无念尔祖,聿修厥德。永言配命,自求多福。殷之未丧师,克配上帝。宜鉴于殷,骏命不易”,以及《荡》中的“文王曰

---

① 《后周纪五》,《资治通鉴》卷294。

咨,咨女殷商。人亦有言,颠沛之揭。枝叶未有害,本实先拨。殷鉴不
远,在夏后之世"等观戒意蕴。在《资治通鉴》的卷帙安排上,战国秦汉
622年只有68卷;魏晋南北朝369年,共有108卷;隋唐五代371年,共
有118卷①。

二是对历史人物的功过评价,既不曲意奉承以示褒扬,也不刻意挖
苦以示贬抑,而是按照"国家兴衰"和"生民休戚"的价值标准,直陈其功
过是非。在《资治通鉴·汉纪》中,司马光先全文引述班固《汉书·帝纪》
对武帝刘彻的赞辞,然后加上自己的案语。

> 班固赞曰:汉承百王之弊,高祖拨乱反正,文、景务在养
> 民,至于稽古礼文之事,犹多阙焉。孝武初立,卓然罢黜百家,
> 表章《六经》,遂畴咨海内,举其俊茂,与之立功;兴太修学,修
> 郊祀,改正朔,定历数,协音律,作诗乐,建封禅,礼百神,绍周
> 后,号令文章,焕焉可述,后嗣得遵洪业,而有三代之风。如武
> 帝之雄才大略,不改文、景之恭俭以济斯民,虽《诗》、《书》所
> 称,何有加焉!

> 臣光曰:孝武穷奢极欲,繁刑重敛,内侈宫室,外事四夷,
> 信惑神怪,巡游无度,使百姓疲敝,起为盗贼,其所以异于秦始
> 皇者无几矣。然秦以之亡,汉以之兴者,孝武能尊先王之道,
> 知所统守,受忠直之言,恶人欺蔽,好贤不倦,诛赏严明,晚而
> 改过,顾托得人,此其所以有亡秦之失而免亡秦之祸乎!②

读者通读这两段评述,不仅对西汉孝武皇帝有了比较全面的历史认识,

---

① 仓修良、魏得良:《中国古代史学史简编》,黑龙江人民出版社1983年版,
第282页。
② 《汉纪十四》,《资治通鉴》卷22。

而且能够得到善恶启示和得失教训。以人为鉴,可识善恶;以史为鉴,可知得失。史学的劝戒功能在《资治通鉴》里表现得最为充分。

2.《资治通鉴》的史学地位

《资治通鉴》是中国古代第一部编年体通史巨著,在历史文献的保存、编纂体例的完善和历史文学的创作等方面都具有极高的史学价值,其承前启后的史学地位是举世公认的。

首先,《资治通鉴》保存了极为丰富的文献资料。在司马光编纂《资治通鉴》以前,从《史记》到《新五代史》,历代正史共有 19 部,1924 卷。除此而外,还有更多的别史、实录、稗官野史、墓志碑铭、正集别集、行状传记等,真可谓"简牍盈积,浩如烟海"。据后人考证估计,司马光编纂《资治通鉴》时,引证正史以外的文献资料不下 300 种。特别是唐五代的历史文献,有超过半数史料仅见于《资治通鉴》。加上司马光当时引证过的文献今天多数已亡佚,《资治通鉴》的史料价值就显得格外珍贵。能够从浩如烟海的文献中精择出有价值的史料,不仅需要超常的工作努力,而且更需要科学的加工方法。请看司马光在书成之后的追忆:

> 臣既无他事,得以研精极虑,穷竭所有,日力不足,继之以夜。遍阅旧史,旁采小说,简牍盈积,浩如烟海,抉摘幽隐,校计豪厘。上起战国,下终五代,凡一千三百六十二年,修成二百九十四卷。又略举事目,年经国纬,以备检寻,为《目录》三十卷。又参考群书,评其同异,俾归一涂,为《考异》三十卷。合三百五十四卷。①

其次,《资治通鉴》发展和完善了编年体通史的纂修体例。《资治通

---

① 《后周纪五》,《资治通鉴》卷 294。

鉴》上起周威烈王二十三年(前403年),下止后周恭帝显德六年(959年),包括16朝1362年的历史事迹。如此宏大的史学工程,没有严密的编纂体例和严格的分工合作,是很难在19年时间内出色完成的。在编纂体例上,司马光以《春秋左传》为原型,以正史本纪为经,列传为纬,按照历史事件发生的时间顺序依次展开,中间运用追述、插叙、附带和评注等一系列表现手法有效组织史料,使整部著述井然有序,绘声绘色,既是历史事实的客观铺陈,又是故事情节的忠实记叙。在分工合作上,刘恕(1032—1078年)字道原,主要负责起草魏晋到隋、五代十国两大部分的长编,刘攽(1023—1089年)字贡父,负责起草两汉部分的长编,范祖禹(1041—1098年)字淳甫,负责起草唐代部分的长编,并管理书局的日常事务。长编只是初稿,编纂原则是"宁失于繁,毋失于略"。司马光本人则负责对长编进行删削润色,考订异同,最后定稿。这最后一道工序不仅极其重要,而且异常艰辛。以《唐纪》为例,范祖禹的长编有600多卷,经司马光删削后只剩81卷。为了便于读者浏览和检索,增加大事年表式《目录》;为了便于学者了解资料的取舍根据,附加《考异》。这确实是从读者接受角度编纂的第一部史学文本。为此目的,司马光耗尽了毕生精力。他在《进资治通鉴表》中感慨万千:"臣今骸骨癯瘁,目视昏近,齿牙无几,神识衰耗,目前所为,旋踵遗忘。臣之精力,尽于此书"①。

最后,《资治通鉴》熔文、史、哲于一炉,具有深刻的哲理意蕴和极高的文学成就。其哲理启迪多散见于作者随文标示的"臣光曰"评语里。例如,在《唐纪》中,对唐明皇李隆基的两段点评,就富有辩证哲理:

　　臣光曰:明皇之始欲为治,能自刻厉节俭如此,晚节犹以奢败。甚哉奢靡之易以溺人也!《诗》云:"靡不有初,鲜克有

---

　　①　《后周纪五》,《资治通鉴》卷294。

终。"可不慎哉！①

　　臣光曰：圣人以道德为丽，仁义为乐；故虽茅茨土阶，恶衣
菲食，不耻其陋，惟恐奉养之过以劳民费财。明皇恃其承平，
不思后患，殚耳目之玩，穷声技之巧，自谓帝王富贵皆不我如，
欲使前莫能及，后无以逾，非徒娱己，亦以夸人。岂知大盗在
旁，已有窥窃之心，卒致銮舆播越，生民涂炭。乃知人君崇华
靡以示人，适足为大盗之招也。②

其文学描写独具匠心，有很高的鉴赏价值。特别是对赤壁之战、淝水
之战等宏大场景的叙述和描写，更是千古传颂的散文名篇。比如，描
写诸葛亮出使东吴、使用激将法说服孙权联合抗曹一段，就相当精
彩：

　　曹操自江陵将顺江东下。诸葛亮谓刘备曰："事急矣，
请奉命求救于孙将军。"遂与鲁肃俱诣孙权。亮见权于柴桑，
说权曰："海内大乱，将军起兵江东，刘豫州收众汉南，与
曹操并争天下。今操芟夷大难，略已平矣，遂破荆州，威震
四海。英雄无用武之地，故豫州遁逃至此，愿将军量力而处
之。若能以吴、越之众与中国抗衡，不如早与之绝；若不
能，何不按兵束甲，北面而事之！今将军外托服从之名，而
内怀犹豫之计，事急而不断，祸至无日矣。"权曰："苟如君
言，刘豫州何不遂事之乎！"亮曰："田横，齐之壮士耳，犹
守义不辱；况刘豫州王室之胄，英才盖世，众士慕仰，若水
之归海！若事之不济，此乃天也，安能抗此难乎！"权勃然

————————

① 《唐纪二十七》，《资治通鉴》卷211。
② 《唐纪三十四》，《资治通鉴》卷218。

曰:"吾不能举全吴之地,十万之众,受制于人。吾计决矣!非刘豫州莫可以当曹操者;然豫州新败之后,安能抗此难乎!"亮曰:"豫州军虽败于长坂,今战士还者及关羽水军精甲万人,刘琦合江夏战士亦不下万人。曹操之众,远来疲散,闻追豫州,轻骑一日一夜行三百余里,此所谓'强弩之末势不能穿鲁缟'者也。故《兵法》忌之,曰'必蹶上将军'。且北方之人,不习水战;又,荆州之民附操者,逼近势耳,非心服也。今将军诚能命猛将统兵数万,与豫州协规同力,破操军必矣。操军破,必北还;如此,则荆、吴之势强,鼎足之形成矣。成败之机,在于今日!"权大悦,与其群下谋之。①

3.李焘与《续资治通鉴长编》

《资治通鉴》截止959年农历十一月,即周世宗葬礼结束,宋太祖陈桥兵变前夕,对于赵宋王朝自家的国史没有涉足。到南宋时期,这一空缺由李焘续补。他的《续资治通鉴长编》仿效《资治通鉴》体例,遍搜北宋一代的各种史料,先后历时40年,完成正文980卷,《总目》5卷;《事目》10卷,《举要》68卷,共计1063卷。上起宋太祖建隆元年(960年),下迄宋钦宗靖康二年(1127年),共9朝168年。

李焘(1115—1184年)字仁甫,号巽岩,眉州丹棱(今四川棱县)人。绍兴八年(1138年)进士及第,先后任华阳县主簿、雅州推官、双流知县和荣州知州等地方官多年。乾道三年(1167年)入朝策对,除兵部员外郎兼礼部郎中,后官至礼部侍郎、敷文阁学士。曾长期担任史官,入秘书阁权修国史,家中藏书丰富。乾道四年(1168年)四月,首次进献所著《续资治通鉴长编》自建隆至治平108卷。后又三次进表献书。全书编成后,诏藏秘书阁。死后谥文简,累赠太师、温国公。一生著述丰富,

---

① 《汉纪五十七》,《资治通鉴》卷65。

《宋史》载有"《易学》5 卷,《春秋学》10 卷,《五学传授》、《尚书百篇图》、《大传杂说》、《七十二子名籍》各 1 卷,《文集》50 卷,《奏议》30 卷,《四朝史稿》50 卷,《通论》11 卷,《南北攻守录》30 卷,《七十二候图》、《陶潜新传》并《诗谱》各 3 卷,《历代宰相年表》、《唐宰相谱》、《江左方镇年表》、《晋司马氏本支》、《齐梁本支》、《王谢世表》、《五代将帅年表》合为 41 卷"①。

《续资治通鉴长编》的显著特点有三个:

一是"接着写",即接着《资治通鉴》继续往下写,完全遵循《资治通鉴》定稿前长编的写作体例,力求史料翔实,不求叙述简洁,编纂原则是"宁失于繁,毋失于略",因而素以史料丰富著称。

二是"未完成",即始终没有或不敢对长编进行删削,所以叶适一方面以为,"《春秋》以后才有此书",对李焘及其史书给予了很好的评价。另一方面指出,"虽然,公终不敢自成书,第使至约出于至详,至简成于至繁,以待人而已"②。

三是"已残缺",元代编修《宋史》时,得益于《续资治通鉴长编》等宋代史料,但元朝以后鲜有传本。清代康熙年间,徐乾学从泰兴季氏家中获得残卷 175 卷。今本《续资治通鉴长编》实为乾隆年间的辑佚本,由四库全书馆臣从《永乐大典》中辑出,当时定为 520 卷。徽宗和钦宗两朝 27 年全缺,哲宗以前也多有缺漏。

尽管如此,李焘用个人大半生心血撰著这部逾千卷的编年体断代史,体现出"造次必于斯,颠沛必于斯"的史学热忱和献身精神。张栻曾这样评价说:"李仁甫如霜松雪柏,无嗜好,无姬侍,不殖产,平生生死文字间"③。

---

① 《李焘传》,《宋史》卷 388。
② 《巽岩集序》,《水心文集》卷 12。
③ 《李焘传》引,《宋史》卷 388。

4."通鉴学"的历史影响

如果说司马迁的《史记》是纪传体通史的鼻祖,开创了"实录"的信史传统,那么,司马光的《资治通鉴》是编年体通史的典范,光大了"纪实"的史学精神。这两位司马氏的史学成就,成为中国古代史学史上的两座丰碑。

《资治通鉴》问世已有 900 多年,围绕《资治通鉴》的续编、改编、补编、考释和注解等课题,形成了一项专门的史学研究,即"通鉴学"。在北宋时期,补充《资治通鉴》的著述主要有:司马光的《通鉴举要历》80卷和《涑水纪闻》16 卷,刘恕的《通鉴外纪》10 卷和《皇朝十国纪年》42卷。在南宋时期,续补《资治通鉴》的主要史学家及其著述有:胡安国的《通鉴举要补遗》120 卷,李焘的《续资治通鉴长编》,李心传的《建炎以来系年要录》200 卷,徐梦莘的《三朝北盟会编》250 卷,吕祖谦的《大事记》27 卷。改编《资治通鉴》的主要有:袁枢的《通鉴纪事本末》42 卷,朱熹的《通鉴纲目》59 卷,杨仲良的《续资治通鉴长编纪事本末》150 卷。注释《资治通鉴》的主要有:史炤的《通鉴释文》30 卷,王应麟的《通解地理通释》14 卷,胡三省的《资治通鉴注》97 卷。明清时期,著名的"通鉴学"作品有:徐乾飞的《资治通鉴后编》184 卷,毕沅的《续资治通鉴》220卷,王夫之的《读鉴通论》30 卷。近代的"通鉴学"著作有张须的《通鉴学》和陈垣的《通鉴胡注表微》,等等。这还仅仅是"通鉴学"历史长河中的一小部分。比如,明代同名的《宋元资治通鉴》就有两种,即薛应旂的《宋元资治通鉴》157 卷和王宗沐《宋元资治通鉴》64 卷。

"通鉴学"的出现至少说明了两点:一是《资治通鉴》对后世史学的编纂,产生了一石激起千重浪的连锁反应,影响至今犹在;二是史学中的"通鉴学",标志着中国古代史学发展到宋明时期,已有了自己成熟的研究典范。

二、吕氏史学与中原文献

依靠家族的资源和力量进行民间学术研究,这是中国学术思想史上常见的家学现象。在两宋时期,这一现象更为明显。北宋时期的"洛学"、"蜀学"和"新学",都是家学中的成功范例。发展到南宋,特别是在学术思想相对开放和比较自由的乾道、淳祐年间,江西的三陆心学和浙江的吕氏史学,是家学中的佼佼者。如果说金溪三陆之学得益于兄弟之间和而不同的问题讨论,其家学思想带有很大的随机性,是宋代学界偶然一现的昙花;那么,金华吕氏之学则依赖于吕氏家族绵延不绝的学识积淀,其家学成就具有历史的必然性,是南宋史学领域根深叶茂的紫藤树。

1. 吕氏家学传统

吕氏史学简称"吕学",又称"婺学"、"金华学"或"中原文献之学"。其杰出代表是与朱熹和张栻齐名,并称"东南三贤"的吕祖谦。

吕祖谦(1137—1181 年)字伯恭,浙江婺州人。祖籍河东,曾祖吕好问携全家随宋王室一起南渡,定居婺州。建炎三年(1129 年)冬,吕好问进封东莱郡侯。因此,学者尊称吕祖谦为小东莱先生,称其伯祖吕本中为大东莱先生。

吕祖谦出身豪门望族。其八世祖吕蒙正进士及第,在北宋太宗、真宗时担任过丞相。七世祖吕夷简进士及第,在宋仁宗时三次出任丞相。六世祖吕公弼、吕公著是仁宗、英宗和哲宗时的朝廷重臣,曾与司马光一道反对王安石变法。五世祖吕希哲以祖荫入官,哲宗时为崇政殿说书。曾祖吕好问南渡有功,得到高宗赏识,进封侯爵。伯祖吕本中赐进士出身,官拜枢密院编修、中书舍人兼侍讲。祖父吕弸中、父亲吕大器均为朝中郎官。

从吕公著开始,吕氏家学逐渐形成传统,并在学术界受到重视。《宋元学案》卷特设《范吕诸儒学案》,全祖望在案语中称吕公著是"庆历以后,尚有诸魁儒焉,于学统或未豫,而未尝不于学术有功者"①。清代学者王梓材在编后考证说:

> 谢山《劄记》:"吕正献公家登《学案》者七世十七人。"考正
> 献子希哲、希纯为安定门人,而希哲自为《荥阳学案》。荥阳子
> 切问亦见《学案》。又和问、广问及从子稽中、坚中、弸中,别见
> 《和靖学案》。荥阳孙本中及从子大器、大伦、大猷、大同为《紫
> 微学案》。紫微之从孙祖谦、祖俭、祖泰又别为《东莱学案》。
> 共十七人,凡七世。然荥阳长子好问,与切问历从当世大夫
> 游,以启紫微,不能不为之立传也。②

这就是说,除了合立与别见外,《宋元学案》为吕氏家学设立的专题学案有三个,即卷 23 的《荥阳学案》,传主为吕希哲;卷 36 的《紫微学案》,传主为大东莱先生吕本中;卷 51 的《东莱学案》,传主为小东莱先生吕祖谦。家学能够持续如此长的时间,达到如此高的成就,在宋元时期,非吕氏史学莫属。

为了更好地把握吕祖谦的学术思想,有必要先简略介绍一下在吕祖谦之先,吕氏家学的三位关键人物:吕公著、吕希哲和吕本中。

吕公著(1018—1089 年)字晦叔。进士及第后,历任天章阁待制兼侍读、龙图阁直学士、尚书右仆射兼中书侍郎、司空、同平章军国事等职,死后赠太师、申国公。吕公著在吕氏家族官职最高,位及宰相三公。

---

① 《范吕诸儒学案》,《宋元学案》卷 19,第 783 页。
② 《范吕诸儒学案》,《宋元学案》卷 19,第 789 页。

神宗熙宁、元丰年间(1068—1085年),始终反对新政,曾一度改外任。哲宗元祐元年(1086年),与司马光"同心辅政"。不久,司马光病故,吕公著"独当国",对科举弊端进行改革,废除王安石《三经新义》,"令禁主司毋以老、庄书出题,举子不得以申、韩、佛书为学,经义参用古今诸儒说,毋得专取王氏,复贤良方正科"①。吕公著为人"简重清静",为学"以治心养性为本",为政"博取众善以为善",与当时学界、政界重要人物有广泛接触。虽因政见不合,交情不终,但吕公著对"荆公新学"仍然十分推崇,晚年改革科举,只是反对"专用王氏《经义》"。与"涑学"司马光同辅朝政,共讲学术。与"洛学"二程兄弟交情甚深,在朝中多次推荐二程的道德文章。与司马光、富弼等人一起集资,为"百源学"邵雍营造"安乐窝",并经常聚会,交流学术。总之,在北宋学术舞台上,吕公著能够在不同的学派之间周旋自如,初步奠定了吕氏家学宽厚、务实、经世致用的学术风格,以及博杂、兼容、尊重史实的思想特征。

吕希哲(1039—1116年)字原明。早年先后拜欧阳修、焦千之、胡瑗、孙复、邵雍和王安石等人为师,虽"不名一师",但"集益之功,至广且大"②。与程颐为同龄人,共游太学,并舍居住,朝夕商讨学问。接受王安石建议,不为"富贵利达"从事科举,后以荫入官,担任过崇政殿说书、秘书少监等职。为学博采众长,"不主一门,不私一说";风格简洁明快,"直截劲捷,以造圣人"③。对当时主流学术群起而攻之的佛学无门户偏见,晚年醉心佛学,与高僧交游;参读《易》爻,"默坐沉思"。《宋元学案》批评其"未醇之害",朱熹也曾批评其"学无纲领",这些批评倒是切中了吕氏家学不立门户、以学术为天下公器的博大胸怀与包容精神。

吕本中(1084—1145年)字居仁。继承"不名一师"的家学作风,先

① 《范吕诸儒学案》,《宋元学案》卷19,第788页。
② 《荥阳学案》,《宋元学案》卷23,第902页。
③ 《荥阳学案》,《宋元学案》卷23,第908页。

后拜"洛学"大弟子游酢、杨时、尹焞为师,与当时的名家宿儒多有交往。为学经史并重,倡导自作主张,"诸子百家长处,皆为吾用"[1]。一生喜爱禅学,与佛教学术有缘。不事科举,因祖恩补官,赐进士出身,官职从枢密院编修到中书舍人,参与编纂《哲宗实录》。著作有《春秋解》、《童蒙训》和《师友渊源录》刊行于世。

从吕公著到吕祖谦,吕氏家学世代相传,积淀博厚。关于吕氏家学的传承统绪及其学术成就,全祖望在大东莱先生传略后的案语中写道:

> 先生历从杨、游、尹之门,而在尹氏为最久,故黎州先生归之尹氏学案。愚以为先生之家学,在多识前言往行以畜其德,盖自正献以来所传如此。原明再传而为先生,虽历登杨、游、尹之门,而所守者世传也。先生再传而为伯恭,其所守者亦世传也。故中原文献之传独归吕氏,其余大儒弗及也。故愚别为先生立一学案,以上绍原明,下启伯恭焉。[2]

全祖望将吕本中从传承"洛学"最晚、守其师说最醇的《和靖学案》独立出来,另立《紫微学案》,确实比黄黎州原先的合立构思,更符合学术思想的传承统绪和演进脉络。案语中所说的"中原文献之传",具有特殊的历史意义。

北宋末年遭遇"靖康之难",金兵偷渡黄河,攻陷汴京,劫持徽、钦二帝及其后妃太子、皇亲国戚 3000 多人北归,并将赵宋王朝积累了百余年的文物典籍和府库蓄积抢劫一空。无情的战乱和野蛮的洗劫,不仅使皇室档案遗失殆尽,而且也使中原地区不少书香世家破败不堪,所藏

---

① 《紫微学案》,《宋元学案》卷 36,第 1234 页。
② 《紫微学案》,《宋元学案》卷 36,第 1234 页。

典籍大批散落。在两宋之际,学术持续发展所面临的突出问题是文献不足。吕氏家学因吕好问在金兵扶持的张邦昌政权下任职,从而得以保全家族性命,并携带吕门所藏历史文献南迁婺州,授徒讲学,兴办书院。吕氏史学从原有的家学现象拓展成为地区文化教育现象,遂使浙江金华成为南宋学术思想最有根基、最为繁荣的区域之一。后虽蒙受元兵侵扰,但由吕氏家学哺育出来的"金华学"一直持续到明代。其"文献之所寄"①,绵延长达 400 多年。

吕祖谦从小跟随伯祖吕本中学习经史文献。其学术生涯以隆兴元年(1163 年)中博学宏词科并登进士第为界,可分为前后两个时期:前期主要拜师求学,后期主要讲学著述。

吕祖谦少年时期,除传承家学外,还随父亲吕大器到福州等任所,拜福建学者林子奇、湖湘学者胡宪(胡宏之堂弟)和江西学者汪应辰为师。这三位学者都有重视践履、博综诸家和敦厚笃实的学术风范,对吕祖谦的学术思想产生过积极的影响。

进士及第后,吕祖谦到福建泉州任南外宗学教授,后历任太学博士、严州教授、国史院编修官、实录院检讨官、秘书省正字等职。吕祖谦从 27 岁入仕到 44 岁病故,因性情"平心易气,不欲逞口舌以与诸分角,大约在陶铸同类以化其偏",具有"宰相之量"②。虽然未能达到宰相权位,但出入自如,息事宁人,颇得同僚信赖。一生主要时间致力于学术研究和思想交流。虽中年早逝,但学术地位和成就跻身一流。"先生文学术业,本于天资,习于家庭,稽诸中原文献之所传,博诸四方师友之所讲,融洽无所偏滞。晚虽臣疾,其任重道远之意不衰,达于家政,纤细委曲,皆可为后世法"③。

---

① 《丽泽诸儒学案》,《宋元学案》卷 73,第 2434 页。
② 《东莱学案》,《宋元学案》卷 51,第 1652 页。
③ 《东莱学案》,《宋元学案》卷 51,第 1653 页。

吕祖谦生涯虽短暂,著述极丰富,亲自编修文稿达 20 余部 600 多卷,其中半数以上为史学文献。主要有:《东莱左氏博议》(简称《东莱博议》)25 卷,《春秋左氏传说》20 卷,《春秋左氏传续说》12 卷,《大事记》12 卷(内附《通释》3 卷、《解题》12 卷),《皇朝文海》(又名《皇朝文鉴》、《宋文鉴》)150 卷,《唐鉴注》24 卷,《历代制度详说》12 卷,《古文关键》2 卷,《书说》35 卷,《古周易》1 卷,《古易音训》2 卷,《周易传义音训》8 卷,《系辞精义》2 卷,《吕氏家塾读诗记》32 卷,《丽泽讲义》10 卷,《近思录》(与朱熹合编)14 卷,《东莱文集》40 卷,等等。

2. 信使、媒介和催化剂

吕祖谦的学术生涯,适逢理学的展开和集成时期。他以相当显赫的官宦家世,极其渊博"中原文献"学识,敦厚宽容、平易中和的人格力量,在当时的学术界主办集会,兴办书院,举行讲演,调解争议,享有很高的学术威望。在一定意义上讲,吕祖谦及其"婺学"虽不属于理学主流派,但却充当了理解展开和集成的信使、媒介和催化剂。如果没有吕祖谦的巧妙周旋、穿针引线和竭诚引荐,那么,南宋学术史上的众多盛会、重大交流和杰出成就,是很难获得的。

乾道五年(1169 年),吕祖谦从太学博士调任严州教授,时值张栻为严州太守,两人一见如故,倾心交谈,互为师友,促进了"金华学"与"湖湘学"之间的理解和交流。吕祖谦在张栻的支持下,整顿严州书院,制定严格学规,推进了地方教育的健康发展。

乾道八年(1172 年),吕祖谦参与主持礼部考试,通过试卷程文结识了江西陆九渊。淳熙元年(1174 年),陆九渊从杭州到金华,专程拜访吕祖谦,彼此交流学术心得。江西陆氏心学首先得到浙江吕氏史学的充分肯定。这为后来组织"鹅湖之会",消除江西心学和福建理学的思想隔阂,打下了历史伏笔。

淳熙元年(1174 年),吕祖谦为父服丧三年期满,从金华出发到会稽游历。曾特地拜访北宋"蜀学"苏东坡后人苏仁仲,得以见到不少苏家珍藏的中原文献。回到金华后,"永嘉学"薛季宣、徐居厚等人先后前来拜访,居留多时,共同商讨学术问题。徐居厚是薛季宣的门人,精于历史文献考索。薛季宣去世后,徐居厚多次拜访吕祖谦,并经常邀请吕祖谦到浙东讲学。吕祖谦与"永嘉学"中的陈傅良也是师友关系,共同探讨过宋朝的文物典章制度及其历史演变。但与"永嘉学"的集大成者叶适,因年龄相差较大,接触不多。

淳熙二年(1175年),吕祖谦前往福建崇安访问朱熹,两人在寒泉精舍同读共谈十余日,合编《近思录》作为理学入门教材,刊行天下。随后,两人外出游历近一个月。行至江西上饶鹅湖寺,吕祖谦特邀陆九龄、陆九渊兄弟前来约会,相聚切磋"教人之法"和"为学之方",以求使朱子理学与象山心学"会归于一"。尽管"鹅湖之会"未能达到预期目的,但促进了江西心学的完善和理学思潮内部的和解。

从"鹅湖之会"返回金华后,吕祖谦又与"永康学"陈亮商榷《酌古论》,讨论史学评论的写作体例。彼此书信往来频繁,学术聚会不断。特别是临终前几年,交往更加密切。陈亮视吕祖谦为自己平生的学术知己。吕氏学术的历史厚度,与浙东学术的功利取向纵横互补,充分体现了儒家注重实效、经史致用的学术传统。

淳熙六年(1179年),陆九龄前来金华看望吕祖谦,相聚二十多日,江西心学吸取了福建理学和金华史学的思想营养,更趋成熟。是年,吕祖谦协助朱熹完成了修复白鹿洞书院工程,作《白鹿洞书院记》,对书院的历史变迁进行了纪实性追述。

在吕祖谦短短的一生里,他与"闽学"朱熹的关系非同一般,两人相互间的学术通信多达百余封。尽管在重要思想观点上,两人的学术见解多有分歧。特别是朱熹,曾多次公开批评吕氏家学"博而杂"的特征,比如,认为吕祖谦说诗太巧、解经牵强,史论太细碎、学问过疏略,教人读《春秋左传》而不读《论语》、《孟子》等等,但这些学术分歧丝毫不影响两人的交情和往来。因为朱熹很清楚,"伯恭是个宽厚的人"①,具有深厚的史学文献功底,所以,朱熹曾将儿子送到金华跟随吕祖谦学习。其重要的理学著述(诸如《论语精义》、《太极图说解》、《西铭解》等),均请吕祖谦过目,征求意见。朱熹撰写《周易本义》时,采用了吕祖谦精心校勘的《古周易》文本。在朱熹编纂《二程遗书》、《二程外书》和《伊洛渊源录》时,吕祖谦主动承担有关浙东永嘉地区"洛学"传人事迹资料的收集、抄送和联络工作。其实,朱熹也是南宋重要的史学家,但毕竟没有吕祖谦那样深厚的家学传统和文献储备。两人的学术交往,恰好形成了东南理学思想与中原史学文献的和合创新。这无论是对理学的集成,还是对南宋学术的繁荣,都是值得大书特书的学术佳话。

3. 金华史学思想

仅仅拥有和传承文献,算不上真正的学术。金华吕氏家学在南宋学术史上举足轻重的地位和影响,除了运用其得天独厚的"中原文献之传",为当时政治决策和学术研究提供信息咨询外,更重要的原因还在于,他们不仅形成了经史致用的务实学风,而且提出了独具特色的史学理论。金华吕氏史学与福建朱子理学、江西象山心学、浙东永康、永嘉功利之学并驾齐驱,共同标志着南宋学术思想的繁荣景况和发展水平。

第一、以史学融摄理学、心学和功利之学

金华史学深受两宋理学思潮的浸润和影响,带有浓郁的"穷理尽性"气息。吕祖谦既是功底深厚的史学家,又是兼容并蓄的理学家。其"不主一门,不私一说"的博采杂合学风,使吕氏史学能够顺利地从理学、心学和功利之学中汲取大量理论学说和思维方法,提炼并丰富"中原文献之传"的思想意蕴,让沉甸甸的文献史料,转换成为活生生的史学智慧。

---

① 《朱子语类》卷122。

　　吕祖谦认为,学术研究应以真实的史料为依据,不能凭空玄想,揣摸猜测,游谈无根。对于学者而言,真实的史料如同车夫驾御的马车、射手使用的弓箭、将士固守的城池一样,是学术思想进退自如、出神入化的前提和基础。没有第一手原始文献,就连孔子也无法作出《春秋》这样的史学经典。所以他说:"简编失实,无所考信,则仲尼虽欲作《春秋》以示万世,将何所据乎? 无车则造父不能御,无弓则后羿不能射,无城则墨翟不能守"①。

　　按照太史公司马迁"究天人之际,通古今之变,成一家之言"史学宗旨,吕祖谦指出,史学研究有人事和天理两个方面,竭尽人事努力仍然不能改变历史大势时,才可诉诸天理。不努力谋求事功,一味讲究天理,这不符合"人能弘道"的儒学精神。显然,这是吕祖谦对理学思潮大谈天命义理的委婉批评。他说:"大抵有人事有天理,人事尽然后可以付之天。人事未尽,但一付天,不可"②。这种先人事而后天理的学术见识,反映了吕祖谦对天理范畴的历史性理解。他认为,天理是不容泯灭的历史理性,不能离开纵横交错、顺逆治乱的历史长河和此起彼伏、应接不暇的历史事件来抽象地体会所谓的天理本体。他说:

　　　　天下之不容泯者,天理也。登唐虞之朝者,举目皆德政。
　　陪洙泗之席者,入耳皆德音。纵横交错,无非此理,左顾右盼,
　　应接不暇,其何自而窥天理之真在哉? 至于居横逆淫诐之中,
　　天理间发,岂非是理之真在欤?③

　　不仅"天理之真"不能离开历史现象孤立理解,而且"圣人之心"也

---

① 《曹刿谏观社》,《东莱博议》卷 2。
② 《孟子说》,《东莱文集》卷 18。
③ 《梁亡》,《东莱博议》卷 3。

不能离开历史记载片面猜度。真正的善良本心是"旷百世而相合"①的道德精神，必然有其贯通历史的价值尺度。"圣人之心，万物皆备，不见其外。史，心史也；记，心记也②。心之与道，岂有彼此之可待乎？心外有道非心也，道外有心非道也"③。体现在历史进程中的道德善心，也不是某种纯粹至善的价值理念，而是不断从成千过失、上万罪恶中开拓前进道路的向善努力。"人有千过万恶丛萃一身，人之善心一复，则虽有千过万恶，亦便觉有消散披靡气象"④。尽管历史事件及其文献记载中的善恶功过，如同荆棘丛生，盘根错节，但只要择善而从，就能所向披靡，体现心灵内在的圣贤气象。

针对朱熹和陈亮激烈争辩的义利、王霸之辩，吕祖谦也从历史角度加以澄清。在他看来，历史既是君子的道德境域，也是众人的功利疆场。对功利的角逐，是历史生存世界的基本境况和竞争原理。"一兔在野，百人逐之；一金在野，百人竞之，况一国之利乎？"⑤人们在生存境地和竞争疆场上追逐功利，这并不意味着物欲横流，而是根源于对人生价值目标的道德期望。"天下之为治者，未尝无所期也。王期于王，霸期于霸，强期于强。不有以的之，孰得而射之？不有以望之，孰得而趋之？志也者，所以立是期也。动也者，所以赴是期也。效也者，所以应是期也"⑥。历史活动的目的性，就体现在人们对功利价值目标的道德期望，以及为实现道德期望所进行的一切行动及其效果。就此而言，王道、霸道、富强之道，都是谋求功利的历史道路。

吕祖谦不同意主流理学家用"功利"二字贬低霸道。他以春秋时期

---

① 《秦晋迁陆浑》，《东莱博议》卷3。
② 《齐桓公辞太子华》，《东莱博议》卷2。
③ 《齐桓公辞太子华》，《东莱博议》卷2。
④ 《易说·复卦》，《东莱文集》卷13。
⑤ 《齐鲁郑入许》，《东莱博议》卷1。
⑥ 《癸邱之会》，《东莱博议》卷3。

管仲相齐桓公成就第一霸业的历史事实,力求说明了功利与仁义是历史进步的和合价值,缺一不可。不仅仁义之外没有真正的功利,而且功利之外也不存在真正的仁义。他说:

> 呜呼,管仲辅桓公之初心,其自期何如邪? 晚节末路致使桓公不能自定其子,区区管仲,属之于宋襄焉。吾读书至此,未尝不怜其衰而哀其穷也。世之诋霸者必曰功利,五霸桓公为盛,诸子相屠,身死不殡,祸且不能避,岂功利之敢望乎? 是知王道之外无坦途,举皆荆棘;仁义之外无功利,举皆祸殃。彼诋霸为功利者,何其借誉之深也。①

仁义属于道德情感和善良动机,功利属于道德效果和历史业绩。在吕祖谦看来,春秋时期的管夷吾和宋襄公一样,怀良好的道德动机而没有获得预期的功利效果。因此,历史上的春秋霸道,根本不是利在民众、功载史籍的功利之道。

其实,功利虽然是历史天平上最实在的价值砝码,但却不是最理想的历史境界。在王道观上,吕祖谦与朱熹最大的区别是,朱熹认为王道是天理流行的理想境域,而吕祖谦则认为王道是迫不得已的历史抉择,最理想的历史境域是圣人与民众"相忘于无事之域":

> 不以桀之暴,民不知有汤;不经纣之恶,民不知有武。使汤、武幸而居于唐虞之时,无害可除,无功可见,与斯民相忘于无事之域则圣人之志愿得矣。功因乱而立,名因功而生,夫岂吾本心邪? 是故云霓之望,非汤之盛也,乃汤之不幸也;壶浆之迎,非武王之盛也,乃武王之不幸也。霸者之心异是矣。乱

---

① 《齐寺人貂漏师》,《东莱博议》卷2。

不极则功不大，功不大则名不高，将隆其名必张其功，将张其
功必养其乱。①

这里所说的"唐虞之时"，相当于现代史学的史前范畴。与文明历史相
比，史前社会确实不存在为功名利禄而暴乱争霸的历史演义。至于无
事功可求的史前社会是否最为理想，是否符合圣人的志愿，这是价值期
望问题。与审美趣味一样，价值期望也是主体择善而从的选择问题，无
须深究谁是谁非。

第二、以择善统帅史学六大功能

以史为鉴是从《尚书》、《诗经》开始的史学传统。吕祖谦将历史成
败得失的借鉴作用概括成六大功能。他说："看史须看一半掩卷，料其
后成败如何。其大要有六：择善、警戒、阃范、治体、议论、处事"②。其
中，择善是首要功能，统帅其他史学功能。值得注意的是，吕祖谦将"阃
范"列为史学第三功能，并专门撰述《阃范》3卷，强调妇女的道德修养
和贞操典范（即"阃范懿德"）对历史成败的影响作用。这可能与传统史
学的"女祸"说有关，但多少体现了宋代学术对妇女贞操问题的格外关
注，及其纤秾、婉约、柔弱和隐忍的风格品位。不过，从人的性别角度
看，历史的一半是女人。阃范懿德也好，巾帼英雄也罢，从木兰从军到
秋瑾革命，从妲己亡商到慈禧卖国，妇女也是书写历史文本的第一作
者，与男人一起合著吉凶由人、祸福相依、善恶转化的历史长卷。

作为史学功能的统帅和总纲，"择善"不是用现成的善恶标准来裁
剪历史，使其服务于至上的道德目的，成为某种善恶理念的史料注脚；
而是置身于具体的历史境域，以当事人的身分冷静观察历史过程，深切
体验历史感受，合理推断历史趋势，有效做出历史决策。"大抵看史见

---

① 《齐侯救刑封卫》，《东莱博议》卷2。
② 《杂说》，《东莱文集》卷20。

治则以为治,见乱则以为乱,见一事则止知一事,何取? 观史当如身在其中。见事之利害,时之祸患,必掩卷自思,使我遇此等事,当做如何处之。如此观史,学问亦可以进,知识亦可以高,方为有益"①。换言之,历史的择善功能,必须通过身临其境式的如实观看,才能真正实现;必须通过分析事件的利害关系和时局的祸患遭遇,才能抉择善者。

在六大史学功能中,吕祖谦论述最透彻的是治体问题。他认为:"秦汉以后,只患上太尊,下太卑"②。过度的中央集权使君主过于尊贵,以至于大权在握,独断专行。这种专制体制的最大问题,是上下内外相互陵夺,君主日理万机,大臣无权决策,各级官吏都埋头于细枝末节。这一从秦汉开始的集权专制政体,在汉唐时期曾发挥过积极的宏观管理作用,但由于缺少有效及时的纠错机制,发展到宋代开始僵化,暴露出一系列致命的弊端。吕祖谦用历史的眼光,批判地分析了这种"治道体统"在权责分工合作方面存在的严重问题。他在朝廷轮对中向宋孝宗指出:

> 治道体统,上下内外,不相陵夺而后安。向者,大臣往往不称倚任。陛下不得已而兼行其事,大臣亦皆亲细务而行有司之事,外至监司、守令职任,率为其上所侵而不能令其下。③

从现代历史学角度看,政治体制的设置,属于制度文明建设。同整个文明制度一样,政治体制要适应历史的发展趋势,必须在维持制度规模的同时不断加以完善。吕祖谦以诸葛亮治蜀国为例,具体说明治体规模及其维持的重要意义。

---

① 《史说》,《东莱文集》卷 19。
② 《与周子充》,《东莱文集》卷 4。
③ 《淳熙四年轮对札子二首》,《东莱文集》卷 1。

诸葛亮治蜀之规模有后人不能尽知。其耕战之法,立国之经纲,赏罚之必信,此人所共知。最是亮死后,其规模犹足以维持二十年。以刘禅之庸,黑白不分而蜀不乱,此谁能及? 后之为相者,身在时尚不能无失,而亮死后犹若此。只缘亮当初收拾得人才在。故亮死后有蒋琬代之,琬之后有董允代之,允之后有费祎代之,皆是贤者。此亮之规模有以维持之也。①

金无足赤,人无完人。任何治体都有可乘之机,所有君主都有七情六欲。因此,社会文明的关键问题不是灭除嗜欲,而是沟通情感和信息。他以"穷侈、淫刑、黩武"三毒俱全的汉武帝为例,说明国家的存亡应当看其上下情感的通塞情况。

汉武帝穷侈、淫刑、黩武,比秦、隋无几,然秦、隋亡而汉不亡者,要须深思。二世、炀帝只以下情不通,故亡。汉武下情却通,只轮台诏可见,外面利害,武帝具知之,国之存亡,只看下情通塞。② 实以言路之通,乃人主切身之利害也。③

对于法制和德治关系问题,吕祖谦没有从理学抽象的道德理性出发,一概排斥法制。他说:"人多言不可用法。法是申、韩深刻之书,此殊未然。人之法便是人情物理所在。若会看得仁义之气蔼然在其中,但续降者有时务快,多过法耳"④。作为治体的规则系统,法制的根源在人情物理中。先秦法家申不害和韩非的严刑酷法只是"刑名法术",不是符合仁义道德和人情物理的治国大法。法制不可废弃的重要原因

① 《史说》,《东莱文集》卷 19。
② 《杂说》,《东莱文集》卷 20。
③ 《馆职策》,《东莱文集》卷 2。
④ 《杂说》,《东莱文集》卷 20。

还在于,历史的发展会不断出现生死存亡的关头,历史形势往往比道德法则具有更加强大的驱动力量。只要一时得势,"以无道处之,犹足以雄视天下,并吞诸侯"①。如果没有强有力的法制力量与形势抗衡,单凭道德的非强制规约,就很难达到历史理性的至善目标。

第三、以大事记综合编年、纪传体例

吕祖谦因中年病逝,除《春秋左传》的注释解说基本完成外,标志其史学见识和编纂水平的《大事记》并未完稿成书,因此在史学成就上无法与司马光、李焘等宋代史学家相比。但他根据"择善"的史学功能,对史籍的编纂体例有比较全面的认识。他指出:

> 大抵史有二体。编年之体始于左氏,纪传之体始于司马迁,其后班、范、陈寿之徒纪传之体常不绝,至于编年之体则未有续之者。温公作《通鉴》,正欲续左氏。……然编年与纪传互有得失。论一时之事,纪传不如编年;论一人之得失,编年不如纪传。要之,二者皆不可废。②

编年体和纪传体都是中国史学的传统体例分类。与现代史学的通史、断代史和专题史等历史分类法的最大区别在于,中国传统史学是依据编纂体例进行分类,强调的重点不是历史的"文本",而是历史文本的"写法"或"书法"。孔子首创的《春秋》笔法,是中国古典史学书法的滥觞。因此,随着时代的变迁和语境的转换,有关"中国"的各种历史都要不断改写或重新书写。编年体和纪传体是经过历史"择善"而筛选出来的"写法",确实"互有得失","皆不可废"。吕祖谦编纂《大事记》的目的之一,就是尝试综合编年、纪传两种体例的优点,开创一种新的历史编纂体例。

---

① 《周与晋阳樊温原攒茅之田》,《东莱博议》卷3。
② 《史说》,《东莱文集》卷19。

可惜的是,吕祖谦未能捷足先登,如愿以偿。可喜的是,学者所想略同,机缘殊异。与吕祖谦同时代的福建建安学者袁枢(1130—1205年),在淳熙元年(1174年)完成《资治通鉴纪事本末》的编稿工作,一种新的综合性史体终于诞生。袁枢与吕祖谦交往密切,都曾出任过严州教授。袁枢的《资治通鉴纪事本末》完成后,吕祖谦还特意为其作序。稍后,又有章冲的《春秋左氏传事类始末》和杨仲良的《续资治通鉴长编纪事本末》出现。纪事本末体在南宋史学界趋于成熟,成为继编年体、纪传体之后,中国传统史学的又一种重要体例范式。

三、朱熹与《通鉴纲目》

《资治通鉴》刊行后,在包括史学在内的整宋代学术界,引起了接连不断的反响和层次不同的回应。朱熹编撰《通鉴纲目》的目的,首先是对"涑学"司马光史学主张的"闽学"回应,旨在维护儒家正统史学的价值观念及其书写笔法;其次是针对《资治通鉴》篇幅宏大、卷帙浩繁,且编纂体例过于"纪实"、义理不明、纲目不清等问题,旨在"别为义例,增损隐括",编写一部"通贯晓析,如指诸掌"①、便于教学和科举应用的历史教科书。尽管《通鉴纲目》也属于"通鉴学"范畴,但与《资治通鉴纪事本末》和《续资治通鉴长编》等"通鉴学"作品相比,朱熹的《通鉴纲目》已经远远超越了纪实史学,成为体现天理价值本体的历史哲学著述。

1."先经后史"的理学史观

朱熹的史学思想,集中代表了理学主流派对历史发展的价值观念。按照朱熹的看法,历史是天命的体现,是天理本体在时间长河里的落实

---

① 《资治通鉴纲目序》,《朱文公文集》卷75。

和流行。"春风驺荡家家到,天理流行事事清"①。因此,真正的史学必须做到以义理纲纪史实,而不是"究天人之际,穷古今之变"。朱熹同意苏轼在《古史》中对太史公马迁的评语:"浅陋而不学,疏略而轻信。"认为这两句话切中了司马迁的史学过失②。换言之,在朱熹看来,史学的根本目的不是"纪实",而是"明理"。如果没有义理统帅,"看史只如看人相打,相打有甚好看处?"③ 为了不至于被史书败坏,朱熹力求将"闽学"的天理范畴贯彻到史学领域,建立天理本体与历史事实相统一的理学史观。

在朱熹集大成的理学范畴系统中,天理本体是超越历史性之上的绝对存在。因此,在其道德形上学层面,不存在历史发展问题。但在功用器物层面,天理本体要通过阴阳动静、公私理欲、义利王霸等一系列思辨性问题,体现其"万古万世不可变易"④ 的至善性,以及"道理流行无碍"⑤ 的圆通性。朱熹的理学史观,其核心话题是道德形上学原理在"形而下者"里的具体贯彻和完善体现问题。其史学观点有二:一是力主正统,二是以经为本。

第一、力主正统

冲决正统史学观念,这本是《资治通鉴》编纂体例的重要贡献。朱熹却认为,这是司马光"冠履倒置"的最大失误,"其理都错"。他说:"温公《通鉴》以魏为主,故书'蜀丞相亮寇'何地,从《魏志》也,其理都错。某所作《纲目》以蜀为主。"⑥ 又说:"三国当以蜀汉为正,而温公乃云,某年某月'诸葛亮入寇',是冠履倒置,何以示训?"⑦ 所以,当弟子问

① 《朱子语类》卷103,朱熹转述张栻题桃符诗句。
② 《朱子语类》卷122。
③ 《朱子语类》卷123。
④ 《朱子语类》卷33。
⑤ 《朱子语类》卷63。
⑥ 《朱子语类》卷105。
⑦ 《朱子语类》卷105。

《通鉴纲目》的"主意"时,朱熹明确指出:"主在正统。"至于朱熹为何一定要用正统观念改编其力所不及的《资治通鉴》,他在一份奏状里对此有明确的解释:

> 臣旧读《资治通鉴》,窃见其间周末诸侯僭称王号而不正其名。汉丞相亮出师讨贼而反书入寇,此类非一,殊不可晓。又凡事之首尾详略,一用平文书写,虽有目录,亦难检寻,因窃妄意就其事实别为一书。表岁以首年,而因年以著统;大书以提要,而小注以备言。至其是非得失之际,则又辄用古史书法,略示训戒,名曰《资治通鉴纲目》。①

由此可知,朱熹的"正统"主张有三个要点:一是正"名分之实",即根据纲常伦理道德,确立并维护君臣、父子、夫妇的名分和称号,反对犯上作乱的僭越行为;二是辨"正闰之际",即将伦理秩序赋予历史事件及其时间序列,史书编序所用的年号,必须是代表正统王朝,既合乎伦理秩序,又合乎宗法规范;三是别"是非邪正",即通过特定的书写方法,对历史事实和历史人物给出是非善恶、邪正曲直等价值判断。

第二、以经为本

朱熹虽然十分强调经史结合的治学方法,但按其天理价值尺度权衡,《六经》的地位远远高于各类史籍。首要的原因在于,《六经》是经过圣人编著的经典文本,完全体现天理。"《六经》是三代以上之书,曾经圣人手,全是天理。三代以下文字有得失,然而天理却在这边自若也"②。次要的原因在于,经书和史书的地位和作用不同。与经书相比,史书多是皮毛,即便有疑问也不要紧。"看经书与看史书不同。史是皮外物

---

① 《辞免江东提刑奏状·三·贴黄》,《朱文公文集》卷22。
② 《朱子语类》卷11。

事,没紧要,可以札记问人。若是经书有疑,这个是切己病痛"①。针对吕祖谦"读史多","看文理却不仔细"的弊病,朱熹提出"以经为本"的读书方法。他说:"读书须是以经为本,而后读史"②。

在"以经为本"的前提下,朱熹进一步对"先经后史"的读书方法提出了明确的学习目的。他说:"读史当观大伦理、大机会、大治乱得失"③。其中的"大伦理"是指宗法社会的纲常伦理,即"天理"。贯彻"以经为本"的具体要求是:

> 先看《语》、《孟》、《中庸》,更看一经,却看史,方易看。先读《史记》,《史记》与《左传》相包。次看《左传》,次看《通鉴》,有余力则看全史。④

> 问读史之法。曰:"先读《史记》及《左氏》,却看《西汉》、《东汉》及《三国志》。次看《通鉴》。"⑤

2.《通鉴纲目》的褒贬体例

为了让"难看"的《资治通鉴》便于通读和教学,特别是为了能够让这部编年体通史体现《春秋》的褒贬书法和正统观念,朱熹决定仿照孔子笔削《春秋》的体例,对司马光的《资治通鉴》进行节选和改编,定名《资治通鉴纲目》,简称《通鉴纲目》。大约从乾道三年(1167年)开始编纂,朱熹亲自拟定《凡例》,撰写全部"纲",门人赵师渊撰写"目",最后由朱熹定稿。草稿约成于乾道八年(1172年),共有59卷。后来又经过不断修改,朱熹死后则幼子朱在妥善保存并继续校改。嘉定三年(1210

---

① 《朱子语类》卷11。
② 《朱子语类》卷122。
③ 《朱子语类》卷11。
④ 《朱子语类》卷11。
⑤ 《朱子语类》卷11。

年),经真德秀阅读后,在泉州刊行。

除了对史料和篇幅进行删削外,《通鉴纲目》对《资治通鉴》的最大修正是体例上的"反动"。概括起来有两大项:一是贯彻《春秋》的褒贬书写法,二是充当"正统"的历史教科书。

第一、贯彻《春秋》褒贬法

本来,司马光在编纂《资治通鉴》时,已将褒贬、臧否历史人物的评价权还给了读者。因此旨在拨乱反正的《春秋》褒贬之法,也就随之被从史学中请出,处于闲置不用状态。司马光指出:"臣今所述,止欲叙国家之兴衰,著生民之休戚,使观者自择其善恶得失,以为劝戒,非若《春秋》立褒贬之法,拨乱世反诸正也。正闰之际,非所敢知,但据其功业之实而言之"①。让观者自主选择,就是让读者自己去评价。历史学家撰写历史的使命仅仅是"纪实",即面对历史事实和历史问题本身,而不是在历史过程之后指手画脚,说三道四。但是,按照朱熹的意思,这是史学家不负责的表现,是对《春秋》褒贬法的离经叛道。他说:

> 《春秋》之作,盖以当时人欲横流,遂以二百四十二年行事寓其褒贬。恰如今之事送在法司相似,极是严紧,一字不轻易。若如今之说,只是个权谋智略兵机谲诈之书尔。圣人晚年痛哭流涕,笔为此书,岂肯恁地纤巧! 岂至恁地不济事!②

> 《春秋》大旨,其可见者:诛乱臣,讨贼子,内中国,外夷狄,贵王贱伯而已。未必如先儒所言,字字有义也。想孔子当时只是要备二三百年之事,故取史文写在这里,何尝云某事用某法? 某事用某例邪?③

---

① 《魏纪一》,《资治通鉴》卷 69。
② 《朱子语类》卷 83。
③ 《朱子语类》卷 83。

　　或有解《春秋》者,专以日月为褒贬,书时月则以为贬,书
日则以为褒,穿凿得全无义理![①]

从上述三段语录中可以看出,朱熹所理解的《春秋》褒贬法,是表现大道
理的大手笔,即在"诛乱臣,讨贼子,内中国,外夷狄,贵王贱伯"等大是
大非问题上明确评价标准,把握价值导向,而不是表现小聪明的小技
巧,即在"一字半字上理会褒贬"的评语修辞。至于具体人物的善恶评
价和具体事件的是非判断,仍然由读者通过阅读来体会。因此,朱熹在
改编《资治通鉴》时,主要修改了编纂体例和写作大纲,细目则基本采用
司马光的原著史料。比如,在统系和岁年上,改动最大的是,三国史不
用《资治通鉴》的曹魏编年系统,而采取蜀汉编年系统。此外,按照《凡
例》,在名号、即位、改元、尊立、崩葬、篡贼、废徙、祭祀、行幸、恩泽、朝
会、封拜、征伐、废黜、罢免、人事和灾祥等编纂体例上,也比《资治通鉴》
有更多的名堂和更严格的讲究。

　　第二、充当"正统"教科书

　　朱熹拟定的《通鉴纲目凡例》共有19章,137条。其核心宗旨是:明
正统,斥篡贼;立纲常,扶名教;除史弊,法《春秋》。或许朱熹本人并未
意识到,他的这一义理化凡例,不是编纂纪实性历史的操作规程,而是
编写历史教科书的伦理要求、道德原则和政治标准。

　　从南宋开始,围绕《通鉴纲目》的学术造神运动便逐渐拉开帷幕。
王柏认为,朱子"扶天伦,遏人欲,修百王之轨度,为万世之准绳"[②],其
《通鉴纲目》是《史记》之后"未始有"的史学著作。李子方认为,《通鉴纲
目》是"穷理致用之总会,而万世史笔之准绳规矩"[③],是《春秋》以来"未

---

①　《朱子语类》卷83。

②　《资治通鉴纲目凡例后语》,《资治通鉴纲目》卷首。

③　《资治通鉴纲目后序》,《资治通鉴纲目》卷首。

之有"的史学大作。

元代揭傒斯认为,《通鉴纲目》是"天地之经,君臣之义,而圣贤之心"①。徐昭文认为,《通鉴纲目》是"天下后世不易之大法"②。明代大学士扬士奇认为,《通鉴纲目》"正人心,植世教,有助于治道"③。

清代康熙四十六年(1707 年),清世祖爱新觉罗玄烨御笔朱批《通鉴纲目》,诏令考试策论以此作为评判标准。清高宗乾隆皇帝敕撰《通鉴纲目三编》40 卷,专记明代史事。

在明清时期,伴随着朱子理学"道统"独尊地位的不断巩固和加强,朱熹的《通鉴纲目》实际上充当了"正统"史学的历史教科书,其政治意义远远高于其史学价值。

四、郑樵的《通志》和马端临的《文献通考》

宋明史学具有"会通"的综合特征。继《资治通鉴》之后,又有两部体裁不同的史学巨著问世。南宋初年,郑樵撰成《通志》,是继汉代《史记》之后的又一部纪传体通史,在编纂体裁上可与《资治通鉴》相得益彰。宋元之际,马端临编成《文献通考》,是继唐代《通典》之后的又一部典制体通史。通常,人们将杜佑的《通典》、郑樵的《通志》和马端临的《文献通考》合称史学"三通"。

1.《通志》编纂的史学贡献

郑樵(1104—1162 年)字渔仲,号西溪遗民,学者尊称夹漈先生,南

宋兴化军兴化县(今福建莆田县)人。出身当地望族,因早年丧父,家道衰落,遂隐居夹漈山,刻苦读书,不事科举。一生以"读古人之书"、"通天下之学"和"讨六艺之文"为志向,博览群书,搜访图籍,遇藏书之家必留宿借读;游历名胜古迹,对地理、物候、植被等资料进行实地考察。绍兴十九年(1149 年),携带所著 140 卷书稿,徒步两千里来到临安,进献朝廷。宋高宗诏命收藏秘府。回乡后声名大振,前来求学者超过 200人。绍兴二十八年(1158 年)幸得高宗召见,授右迪功郎,礼、兵部架阁。后因御史问劾,改监潭州南岳庙,给札归乡,抄写所著《通志》。绍兴三十一年(1161 年)完成全书,入朝任枢密院编修官等职。第二年,诏命进献《通志》,未能如愿而病卒。身后留下 80 多部、近千卷著作。因家境清贫,生前无力刊行,身后多数散失,传到今天的只有《通志》、《尔雅注》、《夹漈遗稿》和《六经奥论》等数种。

郑樵所著《通志》欲"集天下之书为一书",是模仿《史记》的纪传体通史。全书共 200 卷、500 多万字。内容包括帝纪 18 卷(附后妃传 2卷),谱 4 卷,略 52 卷,周同姓世家 1 卷(附宗室传 8 卷),周异姓世家 2卷,载记 8 卷,列传 98 卷(附四夷传 7 卷)。记述体裁有 6 种,即帝纪、谱(表)、略(志)、世家、载记和列传。其中较《史记》多出的载记,取法于唐代宰相房玄龄等主修的《晋书》体例,记载中原周边地区少数民族的历史人物及其所建立的国家政权。编纂时间,上起传说中的三皇五帝,下止隋代。"二十略"中的典章制度涉及唐代。

《宋史》对郑樵及其《通志》的评价不高:"樵好为考证伦类之学,成书虽多,大抵博学而寡要。平生甘枯淡,乐施与,独切切于仕进,识者以是少之"[①]。清代以来,章学诚、梁启超等开始重视《通志》编纂的史学贡献。章学诚在《文史通义》中作《释通》、《申郑》和《答客问》等篇章,替郑樵及其《通志》打抱不平。梁启超甚至认为,郑樵是史界的一颗彗星,

---

① 《儒林六·郑樵传》,《宋史》卷 436。

"二十略"有其不朽的史学意义。事实上,对郑樵及其《通志》曲意贬斥或有意抬高,都不符合实事求是的史学原则。从整个中国古代史学的发展脉络来看,郑樵《通志》的纪传部分仅仅是正史和旧史的改编,在体例和内容上都没有创新,史学价值确实不大。但全书的精华集中在"二十略"中,具体表现为两个方面:

第一、"总天下之大学术"的文化视野

郑樵在《通志·总序》中说:"臣今总天下之大学术,而条其纲目,名之曰略。凡二十略,百代之宪章,学者之能事,尽于此矣。"按现代逻辑分析,"总天下之大学术"实际上是综合学术文化,力求建构一个周延而详备的分类系统,以便将天下所有的学术活动和学术著述囊括无遗。

根据所论及的文化历史内容,"二十略"可分为四组。

第一组为《职官》、《选举》、《刑法》、《食货》和《都邑》五略,主要探讨历代王朝的国家建制及其沿革,即行政制度、经济制度以及城市规划等国家管理制度的历史变迁。

第二组为《礼》、《乐》、《谥》、《氏族》和《器服》五略,主要搜寻礼乐制度及其历史遗迹,即礼制、乐律、谥法、氏族渊源及其政治地位、器物服饰等社会文化现象及其历史演变。

第三组为《天文》、《地理》、《昆虫草木》和《灾祥》四略,主要记述天体星象、地理特产、生态资源、灾荒怪异等天人之际的自然现象及其文化意义。

第四组为《艺文》、《校雠》、《图谱》、《金石》、《六书》和《七音》六略,是旧史《艺文志》的细分化,最能体现宋代学术文化的繁荣状况。其中,《艺文略》突破经史子集四部分类法,建立了一个相当细密的文献目录体系,著录图书 12 大类、71 小类、431 种、近 13 万卷。《校雠略》分 21 论,论述了图书的散佚、搜访、分数、编次等经验和技术。《图谱略》和《金石略》对各类图表、金石铭刻和书法艺术进行了汇编与解说。《六书略》和《七音略》属于文字学和音韵学的发展史略,由郑樵首次编入史志。

《通志·二十一略》包罗万象，涉及古代学术文化的所有领域，相当于"一部简明的中国古代文化史"①。郑樵在《总序》中所说的"大学术"，是比国家典章制度外延更加普泛的文化现象及其学术传统。正是这种"大学术"的文化视野，使郑樵的《通志·二十一略》能够与杜佑的《通典》"八门"、马端临的《文献通考》"二十四考"相提并论，成为典制体史籍的重要作品。

第二、"成于一家之学"的会通史观

在史学思想上，郑樵也有自己独到的会通史观。他说："百川异趋，必会于海，然后九州地浸淫之患；万国殊途，必通诸夏，然后八荒无壅滞之忧。会通之义大矣哉！"② 从史学体裁上说，"会通之旨"强调通史在史学中不可取代的重要地位。郑樵要实现"集天下之书为一书"的宏愿，就必须设法会通古代所有的文化历史典籍和已有的史学编纂体例。但郑樵对官方组织学者集体编修正史不感兴趣，主张修史要"出于一人之手，成于一家之学"③。从思想渊源上推究，郑樵"成于一家之学"的会通史观，是对太史公司马迁"通古今之变，成一家之言"的直接承继。

除了以"一家之学"会通"天下之书"外，郑樵的史学主张还有三点值得特别提起：一是明确反对"寓褒贬于一字之间"的《春秋》褒贬法，强调孔子编修《春秋》的价值在于法制；二是对怪诞的"五行相应之说"进行了全面否定，他所编纂的《灾祥略》只纪实迹，不论休咎；三是注重实地考证和野外调查，既反对崇高义理，又反对泛滥辞章。针对多数学者终身埋头读书，只知鸟兽草木之名，根本不识田野之物，郑樵非常重视书本知识和野外实物的相互参照。他在夹漈山隐居期间，时常与田夫

---

①　宋衍申：《中国史学史纲要》，第 186 页。

②　《通志·总序》。

③　《通志·校雠略》。

野老往来,实地了解动植物的生长习性,努力将典籍考订与实物观察结合起来。

由于郑樵性格孤僻,气质偏狂,对主流学术思潮多有抨击,加上家境贫寒,出身低微,因此,他的史学贡献长期被误解和轻视。虽说他的《通志》无法与司马光的《通鉴》相比,但毕竟自成一家,有其不可埋没的史学贡献。

2.《文献通考》的史学价值

马端临(1254—1323年)字贵与,号竹洲,饶州乐平(今江西乐平县)人。出身官僚家庭,父亲马廷鸾在咸淳年间(1265—1274年)曾任右丞相兼枢密使,后因与贾似道政见不合,辞官回乡,隐居著书。马端临早年从师于朱子后学曹泾,20岁以荫补承事郎。不久随父回家,共同撰写《读史旬编》。元兵攻下临安后,马端临一度隐居不仕。约从30岁开始编写《文献通考》,历时20多年,于元成宗大德十一年(1307年)完成,英宗至治二年(1322年)在饶州刊行。父亲去世后,曾在慈湖书院和柯山书院任教,并担任山长。临终前出任台州儒学教授。除《文献通考》外,尚有《多识录》153卷和《义根守墨》3卷等著述,均已失传。

马端临十分推崇杜佑的《通典》、司马光的《通鉴》和郑樵《通志》,坚持史学的"会通因仍之道",对班固的纪传体断代史《汉书》多有批评。为了探讨历代王朝兴亡盛衰的深层原因,他对国家管理及其典章制度进行了细致的参校、详备的考证和精当的评析,以《通典》为蓝本,编成《文献通考》348卷,上起夏商周三代,下止南宋宁宗嘉定末年(1224年),分列田赋、钱币、户口、职役、征榷、市籴、土贡、国用、选举、学校、职官、郊社、宗庙、王礼、乐、兵、刑、舆地、四裔、经籍、帝系、封建、象纬和物异等24考。其中,前19考是对《通典》八门的细分化,后5考为马端临新增设。

《文献通考》是继《通典》之后的又一部典制体通史。它在选材范围和卷帙规模上,都超过了《通典》。在《自序》里,马端临明确给出了"文献通考"的命名本意:"凡叙事,则本之经史,而参之以历代会要,以及百家传记之书,信而有证者从之,乖异传疑者不录,所谓文也。凡论事,则先取当时臣僚之奏疏,次及近代诸儒之评论,以至名流之燕谈,稗官之记录,凡一话一言可以订典故之得失,证史传之是非者,则采而录之,所谓献也"①。在编排方法上,《文献通考》先列"文",次列"献",后列"考",关键之处再加"按",个别"考"前加序言;既尊重原始材料,又研精覃思,旁征博引,并以按语方式发表意见。

对《文献通考》的史学价值,近代史学界存在两种截然相反的看法。章学诚认为,《文献通考》仅仅是比《通典》多分门类,便于翻阅和检索,史论易于折衷,没有独到的见解②。金毓黻却指出,《文献通考》的长处在于"宁繁勿略",它与《通典》的比较正如《续资治通鉴长编》与《资治通鉴》的关系,是详赡与精简的互补兼容③。现代史学界多持肯定态度,以张舜徽先生为例,认为马端临的《文献通考》有三点史学价值:一是包含了《通典》一书的精华,二是补充了《通典》未备的内容,三是分析了《通典》未详的门类④。

---

① 《文献通考·自序》。
② 《文史通义·释通》。
③ 金毓黻:《中国史学史·唐宋以来之私修诸史》。
④ 张舜徽:《中国历史要籍介绍》第 6 章。

第十四章　科学技术新成就

北宋结束了五代十国的分裂局面,重新建立了统一的中央集权制国家,社会经济得到了恢复和发展,为科学技术的进步创造了良好的政治和经济条件。指南针、活字印刷术和火药武器的发明,都是宋代在科学技术史上的重大贡献。伟大的科学家沈括及其科学名著《梦溪笔谈》,在科学技术众多领域都取得了卓越成就。元代承接两宋时期的良好态势,科学技术继续得到发展。整个宋元时期,科技人才辈出,发明创造不断,在天文、数学、物理、地学、农学和医学等科学领域,以及水利、建筑、机械、矿冶、造船、纺织、制瓷等技术方面,都取得了较大进展,成为中国古代科学技术发展的最高峰。

朱明王朝的建立,使专制统治达到了登峰造极的空前水平。特别是随着程朱理学成为官方意识形态,以及八股取士科举制度的全面落实,对科学技术发展的危害远远超过了秦始皇的焚书坑儒[①]。明代中期以前,科学技术的发展在整体上出现了停滞局面,连宋元时期高度发达的天文学和数学等传统学科,此时也已完全衰落。明中叶以后,随着工商经济的进一步发展,特别是资本主义萌芽的出现和西方近代科学技术的传入,思想领域再度活跃起来,科学技术也随之出现了新的转机。一些知识分子放下《四书》,摈弃科举,退出仕途,专心从事科学技

---

① 明末清初著名思想家顾炎武说过:"八股之害,等于焚书"(《日知录》卷16)。

术的历史总结和野外考察,使中国古代科学技术在接近尾声时出现了举世瞩目的显著成就。伟大的医药学家李时珍及其药学名著《本草纲目》,杰出的农学家宋应星及其科技名著《天工开物》,都是这一时期百科全书式的代表人物和优秀作品。

一、宋明科技的成就

在分节重点介绍沈括、李时珍和宋应星三位科技巨匠的科学思想和伟大贡献之前,我们有必要对宋明时期中国古代科学技术的新成就(除了三位巨匠及其贡献),做一番简略式浏览,用史实说明宋元是中国古代科学技术发展的黄金时期。以下,我们将依据现代科学技术的学科分类体系,按照数学、物理、化学、生物、地质、天文等六大基础学科的排列顺序,外加中医药学,水利工程、建筑工程和机械技术,分别从八个方面介绍这一时期的重要科技成就。

在数学和计算技术方面,成就最为辉煌。秦九韶、李冶、杨辉和朱世杰并称"宋元数学四大家",成为这一时期数学发展的杰出代表。

1050 年前后,北宋贾宪(生卒年代不详)在《黄帝九章算法细草》中,发明了开任意高次幂的"增乘开方法",并列出了二项式定理系数表。

1247 年,南宋秦九韶(1202—1261 年)在《数书九章》中,推广了贾宪的"增乘开方法",叙述了高次方程的数值解法,列举了 20 多个高次方程的具体解法,其中最高次幂为 10 次。

1248 年,李冶(1192—1279 年)所著的《测圆海镜》,是第一部系统论述"天元术"(一元高次方程解法)的数学专著。

1261 年,杨辉(生卒年代不详)在《详解九章算法》中,用"垛积术"求出了几类高阶等差级数之和。1274 年,他在《乘除通变本末》中,叙述了"九归捷法",介绍了筹算乘除的基本算法。

1280 年,元代王恂(1235—1281 年)、郭守敬(1231—1316 年)等在制订《授时历》时,列出了三次差的内插公式。郭守敬还运用几何方法,求出相当于现代球面三角的两个公式。

1303 年,元代朱世杰(生卒年代不详)著《四元玉鉴》,将"天元术"推广为"四元术"(四元高次联立方程组解法),提出系统的消元法,并探讨了有限项级数的求和问题,在此基础上给出了高次差的内插公式。

1607 年,明代徐光启(1562—1633 年)等人翻译了欧几里得《几何原本》的前 6 卷;1613 年,明代李之藻(1565—1630 年)翻译了《同文算指》,欧洲数学正式引入中国。

从 14 世纪开始,随着商用数学的不断发展,中国已使用珠算盘。在现代计算机出现之前,算盘是世界上最简便、最有效的计算工具。1450 年,明代吴敬(生卒年代不详)在《九章算法比类大全》中,系统记述了珠算口诀。1592 年,明代程大位(1533 年生,卒年不详)的《直指算法统宗》,是当时广泛流传的珠算书籍。

在物理学方面,重要的发现和发明有:

北宋初年,杨亿(974—1020 年)在《杨文公谈苑》中,记载了天然晶体的色散现象。

1044 年,北宋曾公亮(998—1078 年)在其主编的《武经总要》前集中,记载了"指南鱼"的制作方法,利用地磁场进行人工磁化,表明当时已掌握了利用地磁倾角技术。

北宋张载在《正蒙·太和》中,提出了"虚空即气"的空间观,包含了物质不灭的物理学思想。

1119 年,北宋朱彧在《萍洲可谈》中,第一次记载了指南针用于航海。

南宋赵友钦(生卒年代不详)所著的《革象新书·小罅光景》中,记载了他所做的光学实验,对视角、光的直线传播和照度都有所研究,并通过实验总结了小孔成像原理。

1584年,明代朱载堉(1536—1614年)的《律吕精义》出版,经过精密计算和科学实验,创建了声学上的"新法密律"(即近现代乐器上通用的"十二平均律"),用等比级数平均划分音律。

在化学和化工、冶金技术方面,主要成就包括:

1044年,北宋曾公亮主编的《武经总要》前集中,记载有"火炮火药法"、"毒药烟毬火药法"和"蒺藜火毬火药法",详细论述了以硫磺、焰硝(硝酸钾)、松脂以及其他不同物质,按一定比例和操作程序制成不同用途的火药,这是世界上关于火药配方和工艺流程的最早记述。

北宋时期,河南开封已设有专门制造火药的作坊——"火药作"。据《宋会要辑稿·职官》记载,北宋设在开封的军事作坊中,有"猛火油作",表明当时已开始用石油炼制"猛火油",供作战使用。

宋代制瓷出现了划花、刻花、印花、彩绘和釉上彩等化学工艺。江西景德镇开始成为著名瓷都。

1041年,北宋李焘在《续资治通鉴长编》中,记载了青堂羌族人利用冷锻加工、硬化锻造铁甲的先进技术。

北宋初期,五代发明的胆水浸铜法,已大量用于冶金生产。1094—1098年间,张潜(生卒年代不详)编成浸铜技术专著《浸铜要略》(已佚),这是世界上最早的湿法冶金技术,即利用细菌进行金属提纯。

宋代赵希鹄的《洞天清禄集·古钟鼎器辨》,记载了铸造铜器的蜡模造型法,即现代精密铸造技术中广泛应用的"失蜡铸法"。

1404年左右,明代永乐年间铸造的大铜钟(现保存在北京西直门外觉生寺)是世界上著名的大钟之一,钟高7米,重达40多吨,造型精美,工艺精湛,表明当时的铸造技术高度发达。

在生物学、物候学和农学技术方面,主要成就有:

1059年,北宋蔡襄(1012—1067年)在《荔枝谱》中,总结了荔枝栽培技术,记载了32个荔枝品种及其栽种、加工、贮藏和病虫害防治等生产经验,这是世界上果树栽培学的最早专著。

1090年,北宋秦观(1049—1100年)所著的《蚕书》出版,在世界上最早记载了关于养蚕技术和缫丝工艺。

1104年,北宋刘蒙(生卒年代不详)在《菊谱》中,指出变异可以形成生物新品种,并记有35个菊花品种。

1149年,南宋陈旉(1076—1156年)的《农书》,详细总结了南方地区种植水稻以及养蚕、栽桑、养牛等生产经验和技术知识。

南宋王灼(生卒年代不详)的《糖霜谱》,是中国现存最早的关于甘蔗种植和制糖技术的专著。

1178年,南宋韩彦直(生卒年代不详)所著的《橘录》,是世界上第一部柑橘学专著,记载了26个柑橘品种以及柑橘的栽培、贮藏、加工和病虫害防治等技术方法。

南宋吕祖谦于1180—1181年间写成的《庚子—辛丑日记》,记录了浙江金华地区一年零七个月的物候,其中包括20多种植物开花以及春莺初到、秋虫初鸣等时间表,这是世界上现存最早的实地物候观测记录。

1273年出版的《农桑辑要》,是元朝政府编辑的农业和牧业技术书籍,它总结了《齐民要术》以后700多年农牧业生产的技术成就。

1313年,元代王祯(生卒年代不详)所著《农书》,记载了许多耕作技术,以及作物栽培、家畜饲养、栽桑养蚕等生产经验。

1314年,元代鲁明善(生卒年代不详)著《农桑撮要》(亦称《农桑衣食撮要》),按12个月叙述农事,详细记载了淮北地区农作物、蔬菜、果木的栽培技术,以及畜牧、桑蚕、养蜂和农产品的加工工艺。

1376年,明代俞宗本(又称俞贞木,生卒年代不详)托名郭橐驼所著的《种树书》,总结了豆、麦、蔬菜等栽培技术,特别是记载了多种树木的近缘和远缘嫁接技术。

1406年,明代朱橚(生年不详,1425年卒)的《救荒本草》,收集了

414种可供食用的野生植物资料,载明产地、形态、性味及其可食部分和食用方法,并绘有精细图谱。

1547年左右,明代马一龙(生年不详,1571年卒)所著的《农说》,记载了水稻的精耕细耘、密植、育苗、移栽等种植技术,并用阴阳二气的相互作用来分析耕作技术原理。

16世纪,明代黄省曾(生卒年代不详)的《养鱼经》,记述了淡水鱼的品种及其养殖技术,是现存最早的淡水养鱼专著。

17世纪初,明代耿荫楼(生年不详,1638年卒)的《国脉民天》,记载了区田、亲田、养种、晒种、蓄粪等精耕细作的农业技术,并介绍了人工选育良种的生产经验。

1596年,明代屠本畯(生卒年代不详)的《闽中海错疏》,记载了福建沿海一带以海生无脊椎动物和鱼类为主的200多种水族生物的形态和习性,是现存最早的海洋生物学专著。

1639年,明代徐光启的《农政全书》刊行,全书包括农事、水利、农具、树艺、蚕桑、畜牧和荒政等共12个门类,全面总结了中国古代农业生产技术,是内容丰富、颇有创见的农学巨著。

在地质学、地理学和地图绘制技术方面,主要成就为:

976—984年间,北宋乐史(930—1007年)编著《太平寰宇记》200卷,汇编了全国各地的地方志以及人物、地产、风俗等资料,是宋代重要的地理学著作。

1150年,在南宋郑樵编著的《通志》中,《地理略》和《都邑略》是重要的地理沿革著作。

1280年,元朝政府派都实(生卒年代不详)等人勘察黄河河源,对河源地区的扎陵湖、鄂陵湖和星宿海一带做了详细考察。1315年,潘昂霄(生卒年代不详)根据都实的调查写成《河源志》,明确指出黄河河源在星宿海西南百余里处。

1311—1320年,元代朱思本(1273—1333年)绘制了全国地图《舆地图》(已佚)，对后代地图学的发展有较大影响。1564 年，明代罗洪先(1504—1564 年)予以增补，改绘成《广舆图》44 幅，精度比以前大大提高。

1405—1433 年，明代郑和率领规模巨大的船队 7 次下西洋，航行数万里，到达 30 多个国家，开辟了我国到东非的航路。郑和主持绘制的《航海图》，是中国第一部海图。

1607—1640 年，明末徐宏祖(1586—1641 年)所著的《徐霞客游记》，对石灰岩溶蚀地貌的详细考察和实地研究达到相当高的学术水平；对云南腾冲附近的火山爆发，以及温泉、硫磺矿等记载，也是相当珍贵的地质学资料。

在天文学、气象学和历法技术方面，成就最为突出。元代郭守敬是这一时期最出色的天文观察家和天文仪器制造者，在水利工程和水利勘测等方面也卓有建树。

1010—1106 年，北宋进行了 5 次大规模的恒星位置观测，精度比以前大大提高。元丰年间(1078—1085 年)的第 4 次观测结果，由黄裳(生年不详，1129 年卒)绘成星图，并于 1247 年刻成石刻《天文图》(现仍保存在江苏苏州)，图上共刻恒星 1440 颗。

《宋会要辑稿·瑞异》和《宋史·天文志》，均记载了 1054 年天关星(金牛座 ξ 星)附近的超新星爆发，为现代天体物理学研究提供了极其宝贵的历史资料。

1090 年，北宋苏颂(1020—1101 年)在《新仪象法要》中，记载了他与韩公廉(生卒年代不详)在 1088 年所创制的"水运仪象台"，这既是世界上第一座结构复杂的活动天文台，既可用于观测天象变化，自动演示天体运行，又是能够自动计时、报时的大型天文钟。

1199 年，南宋杨忠辅(生卒年代不祥)制订《统天历》时，将一个回归年定为 365.2425 日，与现代天文学所测定的数值只相差 26 秒，和现行公元历法(1582 年颁布)采用的数据相同。

1276 年，郭守敬等人进行大规模恒星位置测量，精度比宋代提高约 1 倍，记录恒星数目增加到 2500 颗。

1280 年，王恂、郭守敬等制订《授时历》时，根据天象观测校正了许多天文数据，计算方法也有所改进。《授时历》施行了 364 年，是我国古代计算最精确、使用最长久的历法。

郭守敬等人还创制了"简仪"（由浑仪改进、简化而成）、"仰仪"（观测太阳位置和日食的天文仪器）、"候极仪"（动态校正天球仪极轴的天文仪器）、"立运仪"（可以同时测量天体的地平经度和高度的天文仪器）等 10 多种精密的天文观察仪器。

14 世纪中叶的《白猿献三光图》（作者不详）载有 132 幅云图，并与天气变化联系起来，绝大部分与现代气象学原理一致。

1360 年左右，元末娄元礼（生卒年代不详）编成《田家五行》，记载了看天经验共 500 多条，从不同侧面揭示了气候变化的一些经验规律。

1608 年，明代邢云路（生卒年代不详）测得一个回归年为 365.242190 日，已准确到 10 万分之一日（现代天文学的测量值约为 365.242193 日）。

在中医药学方面，成就最为显著。以刘完素、张从正、李杲和朱震亨为代表的"金元四大家"，继承和发展了《黄帝内经》的中医学理论，在总结临床经验的基础上，形成了四大医学流派，标志着中医在病因学、症候学、治疗学和方剂学等领域都达到了成熟水平。

982—992 年间，北宋时编成的《太平圣惠方》共分 1670 门，载方 16834 个，广泛收集了宋代以前的方书及民间验方，对病症、病理和方剂药物都有论述。1111—1117 年，在此基础上编成的《圣济总录》200 卷，收集了 2 万多个药方，是当时内容最丰富的医药学著作。

1027 年，北宋王惟一（生卒年代不详）总结历代针灸家的实践经验，统一了针灸穴位，主持铸成表明针灸穴位的铜人两具，供针灸教学使用，这是世界上最早的医学模型。他还著有《新铸铜人腧穴针灸图经》,对针灸学的发展做出了重要贡献。

1082年,北宋民间医生唐慎微(生卒年代不详)编成《经史证类备急本草》,广泛收集了民间医药经验,记载药物1746种,附民间验方3000多个,保存了丰富的方药知识,是本草学的重要著作,后经政府两次修订颁行全国,改名为《政和经史证类备急本草》和《绍兴校定经史证类备急本草》。

宋元时期,中医分科日趋完善,从唐代4科(医科、针灸科、按摩科、咒禁科)发展到宋代9科(大方脉科、风科、针灸科、小方脉科、眼科、产科、口齿咽喉科、疮肿兼折疡科、金镞书禁科),到元代增至13科(大方脉科、风科、针灸科、小方脉科、眼科、产科、口齿科、咽喉科、正骨科、金疮肿科、杂医科、祝由科、禁科)。特别是儿科进步最大,能够通过观察指纹诊断疾病,对天花、麻疹和水痘等儿科常见传染病,已有专门疗法。

1098年,北宋杨子建(生卒年代不详)的《十产论》;1237年,南宋陈自明(1190年生,卒年不详)的《妇人大全良方》,是著名的中医妇产科专著。

约1107年,北宋钱乙(1035—1117年)的《小儿药症直诀》,是重要的中医儿科专著。

南宋初期,针灸专家窦材(生卒年代不详)在《扁鹊心书》中,记载了用山前花(曼陀罗花)和火麻花作全身麻醉的药方"睡圣散",这是关于中医全身麻醉药方的最早记载。

1247年,南宋宋慈(约1186—1249年)著成《洗冤集录》,系统论述了检验尸体的各种技术方法,这是世界上第一部系统的法医验尸专著。

1343年,元代危亦林(约1277—1347年)所著的《世医得效方》,对伤科的理论和技术有专门论述,第一次应用悬吊复位法治疗脊柱骨折,这在世界医学伤科发展史上是一个创举,欧洲到1927年才由英国人戴维斯(Arthur G. Davis)提出了悬吊复位法。

金元时期,中医学理论出现了一系列新见解,形成了医学领域的百家争鸣。金代刘完素(1130—1200年)根据当时北方地区流行性传染病的发热特点,总结自己的临床经验,提出火热致病理论,主张多用寒凉药物提高治疗效果,著有《素问玄机原病式》和《伤寒直格》等书,史称"寒凉派"。金代张从正(1156—1228年)强调用汗、吐、泻三法治疗风寒病,在临床运用上有独到之处,著有《儒门事亲》15卷,史称"攻下派"。金元之际的李杲(1180—1251年)主张温补脾胃,扶持元气,著有《内外伤辨惑论》和《脾胃论》等书,史称"温补派"。元代朱震亨(1281—1358年)结合上述三家治疗方法,提倡泻火与养阴并用,处方多用滋阴降火药剂,著有《格致余论》和《局方发挥》等书,史称"滋阴派"。他们的革新精神,对中医学理论的发展产生了极大影响。

1330年,元代忽思慧(生卒年代不详)所著的《饮膳正要》,论述了饮食治疗和饮食卫生,是我国第一部营养学和饮食疗法专著。

1406年,明代编成的《普济方》载方共61739个,是我国现存篇幅最大的医方书。

1567—1572年间,民间已应用接种人痘方法预防天花。种痘预防天花,是人工免疫法的开端,也是医学史上的重大成就。到17世纪,种痘技术已相当完善,并传入欧洲。

1601年,明代杨继洲(生卒年代不详)著成《针灸大成》,汇集了历代针灸学的成就以及他个人的实践经验,是中医针灸学的重要著作。

1608年,明代喻仁、喻杰(生卒年代均不详)合著的《元亨疗马集》,是著名的兽医学著作,包括了对马、牛和骆驼的治疗经验。

1617年,明代陈实功(1555年生,卒年不详)著《外科正宗》,收集了大量有效的外科方剂,介绍了截趾(指)、气管缝合等外科手术。

1642年,明末吴有性(约1561—约1661年)著成《瘟疫论》,创立了中医传染病学,在微生物学出现前,对传染病的治疗和预防做出了重大贡献。

在水利工程、建筑工程和机械技术方面，成就最多。主要有：

1048年，黄河在商胡（今河南濮阳县东）决口，北宋派官员郭申锡负责堵口，屡堵不成。1056年，河工高超（生卒年代不详）创造了"三埽合龙门法"，巧妙堵住了决口，其高超的堵口技术一直为后人延用。

1056年，辽代建成的山西应县佛宫寺木塔，塔高67米，内部采用斜撑和支柱相结合的结构方式，历经数次地震考验，至今完好无损，这是建塔技术上的一大奇迹。

1073年，北宋发明了用"铁龙爪扬泥车法"疏浚河道，这是近代用疏河船疏浚河道方法的技术前身。

元朝建都北京后，于1283—1292年间，先后开凿了济州河、会通河等运河，与隋代运河部分相接，形成贯通南北的大运河。后又经陆续修建，约于1411年建成现代规模的大运河，全长1782公里，至今仍是世界上最长的内陆运河。

元代郭守敬曾以海平面比较地形高低，在水利测量史取得了重大突破。他于1291—1292年主持修建了北京附近的白浮堰工程，解决了大运河北段通惠河水源不足问题。

1321年，元代沙克什（生卒年代不详）编修成《河防通议》，记载了古代治河、防洪经验，是世界上较早的水利工程技术专著之一。

1344年，黄河在山东曹县决口。1351年堵口时，遇到了流大水急不能下埽困难，民工把27艘大船捆接在一起，船上满载草石，驶至决口处同时凿沉，再抛下土石等物，终于堵住了决口，这是堵口技术上的一大创举。

明代杰出治河专家潘季驯（1521—1595年）四度负责治理黄河，一生主持治河长达27年，经过实地考查，总结出"以堤束水，以水攻沙"的治黄方针，对后代的黄河治理有很大影响。

明代对元大都加以改建扩充，建成了宏伟的北京城。北京城规划严整,街道平直,建筑群重点突出,主次分明。城内有较完善的砖建下水道系统。北京城华丽的宫殿和巨大的建筑群,是中国古代建筑工程和建筑艺术的杰出创造。

北宋时期,湖北武昌地区已发明并广泛使用"秧马"进行水稻机械插秧。

北宋时期,已有走马灯记载,这是世界上最早利用热气流推动旋转的机械装置,其原理与近代的汽轮机、燃气轮机相同。

约 1295 年,黄道婆(约生于 1245 年,卒年不详)将海南岛黎族棉纺织技术带到江南,并创造或改进了从轧花到织布的一系列机械技术,推动了长江下游一带棉纺业的迅速发展。

1313 年,元代王祯所著的《农书》卷 19 中所载"水转大纺车",属水力机械技术,是纺织机械史上的重要发明。

1626 年,明代王徵(1571—1644 年)编成《新制诸器图说》,是我国第一部有条理的机械工程专著。

二、沈括及其《梦溪笔谈》

沈括(1031—1095 年)字存中,杭州钱塘(今浙江杭州)人。父亲沈周(978—1051 年)字望之,大中祥符八年(1015 年)进士,历任汉阳掾、大理丞监苏州酒务、苏州通判、知润州(今江苏镇江)、知泉州(今属福建)、开封府判、江南东路按察使、知明州(今浙江宁波)等职。母许氏出身书香门第,知书达礼,通晓文墨。沈括出生在官宦书香之家,从小接受了系统的儒学教育,随父亲宦游四方,见识各地风土人情,了解江南山川地理,眼界大开,思维活跃。

皇祐三年(1051 年),沈周在杭州病逝。至和元年(1054 年),沈括父丧服除,以父荫授海州沭阳(今江苏沭阳)县主簿,治理沭水,"疏水为百渠九堰,以播节原委,得上田七千顷"①。嘉祐六年(1061年),调任宣州宁国县(今属安徽)令,动用万名民夫重建万春圩,垦辟良田上千顷。嘉祐八年(1063年),进士及第,除扬州司理参军。治平三年(1066年),入京城任馆阁校勘,"编校昭文书籍,为馆阁校勘,删定三司条例"②。因馆职清闲,沈括开始深入研究天文和历算,并考证郊祭礼制的沿革,著成《南郊式》。

熙宁五年(1072年),沈括升任太子中允、检正刑房公事,兼提举司天监,主持天象观察工作。针对司天监"日官皆市井庸贩,法象图器大抵漫不知"③ 的弊端,沈括进行了一系列整顿和改革:罢免庸官,杂用士人;招请卫朴编修新历,并于熙宁八年(1075年)修成《奉元历》;研究改进天文仪器,撰写《浑仪》、《浮漏》和《景表》等3篇奏议④,并获准研制更精密的浑仪、浮漏和圭表等。熙宁七年(1074年)完成了新仪器制造,沈括因此升任右正言、司天秋官正。

熙宁五年(1072年),沈括奉命治理汴河。汴河水利工程是落实王安石的《农田水利法》的重点工程之一。熙宁二年(1069年)开工后,屡次受到朝野非议。熙宁六年(1073年),沈括出访两浙路,察访两浙农田水利。第二年,出任河北西路察访使,兼提举该路保甲,视察和整顿北部边防,并受命兼管军器监,提高兵器生产的数量与质量。沈括着手研究布阵战法与城防工程,重新修订《九军阵法》,编成《修城法式条约》等军事文献。

熙宁八年(1075年),沈括奉旨出使辽国,谈判宋辽边境分界问题,获得成功。归来后撰成《使契丹图抄》,描绘辽国山川地貌、道路形势和

① 《沈括传》,《宋史》卷331。
② 《沈括传》,《宋史》卷331。
③ 《沈括传》,《宋史》卷331。
④ 《宋史》卷48,《天文志一》全文记载了沈括关于天文仪器设计和制造的三篇奏议。

人情风俗。同年,沈括升迁翰林学士、权三司使,主持国家财政。熙宁十年(1077 年),沈括因提议免役钱被御史蔡确弹劾,罢去三司使,以集贤院学士出知宣州。元丰三年(1080 年),改知延州(今陕西延安),并兼任鄜延路经略安抚使,统帅北宋与西夏战事,因有战功升任龙图阁直学士。元丰五年(1082 年),永乐城陷落,北宋损失官兵上万,沈括因"不能援永乐,坐谪均州团练副使"①。元丰八年(1085 年),再徙秀州(今浙江嘉兴)团练副使,不得离开谪地随意居住。

从熙宁九年(1076 年)到元祐二年(1087 年),沈括奉诏编修天下州县图。元祐三年(1088 年),他将五易其稿、历时 12 年精心编制的《天下州县图》进献朝廷,解除谪居禁令,获许任便居住。元祐五年(1090 年),沈括迁居润州(今江苏镇江)朱方门外梦溪园定居,从此闭门谢客,潜心著述,直到病逝。

尽管沈括一生中的大部分时间从事行政和军事活动,但由于他"博物洽闻,贯乎幽深,措诸政事,又极开敏",因而"于天文、方志、律历、音乐、医药、卜算,无所不通,皆有所论著"②。据胡道静先生统计,沈括的著述有近 40 种,现存的仅有笔记《梦溪笔谈》、《补笔谈》和《续笔谈》,医方《苏沈良方》15 卷,文集《长兴集》(原有 41 卷,现存 19 卷)等 5 种,其余多已亡佚③。

1. 沈括的科技成就

沈括是中国古代最伟大、并以博学著称于史的伟大科学家。他不仅对当时的科学技术成就进行了忠实记录,如布衣毕昇所发明的活字印刷术、河工高超巧合决口的"三埽合龙门法"、西夏冷锻铁甲技术、天

---

① 《沈括传》,《宋史》卷 331。
② 《沈括传》,《宋史》卷 331。
③ 胡道静:《梦溪笔谈校证》(下册),中华书局 1960 年版,第 1151—1154 页。

然磁体的人工磁化、湿法炼铜工艺等等，而且自己坚持科学实验，实地考察，认真钻研，在天文历法、数学计算、物理学、地理地质、水利测量、药物学等众多科学领域，都取得了卓越成就，有不少创见和新说达到了极高极深的学术造诣。

在天文历法方面，沈括既注重通过实测进行天文研究，又强调对观察仪器的技术改进，并善于将天文研究成果运用到历史制订中，体现出非常进步的实证科学思想。

沈括提举司天监期间，在对组织人员进行整顿之后，力主在实测日月五星行度的基础上改进历法，反对根据虚拟的象数进行历法演算。为此，他破格推荐精通天文观察和历算技术、但出身平民的淮南人卫朴进入司天监，主持修订新历法。熙宁八年(1075 年)，《奉元历》编成并颁行。后在沈括建议下，《奉元历》又根据实测资料重新修正。后来由于守旧派的刁难和攻击，《奉元历》先后只实行了 18 年，就被以离经叛道的罪名与"新法"一同废止。但沈括并不灰心丧气，他晚年进一步提出了用"十二气历"替代原有历法的进步主张。

中国古代历法是世界上最复杂的阴阳合历，其中基于月亮视运动周期的阴历朔望月与基于太阳视运动周期的阳历回归年之间，存在着不可通约的数值关系，不得不通过"算数繁猥"置闰月平衡阴阳，适应 24 个节气的变化。避免因"气朔交争"导致"四时失位"。而沈括的"十二气历"，则是基于太阳视运动的纯粹阳历。它以 12 气作为 1 年，1 年分 4 季，每季分孟、仲、季 3 个月，严格按节气确定月份，立春为 1 月 1 日，惊蛰为 2 月 1 日，依此类推。大月 31 天，小月 30 天，大小月相间出现，即使有"两小相并"情况(即同时出现两个小月)，1 年也只有 1 次。他在《补笔谈》里，对其新的历法构想充满了信心。他写道：

> 历法见于经者，唯《尧典》言"以闰月定四时成岁。"置闰之
> 法，自尧时始有，太古以前，又未知如何。置闰之法，先圣王所

遗,固不当议。然事固有古人所未至而俟后世者,如岁差之类,方出于近世,此固无古今之嫌也。凡日一出没谓之一日,月一盈亏谓之一月。以日月纪天,虽定名,然月行二十九日有奇,复与日会;岁十二会而尚有余日。积三十二月,复余一会,气与朔渐相远,中气不在本月,名实相乘,加一月谓之"闰"。闰生于不得已,犹暍舍之用罈楔也。自此气、朔交争,岁年错乱。四时失位,算数繁猥。凡积月以为时,四时以成岁,阴阳消长,万物生杀变化之节,皆主于气而已。但记月之盈亏,都不系岁事之舒惨。今乃专以朔定十二月,而气反不得主本月之政。时已谓之春矣,而犹行肃杀之政,则朔在气前者是也。徒谓之乙岁之春,而实甲岁之冬也;时尚谓之冬也,而已行发生之令,则朔在气后者是也。徒谓之甲岁之冬,乃实乙岁之春也。是空名之正、二、三、四反为实,而生杀之实反为寓,而又生闰月之赘疣,此殆古人未之思也。今为术,莫若用十二气为一年,更不用十二月。直以立春之日为孟春之一日,惊蛰为仲春之一日,大尽三十一日,小尽三十日;岁岁齐尽,永无闰余。十二月常一大、一小相间,纵有两小相并,一岁不过一次。如此,则四时之气常正,岁政不相凌夺。日月五星,亦自从之,不须改旧法。惟月之盈亏,事虽有系者,如海、胎育之类,不预岁时寒暑之节,寓之历间可也。借以元祐元年为法,当孟春小,一日壬寅,三日望,十九日朔;仲春大,一日壬申,三日望,十八日朔。如此历日,岂不简易端平,上符天运,天补缀之劳?余先验天百刻有馀、有不足,人已疑其说。又谓十二次斗建当随岁差迁徙,人愈骇之。今此历论,尤当取怪怒攻骂。然异时必有用余之说者。①

---

① 《补笔谈》卷2。

沈括所设计的这种节气历法是非常科学的。它的最大特点是,既能够与实际星象和季节完全符合,又有利于安排农业生产。可惜,在经学独尊的专制时期,这一最富有革新意义的历法主张是不可能实现的。但沈括科学地预见到"异时必有用予之说者",却果真应验了。现在世界各国通用的公历,即以教皇格里高里八世(Gregorian Ⅷ)命名的格里高历(1582年颁发),就是单纯的阳历。由于历史原因,格里高历在月份安排上还没有"十二气历"科学。

为了准确测量天体运行的各种数值,沈括对旧式天文仪器浑仪和浮漏等,也进行了重大改革。

浑仪又称浑天仪,是中国古代测量天体方位的仪器。经过汉唐的发展和演变,到北宋时期,浑仪结构变得异常复杂,赤道、黄道和月道三环交错,使用起来非常不便。沈括首先分析了旧式浑仪存在的13种严重技术问题,然后对浑仪做了较大简化,诸如取消了作用不大的月道环,"当省去月环,其候月之出入,专以历法步之"[1];放大窥管上孔口径以扩大观察视域,缩小下孔口径以适合肉眼目测;设法校正极轴位置,准确定向北极;等等。经过改进的浑仪,结构简化,使用方便,精度提高。沈括的这些改革措施,为浑仪的进一步简化奠定了坚实的技术基础。元代郭守敬于至元十三年(1276年)创制了新式测天仪器——简仪,就是在沈括浑仪基础上设计和建造出来的简单精密仪器。

浮漏又称浮漏壶,是古代测定时刻的天文仪器,由若干个盛水容器装置成阶梯形式,每一容器下侧都有孔,依次往下一容器滴漏。最下面的容器没有孔,里面装置有刻着时间标度的"箭",随着滴漏水面的升高,"箭"会缓慢浮起,从而读出时刻数。沈括对漏壶也进行了改进。他把曲筒铜漏管改做直颈玉嘴,将其位置从侧面移到壶体下部,并利用漫

---

① 《天文志一·浑仪议》,《宋史》卷48。

流表面张力的补偿作用,减少液体粘滞性随温度变化而对流量的影响,以消除由此引起的计时误差,提高了计时准确性。他利用新制的浮漏,进行了长达 10 余年的观测和研究,获得不少新成果,即不因袭前人遗迹的"真数"。他指出:

> 予占天候景,以至验于仪象,考数下漏,凡十余年,方粗见真数,成书四卷,谓之《熙宁晷漏》,皆非袭蹈前人之迹。其间二事尤微:一者,下漏家常患冬月水涩,夏月水利,以为水性如此;又疑冰澌所壅,万方理之。终不应法。余以理求之,冬至日行速,天运已期,而日已过表,故百刻而有余;夏至日行迟,天运未期,而日已至表,故不及百刻。既得此数,然后复求晷景漏刻,莫不吻合。此古人之所未知也。二者,日之盈缩,其消长以渐,无一日顿殊之理。历法皆以一日气短长之中者,播为刻分,累损益,气初日衰,每日消长常同;至交一气,则顿易刻衰。故黄道有舥而不圆,纵有强为数以步之者,亦非乘理用算,而多形数相诡。[1]

在这里,沈括认识到两种真实的时间微量变化:一是在一年中,每日时间长度并非等量常数,存在微分摄动,冬至日略长,"百刻而有余",夏至日略短,"不及百刻";二是在一日中,每刻的消长变化也是不均匀的渐进过程。

在数学计算方面,沈括的数学成就在数学史上占有重要地位,日本数学史家三上义夫称其为"中国算学之模范的人物或理想的人物"[2]。沈括研究的计算课题,主要有"隙积术"和"会圆术",他统称为"造微

---

①　《象数一》,《梦溪笔谈》卷 7。
②　[日]三上义夫著,林科棠译:《中国算学之特色》,商务印书馆 1934 年版。

之术"。

"隙积术"是求解诸如累棋子、层坛子及酒家积罂等垛积问题,属于二阶等差数列的求和计算。因为垛积中间存在"刻缺及虚隙之处",因此比《九章算术》中的"刍童术"更为复杂。沈括以酒家积罂为例,给出了具有普遍意义的计算步骤。他写道:

> 隙积者,谓积之有隙者,如累棋、层坛及酒家积罂之类。虽似覆斗,四面皆杀,缘有刻缺及虚隙之处,用刍童法求之,常失于数少。余思而得之,用争童法为上位,下位别列,下广以上广减之,余者以高乘之,六而一,并入上位。假令积罂:最上行纵横各二罂,最下行各十二罂,行行相次。先以上二行相次,率至十二,当十一行也。以刍童法求之,倍上行长得四,并入下长得十六,以上广乘之,得之三十二;又倍下行长得二十四,并入上长,得二十六,以下广乘之,得三百一十二;并二位得三百四十四,以高乘之,得三千七百八十四。重列下广十二,以上广减之,余十,以高乘之,得一百一十,并入上位,得三千八百九十四;六而一,得六百四十九,此为罂数也。刍童求见实方之积,隙积求见合角不尽,益出羡积也。①

沈括给出的计算步骤,若用现代数学语言表述,其算法公式为:

$$\sum_{隙积} = \frac{h}{6}\big[(2b+d)a + (2d+b)c\big] + \frac{h}{6}(c-a)$$

其中,a 和 c 分别表示隙积体上、下宽度(广度),b 和 d 分别表示积体上、下长度,h 表示隙积体的高度(层数)。在沈括所举的积罂例子中,$a=b=2,c=d=12,h=11$,将这些数值分别代入公式 $\sum$,计算步骤及

① 《技艺》,《梦溪笔谈》卷18。

其结果为:

$$\sum_{\text{积罍}} = \frac{11}{6}\left[(2 \times 2 + 12) \times 2 + (2 \times 12 + 2) \times 12\right] + \frac{11}{6}(12 - 2)$$

$$= \frac{1}{6}\left[11 \times (32 + 312) + 110\right]$$

$$= \frac{1}{6}(11 \times 344 + 110)$$

$$= \frac{1}{6}(3784 + 110)$$

$$= \frac{3894}{6} = 649$$

沈括的"隙积术"开辟了一个全新的数学研究方向,其后杨辉、朱世杰和李善兰等人进一步将"积隙术"算法,从四方垛积推广到更加复杂的三角垛积,推动了中国古代高等组合数学的领先发展。

"会圆术"是根据已知弓形的圆径和矢高求弦长、弧长的计算技术。沈括从丈量田亩的"履亩之法"中,发明创造了"会圆之术"。他写道:

> 履亩之法,方圆曲直尽矣,未有会圆之术。凡圆田,既能拆之,须使会之复圆。古法惟以中破圆法拆之,其失有及三倍者。余别为拆会之术,置圆田,径半之以为弦,又以半径减去所割数,余者为股;各自乘,以股除弦,余者开方除为勾,倍之为割田之直径。以所割之数自乘倍之,又以圆径除所得,加入直径,为割田之弧。再割亦如之,减去已割之弧,则再割之弧也。假令有圆田,径十步,欲割二步。以半径为弦,五步自乘得二十五;又以半径减去所割二步,余三步为股,自乘得九;用减弦外,有十六,开平方,除得四步为勾,倍之为所割直径。以所割之数二步自乘为四,倍之得为八,退上一位为四尺,以圆径除。今圆径十,已足盈数,无可除。只用四尺加入直径,为

所割之弧,凡得圆径八步四尺也。再割亦依此法。如圆径二
十步求弧数,则当折半,乃所谓以圆径除之也。①

沈括通过考察弓形中弧、弦和矢之间的关系,在中国数学史上第一次提
出了由圆径和矢高求弦长、弧长的实用计算公式。设已知弓形的圆径
为 d,矢高为 h,则沈括给出的计算公式为:

$$L_{弦} = 2\sqrt{(\frac{d}{2})^2 - (\frac{d}{2} - h)^2} \; ; \; L_{弧} \approx \frac{2h^2}{d} + d$$

其中,求弦长的公式是根据勾股定理推导出来的精确数学公式,求弧长
的公式则是经验近似公式。元代王恂、郭守敬在编制《授时历》时,在
"弧矢割圆术"中就使用了沈括求弧长的近似公式,在天文计算和球面
三角学等领域起到了积极的示范作用。

在物理学方面,沈括记载了一系列光学、磁学和声学现象,并探讨
了其中的原理。

沈括仔细研究过凹面镜成像的光学原理,通过反复观察和实验,他
得出了比《墨经》等古代文献更科学的研究成果。他指出:

阳燧照物皆倒,中间有碍故也。算家谓之"格术"。如人
摇橹,臬为之碍故也。若鸢飞空中,其影随鸢而移,或中间为
窗隙所束,则影与鸢遂相违,鸢东则影西,鸢西则影东。又如
窗隙中楼塔之影,中间为窗所束,亦皆倒垂,与阳燧一也。阳
燧面洼,以一指迫而照之则正;渐远则无所见;过此遂倒。其
无所见处,正如窗隙、橹臬、腰鼓碍之,本末相格,遂成摇橹之
势。故举手则影愈下,下手则影愈上,此其可见。阳燧面洼,
向日照之,光皆聚向内。离镜一、二寸,光聚为一点,大如麻

① 《技艺》,《梦溪笔谈》卷 18。

莍,著物则火发,此则腰鼓最细处也。①

用凹面镜("阳燧")照物,中间有一被沈括称作"碍"的焦点。物在碍点以内,成正像;在碍点上,不成像;在碍点以外,成倒像。他还用窗隙、橹臬、腰鼓等日常事物形容凹面镜成像现象,解释凹面镜成像的光学原理。

沈括对凸面镜、平面镜的成像原理,也做了细致的观察和研究,科学地解释了古人制镜时,镜大则平、镜小则凸的光学原理。他指出:"古人铸鉴,鉴大则平,鉴小则凸。凡鉴洼则照人面大,凸则照人面小。小鉴不能全视人面,故令微凸,收人面令小,则鉴虽小而能全纳人面,仍覆量鉴之小大,增损高下,常令人面与鉴大小相若。此工之巧智,后人不能造。比得古鉴,皆刮磨令平,此师旷所以伤知音也"②。这说明沈括对镜面大小、镜面曲率与成像大小的关系,已有了清楚的认识。

对古代透光镜,沈括也进行了细心观察和研究。他记载道:

> 世有透光鉴,鉴背有铭文,凡二十字,字极古,莫能读。以鉴承日光,则背文及二十字,皆透在屋壁上,了了分明。人有原其理,以为铸时薄处先冷,惟背文上差厚,后冷而铜缩多。文虽在背,而鉴面隐然有迹,所以于光中现。余观之,理诚如是。然余家有三鉴,又见他家所藏,皆是一样,文画铭字无纤异者,形制甚古。惟此一样光透,其他鉴虽至薄者皆莫能透。意古人别自有术。③

---

① 《辩证一》,《梦溪笔谈》卷3。
② 《器用》,《梦溪笔谈》卷19。
③ 《器用》,《梦溪笔谈》卷19。

透光铜镜在汉代已能制造,隋唐时期传到日本。沈括对这种特殊光学现象的解释是,铸镜时冷却速度不同,导致铜镜能够反射背面花纹。经过近年研究,冷却和磨制两种制镜技术都能产生透光效果。对古代透光镜,现代人比较一致的看法是利用磨制技术形成。

沈括对指南针的研究是有卓越成就的。他通过实验得出磁针指向不是正南,而是略偏东,这是关于地球磁偏角最早的明确记载:

> 方家以磁石磨针锋,则能指南,然常微偏东,不全南也,水浮多荡摇。指爪及碗唇上皆可为之,运转尤速,但坚滑易坠,不若缕悬为最善。其法取新纩中独茧缕,以芥子许蜡,缀于针腰,无风处悬之,则针常指南。其中有磨而指北者。余家指南、北者皆有之。磁石之指南,犹柏之指西,莫可原其理。①

在此,他指出磁针有四种装置方法:浮于水面、放在指甲上、置于碗边和以线悬挂。在对这 4 种方法做了优劣比较后,认为"最善"的方法是以线悬挂的缕悬法。他还发现磁针有指南、指北之分,但受当时科技水平所限,不能对这一现象做出科学解释。

沈括通过对某些声学现象的观察与研究,对声波共振现象有了更进一步的认识。共振现象早在战国时期就被发现,后来人们还发现了一些消除共振现象的技术方法。沈括用"剪纸人"实验证明,弦线的基音与泛音之间存在共振关系:

> 琴瑟弦皆有应声:宫弦则应少宫,商弦即应少商,其余皆隔四相应。今曲中有声者,须依此用之。欲知其应者,先调诸弦令声和,乃剪纸人加弦上,鼓其应弦,则纸人跃,他弦即不

---

① 《杂志一》,《梦溪笔谈》卷 24。

动,声律高下苟同,虽在他琴鼓之,应弦亦震,此之谓正声。①

将剪成的小纸人放在乐器的基音宫弦上,拨动相应的泛音弦线,纸人谐振跳动;拨动其他弦线,纸人不动。沈括称其为"正声"。这是世界上最早的声学共振实验,欧洲直至17世纪才出现了类似的实验。

在地理、地质方面,沈括也亦有许多独到的见解。他一生足迹踏遍了大半个中国,加上知识面广、善于观察和思考,因而能够观察到许多别人无法意识的地质学现象。熙宁七年(1074年),沈括到浙东地区按察,看到雁荡山诸峰的特殊形貌,对其成因提出了流水侵蚀的科学解释:

> 温州雁荡山,天下奇秀,然自古图牒,未尝有言者。祥符中,因造玉清宫,伐山取材,方有人见之,此时尚未有名。按西域书,阿罗汉诺矩罗居震旦东南大海际雁荡山芙蓉峰龙湫。唐僧贯休为《诺矩罗赞》,有"雁荡经行云漠漠,龙湫宴坐雨濛濛"之句。此山南有芙蓉峰,峰下芙蓉驿,前瞰大海,然未知雁荡、龙湫所在。后因伐木,始见此山。山顶有大池,相传以为雁荡。下有二潭水,以为龙湫。又以经行峡、宴坐峰,皆后人以贯休诗名之也。谢灵运为永嘉守,凡永嘉山水,游历殆遍,独不言此山,盖当时未有雁荡之名。予观雁荡诸峰,皆峭拔嶮怪,上耸千尺,穷崖巨谷,不类他山。皆包在诸谷中,自岭外望之,都无所见;至谷中,则森然千霄。原其理,当是为谷中大水冲激,沙土尽去,惟巨石岿然挺立耳。如大小龙湫、水帘、初月谷之类,皆是水凿音漕去声。之穴,自下望之,则高岩峭壁;从上观之,适与地平,以至诸峰之顶,亦低于山顶之地面。世间

---

① 《补笔谈》卷1,《乐律》。

沟壑中水凿之处,皆有植土龛岩,亦此类耳。今成皋、陕西大
涧中,立土动及百尺,迥然耸立,亦雁荡具体而微者,但此土彼
石耳。既非挺出地上,则为深谷林莽所蔽,故古人未见,灵运
所不至,理不足怪也。①

这既是一篇文笔优美的雁荡山游记,又是一篇珍贵难得的地质学论文。
在此,沈括利用类比推理,对西部黄土高原的地貌成因,也做出了由流
水冲激而自然形成的科学解释。他还根据在太行山北麓发现"山崖之
间,往往衔螺蚌壳及石子如鸟卵者,横亘石壁如带",断定这里曾是"昔
之海滨"②,并进而推测华北平原是由黄河、漳水河、滹沱河、涿水河、桑
干河等华北地区河流的泥沙冲积而成。这是最早对华北平原成因的科
学解释。

沈括在视察河北边防时,非常留意当地的地形地貌,并用木屑、面
糊堆捏成模拟当地山川道路等地形地物的立体地图模型。后又改用熔
蜡制作和木材雕刻,既逼真又便于携带。上呈朝廷后:"上召辅臣同观,
乃诏边州皆为木图,藏于内府"③。这是世界上最早的立体地图,比欧
洲同类制作早 700 余年。

熙宁九年(1076 年),沈括奉旨编修《天下州县图》,前后费时 12 年,
终于绘制成《天下州县图》(即《守令图》),总图大小各 1 轴,分路图 18
轴,共 20 轴。这是当时最好的全国地图册。沈括在制图过程中,继承
并发展了西晋裴秀提出的"制图六体",将过去的 8 个方位细分到 24
个,大大提高了制图精度。他还十分注重两地水平距离的精确测算,确
立了"准望、牙融、傍验、高下、方斜、迂直"等 7 种测绘方法,按"鸟飞之

---

① 《杂志一》,《梦溪笔谈》卷 24。
② 《杂志一》,《梦溪笔谈》卷 24。
③ 《杂志二》,《梦溪笔谈》卷 25。

数"计算两地直线距离,达到了在"以二寸折百里为分率"①、即 75 万分之一的比例下"毫发无差"的绘图精度。

在水利测量方面,沈括发明了分段筑堰水平测量法。熙宁五年(1072 年),他按察汴河工程时,曾亲自实地测量沿渠各地的水平高低。沈括所用的测量方法是,分段筑堰,逐段测量。他具体介绍说:

> 余尝因出使,按行汴渠,自京师上善门量至泗州淮口,凡八百四十里一百三十步。地势,京师之地比泗州凡高十九丈四尺八寸六分。于京城东数里白渠中穿井,至三丈方见旧底。验量地势,用水平、望尺、幹尺量之,不能无小差。汴渠堤外,皆是出土故沟,水令相通,时为一堰节其水;候水平,其上渐浅涸,则又为一堰,相齿如阶陛。乃量堰之上下水面,相高下之数会之,乃得地势高下之实。②

中国现代地理学家、气象学家竺可桢先生(1890—1974 年)曾撰文,对沈括的筑堰水利测量法给出了实事求是的科学评价:"虽不尽善,但苟所筑之堰,极为平直,当不致有大差误。其所用之尺,虽未必精密,但计高度至于分寸,可见其行事之不苟且。欧洲古代,希腊虽曾经测海岸之远近,罗马盛时亦有测量街道之举,但地形测量在括以前则未之闻。"③

沈括在临床医学、基础医学和药物学等方面,也有不少重要成果。特别是对药物和药理,提出了许多独到见解。例如,他对细辛、杜若、枳实等药物存在的"一物多名"、"一名多物"和"名实错乱"现象做出了考订;对《神农本草经》等古书中关于山豆根等药物药性的记载错误做出

---

① 《杂志》,《补笔谈》卷 3。
② 《杂志二》,《梦溪笔谈》卷 25。
③ 竺可桢:《北宋沈括对于地学之贡献与纪述》,《科学》1926 年第 6 期(第 11 卷),第 797 页。

了纠正;对辨疾、治病、配方、采药以及药物的保管和加工制作、服药的正确方法等,都提出了相当中肯的看法。沈括曾编著《良方》卷。北宋末年,有人将苏轼的《医药杂说》附于《良方》后,题名为《苏沈良方》。现传本《苏沈良方》共 10 卷,沈括在自序中说:"予所谓良方者,必目睹其验,始著于篇,闻不预焉。"① 由此可见,他选择药方的态度是极其审慎的。

2.《梦溪笔谈》的历史地位

沈括所著《梦溪笔谈》,是举世闻名的中国古代科学技术巨著。《梦溪笔谈》不仅具有极高的史料价值,而且在中国科学技术史上占有十分重要的历史地位。英国科学史家李约瑟博士(Joseph Needham, 1900—1995 年)称誉此书是"中国科学史上的里程碑"②。

《梦溪笔谈》是沈括晚年在梦溪园中,将其一生所见所闻和研究心得,以笔记的文学体裁写下的。现存《梦溪笔谈》为 26 卷,并附《补笔谈》3 卷、《续笔谈》11 篇,约 13 万字。《梦溪笔谈》依次分为故事、辩证、乐律、象数、人事、官政、机智、艺文、书画、技艺、器用、神奇、异事(附异疾)、谬误(附谲诈)、讥谑、杂志、药议等 17 个门类。《补笔谈》上述内容中的 11 个门类。《续笔谈》不分门别类。全书共计 609 条(不同版本稍有出入),内容涉及到数学、天文、历法、气象、地质、地理、物理、化学、生物、农业、水利、建筑、医药、历史、艺术、人事、军事、法律等众多领域。在这些条目中,属于人文科学诸如人类学、考古学、语言学、音乐等方面的,约占全部条目的 18%;属于自然科学方面的,约占 36%,其余的则多为人事资料、军事、法律及杂说轶闻等,约占 46%。

---

① 《苏沈良方》,《沈序》。
② [英]李约瑟:《中国科学技术史》(中译本)第 1 卷,北京:科学出版社 1975年版,第 135 页。

就文本体裁而言,《梦溪笔谈》属于私人笔记。从思想内容看,全书以多于三分之一的篇幅,记述并阐发了自然科学知识和技术工艺原理,这在古代笔记体著述中是极其罕见的。由于沈括本人具有极高的科学素养,所以他所记述的科技知识,具有很高的科学价值,基本上反映了北宋科学发展的实际水平和他本人的研究心得,是中国古代科学技术发展的历史坐标。例如,《梦溪笔谈》对"布衣毕昇"发明烧泥活字印刷术的详实记载,被世界科学技术界公认是关于活字印刷技术最早、最可靠的珍贵史料,深受国际重视:

> 版印书籍,唐人尚未盛为之,自冯瀛王始印五经,已后典籍,皆为版本。庆历中,有布衣毕昇,又为活版。其法用胶泥刻字,薄如钱唇,每字为一印,火烧令坚。先设一铁板,其上以松脂腊和纸灰之类冒之。欲印则以一铁范置铁板上,乃密布字印。满铁范为一板,持就火炀之,药稍熔,则以一平板按其面,则字平如砥。若止印三、二本,未为简易;若印数十百千本,则极为神速。常作二铁板,一板印刷,一板已自布字。此印者才毕,则第二板已具。更互用之,瞬息可就。每一字皆有数印,如之、也等字,每字有二十余印,以备一板内有重复者。不用则以纸贴之,每韵为一贴,木格贮之。有奇字素无备者,旋刻之,以草火烧,瞬息可成。不以木为之者,木理有疏密,沾水则高下不平,兼与药相粘,不可取。不若燔土,用讫再火令药熔,以手拂之,其印自落,殊不沾污。昇死,其印为余群从所得,至今保藏。①

《梦溪笔谈》问世以后,受到当时学术界的普遍重视,不久即被刊刻

---

① 《技艺》,《梦溪笔谈》卷18。

印行。据现在所知，此书的最早版本为南宋乾道二年（1166 年）本，今仅存元、明复刻的乾道本。通行的正、补、续三编本首出万历三十年（1602 年）刊刻的《稗海》中。1956 年，上海出版公司出版了胡道静的《梦溪笔谈校证》，考据精详。1957 年，中华书局又出版了胡道静的《新校正梦溪笔谈》，便于阅读。《梦溪笔谈》早在 19 世纪，就因其对活字印刷术的记载而闻名世界。20 世纪以来，法、德、英、美、意等国家，都有专家对《梦溪笔谈》进行系统而深入的学术研究，并通过传媒向社会大众详细介绍。中国的近邻日本，早在 19 世纪中叶，就采用活字版排印了沈括的名著，从而成为世界上最早用活字版排印《梦溪笔谈》的国家。从 1978 年起，日本又分 3 册陆续出版了《梦溪笔谈》的日文译本。这些都表明，《梦溪笔谈》早已成为具有国际影响的古代科技典籍。

三、李时珍及其《本草纲目》

李时珍（1518—1593 年）字东璧，号濒湖山人，湖广蕲州（今湖北蕲春县）人，出身行医之家。祖父是"铃医"，也称"走方医"，常手摇铃串，背着药箱，走街串巷，在乡村和城镇之间卖药治病。父亲李言闻，字子都，号月池，深知行医的清苦和劳累，为摆脱医生职业，曾发奋读书，博读经史子集，虽中过秀才，但没有科举入仕，只好行医谋生。李言闻悉心研究中药，不仅通读古代药书，而且常常到山中自采药草，精通医药，医术高明，是当时的名医。晚年被选为贡生，送入京师，当过太医院吏目，即从事文书类事务的下级医官。曾著有《四诊发明》，《痘疹证治》，《月池艾叶传》和《月池人参传》等书，均已散失。

李时珍是李言闻的次子，受过良好的家学启蒙和医学熏陶。父亲对医药孜孜以求的敬业精神，对其影响极大。在耳闻目染中，他的药草知识逐渐积累和丰富起来，从小就能辨别出许多药草，对金石草木、虫鱼禽兽有一种奇特爱好。但父亲却不愿让儿子继承下贱的医生行当，有意培养他走上仕途，督促其埋头读书，除了儒家经典外，还有小说传奇、诗歌词赋，几乎无不涉猎。这反倒为李时珍后来从事医药学研究，并成为伟大的博学家，打下了坚实而雄厚的百科知识基础。

明世宗嘉靖十年(1531年)，14岁的李时珍终于考取秀才。父亲非常高兴，激励他继续努力，争取考中举人。但在随后三次乡试中，他却屡屡失利。无情的事实表明，生性勤学多思、善于实地观察的李时珍，不适合为程朱理学作八股文式的注脚。他遂放弃科举仕途，随父亲出诊治病，世袭下贱的"医方伎"，同时专心从事医药学和博物学研究。李时珍利用一切时间阅读所有能够找到的书籍，包括经、史、子、集四大部，传记、声韵、农圃、医方、卜筮、星象、相术和乐府等三教九流的各类典籍。他采取研究式阅读，发现可取之处，就记录下来；发现疑点错误，便进行考证。他的各类读书笔记有百万余言。他还非常注重汲取理学中的思想营养，读诵过大量程朱理学的著作，诸如《四书集注》和《通鉴纲目》等，善于将格物致知、即物穷理的理学原则贯彻到实地考察之中。

李时珍自幼体弱多病，少年时代患有眼疾。20岁参加乡试前，曾生过一场大病。病由感冒引起，从慢性咳嗽转为"骨蒸病"，皮肤火热，心烦口渴，每天吐痰一碗多。从现代医学知识推断，李时珍当时患的很可能是肺结核。他根据初步了解的方剂原理，自己用柴胡、麦门冬等清热化痰草药治了一个多月，病情不仅没有好转，反而更加严重。他父亲也多方治疗，仍不见效，病情危重。后选用金代名医李杲的独味黄芩汤，服用后第二天就退烧，痰症和咳嗽也渐渐好转。生死之际，李时珍深切感受到被社会歧视的"医方伎"，居然有起死回生的神奇妙用，遂心甘情愿地献身于医药事业，并立志编撰一部更系统、更实用的《本草》医书，即后来的《本草纲目》。

嘉靖二十一年(1542年)，24岁的李时珍跟随父亲正式开始行医，并着手编写《本草纲目》。当时，蕲州一带连年大旱，河塘干涸，粮食歉收，并暴发了肠胃传染病。明政府在各地设立"医药惠民局"，试图帮助百姓解救危难和厄运。但因药局吏治腐败，贱买贵卖，以假充真，收效甚微。民众治病，主要靠铃医的偏方和民间的验方。不少病人找李家父子求医，他们总是有求必应，甚至还为病人赔上药钱。经过十多年的行医实践，李时珍医治好大量疑难怪症，摸索出许多奇特药方和独到疗法，并纠正了众多传统医药学错误。例如他用腊匦巴豆丸治愈了近百名腹泻病人，用事实和疗效说明烈性泻药巴豆，也可以用来治疗腹泻，关键在于配方时的用量。李时珍因医德高尚，医术高明，很快名扬远近，并受到当地藩王和官僚的器重。荆穆王、富顺王、都昌王和州府县衙里的大小官僚，都经常请他到府中看病。

约在38岁时，李时珍在封藩湖北武昌的楚恭王府的"奉祠所"（掌管祭示礼节的官署）任"奉祠正"，同时掌管"良医所"（专门负责王府宗亲医疗保健），并以高超的医术治愈了楚恭王长子的"暴厥症"（急性抽风病）。嘉靖三十七年（1558年），朝廷诏命各地举荐名医到太医院填补空额，楚恭王推荐了李时珍。李时珍到北京后，任太医院院判，官秩六品。在京都太医院期间，李时珍有机会出入"寿药房"和"御药库"，见到了各地进贡的名贵药材，以及从海外进口的药材，眼界大开。他对见到的药材进行鉴别和试验，做了大量研究笔记。他还读到了不少太医院收藏的医药学典籍。他本想利用在恭王府和太医院供职的机会，建议由朝廷出面编修《本草纲目》。可建议提出后，不但朝廷不予理睬，还遭到守旧人士的多方斥责，说其想篡改中医经典。当时，嘉靖皇帝笃信道教，热衷长生方术，不惜耗费巨资进行斋醮。朝政完全由严嵩父子把持，专权腐败，谄媚成风。李时珍任职1年后，托病辞职，返回故乡。

回到蕲州后，李时珍搬迁到雨湖北岸红花园居住，自号濒湖山人，借用《诗经·卫风·考槃》中"考槃在阿，硕人之过"诗句的意蕴，题名其住所和医馆为"过所馆"。一边行医谋生，一边继续依靠个人力量编写《本草纲目》。经过三次全面修改，约在明神宗万历六年（1578年），《本草纲目》最后脱稿。

为了谋求刊刻行世，李时珍拖着孱弱的躯体四处奔波，好几年都没有结果。而在编撰《本草纲目》的过程中，他聘请助手，收集资料，收购药材，耗尽了所有家财，已经无力自费刊行。万历十八年(1590年)前后，李时珍带病赴南京碰运气，终于有位出版商答应出资刻印。书稿开始刻印时，李时珍病情加重。在他逝世后的第3年，即万历二十四年(1596年)，《本草纲目》的第一版(金陵本)在南京出版刊行。

除《本草纲目》这部巨著之外，李时珍还写过《濒湖脉学》、《奇经八脉考》、《食物本草》、《集简方》、《蕲蛇传》、《五脏图论》、《命门考》、《命门三焦客难》、《濒湖医案》等医药学著作，为中医药学的发展做出了不可磨灭的杰出贡献。

1. 李时珍的医药思想

根据《本草纲目》中的记载，李时珍具有丰富的医药学思想。对中医理论中的阴阳五行说、天人相应说和脏腑经络说，他都有深入研究，并能灵活应用，大胆突破。例如，他用木瓜治疗转筋与血病脚膝乏力症，一般医家以木瓜味酸入肝、而肝主筋来解释药理作用。李时珍则认为，木瓜可以收敛脾肺耗散之气，疏泻肝中壅积之气，泻肝木以助肺金，平脾土以滋肺阴，是理脾伐肝滋肺的结果①。

从中医药学的历史发展看，对李时珍影响最大的前代名医，是"金元四大家"中的张元素和李杲。李时珍对张元素"寒凉派"的药学理论，如药性的气味、阴阳、厚薄、升降、浮沉、补泄、六气、归经等解释，赞扬有加。受"补土派"李杲重视脾胃中气的影响，李时珍在辨证施治中，特别重视脾胃的健运功能。他认为，脾胃中气与疾病邪气、人体正气之间的关系甚为密切，告戒人们治病时切勿过量用苦寒药物损伤脾胃中气。

---

① 《木瓜》，《本草纲目》卷30。

如对泽泻治头重目晕耳鸣症候,李时珍认为,其药理在于泽泻祛湿热,脾胃深湿既去,则中气得令行权,清阳之气上行,病症自然痊愈。受"滋阴派"朱震亨《格物余论》中"以医为吾儒格物致知一事"①说法影响,李时珍将宋明理学的格物致知、即物穷理等学说,贯彻到中药理论研究和实践应用中。他指出:"虽曰医家药品,其考释性理,实吾儒格物之学,可裨《尔雅》、《诗疏》之缺"②。李时珍认为,与所有学术一样,医药研究更需要"格物",研究物理:"医者贵在格物也"③。明代学者王世贞,称赞李时珍的《本草纲目》是"性理之精微,格物之通典"。他在为《本草纲目》所作的序中说:

> 予开卷细玩,每药标正名为纲,附释名为目,正始也。次以集解、辨疑、正误,详其土产形状也。次以气味、主治、附方,著其体用也。上自坟、典,下及传奇,凡有相关,靡不备采。如入金谷之园,种色夺目;如登龙君之官,宝藏悉陈;如对冰壶玉鉴,毛发可指数也。博而不繁,详而有要,综核究竟,直窥渊海。兹岂禁以医书觏哉?实性理之精微,格物之通典,帝王之秘箓,臣民之重宝也。④

李时珍对中药学最杰出的历史贡献在于,完成了古典本草学的科学大综合,对西汉《神农本草经》以来 2000 多年中药采集加工、学术研究和临床运用等历史成果,进行了系统的科学总结,对后世的中药学发展产生了深远影响。

"本草"是中药学特有的科学范畴,中药学又称"本草学"。李时珍

---

① 《格物余论·序》。
② 《本草纲目·凡例》。
③ 《芎窮》,《本草纲目》卷 14。
④ 《本草纲目·序》。

援引五代韩保升的解释,对"本草"的命名原则做出了这样的解释:"药有玉石、草木、虫兽,而云本草者,为诸药中草类最多也"①。西汉《神农本草经》的出现,标志着本草学的形成。东汉有《蔡邕本草》、《吴普本草》和《李当之本草》,南北朝有陶弘景的《本草经集注》,唐代有《唐本草》和《新修本草》,一直到宋代唐慎微编著《经史证类备急本草》为止,历代本草学前后衔接,呈现积累式的发展趋势。但《经史证类备急本草》之后,本草学相对停滞,没有出现大的发展。李时珍在 20 多岁时,便决定以《经史证类备急本草》为基础,把古人漏掉的、或没有发现的有效药物补充进去,并对历代本草中的玼、舛谬、差讹和错误,一一予以纠正。他在晚年所作的《进本草纲目疏》中,详细陈述了编撰这部本草学巨著的缘由:

> 宋仁宗再诏补注,增药一百种,召医唐慎微合为《证类》,修补众本草五百种。自是人皆指为全书,医则目为奥典。夷考其间,玼瑕不少:有当析而混者,如葳蕤、女萎,二物而并入一条;有当并而析者,如南星、虎掌,一物而分为二种。生姜、薯蓣,菜也,而列草品;槟榔、龙眼,果也,而列木部。八谷,生民之天也,不能明辨其种类;三菘,日用之蔬也,罔克的别其名称。黑豆、赤菽,大小同条;硝石、硭硝,水火混注。以兰花为兰草,卷丹为百合,此寇氏《衍义》之舛谬;谓黄精即钩吻,旋花即山姜,乃陶氏《别录》之差讹。酸浆、苦耽,草菜重出,掌氏不审;天花、栝楼,两处图形,苏氏之欠明。五倍子,构虫巢也,而以为本实;大苹草,田字草也,而指为浮萍。似兹之类,不可枚陈;略摘一二,以见错误。若不类分品列,何以印定群疑。②

---

① 《序例·历代诸家本草》,《本草纲目》。
② 《进本草纲目疏》,《本草纲目》。

　　李时珍的《本草纲目》,以北宋唐慎微的《经史证类备急本草》为蓝本,模仿南宋朱熹《通鉴纲目》的编撰体例,在中药分类系统上,完全突破了传统哲学的阴阳五行观念,形成了相当科学的物质形态和自然生态多元分类系统,无论在精确度和详明度上,还是在完善性和实用性上,都超过了瑞典生物学家林耐(C. V. Linne, 1707—1778)在1753年出版的《自然系统》中所创立的植物分类体系。

　　在《本草纲目》中,李时珍采取了部、类、种三级分类法。首先将所有药物分成火、水、土、金石、草、谷、菜、果、木、服器、虫、鳞、介、禽、兽、人等16部。然后将每部再分成若干类。例如,草部分为山草、芳草、隰草、毒草、蔓草、水草、石草、苔草、杂草等类;菜部分为荤辛、柔滑、蓏菜、水菜、芝栭等类;果部分为五果、山果、夷果、味果、蓏果、水果等类;木部分为香木、乔木、灌木、寓木、苞木、杂木等类;虫部分为卵生、化生、湿生等类;禽部分为水禽、原禽、林禽、山禽等类;兽部分为畜、兽、鼠、寓、怪等类。

　　李时珍的上述多元三级分类系统,既是对《神农本草经》以来中药分类体系的科学总结,同时又有创造性突破。他在《序例》中指出:

　　　　《神农本草》,药分三品。陶氏《别录》,倍增药品,始分部类。唐宋诸家,大加增补,兼或退出。虽有朱墨之别,三品之名而实紊矣。或一药而分数条,或二物在同一处。或木居草部,或虫入木部。水土共居,虫鱼杂处。淄渑罔辨,玉珷不分。名已难寻,实何由觅?今则通合古今诸家之药,析为十六部。①

────────────────

① 《序例·神农本草经名例》,《本草纲目》。

李时珍的这种16部药物分类系统,既能体现药物的形态和生态,又能突出其属性和效用,同时又符合自然界由无机到有机、由简单到复杂、由低级向高级的演进秩序。16部中的前4部,即火、水、土、金石等部,属于矿物类药;中间6部,即草、谷、菜、果、木、服器等部,属于植物类药;最后6部,即虫、鳞、介、禽、兽、人等部,属于动物类药。李时珍的这一先后排列秩序,是有意识设计出来的,表明他已经有了明确的科学进化理念。他说:

> 首以水、火,次之以土。水、火为万物之先,土为万物之母也。次之以金石,从土也。次之以草、谷、菜、果、木,从微至巨也。次之以服器,从草木也。次之以虫、鳞、介、禽、兽,终之以人,从贱至贵也。[①]

在此,值得强调指出的一点是,在李时珍的分类系统中,金、木、水、火、土只是具体的药物部类名称,不再具有哲学或医学范畴意义。其中,木属于植物类药,其余的金(石)、水、火、土属于矿物类药。其余的11部药物,都不能用传统的五行观念来统摄和解释。能够冲破根深蒂固的阴阳五行观念,达到近现代生物科学的物质形态和自然生态分类水平,这是李时珍及其《本草纲目》在学术思想上最伟大的科学创见。

李时珍之所以能够超越中国传统学术的阴阳五行范式,创立更科学、更完善、更符合自然演化和生物进化秩序的中药分类系统,这很大程度上得益于他能够面对自然事物及其规律本身,而不是依据经典文本和权威说法。李时珍的《本草纲目》十分注重证据的真实可靠,强调结论的准确性和科学性。为了取得确实可靠的证据,李时珍在编撰《本草纲目》时,采取了多种多样的研究方法。他在"搜罗百氏"、"通考诸

---

① 《凡例》,《本草纲目》。

说"的基础上,对先圣名医的说法既不否认,也不迷信,而是一一加以实地考查和实验考核。他曾"闭门读书"长达 10 年之久,将所能见到的各种古籍,累计 800 多种,搜罗无遗,详细研究。

　　他不仅充分借鉴前人所取得的研究成果,而且特别注重从民谣、俚语、俗话和民谚中搜集有用的药学信息,向农夫、樵夫、猎人、手工艺人、矿工等下层民众学习医药经验。李时珍反对"贵耳贱目"、道听途说的学斋式做法,批评一些本草学前辈,如陶弘景等人,对许多问题"未深加体审,惟据纸上猜度而已"①,甚至"谬猜乱度,殊无指归"②。他提倡亲身实验,获得确切的第一手资料之后,再做结论。他从药农那里知道,萎蕤与女萎是两种完全不同的药用植物,而以往的本草书籍都将它们混为一谈。他曾随从捕蛇人一起,在蕲州龙峰山看到了真正的白花蛇,并写下了《蕲蛇传》。李时珍第一次明确指出,这种治疗风痹的名贵药材是蕲州特产,其他地方出产的都不是白花蛇。他还从谚语"穿山甲,王不留,妇人吃了乳长流"中,确知穿山甲具有催乳药效,并亲自解剖,证实穿山甲为食蚁动物③。李时珍具有献身科学的牺牲精神,他曾亲自饮用曼陀罗花酒④,以便获得导致麻醉的最佳剂量。

　　在中医治疗学方面,李时珍及其《本草纲目》也有不少新的创造和发明。例如,首次记载了铅中毒、汞中毒、一氧化碳中毒、肝吸虫病等特殊病症,创造了蒸汽消毒、烟熏消毒、冰块冷敷胸部急救高热昏迷等特殊疗法。他在《百病主治药》内,将常见病分成诸风、痉风、卒厥、伤寒热病、瘟疫等 177 类,详细记述了每类疾病的治疗原理和主治药物。例如,在"黄疸"条下,列举了茵陈、白鲜皮、秦艽、栝楼根等药物;在治疗"吐血、衄血"条下,列举了三七、茜根、芍药、白芨等药物。在现代中药

①　《蓣》,《本草纲目》卷 19。
②　《朴硝》,《本草纲目》卷 11。
③　《鲮鲤》,《本草纲目》卷 43。
④　《曼陀罗花》,《本草纲目》卷 17。

中,许多疗效肯定、化学成分和药理作用比较明确的药物,如用于治疗高血压的杜仲、黄芩、益母草,用于治疗糖尿病的地黄、苍术、玄参、泽泻等,多数是根据《本草纲目》提供的线索,经过国内外科学家反复研究确定的。将药学落实到医学治疗上,这正是李时珍撰写《本草纲目》的本来意愿。他的纲目体本草学,完全是为了"详其用",即落实治病救人这一医药学根本宗旨。他说:"每药标一总名,正大纲也。大书气味、主治,正小纲也。分注释名、集解、发明,详其目也。而辨疑、正误、附录附之,备其体也。单方又附于其末,详其用也"①。

中国古代本草学具有西方博物学的学术性质,李时珍在博物学方面所取得的成就,也是极高的。在生物学方面,他已经具有了明确的生物进化理念,特别注意环境和气候对生物形态、性状和药用价值的影响。例如,他指出在浊水和流水中的鱼,与在清水和止水中的鱼,在颜色和习性上有很大差别;山禽喙短而尾长,水禽则喙长而尾促。

在矿物学和化学方面,李时珍已注意到地球化学元素的分区富集现象。如水晶出于南方者多白、北方者则多黑,信州水晶则多浊,说明矿物的性质与其在地理上的区域分布有关。《本草纲目》中记载化学元素19种,包括钠、钾、钙、镁、铜、银、金、汞、锌、锡、铝、锰、铅、铁、硼、碳、硅、砷及硫等,以及由这些元素构成的化合物数10种。李时珍对金石药物的分类,基本上按单体元素分类,澄清了以前在这类药物上的一些混乱。在制备各种药物时,他记载了包括蒸馏、蒸发、升华、重结晶、风化、沉淀、干燥、烧灼、倾泄等现代化学所应用的提炼方法。

在生理解剖学方面,李时珍指出,"脾"是有形的器官组织,即后世所说的胰脏。他首先提出"脑为元神之府",其中的"泥丸之宫"② 是一

---

① 《序例·神农本草经名例》,《本草纲目》。
② 《辛夷》,《本草纲目》卷34。

身神灵所集中的部位,这对中国古代哲学和医学以心为全身主宰和思维器官的传统观念,是一个重大挑战,并为清代医学家王清任(1768—1831年)的《医林改错》最终推翻"心之官则思"、将"灵机记性"定位于大脑,开拓了前进道路。在考古学方面,李时珍首次指出,不仅动物可以变成化石,动物的粪便也可以变成化石。

2.《本草纲目》的科学价值

如果说李时珍是中国有史以来最伟大的博物学家,那么,他的《本草纲目》就是世界科学技术史上具有里程碑意义的药学百科全书。《本草纲目》全书52卷,190万字。其编撰结构有3大部分:卷首部分为《本草纲目凡例》,内容包含本卷目录以及附图1160幅;卷1至卷4为第二部分,包括《序例》和《百病主治药》;卷5至卷52为全书主体部分,记载药物16部62类1892种,其中新增加药物374种。每种药物下依次分为释名、集解、正误、修治、气味、主治、发明和附方等项目,条理清晰,内容完备。全书附有11096个药方,其中有8160个药方是由李时珍亲自采集的验方,占全部附方的73.5%。这部伟大的药学巨著,系统总结了明代中叶以前中医药学所取得的巨大成就,其分类之严,收药之多,规模之大,质量之高,都是空前的。

《本草纲目》巨大的科学价值主要表现在六个方面:第一,它纠正了历代本草不断沿袭的许多错误,系统整理、全面总结了当时中医药学发展的最新成就。第二,它提出了当时最先进的药物多元分类法,突破了传统的阴阳五行观念,已具有了近现代自然科学形态学和生态学分类法的可贵思想。第三,它系统记述了各种药物的全部有用知识,极大丰富了传统本草学的知识系统。第四,它大胆纠正了一些违反科学的错误见解或迷信说法,诸如食用水银、雄黄可以成仙,以武当山榔梅为"仙果"、食用蝙蝠可以长寿等等,彻底清算了神仙方术、道教丹术和江湖骗术对中医药学健康发展的消极影响。第五,它极大丰富了人类科学技术的知识宝库,在矿物学、植物学、动物学、物理学、天文学、气象学、生态学、解剖学等众多科学领域,都有广泛的论述和宝贵的经验。第六,它辑录和保存了大量古代文献,特别是在原书已经佚失的情况下,由于《本草纲目》的摘录而有幸得以保存。

作为不朽的学术巨著,《本草纲目》在问世后不久的 50 年内,就翻印过 3 次。在 400 多年时间内,单在中国境内就翻印了 30 多次,各种版本同时流行。

万历三十五年(1607 年),即初刻金陵本《本草纲目》印行 11 年之后,日本长崎的林罗山(又名林道春)获得一部,并将其献给江户幕府的德川家康。从此以后,《本草纲目》在日本广为流传,先后翻刻过 9 次。以后又传入朝鲜、越南等东南亚国家。

17—18 世纪,《本草纲目》先后传到欧洲和美国,被各国主要图书馆珍藏。1735 年,在巴黎出版的法文本《中华帝国全志》中,就有《本草纲目》的节译本。英国博物学家、进化论奠基人达尔文(Charles Robert Darwin,1809—1882),在其著作《人类的由来》(*The Descent of Man*,1871)中,称《本草纲目》为"古代中国的百科全书",并引用李时珍有关金鱼颜色形成的史料说明动物的人工选择原理。

《本草纲目》已先后被译成日、英、法、德、俄和拉丁等多种文字,被称誉为"东方医学巨典"。李约瑟先生在《中国的科学与文明》一书中认为,李时珍的《本草纲目》是明代最伟大的科学成就,是登峰造极的学术著作,李时珍的科学活动及其《本草纲目》所达到的科学水平,可以与同时代意大利近代科学巨匠伽利略(Galileo,1564—1642 年)的科学活动相媲美[①]。

---

① Joseph Needham: *Science and Civilization in China*, Volume 1, pp. 147, Cambridge University Press 1954.

四、宋应星及其《天工开物》

宋应星(1587—约 1666 年)字长庚,南昌奉新(今江西奉新县)人,出身衰落的官宦之家。曾祖宋景(1476—1547 年)字以贤,号南塘,为弘治十八年(1505 年)进士,历任山东参政、山西左布政使、南京工部尚书、兵部尚书,进京师都察院左都御史(正二品),卒赠太子少保、吏部尚书,谥庄靖。宋景是明代中叶的重要阁臣,一度"参赞机务"[①]。他为官清廉,对宋氏家族影响很大。祖父宋承庆(1522—1547 年)字道徵,号思南,为宋景第三子,自幼在本县为庠生,27 岁时早逝,留下未满周岁孤儿宋国霖(1547—1629 年),即宋应星的父亲。宋国霖字汝润,号巨川,由母亲顾氏和叔父宋和庆(1524—1611 年)抚养成人。少年时荫补庠生,一生为秀才,未曾出仕。宋国霖生有四子,长子宋应昇(1578—1646 年)字元礼,次子宋应鼎(1582—1629 年)字次九,号铉玉,三子宋应星,幼子宋应晶字幼含。其中,宋应昇与宋应星为同母所生。从宋景至宋承庆一代,宋家堪称鼎盛,具有阁臣府第气派。但到了宋国霖时,家境逐渐萧条。

宋应星幼年时,与长兄宋应昇一起在叔祖宋和庆开办的家塾中读书。后又投师到族叔宋国祚门下学习,继而就学于新建举人邓良知。16 岁考入县学,入庠 9 载。到青年时代,宋应星已熟读经史及诸子百家书,对程朱理学有较深钻研,尤其推重张载的"关学",并善于独立思考,对自然科学和工艺制造兴趣浓厚,还喜欢音乐与诗词。公元 1603 年,江西巡抚夏良心在南昌府刊刻了李时珍的《本草纲目》,宋应星得以熟读,对其后来写作《天工开物》有所启发。

---

① 《宋景传》,《明史》卷 202。

　　万历四十三年(1615年)，宋应星和兄长宋应昇一同到省城南昌参加乡试。同年参加乡试的江西考生有1万多人，而中举的仅有109人，宋应星名列第三，宋应昇名列第六。奉新县考生只有宋应星弟兄二人中举，并名列前茅，时称"奉新二宋"。当年秋天，他们前往京师储备第二年会试，结果都名落孙山。为了再度应试，他们前往江西九江府白鹿洞书院进修，拜当时著名学者舒曰敬(1558—1636年)为师。舒曰敬字元直，号碣石，南昌人，1592年进士，是颇有成就的教育家，其学生涂绍煃、万时华、徐世博、廖邦英等人，后来都成为江西著名学者。

　　万历四十七年(1619年)，宋应星弟兄第2次进京会试，但仍未及第。从天启三年(1623年)到崇祯四年(1631年)，他们又参加了3次会试，结果全都失利。此时，宋应星已45岁，宋应昇已54岁。他们先后5次参加会试，历时15载，始终不能中举，遂绝意科考，开始独自谋生。宋应星从应试失败的惨痛教训中，体会到终生埋头书本，在科场上浪费生命，是没有意义的。他终于从程朱理学教条中反省过来，开始钻研与国计民生有切实关系的科学技术，从而实现了人生道路的重要转折。

　　崇祯四年(1631年)，宋应昇由吏部铨选任浙江桐乡县令，宋应星回乡服侍母亲。崇祯八年(1635年)，老母被兄长接到浙江后，宋应星出任江西袁州府分宜县教谕，教授县学20名生员。经过任职4年，宋应星使当地士风大振。他倡导利用业余时间从事科技写作，最重要的作品《天工开物》和《论气》等著述，均完成于这一时期。

　　崇祯十一年(1638年)，宋应星考绩列为优等，升为福建汀州府(今长汀市)推官，掌管一府刑狱，未待任满，于崇祯十三年(1640年)辞官归里。崇祯十六年(1643年)，出任南直隶凤阳府亳州(今属安徽)知州(正五品)。时值明亡前夕，他到任后，官署已被毁，官员大多逃走。第2年(1644年)，亳州被李自成起义军包围，宋应星弃官返回奉新。其长兄宋应昇此时已升至广州知府，也辞官回乡。他们曾寄希望于南明政权，但阮大铖、马士英等排斥忠良，南明政权迅速灭亡。清兵南下攻取江西时,宋应昇于 1646 年服毒殉国。宋应星埋葬胞兄后,开始隐居,晚年在贫困和悲愤中度过,大约卒于康熙五年(1666 年)前后。身后遗有二子,长子宋士慧字静生,次子宋士意字诚生,皆有文才。宋应星给子孙留下两条遗训:一不要科举,二不要做官。其子孙奉行此训,在家安心耕读。到清嘉庆年间(1796—1820 年),宋氏后代已完全变成了贫苦农民。

与李时珍一样,宋应星也是通过研究专门的学术领域,即农业和手工业生产技术,而最终成为百科全书式的博物学家。他一生著作甚多,约有四大类:属于科学技术的有《天工开物》(1637 年)、《观象》(1637 年)、《乐律》(1637 年)、《论气》(1637 年)、《谈天》(1637 年)等,属于人文科学的有《野议》(1636 年)、《画音归正》(1636 年)、《杂色文》、《春秋戎狄解》(1644 年)等,介于这两者之间的有《原耗》(1637 年)、《卮言十种》(1637 年)等,属于文学创作的有《思怜诗》(1636 年)、《美利笺》(1645 年)等。由于这些作品大多成书于晚明或明清之际,具有强烈的反清思想,故绝大多数在清代已散佚。至今留下的只有《天工开物》、《野议》、《思怜诗》、《论气》和《谈天》(原属于《卮言十种》中的两种)五种。

1. 宋应星的开物主张

宋应星以"天工开物"命名其著作,体现了一种具有普遍意义的科学技术观,即通过科学参赞天地自然、借助技术辅相万物化育的开物主张。这一主张,强调天工造化与人工创造的相互补偿,自然气化运行与人类实践活动的相互协调,即人类在通过科技开发自然资源以满足自身物质与精神需要的同时,必须遵循天地自然的内在法则,呈现万物的可能状态。宋应星在《天工开物》卷首开宗明义地指出:

> 天覆地载,物数号万,而事亦因之,曲成而不遗,岂人力也哉?事物而既万矣,必待口授目成而后识之,其与几何?万事

万物之中,其无益生人与有益者,各载其半。①

显然,宋应星在此明确反对自然目的论。在他看来,天地万物是纯粹的无穷自然体系。人的认识能力所及,只是其中的极小部分。宇宙万物并非为人的目的而存在和变化,其中对人生有益和无益的事物"各载其半",不相上下。在无穷的自然系统,人类只能以"曲成万物而不遗"②的辅相之位参赞化育,开物成务;而不能以"天工人其代之"③的主体身分奴役自然,越俎代庖。人类利用科学技术虽可巧夺天工,创造出自然系统所未曾有的事物形态,但是,归根结底,科技创造并不能无中生有,创造出自然系统不可能存在的事物形态。换言之,科学技术只是辅助自然系统的人工系统,只能呈现自然规律所允许的可能状态,不能随心所欲地支配自然法则。

通过科学辅相天地自然,运用技术参赞万物化育,这是始终贯穿在《天工开物》中的核心思想。例如,在《天工开物》卷中,谈到从油料作物中榨取油脂膏液时,宋应星指出,

> 草木之实,其中韫藏膏液而不能自流,假媒水火,凭借木石,而后倾注而出焉。此人巧聪明,不知于何禀度也?④

首先是油脂类植物的果实中蕴藏着"膏液而不能自流",然后才由人类假助自然界的水力与火能,通过木制或石制的工具进行加工,使油脂"倾注而出"。人类在科技方面的聪明才智,归根结底,也禀赋于天地自然。这正是"天工开物"思想主张的具体体现。再如,在对天然矾石和

---

① 《天工开物·卷首序》。
② 《系辞上》,《周易正义》卷7。
③ 《皋陶谟》,《尚书正义》卷4。
④ 《膏液》第12卷,《天工开物》卷中。

硫磺的炼丹加工中,宋应星指出:

> 矾现五色之形,硫为群石之将,皆变化于烈火。巧极丹铅
> 炉火,方士纵焦劳唇舌,何尝肖像天工之万一哉!①

古代的炼丹术属于原始化学和化工技术,对冶金和医药的发展曾做出过重要的历史贡献。但炼丹术的"哲人之石"再巧妙,比起"乾坤造化"② 的伟大力量来,也仅仅是"肖像"式的模仿而已,不及天工造化的万分之一。

宋应星还借用中国古代哲学的阴阳和合思想,进一步分析和论证了人工只能参赞天工,辅助开发万物;不能代理天工,随意独断专行。他在论述火药的技术发明时指出:"凡火药,硫为纯阳,硝为纯阴,两精通合,成声成变,此乾坤幻出神物也"③。

在承认天工在开物中的首要地位之后,宋应星高度赞扬了人工技术的文明作用。他在论述陶瓷技术时说:

> 方士效灵,人工表异,陶成雅器,有素肌玉骨之象焉;掩映
> 几筵,文明可掬。岂终固哉?④

在他看来,技术不是固定不变的实体存在,而是动态流变的发展过程。宋应星以西洋和南洋火药兵器传入中国后的技术革新为例,说明人工技术只有"日盛月新",才能巧夺天工:"火药机械之窍,其先凿自西番与

---

① 《燔石》第 11 卷,《天工开物》卷中。
② 《珠玉》第 18 卷,《天工开物》卷下。
③ 《燔石》第 11 卷,《天工开物》卷中。
④ 《陶埏》第 7 卷,《天工开物》卷中。

南裔,而后乃及于中国。变幻百出,日盛月新"①。

在《五金》分卷里,宋应星以白银的提炼技术为例,通过生产工艺流程,形象地说明了人工与天工在技术中的和合关系。他指出:

> 凡银为世用,惟红铜与铅可杂入成伪。然当其合琐碎而成钣锭,去疵伪而造精纯,高炉火中,坩埚足炼。撒硝少许,而铜、铅尽滞锅底,名曰银锈。其灰池中敲落者,名曰炉底。将锈与底同入分金炉内,填火土甑之中,其铅先化,就低溢流,而铜与粘带余银,用铁条带就分拨,井然不紊。人工、天工,亦见一斑云。②

这是去伪存真的冶炼工艺。就其化学反应而言,属于天工范畴;就其冶金工艺而言,属于人工范畴。天人在金属提炼过程中和合一体,从而达到"去疵伪而造精纯"的技术目标。

宋应星认为,人工辅助天工进行开物,关键在于人的聪明和技巧。他以弓箭的使用技术为例,说明人力及其技巧的重要性:"丸造弓视人力强弱为轻重:上力挽一百二十斤,过此则为虎力,亦不数出;中力减十之二三,下力及其半。毂满之时,皆能中的。但战阵之上,洞胸彻札,功必归于挽强者。而下力倘能穿杨贯虱,则以巧胜也"③。他特地介绍并高度评价了江西上饶一带的水碓,既设计得巧妙,又制造得精湛。他说:

> 江南信郡,水碓之法巧绝。盖水碓所愁者,碓臼之地卑则

---

①　《佳兵》第 15 卷,《天工开物》卷下。
②　《五金》第 14 卷,《天工开物》卷下。
③　《佳兵》第 15 卷,《天工开物》卷下。

洪潦为患,高则承流不及。信郡造法,即以一舟为地,橛椿维之。筑土舟中,陷白于其上。中流微石梁,而碓已造成,不烦椓木壅坡之力也。又有一举而三用者,激水转轮头,一节转磨成面,二节运碓成米,三节引水灌于稻田,此心计无遗者之所为也。①

不仅如此,人的聪明和技巧还能使"臭腐复化为神奇"。宋应星以丹曲制造为例,具体说明技术是怎样使腐朽化为神奇的:"凡丹曲一种,法出近代。其义臭腐神奇,其法气精变化。世间鱼肉最朽腐物,而此物薄施涂抹,能固其质于炎暑之中,经历旬日,蛆蝇不敢近,色味不离初。盖奇药也"②。丹曲又名红曲,是由白米腐臭后培养出来的红曲霉菌,经过蒸制后会成为香味浓郁的曲酒。

在科技哲学上,宋应星继承和发展的"关学"张载的气化思想,以"形气水火之道"作为其开物主张的理论基础。他撰写过《论气》篇,力求用气化运动说明,运用科学技术参赞天工开物的深层根据。他说:

> 初由气化形人见之,卒由形化气人不见者,草木与生人、禽兽、虫鱼之类是也。……气从地下催腾一粒,种性小者为蓬,大者为蔽牛于霄之木。此一粒原本几何,其余则皆气所化也。及其蓊然于深山,蔚然于田野,人得而见之。即至斧斤伐之,制为宫室器用与充饮食饮爨,人得而见之。及其得火而燃,积为灰烬,衡以向者之轻重,七十无一焉;量以多寡,五十无一焉。即枯枝、榴茎、落叶、凋芒殒坠而为涂泥者,失其生茂之形,不啻什之九。人犹见以为草木之形,至灰烬涂泥而止

---

① 《粹精》第 4 卷,《天工开物》卷上。
② 《曲蘖》第 17 卷,《天工开物》卷下。

矣,不复化矣。而不知灰烬枯败之归土与随流而壑也,会母气
与黄泉,朝元精于洹穴,经年之后,潜化为气,而未尝为土与
泥,此人所不见也。若灰烬涂泥竟积为土,生人岂复有卑处之
域,沧海不尽为桑田乎?①

　　这是根据气化运动在形质上的聚散变化,说明天地万物在质量上
遵循守恒定律。从视觉观察角度看,由气质到形体的凝聚变化,人们可
以观察到;而从形体到气质的发散变化,人们往往不能观察清楚。不管
是否观察到,形体和气质之间的相互变化始终遵循形态学或生态学的
循环机制。灰烬、枯败之物,能够在微观层次上重新转化为气质,并为
新的生化准备条件。技术工艺对万物的加工和制造,都立足于自然系
统的形气循环机制。机械加工和冶炼制造等技术,在本质上是一种基
于形气互化的物理变换或化学转化。它们只能制造出新的物体形态,
不能创生出新的气质元素。

　　要通过技术参赞天地间的形气互化运动,实现辅相天工以开物的
技术目的,除了遵循质量守恒和转换规律外,还必须运用能量守恒和转
化定律。宋应星对水火的论述,其实就是对能量的科学思考。他说:
"天地间非形即气,非气即形,杂于形与气之间者,水火是也"②。水力
与火能是传统技术进行制造和加工的主要能量形式。例如,江西上饶
的水碓机械,便是运用水力能源进行面粉加工和水利灌溉;金属冶炼则
主要运用火力能源。从能源角度,宋应星已经完全冲破了传统五行观
念中"水胜火"的方术说法,针锋相对地提出了"水非胜火说"。在他看
来,从形质角度讲,水流能够熄灭薪火,可以说"水胜火";但从能量角度
讲,水火所代表的势能和热能却是和合关系,并不存在相胜的冲突关

---

①　《论气·形气化》。
②　《论气·形气化》。

系。因此他得出结论说："水火参而民用繁，水火合而太虚现。水与火非胜也，德友而已矣"①。宋应星对水火关系的科学认识，远远超越了传统五行生克制化观念的思维局限，使他的"形气水火之道"具有了近现代科学质能守恒和转化定律的可贵萌芽。

尽管对许多难以解释的自然物理现象，宋应星在《天工开物》中多处用"天心之妙"或"造化之妙"加以附会，这其实是对无法解释的物理化学现象，进行强行解释的丐辞或修辞，也可以说是一种基于敬畏自然、赞美造化的审美感叹。这与唯心主义世界观没有任何联系。以往对宋应星的"造化之妙，不可思议"② 等说法横加指斥，并力求揭示其阶级根源和认识论根源，似乎唯物主义已经科学地解释了宇宙内的一切现象，对于任何赞美性的、敬畏化的非科学描述都不能容忍。这种全智全能式的"深刻批判"，不是正常的学术批评，而是专制的道德审判。其实，科学技术作为第一生产力，其发展的源动力不再是生产力本身。否则，生产力的发展动力仍然是生产力，这是同语反复，什么也没有揭示出来。

根据人类童年时代古希腊的科学精神，科学发现和技术发明的真正源泉，恰恰是人类对宇宙奥秘的惊异和对自然奇迹的敬畏。宋应星在描述水银形态和颜色的无穷变化时，曾这样赞叹道："离火红而至黑孕其中，水银白至红呈其变，造化炉锤，思议何所容也！"③ 在此，不禁让人想到德国古典哲学家康德(Immanuel Kant, 1784—1797 年)在《实践理性批判》结论中所说的那两段名言：

> 有两样东西，我们愈经常愈持久地加以思索，它们就愈使

---

① 《论气·水非胜火说》。
② 《论气·形气》。
③ 《丹青》第 16 卷，《天工开物》卷下。

心灵充满日新月异、有加无已的景仰和敬畏:在我之上的星空和居我心中的道德法则。我无需寻求它们或仅仅推测它们,仿佛它们隐藏在黑暗之中或在视野之外逾界的领域;我看见它们在我面前,把它们直接与我实存的意识连接起来。前者从我在外在的感觉世界所占的位置开始,把我居于其中的联系拓展到世界之外的世界、星系组成的星系以至一望无垠的规模,此外还拓展到它们的周期性运动,这个运动的起始和持续的无尽时间。后者肇始于我的不可见的自我,我的人格,将我呈现在一个具有真正无穷性但仅能为知性所察觉的世界里,并且我认识到我与这个世界(但通过它也同时与所有那些可见世界)的连接不似与前面那个世界的连接一样,仅仅是一种偶然的连接,而是一种普遍的和必然的连接。前面那个无数世界的景象似乎取消了我作为一个动物性创造物的重要性,这种创造物在一段短促的时期内(我不知道如何)被赋予了生命力之后,必定把它所由以生成的物质再还回行星(宇宙中的一颗微粒而已)。与此相反,后者通过我的人格无限地提升我作为理智存在者的价值,在这个人格里面道德法则向我展现了一种独立于动物性,甚至独立于整个感性世界的生命;它至少可以从由这个法则所赋予我的此在的合目的性的决定里面推得,这个决定不受此生的条件和界限的限制,而趋于无限。

然而,景仰和敬重虽然能够刺激起探索,但不能代替探索。现在为了以有用的和与题目的崇高性相切合的方式从事这个探索,应该做什么呢? 实例在这里可以充任警戒,但也可以用为模仿。对世界的观察发轫于这样一种壮丽景象,这种景象人类感官总是能够将它呈现在面前,我们知性总是能够克己追寻其广大,而终结于——占星学。道德学发轫于道德本性的高贵性质,这种性质的发展和教化指向一种无穷的益处,终结于——热狂或迷信。所有尚属粗粝的尝试都流于此;在这些尝试里,绝大部分事务都取决于理性的应用,而这种应用不像脚的应用那样,凭借经常练习就自动发生,当它关涉不会在通常经验里直接呈现出来的性质时,尤其如此。但是,在如下这个准则开始流行之后,即预先仔细地考虑理性准备采取的每一步骤,并且只许它们在预先反复思考过的方法轨道上前行,不论多么迟晏,对世界大厦的判断就进入了完全另外一个方向,并且连它一起得到了一个无可比拟的幸运出路。石头的降落,投掷器的运动,它们之被解析为它们的元素和由此表现出来的力量,以及从数学方面所做的研究,最终产生了对世界结构的那个清楚的、世世代代永无变化的洞见,这个洞见能够随着继续进行的观察有望一直拓展自身,但永远不必害怕倒退回去。①

康德被全世界学术界公认是近代自然科学的哲学代言人。他对自然科学理性精神和实践品格的上述哲学概括与道德深思,有助于我们在更宏阔的视域内,重新审视宋应星及其《天工开物》在现代科学精神和技术范式内的崇高地位和伟大意义。

2.《天工开物》的现代意义

《天工开物》是宋应星的代表著作,崇祯十年(1637年)由友人涂绍煃(约1582—1645年,字伯聚,与宋应星同年中举人,曾任四川按察司副使)资助刊刻于南昌府。全书共有上、中、下三大卷18分卷,主要内

---

① 〔德〕康德著、韩水法译:《实践理性批判》,商务印书馆1999年版,第177、178页。

容涉及到中国古代农业和手工业的 30 多个生产部门的技术方法、工艺流程和宝贵经验,几乎囊括了当时社会生产的全部领域。其编次顺序是按照"贵五谷而贱金玉"的原则安排的,将与衣食有关的农业生产放置在最前,其次是有关工业生产,而以珠玉采集和加工殿后,充分体现了作者重农、重工、重实用的"开物之学"。

在《天工开物》卷首,宋应星有一篇简短的自序,多少说明了当时写作和刊行此书的困难与艰辛。他说:

> 年来著书一种,名曰《天工开物》。伤哉贫也!欲购奇考证,而乏洛下之资,欲招致同人,商略赝真,而缺陈思之馆,随其孤陋见闻,藏诸方寸而写之,岂有当哉?吾友涂伯聚先生,诚意动天,心灵格物,凡古今一言之嘉,寸长可取,必勤勤恳恳而契合焉。昨岁《画音归正》,由先生而授梓。兹有后命,复取此卷而继起为之,其亦风缘之所召哉!卷分前后,乃"贵五谷而贱金玉"之义。《观象》、《乐律》二卷,其道太精,自揣非吾事,故临梓删去。丐大业文人,弃掷案头!此书于功名进取毫不相关也。时在崇祯丁丑孟夏月,奉新宋应星书于"家食之问堂"。①

"贵五谷而贱金玉"一语,最早出自汉代学者晁错的《论贵粟疏》。宋应星在序中,特别强调"此书于功名进取毫不相关",足以看出他对科举功名的厌倦之情。

《天工开物》上卷包括 6 个分卷,依次为《乃粒》、《乃服》、《彰施》、《粹精》、《作咸》和《甘嗜》,内容多以农业生产技术和农副产品加工工艺为主。《乃粒》卷主要论述了稻、麦、黍、稷、粱、粟、麻、菽等粮食作物的

---

① 《天工开物·序》。

种植和栽培技术,以及相应的生产工具,包括各种水利灌溉机械,并对江南水稻的栽培技术做了非常系统的介绍。《乃服》卷集中讲述了养蚕、缫丝、丝织、棉纺、麻纺和毛纺等生产技术和加工设备,特别是对浙江嘉兴、湖州地区养蚕的先进技术以及丝纺、棉纺技术进行的翔实考察,并精心绘制了大型提花纺织机的结构图。《彰施》卷深入介绍了植物染料和染色技术,侧重说明蓼蓝的种植和蓝靛的提取,从红花提取染料的过程叙述得比较详细,还涉及到各种染料的搭配和媒染方法。《粹精》卷全面叙述了稻、麦等的收割、脱粒和磨粉等农作物加工技术和工具,侧重于介绍加工稻谷用的风车、水碓、石碾、土砻、木砻和制面粉的磨、罗等工具。《作咸》卷专门论述了海盐、池盐、井盐等盐业产地和制盐技术。《甘嗜》卷重点叙述了甘蔗种植以及榨糖技术及其生产工具,兼论蜂蜜及饴饧的制作工艺。

中卷包括7个分卷,依次为《陶埏》、《冶铸》、《舟车》、《锤锻》、《燔石》、《膏液》和《杀青》,内容多为手工业技术,涉及陶器制作、冶金铸造、车船建造、金属加工、矿物采炼、油料榨取和造纸技术等等。《陶埏》卷叙述了房屋建筑所用的砖瓦,以及日常生活所用的陶瓷器的制造技术;着重介绍了江西景德镇的白瓷技术,对从原料配方、造坯、过釉到入窑烧结的整个工艺流程都有详细说明。《冶铸》卷论述了传统铸造技术,着重叙述了铜钟、铁锅和铜钱的铸造技术及其生产设备,还介绍了失蜡、实模和无模铸造等方法。《舟车》卷论述交通工具,先用数据标明各种船舶和车辆的机械结构及用材情况,接着说明各种船舶、车辆的驾驶方法,对大运河内航行的"漕船"也有详尽的技术刻画。《锤锻》卷介绍了铁器和铜器的锻造工艺,从上万斤的大铁锚到极纤细的绣花针都做了详细讨论;对当时各种生产工具(诸如斧、凿、锄、锯等)的制造技术以及焊接等工艺,也有具体论述。《燔石》卷讲述了烧制石灰、开采煤炭、烧制矾石、硫磺和砒石的生产技术,对采掘方法和井下安全作业也有所论述。宋应星详细叙述了砒石种类、制法、性状和在工农业上的用途。

书中还介绍明代湖南衡阳工厂中一处就年产砒石达万斤的史实。用砒石作为农药,这是中国农业技术史中的一大发明,靠《天工开物》才把这项发明记录下来。《膏液》卷介绍了16种油料作物的产油比率以及油的性状和用途,介绍了用压榨法和水代法提制油脂的生产工艺。《杀青》卷论述了纸的不同种类、制作原料和主要用途,详细说明了制造竹纸和皮纸的全套工艺设备,并提供了极其珍贵的生产操作流程图。

下卷包括5个分卷,依次为《五金》、《佳兵》、《丹青》、《曲蘖》和《珠玉》,仍然属于工业生产及其技术工艺。《五金》卷论述了金、银、铜、铁、锡、铅、锌等金属矿的开采、洗选、冶炼和分离等技术,此外还有灌钢和多种铜合金的冶炼工艺,并附有简明的生产流程图。《佳兵》卷涉及到弓箭、弩、戟等冷兵器的制造工艺,以及火药和各种火器(火炮、地雷、水雷和鸟铳等)的加工技术。《丹青》卷叙述了以松烟和油烟制墨的生产技术,以及供制作颜料用的银朱(硫化汞)的生产技术。《曲蘖》卷记述了生产酒母、药用神曲和丹曲(即红曲)所用的生产原料、配方比例和制造工艺,并介绍了产品的主要用途。其中,丹曲是宋代之后才出现的全新发酵产品。《珠玉》卷记述了南海采珠、新疆和田采玉的有关技术经验,论述了掘井采集宝石的相关技术,还涉及到玛瑙、水晶和琉璃的加工工艺。

《天工开物》除了文字叙述外,还附有123幅插图,形象生动地展现了有关生产过程的加工步骤和工艺流程。其中,绝大多数内容都是宋应星实地调查所获得的第一手资料。他在叙述生产过程及其技术工具时,发明了"穷究试验"的研究方法,并对各种迷信观念和荒诞说法进行了尖锐批判,体现了实事求是的科学精神。

《天工开物》的可贵之处在于,它不仅记述了当时工农业生产中的先进科技成果,而且善于用精确的技术数据加以定量描述,初步体现出近代科学的数字化思路。例如,在农业生产方面,《乃粒》卷指出:

　　凡稻谷形,有长芒、短芒。江南名长芒者曰"刘阳早",短芒者曰"吉安早"。长粒、尖粒、圆顶、扁面不一。其中,米色有雪白、牙黄、大赤、半紫、杂黑不一。湿种之期,最早者春分以前,名为"社种"。遇天寒有冻死不生者,最迟者后于清明。凡播种,先以稻麦藳包浸数日,俟其生芽,撒于田中。生出寸许,其名曰秧。秧生三十日,即拔起分栽。若田亩逢干旱、水溢,不可插秧。秧过期老而长节,即栽于亩中,生谷数粒,结果而已。凡秧田一亩所生秧,移栽二十五亩。秧既分栽后,早者七十日即收获,有救公饥喉下急,有金包银之类,方语百千,不可殚述。最迟者,历夏及冬二百日方收获。其冬季播种、仲夏即收者,则广南之稻地无霜雪故也。凡稻,旬日失水,即愁旱干。夏种冬收之谷,必山间源水不绝之亩。其谷种亦耐久,其土脉亦寒,不催苗也。湖滨之田,待夏潦已过,六月方栽者,其秧立夏播种,撒藏高亩之上,以待时也。南方平原,田多一岁两栽两获者,其再栽秧,俗名晚糯,非粳类也。①

　　在此,宋应星对江南水稻的生长形态、稻米的形状颜色、不同稻种的播种日期、不同生长期内对水量的依赖程度,都做了详尽描述,并给出了最优的经验数据。水稻育秧后 30 天拔起分栽,1 亩秧田可移栽 25 亩本田,即秧田与本田的比例为 1∶25。再如,他详细介绍了八大类"稻灾",在第七类缺水灾害中给出了下述具体数据:

　　早者食水三斗,晚者食水五斗,失水即枯。将刈之时,少水一升,谷数虽存,米粒缩小,入碾臼中,亦多断碎。②

---

① 《稻》,《乃粒》第 1 卷,《天工开物》卷上。
② 《稻灾》,《乃粒》第 1 卷,《天工开物》卷上。

早稻食水量小于晚稻,比例为3:5。收获前夕,水稻对水量的反应异常敏感。水少一升,就会出现颗粒不饱满现象。这些细致的技术数据,对于水稻育秧、插秧、灌溉和收刈,都具有科学的指导作用。在宋应星之前,所有的农书都未曾提出过如此详尽的数据。宋应星还指出:

> 生人不能久生,而五谷生之;五谷不能自生,而生人生之。土脉历时代而异,种性随水土而分。不然,神农去陶唐,粒食已千年矣。①

在此,他论述了作物与环境之间的密切关联,指出外界环境的时代变迁,会对作物的种性产生变异影响。他提出通过人工选择培育抗旱稻种,并介绍了以砒霜(三氧化二砷)作为农药拌种、用石灰中和酸性土壤等先进的农业生产技术。

在《甘嗜》卷里,宋应星介绍了将水稻育秧法移植到甘蔗种植,进行甘蔗移栽。《粹精》卷记述了江西的大型水碓,以水力为驱动,通过立式主轴带动各种部件,能够同时实现农田灌田、谷物脱粒和磨制面粉等3种机械功能,这是17世纪世界上最先进的农用机械设备。《乃服》卷中介绍了蚕的变异现象,对19世纪英国生物学家达尔文产生过直接影响。宋应星还提出对一化性蚕的雄蛾和二化性蚕的雌蛾、黄茧蚕与白茧蚕进行人工杂交,能够培育出具有双亲优点的杂种蚕;通过蚕浴和排除病蚕,对蚕群实现人工淘汰,可加速蚕群发育,增加蚕茧产量和缫丝质量。这些养蚕新技术,完全符合现代生物学的遗传规律和杂交原理。

在工业技术方面,《五金》卷记述了将炼铁炉和炒铁炉串联使用,可使从炼生铁到炼熟铁的生产过程连续起来。宋应星还提出了比较金、

---

① 《乃粒》第1卷,《天工开物》卷上。

银、铜单位体积内重量,已具有了近世物理的比重概念。他对金属锌("倭铅")冶炼工艺的记述,是世界上最早、最详明的炼锌文献。他关于铜、锌以不同配比冶炼不同性能合金黄铜的论述,具有极其宝贵的技术价值。《燔石》卷论述了竖井采煤技术,在井下安装巨竹筒排除瓦斯、加设巷道支护等采掘技术,也是值得称道的技术发明。

《天工开物》是对中国古代农业和手工业生产技术系统而全面的科学总结,在编撰体例、研究方法和思想内容上,都具有世界性的伟大意义。其所述对象范围之广,为以往任何著作所不及,足以与西方文艺复兴时期 G.阿格里科拉(G. Georgius Agricola,1494—1555 年)撰写的《矿冶全书》(*Deremetal-lica* 1546)相媲美。

初刻本刊行后不久,很快又在福建由书商杨素卿(1604—1681 年)刊行了第 2 版,1725 年,进士陈梦雷(1650 年生,卒年不详)受命组织编撰,后又由蒋廷锡(1669—1732 年)等人续编的官刻大型著作《古今图书集成》,食货、考工等内容有很多取自《天工开物》。1742 年,翰林院掌院学士张廷玉(1672—1755 年)主编大型官修农书《授时通考》,在第 20、23、26 等卷中,引用了《天工开物》中《乃粒》、《粹精》等卷内容。18 世纪后半叶,乾隆设四库馆编修《四库全书》时,在江西所进献书籍中,发现了宋应星兄长宋应昇的《方玉堂全集》以及朋友陈弘绪等人的著作有反清言论,因此,《四库全书》没有收录《天工开物》。乾隆以后,清代再也没有人敢公开刊刻,《天工开物》没有得到进一步流传。直到 1840 年鸦片战争以后,情况才有所改变。1840 年,著名学者吴其浚(1789—1846 年)在《滇南矿厂图略》关于采矿冶金的叙述中,参考了《天工开物》。1848 年,吴其浚的《植物名实图考》谷类等部分,有很多地方引用《天工开物》的《乃粒》卷。1870 年,刘岳云(1849—1919 年)的《格物中法》,几乎把《天工开物》中的所有主要内容都逐条摘出,并进行了评论和注释,他是中国第一个用近代科学眼光研究《天工开物》的人。公元 1877 年,岑毓英(1829—1889 年)撰修的《云南通志》的食货矿政部分时,详细引用了《天工开物·五金》中关于铜、银等冶炼技术的叙述。1899 年,直隶候补道卫杰在《蚕桑萃编》中,有不少部分引用了《天工开物》中的《乃服》和《彰施》等卷。

17 世纪末,《天工开物》传入日本,成为江户时代(1608—1868 年)日本各界广为重视和征引最多的科技经典。1694 年,日本著名本草学家见原益轩(1630—1714 年)在《花谱》和 1704 年成书的《菜谱》两书的参考书目中列举了《天工开物》,这是日本提及《天工开物》的最早文字记载。1771 年,大阪出现了和刻本《天工开物》。这是《天工开物》在日本的第一个翻刻本,也是第一个外国刻本。宋应星的天工开物思想,激发了 18 世纪日本哲学界和经济界兴起了"开物之学"。1952 年,《天工开物》再次被译成现代日语,至今仍畅销不衰。1783 年,《天工开物》传到朝鲜半岛,成为李朝(1392—1910 年)后期实学派学者参引最多的学术著作。

1830—1840 年间,《丹青》、《五金》、《乃服》、《彰施》和《杀青》等分卷,由法兰西科学院教授儒莲(Stanislas Julien, 1799—1873)先摘要译成法文,接着转译成英文和德文。《乃服》卷中论述养蚕的部分,还被转译成意大利文和俄文。达尔文曾读过这一部分内容,并做过引证,称其为"权威著作"。1869 年,有关工业技术的各分卷法文摘译稿,又集中到《中华帝国工业之今昔》(*Industries anciennes et modernes del'Empire Chinois*)一书中,刊行于巴黎。1964 年,有关农业生产技术的前 4 分卷,又被转译成为德文。1966 年,美国宾夕法尼亚大学的任以都博士将《天工开物》全文译成了英文,并加了译注,题为《宋应星著〈天工开物〉:17 世纪中国的技术书》,在伦敦和宾夕法尼亚两地同时出版。这是《天工开物》的第一个欧洲文字全译本。

目前,这部有关中国古代农业和手工业技术的百科全书,已成为世界著名的科学技术经典,其科学思想和技术意义越来越受到世界普遍关注。英国学者李约瑟将宋应星称誉为"中国的阿格里科拉"和"中国的狄德罗"①。狄德罗(Denis Diderot，1713—1784)是 18 世纪法国启蒙学者,曾主编过《百科全书》。宋应星及其《天工开物》,确实足以与狄德罗及其《百科全书》相比拟。

---

① Joseph Needham: *Science and Civilization in China*，Volume 1，pp. 12 - 13，Cambridge University Press，1954 ; Volume 3，pp. 154，Cambridge University Press，1959.

第十五章　学术贡献和对东亚的影响

中国学术史演进到宋明而至于"造极"，它超越汉唐，影响清和现代；并跨越国界，影响东亚，程朱理学一度成为朝鲜、日本、越南的国家意识形态。

宋明学术之所以"造极"于世，其原因诸多，然一言以蔽之，在于学术创新。学术贵于创新，创新体现了这个时期的学术精神和学术个性。学术精神是这个时期学术思潮精华的提升；学术个性是这个时期的学术有别于以往的独创性，此两者的融合，构成了学术创新性的贡献和其在学术发展史上的独有的地位。没有学术创新，只能照着以往的学术思潮、观点讲，最多只是接着以往的学术讲。照着讲无自己的创新可言，接着讲虽有自己的独立的见解和诠释，但在"本然之全体"上并未超越以往学术，建构新的学术理论思维形态。学术创新就是自己讲，讲自己的学术智能创新，或自己体贴出来的学术理论思维形态。这样才能在中国学术发展史中占有一席之地，拥有自己的学术品格和独自领域。

一、学术创新和贡献

宋元明学术以其智能创新而奉献于人类精神文化。它的学术价值、学术地位和学术贡献，体现在学术创新之中。明宋明学术创新，即可知宋明学术价值、地位和贡献。

1. 学术融突的和合转生

学术是在有差分的、对立的学派、学者之间辩论、切磋、交往、碰撞的既冲突又融合的和合中转生的。辩论、切磋、交往就要承认、尊重他者的存在。冲突就是对辩论、切磋、交往之间的彼此关系的肯定,是在公正、平等意义上对学派多元存在的同情理解;融合是有差分、对立学派、学者之间交往、交流、交感、交通的一种形式,有差分、有对立的冲突,才构成交往、交流、交感、交通的对象、竞争的对手,所以冲突也是融合的另一种特殊形式。

自汉以来,儒释道三教既冲突又融合;既相互排斥,又互相吸收①。这种冲突和融合具有一种特殊性,它是第一次中华民族学术思想与外来异民族学术思想的全面的、大规模的冲突,是中华民族传统学术文明第一次受到外来学术文明的激烈冲击。在三教冲突融合的历史进程中,尽管有时冲突十分激烈,至于灭佛运动,但从全过程来看,基本上是互相容纳、交往,灭佛是暂时的、有限的。三教冲突融合,逐渐使印度佛教中国化,中国化的佛教就成为中国佛教,道教和儒教在吸收佛教的宗教理论中,亦使自己的理论学说更趋深刻化和精致化。到隋唐时,三教便成鼎足之势。虽有的学者对佛教仍主张采取极端的方法,但统治集团出于对三教有益于治道的体认,而主张三教兼容并蓄,试图在兼容并蓄中转生为新的理论学术形态。

兼容并蓄是三教学术文化整合的方法,作为文化整合的方法,并非非此即彼,而拒斥某一方。尽管三教中人对如何整合有歧见:或"统合儒释",或"人其人,火其书,庐其居",等等,但兼容并蓄获得诸多学者的认同。兼容并蓄实质上是儒释道既冲突又融合的融突方法。作为方

---

① 参见张立文:《理学的思想来源——儒、释、道三教的论争和融合》,《宋明理学逻辑结构的演化》,台北:万卷楼图书公司 1993 年版,第 15—89 页。

法，不可避免地要遇到兼容三教什么？并蓄三教什么？什么是可兼容的？什么是不可并蓄的？什么是冲突的？什么是融合的？等等问题，其背后隐藏着价值选择问题。换言之，兼容并蓄的学术文化整合方法要受一只"无形的手"的支配，即价值观的支配。由于各个时代学术思潮的差分，各个学者学术立场、观点的不同，价值观的分殊，其价值选择的标准、取舍的尺度均殊异。直至宋初，三教的兼容并蓄，并没有兼容起来，也没有并蓄起来，仍然停留在学术整合的方法论争上。

基于这些内因外缘，自隋唐至宋初近 400 年的三教兼容并蓄方法并没有落到实处，三教仍然是三教鼎足而立，三教的融突并没有达至和合境界，即和合转生为新的和合体。尽管几百年来多少学者都在思考这个问题，试图在反思中化解这个问题，提出了"道统"论、"佛性"论、"性情"说等，但都未能直面宋明学术思潮的核心话题。直至程颢提出"吾学虽有所受，天理二字却是自家体贴出来"[①]。"天理"二字先秦《庄子·养生主》篇讲"依乎天理"，《庄子·盗跖》篇讲"从天之理"，《庄子·刻意》篇讲"循天之理"，《礼记·乐记》讲"灭天理而穷人欲"等[②]。"天理"二字的发明权不在程颢，但他敢于说"是自家体贴出来"，而是指自己建构了以"天理"(理)为核心话题的学术思想体系，回应了天道性命问题，建构了理学学术理论思维形态。换言之，理学担载了儒释道三教兼容并蓄学术整合方法的落实，以理学学术新形态的建构转换三教兼容并蓄学术整合方法的论争，真正把三教兼容并蓄起来。从这里可以获得一种学术的启示，学术新形态的建构不是东取西拼的凑合，也不是各所谓"精华"的聚合，而是冲突融合的转生，这个转生便是新学术和合体的

---

① 《河南程氏外书》卷 12，《二程集》，中华书局 1981 年版，第 424 页。

② 参见拙著：《中国哲学范畴发展史·天道篇》，中国人民大学出版社 1988 年版，第 540—548 页；《中国哲学范畴发展史·人道篇》，中国人民大学出版社 1995 年版，第 275—280 页。张立文主编：《理》，中国人民大学出版社 1991 年版。

建构,即转生为理学。理学转生了儒释道三教,也超越了三教,成为中国学术史上独立的、有个性的学术新体系。

理学学术新和合体的转生,不仅积极化解了外来学术文化对中国传统学术文化的冲击,而且转变了外来印度佛学盛行而中国固有学术文化衰微的态势。理学的转生,也是中国传统学术文化的转生,使中国固有学术文化重新获得新的生命智慧,是中华民族学术文化的一次振兴。《宋史·道学传》基于此,而给予很高的评价:孔孟没而无传,"两汉而下,儒者之论大道,察焉而弗精,语焉而弗详,异端邪说起而乘之,几而大坏,千有余载,至宋中叶,周敦颐出于舂陵,乃得圣贤不传之学,作《太极图说》、《通书》,推明阴阳五行之理,命于天而性于人者,了若指掌。张载作《西铭》,又极言理一分殊之旨,然后道之大原出于天者,灼然而无疑焉。"程颢及弟程颐生,"表章《大学》、《中庸》二篇,与《语》、《孟》并行,于是上自帝王传心之奥,下至初学入德之门,融会贯通,无复余蕴。迄宋南渡,新安朱熹得程氏正传,其学加亲切焉。大抵以格物致知为先,明善诚身为要,凡《诗》、《书》、六艺之文,与夫孔、孟之遗言,颠错于秦火,支离于汉儒,幽沉于魏、晋、六朝者,至是皆焕然而大明,秩然而各得其所。此宋儒之学所以度越诸子,而上接孟氏者欤"[1]。简述了中国学术发展的历史,说明宋学术的贡献就在于以其理学(道学)学术直接孔孟往圣之绝学,使被秦火汉离、魏晋玄、隋唐释所蔽,几至大坏的理气心性之学,焕然大明于世。所以,理学新和合体学术形态的转生,具有"度越诸子"的开创新学风、新学理、新体系的价值,使中国学术进入了一个崭新的阶段。

2. 经典解释学的创新

西方诠释学(Hermeneutik)一词来源于希腊神话中诸神的信使赫尔

---

[1]　《道学传一》,《宋史》卷 427,中华书局 1977 年版,第 12709、12710 页。

默斯(Hermes),他作为传递消息和指示的信使,就需要实现语言转换,对诸神的指示进行理解、翻译和解释。ik 词尾是指实践和方法。严格说来 Hermeneutik 是指诠释技艺学,因此,伽达默尔把诠释学解释为语言的一种普遍的中介活动①。这就是说西方有其源于希腊文明的诠释学传统,中国有中国自己经典解释传统。西方诠释学已实现了从特殊诠释学到普遍诠释学、从方法论诠释学到本体论诠释学、从本体论哲学的诠释学到实践哲学的诠释学的三大转向,中国解释学并没有实践这三大转向,也不想做中西诠释学的比较。

“诠释”这个词最初见于隋初高僧昙延的誓言,他欲著《涅槃大疏》,恐滞凡情,“烧香誓曰:延以凡度,仰测圣心。诠释已了,具如别卷……”②。唐颜师古亦用这个词:“先圣设法,将不徒然,厥意如何,停闻诠释”③。诠释是就经典文本语言进行解释之意。这个词唐宋典籍中很少使用,明清间使用较多。“解释”一词见《子夏易传·解卦》上六爻辞的讲解中:“解释驰缓也,故多有纵焉”④,到宋明时,解释便成为常用词⑤。笔者就用解释这个词来说明宋明对经典文本解释的创新。

从学术史的视阈来看,相对于汉学而言而有宋学,宋学取代汉学而一直沿袭至清乾嘉时的汉宋之争。宋学解释学的开创,使中国解释学进入了一个崭新的时代。汉学和宋学虽以时代为其称谓,实蕴涵着学术研究观念、立场、思维、价值和方法的殊异。汉学自汉武帝“独尊儒术”以后,汉学学者视儒家六经为神圣不可侵犯;以经典文本均为圣人之言,一句一字均不可更改;它是一切的价值来源,也是衡量

---

① 洪汉鼎:《诠释学与中国》,《文史哲》2003 年第 1 期。

② 《说听篇第十六》,《法苑珠林》卷 24,上海古籍出版社 1991 年影印本,第 187 页。

③ 颜师古:《策问十五道》,《文苑英华》卷 473。

④ 《子夏易传》卷 4。

⑤ 景海峰:《“诠释”考》,《中国哲学史》2003 年第 2 期。

一切的价值标准；对经典文本只能采取名物训诂的解释方法。唐儒继承汉儒，笃守汉以来的"师法"、"家法"，不敢越雷池一步。对汉儒的"注经"只能作"疏"。"疏不破注"，连为经典文本做注的资格也丧失了，严重束缚了学术思想的发展。因此，盛唐尽管有伟大的文学家、伟大的宗教家，但没有伟大的哲学家。因为哲学家需要一个自由创造的学术空间。

宋学是一次思想开放、学术解放运动。宋代所开展的儒学复兴运动，实质上是一次儒学启蒙运动，它剥去儒家经典文本的层层神圣光环，还其本来面目：欧阳修以六经之首的《周易》的《易传》非圣人孔子所作，朱熹以《周易》为卜筮之书；《书经》为上古时的历史文告；《诗经》并非"思无邪"，而是讲男女之事；王安石认为《春秋》为"断烂朝报"；李觏、司马光疑《孟》、非孟，等等。于是，宋儒大破汉唐"传注"，视汉儒之学若"土梗"。他们直接与六经对话、交往，不仅"舍传求经"，而且"疑经改经"；他们转换汉唐儒家章句训诂的"我注六经"的汉学解释方法，而代之以阐发义理的"六经注我"的宋学解释方法；他们不以"六经"为最神圣的价值标准，而是以"天理"为终极价值。宋学的学术思想解放运动，使陈陈相因、学术僵死、山穷水尽的汉唐经学，重新焕发了新的生命智慧和学术活力。

宋学的义理之学的解释方法取代汉学的训诂之学的解释方法，这不是单纯的解释方法的变更，而意蕴着整体学术思潮的转换或转生。解释方法的创新是学术思潮创新的先导，没有经典文本解释方法变更为其先导，不仅失去了解释所依傍的根据，而且也不可能营造一种适宜于学术自由发展的氛围；没有解释方法的变更，只能沿袭旧的解释方法，就不能开出新局面、新学风、新思潮，犹如"老马识途"，只能沿学术老路走，照旧走入死胡同。新的解释方法的开出，意蕴着新思维、新观念、新价值、新原理的形成，从而创造了超越以往任何学术思潮的宋明理学新思潮、新学术理论思维形态。

3. 学术典范的确立

学术典范可以理解为学术研究所需遵循的典型和模范,它具有学术的准则性、规范性和秩序性。一种学术典范的确立,标志着学术由特殊走向普遍、由个别走向一般。同时,也标志着学术由学者个人的主张走向被学者群体所接受,由一个学派的倡导而形成社会思潮。从这个意义上说,大凡学术思潮,都有其学术典范,都有其所依的一定之准则、一定之规范、一定之秩序。宋明理学作为中国学术史上的一种学术思潮,亦不例外。

从学术准则性来说,天理(理)是宋明理学学术思潮道德形上学,是统摄天道与人道的价值本体,也是宇宙万物、社会人伦关系的价值准则,是分别天理与人欲、道心与人心、天命之性与气质之性、善与恶的价值标准。从价值理想来看,天理使人成德成圣,而达超凡入圣境界,也是人生的终极关切。天理的准则性不仅是本体与工夫的合一,而且是哲学形上学与伦理道德的不二,超越以往中国学术思想中两者的分裂。这种合一不二的融合,得益于"体用一源,显微无间"准则的确立,也得益于"理一分殊"准则的彰显。在"体用一源"、"理一分殊"的准则下,是本体与工夫、哲学形上学与伦理道德、内圣与外王的价值"直通",而毋需价值"曲成"。因而,张载提出"天人合一"命题:"儒者则因明致诚,因诚致明,故天人合一"①。在二程看来这种"天人合一",实质上"天人本无二,不必言合"②。天与人、天道与人道,都是"理一",都是"体用一源",所以"天人本无二",凸显了"本"字的意义。

"理一分殊",或"性即理",或"心即理",或"气即理"等,而成宋明理学学术的不同派别。理、气、心、性虽分殊,但理为一。因此,理学无论

---

① 张载:《正蒙·乾称篇》,《张载集》,中华书局1978年版,第65页。
② 《河南程氏遗书》卷6,《二程集》,中华书局1981年版,第81页。

如何分派，但"存天理"是各学派所认同的最高准则。

"体用一源"、"理一分殊"、"存天理"这三大最高准则，也是宋明理学学术思潮三大原理。这三大原理亦即其学术典范，它具有指导学术思潮的演进，示范学术的应然和所以然，并给出后来者效法的必遵性和可遵性。

从规范性而言，学术交往、对话、切磋等活动都应有一定之规，对于学术规范的运用、遵守，不仅是从事学术活动的学者应共同遵守的，而且是一种约定俗成的自觉的行为。学术规范在古代虽不诉诸于法律，但诉诸于道德，它成为从事学术活动的一种公共道德。一旦学术规范成为一种公共道德或共同遵守的规则，便具有他律性。若违反了学术规范，就要受到学术舆论的谴责或自我学术良心的谴责。

自唐中叶以来，学者们均关心道与文的关系问题，韩愈讲"修其辞以明其道"①，柳宗元主张"文者以明道"②，韩愈的女婿李汉讲"文以贯道"。朱熹认为，这些说法都存在文自文、道自道，文道为二之弊③。他主张"文道合一"，"文皆是从道中流出"，"文皆从此心写出，文便是道"④。"文便是道"，"文道合一"，作为学术规范便给出了文的一定之规，朱熹便是据此规范，而批评韩、柳及北宋的文学家、思想家；元明亦在"文道合一"学术规范的观照下，文不离道。"文道合一"不仅是理学与中唐以来古文家的根本分歧所在，而且开出了宋明新文风、新学风。《朱子语类》记载："陈曰：'文者，贯道之器。且如《六经》是文，其中所道皆是这道理，如何有病？'曰：'不然。这文皆是从道中流出，岂有文反能贯道之理？文是文，道是道，文只如吃饭时下饭耳。若以文贯道，却是

---

① 韩愈：《争臣论》，《韩昌黎集》卷14，《国学基本丛书》本。
② 柳宗元：《答韦中立论师道书》，《柳宗元集》卷34，中华书局1979年版，第872页。
③ 参见拙著：《朱熹评传》，南京大学出版社1998年版，第362—373页。
④ 朱熹：《朱子语类》卷139，中华书局1986年版，第3319页。

把本为末。以末为本,可乎? 其后作文者皆是如此。'因说:'苏文害正道,甚于老佛……'"①。在总结中唐以来文道关系中,知其弊,明其害,而提出"文道合一"的学术规范。

"文道合一"的核心是明道,道不明,文自不明。明道首在传道。传道要有传道之师。自汉末魏晋以降,"师道之不传也久矣",韩愈曾这样感叹。柳宗元也说:"举世不师,故道益离"②。至宋初这种状况仍然存在,至"庆历新政"、"熙宁新法"后,师道不传而逐渐被尊师重道所代替。"尊师重道"也成为一种学术规范。"师"必须遵守"传道、授业、解惑"的规则,这也是传道之师的责任和义务;学习者亦必须以"尊师重道"为规范,而不能违反。

尊师重道与尊师重教不可分离,宋明学术的繁重,与学校、书院的空前发展相联系,政府办的从中央国子监、太学到州、县学校的制度化的规则,以及公私立的书院的学规,都具有规范的意义,它保证了教育目的的贯彻和实施。如朱熹制订的《白鹿洞书院揭示》,对为学目的、为学之序、修身之要、处事之要、接物之要等五个方面都做了明确规定。这个学规要求"诸君其相与讲明遵守,而责之于身焉,则夫思虑云为之际,其所以戒谨而恐惧者,必有严于彼者矣。其有不然而或出于此言之所弃,则彼所谓规者,必将取之,固不得而略也。诸君其亦念之哉"③。书院学生必须遵守学规,并身体力行。这个学规不仅在于知识的掌握,而且要在道德品质,修身、处事、接物等方面进行全面的培养。在这里,学规显然具有规范学校、书院教学目的、内容、方法,以及为学之序,修身、处事、接物之要的作用。因为这种规范具有普遍价值,所以为国内外学校、书院所认同和采用。

---

① 朱熹:《朱子语类》卷 139,中华书局 1986 年版,第 3305、3306 页。
② 柳宗元:《师友箴》,《柳宗元集》。
③ 朱熹:《白鹿洞书院揭示》,《朱文公文集》卷 74,《四部丛刊初编》本。

从学术秩序性而言,是学术典范的次序化、逻辑化和制度化。理学形而上学建构突破了以往学术思想的浑沌性,如《宋史·道学传》所说:"两汉而下,儒者之论大道,察焉而弗精,语焉而弗详"①。察和语都不精不详。被朱熹推为《伊洛渊源录》之首的周敦颐,作《太极图说》,他构建了宇宙万物演化的秩序:无极 $\xrightarrow{\text{而为}}$ 太极 $\xrightarrow{\text{动静}}$ 阴阳 $\xrightarrow{\text{变合}}$ 五行 $\xrightarrow{\text{妙合}}$ 男女 $\xrightarrow{\text{交感}}$ 万物②。这是周氏《太极图》和《太极图说》所推衍的宇宙万物演化的逻辑性和次序性。在其演化的过程中,每一阶段的变化都有中间环节及其联系的规定,它不是无说明的、跳跃式的变化,而是符合逻辑合理性的变化。《太极图》整体化生的次序,便是一个逻辑秩序性的典范。它虽不是非常严密的概念逻辑体系,但已具概念逻辑体系,并具有典范意义,它给出后来宋明理学家建构形而上学概念逻辑体系的启示。

作为理学集大成者朱熹,他无论阐述其形而上学理气体系,还是陈述心性关系,都承继周敦颐给予"一以贯之"的概念逻辑的合理性观照。如他在讲性、心、情关系中,所谓"天命之性"与"气质之性","道心"与"人心"的问题,实是其学术形上学理气关系在心性论上贯彻和展开。现将其概念逻辑秩序表述如839页图③。

理作为形而上学的逻辑概念(范畴),自身为性为心,其间经多层次的有秩序逻辑行程,而落到人,从而构成心性论和伦理道德论的概念逻辑体系。由此概念逻辑体系推演出的正、偏和天理人欲,便形成了昏明、清浊、贵贱、贫富、寿夭、善恶、美丑等等的差分,说明现实世界的圣、凡和贤、愚等级关系的合理性。在这里尽管天命之性、道心不出于理与

① 《道学传》,《宋史》卷427,中华书局1977年版,第12709页。
② 参见拙著:《宋明理学研究》,中国人民大学出版社1985年版,第114—117页;《宋明理学研究》(修订本),人民出版社2002年版,第108—110页。
③ 参见拙著:《朱熹思想研究》,中国社会科学出版社1981年版,第517页;《朱熹思想研究》,中国社会科学出版社2001年修订版,第390页。

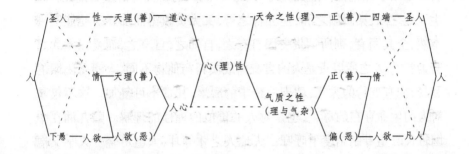

气杂,但天命之性和道心亦需借气质之性、人心而安顿或附着处,于是朱熹心性论的性(心)——气禀——人——性(心)的概念逻辑秩序,便与其形上学的理——气——物(人)——理的概念逻辑秩序相对应,而具有典范性意义,所以其学生陈淳有《性理字义》之作,对理学概念范畴做系统的解释,并从发展的视角对其历史演化做出有次序性的梳理。

4. 人文理性的关怀

中国学术是具有人文特征的学术,人文理性是中国学术的基本蕴涵。人文一词,见于通行本《周易·易传》,"观乎天文以察时变,观乎人文以化成天下"①。"天文"与"人文"对言,天文指天地自然现象及其变化,人文指化成天下的学说。人文理性是指人对生命存在和人的尊严、价值、意义的理性理解、解释和把握,以及对价值理想、终极关切的执着追求的总和。人文理性既是一种形而上的理性追求,也是形而下的理性思考。

中国学术的核心问题是讲人,"天地之性人为贵","民为贵,社稷次之,君为轻"都表彰了对人的尊重。然而贵之所以贵,即为什么贵、怎样

---

① 《贲·彖传》,《周易正义》卷3,《十三经注疏》本,中华书局1980年版,第37页。

贵等都未予以论证。陆九渊对"人为贵"的人的自我价值做了论证:"人生天地之间,禀阴阳之和,抱五行之秀,其为贵孰得而加焉。使能因其本然,全其固有,则所谓贵者固自有之,自知之,自享之,而奚以圣人之言为?"①人之所以贵是人的自身构成质料与他物不同,人禀受阴阳的和气,拥有五行的秀气,即天地精华的凝聚,其贵不可复加。这不仅是对人的生命存在的尊重,也是对人的价值的理性的理解。陆九渊在中国古代君主专制制度下呼吁:"天地人之才等耳,人岂可轻? 人字又岂可轻"②。天、地、人为"三才",它们是平等的,没有轻重、尊卑之分。人之所以贵,不是天地的恩赐,而是人的"自有"、"自知"、"自享"。换言之,人的生命存在的尊严和价值,既是他者(包括他人和社会)给予的,又是"自有"的,人自己尊重自己的价值和尊严,便是自觉到"自有"的尊严和价值,这便是"自知","自有"、"自知",才能"自享"。"自有"、"自知"、"自享",便能真正"自立"。陆九渊对朱济道说:"请尊兄即今自立,正坐拱手,收拾精神,自作主宰。万物皆备于我,有何欠阙"③。"自立"、"自作主宰","不可自暴、自弃、自屈"④。陆氏关于自我主体价值的体认,是中国古代主体精神的发扬。只有主体精神的自觉,即"自作主宰"的确立,才能使人的生命存在和人的尊严、价值、意义的理性理解得以实现,凸显了理学家对人的人文理性的关切。

人对于价值理想和终极关切的理性理解和把握,是基于人对人之所以为人的理会:"人当先理会所以为人,深思痛省,枉自汩没虚过日月。朋友讲学,未说到这里。若不知人之所以为人,而与之讲学,遗其大而言其细,便是放饭流歠而问无齿决。若能知其大,虽轻,自然反轻

①　陆九渊:《天地之性人为贵论》,《陆九渊集》卷30,中华书局1980年版,第347页。

②　陆九渊:《语录下》,《陆九渊集》卷35,中华书局1980年版,第463页。

③　陆九渊:《语录下》,《陆九渊集》卷35,中华书局1980年版,第455、456页。

④　陆九渊:《语录下》,《陆九渊集》卷35,中华书局1980年版,第433页。

归厚"①。人当理会所以为人的道理，即人作为社会的成员为什么活着，活着有什么意义？对人活着的意义的追求，便是对人生价值理想的追求。这种追求，周敦颐谓之"立人极"，即达超凡入圣的圣人的人格理想境界，也即是王守仁所说的"天地万物本我一体"的终极境界，是一种人文理性的关怀。

　　宋明学术是具有理性精神的，其最切近的学术目标就是"格物穷理"。朱熹把理描述为超越于"情意"、"计度"、"造作"的形而上者的"净洁空阔底世界"；它是无形体、无情状、无法用感性经验来模拟的，只能用理性思维来洞察；陆九渊则把理与心合一，认为东、南、西、北有圣人出，此心、此理是相同的，千百世以上与千百世以下，圣人的此心、此理也是相同的②。理便是超感觉、超时空的形而上的普遍存有的根据。理在天道系统，与气相对相关，是万物生化的本体根据；理在人道系统，与物相对相关，是人的知识的源头活水；天理与人欲相对相关，是制约万事的价值准则。理作为"净洁空阔底世界"，理（天理）消除和化解了汉唐以来天命话语所残留的拟人化或人格化的痕迹，使理具有概念化的逻辑形式。这就是说，宋明理学人文理性的关切，是对经学儒学和董仲舒天人感应、佛教心性之学，做了理学的义理化的转生，凸显了理学的人文理性的关怀。

　　宋明学术的创新精神，使这个时期的文化思想至于全面繁荣。经学开出新生面，一改汉唐以来的章句注疏之汉学，代之以发挥义理的宋学，成为经学解释学中两大划时代意义的表征；理学学术思潮的开宗、奠基、集大成，以及其转折和解构，学术自由开放、学统四起、互相交往辩论，著名学者会讲切磋，出现了中国学术史上学派空前昌盛的状况；

　　① 陆九渊：《语录下》，《陆九渊集》卷35，中华书局1980年版，第451页。
　　② 参见杨简：《象山先生行状》，《陆九渊集》卷33，中华书局1980年版，第388页。

学校、书院教育十分发达,太学学生多达数千人,建立了从中央到州、县健全的教育体制。公私书院教育,不仅培养了大批优秀人才和著名学者,而且成为某一学派研究、探讨、宣扬自己学术的基地,以及不同学术思想会讲、交流、辩论的基地;史学的兴盛亦为前代所不可比拟,《资治通鉴》开创了编年体通史的典范,《北溪字义》等是对学术概念范畴史的奠基;在文学上宋词、元曲、明小说,各领风骚;自然科技方面三大发明的完善,火药和兵器应用,指南针和航海造船业的进步,雕版印刷和活字印刷的发明,农业和农学的发展,地学、水利、医药等的创新,等等,致使宋明学术造极于此时。

二、从"伪学"到官方意识形态

宋明理学学术思潮经酝酿、开宗、奠基、发展、集大成,在社会上有了极大的影响,但由于与统治者意识形态的不一致,而遭排斥;或由于党争,而有沉浮。理学家在世时,命运坎坷,学术遭禁,身心受害。程颐于绍圣四年(1097年),作为"元祐奸党"的一员被诏追毁其出身以来文字,放归田里。11月被送到四川"涪州编管"。回洛后,崇宁二年(1102年)范致虚奏言:程颐"'以邪说诐行惑乱众听,而尹焞、张绎为之羽翼。'事下,河南府体究,尽逐学徒,复隶党籍"①。认为程颐"今复著书,非毁朝政,于是有旨追毁出身以来文字,其所著书,令监司觉察"②。两次被追毁文字。朱熹的情况也差不多,庆元二年(1196年)刘德秀直指朱熹为"'伪学之魁,以匹夫窃人主之柄,鼓动天下,故文风未能丕变。请将

---

① 《伊川先生年谱》,《伊洛渊源录》卷4,《朱子遗书》京都:中文出版社1975年版,第351页。

② 同上。

语录之类尽行除毁.'故是科取士、稍涉义理者,悉皆黜落。《六经》、《语》、《孟》、《中庸》、《大学》之书,为世大禁"①。一是除毁语录文字,二是严禁《六经》、《四书》,三是稍涉义理的考生,一律不取。这三点做得够绝,并把朱熹打入"伪学逆党籍"。迫使朱熹的一些学生更名他师,过门不入,甚至变易衣冠,狎游市肆,以自别其非党。朱熹的大弟子蔡元定遭流放。

1. 独尊程朱,学术一统

　　在宁宗把朱熹等道学家打入"伪学逆党籍"后的十年(1199—1209年),他又把朱熹平反,诏赐谥曰"文",世称"朱文公"。理宗逐渐体认到程朱道学"有补于治道";"历万世而无弊"②。度宗咸淳五年(1269 年)下诏以朱熹祖籍故里,"赐文公阙里于婺源"③。这与朱熹在世时的情境犹如天壤。元明两朝,均以程朱道学为国家意识形态,程朱对于《四书》、《五经》的注释被诏为科举试士的官本。元代规定明经科考试《四书》用朱注本。程朱之学成为官学。既然朱熹的《四书章句集注》定为科场程式,自然而然影响士子们的读书、讲学和教育的社会风气,不仅群经要遵朱熹折衷论定,"而讲诵授受,必以是为则,而天下之学皆朱子之书"④。朱子之书成为"天下之学",并以他的学术思想为准则,实现了思想学术的一统,它适应了统一的中央集权君主专制社会的需要,但却有害于学术思想的多元竞争和发展,而排斥不同的学术思想观点,造成了专以"朱子之说为主,定为国是,而曲学异说,悉罢黜之"⑤。"定为国是",便是国家法定的指导思想和意识形态,其他学说便易于被作为

①　《续资治通鉴》卷 154,中华书局 1964 年版,第 4137 页。
②　《理宗绍定三年九月改追封徽国公制》,《婺源县志》卷 64。
③　《朱子世家》,《婺源县志》卷 18。
④　虞集:《考亭书院重建文公祠堂记》,《道园学古录》卷 36。
⑤　苏天爵:《伊洛渊源录序》,《滋溪文稿》卷 5。

"曲学异说",而遭罢黜。这可与董仲舒建议的、汉武帝实行的"罢黜百家,独尊儒术"相比拟。

明代科举考试规定以程朱学所注释的《四书》、《五经》为准绳,继承元皇庆条制。明代规定试文格式为"八股"文,"股"为对偶之名,即体用排偶,如每四股之中,一反一正,一虚一实,一浅一深[①],这种八股取士一直沿袭到清末。明成祖朱棣为穷理以明道,立诚以达本,修之于身,行之于事,用之于国,而达天下,使家不异政,国不殊俗,大回淳古之风,以绍先王之治,以成熙雍之治,而修撰《五经大全》、《四书大全》和《性理大全》。《五经·四书大全》以程朱学术思想为指导,凡有发明经义者取之,悖于经旨者去之。以此为取舍价值标准,所取者都是程朱及其弟子经注。《四书大全》是朱熹《四书章句集注》的扩大。《性理大全》所引先儒学说,绝大部分是濂洛关闽及其弟子和再传弟子等。三"大全"以官方名义来纂修,标志着程朱之学统治地位确立的继续。

大凡学术思想一经确立为官方意识形态,便取得独尊的地位。为了这种官方意识形态取得普遍性的、统一性的作用和价值,对不同的学术观点、思想便采取罢黜、打击、严禁的行政的手段。于是这种学术思想便失去了与不同学术思想的交往、交流和竞争,也就失去了生生不息的学术机遇,它把自己封闭起来,而趋向保守、教条和僵化,更谈不到学术创新,作为官方意识形态的程朱道学也就失去了其学术生命智慧,学术生命趋于枯萎。虽作为官方意识形态仍可依靠国家力量而得以维持,但作为学术思想总不能禁绝不同学术思想的出现,王守仁打着阐发《朱子晚年定论》的旗号,宣传不同于程朱道学的心学学术思想,展开了对程朱学术思想的批判,而给宋明理学注入了新生命。罗钦顺、王廷相、吴廷翰也借阐释程朱道学中气的思想,而开出气学学术思想,也对

---

① 顾炎武:《试文格式》,《日知录集释》卷16,岳麓书社1994年版,第594、595页。

程朱道学展开了批判。这两股批判力量,又把宋明理学推向心学和气学的集大成,这便是王守仁和王夫之。

2. 纲常名教　礼乐教化

宋明理学之所以被奉为官方意识形态:一是有一个源远流长的道统。"祖述尧舜,宪章文武",程朱道学、陆王心学、张载、王夫之气学等理学三派集尧、舜、禹、汤、文、武、周公、孔、孟道统之大成,这是"一学术"、"一道德"的价值本根,亦是作为官方意识形态所以然的价值根据。这样,理学作为官方意识形态便获得了道统上和学理上的合法性,而无可指摘;二是有补于治道。理学有关于天地自然、政治制度、伦理道德、格物致知、诚意正心、修身齐家等论述,都是为国家的长治久安、人生的安身立命谋划设计的。这种谋划设计是为恢复王道之治所取法,为实现内圣外王所必需。宋明理学借助于官方意识形态的力量,不仅使之深入到穷乡僻壤,深透到百姓日用生活的各个方面,并融为一体,而且使理学成为真理,是衡量学术思想、行为方式、日常交往、处事接物的是非、曲直的价值标准,也是科举考试、进入仕途的评判的尺度。若有与此真理标准有违,就是邪说异端,逆经离道,如李贽的被捕坐牢,自杀狱中。如科举考试不按程朱道学答题,即使考得最好,也不录取。如王守仁大弟子钱德洪等按心学答题而落第等等。营造了舆论一律,独尊程朱的学术氛围,窒息了学术的发展。从理学的学术普遍性形式来说,是对理学有益;从其窒息学术发展而言,便是其弊。

宋明理学强化了纲常名教,论证了君主集权的合理性,元明统治者把理学中告诫统治者的"存天理、灭人欲",转而用来针对人民,并把天理人欲既冲突又融合关系中的冲突方面突出起来,强调"天理人欲,不容并立"的方面,极力宣扬"革尽人欲",把一切是非、正邪、美丑、善恶、公私、义利等道德价值规范统统置于天理人欲的天秤上来进行政治审判。凡是天理便是天经地义的,神圣不可侵犯;凡是人欲就是大逆不道,要革尽除绝。其后果是把"存天理,灭人欲"转化为统治者手中实行政治专制和学术专制的工具。

天理人欲经统治者的转化,给社会带来不利的影响:一是以纲常名教为天理,违背为人欲,推行"饿死事极小,失节事极大"的说教。三纲五常简称为"纲常",朱熹认为,"纲常千万年,磨灭不得"①。古代正名定分为主的礼教称"名教"。孔子以"正名"作为规定人的名位和应守的职分。汉武帝把符合国家利益的政治观念、道德规范,以立名分、定名目为形式,号为名节,制为功名,进行教化,以名为教。宋明时,"名教"内容为三纲五常,这样纲常与名教有相似。"饿死"与"失节"的事极小、极大,便是纲常名教的具体体现。虽然"失节"之节,可不限于妇女的失节的节,也包括官吏、士人、百姓的名节、功名等。程朱祖籍安徽,据《休宁县志》记载:明代节妇、烈妇有 400 余人,朱熹故里婺源,节烈、节妇、节孝等牌坊计 107 处②。这在宋元明清时代,被认为是"存天理、灭人欲",遵守纲常名教的典范,而受到表彰,受人尊崇。在现代则认为是杀人的软刀子,这两种截然相反的价值评价,说明价值观的变化,对事物的体认和价值评价亦随之变化。古代学术价值观的确立,有其时代的内因与外缘,有其存在的合理性和合法性;现代学术价值观的变化,有现代的内因与外缘,也有其存在的合理性根据。体验学术价值观的种种变化,便能体悟学术发展的历史,及其学术发展史的时代合理性和合法性存在的依据。对于学术历史,切忌以非理性的浮躁化、情绪化的批判,而应有历史的、同情的理解,这样才能契合学术史的本真。

宋明理学学术思潮形成于唐末五代"礼乐崩坏"的时代之后,理学是对中国礼乐文化的拯救、恢复和转生。宋明理学的主流派和非主流

---

① 《朱子语类》卷 24,中华书局 1986 年版,第 597 页。
② 《重修婺源县志》卷 50。

派学者都关注礼乐文化的建构和创新,无论是李觏、王安石,还是程朱及其弟子。礼讲分,分而有别,别而有序;乐讲和,和而平衡分,协调别,融合和谐。两者对人人安身立命、国家长治久安均有裨益。朱熹鉴中国是家国同构的社会,因此撰《家礼》、《古今家祭礼》,再撰《仪礼经传通释》(包括《家礼》5卷,《乡礼》3卷,《学礼》11卷,《邦国礼》4卷,《王朝礼》14卷)。丧祭二礼由门人黄榦续修。并撰《乞颁降礼书状》、《乞增修礼书状》、《申严婚礼状》等。礼是对人行为的规范。朱熹曾感叹礼的废弃:"呜呼!礼废久矣。士大夫幼而未尝习于身,是以长而无以行于家;长而无以行于家,是以进而无以议于朝廷,施于郡县;退而无以教于闾里,传之子孙,而莫或知其职之不修也"①。由幼至长都应习礼,行礼,进而由家而至于朝廷、郡县,退而教于乡里,传于子孙。整顿礼制,人人遵行。健全礼仪制度,不仅使人不忘报本反始之心,而且体现了笃其恩爱、有义有数的情怀。在中国古代礼渗透到百姓日常生活的各个层面,婚丧嫁娶、处事接物以及各种祭祀,都要按礼而行。譬如朱熹长期生活的闽南一带,妇女外出要花巾兜面,名曰"文公兜";妇女的莲鞋底下添木头,使步履有声,名曰"木头屐"。"冠婚丧祭遵文公家礼"②,"祭奠用朱文公礼"③,"泉俗吉凶仪节,多依朱子家礼"④。由于朱熹礼教深入民间生活,提高人民的道德素质,人们不敢"逆天悖理",闽南一带成为"守礼敦义,溢于闾间"之乡,"故礼义风行,习俗淳厚"⑤之地。这种"礼仪之乡",无疑是理学家所愿意看到的,也是理学家所理想的社会秩序。

---

① 朱熹:《跋三家礼范》,《朱文公文集》卷83,《四部丛刊初编》本。
② 《风俗》,《五夫里志稿》卷2。
③ 《风俗》,《泉州府志》卷20。
④ 《风俗》,《崇安县志》卷9。
⑤ 《风俗》,《同安县志》卷4。

三、朝鲜李朝和日本幕府的官学

宋明理学不仅被确立为中国上层的官方意识形态，而且影响下层人民日常生活的各个方面，同时亦传播到朝鲜、日本、越南等国，并渐次在与所传国本土学术思想的结合中，成为其官方意识形态，促使其国家学术思想的发展。

1. 李朝的官方意识形态

13世纪末，高丽从元朝传入理学，元代以程朱道学为科举程式，尊崇程朱道学，因程朱主张"性即理"，所以称其为性理学。安珦(1243—1306年)多次出使元朝，忠烈王十五年(1289年)他从忠烈王到元大都，得新刊《朱子全书》，次年回国后在国子监讲授程朱道学，以朱子学是孔子思想的精髓[①]。白颐正(1260—1340年)曾从忠宣王到元大都，他"留都下十年多，求程朱性理之书以归"[②]，回国后传授程朱之学。同时，从元学习性理学回国的还有崔瀣(1287—1340年)和崔文度(1291—1345年)，他们的讲学授徒，使程朱道学得以流传。权溥(1262—1346年)据传是安珦的弟子，朝鲜初性理学家权近的祖父，高丽末文学家李齐贤的岳父。他于1302—1309年间两度入元，重视朱子学，建议刊行《朱子四书集注本》，成为忠惠王五年(1344年)高丽科举考试的主要科目[③]，使朱子学得到广泛传播，也是士子们必修的科目。禹倬(1263—1342年)

---

① 参见金忠烈:《高丽儒学思想史》，台北，东大图书公司1992年版，第273—320页。

② 《栎翁稗说·前集二》，大东文化研究院本，第356页。

③ "改定科举法，初场试六经义四书疑，中场古赋，终场策问。"(《高丽史节要》卷25，忠惠王后五年秋八月条)。

精通经史,深研程颐的《伊川易传》,"程《易》初来东方,无能知者,倬乃闭门月余,参究乃解,教授生徒,理学始行"①。他研究教授程朱易学,以理论的思辨传授性理学。李穑(1328—1396 年)与其父李谷(1298—1351 年)都是李齐贤的门人。李氏父子多次到元朝,李谷曾任官元翰林院,李穑曾入元国子监生员。回国后,李穑曾任判开城府事,兼任成均大司成,主张整顿学校教育和科举制度,扩大成均馆规模,扩大学生数目,制定学规,聘著名学者为教授,使"程朱性理之学始兴"②。李穑曾聘郑梦周(1337—1392 年)在成均馆教授性理学,郑氏对推行程朱不遗余力,李穑亟称道他:"梦周论理横说竖说,无非当理,推为东方理学之祖"③。号为陶隐的李崇仁(1347—1392 年)与牧隐李穑、圃隐郑梦周被称为三隐,他是李穑的弟子,他对程朱性理学深有造诣,李穑称其为"自有海东文士以来鲜有其比者"。高丽末的性理学家,大多到元大都学习程朱性理学,他们在与元朝理学家的交往中,以及国子监的学习中,直接受教于中国理学家。有的还在元中央翰林院任职,这使他们有更多机会与中国学者交流、切磋、研究程朱道学,对程朱之学有亲切、深刻体认,而成为一流学者。他们回国后又受到高丽王朝的重视,参与政治,并讲学授徒,传播性理学,对高丽的政治文化、学术思想、伦理道德、风俗习惯、行为方式都产生了深刻影响。

郑道传(1342—1398 年)虽为李穑的弟子,但他是佐李成桂建立朝鲜王朝的功臣。他宣扬孔孟、程朱之学,斥异端,息邪学,明天理,正人心,辟高丽 500 年来享有国教地位的佛教思想。在《三峰集》中有《佛氏杂辨》一卷。其弟子权近评价郑氏说:"若夫性理之学,经济之功,辟异

---

① 《高丽史·列传》卷 22,禹倬条。
② 《高丽史·列传》卷 28,李穑条。
③ 《高丽史·列传》卷 30,郑梦周条。李珥认为:"丽末郑梦周始倡理学,而犹未大著。"〔《代白参赞(仁杰)论时事疏》,《栗谷全书》卷 4,(第一册),成均馆大学校大东文化研究院本,第 80 页上〕。

端以明吾道之正,仗大义以佐兴运之隆,文垂不朽,化洽无穷,真社稷之重臣,而后学之所宗也"①。就其文章事功而言,这个评价还算允当。权近(1352—1409年)继其师性理之学,他探究和深化了朝鲜朱子学。他在讲授《四书》、《五经》中,为便于学生理解和把握其中思想精髓,以周敦颐《太极图说》为蓝本,概括出书中重要概念范畴,按照其思维逻辑,分析综合,制成《入学图说》40篇,创造性地解释了《四书》、《五经》核心话题②。

　　李朝建立后,性理学空前发展,著名性理学者辈出,这与朝廷的重视、倡导分不开。李成桂在即位诏书中便蕴涵着崇儒排佛,规定科举考试"自《四书》、《五经》、《通鉴》已上通者,以其通经多少见理精粗,第其高下"③。后太宗、世宗积极振兴儒教性理学,限制佛教,并设集贤殿,优待集贤殿学士,研究确立儒教政治基本原则及其实践,学士为国王学术顾问并进讲。世宗15、16年间遣使赴明,求《四书》、《五经》、《性理大全》等,作为朝鲜朝太学成均馆儒生必读之书以及科举考试经义的程式。这样儒教性理学便具有官方意识形态的意味,大大推动了性理学在李朝繁荣和发展。同时朝廷从中央太学到地方学校的兴办,特别是朱子学双璧李滉、李珥对书院教育的提倡,使书院成为教学、探讨、研究、著述性理学的基地,促使性理学得到普遍弘扬。《世宗实录》卷2记载:"其有儒士,私置书院,教诲生徒者,启闻褒赏。"朝廷的褒赏,更激励了书院的发展,以补乡校之不足。以后朝廷为书院赐额颁书:"明宗庚戌,文纯公李滉,继莅本乡,以为教不由上,则后必坠废,以书遗监司,请转闻于上,而依宋朝白鹿洞故事,赐额颁书,兼给土田藏获,俾学子藏修。监司沈通源从其言,启闻。赐额曰绍修书院。命大提学申光汉作

　① 权近:《真赞四题》,《阳村集》卷23。
　② 金忠烈:《高丽儒学思想史》,台北,东大图书公司1993年版,第337—355页。
　③ 见《太祖实录》卷1。

记。仍颁《四书》、《五经》、《性理大全》等书"①。明宗五年(1550年)李
滉为丰基郡守,仿朱熹白鹿洞书院故事,上书监司。监司沈通源上表朝
廷,明宗赐额"绍修书院",并赐《四书》、《性理大全》等书籍、田土和奴
婢。宣祖在位41年,建书院81所,亲赐额20所。

李滉(1502—1571年)于明宗元年(1546年)罢官居乡,又丰基郡守
辞官归乡,便热衷于书院教育和钻研朱子学。他以朱熹《白鹿洞书院揭
示》为典范,制订《伊山院规》②。倡明书院教育目的、宗旨为"书院本为
明道学而设"③,书院比学校在明道学这方面更专一:"大抵学校之设,
谁非为道学耶!而在书院,则为道学之意尤专,其祀贤也,以道学为主
可也"④。这里所谓道学,从广义说指孔孟以来道统之学,狭义上是指
程朱道学。由于书院具有明道学,使"学者有所依归,士风从而丕变,习
俗日美而王化可成"⑤ 的功能,所以李滉对书院特怀感情,而作《书院
十咏》:"竹溪风月焕宫墙,肇被恩光作国庠。绚诵可能追白鹿,明诚谁
似导南康"⑥。直追朱熹知南康军时所恢复的白鹿洞书院。它包括竹
溪书院(丰基)、临臯书院(永川)、文宪书院(海州)、迎风书院(星州)、丘
山书院(江陵)、蓝溪书院(咸阳)、伊山书院(荣川)、西岳精舍(庆州)、画
岩书院(大丘),以及《总论诸院》为十咏。

---

①　《学校考》,《增补文献备考》卷210。

②　朱熹:《白鹿洞书院揭示》与李滉《伊山院规》的比较,请参见拙著:《李退溪
思想研究》,东方出版社1997年版,第317—323页。

③　李滉:《答黄仲举》,《增补退溪全书》卷20,(第一册),成均馆大学校,大东
文化研究院本,第489下页。

④　李滉:《答庐仁甫》,《增补退溪全书》卷12,(第一册),成均馆大学校,大东
文化研究院本,第327上页。

⑤　《上沈方伯通源》,《增补退溪全书》卷9,(第一册),成均馆大学校大东文
化研究院本,第264下页。

⑥　《竹溪书院(丰基)》,《增补退溪全书》卷4,(第一册),成均馆大学校大东
文化研究院本,第127上页。按:李滉任半基郡守时明宗赐额为"绍修书院"。

李滉《伊山院规》以朱子学为指导,以《四书》、《五经》为本原,《小学》、《家礼》为门户;以程颐《四勿箴》,朱熹《白鹿洞规》、《十训》,陈茂卿《夙兴夜寐箴》相规警;以躬行心得明体适用之学,注重道德意识和道德言行培养、教育,造就才德兼备人才,为李朝人才建设做出了贡献。李珥(1536—1584年)为李朝著名朱子学家。他重书院建设,主张书院教育制度化,如设洞主山长制,聘硕学名儒担任及讲授。他撰《学校模范》十六条,是鉴于"士习偷薄,良心梏亡,只尚浮名,不务实行。以致上之朝廷乏士,天职多旷;下之风俗日败,伦纪敦丧"① 的情境,而感到寒心,为一洗旧染,丕变士风而撰。他撰《隐屏精舍学规》,比李滉《伊山院规》更具体,更严格。除在书院学习的内容、所读之书、每日起居、处事接物都有严格规定外,在潭中游泳,要观物穷理,咨讲义理,不得杂谈;有时回家,要循天理,去人欲等。强调人们日常生活不离道。"大抵道非冥冥深远底物事,只在日用之间,入则孝,出则弟,居处恭,执事敬,与人忠,见得思义,如斯而已"②。心常在道,不可违道。培养德才兼备的人才,这种人才,无论其德,还是才,都要符合圣贤的人格理想目标。所以在书院要读圣贤之书,性理之说;在外在家事亲接人、持身处事要存心于道。

李滉岭南人称其为"东方朱夫子"③,李珥畿湖人称其为"东方圣人"④,合为朱子学双璧。他们一生宣扬朱子学,并使与李朝的社会实

---

① 《学校模范》,《栗谷全书》卷15,成均馆大学校大东文化研究院本,第329下—330上页。

② 李珥:《示精舍学徒》,《栗谷全书》卷15,成均馆大学校大东文化研究院本,第337上页。

③ 有关李滉的思想,请参见拙著:《退溪哲学入门》,汉城,骊江出版社1990年版,另《李退溪思想研究》东方出版社1997年版。

④ 参见拙作:《栗谷的理气观》载《第三回栗谷思想国际学术会议论文集》,1994年版(中韩文本),又载《韩国学论文集》(第三辑),东方出版社1994年版。《退溪与栗谷理欲、敬静观之比较》,载《朝鲜学——韩国学与中国学》,中国社会科学出版社1993年版。

际相结合,而开出理气四端七情之辩,使朝鲜朱子学成为李朝官方意识形态。退溪、栗谷在世时都创建书院,退溪讲学授徒于"陶山书堂",栗谷讲学授徒于"隐屏精舍"。李朝性理学家都通过讲学授徒,弘扬朱子学,培养性理学人才。

李朝性理学在发展过程中分为主理派、主气派、折衷派、实学派,他们相互切磋论辩,学术活跃,如李滉与奇大升的四七理气论辩,李珥与成浑的四端七情论辩,后来不少学者被吸引参加了这次辩论,推进了朱子学的朝鲜化。按现代韩国学者的研究,赵光祖、李彦迪、李滉等属主理派;金时习、徐敬德、李珥等属主气派;成浑、张显光等属折衷派;实学派又分启蒙派如李珥等,经世致用派如柳馨远、李瀷、丁若镛等,利用厚生派如洪大容、朴趾源、朴齐家等,实事求是派如金正喜、崔汉锜等[①]。

中国宋明理学中除程朱道学成为官方意识形态被李朝所受容,经丽末和李朝初朱子学家及李滉、李珥等学者群体的解释、发扬,并与李朝学术思想、社会实际相结合,而成为李朝官方意识形态外,张载的气学被徐敬德(1489—1546 年)所绍承和阐释,他著《原理气》、《理气说》、《太虚说》等,对张载的"太虚"概念做出独到的发挥。他说:"太虚湛然无形,号之曰先天。其大无外,其先无始,其来不可究,其湛然虚静,气之原也"[②]。他引入邵雍"先天"概念来解释"太虚"的存在状态。"先天"作为存在状态是一种未成形象的浑沌。"后天"是指"一气之分为阴阳,阳极其鼓而为天,阴极其聚而为地,……是谓之后天"[③],分阴分阳

---

① 参见拙著:《李退溪思想研究》,东方出版社 1997 年版,第 23 页,另参见李甦平等著《中国、日本、朝鲜实学比较》,安徽人民出版社 1995 年版,第 197—261 页。

② 徐敬德:《原理气》,《花潭集》,高丽大学民族文化研究所出版社 1971 年版,第 334 页。

③ 徐敬德:《原理气》,《花潭集》,同上,第 336 页。

而形天地，是有形象的物事。徐敬德所说的"先天"的"太虚"，实是指阴阳未分的气，"太虚虚而不虚，虚即气，虚无穷无外，气亦无穷无外"[①]。太虚即气，作为"先天"未分的太虚之气是无限的、超越的。如果说张载的"太虚不能无气，气不能不聚而为万物，万物不能不散而为太虚"[②]。而简化为太虚（气）$\xrightarrow[散]{聚}$物的逻辑结构，那么，徐敬德引入先天、后天之后，便构成 $\dfrac{太虚（气）}{（先天之气）}\xrightarrow[散]{聚}\dfrac{阴阳}{（阴阳之气）}\xrightarrow[散]{聚}\dfrac{物}{（后天之气）}$ 的逻辑结构。徐敬德的主气论思想被李朝后来主气派所吸收。

　　中国宋明理学中的心学派的陆九渊、王守仁的学术思想，由于受作为官方意识形态程朱道学的压抑，而没有盛行起来，但因为中韩两国学术交往的频繁发展，阳明学术思想虽然何时传入李朝，学术界有不同看法[③]，不过李滉对陆王心学有深入精到的论辩。他曾著《白沙诗教辨》、《传习录论辩》（《传习录》王阳明门人记其师说者，今举数段而辩之，以该其余）、《白沙诗教〈传习录〉抄传因书其后》、《抄医闾先生集附白沙阳明抄后复书其末》等文，并指出"陈白沙、王阳明之学，皆出于象山，而以本心为宗，盖皆禅学也"[④]。李滉见到了白沙诗教和阳明《传习录》的传抄本，他例举的数段，都见于《传习录》。李氏生于燕山君七年，卒于宣祖三年，中历中宗、仁宗、明宗，因此无论阳明学传入朝鲜的中宗十六年（1521 年）说，还是明宗十三年（1558 年）说，都是李滉成年以后的事，所以，李氏作为朝鲜学术史上最早批评阳明学的学者，无疑是见到《传习录》的传抄本

　　①　徐敬德：《太虚说》，《花潭集》，同上，第 340 页。
　　②　张载：《正蒙·太和篇》，《张载集》，中华书局 1978 年版，第 7 页。
　　③　参见李甦平：《霞谷郑齐斗》，《东方著名哲学家评传·韩国卷》，山东人民出版社 2000 年版，第 411—413 页。
　　④　《白沙诗教〈传习录〉抄传因书其后》，《增补退溪全书》卷 41，第二册，成均馆大学校大东文化研究院本，第 335 页上。

而撰的。

李朝阳明学的传播由南彦经、张维而郑齐斗(1649—1736年)。郑氏是阳明学的主要代表。他从小学习朱子学,后转向阳明学。他说:"余观《阳明集》,其道有简要而甚精者,心甚欣会而好之。辛亥六月,适往东湖宿焉,梦中忽思得王氏致良知之学甚精"①。他喜好阳明致良知之学,批评当时学术界朱子学"多失其本","至于今日之说者,则不是学朱子,直是假朱子,不是假朱子,直是傅会朱子,以就其意,挟朱子以作之威,济其私"②。他们挟朱子以济其私,为达到私利的目的,而亵渎朱子,并非真学朱子。

郑齐斗绍承阳明"致良知"、"心即理"、"知行合一"等思想。他认为,阳明提出良知二字,"良知是心之本体,心之体即天理之谓"③。"良知"不能只以知觉来解释,它是天地万物之能流行发育、化化生生之所以然的自然之理,即是良知心本体;人的能恻隐、羞恶、仁民爱物、中和位育,是不虑不学的本然之体,亦即良知心本体。"此本体",就是天理良知,或良知天理,两者不二。"故一心理,合知行,而有不得以分歧者也"④。心体与天理、知与行都是合一不二,而与朱子学的心与理、知与行分二不同。所谓"致良知",就是张大而扩充人皆有之的良知,张大而扩充的致良知的过程,就是"生道"的过程,也是"生理"的过程。郑齐斗鉴于朝鲜朱子学被"虚条空道"化,"虚条,则彼枯木死灰之物"⑤;"空道",则不能化化生生。而重新赋予或恢复"道"和"理"的"天地之大德

---

①　郑齐斗:《存言下》,《霞谷集》卷9,《韩国文集丛刊》第160册,韩国民族文化推进会1995年影印本。

②　郑齐斗:《存言下》,《霞谷集》卷9,《韩国文集丛刊》第160册,韩国民族文化推进会1995年影印本。

③　郑齐斗:《答闵诚斋书》,《霞谷集》卷1,《韩国文集丛刊》第160册,韩国民族文化推进会1995年影印本。

④　同上。

⑤　郑齐斗:《存言上·睿照明睿说》,《霞谷集》卷8,同上书。

曰生"的"生身命根",及其生生不息的本性,所以称其为"生道"、"生理"。

齐斗以良知心体立足于"生道"、"生理"的"生身命根",所以能流行发育、化化生生、中和位育。正由于具有了这种功能,在郑齐斗的学术体系中,理与气、心与理、性与理、心与性、性与道等都不是为二的。"凡言理气两决者,诸子之支也,理气不可分言。言性于气外者,理气之支贰也,心理也,性亦理也,不可以心性歧贰矣"[①]。理、气、性、道都是心体(良知)之理、气、性、道。理、气、性、道非心体(良知)之外,"故以理为非心而在外也,必求之于外,如是离之,如是二之,此其源头所分以有此故也,不复以理为在于气。心即性,器即道,道即器,即其中指其本体者是也"[②]。不能在良知(心体)之外去求,因为理、气、性、道就在心体之中。心体的内超越,才能尊立"大本"。

宋明理学中的程朱道学、陆王心学、张载气学,都得到李朝学者的理解和解释,并在解释中根据李朝的实际而与时偕行。正由于李朝学者的创新精神,激活了"生理"和"生道",使道学、心学、气学都焕发出新生命力,获得新发展。

2. 朱子学阳明学各领风骚

中国宋明理学传入日本为 11 世纪末、12 世纪初。东洋文库保存的朱熹《中庸章句》抄本卷末署有"正治二年三月四日,大江宗光"的识语。正治二年(1200 年)为朱熹逝年,大江宗光是镰仓幕府的政所别当大江广元的儿子。另一种说法是日本禅僧俊芿 1211 年回国时,带回两千余卷书,其中儒家书籍 256 卷,"宋书之入本邦,盖首乎僧俊芿等,多

---

① 郑齐斗:《存言中》,《霞谷集》卷 9,《韩国文集丛刊》第 160 册,韩国民族文化推进会 1995 年影印本。
② 同上。

购儒学回自宋"①。据说有朱熹《四书集注》初刊本。后有禅僧园尔辩园1241年回国时携回经籍数千卷，其中有《论语精义》三册、《孟子精义》三册、《晦庵集注孟子》三册、《晦庵大学》一册、《文公家礼》一册、《晦庵中庸或问》七册、《晦庵大学或问》三册、吕祖谦的《吕氏家塾读诗记》、《胡文定春秋解》等宋学书籍。在俊芿回国后30年日本复刻宋版朱熹《论语集注》，署名"陋巷子"，这是朱子学在日本传播的重要标志。

宋学传入日本与中日僧侣频繁交往相关，当时禅僧活动中心是镰仓的建长寺、圆觉寺、寿福寺、净智寺、净妙寺"五山"，及后来的京都南禅寺、天龙寺、建仁寺、东福寺、万寿寺"五山"。禅僧们在讲授佛典的同时，亦讲授儒家文学、历史，并研讨宋学、朱子学，形成了日本学术史上的"五山汉文学"时代②。广义上是指以"五山十刹"僧侣为主体的汉文学创作，程朱道学的研讨和汉籍的校注、印刷等活动。虎关师练（1277—1346年）、中岩圆月（1299—1375年）、义堂周信（1324—1388年）、绝海中津（1335—1405年）为杰出的学问僧，他们兼通内外典，圆融儒佛，为宋学的传播起了重要作用。

中国宋代僧侣去日本传授禅学和程朱道学，两国僧侣的互动，是日本宋学传播的关键。兰溪道隆1246年携弟子赴日，两年后被幕府执政北条时赖迎至镰仓粟船之常乐寺。北条时赖于1253年在巨福吕地狱谷建成巨福山建长寺，以兰溪道隆为开山祖。兰溪道隆往往借禅宗道场阐述程朱道学。后赴日僧有兀庵普宁（1260年赴日），讲授心性之学尤力，大休正念（1269年赴日），为传播宋学尽力。元灭南宋后，一些禅僧胸怀"生不食元粟，死不葬元土"的志气，流亡日本，如无学祖元（1279年赴日），一山一宁奉元命于1299年赴日。他们均熟稔程朱道学，他们

---

① 伊地知季安：《汉学记原》第三卷，转见西村无囚：《日本宋学史》，东京，梁仁堂书店1909年版，第12、13页。

② "五山汉文学"时代，是指上承汉世纪的平安时代文学，至17世纪初期江户幕府之前的历史时期。

以禅僧的角色,传授禅学和程朱道学,使程朱学术得以为日本所易为吸收,从而构成日本学术思想的新内容。

宋学包括朱子学在14至15世纪的日本,逐步向独立的学术思想形态发展。玄惠法印(?—1350年)尊信程朱道学,开讲席于朝廷,奉召为后醍醐帝侍读,据朱注而解释经书,影响朝野学风。后来岐阳方秀(1363—1424年)的《四书》和训,及桂庵玄树(1447—1505年)以"桂庵标点"来训读朱熹《四书集注》,这种"汉籍和训",使朱子学为更多人所理会和接受。15世纪中期出现了专门研究宋学的著作,如云章一庆(1386—1463年)的《理气性情图》、《一性五性例儒图》,是研究程朱等理气说的专著。清原业忠(1409—1467年)编著《易学启蒙讲义》,解释朱熹的《易学启蒙》。清原宣贤(1475—1550年)撰《易启蒙通释抄》、《中庸抄》、《大学听尘》、《论语听尘》等,使宋学(包括朱子学)进一步与日本学术思想的融合中而日本化。

15世纪中后期日本形成了以岐阳方秀为代表的京师朱子学派。以桂庵玄树为代表的萨南学派,他1467—1473年游学中国,后应萨摩的岛津忠昌的邀请到鹿儿岛,在萨摩、日向等地为岛津氏家臣讲授朱子学。文明十三年(1471年)在日本首次出版朱熹的《大学章句》,使朱子学在萨南地方很快传播和兴盛起来。以南村梅轩为代表的海南学派(亦称南学派),他应土佐地方领主吉良氏招聘,为吉良氏及家臣讲授朱子学,在他起草的《百个条》(家法)中蕴涵着仁、义、礼、智、信等内容。以清原宣贤、一条兼良(1402—1481年)为代表的博士公卿派,一条兼良以朱子学理解、解释日本古典和神道,以朱熹新注取代汉唐旧注,融合神、儒、佛①。

---

① 参见朱七星主编:《中国朝鲜日本传统哲学比较研究》,延边人民出版社1995年版,第296—298页。另见张立文、李甦平主编:《中外儒学比较研究》,东方出版社1998年版,第194—196页。

朱子学在江户幕府(1603—1868年)的260年间,而成为官学。江户初期的代表人物为藤原惺窝(1561—1619年),少入景云寺为禅僧,后受朝鲜使者退溪再传弟子许篈之及退溪学派的朱子学者姜沆的影响,弃佛还俗,而成为朱子学家。在姜沆的协助下完成了《四书五经倭训》。他受容"儒佛不同道"思想,批判佛教出世间思想,主张日本神道与儒道调和、合一。"日本之神道,亦以正我心、怜万民、施慈悲为奥秘。中国叫儒道,日本叫神道,名有不同,心为一也"①。藤原惺窝使朱子学最终脱禅而独立发展。

惺窝门人众多,以林罗山(1583—1657年)为最,青年时便服膺朱子的《四书集注》,退溪编辑的《朱子书节要》等。他历仕家康、秀忠、家光、家纲四代将军。他用幕藩制和朱子学,整顿日本政治机构和意识形态。他以理气融合论批判佛教,指斥佛教违背名分,紊乱政道。他维护朱子学的独尊地位,排斥"异学",促使朱子学成为官方意识形态。

自藤原惺窝和林罗山后,日本朱子学形成诸多学派,由于各学者视阈的差分、观点的不同,其学派称谓也不同②。我们依据日本朱子学家对理范畴不同理解和发展趋向,分为客体经验理派和主体道德理派③。前者强调朱子学中的客体合理思维,趋向客体经验合理性方向发展;后者注重朱子学中主体伦理道德方面,并与日本神道相结合,趋向主体价值合理性方向发展。基本上构成两种不同学术路向。

就前者而言其代表人物是贝原益轩(1630—1714年),他少年时便

---

①　《干代茂登草》,《续儒林群书类丛》第10卷。

②　朱谦之分为:京师朱子学派,海西朱子学派,海南朱子学派,大阪朱子学派,宽政以后朱子学派(朱谦之著:《日本的朱子学》,三联出版社1958年版,第2、3页。日本学者阿部吉雄分为:主知博学派(主气派——知识主义派),体认自得派(主理派——精神主义派)。源了圆分为:经验的合理主义和思辨的合理主义(价值合理主义)两派(见王家骅:《日中儒学研究》,六兴出版社1988年版,第174页)。

③　参见张立文、李甦平主编:《中外儒学比较研究》,东方出版社1998年版,第207—217页。

学习《四书》，36岁读《学蔀通辨》后，舍朱王兼习，而专习朱子学。他推崇朱子学，而不迷信朱子学。他根据日本社会实际以问题意识对待朱子学，完成了《慎思录》和《大疑录》，使朱子学与时、与地偕化，主张身性相依、知行相资、理气不离、格物穷理说，并重视科学研究，著《文和本草》，是日本中草药和植物学的开基。他把穷理精神与经验实验相结合，给予朱子学以客体经验合理性的学术品格，成为西方近代自然科学传入的媒体。

贝原益轩的"有用之学"，即经世致用之学指导下，其格物穷理的理，是指寓于万事万物中的经验性的、有实用价值的理。他的客体经验理的学术品格为新井白石（1657—1725年）所继承和发展。新井发扬朱子学的"穷理"说，而发展为追求真理；研究社会学术史，认为"神代"史，实是人事史；以及运用于自然科学的研究，是对经验科学的接纳，撰有《西洋记闻》，成为日本西学的开山。他以"穷理"的实践精神，在现实的实际考察基础上，对本草学、地理学、军事学都做了研究，使日本朱子学成为接受西方近代科学技术的思想基础。

从后者来说，其代表人物是山崎暗斋（1618—1682年），少读《四书》，后研李滉的《自省录》、《朱子书节要》，尊奉朱子学。他在京都讲学授徒，门生多达6000人，形成有实力、有影响的学派。崎门学派的学术风格：奉朱子学犹如宗教教义，永远不变，批判与朱子学相异的陆王学术思想和佛教思想；赋予"敬内义外"以新解，强调其身体力行道德的实践性价值，并称此为"山崎敬义"，作为其学术宗旨；创建"垂加神道"。把朱子学的道德实践性价值理性化，使日本本土神道与朱子学融合起来，以朱子学的太极、阴阳、五行学说作为"垂加神道"的理论基础，宣扬道就是阴阳二神所生的天照大神之道，以此附会日本古代神的传说，建立神道体系。"垂加"是指"神垂以祈祷为先，冥加以正直为本"① 的意

---

① 山崎暗斋：《山崎暗斋全集》上卷，日本古典学会本，第4页。

蕴。其创神道的本意就是使日本的神道教与朱子儒教伦理合一，即以朱子学的道德形上学为日本神道的本原神国做理论论证和理论根据。"理"化生"神"，"神"体现"理"，神理合一是"垂加神道"的核心内涵。"垂加神道"是日本本土神道和朱子学融突而和合的新神道，是朱子学的日本新转生，也是朱子学的日本化。朱子学在江户幕府的 260 多年间，是为官方意识形态，宽政二年（1790 年）幕府发布异学禁令，定程朱之学为惟一正统，朱子学以外的诸学派为"异学"加以禁止，阳明学、古学派和兰学都作为"异学"而禁止。宽政七年（1795 年）又下令各蕃禁止任用"异学"儒者，是谓"宽政异学之禁"，朱子学取得独尊的地位，也失去了与其他学派交往、论辩而获得新发展的机遇。

　　阳明学传入日本，约在 16 世纪初，禅僧堆云桂悟（1424—1514 年）奉室町幕府足利义征将军之命，出使中国。1512 年与王阳明相逢。正德八年（1513 年）了庵回国，王阳明作《送日本正使了庵和尚归国序》①，《序》云："与之辨空，则出所谓预修诸殿院之文，论教异同，以并吾圣人，遂性闲情安，不哗以肆，非净然乎！"对儒释两教的异同，有所探讨和交流。虽了庵归国后次年去世，对阳明传播未产生什么影响，但据载了庵的使团有 290 余人，会给他们留下印象。阳明学在日本学术界发生影响的是在 17 世纪 30 年代的中江藤树（1608—1648 年），他常在藤树下讲学，所以称"藤树先生"。年青时师从朱子学者林罗山。宽永十七年（1640 年）他偶获《王龙溪语录》，后反复熟读《王阳明全集》，信奉阳明学，亲书"致良知"三字，褐于楣间，为日本阳明的开山。他著有《翁问答》、《孝经启蒙》、《论语解》、《中庸解》、《大学考》、《古本大学全书解》等，收入《藤树先生全集》。在著作中，他弘扬阳明"致良知"，"心即理"

---

　　① 日本斋藤拙堂：《拙堂文话》载此文真迹。《阳明学入门》，明德出版社 1970 年版，载有此文。王阳明说："今有日本正使堆云桂悟字了庵者……舟抵鄞江之浒，寓馆于邸。予尝过焉，见其法容洁修，律行坚巩……"

等思想。认为心是"合理气","统性情"无大小内外的范畴,是统体的总称号,是太极的异名,是天地万物的所以然根据。心体良知即是天理,即是"明德"。"明德"的本质内涵是"孝",他说:"孝以太虚为全体,经万劫无终而无始。无时无孝,无物无孝……天地万物皆萌于其中"[1]。他把孝提升为道德形上学的位置,这是他自家的体得,而与阳明以孝为德目和人类爱亲的本性有异。藤树的自家体得开出了阳明学在日本的基本理论格局。譬如《大学》的"在亲民",朱熹训"亲"为"新",阳明重新作"亲","亲民者,达其天地万物一体之用也……是故亲吾之父,以及人之父,以及天下人之父"[2]。由亲吾之父推及天下人之父,对人类之父普遍施爱。中江藤树在《翁问答》中进一步体得说:"亲者,爱也;民者,人也。依五伦而观,亲民不应在事上考究,只在心上讲。"亲民若在事上考究,由己父及人之父的施爱,作为人的有限一生是不可能施爱于天下人之父的,而只能从心上施爱于人之父、天下人之父。这样释"亲民"为"爱人"才具有现实的普遍价值。

中江藤树死后他的高弟熊泽蕃山(1619—1691 年)和渊冈山(1617—1686 年)作为"藤门双璧",发展为两路向:前者为重行为性格和实践体认的事功派,后者为重内省性格和精神修养的存养派。熊泽蕃山曾被冈山蕃主池田光政委以重任。他提出诸多经世济民的改革措施,如以"十担一制"代替"公七私三"的税制,减轻交替参觐负担;以"农兵制",寓兵于农,化解武家贫困和武士堕落,及取消淫祠等,使中江藤树的"时、处、位"思想与社会实践结合起来。在学术思想上他阐发藤树"心归太虚"说。在《集义和书》卷一载:"万物为人而生者也,吾心即太虚也。天地四海亦在吾心中";《集义外书》卷二载:"万法一心,天地万

---

① 中江藤树:《翁问答》,《藤树先生全集》。另见井上哲次郎《日本阳明学派之哲学》,富山房 1938 年版,第 72 页。

② 王守仁:《大学问》,《王文成公全书》卷 26。

物皆不外乎心。"是心学的事功派。渊冈山阐释"致良知"之学,良知明则私意消,私意盛则良知暗,致良知即在于去私意。由于从学蕃山和渊冈山的学生来自各地,促使阳明学的传播和推广。

到18世纪,杰出的阳明学代表为佐藤一斋(1772—1859年),他曾师从林罗山后代大学头林述斋,攻读朱子学,并从事儒学教育,晚年任幕府官立学校昌平黉的儒官,凡士庶人从学者不下3000人。由于他居官学的最高地位,在朱子学的官方意识形态的情势下,他表面标榜朱子学,实际上宣扬阳明学,所以世人攻击他为"阳朱阴王"。他造就一批活跃于幕末政治舞台的思想家、活动家,诸如佐久间象山(1811—1864年)、山田方谷(1805—1877年)、春日潜庵(1812—1878年)、横井小楠(1809—1869年)、吉田松阴(1830—1859年)等,对阳明学的日本化做出了贡献。他的学术思想本于阳明学,而援朱子学于阳明学,体得一家之言。他主理气合一说而重气。《传习录栏外书》说:"良知即元气之精灵也,天地万物,非元气则不生焉。""元气的精灵"并非是客观物质,而是一种本体心的灵明。他说的"元气"、"气",尽管有不同的表述,但最根本的是指"元气的精灵"或如《言志晚录》所说:"其知我与物为气者,气之灵也。灵,即心也"。换言之,"气之灵"即"气之心",它是天、地、人及其变化的根源。他提倡"知行合一"的"良知本体",是一种开放的知识主义,便自然地与西方近代自然科学知识接轨。

大盐中斋(1794—1837年)曾入大学头林述斋门下学习朱子学,后因读吕坤《呻吟语》而转向阳明学。致仕后他专事讲学和著述。著有《古本大学刮目》、《洗心洞札记》、《儒门空虚聚语》、《增补考经汇注》,合称"洗心洞四部书"。天保八年(1837年)日本"大饥馑",大阪米商囤积居奇,抬高米价,饥民饿死街头,中斋召集学生、贫民和近郊农民,发动武装起义,但很快被镇压,中斋自杀。这就是日本历史上有名的"大盐平八郎起义"。中斋在学术思想上把"良知"、心归于"太虚"。"太虚即是良知"。他在《儒门空虚聚语》中汇集从《周易》、《论语》以来至明清诸儒论著中有关虚空、虚灵、空空、虚无、虚心、虚明等概念,说明良知太虚的灵明,他说:"夫太虚无形而灵明,包括万理万有而播赋流行,人禀以为心,心即虚而灵,中于是乎在焉,仁于是乎存焉,而万事出矣"①。太虚是心的一种寂静无形的状态,心归太虚,才是真良知。致良知不仅是自我的去恶从善,或去气质浊昏之弊,而且把自我道德修养转变为改造社会的行动,为真理、正义而献身,这就是平八郎的精神。

　　幕末维新四杰之一、阳明学主要代表吉田松阴(1830—1859年),他发展了阳明的"知行合一"说,认为知与行是"二而一、一而二"的关系,既分析又综合,成为酝酿维新运动的指导思想。主要著作有《猛省录》、《讲孟余话》、《幽囚录》等,收入《吉田松阴全集》。被处死时年仅30岁。他把日本阳明学引向实事、实功,以治国理民的"义理经济之学"为"正学",斥训诂、词章、考据、老佛之学为"曲学"。积极主张尊王攘夷,尊王倒幕。他所创建的松下村塾,培养了一批在明治维新运动中叱咤风云的健将,如伊藤博文、木户孝允、高杉晋作、山县有朋、井上馨等。

　　大凡一种外来思想被传播国所受容、生根、发展,以至成为官方意识形态,是一个长期的曲折的过程。其中最关键的一点是被传播国现实社会的政治、经济、文化、思维的需要。否则即使是最优秀、最前沿的学术思想,也会被拒之门外,或在传播中烟消云散。

　　宋明理学作为新儒学,在朝鲜、日本有源远流长的被理解、接受、消化的历史②。公元前195年,燕人卫满率千余难民归化古朝鲜。前194年,取得王位,史称"卫满朝鲜"。前109年,汉与卫满朝鲜发生战争,征服后在其旧地设乐浪、临屯、真番、玄菟等四郡③。儒家文化作为汉文

---

①　大盐中斋:《儒门空虚聚语自序》,《日本伦理汇编》第三册。

②　儒家何时传入朝鲜,金忠烈教授在《高丽儒学思想史》中例举了1. 殷周之际发端说——韩国乃儒教宗主国;2. 秦汉之际流入说;3. 三国时代起源说;4. 以高句丽太学设立为起点说四种。(台北,东大图书公司1992年版,第15—20页。

③　《朝鲜传》,《汉书》卷95,中华书局1962年版,第3867页。

化的主导思想便已传入朝鲜。三国(高句丽、百济、新罗)时儒学得到广泛传播。高句丽颇有箕子之遗风,事日神、可汗神、箕子神。"俗爱书籍,至于衡门厮养之家,各于街衢造大屋,谓之扃堂,子弟未婚之前,昼夜于此读书习射。其书有《五经》及《史记》、《汉书》、范晔《后汉书》、《三国志》、孙盛《晋春秋》、《玉篇》、《字统》、《字林》,又有《文选》,尤爱重之"①。"扃堂"为儒家教育的学塾。百济建国初便接受儒学,近肖古王时名儒获博士称号,儒学博士王仁曾把《论语》等儒家书籍带到日本。新罗公元六世纪儒学得以广泛传播,善德女王八年(639 年)劝奖留唐学儒。唐开元二十五年(737 年)玄宗对派往新罗吊祭王卒与册立新王承庆的邢琦说:"新罗号为君子之国,颇知书记,有类中华。以卿学术,善与讲论,故选使充此。到彼宜阐扬经典,使知大国儒教之盛"②。虽然在统一的新罗、高丽时佛教盛行,但在政治、经济、文化教育、伦理道德等领域儒教始终居主导地位。儒学传入到李朝已达 1500 年,在这样长的融合中,儒学已与本土文化水乳交融,熔为一体,儒学是体现其民族精神的传统文化。

日本学习儒教经典是经朝鲜传入的。《日本书记》记载:应神天皇十五年,百济国王派阿直歧到日本,应神天皇的太子师从阿直歧读中国经典,后阿氏推荐儒学博士王仁到日为太子师。据载王仁带来《论语》、《千字文》。他们把汉字亦带到日本,使其结束了无文字的时代。从公元 6 世纪始,儒学得以较广的传播。《日本书记》载:继体天皇七年(513 年),他出于对中国文化的渴求,以四个县换百济的一名段柏尔五经博士来日,讲授儒家经典。3 年后百济派五经博士高安茂代段柏尔,以后百济以轮换办法继续向日派出五经博士。儒学除以百济为津梁外,中

---

①　刘昫等:《东夷·高丽》,《旧唐书》卷 199 上,中华书局 1975 年版,第 5320 页。

②　刘昫等:《东夷·新罗》,《旧唐书》卷 199 上,中华书局 1975 年版,第 5335 页。

国移民通过各条途径到了日本,他们把中国先进的生产技术和儒家精神文化直接带到刚进入文明社会门槛的日本民族,使日本民族文化一开始就接受儒教文化的培育。从推古天皇十五年(607年)始,日本直接向中国派遣使者、留学生、学问僧,他们直接学习、研究儒学,回国时带回大量儒学典籍及其他典籍、文物,使儒学得以广为流传。当日本本民族文字尚未形成之际,一种先进的政治、礼乐、思维精神文化的传入,就会与本民族文化更紧密地融合起来。宋明理学作为新儒学,可以借助于儒学传播悠久的与本土文化融合的历史而很快得到理解和认同。

宋明理学作为新儒学之所以成为朝鲜朝、日本的官方意识形态,是因为这种新儒学适合了当时朝鲜朝、日本的现实社会的政治、经济、精神文化的需要。高丽以佛教为国教。佛教名目繁多的宗教仪式、僧侣的不断增多和不事生产,给国家财政带来沉重的负担。因此,排佛与崇佛之争,便不仅仅是学术之争,而更重要的是政治之争。当时成功馆的儒生成为斥佛的先锋。成均馆大司成金子粹、成均博士金貂、成均生员朴礎,均上疏斥佛。朴礎上疏说:"以国君之尊,亲幸榆岩,以倡无父无君之教,以成不忠不孝之俗,以毁我三纲五常之典,臣等为殿下中兴之美惜也"①。这种直斥恭让王为无父无君、不忠不孝的罪魁的言词,使得恭让王大怒而欲置之于死地,由于大臣们的营救才免于死罪。斥佛的儒生们必须寻求一种足以与佛教理论相抗衡的学术思想理论形态,作为批判和取代佛教国教地位的强大的、根深蒂固的、为百姓所乐于接受的学术思想理论,于是便选择了由儒、释、道三教经长期冲突、融合而和合转生的作为宋明新儒学的性理学。新进斥佛派士人对传统原儒学也进行了更张,恭让王二年载:"置经筵官,以沈德符、李成桂领经筵事,郑梦周、郑道传知经筵事。王欲览《贞观政要》,命梦周讲其序。讲读官尹绍宗进曰:殿下,中兴以二帝三王为法,唐太宗不足取也。请读《大学

---

① 《高丽史节要》卷35,恭让王三年六月条。

符义》，以阐帝王之理。王然之"①。后李成桂建李氏王朝，郑梦周和郑道传都是程朱性理学信奉者和弘扬者。郑道传1392年佐李成桂建立朝鲜王朝而成为开国功臣。更张儒学而以性理学的《四书》教君王。从丽末到李朝，不仅标志着改朝换代和社会的变革，也标志着程朱性理学取代佛教而成为官方意识形态的转变。郑道传宣扬"王道"之治，斥责当权者的苛政和土地兼并，认为盗贼非"人欲"所致，是乃"饥寒切身"的结果，于是主张改革田制和整顿"纪纲"，使程朱性理学为李朝的改制做了各方面论证，奠定了性理学在李朝得以发展的基础。

日本与朝鲜一样有儒学长期融合的历史，宋明理学作为新儒学不仅易于接受，而且适应了日本社会变革的需要。江户时日本社会由分权制向中央集权制变革，程朱道学所建构的天理（太极）统摄万事万物的本体品格，适应了中央集权的一统的理论需要；维护日本社会身分等级制的伦理纲常的需求，又与中央集权制相联系，程朱道学对"三纲五常"的严密的规定，亦为社会身分等级制提供了理论根据，使诚意正心的心性道德形上学转变为治国平天下的实用之学，强调大义明分的思想，无疑获得公家、贵族的青睐和重视。即使在江户时期，朱子学已成为官方意识形态，它对巩固幕府体制和教育发展都发挥极大的作用。尽管精通朱子学的五山禅僧与幕府政权相结合，他们既担任幕府的政治、外交顾问，又传授朱子学，但作为治国平天下之学，佛教学说显然不敌作为新儒学的朱子学，日本社会选择朱子学作为官方意识形态，便具有其必然性。

中、韩、日朱子学尽管在不同时期都成为官方意识形态，但由于社会环境、文化背景、政治制度、风俗习惯的差别，其学术核心话题、论争问题、学派分殊、对本民族固有学术的态度，以及对佛、道等教思想的态

---

① 《高丽史节要》卷34，恭让王二年正月条。

度,三国都有所不同。但从朱子学对东亚学术思想影响来看,是不能低估的,它伟大的魅力,即使在现代,还不能简单地绕开它。

主 要 引 用 书 目

[唐]韩愈:《韩昌黎集》,商务印书馆1957年版。

[宋]石介:《徂徕石先生文集》,中华书局1984年版。

[宋]周敦颐:《周子全书》,上海商务印书馆1937年版。

[宋]张载:《张载集》,中华书局1978年版。

[宋]程颢、程颐:《二程集》,中华书局1981年版。

[宋]杨时:《杨龟山集》,上海商务印书馆1937年版。

[宋]司马光:《司马文正公传家书》,上海商务印书馆1937年版。

[宋]司马光:《资治通鉴》,北京古籍出版社1956年版。

[宋]司马光:《涑水纪闻》,上海商务印书馆1920年版。

[宋]范仲淹:《范文正公集》,上海书店1989年版。

[宋]欧阳修:《欧阳文忠公文集》,四部丛刊初编本。

[宋]欧阳修:《新唐书》,中华书局1975年版。

[宋]欧阳修:《新五代史》,中华书局1974年版。

[宋]苏洵:《嘉祐集》,中华书局1986年版。

[宋]苏轼:《东坡易传》,上海古籍出版社1989年版。

[宋]苏轼:《苏轼文集》,中华书局1986年版。

[宋]苏轼:《苏东坡全集》,上海古籍出版社1993年版。

[宋]苏辙:《栾城文集》,上海会文学社1912年版。

[宋]王安石:《王临川全集》,世界书局1935年版。

[宋]李觏:《李觏集》,中华书局1981年版。

[宋]胡宏:《胡宏集》,中华书局1987年版。

[宋]胡安国:《春秋胡氏传》,上海商务印书馆 1934 年版。

[宋]朱熹:《朱子语类》,中华书局 1986 年版。

[宋]朱熹:《朱文公文集》,上海商务印书馆 1937 年版。

[宋]朱熹:《伊洛渊源录》,台北文海出版社 1968 年版。

[宋]朱熹:《四书章句集注》,中华书局 1983 年版。

[宋]朱熹:《四书或问》(黄坤校点本),上海古籍出版社、安徽教育出版
　社 2001 年版。

[宋]朱熹:《周易本义》,北京中国书店 1987 年版。

[宋]朱熹:《诗集传》,上海涵芬楼 1936 年影印本。

[宋]朱熹:《楚辞集注》,上海古籍出版社 2001 年版。

[宋]朱熹:《资治通鉴纲目》(陈仁锡评注本),康熙四十年(1701)刻本。

[宋]蔡沈:《书经集传》,上海世界书局 1936 年版。

[宋]陈淳:《北溪字义》,中华书局 1983 年版。

[宋]张栻:《南轩先生文集》,东京中文出版社 1985 年版。

[宋]张栻:《孟子说》,粤东书局 1873 年版。

[宋]张栻:《癸巳论语解》,台北世界书局 1986 年版。

[宋]张栻:《张栻全集》,长春出版社 1999 年版。

[宋]陈亮:《陈亮集》,中华书局 1974 年版。

[宋]陆九渊:《陆九渊集》,中华书局 1980 年版。

[宋]杨简:《慈湖遗书》,台北新文丰出版公司 1989 年版。

[宋]叶适:《习学记言序目》,中华书局 1977 年版。

[宋]叶适:《叶适集》,中华书局 1961 年版。

[宋]智圆:《闲居编》,《卍续藏》第 101 册。

[宋]智圆:《佛说阿弥陀经疏》,《大正藏》卷 37。

[宋]契嵩:《镡津文集》,《大正藏》卷 52。

[宋]契嵩:《传法正宗记》,《大正藏》卷 51。

[宋]契嵩:《传法正宗定祖图》,《大正藏》卷 51。

［宋］契嵩：《传法正宗论》，《大正藏》卷 51。

［宋］昙秀：《人天宝鉴》，《卍续藏》第 148 册。

［宋］蕴闻：《大慧普觉禅师语录》，《大正藏》卷 47。

［宋］侍者：《宏智禅师广录》，《大正藏》卷 48。

［宋］志磐：《佛祖统纪》，《大正藏》卷 49。

［宋］张伯端：《悟真篇》（正统道藏本），《诸子集成续编》第 20 册，四川人民出版社 1998 年版。

［宋］白玉蟾：《海琼问道集》（正统道藏本），《诸子集成续编》第 20 册，四川人民出版社 1998 年版。

［宋］严羽：《沧浪诗话》，中国文史出版社 1999 年版。

［宋］沈括：《梦溪笔谈》，上海书店 2003 年版。

［宋］李焘：《续资治通鉴长编》，中华书局 1979—1993 年版。

［宋］吕祖谦：《东莱博议》，北京中国书店 1986 年版。

［宋］郑樵：《通志》，中华书局 1987 年版。

［宋］邵博：《邵氏闻见后录》，中华书局 1983 年版。

［金］王重阳：《重阳立教十五论》（正统道藏本），《诸子集成续编》第 20 册，四川人民出版社 1998 年版。

［金］王重阳：《重阳全真集》，上海商务印书馆 1926 年版。

［金］马丹阳：《丹阳真人语录》，上海古籍出版社 1990 年版。

［元］许衡：《鲁斋遗书》，台湾商务印书馆 1983 年版。

［元］吴澄：《草庐集》，文津阁四库全书本。

［元］陈澔：《礼记集说》，台北世界书局 1986 年版。

［元］念常：《佛祖历代通载》，《大正藏》卷 49。

［元］觉岸：《释氏稽古略》，《大正藏》卷 49。

［元］丘处机：《大丹直指》，上海古籍出版社 1990 年版。

［元］尹志平：《北游语录》，上海商务印书馆 1926 年版。

［元］李志常：《长春真人西游记》，河北人民出版社 2001 年版。

［元］陈致虚：《金丹大要》，上海古籍出版社 1989 年版。

［元］陈致虚：《金丹大要仙派》，上海商务印书馆 1926 年版。

［元］陈致虚：《金丹大要列仙志》，上海商务印书馆 1926 年版。

［元］赵道一：《历世真仙体道通鉴》，江苏广陵古籍印刻社 1997 年版。

［元］马端临：《文献通考》，中华书局 1986 年版。

［元］虞集：《道园学古录》，上海商务印书馆 1937 年版。

［元］关汉卿：《窦娥冤》，中国文史出版社 2002 年版。

［元］王实甫：《西厢记》，中国文史出版社 2002 年版。

［元］马致远：《汉宫秋》，中国文史出版社 2002 年版。

［元］脱脱：《金史》，中华书局 1975 年版。

［元］脱脱：《宋史》，中华书局 1977 年版。

［明］陈献章：《陈献章集》，中华书局 1987 年版。

［明］湛若水：《甘泉文集》，清同治五年（1866）刻本。

［明］王艮：《王心斋全集》，江苏教育出版社 2001 年版。

［明］李贽：《焚书·续焚书》，中华书局 1975 年版。

［明］李贽：《藏书》，中华书局 1969 年版。

［明］李贽：《续藏书》，中华书局 1974 年版。

［明］罗钦顺：《困知记》，中华书局 1990 年版。

［明］王廷相：《王廷相集》，中华书局 1989 年版。

［明］王守仁：《王阳明全集》，上海古籍出版社 1992 年版。

［明］顾宪成：《泾皋藏稿》，上海古籍出版社 1993 年版。

［明］高攀龙：《高子遗书》，清光绪二年（1876）刻本。

［明］高拱：《高拱论著四种》，中华书局 1993 年版。

［明］刘宗周：《刘子全书》，清道光十五年（1835）刻本。

［明］吴廷翰：《吴廷翰集》，中华书局 1984 年版。

［明］德宝：《笑岩集》，京都震源斋刻字铺 1923 年刻本。

［明］元来：《无异元来禅师广录》卷 33，《卍续藏》第 125 册。

［明］元贤:《无明和尚行业记》,《卍续藏》第125册。

［明］德清:《憨山老人梦游集》,上海商务印书馆1925年版。

［明］智旭:《佛说阿弥陀经要解》,《大正藏》卷37。

［明］智旭:《教观纲宗》,《大正藏》卷46。

［明］智旭:《灵峰宗论》,江北刻经处光绪元年(1875)刻本。

［明］明河:《补续高僧传》,上海商务印书馆1925年版。

［明］张三丰:《大道指要》,台北自由出版社1980年版。

［明］汤显祖:《牡丹亭》,人民文学出版社1963年版。

［明］袁宏道:《袁中郎全集》,上海广益书局1936年版。

［明］王世贞:《艺苑卮言》,上海文明书局1916年版。

［明］杨慎:《词品》,北方文艺出版社2000年版。

［明］罗贯中:《三国演义》,人民文学出版社1973年版。

［明］施耐庵:《水浒传》,人民文学出版社1975年版。

［明］吴承恩:《西游记》,人民文学出版社1955年版。

［明］《新刻绣像批评金瓶梅》(崇祯本),齐鲁书社1989年版。

［明］冯梦龙:《古今小说》,人民文学出版社1958年版。

［明］冯梦龙:《警世通言》,人民文学出版社1956年版。

［明］冯梦龙:《醒世恒言》,人民文学出版社1958年版。

［明］凌濛初:《初刻拍案惊奇》,上海古典文学出版社1957年版。

［明］凌濛初:《二刻拍案惊奇》,江苏古籍出版社1990年版。

［明］李时珍:《本草纲目》,人民卫生出版社1999年版。

［明］宋应星:《天工开物》,中国文史出版社1999年版。

［明］宋濂:《元史》,中华书局1976年版。

［明］王圻:《续文献通考》,北京现代出版社1986年版。

［明］陈邦瞻:《宋史纪事本末》,中华书局1977年版。

［清］黄宗羲:《明儒学案》,上海世界书局1936年版。

［清］黄宗羲、全祖望:《宋元学案》,中华书局1986年版。

[清]王夫之:《王船山全书》,岳麓书社 1991 年版。

[清]戴震:《孟子字义疏证》,中华书局 1961 年版。

[清]永瑢、纪昀:《四库全书总目》,中华书局 1965 年版。

[清]皮锡瑞:《经学通论》,中华书局 1954 年版。

[清]皮锡瑞:《经学历史》(周予同注释本),中华书局 1959 年版。

[清]张廷玉:《明史》,中华书局 1974 年版。

[清]刘锦藻:《清朝续文献通考》,上海古籍出版社 1988 年版。

[清]章学诚:《文史通义》,上海古籍出版社 1988 年版。

唐圭璋:《全宋词》(全五册),中华书局 1965 年版。

张立文:《中国哲学范畴发展史》(天道篇),中国人民大学出版社 1988 年版。

张立文:《走向心学之路——陆象山思想的足迹》,中华书局 1992 年版。

张立文:《朱熹思想研究》(修订本),中国社会科学出版社 1994 年版。

张立文:《中国哲学范畴发展史》(人道篇),中国人民大学出版社 1995 年版。

张立文:《朱熹评传》,南京大学出版社 1998 年版。

张立文:《新人学导论》(修订本),广东人民出版社 2000 年版。

张立文:《宋明理学研究》(修订本),人民出版社 2002 年版。

张立文:《中国哲学逻辑结构论》(修订本),中国社会科学出版社 2002 年版。

张立文:《宋明理学逻辑结构的演化》,台北万卷楼图书公司 1993 年版。

梁启超:《清代学术概论》,商务印书馆 1943 年版。

梁启超:《中国近三百年学术史》,中华书局 1943 年版。

陈寅恪:《金明馆丛稿二编》,上海古籍出版社 1980 年版。

朱维铮:《周予同经学史论著选集》,上海人民出版社 1983 年版。

钱穆:《宋明理学概述》(修订重版),台湾学生书局 1977 年版。

钱穆:《朱子学提纲》,北京三联书店 2002 年版。

钱穆:《中国学术思想史论丛》,台湾东大图书公司 1984 年版。

陈来:《宋明理学》,辽宁教育出版社 1991 年版。

陈来:《有无之境——王阳明哲学的精神》,人民出版社 1991 年版。

陈来:《朱子哲学研究》,华东师范大学出版社 2000 年版。

陈俊民:《张载哲学思想及关学学派》,人民出版社 1986 年版。

邹永贤:《朱子学研究》,厦门大学出版社 1989 年版。

丁为祥:《虚气相即——张载哲学体系及其定位》,人民出版社 2000 年版。

徐远和:《洛学源流》,齐鲁书社 1987 年版。

庞万里:《二程哲学体系》,北京航空航天大学出版社 1992 年版。

陈克明:《司马光学述》,湖北人民出版社 1990 年版。

董根洪:《司马光哲学思想述评》,山西人民出版社 1993 年版。

胡昭曦、刘复生、粟品孝:《宋代蜀学研究》,巴蜀书社 1997 年版。

粟品孝:《朱熹与宋代蜀学》,高等教育出版社 1998 年版。

薛亚霏:《王安石哲学思想研究》,中国人民大学 1986 年版。

李祥俊:《王安石学术思想研究》,北京师范大学出版社 2000 年版。

徐琬章:《苏洵及其政论》,台北文津出版社 1984 年版。

陈谷嘉、朱汉民:《湖湘学派源流》,湖南教育出版社 1992 年版。

陈谷嘉:《张栻与湖湘学派研究》,湖南教育出版社 1991 年版。

周梦江:《叶适与永嘉学派》,浙江古籍出版社 1992 年版。

何炳松:《浙东学派溯源》,中华书局 1989 年版。

王凤贤、丁国顺:《浙东学派研究》,浙江人民出版社 1993 年版。

林继平:《陆象山研究》,台湾商务印书馆 1983 年版。

朱文杰:《东林书院与东林党》,中央编译出版社 1996 年版。

李振纲:《证人之境——刘宗周哲学的宗旨》,人民出版社 2000 年版。

陈垣:《中国佛教史籍概论》,中华书局 1962 年版。

陈垣:《南宋初河北新道教考》,科学出版社 1958 年版。

陈垣:《道家金石略》,文物出版社 1988 年版。

吕澂:《中国佛学源流略讲》,中华书局 1998 年版。

梁启超:《中国佛教研究史》(影印本),三联书店上海分店 1988 年版。

熊十力:《佛家名相通释》,东方出版中心 1985 年版。

方立天:《中国佛教简史》,宗教文化出版社 2001 年版。

方立天:《中国佛教与传统文化》,上海人民出版社 1988 年版。

方立天:《中国佛教哲学要义》,中国人民大学出版社 2002 年版。

任继愈:《中国佛教史》(第 3 册),中国社会科学出版社 1988 年版。

任继愈:《中国道教史》(增订本),中国社会科学出版社 2001 年版。

郭朋:《宋元佛教》,福建人民出版社 1981 年版。

郭朋:《明清佛教》,福建人民出版社 1982 年版。

郭朋:《中国佛教思想史》(下卷),福建人民出版社 1995 年版。

潘桂明、吴志忠:《中国天台宗通史》,江苏古籍出版社 2001 年版。

杜继文、魏道儒:《中国禅宗通史》,江苏古籍出版社 1993 年版。

魏道儒:《中国华严宗通史》,江苏古籍出版社 1998 年版。

陈扬炯:《中国净土宗通史》,江苏古籍出版社 2000 年版。

释圣严:《明末中国佛教之研究》,台湾学生书局 1988 年版。

王月清:《中国佛教伦理研究》,南京大学出版社 1999 年版。

沈剑英:《中国佛教逻辑史》,华东师范大学出版社 2001 年版。

赖永海:《中国佛性论》,上海人民出版社 1988 年版。

赖永海:《中国佛教文化论》,中国青年出版社 1999 年版。

马定波:《中国佛教心性说之研究》,台北正中书发行 1978 年版。

陈远宁:《中国佛教与宋明理学》,湖南人民出版社 1999 年版。

潘桂明:《中国居士佛教史》,中国社会科学出版社 2000 年版。

卿希泰:《中国道教史》(修订本第 3、4 卷),四川人民出版社 1996 年版。

卿希泰:《中国道教》(全 4 卷),上海知识出版社 1994 年版。

卿希泰:《中国道教思想史纲》(续卷),四川人民出版社 1999 年版。

卿希泰、唐大潮:《道教史》,中国社会科学出版社 1994 年版。

李养正:《道教概说》,中华书局 1989 年版。

牟钟鉴、胡孚琛、王葆玹:《道教通论——兼论道家学说》,齐鲁书社 1991 年版。

许地山:《道教史》,上海古籍出版社 1999 年版。

傅勤家:《中国道教史》,上海书店 1990 年版。

樊光春:《陕西道教两千年》,三秦出版社 2001 年版。

葛兆光:《道教与中国文化》,上海人民出版社 1987 年版。

张泽洪:《道教斋醮科仪研究》,巴蜀书社 1999 年版。

张广保:《金元全真道内丹心性学》,三联书店 1995 年版。

戈国龙:《道教内丹学探微》,巴蜀书社 2001 年版。

孔令宏:《宋明道教思想研究》,宗教文化出版社 2002 年版。

庄宏谊:《明代道教正一派》,台北出版社 1986 年版。

郑素春:《全真教与大蒙古国帝室》,台北出版社 1987 年版。

王国维:《王国维文学论著三种·宋元戏曲考》,商务印书馆 2001 年版。

鲁迅:《中国小说史略》,人民文学出版社 1973 年版。

成复旺:《中国文学理论史》(第 4、5 编),北京出版社 1987 年版。

成复旺:《中国古代的人学和美学》,中国人民大学出版社 1992 年版。

郭预衡:《中国古代文学史长编》(元明清卷),首都师范大学出版社 1998 年版。

杨子坚:《新编中国古代小说史》,南京大学出版社 1990 年版。

齐裕:《明代小说史》,浙江古籍出版社 1997 年版。

郭箴一:《中国小说史》,上海书店 1984 年版。

陈美林、冯保善、李忠明:《章回小说史》,浙江古籍出版社 1998 年版。

王易:《词曲史》(影印本),上海书店 1989 年版。

薛砺若:《宋词通论》(影印本),上海书店 1989 年版。

孙楷第:《元曲家考略》,上海古籍出版社 1981 年版。

徐沁君:《元曲四大家名剧选》,齐鲁书社 1987 年版。

王星琦:《元明散曲史论》,南京师范大学出版社 1999 年版。

吴梅:《中国戏曲概论》,上海书店 1989 年版。

郑传寅:《中国戏曲文化概论》(修订本),武汉大学出版社 1998 年版。

李啸仓:《宋元伎艺杂考》,上海上杂出版社 1953 年版。

赵景深:《元明南戏考略》,人民文学出版社 1990 年版。

詹慕陶:《昆曲理论史稿》,杭州大学出版社 1996 年版。

周贻向:《中国戏曲发展史纲要》,上海古籍出版社 1979 年版。

许金榜:《中国戏曲文学史》,中国文学出版社 1994 年版。

朱谦之:《中国音乐文学史》,北京大学出版社 1989 年版。

李修生、赵义山:《中国分体文学史》(戏曲卷),上海古籍出版社 2001
　　年版。

郭英德:《明清传奇史》,江苏古籍出版社 1999 年版。

杜石然:《中国科学技术史·通史卷》,科学出版社 2003 年版。

金秋鹏:《中国科学技术史·人物卷》,科学出版社 1998 年版。

席泽宗:《中国科学技术史·科学思想卷》,科学出版社 2001 年版。

戴念祖:《中国科学技术史·物理学卷》,科学出版社 2001 年版。

赵匡华、周嘉华:《中国科学技术史·化学卷》,科学出版社 1998 年版。

陈美东:《中国科学技术史·天文学卷》,科学出版社 2003 年版。

董恺忱、范楚玉:《中国科学技术史·农学卷》,科学出版社 2000 年版。

廖育群:《中国科学技术史·医学卷》,科学出版社 1998 年版。

周魁一:《中国科学技术史·水利卷》,科学出版社 2002 年版。

陆敬严、华觉明:《中国科学技术史·机械卷》,科学出版社 2000 年版。

王兆春:《中国科学技术史·军事技术卷》,科学出版社 1998 年版。

潘吉星:《中国科学技术史·造纸和印刷卷》,科学出版社 1998 年版。

李迪:《中国数学通史·宋元卷》,江苏教育出版社 1999 年版。

董英哲:《中国科学思想史》,陕西人民出版社 1990 年版。

胡道静:《梦溪笔谈校证》,中华书局 1960 年版。

邱锋:《宋应星和天工开物》,中华书局 1981 年版。

金毓黻:《中国史学史》,上海商务印书馆 1957 年版。

张舜徽:《中国历史要籍介绍》,湖北人民出版社 1955 年版。

瞿林东:《中国史学史纲》,北京出版社 1999 年版。

王树民:《中国史学史纲要》,中华书局 2002 年版。

仓修良、魏得良:《中国古代史学史简编》,黑龙江人民出版社 1983 年版。

宋衍申:《中国史学史纲要》,东北师范大学出版社 1992 年版。

张熙侯:《通鉴学》(修订本),安徽人民出版社 1981 年版。

王德保:《司马光与资治通鉴》,中国社会科学出版社 2001 年版。

潘富恩、徐余庆:《吕祖谦思想初探》,浙江人民出版社 1984 年版。

[日]冈田武彦:《王阳明与明末儒学》,吴光等译,上海古籍出版社 2000 年版。

[美]韩南:《中国白话小说史》,尹慧珉译,浙江古籍出版社 1989 年版。

[日]三上义夫:《中国算学之特色》,林科棠译,商务印书馆 1934 年版。

[德]康德:《实践理性批判》,韩水法译,商务印书馆 1999 年版。

[英]J·李约瑟:《中国科学技术史》(第 2 卷),何兆武等译,科学出版社 1990 年版。

后　记

谚曰:"学而后知不足。"我们在撰写《中国学术通史·宋元明卷》中更体悟到写而后尤知不足。宋明学人各喜自树其帜,决不邯郸学步,这种精神给我们以启迪,给我们以激励,促使我们孜孜以求"诵六经得其深研,阅百代得其精华"。然而,能否做到"山木为良匠所度,经书为文士所择",我们实既感惶恐,又感惭愧,恐只得其形似,而未得其神似,甚至形也不似,故冀望教正。

该书由我与祁润兴博士共同完成,我撰第一、二、三、四、五、六、十五章;祁润兴博士撰七、八、九、十、十一、十二、十三、十四章。特做说明。

张立文

2003 年 8 月 18 日于中国人民大学孔子研究院

责任编辑:乔还田　陈鹏鸣

装帧设计:徐　晖

版式设计:卢永勤

图书在版编目(CIP)数据

中国学术通史(宋元明卷)/张立文主编　张立文、祁润兴著.
-北京:人民出版社,2004.12
ISBN 7-01-004274-8

Ⅰ.中…　Ⅱ.张…　Ⅲ.①学术思想-思想史-中国-宋代②学术
思想-思想史-中国-元代③学术思想-思想史-中国-明代　Ⅳ.B2

中国版本图书馆 CIP 数据核字(2004)第 023618 号

中国学术通史(宋元明卷)

ZHONGGUO XUESHU TONGSHI

张立文　主编

张立文　祁润兴　著

人民出版社 出版发行

(100706　北京朝阳门内大街 166 号)

北京中科印刷有限公司印刷　新华书店经销

2004 年 12 月第 1 版　2004 年 12 月北京第 1 次印刷

开本:635 毫米×927 毫米 1/16　印张:57

字数:737 千字　印数:0,001-6,000 册

ISBN 7-01-004274-8　定价:113.00 元

邮购地址 100706　北京朝阳门内大街 166 号

人民东方图书销售中心　电话 (010)65250042　65289539